湖北交通运输年鉴

(2021)

《湖北交通运输年鉴》编辑委员会　编

人民交通出版社股份有限公司

北　京

图书在版编目 (CIP) 数据

湖北交通运输年鉴 . 2021 / 《湖北交通运输年鉴》编辑委员会编 . —北京 : 人民交通出版社股份有限公司 , 2021.12
ISBN 978-7-114-17767-5

Ⅰ. ①湖… Ⅱ. ①湖… Ⅲ. ①交通运输业—湖北—2021—年鉴 Ⅳ. ① F512.763-54

中国版本图书馆 CIP 数据核字 (2021) 第 259932 号

Hubei Jiaotong Yunshu Nianjian (2021)
书　　名:湖北交通运输年鉴(2021)
著 作 者:《湖北交通运输年鉴》编辑委员会
责任编辑:赵瑞琴　齐黄柏盈
责任校对:孙国靖　卢　弦
责任印制:刘高彤
出版发行:人民交通出版社股份有限公司
地　　址:(100011)北京市朝阳区安定门外外馆斜街3号
网　　址:http://www.ccpcl.com.cn
销售电话:(010)59757973
总 经 销:人民交通出版社股份有限公司发行部
经　　销:各地新华书店
印　　刷:北京盛通印刷股份有限公司
开　　本:889 × 1194　1/16
印　　张:22.5
字　　数:807千
版　　次:2021年12月　第1版
印　　次:2021年12月　第1次印刷
书　　号:ISBN 978-7-114-17767-5
定　　价:180.00元
(有印刷、装订质量问题的图书由本公司负责调换)

2020 年 5 月 21 日，省交通运输厅党组书记、厅长朱汉桥（前排左二）走访企业上门解难

2020 年 9 月 15 日，省交通运输厅党组书记、厅长朱汉桥（左二）到松滋市调研松西河航道整治、车阳河码头建设和运营等工作

2020 年 8 月 21 日，省纪委监委驻省交通运输厅纪检监察组组长刘汉诚（左二）到黄丝村检查驻村帮扶项目资金管理使用情况

2020 年 7 月 11 日，省交通运输厅副厅长王本举（左一）到黄冈市督导防汛救灾抢险保通工作

2020年5月5日，省交通运输厅副厅长姜友生（右）检查宜昌长江公路大桥管养和安全运营工作

2020年8月18日，省交通运输厅副厅长汪凡非（右二）调研指导武黄路政支队二大队党建工作

2020 年 12 月 29 日，省交通运输厅副厅级干部石先平（左一）慰问江汉运河航道管理处困难职工

2020 年 2 月 29 日起，省交通运输厅二级巡视员刘立生（左二）带领省交通运输厅下沉抗疫工作组，进驻硚口区军院社区做好疫情防控工作

疫情防控交通保障

YIQING FANGKONG JIAOTONG BAOZHANG

湖北省交通运输厅作为省疫情防控指挥部交通保障专班牵头单位，统筹铁、水、公、空、邮、管和省公安交管等单位，精准做好城市交通封控和解封工作，做到应急物资保畅、专项运输保通、运输服务保优。医疗救援物资实行“三不一优先”，重要医疗援助物资全程接力护送。设立“3+2”进鄂应急物资中转调运站5个；实施“多线管控合一”查验模式；组织研发应急车辆通行管理平台，提高通行效率；安排公交车保障援鄂医疗队通勤需求；对“四类人员”专班专人跟踪服务；采取“点对点、一站式”方案集中精准运送抵鄂、离鄂人员。

南方航空包机驰援武汉

东方航空全力以赴保障驰援物资

集装箱抵达码头后，武港国际安排外集卡直接提箱

湖北赤湾东方物资中转站运输车辆出站

山东捐赠物资运输车辆进入武湖苹元应急物资中转站

转运医疗急救车辆

运送群众生活物资车辆蓄势待发

武黄高速公路收费人员协助转运医疗物资

五省份交通运输部门联手保障40辆负压救护车快速到达武汉

2000吨尿素通过巴东港应急保障码头输送到农民春耕生产一线

武汉阳逻港为载运防疫物资的船舶开辟绿色通道

武汉公交为社区居民配送团购物资

恩施顺丰快递公司与恩施华享仓储公司达成合作协议，通过“线上下单、同城配送”模式，将超市新鲜水果、蔬菜、粮油等日常生活用品送到居民“家门口”

丹江口市开通“点对点、一站式”复工返岗专车

宜昌高铁专列护送赴广东务工人员

中欧（武汉）班列运送复工复产物资

宜昌三峡机场运送务工人员返岗

2020年4月8日零时，离汉高速公路通道解封

2020 年 5 月 13 日，全省总投资 513.7 亿元的 95 个交通运输项目集中开工

2020 年 8 月 18 日，武汉城市圈环线高速公路大随至汉十段（孝感北段）通过交工验收，全长 560 公里的武汉城市圈环线高速公路“画圆”贯通

2020 年 8 月 31 日，沪蓉高速公路麻城龟峰山支线高速公路通过交工验收

2020 年 10 月 16 日，湖北省白洋长江公路大桥（命名为“宜都长江大桥”）通过交工验收

2020 年 11 月 1 日，武汉四环线青山长江公路大桥通过交工验收

2020 年 12 月 16 日，郧县至十堰高速公路郧阳北互通项目通过交工验收

2020 年 12 月 18 日，棋盘洲长江公路大桥通过交工验收

2020 年 12 月 25 日，武穴长江公路大桥通过交工验收

2020 年 12 月 26 日，蕲春至太湖高速公路蕲春西段通过交工验收

2020 年 12 月 27 日，武汉市四环线高速公路北湖至建设段通过交工验收。图为北湖特大桥

2020 年 12 月 27 日，武汉市四环线高速公路武湖至吴家山段通过交工验收。图为白沙湾互通

2020 年 12 月 27 日，沙市至公安高速公路杨家厂至孟家溪段通过交工验收

2020 年 12 月 28 日，三峡翻坝江北高速公路主体工程建设完成

2020 年 12 月 29 日，保康至神农架高速公路全线贯通，标志着湖北省实现“县县通高速”

2020 年 6 月 10 日，武汉至阳新高速公路武汉段中华科技园大桥合龙

2020 年 9 月 7 日，十堰至淅川高速公路丹江口水库特大桥北岸主墩承台首层浇筑完成

2020 年 9 月，在建中的鄂咸高速公路华容南互通

2020 年 10 月 21 日，在建中的十堰经镇坪至巫溪高速公路鲍峡至溢水段

2020 年 12 月 25 日，在建中的监利至江陵高速公路东延段。图为万全互通

2020 年 12 月，在建中的赤壁长江公路大桥

2020 年 4 月，318 国道仙桃黄荆大桥改扩建工程完工

2020 年 7 月 24 日，随州桃园大桥正式通车

2020 年 9 月，316 国道大冶段建成通车

2020 年 10 月 20 日，宜昌市秭归县童庄河大桥合龙

2020 年 6 月 8 日，洪湖汽车客运站正式投入使用

2020 年 10 月 1 日，宜万铁路高坪站正式开通运营

2020 年 12 月 30 日，南漳汽车客运中心站建设完工

2020 年 5 月底，黄石新港二期投入生产试运营

2020 年 8 月 29 日，荆州港李埠港区一期综合码头工程通过竣工验收

2020 年 12 月 12 日，日本货物首乘中欧班列（武汉）前往欧洲

2020 年 12 月 26 日，武汉至仙桃城际铁路开通运营

2020 年 4 月 8 日，武汉天河国际机场迎接武汉解封后由杭州飞来的首个进港航班

2020 年 11 月 10 日，南方航空开通武汉—旧金山“客改货”航线

2020 年 12 月 30 日，武汉轨道交通 8 号线二期获开通初期运营批复。图为 8 号线洪山路站

2020 年 12 月 30 日，武汉轨道交通 11 号线三期葛店段获开通初期运营批复。图为 11 号线葛店南站

2020年9月8日，全省第四届“交通工匠杯”职工职业技能大赛港口客运员项目——售票技能决赛

2020年9月8日，全省第四届“交通工匠杯”职工职业技能大赛港口客运员项目——双语广播服务决赛

2020 年 9 月 8 日，全省第四届“交通工匠杯”职工职业技能大赛船闸运管员项目——电气专业决赛

2020 年 9 月 8 日，全省第四届“交通工匠杯”职工职业技能大赛船闸运管员项目——水工专业决赛

2020 年 9 月 29 日，全省第四届“交通工匠杯”职工职业技能大赛公路系统装载机操作工决赛

2020 年 9 月 29 日，全省第四届“交通工匠杯”职工职业技能大赛运管系统货运驾驶员项目——更换轮胎决赛

2020 年 9 月 29 日，全省第四届“交通工匠杯”职工职业技能大赛运管系统货运驾驶员项目——摘挂装挂决赛

2020 年 9 月 28 日，全省第四届“交通工匠杯”职工职业技能大赛城市轨道交通行车值班员比赛

2020 年 9 月 29 日，全省第四届“交通工匠杯”职工职业技能大赛城市轨道交通信号工比赛

2020 年 11 月 19 日，湖北省交通运输厅应急演练在汉江雅口航运枢纽工程二期围堰内泄水闸施工现场举行

2020年12月25日，由湖北省交通运输行业精神文明建设指导委员会主办，厅质监局承办、948交通广播协办的“书香交通·文化同行”第9期读书分享会成功举办

2020年12月26日，湖北省交通运输厅举行迎新年竞步走活动

《湖北交通运输年鉴》编辑委员会

《湖北交通运输年鉴》编辑室

编辑说明

一、《湖北交通运输年鉴(2021)》是湖北省交通运输厅连续编纂的第31卷年鉴，主要反映2020年全省地方交通发展的新成就、新经验和新问题，涵盖铁路、民航、邮政、公路、水路等综合交通部门。本卷年鉴既突出2020年度交通发展的特点，又保持与历年年鉴内容的连续性，为各级领导、全省交通运输系统干部职工和各界人士研究湖北交通运输提供信息，积累资料。

二、本年鉴设特载、大事记、概况、交通运输发展战略研究及前期工作、交通基础设施建设、交通基础设施养护和管理、综合交通和水陆运输、安全应急管理、交通财务费收、交通法治、交通科技与培训教育、交通综合管理、党群工作和精神文明建设、调查研究、专题资料、全省交通运输系统领导名录、获奖名录、统计资料等18个栏目。

三、本年鉴记述2020年内容，凡未标注具体年份的记述，也均为2020年内容。

四、本年鉴照片由各单位提供，编辑室补充并审定编排。

五、本年鉴统计资料由湖北省交通运输厅计划处提供，其他栏目的同口径统计数字，均以统计资料数字为准。

六、本年鉴由各市(州)交通运输局、综合交通各部门和湖北省交通运输厅厅直单位、厅机关各处室供稿。稿件均经有关部门领导审核，编辑复审，主编审定，年鉴编委会终审。

七、《湖北交通运输年鉴(2021)》的出版发行，得到全省交通运输系统各级领导和职工的大力支持，在此一并致谢。错漏之处，敬请读者指正。

目　录

特　载

建设交通强国示范区　打造新时代九省通衢
奋力为全省经济社会高质量发展当好先行
——朱汉桥在 2021 年全省交通运输工作会议上的讲话……2
落实全面从严治党主体责任　引领保障“十四五”开好局起好步
——朱汉桥在 2021 年省交通运输厅全面从严治党工作推进会上的讲话……10
着力提升监督质效　为交通强国湖北示范区建设保驾护航
——刘汉诚在 2021 年省交通运输厅全面从严治党工作推进会上的讲话……13

大 事 记

2020 年大事记……17

概　况

全省交通运输概况……23
全省普通公路概况……25
全省高速公路概况……26
全省道路运输和交通物流发展概况……27
全省水路交通概况……28
全省铁路运输概况……29
全省民航运输概况……31
全省邮政业改革与发展概况……34
武汉市交通运输……35
概况……35
江岸区……37
江汉区……38
硚口区……39
汉阳区……40
武昌区……41
青山区……42
洪山区……43
江夏区……44
蔡甸区……44
东西湖区……46
武汉经济技术开发区(汉南区)……48
黄陂区……49
新洲区……50
黄石市交通运输……51
概况……51
大冶市……52
阳新县……54
十堰市交通运输……56
概况……56
丹江口市……58
郧阳区……59
郧西县……60
房县……61
竹山县……63
竹溪县……63
茅箭区……65
张湾区……65
武当山特区……65
襄阳市交通运输……67
概况……67
枣阳市……69
宜城市……71
南漳县……72
保康县……73

谷城县……75
老河口市……76
襄州区……77
宜昌市交通运输……79
概况……79
宜都市……80
枝江市……81
当阳市……82
远安县……83
兴山县……84
秭归县……85
长阳土家族自治县……86
五峰土家族自治县……87
夷陵区……88
点军区……89
猇亭区……90
荆州市交通运输……90
概况……90
荆州区……92
沙市区……93
江陵县……94
松滋市……95
公安县……96
石首市……97
监利市……98
洪湖市……100
荆门市交通运输……101
概况……101
京山市……102
沙洋县……103
钟祥市……104
东宝区……106
掇刀区……107
漳河新区……109
屈家岭管理区……109
鄂州市交通运输……110
概况……110
鄂城区……112
华容区……112
梁子湖区……112
临空经济区……113
孝感市交通运输……113
概况……113
孝南区……115
汉川市……116
应城市……117
云梦县……118
安陆市……119
大悟县……120
孝昌县……121
黄冈市交通运输……122
概况……122
黄州区……124
团风县……125
红安县……126
麻城市……127
罗田县……128
英山县……129
浠水县……130
蕲春县……131
武穴市……131
黄梅县……132
咸宁市交通运输……133
概况……133
咸安区……135
嘉鱼县……136
赤壁市……137
通城县……139
崇阳县……140
通山县……141
随州市交通运输……143
概况……143
曾都区……145
广水市……146

随县……147
大洪山风景名胜区……148
恩施土家族苗族自治州交通运输……149
概况……149
恩施市……150
利川市……151
建始县……152
巴东县……154
宣恩县……155
咸丰县……156
来凤县……157
鹤峰县……158
仙桃市交通运输……159
概况……159
天门市交通运输……162
概况……162
潜江市交通运输……164
概况……164
神农架林区交通运输……165
概况……165

交通运输发展战略研究及前期工作

物流服务研究……169
交通规划管理……169
规划编制……169
专项研究……170
交通建设前期工作……170
重点工程前期工作……170
站场物流前期工作……170

交通基础设施建设

全省公路水路交通基础设施建设……172
全省“四好农村路”建设……172
武汉长江中游航运中心建设……173
省管交通建设项目……175
武汉城市圈环线高速公路大随至汉十段……175
武汉四环线高速公路东四环线（北湖至建设段）……175
武汉四环线高速公路北四环线（武湖至吴家山段）……175
三峡翻坝江北高速公路……176
蕲春至太湖高速公路蕲春西段……176
沙市至公安高速公路杨家厂至孟家溪段……177
保康至神农架高速公路……177
宜都长江大桥（原名白洋长江公路大桥）……177
武汉四环线青山长江公路大桥……178
棋盘洲长江公路大桥……178
武穴长江公路大桥……178
鄂州至咸宁高速公路……179
十堰经镇坪至巫溪高速公路鲍峡至溢水段……179
十堰至淅川高速公路湖北境段……180
武汉硚口至孝感高速公路（二期）工程……180
监利至江陵高速公路东延段……181
枣阳至潜江高速公路襄阳北段……181
襄阳绕城高速公路南段……182
麻城至安康高速公路麻城东段……182
呼和浩特至北海高速公路宜都（全福河）至鄂湘界段……183
宜都至来凤高速公路鹤峰东段……183
武汉至大悟高速公路武汉至河口段……184
武汉至大悟高速公路河口至鄂豫界段……184
武汉至阳新高速公路武汉段……185
武汉至阳新高速公路鄂州段……185
客货运（物流）重点项目……186
各市州交通建设重点项目……186
黄石市……186
203 省道阳新县棋盘洲至富池段改建……186
357 省道木港至龙港段改建……186
阳新县湘鄂赣革命旧址群出口公路……186
黄石港阳新港区富池作业区综合码头工程……186
黄石港阳新港区富池作业区富江公用码头工程……186
黄颡口砂石集并中心……186
阳新县综合客运枢纽站……186
十堰市……186
十堰滨江新区至武当山一级公路……186
209 国道城区垭子至大川段改扩建……187
十房一级公路柳树垭至土城段开工建设……187

汉江孤山航电枢纽……187
304 省道油长路新改建工程（郧阳区段）……187
304 省道五峰至将军河段改扩建……187
281 省道南化至白浪改扩建……187
280 省道谭山至梅铺改扩建……187
叶滩堵河大桥……187
郧阳区南化至罗堰公路加宽改造……187
242 国道竹山城关至上庸段改扩建……187
襄阳市……187
襄阳市宜远线宜城城区至火车站连接线……187
218 省道襄阳市东津至峪山改建工程完工……187
襄阳市谷城至丹江口公路改建……188
440 省道襄阳市枣阳城区至汉十高速公路琚湾互通段改建工程完工……188
302 省道襄阳市樊城竹条至老河口仙人渡改建……188
襄阳市 207 国道襄阳段改建工程（含跨汉江特大桥）……188
襄阳市南内环至高速公路连接线……188
346 国道宜城汉江二桥及接线工程……188
346 国道南漳界碑头至县城段续建……188
328 国道老河口市孟楼至仙人渡段续建……188
234 国道枣阳寺庄至袁庄段改建工程完工……188
316 国道河谷大桥及连接线……189
程河唐河特大桥……189
程河白河特大桥……189
宜昌市……189
《宜昌港总体规划 (2035)》获批……189
兴山公铁换乘站开工建设……189
三峡机场二期建设有序推进……189
276 省道当阳峡口至夷陵区龙泉段（当阳段）改建工程完工……189
363 省道秭归县横溪至香溪公路改建工程屈原集镇至新滩段开工建设……189
276 省道峡安线安福寺至猇亭公路（猇亭段）主体工程完工……189
宜昌市点军联棚至长阳龙舟坪公路（点军区境）开工建设……190
287 省道马家埫至土城段改建主体工程完工……190
209 国道兴山县伍家坪至高桥集镇改建工程完工……190
252 省道兴山县界牌垭至温家垭段公路开工建设……190
秭归县芝兰至茅坪公路主体工程完工……190
秭归县童庄河渡改桥工程……190
荆州市……190
沪渝高速公路荆州东服务区开工建设……190
318 国道荆州区段改扩建……190
荆江大道开工建设……190
253 省道南河大桥至涴市公路……190
淹水旅游快速通道……190
车阳河港口二期工程建设……191
荆门市……191
207 国道荆门桃园至子陵、团林至砖桥段改建……191
荆门市公路桥梁三年消危行动危桥改造工程……191
234 国道钟祥城区绕城段开工建设……191
347 国道京山段改扩建……191
347 国道荆门东桥至冷水段改扩建工程（钟祥段）……191
348 国道沙洋城区绕城段工程……191
223 省道沈集至荆州六监区公路沙洋段工程完工……191
262 省道仁和至曹武公路改扩建工程完工……192
266 省道钟祥市文集至石牌段改扩建……192
311 沙洋城区至后港段改扩建工程开工……192
327 省道京山三阳至钟祥客店改扩建工程开工……192
342 省道沙洋至河溶（沙洋至五里段）公路改建……192
438 省道荆门仙居至宜城刘猴公路东宝段改建……192
482 省道钟祥市丰乐至北新集段改扩建……192
348 国道沙洋汉江公路二桥……192
孝感市……192
107 国道孝感肖港至张公堤段改建……192
316 国道外迁线建成通车……192
孝感市孝云大道长兴三路延伸工程……192
316 国道孝南段改建工程建成通车……193
硚孝高速公路孝感连接线……193
黄冈市……193
黄冈至黄梅铁路项目……193
燕矶长江大桥……193

220 国道武穴市大金至界岭段改建 …… 193
中部新城高铁小镇连接线工程开工建设 …… 193
332 省道武穴市龙腰至梅川段改建工程开工建设 …… 193
武穴大金至德里桥公路改建工程开工建设 …… 193
田镇港区洪阳湖作业区祥云综合码头投入营运 …… 193
318 国道英山县城区段竣工通车 …… 194
219 省道红红线红花至陶河段竣工通车 …… 194
323 省道过三线过路滩至石镇段竣工通车 …… 194
英山县梅沙线改建工程通过交工验收 …… 194
杨柳大桥建成通车 …… 194
四季花海旅游路竣工 …… 194
英山县九龙大道改建 …… 194
咸宁市 …… 194
107 国道咸安绕城段工程 …… 194
咸宁大道西延伸段道路工程（一期） …… 194
随州市 …… 194
浪河至何店一级公路 …… 194
346 国道随州市十岗至任家台段改扩建 …… 194
桃园大桥正式通车 …… 194
恩施土家族苗族自治州 …… 194
348 国道巴东长江大桥至平阳坝段开工建设 …… 194
351 国道咸丰县大沙坝至龙井段开工建设 …… 195
209 国道宣恩绕城公路工程（椒园—碗水至和平段） …… 195
351 国道宣恩县椿木营至长潭河段改扩建 …… 195
242 国道恩施大集场至宣恩晓关段公路开工建设 …… 195
仙桃市 …… 195
仙桃市胡郭公路 318 国道至排湖绿道段改建 …… 195
仙桃市剅河至排湖公路改建 …… 195
潜江市 …… 195
潜江汉江大桥新建工程 …… 195
247 省道汉江大桥至潜江渔洋一级公路 …… 195
234 国道后湖至熊口段改建 …… 195
318 国道一级公路改造 …… 195
农村公路建设 …… 195
武汉市 …… 195
宜昌市 …… 196
荆州市 …… 196
咸宁市 …… 196
随州市 …… 196
恩施土家族苗族自治州 …… 196
仙桃市 …… 197
旅游公路建设 …… 197
十堰市 …… 197
襄阳市 …… 197
荆州市 …… 198
恩施土家族苗族自治州 …… 198
交通建设和质量管理 …… 198
交通基本建设管理 …… 198
交通基础设施建设市场管理 …… 199
交通建设造价管理 …… 199
交通工程质量监督 …… 200
厅重点办工作 …… 201

交通基础设施养护和管理

普通公路养护 …… 204
高速公路养护 …… 204
高速公路服务区 …… 204
航道管理与养护 …… 204
市州公路养护及改革 …… 205
武汉市 …… 205
十堰市 …… 205
襄阳市 …… 206
宜昌市 …… 206
荆州市 …… 206
黄冈市 …… 207
咸宁市 …… 208
随州市 …… 208
恩施土家族苗族自治州 …… 208
仙桃市 …… 209
天门市 …… 209
神农架林区 …… 209
公路水路运营管理 …… 210
湖北省交通投资集团有限公司 …… 210
湖北省联合发展投资集团有限公司 …… 211

武汉港航发展集团有限公司……212
崔家营航电枢纽管理处……213
江汉运河航道管理处……215
高速公路联网收费中心……215

综合交通和水陆运输

全省道路运输发展……219
节假日运输……219
交通运输节能减排……220
全省道路运输业发展……221
班线客运……221
旅游客运……222
城市公交运营……222
城市轨道交通运营……222
客运出租汽车运输……222
城乡客运一体化……223
驾驶员培训行业管理……223
道路运输从业人员培训……223
机动车维修检测……224
全省水路运输……224
长江航运管理……225
港口管理……226
船舶检验……227

安全应急管理

全省水陆交通安全……230
工程安全监督……230
全省公路安防“455”工程……230
道路运输安全监管……230
全省交通应急管理……231
普通公路安全应急管理……231
高速公路安全应急管理……232
道路运输应急管理……233
水路运输安全应急管理……234

交通财务费收

资金保障……237
预算管理……237
费收管理……237
行业管理……240
资产管理……240
采购管理……240
全省高速公路费收……241
普通公路一二级公路费收……241
交通内部审计……241

交 通 法 治

交通法治建设……243
交通行政立法……243
交通行政执法……243
优化营商环境……244
普法依法治理……244
高速公路路政管理……244
普通公路路政管理……245

交通科技与培训教育

科技项目研究与管理……247
交通环境保护……250
交通信息化与网络安全……251
湖北交通职业技术学院……251

交通综合管理

机构编制……254
干部工作……254
干部培训……254
驻村扶贫工作……254
工资社保……255
交通职业资格……255
职称……255
外事外经……256
目标管理……256
社会管理及综合治理……256
信访……257
档案管理……257
省人大建议、政协提案办理……257
研究室工作……257

机关后勤服务……258
湖北省综合交通运输研究会……258
湖北省公路学会……259
湖北省交通会计学会……260
湖北省交通造价研究会……261
湖北省交通历史文化学会……262

党群工作和精神文明建设

党建工作……264
党风廉政建设……264
行业精神文明建设……264
交通运输工会……265
离退休干部工作……267
交通宣传报道……268

调 查 研 究

关于加快推进全省运输结构调整的对策建议　朱汉桥……270
持续做好办案“后半篇文章”　着力营造良好政治生态　刘汉诚……272
关于湖北省部分地市村村通客车工作情况的调研报告　王本举……274
关于全省公路桥梁三年消危行动调研报告　姜友生……276
推进机关党员下沉　推动共建共治共享　汪凡非……279
关于全省公路重点工作综合调研督导情况的报告　张磊……281
关于做好当前安全生产工作的思考与建议　陶维号……284
加快推进湖北港口资源整合的调研报告　王阳红……286

专 题 资 料

进一步优化交通运输营商环境的实施意见……290
湖北省交通运输厅大件运输许可监督管理办法……291

全省交通运输系统领导名录

厅领导及厅机关处（室）负责人名单……294
厅直属单位领导名单……295
市（州）交通运输局、县（市）交通运输局领导名单……296

获 奖 名 录

全国脱贫攻坚先进个人和先进集体……305
全国交通运输脱贫攻坚成绩突出的集体和个人……305
2019年全国公路水路行业班组、船舶安全生产竞赛……305
2019年全国公路工程建设劳动和技能竞赛活动优胜项目和先进个人……305
2019年全省工会专项活动先进集体和先进个人授予湖北五一劳动奖……305
2019年全省劳动竞赛先进集体和先进个人授予湖北五一劳动奖……305
2020年湖北五一劳动奖和湖北省工人先锋号……305
2020年湖北省产业工人培训示范基地和职工（劳模、工匠）创新工作室……306
第十二届全国交通运输行业职业技能竞赛湖北省选拔赛暨2020年“湖北工匠杯”技能大赛……306
2020年湖北省示范爱心母婴室……306
2019年度“湖北五一新闻奖”……307
2020年度全省交通运输系统先进集体和先进个人……307

统 计 资 料

2020年主要指标表……309
2020年公路技术等级情况图……312
2020年公路行政等级情况图……312
2020年公路桥梁数量比重图（按跨径分）……312
2020年公路隧道数量情况图……312
2020年中部六省公路基本情况排名（一）……313
2020年中部六省公路基本情况排名（二）……313
2020年中部六省公路基本情况排名（三）……313
2020年中部六省公路基本情况排名（四）……313
2020年全国公路基本情况排名（一）……314
2020年全国公路基本情况排名（二）……315
2020年全国公路基本情况排名（三）……316
2020年全国公路基本情况排名（四）……317

特

载

建设交通强国示范区　打造新时代九省通衢 奋力为全省经济社会高质量发展当好先行

——朱汉桥在 2021 年全省交通运输工作会议上的讲话

(2021 年 1 月 14 日)

同志们：

经省政府批准同意，今天我们召开 2021 年度全省交通运输工作会，主要任务是：深入贯彻落实党的十九届五中全会、中央经济工作会议、省委十一届八次全会、省委经济工作会议和全国交通运输工作会议精神，总结“十三五”交通运输工作，交流经验，分析形势，明确“十四五”发展思路，部署 2021 年重点任务，动员全省交通运输系统干部职工，紧随时代节拍，弘扬战疫精神，克难再奋进，快马再加鞭，努力建设交通强国示范区，打造新时代九省通衢，奋力为全省经济社会高质量发展当好先行。

刚才，武汉、宜昌、十堰、荆门、麻城市交通运输局作了经验交流发言，讲得很好，值得大家学习借鉴。

下面，我讲四个方面的意见。

一、“十三五”全省交通运输发展取得重大成就

“十三五”期，全省交通运输系统坚持以习近平新时代中国特色社会主义思想为指导，在省委、省政府的坚强领导和交通运输部的大力支持下，瞄准“十三五”规划目标，内抓管理转作风、外抓服务优环境、主抓投资硬支撑、狠抓短板强弱项、精抓要事保质效、细抓大事出亮点，交出了一份优良答卷：综合交通运输网络体系不断完善，运输服务能力大幅提升，为保障全省经济社会发展提供了坚强支撑。

这五年，我们砥砺奋进，加快发展，实现了“六大跨越”。固定资产投资实现新跨越，全省公路水路交通固定资产投资同比增长 22.9%。基础设施规模实现新跨越，公路总里程 (29.6 万公里)、农村公路总里程 (26.1 万公里)、等级航道总里程 (6166 公里) 均进入全国前三名。服务民生水平实现新跨越，高速公路收费站 ETC 覆盖率、城市公共交通一卡通地级以上城市覆盖率、常住人口 100 万以上城市建成区公交站点 500 米覆盖率均达到 100%。发展环境实现新跨越，“春风行动”破解融资难题，“亮剑行动”规范建设运输市场，“16 条意见”优化全行业营商环境。交通运输改革实现新跨越，厅机关、厅属行政事业单位改革方案获得中央批复、人员转隶到位，三个事业发展中心三定方案已送审，高速公路改革取得实质性突破。综合交通运输发展实现新跨越，省政府相继成立全省综合交通运输工作领导小组和全省综合交通安全生产专业委员会，领导小组、专委会的办公室均设在省厅，牵头制定综合交通运输规划，统筹带领综合交通部门取得抗疫胜利等工作扎实推进，综合交通运输“六个一”活动 (安全督查、统计、宣传、职工文体活动、人才培训、精神文明) 推进了“大交通”融合，综合交通运输一体化发展打开新局面，湖北成为全国第一批交通强国试点省份。

这五年，我们顽强拼搏，补短强弱，打赢了“六大攻坚”。打赢了交通扶贫攻坚，实现“县县通”高速公路、具备条件的乡镇全部通二级公路、农村公路“组组通”硬化路。打赢了“长江大保护”攻坚，非法码头整治、岸线清理整顿、船舶和港口污染治理三大标志性战役成效显著。打赢了运输结构调整攻坚，铁路、水路在综合运输中的比重上升，公路运输比重下降，三年运输结构调整目标任务如期完成。打赢了公路水路三年攻坚，高速公路、普通公路、港口航道、客货枢纽等基础设施不断完善，“四好农村路”建设再创佳绩。打赢了“撤站”攻坚，2019 年仅用 200 天时间出色完成高速公路省界收费站“撤站”各项任务，被交通运输部誉为“攻坚跨越”的典范。打赢了疫情防控交通保障攻坚，2020 年新冠肺炎疫情期间，尤其是在武汉封城的 76 天里，全力确保了应急物资和应急人员的运输畅通，获得中央指导组、省指挥部和交通运输部的充分肯定。

这五年，我们激情奋进，强基固本，打造了“六大品牌”。打造党建品牌，省厅连续 8 届获省直机关党建工作先进单位，交职院物流与交通管理学院教工党支部被教育部评为“全国党建工作样板支部”，崔家营管理处第一党支部获全省党建工作示范单位。全省交通运输行业获全国抗击新冠肺炎疫情荣誉表彰先进个人 5 人，获省委、省政府荣誉表彰先进集体 12 个、先进个人 11 人，获全国交通运输系统荣誉表彰先进集体 8 个、先进个人 25 个，省疫情防控指挥部交通保障专班被评为“感动交通年度特别致敬人物”。打造技能品牌，连续 5 年组织开展“交通工匠杯”职工职业技能大赛，获“全国交通技术能手”4 人、“湖北省技术能手”56 人，获省人社厅颁发的技术等级证书 88 人。创建省级职工 (劳模) 创新工作室 9 个、厅级 35 个。打造英模品牌，全省交通运输系统获全国五一劳动奖章 2 人，获全国工人先锋号 2 个；获省先进工作者 2 人、省五一劳动奖状 5 个、省五一

劳动奖章24人、省工人先锋号17个。十堰公交集团1010班等11个班组获全国公路交通系统“模范班组”。打造文化品牌，连续开展5届“交通文化月”，连续举办2届全省综合交通运输职工文体活动，建成厅级职工书屋75个，获全国职工书屋示范点5个、省级示范点2个。江汉运河航道管理处获全国交通运输政务事业类十佳文化品牌“绿色运河”称号，“微笑京珠”等一批高速公路文化品牌进一步擦亮。打造教育品牌，建成省级职工培训基地1个、厅级4个。每年组织各类培训班、职工大课堂和班组学习会170余期、培训职工7000余人次。交职院跻身国家“双高计划”建设单位(我省仅8所)，成功入选“国家优质专科高等职业院校”(我省仅10所)。打造文明品牌，建成国家级文明单位10个、省部级文明单位157个；“日行一善·载德前行”“书香交通·文化同行”入选全省精神文明建设重点项目。

“十三五”期，全省交通运输工作主要成效和做法是：

(一)基础设施建设再上新台阶

1.公路建设持续加快。武深高速公路、枣潜高速公路等通道相继建成，武汉城市圈环线高速公路和武汉市四环线高速公路成功“画圆”。建成青山、石首等9座世界级长江桥梁，长江大桥建设力度和速度创历史之最。国省道提档升级工程、瓶颈路段畅通工程加速实施，普通公路规模等级不断提升，美丽公路经济带建设持续推进。“四好农村路”建设成效显著，创建全国示范县8个、省级示范县26个、示范乡镇100个。全省新增公路4.3万公里、总里程达到29.6万公里，其中新增高速公路1026公里、里程达到7230公里，“九纵五横三环”高速公路骨架网基本形成。普通国省道二级以上公路比例达到85%。

2.港航建设补短有力。长江干线武汉至安庆6米水深航道整治工程即将完成，宜昌至昌门溪航道整治工程交工验收；汉江武汉至碾盘山段千吨级航道实现贯通，汉江河口至蔡甸段2000吨级航道整治基本完成，雅口、孤山等汉江梯级枢纽加速实施。武汉阳逻集装箱港区三期、黄石棋盘洲港区一期、宜昌白洋港一期工程等建成运营。全省新增三级及以上航道322公里，高等级航道里程达2090公里；港口货物吞吐能力达到4亿吨，集装箱吞吐能力达到500万标准箱。

3.客货枢纽建设取得突破。依托铁路场站、机场、港口，建成一批综合交通枢纽。天河机场交通中心、襄阳东津综合换乘中心、荆门汽车客运南站北站等一批综合客运枢纽建成运营。武汉阳逻港集装箱铁水联运一期、宜昌东站物流中心等货运枢纽项目投入运营。枢纽集疏运体系取得突破性进展，长江主要港口均已实现疏港铁路连接，全省铁水联运骨架网初步成形。综合交通衔接进一步加强，武汉天河机场实现多种交通方式客运一体化。全省客运站场建成36个，货运站场(物流园区)建成24个，有效推动了客运零距离换乘、货运无缝衔接。

“十三五”期，全省公路水路交通固定资产投资达到5259亿元、同比增长22.9%，争取到部省项目建养补助资金985亿元、同比增长24%；全省综合交通里程达到31.7万公里。

(二)运输服务能力再上新台阶

1.客运服务能力明显增强。国际客运发展加快，先后开通了武汉至伦敦、毛里求斯、纽约等国际航线，国际及地区航线达63条，国际通航点覆盖五大洲，位居中部第一。武汉通过国家“综合运输服务示范城市”验收。城市客运服务方式更加多样，微循环公交、定制公交等多元化个性化的公交模式不断推出。武汉完成国家公交都市创建目标，襄阳、宜昌成功入选第三批创建城市；全面开展省级公交示范城市创建工作。城乡客运一体化有序推进，竹山、远安列入交通运输部首批城乡交通运输一体化示范县，2016年全国“四好农村路”运输服务工作现场会在竹山召开。

2.货运组织方式明显优化。国际物流取得突破，先后开通武汉天河机场直飞卢森堡、芝加哥等5条全货运航线，有效缩短了“武汉造”与世界的时空距离。江海直达持续拓展，武汉至上海洋山港航线实现天天班运营，成为长江中上游地区通江达海的优质航线；武汉至日本关西首条集装箱江海直达航线正式开通，武汉“泸汉台”集装箱近洋航线、武汉至东盟四国航线、武汉至日韩航线等得到巩固。多式联运加快发展，武汉、黄石、宜昌、鄂州等地5个多式联运示范项目先后列入国家示范工程，数量位居全国第1位；武汉阳逻港铁水联运示范工程通过验收，黄石等3个国家多式联运示范项目基本实现常态化运营；2018年全国多式联运现场推进会在武汉召开。甩挂运输态势良好，8个甩挂运输试点项目完成竣工验收，开通试点线路18条，试点企业货运车辆降低成本15%以上，效率提高约30%。同时，襄阳、十堰通过全国城市绿色货运配送示范验收，黄石、咸宁列入第二批示范城市；农村三级物流服务体系不断完善，节点覆盖率稳步提升。

3.交通运输降本增效成效明显。深入推进运输结构调整三年行动，积极引导大宗货物运输“公转铁、公转水”，2020年公路、水路、铁路运输在综合运输中的比重依次是69.65%、26.63%、3.71%，与2019年同期相比，分别下降10.35%、上升9.05%、上升1.49%，运输结构持续优化；集装箱铁水联运量增长迅猛，提前完成三年目标。调整货车通行费计费方式，实现了“两个确保”(确保在相同交通流量条件下，不增加货车通行费总体负担；确保每一类收费车型在标准装载状态下的应交通行费额，不大于原计重收费的应交通行费额)。实行高速公路差异化收费，先后9次出台相关政策，降低运输成本。全力支持疫情防控，2020年2月17日至5月6日对所有车辆免收车辆通行费；恢复收费后，在原优惠政策基础上进一步提高对2类和3类ETC货车通行费优惠比例，分别累计优惠50%、28%。“十三五”期累计减免高速公路通行费超300亿元。

(三)服务民生水平再上新台阶

1.交通惠民成效显著。“路路安”

生命防护“455”工程建设提前超额完成目标，路网安全通畅保障水平显著提高。加大部省财政资金、地方政府债券资金向贫困地区倾斜，全省52个贫困县市区共落实部省补助资金超过441亿元，占全省61.3%。全省完成县乡公路改造5778公里，建成撤并村通畅工程9328公里，一批需求迫切、惠及民生的扶贫路、产业路、旅游路快速推进。普通干线公路实施大中修工程8800公里、预防性养护工程14600公里，路况品质明显提升。“村村通客车”率先在全国实现并高分通过交通运输部考评。

2. 平安交通发展取得新成效。省政府成立综合交通安全生产专业委员会，综合交通安全机制不断深化完善，安全态势总体持续稳定。成功应对“98+”历史罕见洪涝灾害，成功保障第七届世界军人运动会、中国2019世界邮展等重大赛事活动的交通运输安全。实现全省道路运输安全企业监控网、行业监管网、第三方监测网“三网合一”，“两客一危”车辆在全国率先完成4G动态视频监控全覆盖。水上安全“六化”模式持续推广，重点水域平安稳定。推进“一超四罚”和失信联合惩戒，高速公路货车超限率由9.6%下降至0.5%，联合治超效果显著。与“十二五”相比，全省交通运输安全生产事故总起数和死亡人数分别下降3.7%、37.6%。

3. 行业发展环境优化明显。实施“春风行动”，引进社会资金1000亿元以上参与我省交通基础设施建设，破解交通运输建设项目投融资瓶颈；实施“亮剑行动”，对全省交通运输质量安全服务专项整治，4批次5家企业被列入交通建设市场“黑名单”，10家企业因违规被罚3100万元，交通建设市场管理进一步规范；优化营商环境，出台了关于进一步优化全省交通运输营商环境的16条意见。

（四）创新转型发展再上新台阶

1. 绿色交通发展取得新突破。着力实施“长江大保护”行动，长江干线共取缔各类码头1211个，清退港口吞吐能力1.56亿吨，腾退岸线长度150公里，码头岸滩岸线生态复绿面积超过856万平方米；汉江、清江共取缔各类码头（砂场、砂站）599个。武汉、宜昌水上化学品洗舱站基本建成，全省3796艘100总吨及以上船舶生活污水收集或处理装置已全部完成改造，船舶污染物港口接收设施基本实现全覆盖、全衔接。着力推动节能减排，充分发挥资金补贴政策的引导、激励作用，加快营运黄标车、老旧船舶淘汰更新，大力推广清洁能源应用，纯电动公交车数量大幅增加，海川2号等液化天然气（LNG）动力船舶投入运营，武汉、宜昌、黄石等地港口岸电积极推广。

2. 智慧交通开启新模式。交通云数据中心投入使用，交通运输数据资源整合取得新进展，智慧交通“四通工程”（行业通、部门通、区域通、社会通）列入省委新基建三年行动方案，电子巡航试点、电子航道图建设加快推进，道路运输四级协同系统上线运行。铁路、民航及二级以上客运站实现联网售票。打造“互联网+”便捷交通，大力推进城市公交卡互联互通，全省公交刷卡率接近50%，襄阳、黄石、荆门、咸宁、随州、潜江等6个城市进入全国一卡通阵营，武汉市列入全国首批“智慧交通”示范城市。

3. 创新发展取得新突破。荆岳长江公路大桥荣获鲁班奖，秭归长江公路大桥荣获国际奖（古斯塔夫·林德撒尔奖），宜巴高速公路获得全球道路环境类成就奖，G209十堰段“畅安舒美”示范公路创建工程获得中国公路养护工程奖。高速公路、普通国省道及客运站“厕所革命”完成目标任务并取得显著成效。船舶标准化、大型化进程明显加快，1140标准箱江海联运标准船型成功研制并投入使用，武汉直航日本的汉亚航线500箱级集装箱船顺利交船。

（五）行业治理能力再上新台阶

1. 综合交通体制机制深化完善。成立了以常务副省长为组长的综合交通运输工作领导小组，全省综合交通运输体制进一步完善，省厅作为其办公室的职能进一步强化。充分发挥“645”工程、铁路、民航等重大项目建设指挥部的统筹协调作用，形成了上下联动、横向协同的工作机制。厅机关系统建立健全“四大机制”（全面统筹的科学决策机制、规范有序的高效运行机制、务实细致的服务保障机制和奖罚分明的问责落实机制）、“六大制度”（处务会议制度、勤政考勤制度、常态化学习制度、分工统筹合作制度、基础工作数字化制度、高效保质工作制度），厅机关处室实施“三化”（管理制度化、工作程序化、职能数字化），全行业管理制度更加健全，交通运输建设前、中、后期工作等有了制度性规范。

2. 交通行政审批制度改革纵深推进。省厅下放13项、取消19项省级职权事项。“互联网+政务服务”加快推进，所有省级审批事项并入省政务服务“一张网”，交通行政审批效率进一步提升。

3. 交通规划和法律法规科学配套。印发了《湖北省综合交通运输“十三五”发展规划纲要》《湖北长江经济带综合立体绿色交通走廊建设专项规划》等一系列规划，科学指导湖北综合交通运输体系建设。修订《湖北省公路路政管理条例》《湖北省水路交通条例》等，出台《湖北省农村公路工程技术标准》等地方标准，为推动全省交通运输发展提供了有力法律、法规、标准支撑。

4. 交通党建和精神文明建设成果丰硕。坚持党建引领，深入巩固拓展“不忘初心、牢记使命”主题教育成果，全面从严治党深入推进，正风肃纪成效明显。文明创建成果不断拓展，涌现出“中国好人”邓艾民、“2019年感动交通十大年度人物”王光国等一大批先进模范人物和党建、文明创建、抗疫等一大批先进集体。全国第一部反映“四好农村路”建设成就的电影《村路弯弯》成功上映，并荣获首届湖北电影金鹤奖。

二、2020年交通运输夺取“抗疫”“重振”双胜利

2020年是极其特殊、极不平凡、极不容易的一年，全省交通运

输系统挑战前所未有，应对拼尽全力，成效十分显著，省厅还作为9家代表单位之一在全国交通运输工作会上作了交流发言，成为“抗疫”和“重振”双胜尖兵，全年工作主要体现在八个方面：

（一）战疫保障有力。作为省疫情防控指挥部交通保障专班牵头单位，省厅统筹铁、水、公、空、邮、管和省公安交管等单位，服从大局、履职尽责、统筹兼顾，制定交通运输专项政策12项，实施“多线管控合一”查验模式，设置“进鄂物资中转调运站”，完成上级临时交办的重要交通运输保障事项239件，上下一心、共克时艰，接力转运不停、生命运输不断、重难险事即办，努力做到了应急物资保畅、专项运输保通、运输服务保优、包保社区保稳，在战“疫”大考中取得了优异成绩。

（二）战贫成效明显。圆满完成交通扶贫“双通”任务，持续巩固中央脱贫攻坚专项巡视整改成果，实现了县县通高速公路的目标，加大对贫困地区交通扶贫项目年度资金安排的倾斜力度、加大“四好农村路”示范创建力度，新增“四好农村路”示范乡镇55个，制定了《湖北省农村公路养护管理体制改革实施方案》和《湖北省农村客运运营服务规范》，开展了农村公路普查工作，进一步夯实了农村公路管理基础、规范了农村客运服务。

（三）战洪全力担当。全省各级交通运输部门全力抢修保通，全力引导畅通，全力谋划修通，保障了抢险救灾人员、物资的运输和群众安全出行。广大干部职工战高温、战蚊虫，夜以继日奋战在灾毁现场，充分展现了交通人的担当作为。全省组织维修、抢通受损高速公路40多处、普通国省干线公路1096处、农村公路11170条。积极争取到交通运输部灾毁修复资金11亿元、灾毁抢通专项资金2400万元。

（四）重振有力有效。全省公路、水路交通建设项目早谋划、早部署、早复工，加压推进，谋划安排交通补短板工程300多亿元，95个重大项目（总投资514亿元）实现集中开工，做到了抢时间、抢要素、抢进度，交通投资稳步回升、逆势上扬，全年完成交通固定资产投资超既定目标（1000亿元）。争取到交通运输部投资补助资金135亿元（不包括争取中央预算内资金4.8亿元），再创历史新高；争取到省政府72亿元一般债券用于交通建设；争取到交通运输部批准我省在现代内河航运等六方面开展交通强国建设试点，省厅和6个县市获批农村公路养护管理体制改革试点；争取省政府印发了《湖北省公路桥梁三年消危行动方案》，落实部省补助资金14.49亿元。

（五）改革取得突破。高速公路管理体制改革取得实质性突破，平稳完成收费养护人员划转移交，解决了十年来全省综合交通运输体制改革想解决而未解决的改革难题。顶着“疫情”和“改革”的双重压力，圆满取得“撤站”第十战役胜利，完成系统问题清零、积压数据清零、延迟扣款清零、客户存量投诉清零等“四大清零”任务。“放管服”改革进一步深化，协同推进完成“一网通办”，衔接落实了事项梳理、系统打通、“一事联办”“一窗通办”等重点工作任务。

（六）攻坚全面结账。着力推进运输结构调整三年行动，全省5个国家级多式联运示范项目“公转铁”“公转水”建设加快。全力推进非法码头专项整治、岸线资源清理整顿和港口船舶污染治理，巩固整治成果，2018年警示片反映的汉江荆门4艘船舶生活污水排放问题通过省级现场验收并销号。

（七）安全基础夯实。全年未发生重大及以上道路运输行车安全责任事故，事故率同比下降50%，水上未发生责任事故，安全态势平稳。启动全省交通运输安全生产专项整治三年行动，不断夯实安全基础。深入开展“质量红线”专项行动，强化线上监督，优化线下监督，督导宜巴高速公路核桃树大桥、铜矿岭隧道病害处治，确保了重大项目工程质量和安全。

（八）规划成果丰硕。高质量完成“建设交通强国示范区，打造新时代九省通衢”省委重大课题，强化成果应用，坚持上接天线、下接地气、横向联动，初步谋划完成我省“十四五”综合交通运输规划雏形，一批重大项目纳入国家规划，我省过江通道总量和规划新建数量均居全国第1位，新增国家高速公路里程居全国前列。

同时，综治维稳、扫黑除恶、机要保密、档案管理、信息宣传、群团、老干、教育培训、职业资格、造价、后勤等各方面工作整体推进，卓有成效，为交通运输事业持续健康发展提供了重要保障。

同志们！回顾“十三五”，尤其是2020年工作，成绩来之不易，历程极其艰辛，经验弥足珍贵，困难仍然不少，但终以难忘的奋斗、无畏的拼搏、辉煌的成就，深深铭刻在我们的记忆里。我们更加深刻认识到：党的坚强领导是战胜一切艰难险阻的根本所在，以人民为中心是做好一切工作的根本出发点和落脚点，机制科学、制度完善是做好一切工作的重要基础，统筹兼顾、精准施策是做好一切工作的重要方法，作风扎实、善作善成是做好一切工作的重要保障。

同志们！湖北交通运输改革发展取得的辉煌成就，得益于省委、省政府的坚强领导和交通运输部的关心指导，得益于省直各部门、地方各级党委政府的重视和支持，更得益于全省交通运输系统广大干部职工团结齐心、奋力拼搏。在此，我代表厅党组，向长期以来关心、支持我省交通运输事业发展的各级党委政府、各有关部门及社会各界，特别是向在座各位并通过你们向全省交通运输系统广大干部职工表示衷心的感谢，并致以崇高的敬意！

三、“十四五”我省交通运输发展的形势与任务

（一）准确把握交通运输发展形势

党的十九大以来，国际国内环境发生重大变化，在进入新发展阶段、坚持新发展理念、构建新发展格局的大背景下，交通运输发展面临着更多、更复杂的新形势。

第一，要抢抓“四个”新机遇。

1. 交通强国试点建设的机遇。党中央、国务院印发《交通强国建设纲要》，习近平总书记对湖北提出“建成支点、走在前列、谱写新篇”的要求，交通运输部批准我省在现代内河航运建设等六个方面开展试点，并给予政策和资金支持，我省交通运输高质量发展迎来新的契机。

2. 国家重大战略深入实施的机遇。“一带一路”倡议和扩大内需、长江经济带发展等重大国家战略深入实施，交通运输新基建加速推进，综合交通多层次、多中心和中心城市、城市群发展布局新理念的产生，以及人民群众日益增长的多层次、多样化、个性化交通运输需求，将助推交通运输固定资产投资继续保持高位运行。

3. 政策红利释放的机遇。党中央对湖北实施了一揽子支持政策，省委、省政府部署了疫后重振补短板强功能交通补短板工程三年行动和多式联运三年行动，这为我省交通运输发展注入了强大的政策支持。需要强调的是，交通运输部将适度降低国家高速公路项目补助标准、提高普通国道中央投资补助比例，我们要厘清政策，重点把握。

4. 区域发展新布局的机遇。省委提出的“一主引领、两翼驱动、全域协同”区域发展布局，为全省交通运输发展指明了方向、拓展了空间。

第二，要直面“四个”新挑战。

1. 国际国内环境带来的挑战。世界正经历百年未有之大变局，不稳定性不确定性明显增加，国际环境日趋复杂，国内经济下行压力仍然较大，我省经济恢复基础尚不牢固，交通运输市场主体经营依然困难，保交通运输市场稳定的压力不容忽视。

2. 疫情影响带来的挑战。全球疫情仍在蔓延，国内疫情时有零星散发，保行业稳定、保交通运输畅通、保项目建设的压力仍然很大。

3. 制约因素带来的挑战。贯彻新发展理念的要求更加具体，节约和高效利用资源的规定更加明确，绿色发展的要求更高标准，使得交通运输建设的制约因素更加刚性化，保交通固定资产投资的压力依然存在。

4. 创新发展带来的挑战。在创新驱动下，信息化技术、新材料、新能源、新装备等与交通运输更加深度融合，将进一步推动传统交通运输转型升级，交通运输新业态、新产业、新模式不断涌现，行业管理服务的要求更高，推动交通运输高质量发展任重道远。

第三，要把握“三个”新定位。

1. 发展目标更加明确。省委十一届八次全会结合中央关于建设交通强国的战略部署，明确提出了“建设交通强国示范区，打造新时代九省通衢”的全省综合交通运输发展目标。

2. 地位作用更加突出。省委经济工作会议强调，要把湖北打造成为国内大循环的重要节点和国内国际双循环的战略链接，基础在交通，关键在功能，重点在开放。

3. 发展重点更加清晰。省委经济工作会议提出，要强化交通“硬联通”，构建公铁水空设施互联、信息互享、标准互通、装备互换、便捷高效的集疏运体系；要加快推进以“4+2”重大铁路项目、“米字形”“十通向”高铁枢纽网为主轴的铁路建设，以“双枢纽、多支线”为重点的航空基础设施建设，以“江海联运、水铁联运、水水直达、沿江捎带”为载体的水运建设，以“高速公路优化扩容、国省干线达标提质、农村道路畅通安全”为目标的公路建设，加速融入全国“123小时”交通出行圈和全球“123天”快货物流圈，形成引领中部、辐射全国、通达世界的开放大通道，加快构建“互联互通、一体融合、人享其行、物优其流”的现代综合立体交通运输体系。这是全省综合交通运输发展的新要求和新定位，既是鼓励，也是压力，我们要准确把握，系统谋划，精准实施，强化落实。

综合研判，2021年乃至“十四五”时期交通运输发展形势更加复杂多变，不确定性因素更多显现，但总体处于恢复性增长期，稳的态势没有变，进的基础趋于牢固，危和机并存，危中有机、危可转机。我们一定要认清变化表象、把握不变大势，增强机遇意识和风险意识，紧紧抓住有利因素、积极应对风险挑战，坚定信心、保持定力，稳中求进、守正创新，立足本职、坚守使命，在危机中育先机、于变局中开新局，奋力推动湖北交通运输高质量发展。

（二）“十四五”的总体思路、目标和任务

总体思路：深入贯彻党的十九大和十九届二中、三中、四中、五中全会精神，紧紧围绕交通强国战略和全省“一主引领、两翼驱动、全域协同”区域产业布局，坚持以人民为中心的发展思想，坚持新发展理念和安全发展理念，以推动高质量发展为主题，以交通运输供给侧结构性改革为主线，按照“补短板、优结构、提质效、促转型、强治理”的思路，补齐交通基础设施发展短板，优化交通资源配置，提升运输服务质效，提高可持续发展能力，推进行业治理现代化，加快构建“3239”（三枢纽、两走廊、三区域、九通道）全省综合交通运输布局，加快建设安全、便捷、高效、绿色、经济和引领中部、辐射全国、通达世界的现代化综合交通运输体系，为打造国内大循环重要节点和国内国际双循环战略链接提供基础支撑，全力建设交通强国示范区、打造新时代九省通衢。

全面加强交通强国试点建设，努力实现“三个转变”（由追求速度规模向更加注重质量效益转变，由各种交通方式相对独立发展向更加注重一体化融合发展转变，由依靠传统要素驱动向更加注重创新驱动转变），推动我省交通运输由“大”变“优”：高速公路突出“优化扩容、内外互通”；国省干线公路突出“建养并重、提质联通”；农村公路突出“补短提升、便捷畅通”；水运突出“南北打通、水网贯通”；铁路突出“路网中心、米字成形”；航空突出“客货双驱、支线开通”；邮政突出“高效安全、普惠民生”；城市交通突出“公交优先、服务优化”；管道突出“完善网络、保障供应”。

具体目标：到2025年，全省高速公路里程达到8000公里，一级公路里程达到8500公里，二级公路里程达到25000公里；普通国省道二级以上公路比例达到88%以上，具备条件的乡镇实现双通道连通，具备条件的行政村70%实现双车道畅通，巩固提升“村村通客车”成果；三级及以上航道里程达到2300公里，港口吞吐能力达到4.5亿吨，集装箱吞吐能力达到600万标准箱。

重点实施九大任务：一是做好水运大文章，打赢水运发展翻身仗。加快补齐水运发展短板，建设内畅外联、统一管理的高等级水运主通道。二是完善大网络，打造综合立体交通走廊。加快城市群综合交通基础设施互联互通，重点建设武汉城市圈一体化交通网，加快“襄十随神”“宜荆荆恩”城市群基础设施一体联通，引导两大城市群联动协同发展。持续推进“四好农村路”高质量发展。三是构建大枢纽，打造新时代九省通衢新优势。支持武汉打造国际性综合交通枢纽，支持襄阳、宜昌等打造全国性综合交通枢纽，增强中心城市和城市群等优势发展区域的承载能力。四是发展大运输，打造高效快捷的服务体系。充分发挥湖北水运资源优势，重点推进多式联运示范工程，加快发展江海联运、水铁联运、水水直达、沿江捎带，把武汉打造成我国中部枢纽。五是促进大融合，打造交通运输行业新业态。坚持老基建“补短板”、新基建“扩乘数”，以数字化、网络化、智能化为主线，推动传统交通基础设施数字转型、智能升级、融合发展，推进安全可靠、智能绿色、经济高效的交通运输新型基础设施建设。六是建设大平台，打造智慧交通运输体系。重点推进智慧交通“四通工程”，加快构建数字化的采集体系、网络化的传输体系和智能化的应用体系。七是强化大安全，打造综合交通安全应急保障体系。大力推进“平安交通”建设，充分发挥省综合交通安全生产专业委员会的统筹协调作用，以提升交通本质安全水平、完善交通安全生产体系、强化交通应急救援能力为重点，全面提升交通保障能力，努力维护安全稳定的交通环境。八是共抓大保护，打造绿色交通运输体系。深入贯彻落实习近平总书记关于长江大保护的重要指示精神，巩固码头岸线整治成果，落实长江流域“十年禁捕”、推进重点水域禁捕退捕工作，强化节能减排和污染防治，加强交通生态环境保护修护。九是立足大交通，打造现代化交通运输治理体系。进一步深化交通运输行业体制改革，深入贯彻总体国家安全观，严格落实机要保密、综治维稳等工作要求，大力推进人才队伍建设和交通职业教育，全面推进行业治理体系和治理能力现代化，打造科学规范、运行有效的制度体系。

同志们，开启“十四五”交通运输发展新征程，我们应当有“高路入云端”的凌云志，应当有“交通要先行”的大担当，应当有“强化硬联通”的新作为！站在新的历史起点上，我们要全面把握新发展阶段，认真贯彻新发展理念，积极融入新发展格局，统一思想、凝聚共识，自觉对标国内、国际先进水平，立足湖北区位优势，着力优化综合立体交通运输网络、有效服务扩大内需战略实施，着力发展现代物流、有效支撑现代流通体系建设，着力提升服务供给质量、奋力建设人民满意交通，着力优化营商环境、加快形成统一、开放的交通运输市场，着力提升高水平开放、开拓合作共赢交通建设新局面，着力统筹发展和安全、有效防范化解重大风险，努力在全面建设交通强国示范区过程中展现湖北交通风采，在全面推进现代化建设新征程中交出交通优秀答卷！

四、确保“十四五”开好局、起好步

2021年是“十四五”开局之年、全面建设社会主义现代化新征程开启之年、建党100周年，全力推进交通运输各项工作意义重大。全省交通运输系统要按照应勇书记关于“强化交通‘硬联通’”和晓东省长“增密、互通、提质”的要求，统筹抓好常态化疫情防控和行业高质量发展，充分发挥交通运输在“六稳”“六保”大局中的支撑作用，全力确保“十四五”开好局、起好步。

主要目标：确保完成公路水路固定资产投资1000亿元以上；力争建成高速公路132公里；建设一级公路500公里、二级公路700公里；新改建农村公路1.3万公里；改造公路危桥1800座；新增港口吞吐能力1000万吨；运输结构持续优化，绿色、智慧交通建设取得新成效，质量安全形势保持稳定；着力高效推进五个行动（交通补短板三年行动、多式联运三年行动、国省干线达标行动、公路桥梁三年消危行动、继续深化推进“春风行动”和“亮剑行动”）。

今年的工作要坚定一个方向（全面加强党的领导）、把握一个前提（扎实做好交通运输常态化疫情防控）、围绕一个主题（全面推进交通运输高质量发展），着力抓好六个重点：

（一）抓项目建设，补短板。认真贯彻落实《湖北省疫后重振补短板强功能交通补短板工程三年行动实施方案(2020—2022年)》，加快启动推进建设一批打基础、补短板、强功能、利长远的重大交通运输项目，持续强力推进，做到能开则开、能早则早、能快则快。

1. 加快前期工作。进一步落实健全重点工程前期工作机制，完善工作程序，明确任务分工，以首先规范国高网、普通国省道、航道工程前期工作为重点，在合理控制工程成本、提升工程质量、防范交通建设领域重大风险的基础上，强化沟通协调，强化责任落实，确保项目前期工作服务更优、进度更快。

2. 狠抓重点项目。水运通道方面：重力推进雅口、碾盘山、孤山、新集等汉江枢纽项目建设，启动蔡甸至兴隆2000吨级航道整治工程，实施松西河、唐白河等南北水运大通道航道整治工程，积极开展兴隆枢纽2000吨级二线船闸、王甫洲枢纽1000吨级二线船闸改造工程和水网联通项目前期工作。配合完成长江干线武汉至安庆段6米水深航道建设，力争4.5米水深航道整治工程开工。干线公路方面：重点推进G316河谷汉江公路大桥及接线工程、G207荆门市桃园至子陵段、G347黄冈市巴河至蕲州公路、G316武当山段新建工程等干线公路项目。实施全省国省干线公路达标工程，推动路网提档升级。推进通达景区公路建设。高速公路方面：加快推进鄂州机场高速公路、呼北高速公路宜都至鄂湘界段、燕矶长江大桥、十淅高速公路等一批高速公路和过江通道项目建设。

3. 加大督办考核。省厅成立全省疫后重振补短板强功能交通三年行动领导小组，各地交通运输主管部门也要建立相关工作机制，推动项目建设“清单化、责任化、时限化”，对各项工程推进实施情况加强检查督办，定期通报、压实责任，加大绩效评价和考核，确保工程建设顺利进行、安全优质。

（二）抓“四好农村路”，惠民生。以“四好农村路”建设为重点，将交通运输发展与乡村振兴有机结合，畅通微循环，实实在在建设人民满意交通。

1. 推动“四好农村路”高质量发展。重点推进农村公路提档升级、乡镇二通道和乡村骨干网建设。巩固交通扶贫攻坚成果，积极推动交通与荆楚特色的乡村产业资源、旅游结合，支持荆楚乡村绿道创建，支撑乡村振兴战略。深入开展“四好农村路”示范县、示范乡镇创建，启动示范市创建。继续加快实施全省公路桥梁“三年消危行动”，推进桥梁基础资料数字化、危桥加固改造科学化、桥梁养护规范化、桥梁管理智能化。积极开展全国、全省深化农村公路管理养护体制改革试点工作，全面推行农村公路“路长制”。

2. 加快城乡均衡发展。启动“五个一批”工程，出台相应制度政策，逐步创建一批国家城乡交通运输一体化示范县和国家公交都市，推广一批全域公交乡镇、县，达标一批农村客运站和候车亭，更新一批新能源农村客运车辆和巡游出租车辆，升级一批农村客运和城市公共交通动态监控系统。

3. 抓实平安交通建设。进一步建立完善防范化解重大风险工作机制，分级、分类防范化解安全风险。深入推进全省交通运输行业领域安全专项整治三年行动，持续推进长途客车接驳点就餐场所专项整治，开展危险化学品道路运输专项治理，抓好重大节假日期间等关键时期安全监管。继续推进公路安全生命防护工程建设，开展公路水路自然灾害综合风险普查，加强应急处置和应急演练后评估工作，不断提升交通运输应急救援能力水平。持续做好常态化疫情防控，严格压实属地、部门、单位、个人“四方责任”，坚持交通运输“三同防两畅通一保障”（人、物、环境同防，人畅其行、货畅其流，保障春运）原则，落实最新防控指南要求，织牢防控网，形成防控合力，把疫情输入和反弹的风险化解在早、化解在小。按照省防指、交通运输部有关要求落实好交通运输重点从业人员核酸检测应检必检要求，重点加强进口食品冷链环节运输环节防控。

（三）抓多式联运，降成本。争取省政府出台全省多式联运发展三年行动方案，全力推进多式联运发展，持续优化运输结构，提升运输效率，降低物流成本，推动我省加快建成国家多式联运区域中心。

1. 完善多式联运集疏运体系。加快建设沿江、武西、京九等高速铁路网，建设武汉阳逻港、宜昌白洋港、黄石新港等港口疏港铁路，部署建设大型工矿企业、物流园铁路专用线。加快推进武汉城市圈出口路等省际通道建设，重点推进一批疏港公路项目。加快推进长江、汉江航道整治，推动沿江重点港口建设，更好发挥港口群的集约效应。加快推进多式联运枢纽建设，重点推进武汉吴家山等铁路物流基地扩能改造，推进武汉天河机场和湖北国际物流核心枢纽航空“双枢纽”物流基地建设，积极推进多式联运物流园建设。

2. 建设多式联运示范工程。发展壮大国家级多式联运示范工程，确保黄石示范工程顺利通过国家验收，组织襄阳、荆州、荆门、湖北国际物流核心枢纽等项目申报国家级多式联运示范工程。组织开展省级多式联运示范工程创建。培育多式联运经营主体，坚持“引进来”与“走出去”相结合，支持国内国际大型物流企业在湖北设立区域总部或分公司，开展多式联运业务；支持武汉、襄阳、宜昌、黄石、荆州等地培育一批本地多式联运骨干企业。

3. 打造多式联运品牌线路。推进大宗散货、集装箱、商品车等货品在长江沿线上下水，打造铁水联运品牌线路；进一步巩固发展武汉至上海洋山、泸汉台、武汉至东盟等航线，扩大联运辐射范围；开辟和发展长江中上游、湘江、洞庭湖区、汉江等港口至武汉港的集装箱喂给航线；拓展长江三峡库区载货汽车滚装运输，培育水陆滚装联运精品路线；推动中欧班列（武汉）与江海直航无缝衔接，扩大班列覆盖范围。

（四）抓新基建，提质效。强化顶层设计，提高科技创新能力，推动交通运输领域新型基础设施建设，为经济社会发展提供品质更优、效率更高的交通运输服务。

1. 加快智慧交通建设。启动智慧交通新型基础设施建设，升级扩容交通运输云数据中心，启动危化码头港口智能监管平台建设，实施部省治超联网管理信息系统，实施省级高速公路视频联网监测等项目。建设危货运输安全监管系统，建立覆盖全省的危险货物道路运输安全监管信息化管理体系。升级道路运政四级协同管理与服务系统，持续优化完善系统功能。推进宜昌、荆州、鄂州、仙桃城市智慧交通示范项目，推进武汉阳逻港、黄石新港、鄂州三江港多式联运示范工程物流信息平台共建共享共用。

2. 加快升级智慧服务。开展ETC服务专项提升行动。加快推进汽车客运站升级改造，提升旅客候乘体验和管理服务水平。进一步推动网约车等新业态规范发展，大力推进个性化、定制化出行服务，在武汉、宜昌等地探索推广“互联网＋道路客运”“互联网＋旅游客运”发展模式。鼓励和引导城际客运公交化，探索推进联程联运和客运一票制服务。切实解决老年人运用智能技术困难，通过发行老年人城市公共交通出行“一卡通”、引导网约车增设“一键叫车”功能等措施，便利老年人日常交通出行。完善农村物流网络节点，持续推进农村物流运输试点示范建设。

3. 加快发展绿色交通。制定实施《湖北省绿色出行创建行动方案》，积极申报和创建国家、省级绿色出行城市。积极配合相关部门建立实施汽车排放检测与维护制度，实现检验、维修、复检闭环管理。进一步推广使用新能源和清洁能源等节能环保型城市公交车、出租汽车。积极推广LNG、岸电等清洁能源应用。进一步加大港口船舶污染物接收、转运、处置建设推进力度，巩固非法码头治理成果。继续深化推进“厕所革命”。

（五）抓改革创新，增活力。稳妥有序推进深化改革，推动“有效市场”和“有为政府”在全省交通运输行业更好结合，细化举措优化营商环境，结合特色建设交通强国试点，推进行业治理体系和治理能力现代化，为全省交通运输事业高质量发展增添创新活力、提供坚强保障。

1. 着力推动深化改革。充分发挥省综合交通运输工作领导小组办公室作用，进一步健全完善综合交通运输一体化发展协调机制。继续深入推进全省交通运输综合执法改革，加快构建权责统一、权威高效、监管有力、服务优质的执法体制。按照政府主导、市场主体、功能主向、行业主管原则，坚持省级统筹，兼顾各方利益，以实现规划一体化、建设一体化、运营一体化、管理一体化为目标，推进全省港口资源整合，争取以省政府名义出台整合工作方案。坚持法治引领，强化法治部门建设，深入推进执法规范化建设，结合综合执法改革有序开展交通运输地方性法规、规章清理。创新信用监管模式，完善施工招投标信用评价奖励办法，制定道路运输行业“红黑名单”管理规范和建设市场“进与退”的有效机制，推进交通运输信用评价结果应用。继续开展以破解融资难题为目标的交通运输建设投融资“春风行动”，继续组织开展以围标串标、规避招标、违法分包转包等为重点的专项整治“亮剑行动”。继续加强和规范高速公路运营管理、公路养护管理和公路水路运输市场监管。

2. 着力优化营商环境。贯彻落实《湖北省交通运输厅进一步优化营商环境的实施意见》，当好有呼必应、无事不扰的“店小二”；各级交通运输部门要落实工作责任，细化工作举措，对损害营商环境的行为严肃追责问责。持续推进“放管服”改革，协调做好国务院取消、下放、调整事项的承接落实，做好省级事项取消、下放、优化调整工作。继续深化“互联网＋政务服务”改革，推动“一网通办”“一窗通办”“一事联办”等工作落实，优化行政许可网上办理流程，推进信息系统联通、数据共享工作，让数据多跑路、群众少跑腿。持续推进“互联网＋监管”，推动形成以“双随机、一公开”为基本手段、以重点监管为补充、以信用监管为基础的新型监管机制。

3. 着力推进交通强国试点建设。强化合力推进，落实各级政府和相关部门责任，上下联动、分级负责，充分发挥实施主体的积极性，整体有序推进试点建设。强化试点成效，结合试点任务安排，加快推进现代内河航运建设等6个试点，逐步形成一批能复制、可推广的典型成果和经验。强化协同发展，以武汉、襄阳、宜昌为重点，推进轨道网、公交网、慢行网“三网”全面融合发展，打造城市公共交通示范区；以绿色发展为根本，突出发展绿色公路、绿色水运、绿色出行、绿色配送，打造鄂西交通绿色发展示范区；以乡村为基础，突出“四好农村路”示范建设，打造江汉平原交通振兴发展示范区；以转型发展为动力，突出综合交通，打造鄂东交通转型发展示范区。

4. 着力抓好规划编制。在做好“十三五”规划评估工作的基础上，稳步推进全省综合交通运输“十四五”规划编制，及时修改完善规划文本，按照相关要求提请审批、发布。同时，切实抓好湖北省综合立体交通网规划、湖北省国家公路国土空间控制规划、湖北省内河航道规划等专项规划相关工作落实。

（六）抓党的建设，明方向。形势越复杂，任务越繁重，越是要毫不动摇坚持和加强党的全面领导，确保方向正确、思路清晰、目标明确，不断提升队伍凝聚力战斗力。

1. 狠抓管党治党。要把“不忘初心、牢记使命”作为加强党的建设的永恒课题和党员干部的终身课题，推动学习贯彻习近平新时代中国特色社会主义思想不断往深里走、往实里走、往心里走。全省交通运输系统广大干部职工特别是领导干部要不断提高政治判断力、领悟力和执行力，尤其是“一把手”要始终保持清醒头脑，把问题想明白、把政策研究透、把事情弄清楚、把工作抓仔细。要高质高效督促抓好省委巡视反馈问题整改落实，精准分析问题原因，一项一项盯紧抓实，一件一件对账销号。以深化“双报到、双报告”制度为抓手，巩固拓展机关在职党员干部下沉社区工作成果。

2. 狠抓正风肃纪。要有效运用“四种形态”，从严查处违纪违规及腐败问题。坚决抵制形式主义、官僚主义，坚持实事求是，察实情、讲实话、出实招、求实效；领导干部还要做到重要工作亲自部署，重大问题亲自研究，重要环节亲自协调，重要事情亲自督办，制定任务清单、责任清单，确保各项工作扎扎实实落到实处。

3. 狠抓精神文明。要进一步完善全省综合交通运输行业文明创建工作机制，加强常态化沟通协调，牵头组织综合交通单位开展多种形式的文体活动，形成行业精神文明工作合力。大力挖掘培树“交通工匠”、技术能手和年度系列“最美”人物，加强模范典型的宣传力度，组织开展好主题宣传，进一步讲好交通故事。

4. 狠抓队伍建设。要对标现代化强省、现代化交通建设要求，在“人的现代化”上下功夫。坚决把政治生态搞好、用人导向搞正，打造忠诚干净担当的干部队伍，让奋斗者吃香、懈怠者遇冷，给干事者舞台、让平庸者让位，让那些想干事、肯干事、干成事的干部有更多用武之地。广大干部职工要把解放思想作为干事创业的逻辑起点，以服务群众和市场主体为基点考虑问题、谋划工作，以“思想破冰”引领发展突围。要增强“八大本领”(学习本领、政治领导本领、改革创新本领、科学发展本领、依法执政本领、群众工作本领、狠抓落实本领、驾驭风险本领)，提高解决实际问题“七种能力”(政治能力、调查研究能力、科学决策能力、改革攻坚能力、应急处突能力、群众工作能力、抓落实能力)，敢于打硬仗、扛重活、攻难关，既要善谋全局、善抓大事，又要推动工作精细化、行动精准化，当好干事创业“领头羊”、改革创新“开山斧”、为民解难“孺子牛”。

同志们，春节将至，当前要重点做好以下几个方面的工作：一是毫不松懈做好交通运输常态化疫情防控，坚决阻断疫情通过交通运输传播蔓延。二是要全力以赴抓好春运，保障人民群众安全、便捷、舒适出行。三是要坚持底线思维抓好安全生产和信访维稳综合治理，确保行业安全稳定。四是要用心用情用力关爱行业困难群众，多为大家解决实际困难。五是要抓好工作谋划，为取得开门红做好准备。六是要抓好廉洁自律，过一个廉洁、文明、祥和的春节。

征途漫漫，唯有奋斗！同志们，新的目标已经确立，新的征程已经开启。2020年，我们披荆斩棘、克难攻坚显担当；2021年，让我们勇往直前、坚定信心再出发。站在新的起点上，我们要迈好第一步，见到新气象。让我们在省委、省政府的坚强领导和交通运输部的支持指导下，精诚团结，务实进取，奋发有为，为交通强国和现代化强省建设作出新的更大贡献，向党的百岁华诞献礼！

落实全面从严治党主体责任
引领保障“十四五”开好局起好步

——朱汉桥在2021年省交通运输厅全面从严治党工作推进会上的讲话

(2021年3月10日　会后清稿)

同志们：

根据省委的统一部署和要求，厅党组认真研究，决定召开全面从严治党工作会。在党中央和省委党的建设的重要会议后，省交通运输厅召开全面从严治党工作会，认真贯彻落实党中央决策部署和省委工作要求，成为制度性安排。在开局“十四五”、开启新征程的特殊历史节点，今年的全面从严治党工作会显得更加不同寻常，具有更加重要的意义。实践已经充分证明，治国必先治党，治党务必从严。全面从严治党是“四个全面”的重要内容之一，是实现治国理政的根本保证，也是“十四五”开好局起好步、推动交通运输高质量发展的坚强保障。

刚才，汉诚同志作了全面从严治党监督责任工作报告，凡非同志作了机关党的建设工作报告，都讲得很好，各单位各部门要认真领会学习，结合各自实际，坚持问题导向，认真抓好落实。会上，江汉运河航道管理处党委、厅后勤中心党支部、厅客货运输处党支部主要负责同志就党建工作进行了大会述职，其他单位进行了书面述职，总结了经验做法，分析了存在问题，明确了努力方向，大家要公正客观对各位书记抓党建工作进行评价，如实负责地填写民主测评意见，也要通过述职，相互学习借鉴，找准差距，补齐短板，整体提升党建工作质量和水平。

下面，我就推进2021年全面从严治党工作讲三点意见。

一、切实增强全面从严治党的责任感和紧迫感

习近平总书记反复强调，办好中国的事情，关键在党，关键在坚持党要管党、全面从严治党。交通运输是经济社会发展的先行官，也是经济发展的硬支撑。今年是交通强国建设示范试点的第一年，也是省委确定的“建设交通强国示范区、打造新时代九省通衢”发展新定位的推进之年，更是落实习近平总书记提出的全方位全领域实现高质量发展的关键之年，因此，必须坚持和加强党的全面领导，必然离不开落实全面从严治党主体责任。我们要认真学习贯彻中纪委五次全会、省纪委五次全会和省委党的建设的重要会议精神，深刻领会全面从严治党首先要从政治上看的时代内涵，同时，要从政治、思想、组织、作风、纪律等五个方面，把握工作要求、锤炼治理能力，坚定不移落实全面从严治党，锲而不舍推进党风廉政建设。

一是交通运输的发展成就，更加坚定我们落实全面从严治党的决心和信心。全面从严治党的工作会每年都召开，但今年尤为特殊，因为我们走过了极其特殊、极不平凡、极不容易的2020年。过去的岁月已载入史册。各单位各部门坚持党的领导，切实把全面从严治党作为政治引领和政治保障，压实主体责任，抓实理论武装，夯实基层组织，严实工作作风，凝实

强大力量，充分发挥基层党组织战斗堡垒作用和党员先锋模范作用，实现了战疫、战洪、战贫的重大胜利，让党旗在斗争一线高高飘扬，为统筹疫情防控和经济社会发展取得“双胜利”提供了坚强保证，得到省委省政府主要领导的充分肯定。省厅连续8届获评省直机关党建工作先进单位，崔家营管理处第一党支部荣获全省党建工作示范单位，交职院物交学院获评全国教育系统党建工作样板支部，一批先进集体、先进个人获得部省表彰。成绩来之十分不易，经验弥足珍贵。我们越发深刻认识到：推进全面从严治党，坚持和加强党的领导是战胜一切艰难险阻、攻克一切难关的根本所在，是凝聚人心、汇聚力量、激发活力的根本所在，是推动工作高质量发展的根本所在。厅党组将继续把全面从严治党作为政治引领和政治保障，带领各级党组织讲政治、改作风、严纪律、强基层，抓好开局起步各项工作。

二是党风廉政建设永远在路上的形势任务，迫切需要我们落实全面从严治党的责任和担当。去年，我们取得了战疫、战洪、战贫和重振的重大胜利，交出了圆满答卷，但在党的建设，特别是纪律作风建设上还存在一些问题。省委第九巡视组对省厅进行了政治巡视，在肯定省厅工作成绩的同时，也指出了“两个责任”压得不够实，全面从严治党战略部署在有些工作上推进还不够有力，违规违纪问题还杜而不绝、“四风”现象禁而不止，个别党员干部收受现金、购物卡，个别单位违规组织招投标，违规发放值班费、行车补助费等问题，这都说明，作风纪律建设还存在一些问题，推进党风廉政建设和反腐败斗争的决心还不能减、尺度还不能松。这警示我们，必须始终保持“赶考”的清醒、“斗争”的状态，科学把握形势变化、明辨行为是非，保持政治敏锐性和政治鉴别力，做到在重大问题和关键环节上头脑特别清醒、眼睛特别明亮、行动特别坚决、研判特别精准，坚定扛起全面从严治党“两个责任”，种好管党治党“责任田”。

三是湖北交通运输的发展蓝图，不断鼓舞我们落实全面从严治党的士气和干劲。今年是实施“十四五”规划、开启全面建设社会主义现代化国家新征程的第一年，也是我们党成立100周年。要紧紧围绕习近平总书记强调的“迈好第一步，见到新气象”要求，做好今年党的建设各项工作意义十分重大。当前，要紧紧围绕交通强国战略和全省“一主引领、两翼驱动、全域协同”区域发展布局，落实省委省政府关于交通“硬联通”“增密、互通、提质”要求，加快构建“3239”全省综合交通运输布局，紧盯今年“1116”工作思路和总体目标，以习近平新时代中国特色社会主义思想为指导，增强“四个意识”、坚定“四个自信”、做到“两个维护”，深入贯彻落实新时代党的建设总要求和新时代党的组织路线，坚定政治方向，保持政治定力，一刻不停地推进全面从严治党，以“拼”“抢”“实”的状态和作风抓落实，充分发挥党建引领保障作用。

二、坚决扛起全面从严治党主体责任

旗帜鲜明讲政治，既是马克思主义政党的鲜明特征，也是我们党一以贯之的政治优势。习近平总书记多次强调，全面从严治党，党委要认真履行主体责任。交通系统的各级党组织要牢固树立抓好全面从严治党是本职、不抓全面从严治党是失职、抓不好全面从严治党是渎职的观念，自觉把落实全面从严治党主体责任放在心上、扛在肩上、落实在行动上，推动全面从严治党不断深入、取得实效。

一是抓实理论武装。要把学深悟透做实习近平新时代中国特色社会主义思想摆在更加突出位置，落实到理论学习中心组的首要任务，党委（党组）会、办公会的第一议题之中，坚持不懈用创新理论武装头脑，在深学细研中，经受思想淬炼，把潜心学习化为提高政治觉悟、增强党性修养的实际效果，化为推进全面从严治党、坚决反对腐败的坚定决心。要牢牢把握党中央关于全面从严治党的重大方针、重大原则、重点任务的政治内涵，在“吃透上情、掌握下情、抓准定位”上狠下功夫，自觉接受最严格的约束和监督，习惯在阳光下工作，在监督下推进工作，加大严管严治、自我净化力度，做到真管真严、敢管敢严、长管长严，切实把严的要求坚决落实在工作效果、中心工作、个人表现、规范行为上，不要喊在口号上。要坚决落实“两个维护”首要任务，对党忠诚，不断筑牢信仰之基、补足精神之钙、把稳思想之舵，以坚定的理想信念砥砺对党的赤诚忠心。

二是抓强组织建设。习近平总书记指出，组织是“形”，思想是“魂”。加强党的组织建设，既要“造形”，更要“铸魂”。要针对机关党建的工作特点，树立大抓基层的明确导向，着力解决一些基层党组织软弱涣散、虚化弱化问题。各级党组织书记要牢记党员的第一身份，为党工作、对党忠诚的第一职责，担好主责首责全责，管好班子、带好队伍。班子成员要认真落实“一岗双责”，一手抓好本职工作，不跨界、不越位，一手抓好党的建设和纪律作风建设，主动担责、勇于负责，做到分管工作到哪里，管党治党职责就延伸到哪里。要抓好教育培训，持续开展思想道德和党纪党规教育，扎实开展第22个党风廉政建设宣教月活动，坚持教育在先、警示在先、预防在先，提高基层党建干部队伍政治素养，引导党员、干部坚定理想理念、严守纪律规矩、严格家风家教，增强纪律和规矩意识，保持干事创业的精气神。

三是抓好作风保障。作风问题本质上是党性问题，关系党的生死存亡，关系事业的兴衰成败。厅党组高度重视作风建设，今年春节后的首次党组会就专题研究党建工作，并且专项强调要从整治形式主义官僚主义抓起，从纪律作风严起，还专门印发了《关于整治形式主义官僚主义、狠抓工作落实的实施方案》。各单位各部门要从现在开始，分三个阶段，以转变作风、提高效率为导向，以履职尽责、解决问题为目标，对照查改“履职尽责能力不强”等五个方面存在的突出问题，有针对性地务实解决存在的形式主义、官僚主义问题，进一步严明纪律、明确规矩、改进方法、转变作风，营造敢于负责、善于担当、务实重干的工作氛围。要以钉钉子精神纠“四风”树新风，推行紧盯节点纠“四风”等行之有效的做法，一个节点接着一个节点盯，坚持不懈抓，抓出成效、管出习惯，久久为功，化风成俗。要深入开展党的光荣传统和优良作风教育，完善作风建设长效机制，把好传统带进新征程，将好作风弘扬在新时代。要发扬甘做为民服务孺子牛、创新发展拓荒牛和艰苦奋斗老黄牛的“三牛精神”，弘扬艰苦奋斗之风，厉行勤俭节约、反对铺张浪费，充分做好打苦仗、打硬仗的准备，把宝贵时间资金更多用在交通补齐短板、提升功能、增进民生福祉上。

四是抓严监督执纪。要保持“惩”的力度，把严的主基调长期坚持下去，厅党组将不断加强与驻厅纪检监察组的联动常态化，定期会商通报有关情况，联合召开监督专题会，加大对重大项目实施、重大工程建设以及招投标领域的监督，特别是抓好交通风险防控“最先一公里”，制定出台《省交通运输工程建设招投标代理机构管理办法》《厅委托代理政府采购管理管理办法》《省公路水路重点工程评审专家库管理办法》等制度，让不能腐的机制建立起来。加大违纪案例曝光力度，对违反中央八项规定精神的行为严肃查处，并一律点名道姓通报曝光，放大震慑。要综合运用谈话提醒、通报批评、诫勉谈话、组织调整、纪律处分等形式，不断推动警示教育，使人人做到知敬畏、存戒惧、守底线。2020年，我们查处了9名违规收礼党员，全年给予党纪政纪处分9人次、组织处理19人，今年我们将尺度不松、力度不减地继续对厅直单位、全体党员严格管理，继续对交通领域的风险点严加管控，继续对发现的问题迅速查处。

五是抓牢制度建设。按照省委部署要求，扎实推进清廉交通、清廉机关建设，重点在交通工程建设、交通行政执法、交通运输服务、交通清廉文化等四个方面，抓制度、重预防，抓监管、强服务，抓氛围、提形象，抓落实、见成效。要健全完善处室责任分工和内部管理制度，夯实压紧责任链条，把制度建设贯穿于交通运输治理全过程，把制度执行情况纳入党风廉政建设责任制考核的重要内容，坚持以制度管人、按程序办事、用标准做事。

三、全面抓实今年党建工作重点任务

习近平总书记在十九届中央纪委五次全会上指出，今年是实施“十四五”规划、开启全面建设社会主义现代化国家新征程的第一年，所有工作都要围绕开好局、起好步来展开。2021年党建工作，要坚持以习近平新时代中国特色社会主义思想为指导，全面贯彻党的十九大和十九届二中、三中、四中、五中全会精神，深入学习十九届中央纪委五次全会、省纪委十一届五次全会精神，以及省委党的建设的重要会议精神，增强“四个意识”、坚定“四个自信”、做到“两个维护”，不断提高政治判断力、政治领悟力、政治执行力，充分发挥全面从严治党的引领保障作用，为“十四五”开好局起好步提供坚强政治保证。关于今年党建工作任务繁重，刚才汉诚同志、凡非同志均作了详细安排，我就三个方面的重点进行强调。

一是要大力建设好基层党支部。党支部是党最基本的组织，是党全部工作和战斗力的基础。牢牢抓住党支部建设这个根本和关键，党的一切工作才能在基层落地、生根、见效。厅党组高度重视基层党支部建设，去年，厅领导每人联系一个党支部，深入解剖“麻雀”，推动解决实际问题，督促指导支部工作。今年，要突出厅机关及厅直单位机关党支部建设这个重点，牢固树立政治机关意识，加强支部标准化、规范化建设，对每一个支部“逐一把脉、逐一开方”，着力解决部分支部存在的组织生活不规范、组织制度不健全、组织活动不丰富、活动效果不明显等问题，让机关党支部的坚强堡垒作用、带头引领作用充分彰显和发挥。

二是要扎实开展好党史学习教育。开展党史学习教育活动，是在庆祝中国共产党百年华诞的重大时刻，在“两个一百年”奋斗目标历史交汇的关键节点，以习近平同志为核心的党中央作出的重大决策，也是重大政治任务，具有极其重要的现实意义和深远的历史意义。要把思想和行动统一到习近平总书记重要讲话精神和党中央决策部署上来，切实增强开展好党史学习教育的政治自觉、思想自觉、行动自觉。要认真开展好党史学习教育，高标准完成“规定动作”，高质量做好“自选动作”，紧扣“学史明理、学史增信、学史崇德、学史力行”核心要求，学好党史教科书、修好党史必修课、用好党史营养剂，从党史学习教育中汲取智慧和力量，做到实事要实、形式要实、效果要实。待会，我们将召开党史学习教育动员会进行具体部署。

三是要认真组织好庆祝建党100周年系列活动。中国共产党成立100周年是我国政治生活中的一件大事，要按照党中央、省委统一部署要求，突出主题、创新形式、丰富载体，组织落实好庆祝建党100周年的各项活动，特别是落实好结合省厅实际确定的十件实事。要紧密结合交通运输实际，组织动员广大党员干部投身交通强国建设的伟大实践，推选宣扬交通运输战线砥砺前行、建功立业、勇当先行的感人事迹、崇高精神，充分展现工作中优秀党员的良好风貌。

同志们，雄关漫道真如铁，而今迈步从头越。立足“两个一百年”奋斗目标历史交汇的关键节点，面对建设交通强国示范区、打造新时代九省通衢的发展目标，确保“十四五”开好局起好步，立足开局漂亮、全年精彩，任重而道远。越是任务重、困难大、挑战多，越要把抓好党建作为最大政绩，牢固树立大抓党建、大抓基层的鲜明导向，主动作为、奋发有为、担当善为，奋力在构建“一主引领、两翼驱动、全域协同”的区域发展布局中当好交通先行，当好经济发展的硬支撑，以优异成绩庆祝建党100周年！

着力提升监督质效
为交通强国湖北示范区建设保驾护航
——刘汉诚在2021年省交通运输厅全面从严治党工作推进会上的讲话
（2021年3月10日）

同志们：

根据会议安排，我代表省纪委监委驻省交通运输厅纪检监察组通报2020年履行监督责任的情况和2021年的工作安排。

一、2020年主要工作回顾

2020年，省纪委监委驻省交通运输厅纪检监察组和厅系统纪检监察机构认真贯彻落实中央、省关于全面从严治党的决策部署，发挥监督“探头”和“哨兵”作用，为推进全省交通运输改革发展提供了纪律保障。

（一）以有效监督保障疫情防控、复工复产和政策落实。围绕“运输保通、物资保畅、服务保优”开展专项检查。印发疫情防控监督检查通知，5次在厅党组扩大会议上提出严肃纪律要求，对2名干部落实疫情防控纪律不到位问题进行严肃批评，深入防控一线开展明察暗访，现场指出10余个统筹衔接方面存在的问题，逐一督促整改落实。督促抓好交通运输行业疫后重振和常态化疫情防控。制定进一步加强厅系统常态化疫情防控监督工作方案，开展调研督查，了解和帮助解决企业在疫情防控和复工复产中面临的一些困难；督促厅系统对照优化营商环境工作任务和要求进行自查自纠，向厅法规处等部门和单位下发督办单，跟进监督厅系统简政放权和优化营商环境情况。监督保障中央支持湖北一揽子政策落实。制定跟进监督交通补短板工程三年行动工作方案，跟踪检查交通资金分配和项目开工建设等情况，推动补短板年度任务顺利完成。

（二）紧跟党中央、省委重大决策部署开展监督检查。强化交通运输扶贫领域监督执纪问责。完成中央脱贫攻坚专项巡视“回头看”反馈问题整改，督促健全充实了厅整改工作领导小组，完善了厅党组会议提出议题和发送通知的相关程序；对驻村帮扶洪湖市万全镇黄丝村的16个项目、共计484.8万元资金进行了全覆盖检查；组成3个专项纪律审查组，对厅12个督办组工作情况和全省37个贫困县落实整改情况进行再监督、再检查，完成交通运输扶贫领域“四项清零”专项行动任务。监督保障综合交通运输体制改革顺利进行。印发通知，严明纪律，参与接访20余次，分别约谈原6个高速公路管理处主要负责人及纪委书记，督促落实管理处领导班子成员包保责任制，厅系统在改革中实现了无越级访、无重复访、无集体访。推进交通领域“长江大保护”治理工作。协助完成长江非法码头整治不力问题的追责问责，立案审查调查3人，给予政纪处分3人，组织处理1人；跟进监督长江流域重点水域禁捕退捕、港口岸线资源清理整顿、港口船舶污染防治等工作落实情况，保障政令畅通、令行禁止。

（三）压实管党治党政治责任。完善监督协同机制。出台了《关于落实重要情况报告制度、构建监督协同机制的责任分工意见》，驻厅纪检监察组与厅党组主要负责人进行了2次会商和3次重要情况通报。协同推进主体责任落实。在厅党组会、厅长办公会上落实现场监督20余次，召开监督检查专题会议6次，与厅班子成员开展谈话提醒5人次，约谈厅班子成员、中层正职12人次，下达纪检监察建议书4份，为26名拟提拔任用干部出具廉洁自律“路条”，并对新提拔任用的干部进行廉政谈话。抓好省委巡视反馈意见整改。协助省委巡视组完成问题排查、线索处置相关工作，督促出台党组及驻厅纪检监察组两个巡视整改实施方案，对巡视整改进展情况及时跟踪监督检查，约谈处室主要负责人，提出整改要求，压实政治责任。严肃查处巡视移交问题线索，对4大类85个问题中涉及的追责事项，逐一提出明确意见，对省纪委监委案管室移交的4名处级干部问题线索，初核1人，立案3人，现已调查终结，移送省直机关纪检监察工委审理。

（四）规范交通运输权力运行，持续纠治“四风”。排查廉政风险，做好预警防控。督促厅系统200余名处级干部全面排查廉政风险点，汇编成册，厅党组书记朱汉桥亲自撰写前言。规范招标投标行为。印发《关于督促做好“交通补短板工程”项目招投标工作责任分工的意见》，督促取消一批设置不合法、不规范、不合理的招标条款；督促厅建设市场处、法规处对省委巡视办交办的涉及长江路桥等23家企业违法分包和超越资质承揽工程的问题依法依规给予行政处罚。会同厅财务处、法规处对6个政府采购项目存在的问题进行专项调查，提出了处理意见。严肃查处“四风”问题。对厅直单位1名副处级领导干部收受购物卡问题予以查处，并给予党内严重警告和免职处理；对省公路局、省港航局相关领导干部在党的十八大前后违规收受礼品礼金的问题线索进行了集中查处，共初核8人，立案调查并移送审理2人、诫勉谈话3人、其他组织处理3人。

(五)保持正风反腐强高压长震慑。提升信访办理质量。紧盯接收、分办、办结等关键环节，及时自办、交办、转办和督办。全年共收到信访举报52件，除业务范围外转出和重复举报外，已全部分类办理办结。精准处置问题线索。坚持集体研判，对问题线索进行可能性、政策性、可查性分析，严格按照四类处置方式进行分类处置。全年厅系统共受理处置问题线索27件，其中驻厅纪检监察组受理15件涉及23人，进行谈话函询2人，初步核实20人，予以了结1人。注重审查调查办案质效。坚持全员办案，坚持“三个区分开来”，坚持政治、法纪和社会效果统一，全年厅系统共立案7人，其中驻厅纪检监察组立案7人，已结案2人，查结后移交省交通投资集团处理3人。全年给予政务处分3人；党纪处分6人，其中严重警告5人，开除党籍、开除公职1人；组织处理19人，其中诫勉8人、免职3人、降职1人、谈话提醒批评教育7人。

(六)从严从实抓队伍自身建设。以“四述两报告”为抓手，组织厅直单位纪委书记年度述学述职述责述廉，严格落实纪委书记报告班子成员廉洁情况和报告“三重一大”集体决策制度落实情况，设立台账重点记录领导干部插手干预重大事项情况；召开厅系统纪检监察干部监督工作会，督促严格执行省纪委监委“十五不准”“十一不得”；选调基层纪检监察干部参与驻厅纪检监察组审查调查工作，加大授权监督和实战练兵力度，牢固树立“忠诚、干净、担当”的良好形象。

一年来的工作，也暴露出一些问题：一是强化对“一把手”监督和同级监督的机制还不够完善；二是交通工程项目招标采购、大额资金分配使用等重要环节的廉政风险仍处于高位；三是交通运输系统党员干部违纪违规问题还时有发生；四是纪检监察干部在专业能力、斗争精神、纪法衔接等方面仍存在短板。这些问题需要在新的一年加以改进。

二、2021年主要工作任务

2021年省交通运输厅系统纪检监察工作的总要求是：坚持以习近平新时代中国特色社会主义思想为指导，认真贯彻落实十九届中央纪委五次全会和省纪委十一届五次全会精神，坚守全面从严治党的政治使命和政治责任，围绕交通运输“十四五”开好局、起好步发挥监督保障执行、促进完善发展作用，坚持严的主基调不动摇，坚持一体推进不敢腐、不能腐、不想腐，坚持忠诚干净担当，着力提升监督质效，为“建设交通强国湖北示范区、打造新时代九省通衢”保驾护航，以优异成绩庆祝中国共产党成立100周年。

(一)把深化政治监督的措施落细落实。

以强有力的政治监督，推动厅系统全面从严治党向纵深发展。切实提高政治判断力、政治领悟力、政治执行力。自觉在思想上政治上行动上同党中央保持高度一致，督促检查厅系统各级党组织和党员干部持续深入学习贯彻习近平总书记系列重要讲话精神、扎实开展党史学习教育情况，善于从政治上分析判断和研究解决问题，及时纠正学习工作“两张皮”和形式主义、官僚主义等问题。坚持党中央重大决策部署到哪里，监督检查就跟进到哪里。紧扣交通运输职责使命，聚焦常态化疫情防控、巩固拓展脱贫攻坚成果同乡村振兴有效衔接、交通生态环境保护等重点领域，开展监督执纪问责和监督调查处置。严明政治纪律和政治规矩，强化“四个意识”、做到“两个维护”。严肃党内政治生活，监督保障民主集中制执行，严格规范“三重一大”集体决策制度、领导班子会议研究问题情况报告制度，纠正不讲规矩、不讲程序和“一支笔”“一手揽”“一言堂”等问题，严肃查处“七个有之”“五个有的”问题和“两面派”“两面人”的问题，促进厅系统政治生态持续向好。推动压实管党治党主体责任。建立完善厅系统各级党组织运用“第一种形态”落实主体责任办法，督促各单位各部门主要负责人亲自提醒谈话，咬耳扯袖，及时解决苗头性、倾向性问题。督促各级党组织严格落实意识形态工作责任制，自查整改个人或部门在平台公众账号违规发布时政类信息问题。推进中央和省委巡视反馈意见整改工作扎实有效，督促落实“推动长江中游沿线港口资源整合行动迟缓”问题整改，严肃查处敷衍整改、虚假整改问题，注重做好巡视整改“后半篇文章”，督促开展2021年厅直单位政治巡察工作。

(二)把服务保障交通强国湖北示范区建设的措施落细落实。

发挥好“派”的权威和“驻”的优势，嵌入交通运输各项重点工作开展日常监督。督促落实好中央支持湖北“一揽子”政策。促进交通运输在全省疫后重振中继续发挥基础保障作用，以严明的纪律保障交通补短板工程三年行动顺利推进，保障一批交通重大项目落地落实，加强对交通补短板工程项目招标采购工作的监督检查，严厉打击规避招标、串通招标、弄虚作假、利益输送和违法发包、分包、转包、挂靠等行为。跟进监督优化营商环境和政务环境。督促“放管服”改革持续深化，围绕交通运输市场监管和营商环境加强监督，严肃查处不作为、慢作为、乱作为，滥用职权、玩忽职守等问题。监督推进交通运输安全生产专项整治。督促全面深入细致排查交通运输领域的安全风险隐患，严格落实重大隐患挂牌督办，督促开展农村道路桥梁“消危”行动、汽车客运站安全监管、货车超载超限治理、高危货物道路运输管理、渡口渡船安全管理等，定期组织明察暗访、专项审查，加大安全生产领域监督执纪问责力度。推进“清廉交通”行动方案有效实施。按照省委、省纪委监委统一部署，督促制定《2021—2025年清廉政府建设交通行动方案》，以标本兼治、源头预防、规范权力行使、建设清廉交通为目标，在交通工程建设、交通行政执法、交通运输服务、交通清廉文化等方面，抓制度、重预防，抓监管、守底线，抓规范、树形象，抓落实、见成效。

（三）把持之以恒纠歪风、树新风的措施落细落实。

要在“常”和“长”上下功夫，坚守重要节点，紧盯薄弱环节，保持监督的力度和强度，定期研判厅系统政治生态，坚决遏制“四风”问题反弹回潮。加强对“一把手”监督和同级监督。继续执行驻厅纪检监察组与厅党组定期会商制度，继续落实与厅直单位党委班子成员集体谈话、与厅直单位主要负责人定期谈话制度，完善厅系统处级干部廉政档案，实行廉政风险预警防控动态更新。驰而不息纠治“四风”。持续整治形式主义、官僚主义，严肃查处庸政懒政怠政问题和违规吃喝、违规用车、违规用钱、滥发乱收、不当得利、带彩娱乐等问题，严格管好家属子女，严格家风家教。匡正选人用人风气。严把干部选拔任用“路条”关，督促提高选人用人透明度和公信度，积极倡导坚持正确选人用人导向，确保换届选举风清气正，防止和纠正任人唯亲、封官许愿、带病提拔和违反选拔任用程序等问题。坚决整治交通运输领域涉及群众身边的腐败和作风问题。督促解决交通运输领域老年人“办事难”问题，坚决制止餐饮浪费行为，对群众普遍关注、反映强烈和反复出现的交通运输服务质量、交通基础设施建设、交通运输业务审批等领域的作风问题加强专项整治，严肃查处事关干部职工利益、招录招考和军转干部安置政策落实等方面的问题，不断增强群众的获得感、幸福感、安全感。

（四）把推进纪检监察工作规范化、法治化的措施落细落实。

一体推进不敢腐、不能腐、不想腐，把惩治震慑、制度约束、提高觉悟结合起来，把严的主基调长期坚持下去，努力实现政治效果、纪法效果、社会效果相统一。持续保持惩治腐败高压态势。对群众信访举报办理工作高度负责，加大信访件办理力度，精准用好问题线索4类处置方式，牢固树立纪法意识、程序意识、证据意识，把审查调查作为执纪执法的重中之重。坚持无禁区、全覆盖、零容忍，坚持重遏制、强高压、长震慑，在遏制增量、削减存量上下功夫，紧盯交通运输工程建设、市场监管、项目招标采购、资金分配使用等领域和环节，重点查处毫无畏惧之心、不收敛不收手、违反“六大纪律”的人和事。敢于亮剑，敢于斗争，绝不姑息迁就。坚持严管厚爱、激励约束并重。落实“惩前毖后、治病救人”方针，做到“三个区分开来”，推进纪法情理贯通融合，切实防范问责泛化和过度，坚决查处诬告陷害行为，为受到失实举报的干部及时澄清正名，保护和激发党员干部干事创业的积极性、主动性。坚持“以案促改”，增强不想腐的自觉。合理用好纪检监察建议书，坚持“一案一建议一督察”，落实处分决定宣布制度，加强对受处理处分干部的回访教育，强化查处一案、警示一片、治理一域的治本功能；加强纪检监察宣传教育，推进厅系统纪检监察宣传教育“六进”活动向基层延伸。

（五）把打造纪检监察铁军的措施落细落实。

带头旗帜鲜明讲政治，持之以恒学习贯彻习近平新时代中国特色社会主义思想，不断提高政治判断力、政治领悟力、政治执行力。坚持练内功强素质，认真落实《关于加强省交通运输厅系统纪检监察队伍自身建设的意见》，持续开展“全员学习、培训提能、以考促学”活动，通过实践锻炼磨砺纪检监察干部的政治品格和斗争精神。不断强调“打铁必须自身硬”的极端重要性，坚持学习纪法、熟悉纪法、敬畏纪法，严格对照省纪委监委“十五不准”“十一不得”等规定，开展经常性自查自纠，着力打造省交通运输厅系统政治素质高、忠诚干净担当、专业化能力强、敢于善于斗争的纪检监察铁军。

同志们，2020年交通运输夺取“抗疫”“重振”双胜利极为不易，交通人迎难而上、勇于担当、无私奉献、团结拼搏，作出了特殊重要贡献。我们相信，有省委、省纪委监委的坚强领导，有厅党组和厅系统各级党组织的重视支持，有全体党员干部的主动参与，有全体纪检监察干部的担当作为，2021年厅系统全面从严治党和纪检监察工作一定会再接再厉，善作善成，以优异成绩向党的百年华诞献礼！

大事记

2020 年大事记

1 月

2 日　由中国铁路武汉局集团有限公司武南机务段机车牵引、编组 50 辆、满载国产快递分拣机器人电气支架、底座、分拣模块、小车等部件的 X8406/5 次列车从汉西车务段吴家山站开出，经汉丹线、京广线运行，由满洲里出境，驶往俄罗斯新西伯利亚，此班列是应武汉顺丰速运有限公司需求，湖北省首次为快递企业开出的中欧班列。

16 日　省交通运输厅党组书记、厅长朱汉桥一行到中铁大桥局集团有限公司调研。副厅长姜友生代表省交通运输厅与大桥局签订战略合作框架协议。按照协议，双方本着“优势互补、互惠利民、共同发展”的原则，建立和完善战略合作机制，坚持长期合作，实现共同发展。双方将围绕交通运输行业战略发展规划，充分发挥各自优势，进行全方位、全领域战略合作。双方在公路、桥梁、港口码头、铁水联运及涉铁工程等交通基础设施的建设、管理和养护方面开展合作，重点推进实施湖北省公路桥梁“三年消危行动”和桥梁智能化综合管养等方面的项目合作。

18 日　省政府分管交通副省长到武汉市检查春运及交通安全工作，调研高速公路保通保畅情况。要求强化联勤联动和应急协调，全力破解“撤站”工程切换后新系统出现的相关问题，确保春运期间交通畅通、平安和有序。省交通运输厅党组书记、厅长朱汉桥陪同检查，并作“撤站”工作专题汇报。省网信办、省维稳办、省公安厅、省应急管理厅、武汉市人民政府、省春运办、省撤站办、省联交投相关负责人参加座谈并作工作汇报。

21 日　洪湖至监利高速公路正式通车运营，标志着武汉至监利高速公路全线通车。至此，从武汉开车到洪湖仅需 1.5 小时、到监利仅需 2.5 小时。

23 日　省交通运输厅召开加强新型冠状病毒肺炎疫情防控工作紧急调度部署视频会，厅党组书记、厅长朱汉桥要求全省交通运输系统要将疫情防控作为压倒一切的大事，切实扛起交通人的职责，以过硬的作风、务实的举措，打赢疫情防控硬仗。全省各市州县（区）交通运输部门负责人在分会场出席会议。

24 日　省交通运输厅主动联系省经信厅、省公安厅，协商建立高速公路免费放行应急救灾物资运行机制。省经信厅负责确认需要免费通行车辆，省交通运输厅收到相关信息后，立即通知相关高速公路收费站免费放行，省公安厅将车辆号牌等信息告知相应返程高速公路或普通公路入口公安检测点，按规定测量合格后放行。3 家单位建立微信工作群，高效、快捷地为运送应急救灾车辆提供绿色通道服务。

27 日　全国政协副主席、交通运输部党组书记杨传堂致电省交通运输厅党组书记、厅长朱汉桥，代表交通运输部慰问坚守在抗击新型冠状病毒一线的交通运输系统干部职工，对湖北交通运输部门做好疫情防控工作提出精准指导，并对湖北交通相关请求给予回应。

2 月

3 日　中央在湖北指导组物资保障组组长、工业和信息化部副部长王江平检查武汉市汉南区宝湾物流园和湖北省（鄂州）赤湾东方物流有限公司准备情况。省交通运输厅厅长朱汉桥、副厅长王本举等陪同。根据交通运输部部署，湖北省选定 5 个进鄂应急物资中转调运站。在宝湾物流园和赤湾东方物流园，王江平听取当地政府负责人情况介绍，询问物流园运行、消毒防疫和应急物资中转对接、装卸、管理、分拨安排，了解武汉大道物流公司管理情况，查看进鄂车辆人员隔离、消毒、食宿安排等。

4 日　省政府分管交通副省长检查武汉市汉南区宝湾物流园中转准备工作时指出，精心组织齐心协力，确保进鄂应急物资中转快速高效。省领导一行直接到达宝湾物流园区，现场检查进鄂应急物资车辆通行道路、测温消毒、物资中转，以及对外地驾驶员实行不与当地人接触的封闭式管理、休息住宿等流程管理，听取宝湾物流园、武汉大道物流公司情况介绍。

△　湖北省政府新闻办公室召开第 14 场新型冠状病毒感染的肺炎防控工作新闻发布会，省政府分管交通副省长、省交通运输厅厅长朱汉桥以及民航湖北监管局副局长程颖斌、中国铁路武汉局集团有限公司副总经理鲍立群出席发布会。介绍疫情防控期间的交通运输保障工作，回答记者提问，消除网友疑虑。

6 日　省交通运输厅党组书记、厅长朱汉桥调研省联网收费中心、厅通信信息中心，现场部署落实 ETC“清零行动”。他强调，努力克服新冠肺炎疫情影响，全力保障 ETC“清零行动”如期完成。

7 日　省政府分管交通副省长在省疫情防控指挥部交通保障组督导检查工作时强调，全力以赴抓细抓实，为打赢疫情防控攻坚战提供坚强的交通运输保障。省交通运输厅厅长朱汉桥、副厅长王本举和省公安厅交管局、武汉铁路监管局、中国铁路武汉局集团有限公司、民航湖北安全监督管理局、湖北机场集团有限公司、省邮政管理局、省邮政公司、长江航务管理局等单位分管领导参加座谈会。

16日 由湖北高速公路路政车辆护送的13辆低平板货车车队，平安驶出京港澳高速公路武汉西收费站，标志着一场由交通运输部统筹协调辽宁、天津、河北、河南、湖北5省份，多部门联手保障负压救护车运输任务圆满完成。

28日 省交通运输厅党组书记、厅长朱汉桥到高速公路省界收费站一线检查疫情防控工作。朱汉桥到鄂皖省际通道黄黄高速公路黄梅、界子墩服务区，蕲春、界子墩收费站以及界子墩超限检测站，慰问坚守在抗疫一线的干部职工，听取站所负责人对鄂皖省界收费站——界子墩收费站撤站后人员留守、工作运行等情况的汇报。

3月

2日 省交通运输厅党组书记、厅长朱汉桥检查调研省交通运输厅下沉武汉市硚口区古田街道军院社区工作组疫情防控工作。朱汉桥不打招呼直接到厅工作组负责值守的军院社区田文街西卡点，询问卡点排班、值守和运转情况，并详细了解工作组人员的生活保障及防护物资情况，查看工作组工作计划和值班安排，共同研究值守方案，会商社区疫情防控工作。

23日 省交通运输厅党组书记、厅长朱汉桥参加省政府调研活动后，实地检查京珠高速公路管理处武汉西收费站交通运输保障工作。

4月

23日《宜昌港总体规划(2035)》获交通运输部、湖北省人民政府联合批复。规划港口岸线78.5公里，比上一轮规划的港口岸线长度减少42公里，减幅达35%。

27日 省交通运输厅组织召开十淅高速公路丹江口水库特大桥索塔、锚台、混凝土主梁施工图设计审查视频会。此次会议采取“函审+视频”的会议方式，请省内外特邀专家及咨询等相关单位代表在线进行施工图审查。通过现场视频会议，各专家和代表查看设计文件，听取设计单位和咨询单位汇报，审查丹江口水库特大桥索塔、锚台及混凝土主梁施工图，最终形成《十堰至淅川高速公路(湖北段)丹江口水库特大桥索塔、锚台及混凝土主梁施工图设计审查会专家组意见》，为进一步优化施工图设计提出建设性意见和建议。

5月

1日 省委副书记、省长王晓东到武汉市宏基客运站检查疫情防控和旅客运输工作，他强调，要增强风险意识、忧患意识和底线意识，统筹抓好常态化疫情防控和安全生产工作，牢牢守住疫情防控底线和安全生产红线，坚决防范安全生产事故发生，确保节日期间平安稳定。武汉市市长周先旺、省交通运输厅厅长朱汉桥等陪同检查。

12日 国务院联防联控机制联络组成员、交通运输部应急办公室副主任卓立和湖北省交通运输厅副厅长王本举率调研组，到湖北公路客运集团股份有限公司检查常态化疫情防控工作，调研企业复工复产情况。调研组一行到傅家坡客运站，检查乘客扫码测温、实名登记、实名购票乘车等流程，了解无接触式购票、如有发热乘客的处置措施，登上武昌开往大冶的客运班车，与驾驶员交谈了解班车运行情况。

13日 在宜昌市五峰县呼北高速公路宜都至鄂湘界段开工现场，随着“2020年全省第一批交通运输建设项目开工”的宣布，全省总投资513.7亿元的95个交通运输项目集中开工。省交通运输厅党组书记、厅长朱汉桥在开工活动上讲话。新开工项目包括呼北高速公路宜都至鄂湘界段、张家界—南充高速公路宣恩至咸丰段2个高速公路项目，总投资90亿元；347国道巴河至陶店一级公路黄州段、宜昌点军联棚至长阳龙舟坪一级公路、356省道咸安区横沟至黄沙铺公路等75个干线公路项目，总投资250.2亿元；“四好农村路”15000公里，总投资130亿元；宜昌港枝江港区姚家港煤炭码头等6个水运发展项目，总投资14.2亿元；汉口北商贸物流仓储中心等11个物流站场项目，总投资29.3亿元。

14日 省交通运输厅党组成员、省纪委监委驻厅纪检监察组组长刘汉诚带领调研组，到武汉地铁集团、滴滴出行武汉分公司、武汉公交集团调研疫情防控和复工复产情况，听取企业防疫工作、复工复产工作和面临的困难问题及建议。在武汉地铁集团，刘汉诚查看武汉地铁营运调度系统，详细了解疫情防控和复工复产情况，对武汉地铁集团在疫情防控中坚持“一不断、四持续”的做法予以充分肯定。

20日 省交通运输厅党组书记、厅长朱汉桥陪同省委常委、省委宣传部部长、长湖省级湖长王艳玲巡查长湖，参加碧水保卫战攻坚行动推进会后，与副厅长汪凡非带领厅相关处室调研江汉运河航道管理处，详细了解管理处智能航运系统、航道管理、党建工作、内设机构及干部工作相关情况。

21日 省交通运输厅党组书记、厅长朱汉桥到武汉港航发展集团，察看铁水联运、冷库、港口运输现场，听取集团负责人汇报。1—4月以来，除港口有少量装卸业务外，仓储、航运、园区等业务均遭严重影响，建设施工、大宗商品及进口贸易业务基本停滞，企业经营亏损严重，生产业务下降，对外减免压缩利润，建设项目进度延缓成本上升。

22日 省交通运输厅党组书记、厅长朱汉桥到省联投集团，听取企业复工复产工作汇报，与企业相关负责人进行深入有效的沟通。针对公司受疫情影响市场下行的局面，朱汉桥表示，省交通运输厅全力支持联投发展，希望联投集团发挥自身资金和队伍优势，积极投身高速公路建设、国省干线提档升级和智慧交通建设，既推动公司健康发展，又促进交通事业快速发展。

30 日　十巫高速公路双台隧道双幅顺利贯通。双台隧道是十巫高速公路项目节点工程之一，也是全线第二长的分离式特长隧道。该隧道左幅全长 3058 米、右幅全长 3064 米，主洞有效净宽 10.5 米、净高 5 米，地质复杂，多次穿越破碎带和富水区。

6 月

1 日　省交通运输厅党组书记、厅长朱汉桥一行到中交第二航务工程局有限公司，进行实地走访，上门服务，排忧解难。他要求，建立“没有障碍、没有阻力、没有问题”的沟通机制，精准服务企业，助企业渡过难关。厅党组成员、副厅长姜友生，厅领导石先平等参加走访并发言。

5 日　棋盘洲长江公路大桥成功合龙。该项目位于黄石市和黄冈市境内，西接大冶至阳新连接线，东连沪渝高速公路。路线全长约 21.9 公里，其中长江大桥长约 3.3 公里，两岸连接线长约 18.6 公里。主桥为主跨 1038 米的双塔单跨钢箱梁悬索桥，是鄂东南地区目前唯一一座悬索桥。

11 日　交通运输部与湖北省委省政府通过视频连线方式召开会议，专题研究继续加大对湖北疫后重振特别是交通运输事业支持力度，加快建设交通强国示范区和交通强省。全国政协副主席、交通运输部党组书记杨传堂，交通运输部部长、党组副书记李小鹏，湖北省委书记应勇，省委副书记、省长王晓东出席会议并讲话。省领导黄楚平、国务院联防联控机制联络组有关同志出席会议。省交通运输厅党组书记、厅长朱汉桥参加会议。

19 日　由省交通运输行业精神文明建设指导委员会和省交通运输工会组织主办，鄂西高速公路管理处承办的“书香交通 · 文化同行”第 7 期读书分享会拉开帷幕，围绕“人类 · 环境 · 健康”主题，省直机关工委、省总工会、省文明办、省全阅办、厅机关、厅直单位等书友共聚一堂、品读原著、共沐书香。

7 月

15 日　省交通运输厅党组书记、厅长朱汉桥与上海港集团党委书记、董事长顾金山一行座谈交流，贯彻落实省委书记应勇关于“加快发展江海联运、水铁联运、水水直达、沿江捎带现代物流业，共同把武汉打造成我国中部地区枢纽港口”的指示精神，共谋湖北水运发展。

16 日　省交通运输厅党组书记、厅长朱汉桥一行到黄梅交通水毁灾情现场，检查指导防汛救灾抢险保通工作，并与省人大常委会副主任、黄冈市委书记刘雪荣，市委副书记赵斌就防汛救灾工作深入交谈。朱汉桥一行查看 S236、X257、S258 公路的中断、水毁抢修和龙感湖青塞线加宽工程改造现场，听取黄梅县和龙感湖农场交通防汛工作情况汇报，就公路水毁抢通保通保畅、灾后重建等工作进行指导。

△　宜来高速公路鹤峰（容美）至宣恩（当阳坪）段、安来高速公路建始（陇里）至恩施（罗针田）段、枣阳至潜江高速公路襄阳南段、枣阳至潜江高速公路荆门北段 4 条高速公路通车。宣鹤高速公路全长 55.6 公里，建成通车后，从恩施市到鹤峰县车程由 3 小时缩短至 1.5 小时。建恩高速公路是国家高速公路网安来高速公路的重要组成部分，是国务院督办的国家交通扶贫“双百工程”百项骨干通道之一。项目全长 74.2 公里，建成通车后，从恩施市到建始县车程由 70 分钟缩短至 35 分钟。枣潜高速公路襄阳南段全长 60.5 公里，枣潜高速公路荆门北段全长 53.9 公里。

20 日　三峡翻坝江北高速公路项目最后一座隧道——泰山庙隧道实现双幅贯通，标志着三峡翻坝江北高速公路全线贯通。

22 日　长江 2 号洪峰抵达武汉前夕，省交通运输厅党组书记、厅长，省防汛指挥部第七督导组组长朱汉桥到长江干堤检查督导武汉防汛工作并慰问值守人员。武汉市防汛指挥部副指挥长、副市长张文彤，武汉市江汉区委书记张俊勇陪同检查。在长江与汉江交汇处——龙王庙险段，朱汉桥听取武汉市长江防汛工作汇报，查看长江水流量和水位情况，详细询问防汛物资储备等情况。武汉市副市长刘子清，武汉市交通运输局、武汉港航发展集团主要负责人参加座谈。

8 月

1 日　枣阳至潜江高速公路潜江至荆门段开通运营。此后，从潜江开车到襄阳仅需 2.5 小时。枣潜高速公路潜江至荆门段全长 81.32 公里，设计速度 100 公里 / 小时，双向四车道。

18 日　武汉城市圈环线高速公路大随至汉十段（孝感北段）通过交工验收，全长 560 公里的武汉城市圈环线高速公路“画圆”贯通。本次交通安全设施专项暨建设项目交工验收会在安陆市举行。与会成员一致认为孝感北段完成规定的工程建设内容，工程符合设计和规范要求，质量合格，具备通车试运营条件，同意通过交通安全设施专项及建设项目交工验收。孝感北段全长 46.42 公里，全线采用双向四车道高速公路标准建设，设计速度 100 公里 / 小时。

29 日　荆州港李埠港区一期综合码头工程竣工验收会召开。与会专家对工程建设情况进行点评，一致同意通过竣工验收。李埠港区一期综合码头工程项目总投资 5 亿元，占地面积 399 亩，使用长江岸线长度 466 米，建设 1000 吨级泊位 6 个（其中，水工结构兼靠3000吨级），年设计吞吐量190万吨。项目中建成的李埠港砂石集并中心是湖北省第一个规模化、专业化、集约化、智能化、环保规格最高的砂石集并中心，整个作业线从趸船、浮式起重机到皮带运输机再到仓库堆场全部采用全封闭、环保型作业流程，并配备防尘喷雾设施、车辆冲洗设备，实现砂石全程不着地、堤外不见砂。

9月

4日 省交通运输厅党组书记、厅长朱汉桥到省交通运输厅驻点帮扶的洪湖市万全镇黄丝村调研指导脱贫攻坚工作。他要求，在产业扶贫上多做文章，治理体系上多下功夫，打好黄丝村脱贫攻坚“收官战”。厅党组成员、副厅长汪凡非参加调研。

6日至8日 湖北省交通运输行业第四届“交通工匠杯”职工职业技能大赛港口客运员项目决赛在宜昌举办。本次竞赛由省交通运输厅、省人力资源和社会保障厅、省总工会、共青团湖北省委4家单位共同主办，省港航管理局承办。港口客运员技能大赛是一项全新的竞赛项目，首次纳入省级一类赛事。

7日至8日 湖北省交通运输行业第四届“交通工匠杯”职工职业技能大赛船闸运管员竞赛在崔家营航电枢纽管理处举办。此次竞赛由省交通运输厅、省人力资源和社会保障厅、省总工会、共青团湖北省委主办，崔家营航电枢纽管理处承办。本次技能竞赛分船闸运管员电气专业、调度专业、水工专业3个竞赛项目，以理论考试和实际操作相结合的方式进行，来自各赛区的32名选手晋级此次决赛。

10日 由交通运输部、自然资源部、生态环境部、长江水利委、国家林草局等部委组成的长江主要支流非法码头整治联合检查组到湖北检查指导。检查组一行现场察看汉江武汉段（河口至舵落口）非法码头整治情况，抽查完成整治的码头，检查非法码头拆除、岸线复绿情况，查阅档案资料和相关材料。座谈会上，省交通运输厅副厅长姜友生汇报湖北省长江主要支流非法码头整治工作情况。

17日 襄阳绕城高速公路南段项目控制性工程——汉江特大桥主桥右幅成功合龙。至此，该大桥主桥双幅实现合龙。襄阳绕城高速公路南段与襄荆高速公路、汉十高速公路、绕城高速公路东段相连，形成襄阳市高速公路外环交通网线。汉江特大桥全长3.78公里，主桥宽26米，采用7孔连跨的波形钢腹板连续箱梁结构建造。

25日 由省交通运输行业精神文明建设指导委员会和省交通运输工会主办，省港航管理局承办的“书香交通·文化同行”第8期读书分享会拉开帷幕。省委宣传部、省文明办、省直机关工委、省总工会、共青团湖北省委等单位，民航、铁路、公交等综合交通运输部门及省交通运输厅机关及直属单位120余名书友聚一堂，品鉴原著、沐浴书香。

29日 2020年湖北省交通运输行业第四届“交通工匠杯”职工职业技能大赛装载机项目决赛在潜江落下帷幕。此次竞赛由省交通运输厅、省总工会、省人力资源和社会保障厅、共青团湖北省委主办，省公路管理局承办。竞赛采取理论考试和实际操作相结合的方式进行。咸宁市公路局、潜江市公路局、荆州市公路事业发展中心获团体一、二、三名，咸宁市公路局操作手胡钦锐、潜江市公路局操作手余勇、肖川川获取个人一、二、三名。

10月

1日 麻城至竹溪高速公路麻城至红安段、棋盘洲长江公路大桥连接线阳新至大冶段高速公路通车试运营。麻竹高速公路麻城至红安段全长423公里，为双向四车道。棋盘洲长江公路大桥连接线阳新至大冶段全长25.24公里，为双向四车道。棋盘洲长江公路大桥建成通车后，从大冶和阳新开车走该条连接线过棋盘洲长江公路大桥，到对岸蕲春仅需30分钟。

16日 宜都长江公路大桥通过交工验收。此次交通安全设施专项验收会在宜都市举行。与会专家一致认为，宜都长江公路大桥项目交工验收范围内的桥梁、路基、路面、交安等工程均全部完工，符合设计和规范要求，工程质量合格，同意通过交工验收。宜都长江公路大桥是呼和浩特至北海国家高速公路（G59）在宜昌市境内跨越长江的控制性工程，全长15.68公里。全线采用设计速度100公里/小时的六车道高速公路标准建设。

11月

19日 2020年湖北省交通运输厅应急演练在宜城市汉江雅口航运枢纽工程二期围堰内泄水闸施工现场举行。本次演练活动是湖北省交通重点工程建设领域首次开展的规格高、范围广、参加人数多的一次大型应急演练，旨在检验全省交通工程建设应急救援机制能否迅速、有序、高效地实施突发事件的应急反应行动，救助遇险人员，控制事件态势，最大程度地减少突发事件造成的人员伤亡和财产损失。演练主要模拟汉江发生超标准洪水灾害，严重影响雅口工程施工安全，共设置疏散撤离、管涌抢险、生命救助、设备救援、反恐维稳5个科目。

12月

16日 郧十高速公路郧阳北互通项目交安专项暨项目整体工程通过交工验收。该项目投运后，湖北省最大的易地扶贫搬迁安置区、“香菇小镇”——郧阳区青龙泉社区将彻底解决交通瓶颈问题，香菇产品外销走上“快车道”。项目主线全长1.22公里，匝道全长2.88公里，项目总投资1.55亿元，包括互通匝道、房建、绿化、交安、机电等工程。主线设计速度80

公里 / 小时，路基标准横断面宽度为24.5 米。

18 日 棋盘洲长江公路大桥通过交工验收。省交通运输厅质监局、高管局等单位组成的交工验收委员会实地查看、认真评审，一致认为大桥工程质量合格，满足设计和规范要求，同意通过交工验收。主塔 1038 米一跨蕲春、黄石两岸的棋盘洲大桥是湖北省鄂东南地区首座跨江悬索桥。全线长 21.95 公里，其中长江大桥长3328.5 米，两岸接线长 18.62 公里。全线采用高速公路标准建设，设计速度 100 公里 / 小时。

25 日 武穴长江公路大桥通过交工验收。武穴长江公路大桥是湖北省目前主塔最高的一座不对称斜拉桥，项目全长 30.99 公里，其中长江大桥长 3355 米，两岸接线长 27.64 公里。全线采用高速公路标准建设，设计速度 100 公里 / 小时。项目取得国家专利 8 项，省级工法 1 项。

26 日 武汉至仙桃城际铁路正式开通运营，D5202 次动车从仙桃站首发开往武汉站。该条线路自汉宜铁路汉川站至天门南站间的大福村接轨引至仙桃站，新修路段近 17 公里，共用汉宜铁路 71 公里，从仙桃到汉口全程88 公里，标准等级为双线城际铁路，设计速度 200 公里 / 小时，是全国首条采用 EPC 模式（工程 – 采购 – 建设一体化模式）建设的城际铁路。

△ 蕲春至太湖高速公路蕲春西段通过交工验收。蕲春西段全长 24.7公里，总投资 21.5 亿元。全线主线设大桥 15 座、中桥 5 座、互通式立交4 座（其中 2 座枢纽互通）、收费站 2个、服务区 1 处。

27 日 沙市至公安高速公路杨家厂至孟家溪段通过交工验收。杨家厂至孟家溪段全长 26.89 公里，主线设计速度 100 公里 / 小时，全线主线设置桥梁 30 座、互通立交 3 处、服务区1 处、匝道收费站 1 处。

△ 宜昌化学品洗舱站开业仪式在枝江举行，标志着长江中上游品类最全、智能化水平最高的化学品洗舱站正式启动运行。

28 日 2020 湖北大数据峰会在武汉举办，省交通运输厅“助力黄丝村蝶变”先进案例获“湖北省脱贫攻坚十佳案例”。

29 日 保康至神农架高速公路全线贯通，标志着湖北正式实现“县县通高速”目标。省委副书记、省长王晓东在武汉出席并宣布“保神高速公路全线贯通”，省政府分管交通副省长主持活动。保神高速公路全长 43.63公里，其中保康境内 37.22 公里。项目总投资 675453 万元，采用双向四车道高速公路标准建设，路基宽度 21.5米，设计速度 80 公里 / 小时。保神高速公路桥隧比例达 85.3%。

30 日 武汉轨道交通 8 号线二期、11 号线三期葛店段获武汉市人民政府开通初期运营批复，新增轨道交通运营线路里程 21.3 公里。轨道交通8 号线二期全长 17.6 公里，均为地下站，起自 8 号线一期终点梨园站，止于野芷湖站，连接通车的 8 号线一期、三期线路，设站 12 座（其中换乘站 4座）。轨道交通 11 号线三期葛店段全长 3.7 公里，地下线路，设葛店南站。该工程为武汉市第一条延伸至市域外的地铁线路，缩短武汉与鄂州之间的距离，使鄂州成为除武汉之外，湖北省第一个拥有地铁的城市，极大地方便鄂州葛店市民通往武汉市中心。

概况

【全省交通运输概况】 截至2020年12月底，湖北省综合交通网总里程突破31.1万公里(不含民航航线、城市内道路)，综合交通网密度达到167.3公里/百平方公里。全省公路总里程29万公里，其中高速公路7230公里；铁路营业里程5259公里，其中高速铁路1639公里；内河通航里程8667公里，其中高等级航道2090公里；油气管道7404公里，其中天然气管道5600公里。全省港口吞吐能力4亿多吨，集装箱吞吐能力500万标准箱；全省民航旅客吞吐量1776.1万人次，货邮吞吐量19.68万吨。

疫情防控交通运输保障。2020年上半年，省交通运输厅作为省疫情防控指挥部交通保障专班牵头单位，统筹铁、水、公、空、邮、管和省公安交管等单位，精准做好城市交通封控和解封工作，做到应急物资保畅、专项运输保通、运输服务保优。医疗救援物资实行“三不一优先”(不停车、不检查、不收费、优先通行)，重要医疗援助物资全程接力护送，其他应急物资依规保障。应急防控期间，累计协调公路运输物资7800余批次、水路运输进出武汉港物资2800多万吨。完成上级临时交办的重要交通运输保障事项239件。坚持科学防控，制定交通运输专项政策12项。研究设置“3+2”进鄂应急物资中转调运站，累计接收物资5300吨、未计重物资近20万件；出台政策实施“多线管控合一”查验模式；组织推动研发“应急车辆通行管理平台”，提高通行效率；安排8250辆公交车保障援鄂医疗队通勤需求，累计运行24.6万趟；对“四类人员”专班专人跟踪服务；采取“点对点、一站式”方案集中精准运送离鄂人员。累计保障援鄂医疗队运输219.9万人次，协调应急人员运输9.4万人次，“点对点”运送务工人员58.3万人次。

推进交通强国建设。加快推进现代内河航运、“四好农村路”、智慧交通、交通运输领域信用体系建设、投融资体制改革、多式联运六个方面试点建设，具体包括：重点建设绿色航道、智慧港口、危化品洗舱站和水上绿色航运综合服务区；加快建设覆盖广泛的农村公路基础网，加快建立运转高效的农村公路治理体系，全面启动公路桥梁“三年消危行动”；重点推进智慧公交、智慧地铁、智慧公路、智慧机场等；加快完善信用信息平台，推进信用信息公开共享，进一步规范信用评价工作；会同省财政厅、省发展改革委出台《湖北省交通运输领域省与市县财政事权和支出责任划分改革实施意见》；着力推动湖北省多式联运示范工程建设，不断提升示范项目运营效率。

推动长江经济带交通运输。推进生态环境保护修复。开展船舶和港口污染突出问题专项整治，全省船舶污染物港口接收设施基本全覆盖、全衔接。加强长江、汉江港口岸线资源管控，持续推进长江及其支流港口码头分类处置。推进黄金水道建设。长江“645工程”稳步推进。港口能级不断提升。继续打造沿江综合立体交通走廊。提高长江经济带运输服务能力。铁水联运骨架网初步形成。全省货物运输结构持续优化。多式联运示范工程建设进展顺利，武汉市推进“‘一带一路’、长江经济带发展集装箱铁水联运示范工程”通过交通运输部验收。

1. 基础设施建设

铁路建设。郑渝高铁郑州至襄阳段等建成通车，武汉至仙桃城际铁路正式开通，黄冈至黄梅高铁等加速实施，沿江高铁汉宜段、西十高铁湖北段建设全面启动。全省已建在建高铁网覆盖全省所有市州，“五纵三横”铁路通道全面建成。

公路建设。武深高速公路、枣潜高速公路等通道相继建成，武汉城市圈环线高速公路和武汉市四环线高速公路成功贯通。“十三五”以来，建成青山、石首等9座世界级长江桥梁，长江大桥建设力度和速度创历史之最。普通国省干线加快提档升级，“四好农村路”建设强力推进。

水运建设。长江干线武汉至安庆6米水深航道整治工程即将完成，汉江武汉至碾盘山段千吨级航道实现贯通，汉江河口至蔡甸段2000吨级航道整治基本完成，雅口、孤山等汉江梯级枢纽加速实施。武汉阳逻集装箱港区三期、黄石棋盘洲港区一期、宜昌白洋港一期工程等建成运营。

民航建设。湖北国际物流核心枢纽项目全面推进，荆州民用机场全面建成，宜昌三峡机场改扩建工程加快推进。武汉天河国际机场总体规划获批。通用航空发展迅速，麻城等一批通用机场加快建设。

综合交通枢纽。武汉天河国际机场交通中心、襄阳东津综合换乘中心、荆门汽车客运南站北站等一批综合客运枢纽建成运营。武汉阳逻港集装箱铁水联运一期、宜昌东站物流中心等货运枢纽项目投入运营。枢纽集疏运体系取得突破性进展，长江主要港口

2020年11月1日，武汉青山长江大桥通过交工验收

均实现疏港铁路连接，全省铁水联运骨架网初步成形。

管道建设。干支管道及联络线建设重点展开，新疆煤制气外输通道湖北段一期工程、荆门—襄阳成品油管道等项目建设加快推进，管道网络进一步完善。

2. 运输服务保障能力

全年全省完成客运量3.09亿人次，比上年下降65.3%；旅客周转量612.42亿人公里，比上年下降55.8%。全省完成货运量16.04亿吨，比上年下降14.8%；货物周转量5295.68亿吨公里，比上年下降13.9%。货运恢复势头强劲，全年货运量降幅较上半年收窄36.0个百分点。

铁路客流减少过半，货运量保持稳定。铁路客运量受疫情冲击较大，全年全省铁路发送旅客8148.04万人次，比上年下降52.7%；完成旅客周转量390.31亿人公里，比上年下降51.4%。全省铁路货运量5362.7万吨，比上年下降2.1%；完成货物周转量915.1亿吨公里，比上年下降2.5%。

道路客运比上年降幅扩大，货运量快速回暖。全年全省完成公路客运量2.2亿人次，比上年下降68.8%；旅客周转量131.6亿人公里，比上年下降66.4%。全省完成货运量11.4亿吨，比上年下降20.3%；货物周转量1639.9亿吨公里，比上年下降27.7%。一季度货运量受疫情"封路"影响，呈断崖式下跌。4月疫情进入常态化防控，公路货运量保持较快增势。

水路客运降幅明显，主要货运指标创新高。全年全省完成水路客运量232.9万人次，比上年下降63.1%；旅客周转量1.0亿人公里，比上年下降78.8%。全省完成水路货运量4.1亿吨，比上年增长3.8%；货物周转量2739.9亿吨公里，比上年下降6.9%。4月货运量同比转正。完成港口货物吞吐量3.8亿吨，比上年增长23.9%；集装箱吞吐量229万标准箱，比上年增长9.8%。

民航客流回暖升温，货运增速略有回落。全年全省民航运送旅客788.40万人次，完成旅客周转量89.50亿人公里，比上年分别下降47.2%、52.0%。湖北机场集团完成货邮吞吐量19.28万吨，比上年下降22.2%。

2020年1月12日，汉江雅口航运枢纽工程船闸通航

邮政行业逆势增长，快递业务恢复迅速。全年全省邮政业务总量和业务收入分别完成471.77亿元和276.41亿元，比上年分别增长2.9%和1.4%；快递业务量和业务收入分别完成17.85亿件和178.69亿元，比上年分别增长5.9%和2.8%。

城市出行服务优化便捷度提升。加快推广新型公交运营模式，全省开通公交微循环500余条，定制公交线路700余条，投入定制公交车1500余辆。轨道交通运营线路达到12条，总运营里程409公里。

多式联运加快发展。全省铁水联运业务发展突出，全年铁水联运发送货物778.1万吨，比上年增加287.6万吨、增长42%。多式联运通道网络构建升级，阳逻国际港开展首单铁矿砂铁水联运业务。日本—中国湖北武汉—欧洲水铁联运国际中转新通道开通。多式联运信息共享平台"云上多联"实现与阳逻港、中国国家铁路集团部分数据对接。

物流市场活力进一步增强。2020年，全省物流行业景气指数(LPI)均值为50.9%，低于全国同期0.8个百分点。全省物流园区200余家，其中有2家国家示范物流园区和8家省级示范物流园区。全省A级物流企业数量达669家。

农村物流畅通高效创新发展。"工业品下乡，农产品进城"的农村物流通道基本通畅，农村三级物流节点体系基本建成，农村综合运输服务站达到433个。赤壁市"交邮融合+电子商务"和竹山县"信息平台+统一配送"2个项目入选交通运输部首批农村物流服务品牌名单，十堰市竹山县和宜昌市远安县通过国家第一批"城乡交通运输一体化示范县"创建验收。

3. 行业治理体系建设

综合交通运输体制改革。4月，全省综合交通运输体制改革工作正式全面启动。省交通运输厅按照行政职能回归机关、执法职能综合行使、公益服务得到强化改革方向，平稳有序推进职能调整、人员安置等改革任务。湖北省公路、运输、港航3个事业发展中心机构明确为副厅级单位。完成6个高速公路管理处机构划转和7000余名相关人员信息移交工作。省交通运输厅建立"全面统筹的科学决策机制、规范有序的高效运行机制、务实细致的后勤保障机制、奖罚分明的落实问责机制"四大机制。先后对高速公路建设管理体制改革、高速公路服务区管理、道路运输企业及从业人员守信联合激励和失信联合惩戒对象名单管理、公路桥梁工程违法分包突出问题专项整治等重大事项组织合法性审查和集体决策，无一件重大决策事项因违法被省政府撤销。

完善依法行政制度体系。申报《湖北省高速公路管理条例(修订)》为省人大常委会2021年度立法调研项目。申报《湖北省高速公路服务区管理办法》《湖北省小型客船运输管理办法》为省政府2021年度立法计划项目。开展与《中华人民共和国民法典》、优化营商环境要求不一致，妨碍市场公平竞争的政策法规文件清理。开展湖北交通立法评估工作及“十四五”交通法治建设规划研究。对《湖北省交通运输常用行政处罚自由裁量标准(试行)》进行实施后评估。

持续优化营商环境。制定优化交通运输营商环境措施16条。全面深化“放管服”改革，为市场主体创业创新营造便利发展环境，提供优质高效服务。完成政务服务事项清理，下放精简审批事项，增加即办件，时限压缩66%。省级政务服务事项全部实现网上办理，均实现“最多跑一次”。44项便民服务事项对接“鄂汇办”。牵头组织实施“我要开物流公司(货运)”联办工作。全省范围组织实施“证照分离”改革全覆盖试点。加强事中事后监管。创新监管方式，加强信用监管，开展公路水路建设、运输市场信用评价。

4. 创新转型发展

绿色交通发展取得新突破。一是实施“长江大保护”行动，长江干线共取缔各类码头1211个，汉江、清江共取缔各类码头(砂场、砂站)599个。武汉、宜昌水上化学品洗舱站基本建成，全省3796艘100总吨及以上船舶生活污水收集或处理装置全部完成改造，船舶污染物港口接收设施基本实现全覆盖、全衔接。二是推广清洁能源应用，纯电动公交车数量大幅增加，“海川2”号等LNG动力船舶投入运营。三是智慧交通开启新模式。交通云数据中心投入使用，交通运输数据资源整合取得新进展，智慧交通“四通工程”(行业通、部门通、区域通、社会通)列入湖北省委新基建三年行动方案，电子巡航试点、电子航道图建设加快推进，道路运输四级协同系统上线运行。四是打造“互联网+”便捷交通，大力推进城市公交卡互联互通，全省公交刷卡率接近50%，武汉市列入全国首批“智慧交通”示范城市。五是创新发展取得新突破。秭归长江公路大桥获国际桥梁大会(IBC)古斯塔夫·林德撒尔奖，武汉沌口长江公路大桥获2020—2021年度中国建设工程鲁班奖(国家优质工程)。

5. 安全应急管理

制定湖北省交通运输安全生产专项整治三年行动工作方案，明确任务分工，将重点工作细化为77项任务清单，建立联络员制度和信息报送制度。重点开展汽车客运站、旅游客运、危货运输等专项整治，聘请第三方机构对全省港口危险货物企业进行“专家会诊”，强化安全评估。巩固和完善闭环处理工作机制，运用五种形态对“两客一危”实施闭环处理。组织开展公路水路自然灾害综合风险普查试点工作，3个试点县区审核质量通过率位列全国第一。“路路安”生命防护“455”工程建设提前超额完成目标，路网安全通畅保障水平显著提高。全省累计建成县区级养护应急中心54个，省市县三级公路交通应急物资储备基地网络体系进一步完善。

【全省普通公路概况】 2020年，全省普通公路完成固定资产投资509.9亿元。建成一级公路677.1公里、二级公路1165.1公里，完成新改建农村公路28555公里。普通国省道二级以上公路总里程23394公里，在普通国省道中的占比由“十二五”期末的73%提升至85%。所有乡镇、行政村、20户以上自然村通硬化路，农村公路通达深度和等级结构明显提高。

干线公路建设。创新工作机制，采取统筹调度、分类督导、技术服务等多种方式加强重点项目督办。纳入省重大建设项目开工22个，已开工建设20个，完成路基324公里、路面165公里；集中开工项目75个，实质性开工项目59个，完成路基426公里、路面79公里。完成2019年度全省公路设计企业信用评价工作。对2019年度一级、二级公路及独立桥隧建设项目的204家施工企业进行综合评价，对全省施工企业进行信用评价，对全省国省干线公路建设项目开展质量安全服务专项整治“亮剑行动”，并公开通报、立查立改，市场秩序进一步规范。

“四好农村路”建设。2020年，

2020年，大别山红色旅游公路提档升级主线，延伸支线，持续带动地方经济发展。图为英山县四季花海旅游路

新改建农村公路28555公里，其中完成农村公路提档升级工程19280公里，创建美丽农村路13812公里。开展农村公路管理养护体制改革试点创建工作，湖北省被列为省级试点，潜江市、丹江口市、宜都市、南漳县、钟祥市、红安县被列为县级试点。开展“四好农村路”示范乡镇创建，完成2019年度农村公路建设质量检测工作，开展农村公路危桥核查工作。组织全省“四好农村路”示范乡镇考评验收工作。新增“四好农村路”示范乡镇55个。“十三五”期，创建全国示范县8个、省级示范县26个、示范乡镇100个。

养护服务管理。组织召开迎国评推进会，明确工作标准，落实责任分工，制定整改及督办项目清单。完成公路大修1011公里、中修1873公里，预防性养护全面加强，国省干线公路路面使用性能指数(PQI)为85.36，为“十三五”期最好水平。建成公路服务设施75个，建成交通厕所51个，外观标志标识统一更新，养护基础管理工作规范统一、闭合完整。加强公路日常养护管理，及时分解2020年国省干线公路小修保养资金(包括考核资金1.5亿元)。组织开展公路日常养护管理评价工作，促进日常养护工作规范化、制度化、经常化。加大美丽公路经济带创建力度，建成美丽公路经济带3719公里，宜昌市“美丽宜道”、咸宁市“咸宁风景道”、十堰市“环库生态旅游公路”等形成规模效应。“十三五”期，建成55个普通公路养护(应急)中心、236个标准化养护管理站、344个普通公路服务区及停车休息区，209国道十堰段“畅安舒美”示范公路创建工程获中国公路养护工程奖。

安全管理。全面启动并推进公路桥梁“三年消危行动”，完成17个市州上报的6509座(国省干线1535座、农村公路4974座)危旧桥梁改造项目核查及改造方式咨询工作，核定5289座(国省干线1083座、农村公路4206座)危旧桥梁纳入“三年消危行动”项目库。实施1244座，其中完工855座(含跨年度项目)、在建389座。启动公路隧道整治提质、公路桥梁安全防护和连续长陡下坡路段安全通行能力专项行动，完成公路安全防护工程15178公里、灾害整治工程224公里、隧道出入口整治179座。汛期，全省组织维修、抢通受损普通国省干线公路1096处、农村公路11170条。巩固推进治超联合执法常态化制度化和路域环境专项整治，检测货车217.42万辆，治理违法超限车辆3.1万辆，卸转货物66.09万吨。查处侵害公路违法行为3187起(违法超限运输除外)，拆除违章建筑1365处，清理非公路标志20834块，清理公路堆积物20501处，清理占道经营8470处。

行业发展。普通公路发展“十四五”规划编制文本初步形成。提前布局研究“十四五”国省道项目，研究国道项目327个7340公里、省道项目830个15629公里、其他公路730个9193公里。参与部省“十四五”项目库对接，梳理研究一级公路项目552个8839公里、二级公路项目930个17388公里。新组建的省公路事业发展中心挂牌成立，中心职能和内设机构建议方案修订完善并上报省编办。

(姜元洪)

【全省高速公路概况】 2020年，全省高速公路完成固定资产投资372.39亿元。建成武汉四环线北湖至建设段等高速公路项目12个、370公里(含宜昌白洋长江公路大桥、棋盘洲长江公路大桥等3座长江大桥)，全省高速公路总里程达7230公里，“九纵五横三环”高速公路骨架网基本形成。武汉至阳新高速公路黄石段、鄂州至咸宁高速公路等25个续建项目加快推进。新开工建设呼北高速公路宜都至鄂湘界段、张南高速公路宣恩至咸丰段等5个项目161公里。

疫情防控保障。迅速成立疫情防控应急领导小组，按照前期“内防扩散、外防输出”、后期“外防输入、内防反弹”总体要求，抓好“三个统筹”(统筹联防联控和应急运输保畅，统筹交通封控和民生服务保障，统筹疫情防控和行业复工复产、经济社会发展)，近7000人全程坚守在交通防控最前沿。积极配合卫健、公安等部门，全力做好站口封控、车辆消毒、人员测温、场所消杀、发热人员移送等各项工作。疫情紧急防控期间，消毒车辆551万余辆次、检测体温1169万余人次。协调相关部门落实“多线管控合一”和“一断三不断”“三不一优先”要求，各收费站开设防疫车辆“绿色通道”，实行24小时现场值守服务，各路政管理机构全程护送、无缝对接，重点保障“四类物资”“四类人员”应急运输，先后执行护送450余

2020年8月14日，在建中的保神高速公路吴家湾大桥

人次、697车次，累计保障238万辆防疫运输车辆、1626万吨防疫物资快进快出。

联网收费运营。全年完成通行费收入207.54亿元，按可比通行费计算(5月6日—12月31日)，比上年增长3.42%。巩固深化取消省界收费站工作成果，组织修订标准化收费站建设指导意见和考评细则，完成主线收费站外里程清查核实，完善高速公路差异化收费政策，收费管理体系逐步更新升级。持续强化收费站保通保畅，督促各管理单位建立收费站分级分类监测机制，定期定时梳理排查拥堵缓行站点，对严重拥堵收费站单位负责人集中约谈督办，部分收费站常态化拥堵现象明显缓解。严格落实经营服务能力审查，武汉南四环、老谷高速公路等9个项目、444公里路段顺利并网开通。

养护管理。全年完成养护货币工程量24.56亿元，路网优良路率100%，PQI均值达95.08，较上年提高0.76。圆满完成“十三五”全国干线公路养护管理评价迎检工作。督促各路段落实“公路隧道提质升级”“公路桥梁防护能力提升”“连续长陡下坡整治”三大专项行动要求，累计投入1.26亿元，完成隧道提质升级333道294948延米、桥梁安防能力提升545座72634延米、长陡下坡整治10处。开展独柱墩桥梁抗倾覆评估及加固改造、跨江跨峡谷悬索桥(斜拉桥)等专项排查，加强“公跨铁”立交桥养护管理。实现路面技术状况检测全覆盖，完成273座桥梁、16座隧道技术状况抽检，部级挂牌督办的整改路段通过复核销号。

服务区服务质量。全年新建、改造“星级厕所”60座。新建“司机之家”8对，2019年建成的6对“司机之家”通过交通运输部验收。健全完善服务区企业自检、行业巡检、第三方暗访检查相结合的常态化检查考核体系。推行重点服务区、重大节假日驻点管理制度。《高速公路服务区服务设施规范》《高速公路服务区管理规范》列入省质量技术监督局2021年标准立项计划。

路政执法。修订全省高速公路入口称重检测工作实施方案。开展大件运输车辆违法通行专项整治行动，查处违法超限车辆1612辆，实施行政处罚29起、卸载120辆，责令补办超限许可98辆，入口货车超限率降至0.17%。进一步优化大件运输办理流程。开展路域环境治理“百日攻坚”专项行动，制止侵占路产路权违法行为183起。“四基四化”扎实推进，“一站两营房”收尾配套基本完成。结合疫情防控常态化新形势，创新线上普法＋线下送法宣传新路径。武黄支队鄂东长江大桥桥下空间违建整治事件获2019年“湖北省十大法治事件”提名奖。

行业改革。高速公路运营体制改革按期实施，顺利完成高速公路收费养护人员划转移交。配合省交通运输厅推进高速公路行政职能回归过渡，进一步梳理规范行政许可、行政处罚、行政强制办理流程，做好日常行业监督。

安全管理。开展“安全生产月”“安全生产楚天行”等活动。启用高速公路安全问题隐患填报系统，排查整治重点隐患88处，完成治理81处。督导推进宜巴高速公路核桃树大桥、铜矿岭隧道病害处治，加强重大安全隐患整治跟踪问效。制定33类122项风险隐患排查表，有效处置山体滑坡等突发险情42起。全年交通事故发生数和死亡人数比上年分别下降20.81%、16.56%。

（胡永霞）

【全省道路运输和交通物流发展概况】 2020年，全省站场建设完成投资67亿元。其中，客运站场建设完成投资9亿元、货运物流设施建设完成投资58亿元。建成恩施东升客运站、宜城市高速汽车客运站等四级以上客运站10个，孝感西客运换乘中心、南漳县汽车客运中心站等项目进入收尾阶段。建成大随通物流园、武汉捷利现代物流园、荆门通旺达物流园(一期)等货运物流项目9个。“十三五”时期，建成四级及以上等级汽车客运站60个、物流园区(中心)项目51个、贫困地区农村综合运输服务站61个。

疫情防控运输物流保障。疫情期间(2—6月)，全省从139家道路客运企业抽调应急客车8975辆，从174家道路货运企业抽调应急货车1451辆，确保应急运力随用随调。确定184家汽车维修点，全力保障应急运输车辆“健康”行驶。截至6月18日，发送道路客运“点对点、一站式”包车1.62万趟次，运送返岗务工人员41万人次。5个中转调运站接转应急物资5300吨、未计重物资近20万件。

道路运输领域改革。建立道路客

2020年6月16日，液化气槽车、运瓶车消防应急演练在武汉举行

运转型升级联系点，推进高质量发展。陆续上线定制客运线路20余条，累计订单超过10万单。湖北赤湾东方物流公司、武汉大道物流公司、荆州鑫泰达物流公司3个甩挂运输试点项目通过验收。危货电子运单企业覆盖率100%。汽车维修电子健康档案系统推广延伸，全年上传维修记录220万余条，上传率近45%，出具汽车维修竣工出厂合格证45万余张。在宜昌市试点基础上，14个市州推广使用交通运输部货运驾驶员免费网络继续教育平台。

城市公共交通发展。全省初步形成以轨道交通、快速公交、常规公交为主体，出租汽车等其他出行方式为补充的城市公共交通体系。所有地级以上城市和省直管城市实现交通联合一卡通互联互通全覆盖。10余个城市实现城市公交车辆纯电动化，城市公交和网约出租汽车电动化比例不断提升。网络预约出租汽车稳步发展，56家平台公司、3万余台车辆、8万余人取得相关运营资格。巡游出租汽车经营权有偿使用费全面取消。

行业新型监管。组织开展道路运输“三大专项整治”行动，规范接驳运输行为。全省具备“三检合一”功能的检测检验机构达到175家，实现省内异地检测。全省3555家二类以上维修企业全部安装对接汽车维修电子健康档案系统。加强与交管等部门数据共享，配合文旅部门开展旅游行业安全暗访。全年派出暗访组8组，暗访运输企业33家，发现问题隐患54处，已全部整改。全省运用五种形态实施闭环处理，“两客一危”车辆驾驶员接受批评教育20624人次，经济处罚4256人次，停班学习478人次，辞退开除26人，联合惩戒3人；对“两客一危”企业通报253起，约谈48起，整改614起，处罚12起。2020年，接到上报运输行车事故9起，死亡15人，受伤31人，与上年相比，事故起数、死亡人数分别下降40%、53%。未发生重大及以上安全责任事故。

（罗丽萍）

【全省水路交通概况】 2020年，全省内河航道通航总里程8666.9公里，港口38个，渡口1531处。全省港航建设完成投资66.7亿元，新增港口吞吐能力4600余万吨，改善三级以上高等级航道52公里。新增航运企业7家。完成港口集装箱吞吐量229.3万标准箱、汽车滚装量90.5万辆，其中武汉港完成港口集装箱吞吐量196.2万标准箱、商品汽车滚装量79.7万辆。

疫情防控运输保障。疫情封控期间，协调解决武钢、中韩石化原料供应和产成品运输、省市重点养殖企业饲料运输等，保障方舱医院建筑钢材、重点生产生活物资抵港转运。疫情期间转运各类物资1044万吨，集装箱8万标准箱，防疫物资近3万吨。

港航建设。全年全省共有12个港口项目建成。陆水二期航道整治工程基本完工。雅口航运枢纽主体一期土建工程完工，正在进行二期工程建设，船闸试运行；孤山航电枢纽3台机组并网发电，正在进行二期施工。江陵港区兴润综合码头改扩建工程、荆州港松滋港区车阳河综合码头二期工程、荆州港郝穴港区荆州煤炭铁水联运储配基地一期工程5号和6号泊位、宜昌白洋二期工程等港口项目建成。

长江大保护。全年对再清查再整治中发现的22个码头全部拆除完毕；完成8个码头港口岸线手续补办申报；宜昌港、黄石港、钟祥港规划修编完成并获批。交通运输部19个岸电建设任务全部完成。全省设置固定污染物接收设施3724个，移动接收设施144艘(辆)。武汉、宜昌2座水上化学品洗舱站建成运营。宜昌、鄂州2个LNG码头开工建设。港口自身环保设施整改达标并取得明显成效。

水运转型升级。武汉阳逻港铁水联运二期工程开建。武汉开通“孝感—东北”铁水联运专列。花山港首次承揽纸浆“散改集”“铁水联运”业务。华中最大的煤炭铁水联运项目——荆州煤储基地开港试运营。中国湖北武汉至日本集装箱江海直航航线疫后迅速复航，并实现班轮化运转。“日本—中国湖北武汉—欧洲”集装箱铁水联运国际中转新通道开通。武汉至徐州、至淮安2条集装箱班轮航线相继开通。1300客位新能源纯电动游轮开建。国内首艘300客位全电动长江游船“君旅”号首航。1140标准箱江海直达集装箱示范船——湖北造“汉海5”号试航。汉江流域最大的集装箱船——“阳光66”号集装箱船首航。武汉航运交易所完成交易额75.9亿元，比上年增长4.26%。新增铁矿石运输综合运价、长江煤炭运输综合运价2项航运指数，发布国内首个长江(内河)航运标准合同。

水上安全监管。开展水路交通安全大检查、水路交通危险品存储和运输安全检查、长期逃避海事监管船舶

2020年1月3日，千吨级一顶二驳试验船从汉江碾盘山枢纽港出发，总航程约110公里，船队在设计水位附近航行全程畅通无阻

2020年8月29日，全省首个新建的现代化高标准砂石集并中心荆州港李埠港区一期综合码头工程（李埠砂石集并中心）通过竣工验收

检查等各类专项行动，摸排船舶状态8330艘，查改隐患118个。印发《港口危险货物安全“十条规定”警示函》，开展港口危货安全“专家会诊”，对武汉、黄冈、荆州、仙桃、潜江、黄石、鄂州、宜昌8个地区的26个危险货物港口企业（含1个租用码头企业）、5个水路危险货物运输企业、9个港口行政管理部门开展安全整治专项检查，查处各类问题293个。特大洪水期间，全力保障长江、汉江危化品油库码头、荆州螺山船闸等关键点位汛期安全。开展安全生产宣讲活动、事故警示教育活动、渡工免费安全培训活动等。加快推进巡航救助一体化建设，推进建设应急搜救指挥船1艘、趸船11艘、工作艇15艘。

船舶船员和船检管理。2020年，全省检验登记船舶8837艘，503.9万总吨，172.8万千瓦；新建（改建）船舶审图402套，检验船舶7632艘次、617.8万总吨。其中，建造检验538艘次、55.1万总吨，比上年分别增长25%和39%；营运检验7094艘次、562.7万总吨，比上年分别下降4%和9%，主要是受新冠肺炎疫情影响，部分船东停运不报检；船用产品检验6265件（台），件数为上年的3.8倍。组织船员培训37期1155人、船员考试29期1208人、船检培训3期371人。聘请第三方专业技术机构对市州船检机构船舶审图和建造检验质量进行监督抽查，提升船检履职能力。

（宋华财　寇明涛）

【全省铁路运输概况】 中国铁路武汉局集团有限公司地处全国铁路网中部和地理位置中心，承担湖北省全境、河南省南部以及安徽省部分地区铁路运输任务，是全国铁路的重要枢纽，是中部地区、长江城市集群综合交通运输体系的重要组成部分。管辖线路114条，包含京广高铁、武西高铁、郑渝高铁、沪蓉高铁（合武、汉宜段）、武九客专、武咸城际、武冈城际、武孝城际、仙桃城际9条高速铁路，沪蓉（宜万段）、京广、京九、焦柳、武九、汉丹、襄渝、宁西、孟宝、漯阜、浩吉11条普速干线。线路营业里程6565.645公里，线路总延展长14977.022公里，其中正线延展长11680.943公里。高速铁路营业里程1830.582公里（其中时速300公里及以上营业里程1018.735公里，时速200~250公里营业里程811.847公里），线路总延展长3850.733公里，其中正线延展长3616.337公里。全局配属机车1034台，其中内燃机车217台、电力机车817台；配属客车2353辆，配属动车组175列233标准组。分界口客货列车总对数1324对，其中旅客列车622对，含高铁和动车组449对，担当客车300对；货物列车702对。

抗击新冠肺炎疫情。2020年，面对突如其来的新冠肺炎疫情，第一时间响应武汉封城、全面管控人员外流决策，果断关闭105个客站，停运407列图定始发列车。抗疫湖北保卫战、武汉保卫战期间，统筹运力安排，抢运援鄂医护人员1.2万人次、防疫物资7.5万吨；为10支援鄂医疗队共1073名医护人员提供食宿服务；抓好

2020年6月6日，首批101名湖北籍大学生在武汉站搭乘高铁返京

站车防疫和铁路通道管控，协助排查旅客列车182趟次、旅客20527名、铁路从业人员2012名；全力救治患病职工及家属，对确诊、疑似、发热、密接“四类人员”实行百分百集中收治和隔离观察；科学精准抓好内部防控，对15类主要行车工种实行集中管理，同步优化生产组织，划小作业单元，精简上岗人数，实现生产聚集性疫情“零发生”。先后有12个先进集体、34名先进个人获省部级以上表彰，其中1个集体、2名个人受到国家表彰。

安全生产。突出抓好安全管理标准化规范化。重新界定全员安全生产岗位职责，优化考核项点、量化任务和审批权限，每月考评公示，督导履职尽责。推进站段标准化规范化建设，建立1个实施意见、10个专业实施方案制度体系。梳理发布管理制度873项，促进制度管理更加规范。沿线安全环境整治取得阶段性成果。巩固高铁安全环境治理成果，健全完善路地联动、综合治理长效工作机制，坚决防止问题反弹。全面排查整治普铁安全隐患，发现问题17668处，铁路红线范围内隐患问题全部整治完成。与鄂豫皖湘赣5省24个地市签订《安全环境综合治理工作备忘录》，促成湖北省建立新体制下护路联防管理机构，协调召开全省普铁安全隐患综合治理推进会议、全省铁路护路联防工作会议，进一步加强路地联合整治沿线安全环境工作格局，提升工作合力。有效应对14轮大范围强降雨、3倍于常年的降雨量，排查整治防洪重点地段837处，科学处理水害330处。推进防洪三项基础建设，实施复旧、预抢、应急工程199处，安设险情报警告知牌6395处。加强应急指挥中心作用，优化站段安全生产指挥中心功能，构建路局、站段、现场三级应急处置组织体系。整合11个专业系统38项高铁应急预案，建成应急指挥中心与现场图像传输系统，常态化开展跨专业多场景应急演练，应急处置能力得到有效提升。开展隧道隐患排查整治，完成549座683公里隧道敲击检查，

2020年10月30日，汉口车站试点高铁快运业务

发现衬砌空洞、渗漏水等问题11658处，整治2123处。加强施工安全管控，梳理研判72项营业线、41项邻近营业线施工安全风险关键点，加强干部盯控和监督检查，对动基础施工一律提级盯控把关。升级施工信息管理系统，实现施工计划全流程管控、全要素监督。加强列车运行监控装置(LKJ)数据管理，分析研判数据提报、换装、发布等7项关键风险，制定数据对规检查等5项长效卡控措施，确保数据完整准确。提升行车设备质量，每月开行动态检测车平推检查，每季实现普铁线路检查全覆盖，有效保障行车设备质量。

客货运输。发挥地处全国路网中部区位优势，推进襄阳北、武汉北编组站扩能改造，强化站区联劳，服务保障能力进一步提升。襄阳北、武汉北编组站日最高办理列车分别达到29359车、24093车。优化枢纽运输方案，压缩天兴洲长江大桥漯武线动车组通过对数，调整武汉枢纽天窗设置，进一步释放武汉枢纽通道能力。抓住调图契机，优化客车开行线条，压缩武汉至广州、福州方向部分高铁旅途时间，开行标杆车4对，进一步便捷人民群众出行。实施普速线电子客票应用，组织开行汉口至北京西高铁快运专列，取得较好社会效益和经济效益。提升“慢火车”开行品质，联合地方政府推动车底升级。紧盯大宗货物运量兑现，保持与99家大客户常态对接，力保协议运量落地。支持地方企业复工复产，非常时期组织开行中欧班列、中亚汽车班列。走访管内2314家企业，增加运输金属矿石174万吨、粮食153.7万吨、化肥96.7万吨。协调鄂豫两省“公转铁”补贴，促成武汉市将铁水联运补贴由500元/标准箱提高到750元/标准箱。大力发展多式联运，积极扩大集装箱办理能力，建成大花岭、马庄2个二级物流基地，新开办明港、小林等34个集装箱办理点。铁水联运、敞顶箱运量分别增长42%、41%。全年完成旅客发送量9044万人次、货物发送量8001万吨，完成运输收入201亿元。分界口保持畅通，周时同比压缩2.9%，货车旅速46.1公里/小时，同比提高10.6%。

经营管理。制定下发6大方面41条增收节支创效措施，积极消化疫情影响。在确保运输安全、满足生产组织基础上，以恢复和提高原有设备设施性能及生产能力为目标，累计压缩大修投资11.5亿元。坚持优化生产组织，结合运量变化实际，全方位挖掘节支降耗空间和潜力。累计实现动车组及和谐机车检修节支3.5亿元、服务性外包节支1亿元、生产性外包节支1.45亿元。间管费节支1.6亿元，

节支率达到13%。全年完成运输营业收入611.6亿元，非运输业务收入87.3亿元，综合创效8.85亿元。

企业改革。健全党委会、董事会、总经理办公会重大事项决策机制。调整武汉地区直属客运站布局，促使区域客运管理资源布局更加合理。实施车务系统岗位改革，修订站细和技术规章、管理办法，顺利实施岗位职名合并。规范岗位定员标准，推进17项劳动组织改革，合计减员1226人。推进铁路资产资本化股权化证券化，所属金鹰重型工程机械有限公司完成股份制改造，首次公开募股申请资料提交深圳证券交易所审查。支持沪汉蓉铁路湖北有限责任公司开展不动产投资信托基金试点，拓宽盘活铁路存量资产，促进投资良性循环渠道。2020年，获全国优秀质量管理小组2个、全国质量信得过班组2个，20项QC小组获全国铁道行业优秀质量小组。2020年获铁道企协现代化管理创新成果5项、全国铁道行业企业文化建设成果二等奖1项。

铁路建设。按照“保开通、保在建、保开工”要求，加快湖北“4+2”等铁路重点项目推进。全年完成基本建设投资165.5亿元、更改大修投资64.5亿元。新开工武汉北编组站四场、六场等项目36个，更改项目24个，投产涉铁项目28个。长江沿岸铁路集团股份有限公司落户武汉，湖北“4+2”重大铁路建设项目有序推进。其中，武汉东站普速场、宜万铁路新开高坪站、仙桃城际开通运营，郜营站改及襄郜联络线建设等重点施工完成；郑万高铁湖北段、安庆至九江铁路湖北段、黄冈至黄梅铁路、新港江北铁路香炉山至黄州段、宜昌至郑万高铁联络线等项目加快推进；推动西安至十堰铁路、襄阳至常德铁路襄阳至荆门段、沿江高铁武汉至宜昌段、荆门至荆州铁路等建设项目前期工作。

党建工作。坚持党管干部原则，修订领导干部选拔任用工作规定、干部选拔任用工作监督检查和责任追究办法，开展选人用人专项整治，全年选拔调整领导人员5批次196人。参加党的十九届四中全会精神网络专题培训829人。举办党的十九届五中全会精神培训班2期198人。举办中青年干部、“十百千人才”专题培训134人。累计选拔专业带头人99人、专业拔尖人才203人、青年优秀人才416人。加强党风廉政建设，修订《中国铁路武汉局集团有限公司党风廉政建设责任制实施办法》。

（任刚）

【全省民航运输概况】 2020年，湖北民航完成旅客吞吐量1776.1万人次、货邮吞吐量19.68万吨。12月，辖区旅客吞吐量恢复至上年同期8成，货邮吞吐量同比增长16.2%。全年通航飞行6.8万小时、16.3万架次，分别占中南地区41.0%、39.2%。辖区通航企业23家，其中141航校3家，具备135运行能力4家；在册通用航空器177架，短途通勤航线7条；颁证通用机场5个，通用航空产业园区4个；航空器维修单位15家，维修培训机构2家。

疫情运输保障。1月23日至4月7日，安全高效保障航班4781架次，运送援鄂医疗队、境外返汉旅客、外国撤侨人员等14.8万人次，转运防疫物资及货物216万件、1.8万吨。中央指导组组长、国务院副总理孙春兰评价民航运输工作“组织得好，宣传得也很好”；湖北省委书记应勇指出“湖北民航保障了抗疫空中绿色通道的安全畅通”；民航局局长冯正霖赞扬“你们是逆行的勇士、平凡的英雄”。最短时间、最快速度构建湖北民航疫情防控指挥部统一指挥、统一部署、统一协调防控格局。各机场、航司、空管、油料、通航等单位迅速行动，全力落实指挥部8个精准务实工作指令。全行业协同作战，统筹调度，全力服务省市疫情防控大局。监管局主动与省市防控指挥部、省应急厅、省卫健委等部门协调联系，建立快速反应机制。湖北机场集团高标准完成援鄂人员物资运输和非战时最大规模军机保障任务，精心设计纪念登机牌、编排特色送别仪式，分2批选派210名党员下沉武汉市28个街道60个社区，支援社区防疫工作。各支线机场24小时保持适航状态，畅通抗疫人员、物资空中转运通道。东航武汉、南航湖北、国航湖北全力保障航空应急运输链，分别执行包机186班、147班、135班。通航企业组建湖北省防疫物资通航运输队，执行应急运输任务231架次，运送救援物资55.1吨。空管分局等运行保障单位合力构筑疫情防控防线。

安全形势平稳可控。辖区运输航线全年完成12.88万飞行小时、6.65万架次，未发生人为原因责任运输航

2020年12月18日，京广线铁路进行大型养路机械维修作业

2020 年 1 月 28 日，湖北机场集团航空物流公司员工装卸援鄂防疫物资

空征候，未发生等级以上人为责任原因事件，连续实现第 25 个空防安全年。统筹做好疫情防控和民航安全工作，主动抓好疫情期间关键岗位人员训练和资质保持。南航湖北连续保证 319 个月空防安全和 276 个月客舱安全，空管分局、十堰机场等单位全年未发生一般差错以上不安全事件。宜昌三峡机场跑道外来物 (FOD) 防范有力。全辖区圆满完成抗疫人员物资转运、重要包机专机、党的十九届五中全会、全国两会等重大运输保障任务。

隐患整治。开展民航安全专项整治三年行动、“抓作风、强三基、守底线”专项安全整顿、通航安全整顿、“安全生产月”等活动。湖北机场集团落实重点监管单位督查工作要求，坚决遏制安全下滑趋势。东航武汉对 11 类飞行员实施专项能力提升。启动武汉、襄阳机场鸟害防范专项整治行动，有效遏制鸟击事件高发态势。海南航校全员强化训练运行系统管控。推进南航老龄飞机结构符合性检查和外航货运公司专项监察。对波音 737NG 襟翼卡阻、航空器地面刮碰、支线机场特殊进近等隐患，及时发布安全警示 3 份。

治理力度不断加大。坚持法治思维，妥善处置疫情封城限制机场运行，为国务院联防联控机制出台处置规定提供“第一份样例”。坚持创新思维，研究探索鄂州机场投运后规章、监管和技术“三个破界”。依法依规加强监管，全年实施行政约见及安全约谈 12 次，行政处罚 9 宗 14 起，整改通知书 114 份。依托民航行业监管执法信息系统 (SES)、飞行标准监督管理系统 (FSOP)、机场安全监管系统 (ASOP) 平台，大力推行精准、差异化和非现场监管。完成航空安保测试、武汉天河国际机场安保审计。企业法定自查全面铺开，“九字监管法”深化运用，监管效能进一步提升。

“三基”建设不断夯实。持续聚焦“三基”建设，监管局举办首届机坪运行保障技能竞赛、首届通航飞行员岗位技能竞赛，指导东航武汉运控技能比武，开展维修系统“三互”专项活动。监管局 2 人获评民航局首批高级监察员。

重振复苏多措并举。湖北机场集团协调航司新增、恢复航线航班，9 月国内客流达到上年同期水平。南航湖北抓好航班恢复，争取国际航线复航。东航武汉推出“汉沪快线”“随心飞”“校园行”等活动。国航湖北暑运新增 314 班次，优化 5 条航线时刻，推出复工复产定制航班。各通航、运行保障单位一手抓业务拓展、一手抓降本增效，努力把损失降到最低。

补齐货运短板。湖北机场集团抢抓医疗物资出口机遇，加开全货机、临时包机、“客改货”航班，全年恢复、新开芝加哥、首尔、雅加达等货运航线 30 余条，其中国际全货机定期航线 11 条，货运航点覆盖全球五大洲 43 个枢纽城市。武汉天河国际机场全年保障全货机航班 5000 余架次，比上年增长 120%；跨境电商进出口货物总量达 936 万票，比上年增长 492.4%；进出口贸易值累计约 120 亿元，占武汉市跨境电商贸易总额的三分之一。南航湖北执行“客改货”航班 87 个、包机航班 76 个，实现辅助收入 936.51 万元，比上年增长 23.13%。国航湖北优化营销策略，推

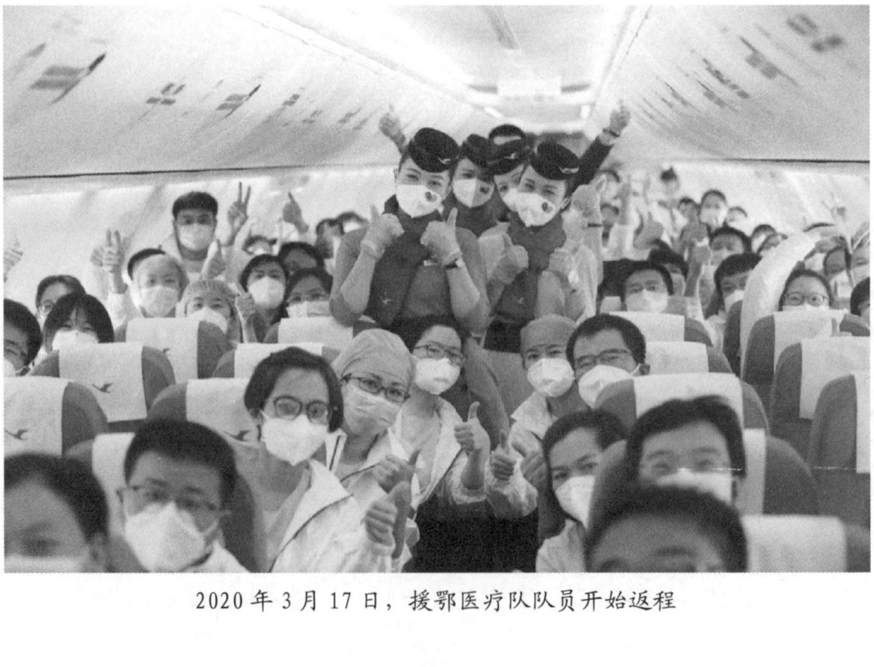

2020 年 3 月 17 日，援鄂医疗队队员开始返程

进客货联动。

改革创新。B213 航路调整顺利推进。运输航大运控机制更加完善。武汉天河国际机场点融合技术启动研究，货运安检一体化取得阶段性成果。鄂州花湖机场机坪无人驾驶、数字造价管理、智慧施工监控等智慧项目成效显著。宜昌三峡机场股权结构调整完成，在中小机场中率先使用机场协同决策 (A–CDM) 系统和全景视频监控系统。十堰武当山机场助航灯光连廊创新示范项目开工建设。神农架机场次降方向仪表着陆系统建设完成。荆门通用机场基于性能的导航 (PBN) 应用试点圆满成功。武汉天河国际机场航空器尾流重新分类 (RECAT) 实验性运行和广播式自动相关监视 (ADS–B) 空管运行顺利推进，武汉中低空第 5 号扇区启用。辖区通用航空产业联盟成立。贝迪克凌云成为中南地区首家具备波音、空客飞机拆解资质企业，迎来中南地区首架空客 A320 飞机拆解业务。武汉航达研发的国产 ARJ–21 机型系统部件产品进入中国商飞装机清单。保障国产大飞机 C919 试飞首降武汉天河国际机场。

应急体系不断完善。民航与地方应急体系深度融合，信息通报、协同反应、资源共享、联合演练机制进一步完善。民航局、国家卫健委航空医疗救护联合试点工作有序推进，一体化空地紧急医疗救护体系初步建成。航空医疗救援业务标准体系构建形成。通航企业跨省应急转运覆盖河南、湖南、江西、安徽等省份。同诚通航全年执行 49 架次应急任务，总里程超 2 万公里，一周七次飞行创下国内单机医疗救援次数全国之最。湖北遭受历史同期最大降雨量，各单位迅疾启动防汛应急预案，通航企业支援应急管理部门做好汛情空中预警监控，油料公司全力保障应急救援任务供油。国网通航华中公司发挥仙桃通用机场功能，保障特 (超) 高压电网骨干线路，巡线总里程 6000 余公里，被国家电网授予功勋集体。

战略谋划。全力推动长江经济带发展、中部崛起、国家中心城市建设

2020 年 6 月 17 日，荆州沙市机场建设复工复产

等战略在民航领域落地见效，提前一年实现湖北省中部地区崛起“十三五”旅客吞吐量目标，“十三五”湖北民航实现发展增量最大化、综合效益释放最大化、运行服务品质提升最大化。促成民航局与湖北省签订《关于加快推进湖北民航业高质量发展战略合作协议》，在“高质量规划湖北民航发展、提高武汉机场时刻容量和航班时刻供给、进一步优化空域结构、大力推进‘双枢纽’建设、促进通用航空全面发展、加强协同合作”六个方面，对接细化 23 项具体任务。武汉天河国际机场完成总规修编，武汉航空客货“双枢纽”战略规划编制启动。推动局省协作。省级合作平台建设成效显著，联动模式由“应急协调”向“常态协作”转型，与 5 个省直部门建立战略合作。净空保护机制不断推进，武汉天河国际机场净空保护责任边界进一步厘清，襄阳、十堰、恩施净空一体化图发布。湖北天河国际机场集团与东航武汉、空管分局等驻场单位通力合作，圆满保障 2020 年军民航机场保障联席会议，武汉天河国际机场获 2020 年军队使用民航机场特殊贡献奖。东航武汉合作事项稳步推进。南航湖北协调荆州市政府，推进沙市机场收储和新机场航线开通。监管局联合省无委会、空管分局，强化无线电干扰联动排查。

基础设施不断完善。荆州沙市机场建设顺利推进。武汉天河国际机场高峰小时容量提升至 42 架次，双跑道独立平行离场试验运行顺利实施。新建鄂州花湖机场项目持续推进，累计完成投资 65.95 亿元，占总投资 148.12 亿元的 44.53%。襄阳刘集机场改扩建完成，宜昌三峡机场改扩建工程抓紧推进。南航湖北 GOC 三期全面建成。东航武汉北区项目顺利推进。国航湖北正式进驻武汉航空企业总部区。武汉终端管制中心工程完成初步验收。监管局、武汉天河国际机场 2 家单位、3 人被民航局授予先进单位、先进个人称号，武汉天河国际机场连续 3 年评级为优。

服务保障。A–CDM 系统深化应用，获得民航局 A 标评级。武汉天河国际机场运管委有效干预预计延误航班超 800 班。辖区各机场航班正常性持续提升，武汉天河国际机场排名全国 24 个两千万级以上机场第二名、中南地区 9 个千万级机场第一名。南航湖北航班关门正常率 94.73%，位列南航各基地第一。东航武汉服务满意度得分 92.82 分，位列集团前列。国航湖北行李专项提升项目等亮点产品得到集团表扬。武汉天河国际机场地理信息系统、行李全流程跟踪系统、物流服务信息平台建成投用。监管局获

“全国文明单位”称号，湖北机场集团获“全国交通运输行业文明示范窗口”称号。

（杨飞）

【全省邮政业改革与发展概况】 2020年，全省邮政快递业实现逆势增长。全年业务总量完成471.77亿元，业务收入完成276.41亿元，比上年分别增长2.89%、1.42%；全省快递业务量完成17.85亿件，业务收入完成178.69亿元，比上年分别增长5.94%、2.76%。服务超50亿人次，支撑网上零售额超1500亿元。服务满意度不断提高，行业运行平稳顺畅，没有发生安全生产事故。

2020年2月22日，恩施顺丰快递员为居民购买配送生活必需品

助力疫情防控，服务疫后经济重振。一是协调防控物资和生活物资运输和投递。全省邮政、快递企业承运、寄递疫情防控物资31.15万吨，发运车辆8.04万辆次，其中全省口罩主要由邮政、快递企业运递。二是保障疫情期间全省邮政快递基本寄递服务。协调省疫情防控指挥部出台《关于保障邮政快递基本服务运行的通知》，督导邮政快递企业严格落实防护措施，保障机要通信、党报党刊等特殊服务以及人民群众基本用邮需要（邮政普遍服务）。疫情期间，全省行业收寄邮件、快件8010万件，投递邮件、快件1.29亿件。三是做好疫情防控工作。全省邮政管理部门公务员无一人感染，邮政、快递企业未发生因运营产生的确诊病例。全省系统党员干部积极下沉社区助力疫情防控，下沉社区90个；行业获国家级表彰3人、省部级先进个人17人、省部级先进集体11个。四是科学有序抓好复工复产。全省建立由交通运输、邮政管理等部门组成的邮政快递业复工复产协调机制，提供“一人一企”全方位服务，及时协调解决企业员工返鄂返汉、车辆和人员通行等问题和困难，分区分企分类分时有序推进复工复产。10月，全省快递业务量实现2020年以来累计同比增长率首次转负为正，11月，全省邮政业、快递业累计业务量、收入全部实现正增长。

优化营商环境，有效释放市场活力。推动疫情期间各项惠企政策落到实处，助力企业减税降费3.47亿元，获得就业补贴506万元，获得其他资金支持733万元。持续深化“放管服”改革。进一步简化快递许可和备案工作。加强新业态管理，颁发全省首张运营智能快件箱经营快递业务许可证。配合省政府加快推进“互联网+监管”“互联网+政务”建设，努力实现政务服务“一网通办”。省邮政管理局联合省人力资源和社会保障厅印发《湖北省工程系列快递工程专业技术职务任职资格申报评审条件（试行）》《关于加强快递从业人员职业技能提升工作的通知》，完成2020年快递工程专业职称认定工作；累计培训快递小哥8182人次，争取政府专项补贴资金147.9万元。

2020年疫情期间，宜昌市政府、市邮政管理局协调一家大型商超与一家快递企业对接，保供配送市民生活物资。图为圆通速递快递员递送市民生活用品

鼓励改革创新，不断提升发展质效。推进商邮协同发展，与省商务厅、省邮政公司签订三方协议，不断拓宽业务领域。推动省邮政分公司分别与顺丰、京东、中通、圆通、申通、韵达、百世、极兔8家主要品牌快递企业签署合作协议，邮快合作覆盖全省51个县（区）、167个乡镇、634个建制村，累计代投快件到村104万件、代收快件3.4万件。拓宽和深化政务服务，警邮、税邮、政邮合作在全省市级层面实现100%全覆盖，并逐步向区县延伸。持续推进邮政综合服务平台建设，区县覆盖率74%，政邮合

作累计覆盖区县76个，区县覆盖率72%，实现与省级政务系统全对接、市级政务大厅全覆盖。税邮合作网点区县覆盖率90%。印发全省“快递进村”三年行动方案，推广交邮、交快、快快、快商、快电等合作模式，在快递“乡乡有网点”基础上，快递服务进村达到77.48%。形成快递服务现代农业金牌项目3个，农村地区收投快件4.78亿件。推进“快递进厂”，全省“快递进厂”服务制造业带动快递业务量2.96亿件，带动快递业务收入8.45亿元。推动“快递出海”，中欧班列(武汉)首次测试运邮；加快建成武汉天河国际机场国际快件监管中心，提升跨境电商快件时效。推进邮政设施强基工程，落实西部和农村地区局所改造项目和省财政补助资金2000万元的农村邮政普遍服务项目，改造农村网点、投递处理场地137处，购置电动三轮车、投递及邮运车辆756台。全省累计布放智能快件箱1.38万组，建成城市末端公共服务站点3736个。

坚守寄递安全底线，防范化解重大风险。投入资金近200万元，提升全省邮政业安全监管信息化水平。强化省寄递渠道安全管理联席机制，联合省公安厅对4个省直管县开展专项执法检查；联合省禁毒办印发《关于进一步加强全省寄递渠道禁毒工作的通知》；联合省消防救援总队落实“四个一”工作举措；开展湖北省邮政快递业安全生产专项整治三年行动。加强寄递渠道卷烟零售打假执法，继续深化寄递渠道打击涉枪涉爆违法行为专项行动，开展禁毒“2020净边行动”“扫黄打非”等重点工作。持续推进行业应急管理体系建设，修订省邮政业突发事件应急预案。初步建立省市政企维稳工作机制，妥善处理5起末端网点不稳定事件。圆满完成“两节”、两会等特殊时期和重大活动期间寄递渠道安全保障工作。做好全省邮政快递业防汛工作。配合国家局推动“绿盾”工程一期建设，完成省、市两级安全监控中心、视频联网、应急指挥等5个涉省项目建设工作。

（乔杨）

武汉市交通运输

【概况】 至2020年底，全市普通公路通车里程15632.41公里，公路网密度182.45公里/百平方公里。其中一级公路1071.81公里、二级公路1581.16公里、三级公路710.40公里、四级公路12219.23公里、等外公路49.81公里，等级公路共15582.60公里，占比达99%。按行政等级分为国道437.18公里、省道955.98公里、县道1132.33公里、乡道5673.02公里、村道7419.71公里、专用公路14.19公里。有铺装路面里程15232.754公里、简易铺装路面里程307.311公里，铺装路面(含简易)里程占比为99.4%。全市有公路桥梁1542座74289.02延米、隧道1座385米、公路渡口1处。全市境内通航里程522.8公里(不含长江)，生产性泊位163个(含长江)。全市有汽车客运站11个，其中一级客运站5个、二级客运站6个。

基础设施建设。全市全年完成交通固定资产投资457亿元。青山长江公路大桥全面建成并通过交工验收；武汉四环线北湖至建设段、武湖至吴家山段高速公路完工并通过交工验收，标志着武汉四环线“闭环画圆”。武汉至大悟高速公路武汉段、武汉至阳新高速公路武汉段、武汉硚口至孝感高速公路(京港澳高速公路至终点段)、武汉绕城高速公路中洲至北湖段改扩建工程等重点建设项目正在建设中。完成普通公路固定资产投资79.54亿元。完成一级公路路基45.9公里、路面54.68公里，完成二级公路路基26.5公里、路面6公里。107国道龚家铺至新南环(海吉星)段改扩建工程完工。108省道武汉段府河大桥、230国道新洲段改造、蔡甸至汉川公路蔡甸段改造、大别山红色旅游公路道观河至将军山段新建等重点项目全速推进。437国道新洲内园滩至红岭改建工程、115省道天河直祁家湾段改建工程、108省道黄陂区长轩岭至姚家集段改扩建工程开工建设。完成水路交通固定资产投资21.47亿元。长江中游新洲至九江河段航道整治二期工程通过交工验收，新洲至九江河段6米水深初步贯通。阳逻国际港集装箱水铁联运二期工程开工。国内首艘大

2020年底，武汉四环线高速公路主线贯通。图为东四环线北湖特大桥

型新能源全电动商旅游船——“君旅”号游船在武汉关启航。完成物流建设投资85亿元，东湖综保区金宇物流配套园、DHL武汉物流运营结算中心等6个项目建成，盒马鲜生运营中心、安博蔡甸仓储项目、京东亚洲一号武汉蔡甸物流园、汉口北国际多式联运物流港4个项目开工建设。

综合运输。交通运输换算周转量4539.81亿吨公里，比上年下降7.08%；交通货运量63643.84万吨，比上年下降5.79%；货物周转量4050.54亿吨公里，比上年增长3.94%；港口货物吞吐量10539万吨，比上年增长15.07%，其中集装箱吞吐量196.3万标准箱，增长15.23%；客运量10656.08万人次，比上年下降58.24%；旅客周转量582.94亿人公里，比上年下降53.11%；航空港旅客吞吐量1280.21万人次，比上年下降52.85%；全市社会物流总额3.68万亿元，比上年下降8.5%；邮政业务总量243.42亿元，比上年下降6.4%。

航空运输。1月23日至4月7日，武汉天河国际机场暂停商业航班运行，4月8日复运。至2020年底，武汉天河国际机场恢复客运航点84个，其中国际及地区航点4个；恢复货运航点20个，其中国际及地区航点16个。国内客运航班数量基本恢复至疫情前水平，日均客流量恢复至80%以上。全年武汉天河国际机场完成旅客吞吐量1280.21万人次、货物吞吐量18.94万吨，比上年同期分别减少52.8%和22.1%。运输架次11.12万架次，比上年同期减少45%。在汉运营航空公司42家，无安全事故发生。1月15日，民航局正式批复《武汉天河国际机场总体规划(2019版)》。武汉天河国际机场新建国际库和航空物流服务中心项目分别于12月8日、12月28日竣工并通过验收。

运输服务。全市全年完成道路客运量803万人次、旅客周转量9.74亿人公里，完成货运量31725万吨、货物周转量471.06亿吨公里。完成港口货物吞吐量10539万吨，比上年增长15.07%，其中集装箱吞吐量196.3万标准箱，比上年增长15.23%，水路运输结构进一步优化。全市有道路旅客运输经营业户70家，其中班线客运38家、旅游客运32家；有载客汽车1538辆，其中班线客车526辆、旅游客车1012辆；有客运线路406条，其中省际客运班线150条、市际客运班线201条、跨县线路23条、县内线路32条。备案汽车租赁企业119家，备案租赁汽车1164辆。全市行政村通车率100%。道路货物运输经营业户11663家(部分企业具有多项经营范围)，其中普通货运11444家、货物专用运输851家、大型物件运输147家、危险货物运输47家；载货汽车101244辆，其中普通载货汽车52288辆、专用载货汽车4617辆(含危险货物运输车辆1581辆)。机动车驾驶员培训业户129家，教学车辆4260辆。机动车维修企业2262家，其中一类维修企业335家、二类维修企业760家、三类维修企业988家。机动车综合性能检测站24家，完成车辆综合性能检测97478辆次。

常规公交。全年完成公交场站基建投资1亿元。省农科院临时场站建成投用，东西湖停保场完成主体工程施工。推进石桥墩等10个项目立项、汉桥村等8个项目选址，大集等6个项目土地接收工作有序进行。发展绿色公交，更新新能源公交车879辆。全年优化调整公交线路68条，新增站点158处。全市有公交运营企业7家，拥有常规公交线路610条，公交运营线路总长10206.5公里，其中BRT线路长13.6公里、有轨电车线路长49.3公里。有各类公交车辆9588辆，清洁能源公交车辆占总车辆数的70.65%。轮渡航线9条，船舶20艘。全年全市公交客运总里程31435.9万公里，客运总量5.85亿人次。

客运出租汽车。组织开展执法行动5198次，检查出租汽车282356辆次，查获违法违规车辆14823辆次(含非法营运751起)。组织57家企业和个体协会成立5个企业联合检查组，对车容车貌、仪表仪容、运营标志、文明服务、安全设施等进行自查自纠。改进执法检查工作，在市出租汽车评议系统下开发稽查小程序，共享评议系统内企业数据、车辆数据、微信程序、二维码扫码等功能，实现市场监管线上化。武汉市中心城区有客运出租汽车经营企业56家、巡游出租汽车16995辆，核发网约车平台许可证37件、网约车车辆运输证30143件、网约车驾驶员从业资格证66409件。新冠肺炎疫情“封控”期间，组织6000

2020年12月，轨道交通8号线二期列车检测后投入运营

辆出租汽车进驻全市1159个社区，保障居民应急出行。

路政管理。疫情伊始，全市道路及时采取管控措施，公路货车流量急剧减少。4月以后，随着企业逐渐复工复产，全市14个超限检测站全部有序恢复日常运行，继续加强治超路警联合执法常态化机制，保持齐抓共管治理合力，保障全市公路及桥梁安全运行。全市检测车辆2.2万辆次，查处2027辆次，卸载货物7.7万吨。5月开展“路政宣传月”活动，将路政宣传活动与疫情防控结合起来，宣传解读路政管理相关政策，推动路政管理工作转型发展。加强路域环境整治，加大巡查力度，发现问题及时处置，保证公路桥梁完好、安全和畅通。武汉高速公路支队全面加强管辖高速公路路面巡查，督促经营管理公司提升全线卫生环境、完善道路交安设施等。

非法码头整治。开展长江、汉江干线非法码头再清查再整治工作，制定《进一步深化全市长江、汉江干线港口码头整治工作实施方案》，成立全市长江、汉江干线港口码头整治工作指挥部，对非法码头整治工作进行安排部署。督导相关区完成拆除取缔和完善手续工作，取缔通达、长林和运宏3个船舶修造厂和沙鸥植物油码头。开展长江、汉江取缔码头岸线生态修复，按照“应绿尽绿”原则督导各区对取缔后的港口码头进行复绿核查，复绿面积达788.13万平方米，恢复自然岸线30余公里。开展长江干流一二级饮用水源保护区内码头整治工作，全市水源地保护区内码头55个，剔除4个可保留的公务旅游类码头和5个取消阳逻水厂取水口所涉及的码头，剩余码头46个。结合实际分类处理，拆除或迁移40个、关闭4个、未关闭2个(武船重工码头、江盛汽车滚装码头)。建立健全日常巡查和重点抽查机制，创新科技手段，加大防控力度。成立9个工作巡查组加强各区港口码头岸线进行巡查，做好非法码头巡查记录基础台账。同时督促各区坚持多部门联合检查，形成合力防止反弹。使用无人机对港口码头进行动态监管。强化视频监控系统建设，全市系统覆盖重点港口危险货物企业12家，接入视频图像44路，全部连入信息中心。加强砂石集并中心建设和规范运营。全市基本建成临时砂石集散中心10个，江夏区、汉阳区长期砂石集散中心启动前期准备工作。

2020年12月30日，汉江武汉段船舶溢油应急设备库项目建成

运输安全生产。加强交通安全专项整治，提升事故预防预控能力。加大辖区重点水域安全巡查和通航环境管控力度，会同渔政、水务、长江海事局、公安等部门开展“三无”船舶联合执法，严查非法捕捞活动和“三无”船舶反弹问题。严格落实道路运输行业动态监控“闭环管理”，有效减少驾驶员超速、疲劳驾驶等违规驾驶行为。督促出租汽车企业加强车辆技术状况、消防器材配备、车载GPS装置和压缩天然气储气瓶安全检查及日常维护，确保营运安全。继续推进“455”公路安全生命防护工程，推动实施9座国省道危桥改造。加强交通建设施工现场安全风险管控，督促企业解决施工现场安全问题。在交通运输营运车船及其设施设备、交通场站、港区堆场、建筑工地、“多合一”经营性场所等重点部位和场所，全面开展电气火灾等专项整治。地方海事部门监管的通航水域内连续7年未发生安全生产事故，轨道交通运营、城市公交等领域保持“零死亡”，道路运输“两客一危”、客运出租汽车行业等高危行业安全生产形势保持稳定，未发生较大以上等级和造成社会不良影响的道路交通安全事故。

交通机构改革。1月，市委办公厅、市政府办公厅印发《武汉市深化交通运输综合行政执法改革实施方案》，明确中心城区实行以市为主的执法体制。6月，市委编委《关于印发市交通运输综合执法支队机构编制方案和市水路交通运输执法支队机构编制方案的通知》，核定“两队”暂定为公益一类，经费形式均为财政全额拨款。7月，市委编委印发《关于市交通运输局所属事业单位机构编制的批复》，批准设置公路、港航、客运、货运物流、智能交通5个事业中心，规格均为正处级，经费形式均为财政全额拨款。

(刘琪)

【江岸区】 2020年，全区有普通货物运输企业536家，车辆12479辆，机动车维修企业227家，驾校3家；网约车484辆，从业人员2161人；“两客一危”企业(从事旅游客车、三类以上班线客车和运输危险化学品、烟花爆竹、民用爆炸物品)14家，车辆682辆。全年核发旅游客运标志牌5161张，其中省际1950张、市际3211张。

运输市场监管。加强客运市场监管，7月1日新荣客运站关闭后，重点查处汉口北客运中心部分车辆到市民之家周边揽客问题，查处涉嫌违规经营客运班车18辆。检查客运出租汽车16251辆，查处违法经营车辆872辆，辖区客运出租汽车车容整洁，营

2020 年 12 月 15 日，联合交警对网约车进行检查

运秩序良好。加强机动车维修行业日常监管，重点查处露天喷涂、噪声扰民等问题。加强驾培行业监管，取缔违规经营点 3 处，处置异地经营驾培企业 26 家。组织和参与联合执法，重点查处使用擅自改装货运车辆从事道路运输及无旅游客运标志牌违规经营旅游客运行为。加强危险化学品运输车辆管理，联合区成品油整治专班，对解放大道徐州新村附近 1 处汽油销售窝点进行查处。

运输行业管理。深化“放管服”改革，推进交通行政“四办清单”服务事项 38 项 1838 件，办件好评率达 99.8%。运用“互联网 +”系统，提升道路交通行业监管能力和监管效率，每季度制定“双随机、一公开”监管抽查计划，形成监管制度化和常态化。完成货运车辆年审 9598 辆，新增货车 974 辆，注销货车 465 辆，道路运输证换证 4732 辆，货车转籍转出 329 辆、报废 3 辆。新增货运企业 25 家，转出 1 家，注销停运 3 家。办理网约车驾驶员网上报名 2032 人，新增网约车 131 辆，注销网约车 529 辆。完成货运企业质量信誉考核 275 户。预审“两客一危”车辆 316 辆。协调开通微循环公交 375 路，解决市民出行“最后一公里”问题。

运输安全管理。严格落实安全生产责任制，建立健全安全生产工作机制，督促企业落实安全生产主体责任，做到安全投入、安全培训、基础管理、应急救援四到位。组织辖区“两客一危”企业参加应急演练，开展安全检查及各类专项整治工作，走访企业 84 家，督办整改隐患 89 个。加强车辆动态监管，对辖区“两客一危”企业 682 辆车进行监控。

现代物流业发展。加强服务企业意识，加快商贸物流业转型发展，全年规模以上交通运输仓储邮政业实现营业收入 52.9 亿元。推荐培育 4 家企业成为湖北省重点物流企业，并给予市级物流业发展专项资金奖励。新增国家 AAA 级以上物流企业 2 家。

港口码头治理。有序开展 21 个码头优化调整工作，推进公务码头集并区水、电、系泊建设。督促辖区码头企业全面落实“四桶二柜一牌”工作，做到港口、码头垃圾、污水上岸闭环管理。全面落实长江禁捕、退捕相关工作，对辖区在册的 14 条渔船进行拆解，与码头企业签订禁捕承诺书，配合区禁捕办持续开展“三无”船舶巡查工作。

疫情防控交通保障。武汉“封城”期间，配合区防疫指挥部调度货车 200 余辆次，分别从市内各城区及省内孝感汉川、咸宁咸安、仙桃等地运输应急物资 50 余万件（个、套、箱）。协调出租汽车 787 辆，出勤 54030 辆次，为全区 150 个社区（村）困难人群和医护人员提供交通应急保障服务。圆满完成援汉医疗队 4560 人接机送机任务。协调公交车为市八医院、汉口医院、塔子湖方舱医院等提供通勤服务。疫情防控工作转入常态化后，加强冷藏运输车辆监管，重要检查武汉肉联厂、仁和冷库、超市等冷藏运输车辆 232 辆。

（胡家盛）

【江汉区】 2020 年，全区新增道路运输业户 3 家，有普通货运企业 142 家，“两客一危”企业和长途汽车客运站 12 家，机动车维修企业 171 家，其中一类维修 14 家、二类维修 41 家、三

2020 年 3 月 25 日，组织客车转送宁夏援汉医疗队离汉

类维修116家；重点物流（货运）企业15家，驾校2家，汽车租赁企业12家，客运出租汽车企业6家，网约车企业4家。全区监管货运车辆1600辆，注册旅客营运车辆753辆，注册从业人员3063人。

疫情防控交通保障。疫情期间，全区累计调度公交车1195辆次、大巴车2244辆次、货车842辆次、出租汽车36697辆次、善后应急车104辆次。运输防疫物资6000余吨，转移病人5990人次，转移滞汉人员512人次，接援汉医疗队到汉7048人次、送医疗队离汉3418人次，出动执法人员和协管员2700余人次，全面完成各项交通运输保障任务。

政策扶持。4月8日，辖区道路运输企业陆续复工复产，积极向企业宣传帮扶政策，有41家交通运输企业申报成功，共计贷款8710万元。按照“三免六减半”相关政策，对疫情期间作出贡献的企业给予电费补贴优惠政策，对接区发改局，上报申请材料，辖区6家单位全部成功上报，共计补贴金额约25万元。

运输市场监管。疫情结束后，结合“双随机、一公开”工作，走访辖区道路运输企业91家，其中维修企业42家、货运行业26家、出租汽车企业6家、租赁企业11家、驾校2家、网约车企业4家，下达责令整改通知书31份。全年检查车辆24300余辆，查扣违法车辆184辆，查处违章、违法营运行为4700余起，确保道路交通运输秩序良好。其中查处班线非法营运车辆13辆、违规营运出租汽车168辆、教练车3辆，办理行政执法案件184件，累计罚款58800元。召开道路运输企业季度工作调度会，辖区道路运输企业均签订《2020年度安全生产责任书》。

安全生产。组织举办安全生产企业管理人员培训班2期、消防知识培训班1期。组织“两客一危”道路运输企业、燃气经营企业开展消防演练26次，参加人员1100人次，局属基层单位开展消防演练6次。组织干部职工参加全省安全生产知识网络竞赛和全国应急普法知识竞赛。组织“两客一危”道路运输企业及汽车客运站主要负责人和安全管理人员，围绕安全行车、应急救援等知识重点，参加相关培训60余人。

2020年1月，援汉医疗队物资在东方大酒店卸载

港口码头治理。督促码头单位做好岸电建设，建立船舶污染物处置联合监管机制。辖区港口码头全部配备生活垃圾处置设施“两桶一排”，公务码头（长江航道专用码头和公安警备码头）全部安装油污水、生活污水处理装置。武汉关、王家巷、集家嘴3个码头废油污水由专门油污收集船收集，没有装污水处理装置的趸船，按要求封闭趸船上厕所。按照长江大保护及长江、汉江干线码头再清查再整治要求，不定期联合武汉市港航局、江汉区水务和湖泊局到江边码头巡查。

防汛抢险。全年最高水位达到28.57米，超过1996年最高水位，排历史第四。高考期间，为了方便考生出行，调配华昌出租汽车公司、市公交集团第二分公司安排54辆出租汽车、4辆公交车、8辆平板车提供爱心送考和淹水摆渡服务。防汛进入战备状态，工作人员在防汛指挥办公室24小时值班，调度10辆平板货车和1辆客车集结备勤待命。

（王宝英）

【硚口区】 2020年，全区有道路运输企业402家，其中长途汽车站1家、班线（旅游）客运业户4家、汽车租赁客运业户11家、危险货物运输业户4家、货运（物流）业户223家、机动车维修业户156家、驾驶培训业户3家。

疫情防控运输保障。武汉“封城”期间，做好医疗一线人员运输保障，落实19支援汉援硚医疗队往返通勤保障和应急出行保障，累计出车10788辆次，运送人员86214人次。做好隔离留观点运输保障，落实专车保障10余个隔离留观点确诊患者、康复出院隔离患者及滞汉流浪人员转运，累计出车6071辆次，运送人员62603人次。做好社区居民应急出行运输保障，调度征用首汽、东风出行、明天公司3家公司528辆巡游出租汽车为132个社区提供各类民生出行服务，累计出车109896辆次，运送人员140772人次。做好一线应急物资运输保障，盘活社会资源，调集硚环公司货运车辆、公交三公司和省客集团客车、诺佳物流等运输车、志愿者车辆保障医疗和生活物资运输，共出动货运车辆418辆次，各类防疫、生活物资约1601吨。常态化疫情防控后，加强道路货运疫情防控指导和监督检查，对辖区重点道路货运企业、货运场站进行排查。通过突击暗访等方式，多次对辖区7家冷链物流企业、24辆运输车辆进行检查，检查情况良好。

复工复产。主动服务对接企业，积极落实补贴政策，引导企业用好用足各部委、各地方出台的政策措施。对辖区疫情期间参与保供的13家交通运输企业逐户上门摸清情况，落实落细30%电费补贴相关惠企政策，向区发改局上报5家企业相关信息资料，争取电费补贴6.6万元并发放至企业账户。落实《武汉市加快现代物流业发展若干政策》和《市交通运输局关于下达2019年度市级物流业发展专项资金使用计划的通知》，下拨2019年度市级物流业发展专项资金物流服务品牌培育奖励50万元，其中，新增AAA级物流企业2家，各奖励10万元；AAA级升AAAA级物流企业1家，奖补10万元；省重点物流企业1家，奖励20万元。提高政务窗口服务质量，落实网办件审批提速要求，“道路运输四级协同管理与服务信息系统”与湖北省政务服务网(一张网V3.0)对接，实现车辆年度审验、从业资格证考核、道路运输证配发等事项网上办理，打造交通运输服务优质服务。全年政务窗口办理1444件，其中机动车维修备案24件、汽车租赁备案1件、货运车辆业务452件、诚信考核318件、网约车驾驶员办证649件。旅游企业包车线路牌发放4816张。

运输市场监管。做好辖区古田客运站长效监管工作，推进落实实名制管理，落实全日制专职驻站管理。对客运站每周至少抽查2次，督促规范服务，安全运营，协调推进完善站场基础建设和政策服务指引。加强客运站文明窗口建设监督检查，加强公益广告宣传，开展学雷锋志愿服务、“平安创建”“文明旅游”“扫黑除恶治乱”“十大行动”等活动，促进客运站文明建设常态化、长效化。对辖区“两客一危”企业开展日常督导检查84次，企业约谈2次，下达责令整改单8次，均整改完毕。处理上级通报、抄告函、督办单等14起，处理高速交警交通违法抄告函2起。按要求完成辖区5家客运企业服务质量信誉考核初评、初审工作及156车次危险品运输车辆初审工作。对辖区内车辆维修经营户从事汽修喷涂作业情况进行摸底，对于群众反复投诉、占道违规喷涂经营户扎堆等情况，对相关经营户进行政策宣传，引导其合法经营，对发现的违规喷涂户进行整治。巡查检查维修企业83家，检查超限超载非法改装46次，完成辖区106家一类、二类、三类维修企业质量信誉考评及备案换证工作。对辖区内有合规训练场地的驾校进行质量信誉考核并发放教练车备案标识。全面清查辖区驾校场地、车辆资质，对不符合教学条件，涉嫌非法教学教练车、无标识教练车、私家车冒充教练车等依法进行暂扣处罚。检查教练车27辆，查处违规训练场3处，暂扣教练车2辆。对货运物流企业每月至少进行1次安全检查，发现问题及时整改，确保交通运输安全。年审货运物流企业道路运输经营许可证35家。

（别传景）

2020年6月23日，市区开展联合治理超限超载行动

【汉阳区】 2020年，全区有道路运输企业379家，车辆5986辆，物流企业12家；驾校6家，机动车维修企业120家；出租汽车企业2家，网约车公司1家，汽车租赁公司6家，客运旅游企业3家，危险品运输企业1家。全区优化公交路线36条，新增微循环线2条。

疫情防控运输保障。抗疫期间，调度各类运输车辆将防疫物资和生活物资及时送至方舱医院、各医疗团队下榻的酒店和康复驿站。社区网约车保障精准，公共交通停止运营期间，协调网约车公司，紧急调度网约车460余辆，保障居民基本生活需要，全区11条街道116个社区累计到岗网约车33637辆次，出车123755趟次，汉阳区城市管理执法局(交通运输局)被称为防控疫情临时“滴滴”平台。

运输市场监管。加强重大节假日道路运输市场监管，每月检查辖区客运旅游包车企业2次以上，重点检查节假日安全生产措施落实情况，全年2个企业无安全生产事故发生。加强客运地段、站点、线路安全监管，对王家湾、琴台和汉阳客运站等重点地段实施全年常态化卡点守控，查处汉蔡高速公路、四台村、三环线周边等客运重点线段不按规定站点停靠、站外揽客、中途甩客、超范围经营等违法行为。查处停靠龙阳大道郭茨口、武汉动物园周边、居民小区出入口等人流密集地、客运沿站沿线揽客的非法营运出租汽车。调整优化公交线路和站点配置，优化调整公交线路6条。开展驾培市场清理整治行动，查扣违规教练车10辆，摘除训练场招牌和广告9个，取缔不达标训练场6处。开展机动车维修企业大检查，在册备案企业130家，在监管企业备案方面实行动态管理制度，定期公示维修企业名单，清理不规范维修企业，有效维护维修企业市场秩序。

运输安全管理。每月对辖内342家道路运输企业、12家物流企业例行安全检查2次以上，督促企业建立和执行运输安全制度。重点整治危险运输品运输企业，核查危运车辆道路运输证、驾驶员及押运员从业资格证，对存在问题的企业依法下达整改通知书，督促纠正。全年无安全生产责任事故发生。

码头整治。按照市委市政府有关长江和汉江核心区港口码头岸线资源优化调整要求和统一部署，开展优化调整工作。港口码头调整工作主要涉及辖区长江和汉江段13个码头，其中涉及长江段码头6个，包括趸船9艘、泊位8个；涉及汉江段码头7个，包括趸船8艘、泊位9个。码头优化调整工作提前清零完成，成效明显。

（蔡国红）

2020年6月16日，傅家坡客运站开展安全宣传日活动

【武昌区】 2020年，全区有货运企业473家，货运车辆2358辆；危险品运输企业2家，危险品运输车辆61辆；出租汽车公司6家，出租汽车1777辆；客运企业4家，客运车辆184辆；客运站2家；机动车维修企业77家；驾校挂靠经营点200余个。

运输市场监管。检查客运站176家次，抽查营运车辆500余辆，核查驾驶人员、车辆技术档案100余份，查出安全生产隐患37个。开展普通货物运输和危化品运输专项整治活动，检查普通货物运输企业48次、货运车辆100余辆次，约谈违法超载运输企业11家；检查危化品运输企业21家次，抽查危化品运输车辆60余辆、人员档案40余份，下达整改通知单4份，整改安全隐患11起。联合相关部门和单位开展维修专项检查宣传活动，检查维修店43家次，对存在环保制度落实不到位的17家维修店进行整改。完成三类维修企业备案16家、二类维修企业备案10家、一类维修企业备案2家。

政务窗口服务。推进行政体制改革，认领权力事项8项，更新权责清单2项，完成网上办事项100%。办理交通行政许可78件，新增运输车辆332辆。办理网约车驾驶员从业资格证初审753人。发放旅游包车线路牌4300张。营运车辆驾驶员诚信考核481人，继续教育450人，组织对违规驾驶人员进行诚信扣分，建档率100%。开展交通窗口文明城市检查和文明创建复审专项检查37次，发现问题51个，当场整改42个，下达整改督办单9份，整改率100%。

安全管理。组织安全检查企业492家次，排查安全生产隐患145起，当场整改127起，限期整改18起，整改率100%。组织约谈安全管理制度不到位、超限超载等企业10家次，约谈企业负责人19人次。依法对安全生产制度落实不到位的企业实施行政处罚，共处罚金8000元。利用监控平台核查营运车辆38187辆次，4G视频核查7843辆次，督促企业及时处理违规车辆645辆次，向驾驶员发送提醒短信383条，向企业电话核实261次，利用道路运输车辆动态信息平台发送恶劣天气安全短信45263条。

2020年6月15日，开展危化品运输专项整治行动

打非治违。重点值守傅家坡和武昌火车站周边地区，建立全天候监管机制。全年检查车辆23526辆，查

扣涉嫌违规营运车辆50余辆，处罚87100元。开展货车非法改装、超限专项整治行动，与区交通大队、市场监督管理局开展夜间联合检查5次，检查货运车辆近200辆，查处涉嫌违法违规车辆9辆。开展驾校专项整治行动12次，检查训练场地12次。

疫情防控交通保障。调用公交车800余辆次、货车200余辆次、特种车50余辆次，运送医疗防疫物资1万余件（套），运输物资1000余吨、医用氧气2300瓶，为洪山体育馆方舱医院运输简餐10万余份。保障医疗队通勤，组织公交车、大客车120余辆，安全运送医护人员。协调网约车86辆，担负医护人员个性化运输任务，保障医护人员出行。组织省客集团营运客车160余辆、市邮政公司货车30余辆，安全运送医护人员返程4300余人。组织出租汽车560余辆，为辖区141个社区提供运输服务12万趟，运输医疗、生活物资10余吨。组织公交车160余辆次、货车230余辆次，运送蔬菜等生活物资1000余吨。检查辖区6家冷链物流企业13次，辖区冷链物流企业检查全覆盖，对企业人员、车辆信息收集上报，督促企业按要求落实车辆、人员消杀及“三证六专”工作，按时上报进口冷链食品运输信息。落实完善各项惠企政策。大力宣传并推进企业人员返岗补贴、ETC货车通行费补贴、四批次企业纾困资金申请、以工代训、参加疫情防控企业电费补贴、现代服务业领军人物申报、省级重点物流企业申报等惠企政策。收集、审核、上报并通过电费补贴企业19家。

（李昕梦）

【青山区】 疫情防控运输保障。年初面对新冠肺炎疫情，组织全区道路运输企业参与辖区行动，服务117个社区（村），运送工作人员近10万人次，运输物资456批39628箱（件）共计2100吨，转运“四类人员”1185人次。4月以后，以交通运输行业疫情常态化为重点，督促企业落实疫情防控主体责任，定期上门督促检查。开展进口食品冷链车摸底调查和境外返（来）汉包机（直航）转运安置工作。

运输市场监管。按照综合整治要求，结合货运源头超限超载治理工作，加大与公安交管、市场监管、发展改革委等部门联席联动，开展联合执法行动16次，查处违法案件89起。会同相关部门对辖区及主次干道、街道、社区沿线等重点路段进行集中整治，下达《责令整改通知书》10余份。经过整顿，机动车维修市场一类、二类维修企业全部悬挂标志牌。至年底，全区有一类维修企业9家、二类维修企业28家、三类维修企业52家。全区有机动车驾驶员培训学校6家。以机动车驾培市场专项整治工作为重点，督促驾校按照标准，规范教练车、教练员和学员方案，完善“一车一档、一人一档”，全年巡查135次，检查驾校教练车2158辆次。持续推进打击非法营运出租汽车和出租汽车营运市场整治。全年开展执法行动220次，检查出租汽车、网约汽车、非法营运出租汽车9500辆次，查获巡游车违法经营和非法营运出租汽车902辆次，立案80辆次，行政处罚76辆次，教育整改822辆次。

政务窗口服务。结合智慧3.0系统和湖北政务服务网平台，对“省职权网”交通事项办事指南进行修改完善，对部分领域实行“容缺办理”。全年办理新增普通货物运输车辆道路运输证502件、道路运输证换证203件、普通货物运输证年审2066件、运输许可证年审164本、车辆转户405辆、从业人员电子签章1100人次。优化调整辖区公交线路30条。

安全运输管理。开展交通运输行业市场监管工作。以“四不两直”方式，对道路运输行业（特别是危险品运输企业）开展专项检查，全年检查企业86家，排查一般安全隐患117起，均督促企业整改。全年未发生因监管不到位而产生的安全生产责任事故。

物流发展。多措并举帮助物流企业应对疫情冲击，成立交通物流企业组，全面统筹推进物流企业复工复产。制定《省内企业员工返汉上岗补贴》实施细则，宣传落实各级惠企政策。支持服务武钢物流公司策划推进武汉工业港项目；跟踪服务青山宝湾物流园项目、化工园区智慧物流项目，参与预招商、提供政策引导及业务咨询。开展专项物流调研，指导督促辖区规上物流企业每月在市、区统计平台上报经营和景气数据，上报率100%。开展疫后重建“十大工程”、线上经济、供给侧结构性改革、民营经济发展、鼓励龙头企业开展两业融合试点、多式联运，有效降低物流成本。

码头综合整治。在长江非法码头治理、船舶污染物防治、岸线清理整治基础上，牵头负责百里长江生态廊道青山湿地征收搬迁项目，成立青山湿地生态综合整治征收搬迁指挥部。持续开展码头综合治理工作，完成辖

2020年4月7日，武汉青山长江大桥全面复工建设

区35个码头岸线清理调查和船舶污染物防治工作，对接公安、水务、海事、港航等部门，形成巡查联席联动长效机制。6月4日，“美丽长江——我是行动者”环保宣传系列活动中的美丽岸线专题活动在青山区建四江滩广场举行。

（胡北川）

2020年8月17日，公交34路区间线开通运营

【洪山区】 2020年，全区有普通货运企业287家、货车2867辆，机动车维修企业425家，驾校9家，网约车平台2家、网约车652辆、从业人员2443人，“两客一危”企业3家、车辆30辆。

疫情防控交通保障。疫情期间调度各类车辆3000余辆次，用于接送医务人员、患者及发热、康复、特殊群体等。投入网约车64000余辆次，保障辖区9街1乡180个社区（村）居民群众就医、购药、买菜等出行。转运各类物资约2100吨。“封城”期间，200余名党员干部职工下沉社区，近40人抽调区防控指挥部各专班。21个支部配合社区开展工作30余次，圆满完成“双进双服务”任务。自3月19日境外返汉工作开展以来，“四站一场”投入转运车辆2000余辆次，转运境外返汉人员近6000人次、国内中高风险地区返汉人员1000余人次。加大辖区冷链企业检查监管力度，督促冷链物流运输企业做好车辆疫情防控工作，配合疾控部门做好运输车辆、相关环境以及进口冷链食品运输从业人员核酸检测工作。

防汛抢险。成立防汛抗旱指挥部，组织100人的抗洪抢险突击队，启动应急预案，防汛期间全体人员在职在岗在位，通信保持24小时通畅。协调1艘应急救援拖船全天候待命。备齐备足防汛物资，做好武金堤值守及其他防汛备勤和应急救援。调度11辆大巴车分5批次、共16趟次转运天兴洲群众至安置点，并在安全度汛后将群众回迁至洲上。

运输市场监管。加强出租汽车营运秩序管理，检查出租汽车19059辆，查处出租汽车外观不整洁、车身“残破花”、驾驶员车内抽烟等违规行为142起，现场整改后放行。暂扣非法从事营运车辆3辆。优化调整307路、638路公交线路，协调市公交集团开通定制公交解决洪山区实验小学南校区师生公交出行问题。组织协调相关部门解决马湖村公交场土地移交难题。9月，为方便融创智谷企业职工公交出行，协调多部门在附近新建双向港湾式公交候车亭。全年办理货运车辆年度审验1840辆，驾驶人员从业资格证诚信考核368人，维修企业备案61家。完成网约车驾驶员初审933人、网约车初审102辆。新增货运车辆584辆。查处辖区内11家驾培训练场，暂扣教学车12辆。接收街道、公安部门移交的非法运输成品油车8辆。做好非洲猪瘟防控工作，在青郑高速公路卡口设立非洲猪瘟临时检查消毒点，对生猪运输仓栏货车及涉嫌内置猪肉产品的封闭式运输车辆进行排查。

2020年2月25日，调度出租汽车转运康复人员

码头整治及长江禁捕。再次开展长江干线岸线情况清查整治行动。5月督促洪山区临时砂石集散中心、武汉市洪山库粮油公司按照要求安装船舶油污水、生活污水接收处置设施，市港航局执法人员进行现场验收。11月对辖区港口经营企业各类特定功能船舶进行摸排登记，督促船舶业主签订《不从事生产性捕捞承诺书》。

安全生产。督促辖区交通运输企业全面落实客运、货运、维修、驾培等安全主体责任，进一步明确安全监管责任制，减少道路运输安全事故，保障人民群众生命财产安全。全年检查企业442家次，发现存在安全隐患企业11家，存在一般安全隐患26处，下达安全整改书14份，全部整改完毕。对2家违法违规企业责令其停业整顿1个月。客货运输企业未发生重大交通安全事故。

（桑梦林）

【江夏区】 至2020年底，全区公路通车里程3701公里，路网密度184公里/百平方公里。其中高速公路116公里、一级公路163公里、二级公路304公里、三级公路112公里、四级公路3006公里。

疫情防控运输保障。自1月28日起，区交通运输系统40名治超人员配合公安部门对全区8个高速公路路口做好疫情防控期间车辆核查登记工作。在疫情导致公交车、出租汽车停运期间，每天储备40辆出租汽车、20辆货车、100辆公交车随时应对紧急情况发生。1月29日至4月16日，出动公交车18971辆次，运送医务人员、商超员工和疫情防控人员，为医护人员和社区居民运送设备及生活物资；免费出动出租汽车2482辆次运送孕妇、重病病人及行动不便人员；出动货车149辆次，为医疗机构和疫情防控部门运送物资4475吨。

公路建设与养护。重点建设107国道龚家铺至新南环线段改扩建、107国道贺站铁路桥改造、纸贺线道路提档升级、江夏区都市田园综合体道路建设等项目。实施县乡道改造92.91公里、农村客运线提档升级105.78公里，自然村通畅工程257.92公里，实现公路村村通。实施武贺线大修工程34.84公里、107国道中修工程33.29公里、101省道南环线中修工程21.38公里。农村公路路面保洁4102公里、机械修剪边坡草125.6万平方米、人工修剪边坡草7200平方米，清理边沟51.57公里、整修路肩6.86万平方米、整修边坡1.47万平方米、沥青路面灌缝58.32公里、路面病害修补4094.5平方米、清除堆积物1630立方米。

运输市场监管。完成豹澥、龙泉、大屋陈、五里界、金水闸及南部街镇二级客运网络15条客运线路、289辆客运车辆公交化改造，新开通公交线路16条，基本实现全区全域公交一体化覆盖。维护客运市场正常经营秩序，保障道路运输安全生产。查处道路运输违法车辆160辆次，查处出租汽车和班线客运车辆不规范经营行为139起。查处超限超载擅自改装车辆230辆、罚款217.9万元，抄告转办116件，重点货运源头企业巡查90余次，下达整改通知书20份，抄告违法超载行为37件，吊销车辆道路运输证1起。处罚车辆未年审2辆，处理无从业资格证从事运输行为121人次。处理在不达标驾培场地教学教练车2辆，关停不达标驾培机构1家。重点整治城区交通秩序，打击非法出租汽车营运行为，收缴自制非法标志牌200余块，查处违法车辆140辆次。

隐患整治。组织开展交通运输安全生产大检查4次、日常督查60余次，检查客货船舶431艘次、客货车辆2038辆次，查处违章行为40余起，整改隐患210起。开展水上运输安全检查51次，检查辖区渡口3处、渡船306艘次。确保全区水上交通安全态势平稳。

（汤中华）

2020年8月，107国道贺站铁路桥改造工程完工

【蔡甸区】 至2020年底，全区公路通车里程2577.15公里，农村通公路行政村达100%，蔡甸区实现全域公交。蔡甸区交通运输局被评为全省文明单位、全市交通系统立功单位、全区绩效考评立功单位。

疫情防控运输保障。面对突如其来的新冠肺炎疫情，搭建1+6(1个指挥部、6个工作组)战时指挥机制，统筹调度各类交通运输资源和力量，建立通勤保障线路31条，开行15957班次，保障医护人员通勤88440人次；开行1050班次，转运确诊、疑似患者、发热人员、密接人员约8033人次。调度货运车辆418辆次，确保医疗器械、医护用品、生活物资及时接运、转运。征招出租汽车、网约车辆提供困难群众和重症病人应急出行4056辆次。紧急执行火神山医院建设路政保通保畅任务，高效完成24小时限时打通汉阳监狱方舱医院应急通道任务。做到应急物资保畅、专项运输保通、运输服务保优。

基础设施建设。全年完成市级综合交通建设投资21.9亿元；完成投资2.45亿元，为区级年度目标的100.3%。续建金龙湖大道水毁修复工程，完成桥梁右幅施工；基本完成征地和地上附着物征收。奓山公交首末站建设工程主体工程基本完工，蔡甸城市和城关公交首末站建设工程办公区临建设施完工。

公路养护。开展路域环境综合整治，完成路面坑槽修补1.1万平方

2020 年 2 月，蔡甸区交通运输局组建“红色交通车”做好疫情防控交通运输保障

米、挖翻浆 6216.3 平方米、沥青路面灌缝 1.76 万米，整修路肩 28.82 万平方米、修整行道树 98.7 公里、整修边坡 9.98 万平方米、清理边沟 3.6 万米，路缘石缺损修复 149.3 米，清除各类堆积物 1004.7 立方米。检查桥梁 594 座，养护桥梁锥坡 207 座，清理涵洞及通道 374 座，疏通桥面泄水孔 1797 个，养护伸缩缝 3207.56 米，清除路障 11535 平方米，路域环境更加洁美安畅。

运输服务。全年完成旅客周转量 3.16 万人公里、货物周转量 91390 万吨公里。优化公交线网。不断提升公共交通服务能力，调整 9 条公交线路与地铁站点无缝对接，加密发班频次及收发班时间，升级建设公交候车亭 21 套。开通汉阳区至花博汇 596 路区间旅游专线车，打造蔡甸经济开发区至地铁 3 号线沌阳站企业服务直通车。新推出城关公交智能 App，更新新能源公交车 10 辆。制定“点对点”“一站式”“定制式”运输方案，为企业员工提供返岗运输服务。全区有城关公交线路 7 条，营运公共汽车 68 辆；城市公交线路 44 条，新开通 1 条，优化调整 22 条，营运公交车 367 辆；有出租汽车 100 辆。

码头综合治理。开展“长江大保护十大标志性战役”“船舶港口污染防治”“十年禁渔”“打击非法采砂”“强化扬尘防控管理”等专项行动。投资 96 万元，完成辖区 32 艘船舶油污水、生活污水储存装置安装工作，全部通过达标验收，完成率 100%。完成辖区岸线 5 艘废弃船舶拆解（其中城头山下渔船 1 艘、原城头码头废弃船舶 4 艘）。开展中央、省环保督察整治“回头看”，巩固整治成果。规范砂石集散中心运营管理。

加强超限超载治理。加强与公安交警、城管等部门协作，推进治超联合执法常态化。全年查处违规车辆 884 辆、卸载货物 21638 吨，罚款 79.13 万元，驾驶证扣分 5169 分，吊销车辆营运资质 1 辆，治安处罚阻碍正常执法驾驶员 1 人。

提升物流发展水平。提升物流企业服务能力，货运物流组织方式明显优化。组织东丰、通利达、中原等 5 家企业申报评定省重点物流企业，落实 3 家省重点物流企业奖励资金 60 万元。常福物流园区基础设施建设进度加快，安博、深国际、韵达、京东等重点物流项目建设提速。公水、公铁、公空联运等多式联运通道畅通、发展加快，农村三级物流服务体系不断完善。

工程质量严格监管。完善质量监管体系，开展监管检查 85 次，对项目用料试验检测抽检 25 次，下发综合督查通报 15 份、工程质量安全抽查意见通知书 6 份、监督运用函 4 份，依法受监项目 6 个，监督覆盖率 100%。加大整改督查力度，整改合格率 100%。

运输市场监管。开展出租汽车市场整顿，加强重点地段重点时段巡查监管，查处违规车辆 15 辆，收缴标志标牌 38 个，有效遏制非法营运势头。检查汽车维修、驾培企业 50 余家次，规范企业经营行为。成立工作专班，重点加强进口冷链食品运输监管。摸排全区从事进口冷链食品运输车辆底数，做到底数清、情况明，实行日排查制，加强动态监管，确保运输环节食品安全。

政务窗口服务。持续优化营商环

2020 年，蔡甸区创建省级“四好农村路”

境，推进政务服务“一网通办”“全程网办”，实现交通政务服务网上办理。促成省交投京港澳项目公司落户蔡甸，争取部省市各类项目资金1.3亿元，为行业疫后稳定发展打基础。加强执法人员培训，组织区交通运输系统20人参加全省交通运输行政执法资格考试。区交通政务窗口办理车辆年审10316辆，开展从业人员年度诚信考核2720次，继续教育签章2490人。

安全应急管理。压实安全生产责任，推进交通运输安全生产专项整治三年行动，开展危化品运输、交通在建工程、疫情保供运输车辆、汛期及重大节日等重点时段安全生产专项大检查和“打非治违”行动。检查抽查企业、重点部位241个次，查处整改隐患76起，全年无重大安全生产事故发生。开展“扫黑除恶”行业清源行动，对非法营运、超限超载、工程建设等重点行业领域进行治理，推动建立行业扫黑除恶长效管理机制。

做好防汛保畅。汛期，投入抢通保畅人员800余人次在现场保通保畅；调度各类车辆126辆次，转移紧急避险群众和运送防汛抢险人员3000余人次，运送防汛物资20车次，保障抢险救灾人员、防汛物资和群众安全通行。

做好精准扶贫。推进“四好农村路”建设，构筑畅通优质农村路网，助力服务乡村振兴。加大对贫困村项目资金支持倾斜力度，对口帮扶6个村、81户205人贫困人口全部脱贫。建设通湾路66公里，建成美丽农村路21.4公里、提档升级11.38公里，农村路大中修32903平方米；实施农村公路桥梁三年消危行动，完成危桥改造1座，大集街获评省级“四好农村路”示范乡镇。

交通机构改革。完成派驻机构下放街道工作。根据《关于深化街道管理体制改革的实施意见》《关于深化街道管理体制改革实施方案》和《蔡甸区街道管理体制改革延伸派驻机构下放街道和人员转隶工作方案》等文件要求，完成蔡甸区交通运输局派驻机构下放街道相关工作。注销蔡甸交通管理站、永安交通管理站、奓山交通管理站、侏儒山交通管理站、张湾交通管理站5个单位，其所承担职责、编制、人员全部下放街道。做好交通综合执法改革前期准备工作。

（舒江华）

【东西湖区】 至2020年底，全区公路通车里程1450公里，路网密度290公里/百平方公里。其中国省干线公路7条128.57公里(国道4条71.56公里、省道3条57.01公里)，二级以上公路里程601.24公里。全年全区交通基础设施项目38个，完成固定资产投资34.25亿元，为年度目标的126.71%。开展农村公路普查工作，加大农村基础设施建设力度，完成农村公路提档升级10公里、危桥改造3座，创建美丽农村路10公里。开通公交线路1条，优化调整公交线路12条。落实长江禁捕工作，开展拉网式排查，加强安全巡查，强化联合执法，处置“三无”船舶7艘。全年协调完成大道物流新建项目、顺丰武汉电商产业园(一期)项目等物流项目投资12.32亿元。东西湖区交通运输综合执法大队正式成立。

疫情防控运输保障。率先在新城区推行“出租汽车免费社区居家服务”模式，除夕夜完成144辆区域出租汽车征招任务，提供服务，运送人员和运输物资。全面统筹协调惠民公交车，出动公交车1653辆，运送医务人员和物资，出动大巴车202辆次转运疑似病人。保障重点区域防疫物资运输，直接调度货运车辆280辆次，转运各类防疫防控物资560余吨。组织公交车113辆次，运送蔬菜到武昌、汉口等区域。保障捷利物流园中转调运站物资快速送达到医院、养老院等机构，收发物资2000余吨。确保防疫人员、物资运送安全畅通，疫情期间及时处置道路桥梁积雪结冰和强降水天气路面积水。做好返汉人员核查登记等相关工作，办理货车通行证5843张。督促辖区货运站场(物流园区)做好常态化疫情防控，检查183次，发现相关问题21起，完成整改16起。做好进口冷链食品新冠病毒防控，排查冷链物流企业、货运站场(物流园区)118家，相关从业人员935人、车辆829辆、驾驶员821人。督促做好出租汽车、公交车、渡船消毒通风和卫生清洁工作，落实驾乘人员、乘客测量体温、佩戴口罩等防控措施。区运管所获“全市抗击新冠肺炎疫情先进集体”荣誉表彰。

基础设施建设。推进108省道武汉段府河大桥工程、张柏公路改扩建工程等一级公路建设，环湖中路改造工程、107国道东西湖段(东山至新城

2020年2月6日，东西湖区交通运输局党员志愿者搭建武汉客厅方舱医院户外应急帐篷

十三路)道路整治提升工程、吴新干线(金山大道至新径线)改造工程完工通车。推进农村公路建设，农村公路提档升级、东风路改造工程完工。推进新径线铁路穿孔、武川公路铁路穿孔项目。有序推进112省道辛安渡集镇至孝感朱湖段改造、348国道荷沙线大修、年度区级经济干线大中修、公交场站、经济干线日常养护等项目。推进交通运输发展规划编制工作，编制完成“十四五”规划、区公交场站专项规划初稿。推进国土空间规划编制工作，策划包括108省道新沟桥至柏泉段工程、347国道吴新干线(新径线至东柏路)改造工程、金山大道西延线二期工程等交通基础设施项目。协调推进北四环、硚孝高速公路二期、京珠高速公路改扩建、柏泉互通匝道改造、轨道交通6号线二期、轨道交通7号线二期等省市级重大项目建设。

2020年4月7日，中央指导组一行在东西湖区华航舵落口港码头检查指导复工复产工作

运输市场监管。加强现场检查，消除安全隐患。对辖区9家“两客一危”企业安全检查36家次，重点对企业安全管理制度更新、从业人员安全教育学习、车辆隐患排查记录、“一车一档”等进行全面排查，发现安全隐患3起并下达《安全生产隐患整改通知书》，全部整改完毕。通过动态监控平台抽查“两客一危”企业车辆576辆，发现存在摄像头遮挡等违规行为10起，督促企业主要负责人严格按照动态监控闭环“五种形态”对违规驾驶员进行处理。抽查辖区道路普通货运企业63家次，对从业人员安全教育学习流于形式、车辆安全隐患排查落实不到位的7家企业下达《安全生产隐患整改通知书》，全部整改完毕。分批组织辖区65家拥有50辆以上货运车辆的载货企业召开行业安全生产专项整治三年行动专题工作会，对3家普通货物运输企业4辆货运车辆严重疲劳驾驶违规行为按规定进行严肃处理，同时对涉事驾驶员进行经济处罚。

码头综合治理。进一步深化汉江东西湖段港口码头整治工作。推进砂石码头关停拆除善后工作，严格按要求发放支付远航东港码头、安俊商贸码头、盛达码头、世纪双星、建华管桩码头、华航舵落口港埠公司补贴款，与未领取补贴单位沟通协调，组建律师专家团研判码头整治善后事宜。推进东西湖区临时砂石集散中心整改工作，督促武汉临空港砂石物流集散有限公司安装密闭式船舶油污水、生活污水接收箱各1个，并对8条初检意见进行整改；督促区服投集团对东西湖区临时砂石集散中心开展全面自查并开展永久砂石集散中心建设相关工作；督促落实区临时砂石集散中心全面完成隐患整改工作。落实长江禁捕工作，开展拉网式排查，汉江东西湖段开展河道巡查巡航37次，府河水域开展巡查14次。加强联合执法，及时处置“三无”船舶7艘，均完成拆解或自行处置。

路政执法。全面整治国省干线5次，下达《交通违法行为通知书》15份，对涉路违法行为按程序进行处置，清理摊点135处，清理非公路标志牌58块，清理路障197处，制止违法施工行为7起。协助处理行政许可案件10起，收取公路路产补偿费208250元。办理续签案件2起，收取许可续签补偿费7200元，处理路赔案件44起，收取公路路产赔偿费257610元。加大超限超载治理工作力度，落实24小时不间断治超，全年检测车辆20254辆次，卸载货物4740吨。开展多部门联合治超专项整治行动28次，落实“一超四罚”制度，抄告车辆91辆，督导检查货运源头企业30次。

工程质量监督。完成东柏路西延线工程交工验收检测、2019年经济干线大中修项目竣(交)工验收检测、辛安渡街新街桥危桥改造工程竣工验收、107国道武汉市东西湖段道路整治提升工程相关检测工作。开展在建项目质量安全监督检查，履约检查1次，质量抽查(含工序转换验收)25次，安全专项检查(含防疫专项检查)5次，下达整改通知书3份(已闭合)。

公路养护。以路面养护为中心，路面病害处治为重点，经常性保持路面平整、整洁，修补各类路面病害79698平方米，灌缝142806米，完成路面保洁清杂7643.8公里。定期修复沿线路肩、边坡，完成整修路肩307630平方米，整修边坡6250平方米，清沟排水264259米，修复路缘石15642米，修剪路肩边坡草181.06万平方米。加强桥涵维护管理，做好桥涵日常巡查和养护工作。开展安全隐患排查，及时修复缺损的安全防护设施，维修安装护栏1820米，修复警示桩471根，更换防眩板1636块，标线复线54332平方米。及时响应处置道路应急保畅工作。疫情期间对107国道、辛安渡新街桥、沦河桥等道路桥梁积雪结冰情况进行处置。汛期组织人员24小时轮班对十六支沟涵洞、朝阳路等路段进行排水，排除积水路段积水点位71处，清淤疏通雨水窨井509处，清理下穿铁路通道排水设施5道，清沟排水17.3万米，处置路肩边坡塌方3处。

运输市场监管。加强辖区窗口地带和重点路段监管，严厉打击非法违法经营行为。按照《东西湖区出租汽车营运秩序综合整治工作方案》要求，重点整治区内各地铁(轻轨)站点、商圈、人民医院等窗口地带出租汽车营运秩序。开展联合执法行动7次，暂扣非法设置空车待租标志灯等非法营运车辆6辆。做好辖区维修企业许可转备案工作，完成备案38起。全面排查辖区内维修企业，重点查处维修企业非法改装或存在其他维修质量问题，联合相关部门取缔非法改装维修企业2家。规范驾培市场秩序，加强安全检查。对区内11所驾培机构开展安全生产检查23次，每月检查教练车30辆次。严格学时审查，规范计时培训管理。取缔不合规汽车租赁公司，排查汽车租赁企业213家，备案汽车租赁企业8家，抄告至相关部门进行锁定的汽车租赁企业139家，办理解锁企业9家。

运输服务。优化调整公交线路，从局部切入满足居民多元化出行需求，开通惠民公交H94区间线，解决东西湖区三店西路九坤新城壹号、莲花湖小区及周边居民出行问题；调整H78公交线路走向，满足东西湖区走马岭食品工业园园区职工上下班及沿线居民出行需求；调整H98公交线路走向，满足东西湖区中心福利院、武警培训基地日常出行需求，连接网安基地与东西湖主城区；调整H103公交线路走向，方便东西湖区金银湖南街、姑李路沿线居民乘坐公交地铁出行等。

安全应急管理。全年全区道路运输行业未发生安全生产责任事故，车辆万车死亡率为零；监管通航水域未发生安全事故，2处在运乡镇渡口、渡船未发生安全事故，船舶万吨死亡率和直接经济损失均为零；交通在建工程安全事故为零，安全生产形势总体保持平稳态势。开展重点领域安全生产隐患排查治理工作，发现安全隐患225起，全部整改。开展危险化学品运输安全专项整治活动，排查全区6家危险化学品运输企业安全隐患28处，完成整改23处，整改中5处。开展道路客货运输安全生产专项整治，对辖区9家“两客一危”企业安全检查32家次；检查物流园区59个，对7家企业下达整改通知书，完成整改5家，整改中2家；约谈存在安全隐患问题的8家道路运输企业负责人。开展在建工程安全生产专项整治，对108省道府河大桥项目、吴新干线(金山大道至新径线)、环湖中路、107国道提升整治项目、东风路等在建项目以及公路养护工程项目进行安全排查，督促施工单位完善安全设施，加强日常安全监管，保障在建工地安全生产形势持续稳定，组织专项检查36次，发现并整改安全隐患88处，并形成安全检查台账。

(罗晓兰)

【武汉经济技术开发区(汉南区)】 至2020年底，全区道路网总里程(含普通公路、高速公路、市政道路)1520.34公里，其中高速公路里程86公里、普通公路里程816.33公里、市政道路里程618.01公里(经开片区386.2公里、汉南片区231.81公里)。辖区长江岸线总长62.3公里，占全市26.41%；港口岸线总长36公里，占全市30.71%。形成沌口港区、军山港区和汉南港区三大港区，建设码头21个，提供泊位50个。全年完成交通固定资产投资18.47亿元，超额完成年度目标。

疫情防控运输保障。科学设置9类27条通勤专线，在全区7个街道、88个社区、22个驻扎酒店和12个隔离点，常态备勤公交车150余辆、网约车400余辆、大中型客货车120余辆，接机接站援汉医疗队55班次，运送人员出行78233车次，转运物资4600余吨。在全市率先开通复工复产企业员工通勤“点对点”专车服务，安排公交大巴2293车次，接运复工人员36032人次。

“四好农村路”建设。全年投资600万元，完成美丽农村路创建3公里。投资132.5万元，完成农村公路提档升级工程3.2公里。投资252万元，完成农村公路安全防护工程14公里。投资337.38万元，完成撤并村通畅工程4.84公里。投资348万元，开展农村公路日常养护，实施完成农村公路养护大中修工程。

公路管养。完成321省道汉仙线纱帽枢纽段大中修1.6公里，完成投资310万元；实施完成汉仙线和

2020年2月1日，宝湾物流建设并运营进鄂应急物资中转调运站

汉沙线部分路段中修 8.3 公里，完成投资 398 万元，公路技术状况明显提升。全年整修路肩 20.56 公里，修复路缘石 2.10 万平方米，清理边沟 2.11 万米，清障 1448 平方米，病害修补 3508.98 平方米，埋设百米桩 6 个、里程碑 5 块、示警桩 1 个，新增公路标志标牌 15 块。

运输服务。全区有公交集团经开营运公司和武汉路达汉生旅游汽车服务有限公司 2 家客运企业。开通常规公交线路 52 条，建成公交场站 15 处，公交车辆进场率 83%，配套充电桩 320 个。公交停靠站 421 处，其中港湾式停靠站 71 处，占比 16.86%。有轨电车全长 16.8 公里，设置站点 22 个，每天开行 118 趟次，全年客运量 165 万人次。货运企业 542 家、货运车辆 6195 辆，其中经开货运企业 402 家、货运车辆 4234 辆，汉南货运企业 140 家、货运车辆 1961 辆。驾校 20 家，其中经开 9 家、汉南 11 家。维修企业 81 家，其中经开 65 家、汉南 16 家。物流企业 284 家，其中大中型物流企业 46 家，A 级物流企业 17 家，省级重点物流企业 6 家；新增 AAAA 级物流企业 2 家、AAA 级物流企业 1 家。

出租汽车管理。开展出租汽车(包括网约车)非法经营和违规经营整治，规范提升出租汽车市场运营秩序和服务质量。全年检查出租汽车 6057 辆次，处理 127 辆次，现场整改 103 辆次，警告或教育 1200 辆次，行政处罚 24 辆次。

长江大保护。开展长江干线非法港口码头、集中式饮用水水源地保护区内码头设施再清查再整治，全区纳入治理范围的 40 处码头中应取缔的 3 处码头全部取缔拆除，提升类的 19 处码头拆除后分别进入 3 个临时砂石集并点经营，规范类的 18 处码头有 11 处完成整改并取得港口经营许可证书。

（曾志松）

【黄陂区】 全区道路运输营运业户 704 家，营运车辆 8433 辆，货运车辆道路运输证年审率达 96% 以上。协助办理公交一体化全覆盖，区政府对运营企业补贴资金预拨付和残疾人免费补贴手续，落实公交相关长效机制，不断满足居民"行有所乘"出行需求。

2020 年 4 月，黄陂区横天公路改造工程建设中

基础设施建设。推进主干路网建设及提档升级，116 省道黄陂区姚家集至蔡店段改扩建工程、姚塔公路改扩建工程、234 省道黄陂区长岭岗至许家桥段改扩建工程、黄陂区横天公路改造工程、黄陂区天河海航工业园 2 号路工程、盘龙城丰荷山侧路工程完工。108 省道荷土公路黄陂长岭至姚集段(木兰大道二期)13.31 公里升级改造工程正式动工，115 省道横小线横天段 4.6 公里一级公路改扩建、孝天线天河段、316 国道长同线新十线一级公路改扩建工程开工。318 国道黄陂东、川龙段和 316 国道黄孝段 51.27 公里大修项目完工，累计完成投资 1.23 亿元。

公路管养。持续推进"四好农村路"建设，全年实施农村公路提档升级 35 公里，实施农村公路大中修 70 公里，桥涵改造 25 座，农村公路生命防护工程 50 公里，实施通湾公路 60 公里。全年完成整修路肩、清理边沟、清理堆积物、路面灌缝、路肩除草、行道树修整、病害路面修补、除雪防滑、粉刷百米桩和公里碑等，辖区路容路貌明显改善。

路政管理。组建养护路政联合巡查专班，完善"养护路政联合巡查"机制，清理拆除境内国省干线和经济干线公路未经许可设置和破损广告标牌。清理劝退占道经营、摆摊设点 49 处 500 平方米，清理占道堆积物 53 处 695 平方米，拆除非公路标志 11 块，督促施工单位更换各类旧、脏、破施工围挡 3000 余延米。查处农村公路侵害路产路权事件 20 余起，个人擅自设置标志标牌 100 余块。加强治理超限超载工作力度，将超限超载车辆控制在目标内。

运输市场监管。重点整治汉口北客运中心站、轻轨 1 号线汉口北站周边交通运输秩序，严厉打击非法营运出租汽车行为。接管天河国际机场出租汽车后，查扣证件 1854 本，查扣车辆 191 辆。

物流业发展。协调推进新建汉口北国际多式联运物流港项目，续建湖北铁安通汉口北铁路物流园、顺鲜电商物流产业园、汉口北商贸物流枢纽综合物流仓储中心、汉口北高新物流示范园(二期、三期)、越海华中物流中心(二期)等物流项目复工复产。按照"签约一批、跟踪一批、培育一批"思路，参与全区物流企业招商引进工作。

运输安全管理。一是防疫安全。对客运实行一趟一消毒，要求从业人员、乘客全程佩戴口罩；对货运严格落实主体责任，明确消毒灭杀、应急处置、信息报告、物资保障、善后处置、安全管理等职责；对交通工程建设项目严格执行施工现场集中封闭管理。二是生产安全。层层签订安全生

2020年，新洲区红色旅游线二期工程建成

产责任书，定期组织检查。全年组织安全生产检查190余次，排查单位企业320家次，排查隐患52起，下达整改通知书20份，整改投入110余万元。全区道路运输行业未发生安全生产行车事故，其他设备事故、工伤事故、消防事故均为零。检查辖区渡口渡船、旅游船舶138次，发现一般安全隐患16起，全部完成整改。巡查长江港口岸线，对桥梁进行安全检查，督促拆除临时砂石集散中心违建办公楼，确保全年无水上安全事故。

深化交通改革。区交通运输局创新发展思路，全面深化改革。实现机场路汉口至盘龙城7座以下小型客车通行费区政府统一支付，降低市民进出黄陂区成本。5月6日起，往返机场高速公路盘龙城宋岗匝道站至武汉中心城区的9座（含）以下安装ETC计费装置的小型客车，其通行费由区政府统一支付。启动交通综合改革，推进全区交通运输综合行政执法改革工作，将交通运输综合行政执法改革与机构改革、“放管服”改革、事业单位分类改革等统筹谋划，整体联动推进。

（杜俊华）

【新洲区】 至2020年底，全区公路里程3566.5公里，其中国道136.15公里、省道115.42公里、县道163.64公里、乡道1167.07公里、村道1984.22公里。

疫情防控运输保障。疫情期间，在全区高速公路路口、国省干线及主要路段交通值守，排查车辆、检测人员体温，发现发热病例全部按要求处置，劝返车辆8519辆次。督导56个农村出入境卡点严格落实封控措施。为137名青海援新医护人员提供通勤保障389辆次；调度运送应急医疗物资货运车辆14辆次。运输“十元爱心蔬菜包”，帮助大型商超运送生活物资。安排182辆次通勤专车接送武汉协卓卫生用品有限公司一线生产人员上下班；安排5辆“点对点”包车，从孝感、黄石、黄冈、荆州等地接回企业员工，推动企业复工复产。组建专班并派驻武汉、武昌、汉口火车站，严防疫情输入，接回境外返区人员318人次，境内中高风险返区人员445人次，送出离新返京870人次。

基础设施建设。全年完成交通固定资产投资13亿元，比上年增长32%。新建公路140.226公里，其中农村公路64.34公里。维修、提档升级工程142.10公里，新建桥梁5座，改造危桥13座。230国道阳福公路改扩建工程、红色旅游公路二期建成。完成347国道江北快速路东延线路基工程80%、桥梁下构23%。完成武英高速公路阳逻连接线一期土路基。完成陈李线路面改造、明柳线大修和新徐公路路面刷黑工程。建成旧街118省道四合庄至106国道新建工程、徐古118省道沙河改建工程、潘塘323省道至325省道连接线。新港高速公路双柳长江大桥及接线工程开工建设。邾城客运站建成并投入使用。辛冲街获评2019年全省“四好农村路”示范乡镇。

运输服务。全年完成水路货物运输1179万吨、货物周转量2.75亿吨公里，道路货物运输523万吨、货物周转量3.66亿吨公里。水运集装箱运输157.59万标准箱。旅客运输量474.24万人次。公交线路47条，车辆394辆。新开通通村公交2条，优化公交线路2条，新增公交运营里程73公里。完成邾城至新荣客运站客运线路公交化改造，开通279路快速公交。完成764个公交简易站牌安装，建成港湾式公交站点150个。建成投用智能公交电子站牌24块。

物流业发展。全年全区完成物流建设投资18.65亿元，占市级下达绩效目标的157%。武汉物流交易所项目完成一期主体结构，金控集团粮食物流多式联运项目和诚通联众物流园二期稳步推进，铁水联运二期开工建设。新增AAAA级物流企业1家。

超限超载治理。加大公路治超力度，加强源头管控、联合执法，编制完成全区砂石堆场及运输车辆行驶线

2020年12月，新建的新洲区邾城客运站完工

路图，将全区11家大型搅拌站纳入治超源头监管，查处超限超载车辆748辆、卸载7134.5吨，罚款45.95万元，路面超限超载率控制在2%以下。

港口码头治理。拆除3家船厂全部房屋、设备设施、滩地构筑物，并实施生态复绿，圆满完成中央环保督察“回头看”整改任务。对全区长江干线码头、设施再清查再整治。完成港口和船舶污染物接收转运处置设施三年建设任务。开展维修喷涂企业专项整治行动，下达《责令改正通知书》26份。

安全生产。开展“打非治违”行动，规范客运市场秩序，检查车辆1283辆次，查处违规行为45起。组织开展道路运输企业、出租汽车行业安全知识培训。举行消防应急演练、水上应急综合演习、疫情防控运输指挥调度实战演练。完成沙河堤段5.2公里防汛值守。开展交通领域安全生产检查，排查各类隐患106起，下达整改通知书63份，完成整改103起，隐患整改率98.1%。

法治建设。持续优化营商环境，更新73件依申请类政务服务事项有关办理信息。向社会信用体系网站推送行政许可事项301条，行政处罚事项21条。公路、海事、运管、客管等部门执法人员开展“双随机、一公开”监管检查42次。定期更新数字政府“一池三网”数据。

交通体制改革。按照《新洲区深化街道管理体制改革实施方案》要求，交管站29名事业人员和养护中心33名“以钱养事”人员平稳下放街镇。起草《关于建立交通基础设施重大项目建设快速推进工作机制的实施意见》初稿，逐步建立健全重大交通项目推进机制。制定和完善交通运输综合执法改革实施细则，做好组织实施。

（姚茜）

黄石市交通运输

【概况】 至2020年底，全市公路总里程8128.60公里，路网密度177.37公里/百平方公里，其中高速公路241.01公里(其中35.54公里建成未通车)、一级公路433.75公里(含高速公路连接线14.93公里)、二级公路670.04公里、三级公路165.88公里、四级公路6617.92公里。内河航道通航里程186.8公里(不含长江60.8公里)，黄石港有码头泊位63个，其中生产性泊位52个(含危货泊位4个)，非生产性泊位11个；泊位年通过能力6000万标准箱，集装箱通过能力25万标准箱。客运站28个，其中一级客运站1个、二级客运站1个、三级客运站6个、四级客运站7个、五级客运站9个、简易站3个，临时客运站1个。

基础设施建设。全年完成交通固定资产投资77.10亿元，其中公路建设投资21.06亿元、水运建设投资7.51亿元、客货运站场建设投资7386万元、高速公路项目建设投资35.80亿元、物流项目建设投资11.99亿元。全年计划建设106国道白沙段7.1公里、沿镇至军垦段7.94公里、351国道木港至五一段8.2公里、三溪至国和段7.8公里共计31.04公里国省道大中修工程，总投资1.51亿元。至年底，完成军垦至大桥铺段10公里、203省道富池至枫林段8.6公里、351国道国和段13公里、106国道梁公铺段6.9公里共计38.5公里大修工程；完成老富阳线10公里中修工程，实际完成投资1.87亿元。351国道五一至木港段8.2公里完成招投标工作，106国道浮屠至沿镇段10公里准备招投标。新改建“四好农村路”261公里。大冶市灵乡镇、阳新县荆头山农场被评为全省“四好农村路”示范乡镇。

运输服务。全市有道路客运企业38家、道路客运经营户12家。全市完成公路客运量1227.16万人次、旅客周转量8.83亿人次公里，比上年分别下降53.32%、45.89%；完成公路货运量4299.95万吨、货物周转量34.44亿吨公里，比上年分别下降20.36%、27.71%。公共交通年客运量8396.9万人次，市民出行公共交通分担率为13%。完成出租汽车客运量2547.9万人次，比上年下降27.5%。面对新冠肺炎疫情，市交通运输局牵头负责市疫情防控指挥部交通组日常工作，代表市疫情防控指挥部出台交通管控通告10期、文件20余份，设置33个主

2020年10月12日，棋盘洲长江公路大桥路面施工完成

2020 年 6 月 3 日，黄石市“交通传递·全城接力”禁毒总动员启动

要交通管控点；调配运力接送医务人员、商超员工等 11.72 万余人次；协调组建爱心车队，免费接送 19365 人次；办理通行证 45780 张；协调 592 班次专车、3 趟次专列服务复工复产；办理网络求助信息 2543 条，圆满完成交通保障、管控任务，实现外防输入、内防扩散的防控目标。

公路养护。全市公路养护里程 7877.99 公里，其中列养里程 1227.75 公里、非列养里程 6650.24 公里。实施国省道养护大中修工程 87.2 公里，完成普通公路安全防护工程 389 公里。检测普通公路桥梁 109 座。实施国省道危桥改造 9 座，其中完工 3 座。完成普通国省干线公路灾毁恢复重建 23 公里。全市普通国省干线公路沿线补植行道树 3360 株。

路政管理。组织开展路域环境集中整治活动，出动路政巡查 9100 余人次，清除公路及公路用地范围内堆积物 633 处 2734 平方米，清除非路用标志牌 446 块，拆除违章建筑 20 处 662.25 平方米，清理占道经营 391 处 1273 平方米，制止违法采挖 30 起、其他路损行为 69 起，收取公路赔（补）偿费 36.953 万元。持续开展超限超载大治理行动，全年检查车辆 28746 台次，查处违法车辆 1474 台次，卸货 46685 吨。

运输市场监管。严厉查处违法违规市场行为，出动执法人员 1100 余人次、执法车辆 300 余台次，查获非法营运小轿车 27 辆，处罚 13.80 万元；查获违规经营网约车 38 辆，处罚 43.50 万元；查获出租汽车各类违规经营行为 87 起，处罚 4.80 万元；查获不文明经营出租汽车 22 辆次，责令停车学习；查处“黑的士”167 辆、罚款 85.3 万元，查处非法网约车 85 辆、罚款 80.52 万元，查处违规出租汽车 105 辆、罚款 5 万元。

绿色交通。完成全市 112 座非法码头生态修复，植树 214781 棵，复绿面积 4633 亩。完成船舶及港口污染防治投资 5400 余万元，接收船舶生活垃圾 112.36 吨、船舶生活污水 1230 吨、船舶油污水 117.95 吨，彻底结束船舶污染物直排长江的历史。清理长江港口岸线资源利用情况，采取完善手续、取缔、评估类 3 种方式进行处置，达到省治理长江干线非法码头工作联席会议办公室序时进度要求。推广清洁能源出租汽车、公交车，全市清洁能源出租汽车 1022 辆，占比 100%；全市新能源或清洁能源公交车 912 辆，占比 91.2%。

安全应急管理。开展安全生产专项整治三年行动，突出“两客一危”、巡游出租汽车、公路运行、水路交通等领域专项治理。全年公路发生事故 8 起、死亡 2 人，比上年分别下降 11.1%、66.7%。排查整治安全隐患 1371 个，推进 5 个市级挂牌督办重大隐患整改，完成或降级 3 个，持续推进整改 2 个。水路交通、公路水运工程建设实现零事故，武穴长江公路大桥工程被评为全省交通运输“平安工地”建设示范工程，武阳高速公路黄石段总承包部第 4 分部及黄石港阳新港区富池作业区综合码头二期工程 1 号、2 号泊位水工建筑物施工合同段被评为全省交通运输“平安工地”建设示范工地。聘请专业机构修编交通运输行业应急预案，组建应急抢险队伍 3 支 158 人，开展各类应急救援演练 30 余场，参加人员 1000 余人次。

交通改革举措。黄石市交通运输综合执法支队正式成立，由市交通运输局委托执法。巡游出租汽车新一轮经营权授予方案落地见效，黄石城区 1022 辆出租汽车全部签订承包合同或集约管理合同。“放管服”改革深入推进，行政审批科单独进驻市民之家办公，实现交通运输局全部审批事项均可在交通窗口一次办理、一网通办。

文明创建和廉政建设。在城区主要干道、居民集中地公交站台刊发创文公益广告 300 余块，出租汽车、公交车 LED 屏滚动播放公益广告占比 30% 以上，确保公共交通宣传全覆盖。建立常态化学雷锋志愿服务队，组织对口扶贫村、结对共建社区志愿服务活动 5 次，参与志愿服务 2000 余人次。全面从严治党，持续正风肃纪。开展明察暗访 14 次，开展任职前廉政谈话 9 人；处分干部 18 人，其中通报批评 5 人，谈话提醒 1 人，工作约谈 2 人，批评教育 3 人，停职 2 人，诫勉谈话 3 人，行政记过 1 人，撤销党内职务、行政撤职 1 人。

（马哲栋）

【大冶市】 至 2020 年底，全市公路里程 4651 公里，路网密度 297 公里 / 百平方公里。其中高速公路 96.5 公里、一级公路 180 公里、二级公路 379 公里、三级公路 845 公里、四级公路 3150.5 公里。内河航道通航里程 34.52 公里，毛铺水库渡口 1 处。客运站 21 个，其中二级客运站 2 个、三级客运站 2 个、四级客运站 5 个、五级客运站 12 个。

基础设施建设。全年完成交通

固定资产投资12亿元，比上年下降50%。普通公路建设投资11.7亿元，完成高铁南路3.3公里、201省道刘仁八龙凤山庄至曹铺段9.3公里、环父子山绿道大冶段8.81公里、315省道四斗粮至马叫段4.5公里、殷祖南山头至316国道改造工程5.9公里、殷坳公路3.59公里、茗山仄船至鄂州段1.2公里、316国道金山店至还地桥段8公里、马叫至刘子博大修工程5公里。年度新增等级公路41公里。新建城乡中心客运站，占地60亩，工程概算总投资2.8亿元，采用“建养一体化”模式融资。完成站房4层主体工程，全年完成货币工程量1953万元。新建机动车综合性能检测中心，总投资1600余万元，完成检测车间和综合大楼，检测设备安装和场地硬化绿化工程基本完成。金湖海虹物流园占地200余亩，是湖北省唯一一家获批的危化物品物流园区，一期投资1.5亿元，具有大宗商品公铁联运功能。

“四好农村路”建设。全年完成农村公路建设投资8867万元。全市实施农村公路提档升级工程71.2公里，新建自然村畅通路115.5公里，窄路面加宽6.1公里，撤并村畅通工程29.8公里，建设美丽农村路160公里，农村公路大修50公里，完成农村公路安全防护工程48.3公里，改造农村公路危桥6座162延米。灵乡镇被评为“四好农村路”省级示范乡镇。

运输服务。全市完成道路客运量1336万人次，比上年下降3.5%；完成货运量1106万吨，比上年增长1.4%。

2020年，大冶市省级“四好农村路”茗山乡茗（山）杨（桥）公路

全市27家规模以上交通运输企业完成营业收入9亿元，比上年增长11.5%。巩固“村村通客车”成果，对黄石临空经济区还地桥周边农村客运班线实施公交化改造，开通大冶至还地桥、还地桥至保安、还地桥至东风农场、还地桥至曙光等4条公交专线，投放清洁能源公交车36辆，方便沿线20余万群众安全经济便捷出行。全年受理34家货运公司经营许可，新增货运车辆317辆，更新客运车辆34辆，办理营运车辆年审1819辆，检测机动车1288辆次。开展道路客货运输企业质量信誉考核工作，考核39家企业，其中客运企业14家，危货企业10家，普通货运企业15家。评出AAA级企业19家，AA级企业20家，A级企业1家，B级企业1家，对不符合条件的企业下达整改通知书，责令限期整改到位。

公路管养。抓好公路预防性养护和及时性养护，做好桥梁经常性检查和日常维护。做好汛期应急处置保畅通，在短期内迅速恢复国省干线水毁50处、农村公路水毁22处。实施公路安全防护工程，投资200万元，全面完成315省道、106国道安全防护栏和安全标志牌安装任务。农村公路养护以提质增效为重点，落实镇、村两级养护责任，在陈贵、刘仁八、殷祖等3个镇推广茗山乡“四抓四化”养护模式，全市农村公路养护质量明显提升。

2020年7月30日，武阳高速公路黄石段全面开工

路政管理。开展路面巡查1000余次，拆除违章建筑8处50余平方米，拆除非路用标志牌130块，下达责令整改通知书30份，清除路障86处432平方米，清理占道经营130余次，制止其他路损行为40多起。

超限超载治理。新增境内铁（山）至鄂州东（沟）线治理检测站1个。全市检查车辆5000余车次，依法查处超限超载运输车辆438辆，卸载转运超限货物11517吨。同时，加强源头管理，路政大队组织人员到大型厂矿企业宣传政策，签订不超限超载运输承诺书35份。路政大队不定期联合交警、城管在全市乡镇开展流动治超行动，检测车辆1200车次，查处超限车辆124车次，并按有关规定实行“一超四罚”。

运输市场监管。常态化开展“打非治违”专项行动，整治非法营运和各类违规违章经营行为。全年查处违法违规行为400余起，查扣“黑的士”15辆，“摩的”28辆，对21辆违规乱收费出租汽车责令停运并给予经济处罚，促进交通运输秩序持续好转。维护驾培市场经营秩序，加强驾校安全生产大检查，强化培训安全和质量监管，督促驾培企业严格做到“五个到位”。做好预约平台互联网对接工作和省运政网教练车和教练员信息核对，每月组织开展从业人员资格证考试工作。全年受理公安抄告函的车辆驾驶员违法行为6起，其中5起驾驶员完成托岗教育培训。规范机动车维修市场，全年完成维修企业备案13家，开展一、二类维修企业复工复产隐患大排查，检查维修企业43家，下达隐患整改通知书5份，查处机动车维修企业违法行为20起。严格市场准入关，淘汰高能耗高排放老旧车，新增客货运输车辆符合国家规定的排放量标准，全市600辆巡游出租汽车和312辆公交车全部使用清洁能源车。

安全应急管理。开展安全生产隐患大排查、大整改，落实企业主体责任和行业监管责任。按照“全覆盖、零容忍、严执法、重实效”要求，开展常态化隐患排查治理工作。全年下达改正文书120份，完成销号117份。全市长途客运车辆、出租汽车、农村客运车辆、公交车、危货运输车全部安装GPS监控系统，运管监控中心实行24小时动态管理，对“三超”行为及时提醒，确保行车安全。全年查处各类违规驾驶行为129起，均按照“五种形态”给予处理。开展应急演练，提高事故处置能力。6月下旬，组织公汽公司、通顺公司、团墙客运站等35家重点运输企业100余人参加应急演练。8月下旬，组织公交安全管理人员开展消防应急演练。

（刘佳国）

【阳新县】 至2020年底，全县在册公路里程4056.40公里(不含市政道路及非在册农村公路里程)，路网密度145.91公里/百平方公里，其中高速公路136.63公里、一级公路127.21公里、二级公路398.42公里、三级公路85.03公里、四级公路3236.17公里、等外公路72.94公里。内河航道里程81.3公里(界河按二分之一算)，生产性码头泊位13个，渡口40个。客运站13个，其中二级客运站1个、三级客运站2个、四级客运站9个、五级客运站1个。

基础设施建设。全年完成交通固定资产投资86.17亿元，比上年下降2%。武汉至阳新高速公路阳新段39.67公里，全年完成投资6.34亿元，累计完成投资8.3亿元。武穴长江公路大桥及连接线31.22公里，按高速公路标准设计建设，总投资58.86亿元，全年完成投资7.33亿元，累计完成投资56.7亿元。203省道阳新县棋盘洲至富池段一级公路改建项目，全长33.88公里，全年完成投资1.5亿元，累计完成投资6.04亿元。357省道木港至龙港段二级公路改建工程，路线长41.68公里，全年完成投资0.32亿元，累计完成投资1.54亿元；洋港至龙港段18.3公里建成通车。阳新县湘鄂赣革命旧址群出口二级公路，完成路基、路面5.5公里，附属设施在建中。国省道大中修完成投资1.87亿元，完成军垦至大桥铺段10公里、203省道富池至枫林段8.6公里、351国道国和段13公里、106国道梁公铺段6.9公里等38.5公里大修工程；完成老富阳线10公里中修；351国道五一至木港段8.2公里完成招投标。黄石港阳新港区富池作业区综合码头工程，累计完成投资2.55亿元，完成一期2个泊位建设，二期2个泊位完成水工建筑的下部构造85%、上部构造完成56%。黄石港阳新港区富池作业区富江公用码头工程，建设2个5000吨级散杂货泊位，总投资1.9亿元，累计完成投资0.8亿元。阳新县综合客运枢纽站开工建设，总建筑面积13907平方米，总投资1.28亿元。三溪、白沙、排市3个乡镇三级客运站，三溪客运站完工，白沙客运站在进行室内装饰，排市客运站完成主体工程。

“四好农村路”建设。全年完成投资1.35亿元，全县建成“四好农村路”示范路139公里，完成窄路加宽99公里、提档升级99.8公里、县乡道改造40.8公里，完成通自然村公路82.5公里。完成危桥改造4座、在建2座；完成农村公路桥梁5座、在建2座；完成村道安全防护工程15公里，县乡道安全防护在建施工中。

运输服务。全县有道路运输业户1084家。其中普通货运业户1057家，货运车辆2459辆，客运业户21家，客运车辆484辆，危险品货运业户6家(其中包括新港物流工业区2家)，危货车辆115辆。客运班线228条，其中省际客运班线5条、市际班

2020年12月12日，武阳高速公路富河特大桥吊装首片梁

2020年10月22日，阳新县打造“公路+生态”“公路+旅游”“公路+扶贫”新业态。图为白沙镇兴祖村通村公路

线13条、县际班线16条、县内班线194条。全年完成客运量528.5万人次、旅客周转量31263.58万人公里；完成货运量1782.67万吨，货运量比上年下降94%，货物周转量213721.86万吨公里。拥有出租汽车公司3家，出租汽车400辆。拥有公交企业1家，公交车辆180辆，公交运营线路11条，停靠站点288个，实行公车公营模式。全县登记在册船舶271艘，检验发证115艘、5980总吨、2549净吨、7794.16千瓦，其中客渡船96艘、其他船舶19艘。村村通客车。开通农村客运班线194条，农村客运车辆493辆，全县354个行政村（不含两镇一区）村村通客车。新增村村通客运线路1条（白沙至上潘）。有42个自然村开通约租车客运，通达率100%。

公路管养。全年投入养护资金2682万元，完成修补沥青路面坑槽95420平方米，修补水泥路面破碎板33460平方米，用渣石及灰稳修补坑槽24500平方米，沥青路面灌缝42000延米。清理和修复边沟120余公里，清理路肩杂物及整理路肩62310平方米。清除坍塌土石方31420平方米，疏通涵洞146道，补植各类树苗9500余株。新建维修隔离栅、防护栏4391米，挡土墙3500立方米，安装标志标牌244块、轮廓标、百米桩、道口桩1600根及施划道路标线22公里、振动标线1383.6平方米等安全防护设施。

水上安全监管。重点围绕水路客运、渡口渡船、港口码头和水运在建工程四个方面，在全县范围内反复开展综合隐患排查和督（检）查工作。全年派出检查人员156人次（含疫情防控），检查各类船舶332艘次、渡口101处次，水运在建工程4处次，排查出安全隐患6处，现场纠正6处。

路政管理。全年检测货运车辆15975车次，其中处罚各类超限车辆513台次，卸（转）载货物4256吨，出动执法车辆800余次，出动铲车60台次，开展联合整治行动9次，拆除非公路标志牌260块，清除非路用广告横幅30条，制止违法建筑2处，拆除违法建筑6处500余平方米，拆除临时摊棚14处。清除各类违法占用、路面堆积物570余处2790平方米。下达责令整改25份，查处损坏路产赔（补）偿案件30起。路政案件查处率达98%、文书使用率100%、案卷合格率98%以上，106国道梁公铺段至梁兴公路兴国段超限控制率维持4%，无一起复议、诉讼和一起执法纠纷案例发生。

运输市场管理。规范阳新县城市公共客运市场秩序，进一步优化公共客运市场环境，对非法营运车辆实施动态管理。采取定点检查与流动检查、定时检查与不定时检查、明查与暗查相结合的方法，严厉打击非法从事公共客运车辆，净化市场秩序。建立市场长效监管机制。出动稽查行动2651次、稽查人员8360人次，稽查经营者2130家、车辆15200台，发现违法行为523起，处罚案件369起。

科技与信息化。完成阳新县交通运输局交通综合智慧平台创建，该平台由阳新农村公路建管养一体化信息系统和App数据采集上报两部分组成。在运行支撑环境基础上，整合城市基础地理信息数据资源以及所属行业专题数据资源，构建农村公路服务平台，聚合其他应用资源及服务，实现对农村公路管理和服务。

安全应急管理。开展综合交通“安全三年行动”和“防风险、除隐患、遏事故”等系列行动，将“打非治违”工作贯穿安全生产专项整治三年行动全过程。全年开展安全专项督查10次，检查运输企业61家次，网上抽查客运车辆500余辆次，检查各类船舶332艘次、渡口101处次，水运在建工程4处次，查找问题418条，解决问题369条，下达隐患整改通知书49份，约谈运输企业5家。修订完善应急响应和规范应急处置流程，加大应急救援处置装备建设和物资储备，组建一支110人的交通防汛抗旱运输保障应急队伍，不断提升交通行业应急保障能力和处置突发事件能力。

交通改革举措。阳新县交通运输局机关三定方案正式下发。县委编办局下属事业单位进行调整，公路管理局更名为公路养护服务中心，道路运输管理局更名为道路运输服务中心，港航管理局（地方海事处）更名为港航服务中心，公共客运管理局更名为公共客运服务中心、将原县农村公路管理局事业职能与县交通物流发展服务中心职能进行整合，组建交通物流发展和农村公路服务中心，整合交通运输领域执法相关职责组建交通运输综合执法大队。

（章杰　曹睿桓）

十堰市交通运输

【概况】 至2020年底，全市公路里程29905公里，路网密度126公里/百平方公里，其中高速公路521公里、一级公路405公里、二级公路2698公里、三级公路1086公里、四级公路25195公里；按行政等级(不含高速公路)分为国道996公里、省道2323公里、县道2426公里、乡道6905公里、专用道71公里、村道16663公里。国省道一二级路比重达到81.6%，乡镇通二级以上公路比重达99%，基本实现县县通高速公路、乡乡通二级路、村村通水泥路。全市公路桥梁2444座，其中国省道桥梁1037座；全市公路隧道122座，其中国省道隧道114座。内河航道通航里程763公里，港口1个，港区8个，生产性码头泊位237个，渡口119个。客运站109个，其中一级客运站4个、二级客运站12个、三级客运站10个、四级客运站5个、五级客运站78个。物流园区12个，其中市级物流园9个、县物流中心3个，乡镇服务站65个。

项目规划编制。《十堰市环库沿库生态旅游公路规划(2018—2030)》《丹江口库区立体综合交通规划》均获十堰市政府批复，汉江生态经济带“畅通十堰”实施方案编制完成，“十四五”综合交通运输发展规划环评工作同步推进，规划待报批，生态红线和国土空间规划编制工作扎实推进。

基础设施建设。全年全市完成交通建设投资179亿元，比上年增长2.3%。全年交通建设到位补助资金31亿元。高速公路项目完成投资61.3亿元。十巫高速公路鲍峡至溢水段、十淅高速公路全面推进，郧十高速公路郧阳北互通和福银高速公路武当山互通改扩建工程完工。普通公路完成投资49亿元。其中，在建一二级公路项目56个，完成一二级公路路基145公里、路面156公里；农村公路新改建完成4199公里，其中县乡道改造171公里、村级公路1784公里、旧路提档升级2244公里，农村公路安全防护工程1434公里。港航建设完成投资15.6亿元。其中汉江孤山电站完成投资10.9亿元，郧西县夹河关水电站项目完成投资4.2亿元，其他港航项目完成投资5000万元。客运站场和物流项目完成投资7.9亿元，鄂西北物流集疏运配送中心、汉十高铁广场(二期)等项目竣工，全市在建新建的17个客运站场、8个物流项目全面推进。

“四好农村路”建设。全年全市农村公路完成投资36.2亿元。其中县乡道改造完成171公里，完成投资6.8亿元；新改建村级公路4028公里，完成投资26.2亿元；安全防护工程完成1434公里，完成投资2.3亿元；新建农村公路桥梁20座2375延米，完成投资0.95亿元；农村公路危桥改造完成47座1266延米。全市农村公路里程达2.6万公里，100%的行政村和20户以上自然村实现通硬化路目标。开展“四好农村路”示范县、示范乡镇、美丽农村路创建工作。竹溪县获评省级“四好农村路”示范县，竹山县文峰乡、郧西县观音镇、房县尹吉甫镇、丹江口市习家店镇、竹溪县水坪镇等5个乡镇获评省级“四好农村路”示范乡镇，成功创建美丽农村路1367公里。探索推进农村公路建管养一体化模式，重点推进“一乡一站”机械化养护工作，形成县有中心养护站、乡有养护站的养护格局，实现干线公路和农村公路养护资源整合。加快推进城乡客运一体化进程，全市1846个行政村中有758个行政村通达公交车，通村公交比例比上年底提升5个百分点。加快完善市县乡村四级物流体系建设，全市建成市级物流园9个、县物流中心3个、乡镇服务站65个，村级服务点基本实现全覆盖。

运输服务。受新冠疫情影响，全市运输市场各项运输、运力指标均大幅下滑，全年完成公路水路客运量481万人次、旅客周转量4.7亿人公里，比上年分别下降85%、84%；完成货运量6467万吨、货物周转量115亿吨公里，比上年分别下降22%、30%。邮政快递业营业收入年均增速保持在20%以上。汉十高铁实现与北上广深联通，武当山机场通达城市增加到35个。城乡交通运输一体化试点和省级“公交优先示范城市”创建成效显著，全市122个乡镇1846个行政村通客车率100%，通公交比例达41%，城区周边乡镇通公交率100%。全市许可网约车平台公司6家，发展网约车736辆。推进运输结构调整三年攻坚行动，基础支撑不断强化，铁路运量显著提升，全年铁路货运量

2020年，竹溪县中峰镇打造通村道路“微循环”

(始发)达126万吨，较2017年增长26%。行业节能减排效果明显，城区公共交通清洁能源和新能源车辆占比达95.13%，营运客车黄标车实现“清零”，城市配送车辆燃料消耗降低7%。“互联网+”交通运输融合发展，刷脸进站、“无纸化”登机、无接触配送、网约车、定制公交、定制客车等新业态新模式不断涌现。

行业管理。全面推进干线公路精细化管理、预防性养护制度，全年完成大修77公里、中修422公里，完成灾害点处治修复120公里，新增创建“畅安舒美”示范路500公里。深入推进“品质工程”和“平安工地”创建，持续加大监督力度，全市公路水运工程建设项目监督覆盖率100%。全年完成6艘客船内河船舶船型标准化改造。落实丹江口库区“零排放”要求，督导各县市区全面取缔“三无”船舶，累计拆解“三无”船舶161艘。完成142艘100总吨以上船舶生活污水收集装置安装改造任务。公路治超检测车辆48109辆，查处超限车辆894辆次，卸载转运车辆817辆次，卸载转运货物27219.15吨。全市干线公路PQI大于80%。

污染防治。全市列入整治清单的58个非法码头全部整治完毕。清理非法码头岸线8295米，岸线复绿11.24万平方米，设置公示牌58个。完成船舶污染物接收转运处置设施建设投资795.39万元，配置活动式垃圾箱170个、污水接收设施14套、槽罐车6辆、收油机6台、综合污染物回收船6艘，船舶生活污水收集装置改造全部完成，全市142艘100总吨以上船舶生活污水收集装置全部改造配备到位。

科技与信息化。加快推进综合交通运输信息化建设，市交通运输应急指挥中心信息平台项目加快推进，完成全市8处不停车超限检测系统建设任务。运输服务信息化水平明显提高，“车城通”公交卡使用范围扩展至全国200余个大中城市，二级以上客运站全部实现联网售票，省、市、县三级公路治超、驾驶培训实现监控联网，全市“两客一危”重点车辆动态监控设备安装率、农村客运车辆动态监控率均达到100%。试点推进十堰客运东站5G体验厅、综合枢纽智慧停车、进出站客流监控和疏导等建设。

2020年3月19日，丹江口首批务工人员“点对点”返岗复工

绿色交通。全国城市绿色货运配送示范试点城市创建获国家三部委考评验收，全市建成并投入使用2个干支衔接型物流枢纽作为货运配送一级节点，6个公共配送中心等二级节点，52个“一站多用、一站多能”的末端配送站，1000余个末端配送网点。累计淘汰黄标车21973辆，投入使用充电桩668个，新能源配送车辆达968辆，亨运、寿康、佰昌、鼎元等10家物流龙头企业加入示范工程创建。

安全应急管理。进一步健全“党政同责、一岗双责”“三个必管”等安全生产管理机制，不断压实行业监管责任和企业主体责任，扎实推进全市交通运输安全生产专项整治三年行动。开展“隐患清零”行动，督促整改市级以上挂牌督办安全生产重大隐患6个，问题整改率100%。加强重点领域安全监管，全市建成市级监控平台1个、县级监控平台9个，“两客一危”道路运输企业监控平台41个，全市1841辆在营“两客一危”车辆全部安装和使用4G视频动态监控系统，车辆运行情况实现24小时监控不间断。推进公路安全防护工程建设，完成农村公路生命防护工程1434公里、危桥改造61座、国省道隧道提质升级改造49处。围绕“有黑扫黑、无黑除恶、无恶治乱、无乱强基”工作目标，开展全市交通运输行业突出问题专项整治行动，交通运输行业运营环境明显改善，较好维护全市交通运输系统安全稳定形势。

审批政务服务。下放4个市级审批事项至县级交通运输部门，推动落实涉及13个审批事项的“证照分离”改革，完善“一网通办”，开展政务服务事项标准化、“颗粒化”建设。推广应用统一受理平台，在湖北政务服务网上公示的市级交通系统143个依申请业务办理项全部开通在线办理，网办事项开通率100%，业务承诺办理时限缩至法定时限的50%以内。结合综合执法改革，完善审批工作流程，建立“窗口具体负责、相关业务单位参与办理、交通局机关统筹协调”的审批工作体系。筹资近8万元，更新升级市民服务中心窗口办公设备。市民服务中心交通窗口受理各类业务咨询3286件，办理行政审批、行政备案、行政确认等各类业务31130件。全面推行“双随机、一公开”监管，市级建立抽查事项清单17项，录入执法人员161名，抽查对象582个，发起本部门抽查任务14次，抽查对象98个。

疫情防控交通保障。疫情期间，全市交通运输部门在抓好公路通道封控同时，全力做好公路保通保畅保运工作，确保医疗救护、民生保障等“六类车辆四类人员三类物资”运输畅通。截至2020年3月17日恢复公共交通，城区应急出租汽车服务队和发热病人运输突击队为市民提供用车，运送医务人员、公务人员、老弱病残孕及发热病人。开通45条“点对点”直达式“定制公交”，保障城区医院、东风公司等18家单位员工16万余人次通勤出行。强化应急物资和生产生活物资运输调度，组建全市应急物资服务站，先后5次组织运输车辆72辆次，转运广西捐赠物资集装箱90个；累计发运救灾物资35批次，运送酒精30余吨、防护服20000余套、口罩15万个、帐篷500余顶；出动配送车辆880辆，完成生产生活物资运输配送26207车次42292吨。

文明创建。开展不文明行为突出问题集中整治和社区志愿服务活动，举办“暖心服务走基层·巾帼建功展风采”“筑梦新时代·交通强市我先行”“法润交通与法同行”“激扬文字爱岗敬业演讲比赛”等活动。2020年，十堰市交通运输局第5次获评“全国文明单位”，第2次获评“全市党建工作先进集体”，先后获“全市金融工作先进集体”“全市投资项目工作先进单位”等20余项称号。亨运集团汽车维修高级技师张龙获全国劳动模范称号，亨运集团张士虎获“全国交通运输系统抗击新冠肺炎疫情先进个人”称号。

（杜杰）

【丹江口市】 至2020年底，全市公路通车里程5500.76公里，路网密度170公里/百平方公里，其中高速公路75公里、一级公路108.66公里、二级公路465.36公里、三级公路236.74公里、四级公路3545公里、等外公路1070公里。高铁线路58公里、普通铁路48.49公里。内河航道通航里程178公里（界河按二分之一算），港口8个。公路客运站10个，其中一级客运站1个（在建）、二级客运站1个、三级客运站1个、四级客运站1个、五级客运站6个，货运站1个，物流园4个，邮政快递企业10家。高铁站和高铁换乘中心各2座。

基础设施建设。全年完成交通固定资产投资68亿元，较上年增长4.6%。其中，十淅高速公路完成投资15亿元。普通公路建设完成投资2.5亿元，完成龙山大桥下部结构、279省道盐万段。“四好农村路”建设完成投资3亿元。水路建设完成投资1200万元，完成汉丹港50吨溢油应急处置设备库项目，持续推进2个高铁小镇和环库绿道项目建设。推进农村公路补短板工程，完成100余公里窄路加宽和“断头路”改造，建成扶贫路、产业路116公里，修复破损混凝土路面87395平方米，累计建成乡镇汽车站7个、农村客运候车棚237个。

运输服务。全年完成公路客运量42万人次、旅客周转量3780.18万人公里，货运量354.24万吨、货物周转量3990.19万吨公里；完成水路客运量2.03万人次、旅客周转量81.46万人公里。全市公交线网密度达3.81公里/平方公里，城市公共交通分担率为26.2%。客运班车231辆，其中省际班车5辆、市际班车35辆、县际班车50辆、通村班车107辆、旅游客车34辆。城乡公交汽车124辆，其中纯电动公交汽车70辆，开通城乡公交线路16条。城乡新能源出租汽车130辆。在营货运车辆（含挂车）1269辆，其中在营危险品运输车辆390辆（含挂车）。全市194个行政村客车通达率100%、邮政快递通达率100%。

路政管理。坚决遏制违法超限超载等危及公路桥梁安全行为，检测车辆4092辆，卸载货物14967.8吨；查处各类涉路违法行为13起，清理临时路障105处1725平方米，清理占道经营117处851平方米。自行拆除非公路标志牌27块，路政清除742块，制止违法修建建筑物34处。加大公路执法巡查力度，严防运输车辆扬撒灰尘，及时清理公路界内垃圾、灰尘和积土，确保公路畅安舒美。

科技与信息化。完成农村公路管理养护信息化平台系统框架搭建，利用丹江口国省道和农村公路地理信息资源，结合GIS技术，逐步实现日常养护巡查、病害采集、小修施工、工程进度、交（竣）工验收等全过程管理。

安全应急管理。突出行业重点，强化隐患排查治理。全年开展安全生产检查60次，发现安全隐患78起，行政处罚2起，对14家危险品运输企业下达责令限期整改通知书，督促企业落实安全教育培训、车辆动态监控及违规信息闭环处理、“三不进站、六不出站”、船舶防污染等安全管理规定。4月27日、6月30日和7月18日分别在279省道盐万段、东环路物流园和沧浪海旅游码头开展应急演练，提升应急处置能力。

交通体制改革。根据《丹江口市机构改革方案》要求，划入渔船检验和监督管理职责；将交通运输局所属部门承担的除行政执法职责外的行政

2020年8月1日，丹江口龙山大桥水下基础工作全部完成

2020 年，丹江口市纯电动公交充电停车场

职责回归局机关；整合调整局机关内设机构；整合道路运管、公路路政、交通物流、城市客运、工程质量监督管理等执法门类的执法职责和执法队伍，组建市道路交通运输综合执法大队；整合水路运政、航道行政、港口行政、地方海事行政的执法职责和执法队伍，组建市水路交通运输综合执法大队，均为市交通运输局所属公益一类事业单位。

（杨道三）

【郧阳区】 至 2020 年底，全区公路里程 5378.39 公里，路网密度 139 公里 / 百平方公里。其中高速公路 121 公里、一级公路 84.63 公里、二级公路 376.07 公里、三级公路 79.16 公里、四级公路 4717.53 公里。形成以 3 条国道、7 条省道构成的公路主骨架通达邻省邻县，以城关为中心辐射乡镇、村组高密度公路。内河航道通航里程 223 公里，港口 2 个，生产性码头泊位 18 个，码头 8 个，渡口 35 个，以汉江、堵河 2 条流域河为主的水路交通直达长江。客运站 24 个，其中一级客运站 1 个、二级客运站 1 个、三级客运站 2 个、四级客运站 3 个、五级客运站 17 个，农村招呼站 100 个、候车亭 255 个。

基础设施建设。全年完成交通建设投资 28 亿元。继续推进五将路、油长路等重点项目建设，加快推进十巫高速公路郧阳段、叶滩堵河大桥等开工项目建设。开工建设 G59(郧十) 高速公路郧阳北互通、快速通道、南白路、谭梅路等重点项目。完成叶西路等重点项目建设前期工作。谋划“十四五”交通运输发展规划。柳陂三级汽车客运站竣工并投入使用。

“四好农村路”建设。制定《郧阳区“四好农村路”发展规划》，印发《郧阳区“四好农村路”三年攻坚战实施方案》，城关镇成功创建省级“四好农村路”示范乡镇。全区农村公路路网结构明显优化，质量显著提升，做到有路必养，路产路权得到有效保护，路域环境优美、整洁。农村客运和物流服务体系健全完善，城乡交通一体化格局基本形成，农村公路健康有序发展。

运输服务。全年完成公路客运量 135.11 万人次、旅客周转量 2232 万人公里，货运量 232.726 万吨、货物周转量 12437.35 万吨公里。完成水路客运量 2.39 万人次、旅客周转量 71.7 万人公里，货运量 383 万吨、货物周转量 11490 万吨公里。全区营运汽车 2009 辆，其中客运车辆 104 辆、危险品货运车辆 591 辆、普通货动 (火) 车车辆 1314 辆。全区开通客运班线 70 条，其中跨省班线 5 条、跨市班线 2 条、县际班线 13 条、县内班线 50 条。加强驾培、维修市场管理，督促驾校建立健全学员档案、车辆档案、教练员档案及培训记录等基础档案，完善设施设备。以现场核实、逐项检查、综合考评为抓手，对辖区驾培行业质量信誉进行考核，评定 AA 级 3 家。

养护管理。全区国省道整体通畅，国省道路面综合性能指数 (PQI) 大于 85，公路绿化保存率达 95%。实施清凉寺大桥下部结构及桥面系加固，修复双庆大桥两头桥台搭板，完成郧阳汉江大桥 (二桥) 支座更换及修复工作。以一路一站为重点，在公路沿线栽植景观树、路肩培土绿化种植等，国省道完成新植路段绿化 104 公里，提高国省干线绿化覆盖率。建立国省干线路面病害及附属设施缺损统计台账，进行有序修复，全年处治路面病害 12160 平方米，修复钢护栏 1428 米，修复边沟 2120 米，更换公里碑 70 余块，栽设标志牌 156 块。做好农

2020 年 3 月，在建中的郧十高速公路郧阳北互通

2020 年，郧阳区通村公路在建中

村公路养护管理工作，做到管养责任落实到位、机构人员配备到位、制度制订执行到位、资金筹措管理到位、监督检查考核到位。制订印发《郧阳区乡村道修复资助水泥管理办法》，拨付各乡镇水泥 1 万吨，农村公路水毁修复工程全面完成。

行业监管。加强货运源头管控，对货源管控不力和违法超限超载运输现象严重的货源单位、企业进行通报。推进全区货运车辆违法信息管理系统建设，与市道路运政管理系统完成对接，具备违法超限超载信息实时录入和对符合条件的信息推送给运管的“一超四罚”功能。检测车辆 468 辆，查处超限车辆 99 辆。采取教育与疏导并举、专项打击与长效管理相结合原则，对全区道路运输市场重点地段、特殊时段违法经营行为进行集中整治。加大运输市场监管力度，查扣非法营运车辆 12 辆次。加大路域环境整治力度，路政执法人员上路巡查，纠正、查处各类路政违章 215 件，清除路障及公路用地乱堆乱放 157 处 1254.6 平方米，依法拆除非公路标志标牌 35 块，强制拆除围墙 67.6 米，处理公路赔偿案件 24 起。联合公安、水利湖泊、生态环境等部门，取缔非法码头 10 个，处置非法采砂船舶 28 艘，其中自行拆解 9 艘、爆破 15 艘、监督拆解 4 艘；对汉江、堵河水域筏钓房(钓鱼平台)进行分组编号并下达违章通知书，联合相关部门依法拆除筏钓房 28 个、钓鱼平台 25 处，航道内乱采滥挖、破坏航道等违法现象得到有效遏制。

安全管理。加快推进公路安全防护工程和危桥改造建设。积极应对汛期暴雨灾害，及时抢修水毁道路，对隐患路段加强排危除险，确保道路安全畅通。推进“平安工地”建设，加强对快速通道等重点工程施工现场的安全监管。

交通扶贫。实施通 20 户以上自然村公路建设 107.4 公里，全面完成农村公路安全生命防护工程建设。全区通村公路建设养护计划 2942 公里，积极与区财政部门沟通，按照 1000 元/公里的配套资金，将养护资金划拨到位，确保农村公路养护管理资金来源稳定、渠道通畅、增长有序。推进“村村通客车”工作，开通城关至安阳、青曲、南化塘、白桑、青山、柳陂等 13 条城乡公交线路。选派 34 名干部职工分别驻全区 6 个乡镇 16 个行政村专职开展驻村帮扶工作。

(张才明)

【郧西县】 至 2020 年底，全县公路里程 4935.73 公里，路网密度 140.66 公里/百平方公里，其中高速公路 61.97 公里、一级公路 22.27 公里、二级公路 308.25 公里、三级公路 74.03 公里、四级公路 4469.21 公里。内河航道通航里程 182 公里，港口 1 个，生产性码头泊位 4 个，渡口 24 个。客运站 18 个，其中二级客运站 2 个、三级客运站 2 个、五级客运站 13 个。

基础设施建设。全年完成公路水路固定资产投资 27.73 亿元。推进交通项目建设 33 个，完成“九有”农村公路存量 28 条 106 公里、农村公路复修 154 公里，完成窄路加宽产业路 230 公里、提档升级旅游路 186 公里，完成县乡道改造 3 条 65 公里，完成农村公路桥梁建设 6 座；马六路、六大路、郧羊路、郧三路、土兰路路基工程完工，兰滩口大桥、白郧大桥、羊

2020 年 12 月，郧西县甘钦线绞肠关段除雪保畅

夹路、关牛路、水石门路建成通车，完成路基工程138.56公里、路面工程77.56公里。统筹鄂西北交通物流园、孤山航电枢纽等工程建设。

“四好农村路”建设。完成“四好农村路”建设174.23公里、美丽农村路建设244公里。至2020年底，全县“四好农村路”三年发展规划建设圆满完成。三年累计完成“四好农村路”创建42条517.23公里、美丽农村路创建70条767.23公里，大力实施农村公路示范路美化、亮化工程，完成示范路边沟整修250.87公里、路肩501.74公里，配置道路里程碑280余块，绿化250.87公里。观音镇获全省“四好农村路”示范乡镇称号，完成“四好农村路”示范县与土门镇“四好农村路”示范乡镇创建申报工作。

运输服务。大力提升客运服务水平，创建郧西至观音镇天河口、郧西至上津古镇、郧西至湖北口乡、郧西至安家集镇、郧西至涧池淘宝小镇等5条旅游客运线路，新建湖北口、上津镇2个三级客运站，新增和延伸公交线路2条，新增农村客运线路3条，新建候车亭5个，新增新能源公交车4辆。以县城为中心、乡镇为节点、行政村为网点，遍布农村、连接城乡、纵横交错的农村公路客货运输网络不断优化。

路政管理。开展全县公路联合治超专项行动、道路交通安全百日整治行动、“百日治超”行动。“十三五”期，累计查处侵占路产路权案件2790起，制止违章建筑277处5660平方米，清除临时路障1121处8684.4平方米，查处率99%，结案率100%，无行政复议和败诉案件发生。查处超限车辆433辆次，卸载货物1485吨，超限率控制在3%以内。

运输市场监管。加大运输市场秩序整治力度，全面治理驾培行业违规经营问题，从实从细规范客运市场经营秩序，有效推进道路运输行政执法稳步发展。全年纠正违章1180余次，查扣车辆76辆次，查处运政案件680余起。

码头治理。联合公安、水利等部门开展全县船舶污染防治、水路交通“百日行动”、中小型船舶安全管理专项整治等行动14次，签订安全目标责任书36份，发现问题11起，责令船舶停止作业16艘，驱离外籍船舶9艘，责令现场整改5起，下达执法文书2份。督促船舶检验12艘，规范进出港报告船舶31艘。拆除非法码头2处，恢复岸线200米，并按要求进行复绿。取缔天河口排筏12艘，彻底清除天河口排筏非法载客安全隐患。

2020年6月，郧西县开展公交安全消防反恐应急演练

安全应急管理。进一步健全“党政同责、一岗双责、三个必管”安全生产管理机制，落实以建立一个台账、明确一名领导、明确一个专班、制定一套防范化解措施、定期开展一次现场督查“五个一”为主要内容的包保责任制。坚持部门联合执法，查扣“黑教练车”14辆，取缔非法培训点15个，暂扣道路运输证件13本，查扣非法运输车辆35辆。清理取缔非法码头3处，清理渔船64艘。及时修订完善公路、水上交通突发事件应急预案，组织应急联动演练3次，行业安全生产形势稳定向好。

交通改革。交通运输综合执法改革有序推进，公路养护中心和县农村公路养护“三定方案”、交通运输综合行政执法改革实施方案获县委编办批复。引进河砂山石资源开采企业2家，建成砂石集并中心2个，平台公司转型发展取得新突破。探索农村公路养护体制改革，筹建农村公路养护公司1家，推进农村公路建管养运一体化发展。梳理服务事项70小项93个办理项，办理道路运输经营许可证70件，补发、换发从业资格证920本，办理从业人员诚信考核1765件，完成“一网通办”“一事联办”“一窗通办”道路运政业务事项33件，录入执法案件36卷、录入信用体系平台案卷21卷，完成“一单两库”建设。

（刘金明）

【房县】 至2020年底，全县公路里程4908.43公里，路网密度96.05公里/百平方公里，其中高速公路117公里、一级公路32.57公里、二级公路516.46公里、三级公路194.66公里、四级公路4047.74公里。内河航道通航里程45公里，生产性码头泊位1个，渡口12个。客运站16个，其中二级客运站1个、五级客运站15个，货运站1个。

基础设施建设。全年完成交通固定资产投资34.6亿元。完成一二级公路路基137.176公里、路面104.354公里，全县所有乡镇实现通二级以上公路目标，全县干线公路二级及以上公路比重达100%。283省道狮子岩至上龛段、477省道孙家湾至黄杨树段改扩建工程、283省道九道至义渡段改扩建工程、279省道万盐路路基、路面工程基本完工；209国道十房一级公路快速通道项目一期开挖土石方5万立方米，路基填筑1万立方米；346国

2020 年，房县化龙堰镇上湾村“四好农村路”助乡村振兴

道军店至窑淮一级公路一期完成路基施工 3.5 公里；318 省道房县中坝至竹山官渡镇小河段完成路基 5 公里；梅五路开挖土石方 16 万立方米、填方 11.88 万立方米，香垭沟隧道 (885 米) 完成断面开挖 516 米；454 省道巨峪至竹山深河房县段完成路基挖填土石方 14 万立方米；通省至茅塔公路房县段完成路基 9.1 公里。房县尹吉甫镇天子湖旅游渡运码头、三里坪库区移动码头主体工程基本完成，附属设施在建中。建成综合性物流园区 1 个、物流配送园区 2 个、物流快递共配中心 1 个，建成乡镇农村综合运输服务站 20 个、村级交通物流节点 262 个，分别覆盖全县 100% 的乡镇和 93% 的行政村。完成中央预算内新增专项项目房县公共配送中心申报工作，完成项目三通一平，施工图纸设计、招标等前期工作有序推进。房县高速公路客运站正式投入运营。

“四好农村路”建设。推进农村交通基础设施补短板、强弱项、升服务、提质效，争创省级“四好农村路”示范县。全年新建农村公路 332 公里，提档升级 496.16 公里，危桥改造 7 座 497 延米，完成县乡道安全防护工程 196 公里、村道安全防护工程 65.1 公里。

运输服务。全年完成道路客运量 159.40 万人次、旅客周转量 8322.51 万人公里，货运量 90.04 万吨、货物周转量 7.81 亿吨公里。全县拥有道路运输经营企业 2 家，公交企业 2 家，出租客运企业 1 家，营运客车 222 辆，营运货车 266 辆，出租汽车 100 辆，公交车 40 辆，村村通客车 151 辆，开通客运班线 90 条。全年审验道路运输证 1575 个、道路运输业户 508 个，办理道路运输经营许可证 40 个、道路运输证 91 个，注销道路运输证 93 个，换证 140 余个。组织专班完成全县 13 家一二类维修企业上年度质量信誉考核和 5 所驾校质量信誉量化考核。规范道路运输市场秩序，检查车辆 600 余辆，遏制辖区内车辆非法营运现象蔓延。编制完成《房县“交通运输 + 邮政快递 + 电子商务”服务品牌申报材料》，并向上级主管部门逐级申报。村村通客车率 100%，全县 151 辆村村通客车持续改造升级中。

公路养护。深化养管机制改革，全面提升普通国省道管养质效，全年完成国省道中修工程 40 公里、“一路一站”示范公路创建 118 公里。清理边沟 1760 公里，整修路肩 111.50 万平方米，桥涵疏浚 5035 道，修补坑槽 850 平方米，修补路面沉陷 5000 平方米，处理路基沉陷 11 处 10774 立方米，清理坍方 760 处 12.62 万立方米，修复损坏钢护栏 1580 米、边沟 2150 米，增设平交路口标志、安全警示标志牌 60 余块，增设道口桩 40 处、涵洞帽 86 处。

路政执法。全年清理乱堆乱放 87 处 796.5 平方米，拆除违法建筑 3 处 134 平方米，制止违法建筑 4 处 265 平方米，拆除非交通标志 68 块，清理占道经营 18 处 142 平方米，收取路产赔偿费 10.16 万元。清除田路分家回升路段 0.8 公里。全年检测车辆 1889 辆次，查处超限车辆 118 辆，卸载货物 2346.2 吨，教育放行 29 辆。配合公安交警处理超限车辆 61 辆，超限率控制在 2.0% 以内。

安全应急管理。加大在建工程施工现场、水陆运输、客运站场、驾培维修企业、物流站场安全监督检查力度。加强道路运输安全监管，从市场准入、从业资格、客运车辆调度、驾乘人员变更、行车证件、客运站场等方面开展安全监管工作，道路运输安全四项指标 (事故起数、死亡人数、

2020 年 12 月 30 日，房县高速客运站正式投入运营

受伤人数和直接经济损失）为零。开展“安全工地”建设，落实施工安全“三同时”。层层签订水上交通安全生产责任书，全面加强对涉水乡镇安全监管。组织开展运输安全检查39次，检查客运企业3家、客运车辆280辆次，发现安全隐患5起，整改率100%，确保春运、“五一”“十一”等重要时间节点零事故，全年实现无重、特大责任事故和安全生产无伤亡事故目标。

（吴涛　王东）

2020年7月7日，竹山县堵河廊桥正式通车

【竹山县】 至2020年底，全县公路里程4659.84公里，路网密度129.92公里/百平方公里，其中高速公路51公里、一级公路36.8公里、二级公路410.95公里、三级公路112.1公里、四级公路4048.99公里。内河航道通航里程210公里（界河按二分之一算），港口1个，渡口24个。客运站25个，其中二级客运站2个、三级客运站6个、五级客运站17个，候车亭308个、招呼站160个。

基础设施建设。全年完成交通建设投资11亿元，比上年增长10%。田家坝至峪口、堵河廊桥、东坡湾道路、悬鼓洲道路建成通车，“十三五”规划项目基本完成。城关至上庸一级公路除鱼岭2号隧道外全面完工，小河至云雾垭、深河至巨峪段路基工程基本完成。229省道得胜至罐子口完成招标工作，潘口河至五房沟段一级公路完成征地拆迁工作。擂鼓换乘中心投入使用。

“四好农村路”建设。实施通组入院路50公里、乡村主干道120.8公里、农村道路提档升级301.5公里。建设“四好农村路”200公里、“455”公路安全生命防护工程50公里、国省道危桥改造11座。

运输服务。全年完成公路客运量119.3万人次、旅客周转量1.19亿人公里，货运量214.9万吨、货物周转量2.39亿吨公里；水路客运量1.2万人次、旅客周转量3万人公里。规模以上交通运输企业营业收入增长3%，中心城市公交站点500米覆盖率100%。开通西部片区公交线路4条，解决西部片区5个乡镇群众出行难题。城乡公交线路达22条，辐射14个乡镇。开通农村客运班线142条，乡镇客车通达率100%，村村通客车率100%。为11个涉水乡镇46个村建设码头3个、渡口8处，配备各类船舶50余艘，县域内库区所在乡镇和建制村通航比例100%。全面加快县、乡、村三级物流体系建设，建成竹山物流中心，改扩建农村物流综合服务站17个，建设村级物流配送点254个。竹山物流“信息平台+统一配送”项目被交通运输部列入首批农村物流服务品牌名单。

行业监管。开展道路运输市场集中整治12次，检查车辆979辆，依法查处违法营运车辆111辆，收缴出租标志器和纸牌152个，教育警告119人次。加大治理超限超载联合执法力度，检测车辆2775辆，查处超限车辆58辆，卸转载货物654.8吨。打击船舶污染物偷排漏排行为，拆除非法钓鱼筏房37个，取缔“三无”船舶615艘（含渔船、快艇等），港口和船舶污染物接收转运及处置设施投入使用。“放管服”改革深入推进，开通湖北政务服务网网上申请服务事项54项。

安全应急管理。开展行业安全排查整治工作，开展安全检查8次，排查隐患102处，均完成整改。投入1000余万元对挂牌督办的安全隐患进行整治销号，全系统无重特大安全事故发生。成立应急管理小组，组建3个应急小分队，开展应急救援演练活动，提升应急能力。落实4G动态视频监管，督导运输企业建立动态监控闭环管理制度并开展隐患排查治理，完善应急预案，开展安全生产三年专项行动和五大专项整治活动，组织开展安全检查4次，排查各类安全隐患29处，下发隐患整改通知书12份，道路运输安全四项指标（事故起数、死亡人数、受伤人数和直接经济损失）为零。

交通体制改革。竹山县交通运输综合执法大队、公路养护中心（农村公路养护中心）、交通运输服务中心和交通物流服务中心（县邮政业安全中心）正式挂牌，人员划转工作基本完成。农村公路“运养一体化”竹山模式受到新华社等主流媒体关注并在全国范围推广。政务改革不断深化，窗口受理审批事项全部按时办结。“双随机、一公开”、信用评价等事中事后监管方式得到推广应用。

（周海峰）

【竹溪县】 至2020年底，全县公路里程3960.26公里，路网密度119.6公里/百平方公里，其中高速公路38.78公里、一级公路59.72公里、二级公路435.56公里、三级公路194.82公里、四级公路3231.38公里。内河航道通航里程80公里，港口1个，生产性码头泊位8个，渡口14个。客运站16个，其中二级客运站2个、五级客运站14个。

2020年，229省道竹溪县天桃二级公路改扩建

基础设施建设。全年完成交通固定资产投资5.41亿元。完成国省道二级公路路基21.30公里、路面30.31公里。完成农村公路532.4公里，其中提档升级325.2公里、新改建县乡道16.7公里、窄路加宽69公里、撤并村76.5公里、林场道路45公路，农村公路危桥8座。完成客(货)运站场建设投资1610万元，其中向坝客运站完成投资750万元、蒋家堰客运站完成投资860万元，主体工程及内部装修均完成，附属工程在进行招投标。

“四好农村路”建设。争创全国“四好农村路”示范县，对全县农村公路路面进行升级改造，整治路肩与边沟，实施公路绿化工程。新州镇申报创建全省“四好农村路”示范乡镇，完成美丽农村路200公里。

运输服务。全县有客运企业3家，班线客车55辆，客运路线21条；城市公交车76辆，公交线路22条；出租汽车150辆。新成立亨运竹溪出租汽车公司。通村公交线路22条，通村公交车97辆，覆盖10个乡镇137个行政村，占全县行政村总数的41%，通村公交成为346国道沿线乡镇及新洲、兵营、鄂坪、汇湾等10个乡镇群众出行首选，服务人口26万余人。通村班线客运线路7条，通村班线客运车辆17辆，覆盖南部山区6个乡镇行政村49个，占全县行政村总数的14.7%，服务人口近6万人。全县建成客运站16个，在建三级客运站4个，农村招呼站180个，候车亭381个，基本做到每个乡镇1个客运站(交通综合服务站)、每个行政村1~2个候车亭、招呼站。全年许可区间客车133辆，采取区域循环滚动发班等方式，保障南部山区146个行政村近7万群众出行。有普通货运企业14家、货运车辆47辆，普货运输专业户(个人业主)212家、货运车辆300辆。全年完成公路货运量64.10万吨、货物周转量1.75亿吨公里。汽车驾驶员培训学校3所，在册驾驶员培训教练70余人。拥有一类维修企业2家、二类维修企业8家。全县有渡船8艘、客(旅游)船7艘。

行业监管。开展联合整治行动，改善路域环境，加大辖区内货物装载源头单位监管力度，对货运超限超载严重的企业单位进行挂牌督办，干线公路超限率控制在3%以下。加大道路运输市场整顿力度，打击非法营运，开展危货运输专项治理行动。加强全县公路工程建设管理，提高工程质量和投资效益，制定印发《竹溪县公路工程建设管理办法》。开展扫黑除恶专项斗争工作，在客运企业、维修企业、驾校、港口码头、治超站等交通重点行业进行宣传和线索排查收集。

公路管养。国省干线公路养护管理能力明显提升，从路况、日常养护、路域环境整治等方面开展工作，以提高人民群众出行安全感、体验感和满意度为目标，全面提升公路综合服务水平和整体服务功能。行政村通客车率100%，形成以班线客运、公交客运、农村区间客运为主的“三级客运网络”，城乡道路客运基础设施、客运信息服务、发展政策等一体化水平普遍提升。

交通环保。长江大保护三大标志性战役扎实推进，全面完成船舶结构调整、船舶污染物接收转运处置设施建设任务，探索船舶污染物接收转运新模式，整顿岸线资源，定期开展检查，推动辖区水域安全、健康发展。

安全应急管理。开展安全生产三年专项行动，加强交通运输安全生产管理水平，防范和化解重大安全风险。深化“平安工地”建设，加强桥梁、隧道、高边坡等施工现场安全监控。落实安全生产责任制，实现交通工程质量安全监督全覆盖。加强交通运输应急管理体系建设，提高快速反应处置能力。严把道路运输关，全面落实“三关一监督”措施以及运输企业安全生产主体责任。普及安装GPS，对危险品运输车辆、长途客车实行24小时动态监管。完善重点水域、重点船舶、重点时段、重点环节监管措施，以渡口渡船安全管理、联合执法为重点，开展水上交通安全专项整治活动。

交通体制改革。推进交通运输综合执法改革相关工作，4月22日，县编委印发《竹溪县交通运输综合行政执法改革实施方案的通知》，明确机构性质，核定执法机构人员编制等。改革后的公路养护中心、农村公路事业发展中心、物流发展中心“三定方案”在与县编办沟通中，单位性质、职能职责、机构编制待明确。破解交通筹融资难题，县委县政府出台系列优惠政策，筹融资12.35亿元，实现国省干线公路“十三五”建设项目全部完成，农村公路超计划完成目标。本着“方便群众出行、规范行业管理、提升城市形象”宗旨，通过招商引资，由亨运集团出资组建十堰竹溪亨运集团出租车有限公司，投放出租汽车150辆，实行公司化运营。

（李涛）

【茅箭区】 至2020年底，全区公路里程547.95公里，路网密度165.47公里/百平方公里，其中高速公路18.46公里、一级公路54.08公里、二级公路76.17公里、三级公路58.02公里、四级公路341.22公里。客运站3个，其中二级客运站2个、五级客运站1个。

基础设施建设。全年完成交通固定资产投资1.8亿元，比上年增长12.5%。完成446省道大川至白石段路基工程10公里，累计投资9000万元。完成段家村通村路、百花沟通组路、锅场村通村公路建设30公里。

运输服务。建立适合南部山区通村公交长期安全运营机制，区政府拨付专款补助，村委会帮助解决公交车驾驶员食宿问题，票价统一定价2元。通村公交覆盖辖区茅塔乡、大川镇、东城开发区、赛武当保护区共37个行政村，全面解决南部山区百姓出行不便问题，带动南部山区旅游、农业和经济社会发展，实现城乡一体化。

公路管养。重新编制《茅箭区农村公路养护管理办法》，各乡镇政府成立主要负责人为组长的农村公路养护管理工作领导小组，分管领导和各村书记（主任）为农村公路养护管理第一责任人，兼任养护监督员。与各乡镇、村组、养护人员签订养护责任状，为各乡镇养护站派驻业务指导员，定期开展业务培训和养护大比武，提高养护工人业务水平和工作效率，按月度、季度、年度进行考核。以路政执法队为主体，联合交警、劝导站、路长、乡镇农村公路管理站、村组管路员，建立线上信息平台，实时掌握辖区道路情况。南部山区所有农村公路均有专人管理，可通过信息平台全面掌握每条道路具体情况，进一步提高管理效率和管理水平。

安全应急管理。层层签订安全生产目标责任书，严格履行“一岗双责”“三管三必须”职责。加大专项检查力度及频率，建立台账、限期销号，全年无安全生产事故发生。组建南部山区应急抢险专业队伍，通过全区道路交通实况信息平台掌握道路隐患情况，第一时间到现场抢通道路、消除隐患，确保辖区道路安全畅通。

（姚志豪）

【张湾区】 至2020年底，全区公路里程951.29公里，路网密度144.79公里/百平方公里，其中高速公路49.58公里、一级公路41.86公里、二级公路73.56公里、三级公路109.16公里、四级公路677.13公里。内河航道通航里程73公里（界河按二分之一算）。

基础设施建设。全年完成交通固定资产投资4.62亿元，比上年增长54%。服务滨江新区至武当山快速通道（张湾段）项目，省道干线改扩建项目建设基本完成。447省道叶方路14.2公里改扩建工程4个路基标段和葛条垭隧道基本完成。446省道西叶路5.24公里改扩建工程2个标段路基全部完成。柏叶路二期改扩建工程和蔡土路大修工程全线完工并通车；牛头山旅游公路路基调平工程完工；殡葬服务中心道路建设完工通车；完成农村公路窄路面加宽、提档升级等项目建设24个共42.7公里，31个交通扶贫项目建设计划任务全部完成；完成关岭桥、过风桥、舒家院等3座危桥改造；方滩砂石集并中心项目完成选址。

“四好农村路”建设。推动“四好农村路”示范乡镇和“美丽农村路”示范创建活动，西沟乡、花果街道创建“四好农村路”示范乡镇，月亮湖路、柏叶路、河西路按照“畅、安、舒、美”标准打造“美丽农村路”。

公路养护。辖区农村公路养护里程827.16公里，其中县道77.16公里、乡道325公里、村道425公里。印发《张湾区农村公路养护管理办法》，按照“畅、安、舒、美”及“四好农村路”标准要求，联合公路沿线各乡镇政府和相关职能部门集中开展整治，净化路域环境。从加强考核工作、规范日常养护、开展集中整治等方面加大农村公路养护管理工作力度。处置因道路水毁造成交通中断18处约1500立方米，清理塌方100余处约12000立方米，修复损坏钢护栏60米。

运输服务。制定“村村通客车”规划，全年投入200万元，在原有16条农村公交线路基础上，新开通朱庄路、河西路、西沟乡沙洲村3条农村客运公交线路，延长公交线路6条，连通工业新区公交路网，基本实现90%行政村通公交。走访对接大型物流企业，了解经营状况、宣传相关政策并给予安全生产指导。

安全应急管理。定期开展在建工地安全检查，排查道路安全隐患100余处，下达安全隐患整改通知书7份。抓好水运和重点高风险路段安全管理，重点抓好春运及“五一”“十一”黄金周安全管理，确保辖区无重大安全责任事故发生。充分利用5个一级农村交通劝导站，借助“路长制”建设工作，帮助群众560人次，劝导交通违法25656起，重点车辆录入2086起。协助交警四大队现场查处交通违法24248起。汛期和节假日等重点时段严格落实24小时值班和领导带班制度，及时掌握、准确处理应急事件，确保辖区交通运输环境安全稳定。

（姚维姣）

【武当山特区】 至2020年底，辖区公路里程507.75公里，路网密度180公里/百平方公里，其中高速公路11公里、一级公路7.55公里、二级公路101公里、三级公路118.20公里、四级公路270公里。内河航道通航里程22公里，港口1个，生产性码头泊位8个，渡口6个。客运站2个，其中临时大型客运站1个、三级客运站1个，货运站1个。

基础设施建设。全年完成交通固定资产投资3.5亿元。其中普通公路建设完成投资7000万元，高速公路完成投资9000万元，客运站场完成投资5000万元，农村公路完成投资8000万元，辖区国省道大中修完成投资400余万元，其他基础硬件维护更新投入200万元。武当山高速公路互通改建工程、“枫土”二级公路改扩建工程、武当山客运换乘中心项目均全面完工。新建农村公路68公里，年度等级公路新增生产能力5%以上。水运及港航建设完成投资100余万元，新增泊位20个，港航通过能力最大可达1000余吨。

“四好农村路”建设。加快“四好农村路”建设，完成龙王沟线、瓦房河线、金沙坪线3条环线绕连12个行政村农村公路油路黑化建设40余公里，完成通村水泥路建设20余公里，农村公路安全防护工程建设全部完成。

运输服务。城乡旅游交通和客货运输条件明显改善。景区旅游交通客运大巴108辆，全年完成客运量100万人次；旅游外包大巴54辆。辖区29个行政村通车覆盖率100%，其中13个村通公交、7个村通农村客运班车、9个村通预约服务客车。区内4条线循环线路、公交车15辆。出租汽车30辆。周边农村跨乡跨境客运车辆13辆。辖区大中小货车800余辆。全年实现过境客运量260万人次，货物周转量400万吨公里。城区、景区路网及站场通联结构进一步优化。

公路养护。坚持抓好国省干道养护管理工作。全年清理边沟、整修路肩168.52公里，清理塌方、落石66处20790立方米，疏通管涵176道，修补油面坑槽、沉陷、龟裂等病害480平方米。及时修复钢护栏24米、边沟45米、道口桩8根、雨水井盖6处，多部位更新公路标志牌、指示牌、公里碑、道口桩等设施300余处。投入320余万元，完成316国道武当山主城区段6公里路面大中修翻新施工任务。新增桥梁名牌4块、桥梁限超限载标志牌4块、桥梁安全保护区牌8块、桥梁养护公示牌8块。

交通执法。全年公路拆违清障建筑20余处2600余平方米，拆除非法侵占性标志牌100余块；处理公路路产赔(补)偿5起、立案1起，收取路产赔补偿费19070元，查处率100%。运政执法检查车辆900余辆次，查处非法营运车辆23辆、违规运行客运车辆23辆，收缴罚款15.57万元，处理各类投诉案件51起，无行政诉讼案件、无违法违纪投诉案件。加强驾培人员和营运从业人员管理，开展培训考试15次600余人。完成客运出租车辆审验率100%、货运车辆审验率达81%，检修维护覆盖车辆1928辆次、完成有效检车2347辆次。辖区水域水上交通执法管理完成环保问题整治4项，完成船运航务日常管理签证230艘次。

科技与信息化。全年交通科技投入30余万元。加大交运企业安全生产电子信息化建设，景区旅游车队、太极湖水上游公司、武当山区内公交、十武公交等经营主体均采用“安全运营电子监控中心、GPS车辆4G视频动态实时系统、AIS船舶防撞控制系统”等数字信息技术，所有营运车辆安装使用率达到98%。推动辖区交通环保治理工作，辖区水域6艘大型船舶排放做到与水体隔离，均配备有废气油污回收箱，并实现岸电照明改造。辖区道路客运20辆公交车全部实现纯电气驱动、无碳排放。

2020年12月27日，武当山客运换乘中心建成投入使用

交通体制改革。落实交通综合执法改革和特区新一轮机构改革要求，推动行业机构职能优化整合。完成交通各单位机构、人员、职能、岗位优化设置方案拟定与上报工作。试行辖区公路建设养护工作市场化运作，探索农村公路“建、管、养、运”新机制，着眼交通高质量发展需要，对各环节采取科学化、精细化、市场化、集约化管理，降低公路管养成本，放大资金使用效益，增加公路使用收益，全年大力推进辖区农村“四好”公路建设总包项目，取得明显成效。

安全应急管理。交通运输安全监管和应急能力建设成效明显，全年疫情防控工作投入交通保障车辆68辆次，主要交通卡点排查车辆690辆次，排查人员2300人次，防疫投入6万余元。完成辖区公路、桥梁、管涵等基础硬件重点部位安全检查40余次，排查和整改隐患15项。全年投入公路安全应急治理费用55.4万元，其中滑坡塌方清理32.5万元。全年辖区车辆船舶运输未发生较大以上安全事故。加强安全应急机制建设，分别在公路局、景区车队、太极湖水上公司成立交通安全应急大队，专兼职人员60余人，制定应急预案，开展应急演练，做好应急装备、器械及物资储备工作，拥有施工排险机械、车辆7辆，应急抢险雨具、公路除冰防滑物资、照明设备、救生浮具、防汛钢缆、道路警示设施、锹、镐、锤、锯等工具。对项目工地、水陆运输企业、景区旅游车队等每月至少开展1次安全督导检查行动，全年检查14次，整改问题7项。

（王丰）

襄阳市交通运输

【概况】 至2020年底，全市公路通车里程31648.11公里，公路密度按土地面积计算为160.41公里/百平方公里，按人口计算为55.72公里/万人。其中一级公路836.50公里、二级公路2487.859公里、三级公路1316.491里、四级公路25852.644公里、等外公路1154.62公里。等级公路里程30493.49公里，等级公路比重达96.35%，二级以上公路占等级公路比重为10.9%。按行政等级分为国道806.51公里、省道2037.57公里、县道2432.09公里、乡道9920.78公里、专用公路62.54公里、村道16388.62公里。全市通车里程中有铺装(高级)路面里程25729.313公里，其中水泥混凝土路面22912.776公里、沥青混凝土路面2816.537公里，简易铺装路面(次高级)388.956公里，未铺装路面(中级、低级、无路面)里程达5529.844公里，路面铺装率为82.53%。全市有公路桥梁2200座83248.61延米，其中：特大桥4座10040.98延米、大桥119座23323.86延米、中桥369座19140.24延米、小桥1708座30743.53延米、危桥286座9050.4延米；隧道63道13395延米；渡口39处。客运站97个，其中一级客运站5个、二级客运站9个、三级客运站3个、四级客运站2个、五级客运站74个、简易站4个。

基础设施建设。全年全市完成交通建设投资78亿元，为年计划的120%。全市新增高速公路通车里程137公里。老谷和枣潜南2条高速公路分别于5月和7月正式通车；保神高速公路全线贯通；9月17日，绕城南高速公路控制性工程汉江特大桥主桥全部合龙；襄阳至南漳高速公路开工建设。全市新建改建国省干线公路175公里。邓城大道樊西新区段改建工程和隆七路建成通车；南北轴线南延伸段下穿铁路部分全部铺筑完成，一标右幅6月建成通车；河谷汉江大桥、宜城汉江二桥主桥施工有序推进；316省道唐河、白河特大桥主跨顺利合龙。雅口航电枢纽一期围堰主体工程基本完工；新集枢纽“三通一平”、专题批复完成，主体工程开工；小河港区综合码头一期工程水工主体工程完成交工验收；唐白河(唐河)航运开发项目工程可行性报告获省发改委批复，完成初步设计编制；4月28日，市政府与深圳盐田港股份有限公司正式签订襄阳港合作协议。襄阳东津公铁换乘中心(综合枢纽站)完工投入使用，落实部补资金6500万元；市汽车客运南站完成场地施工；南漳县汽车客运中心站投入使用；枣阳市公铁换乘中心、谷城县公铁换乘中心在建中，南漳县公铁换乘中心、保康县公铁换乘中心推进前期工作。物流园区建设方面，襄阳传化公路港一期工程完成形象进度的95%，建成标准化仓库3栋，签约意向入驻企业60余家；襄阳保税物流中心5座通用型保税仓库、海关查验场、海关监管仓库、综合服务楼、大型停车场以及入园待泊区建成，检验检疫区基础服务设施在建中；小河临港物流园园区货物堆场等主体工程在建中；浩吉铁路襄州物流基地立项建设规划、许可、环评在办理中。

“四好农村路”建设。全年累计投资158052.29万元。全市完成农村公路建设2886.73公里、农村公路安全防护工程建设1864公里；建设美丽农村路1344.8公里；完成危桥改造47座822延米，隧道提质改造46座5320延米，新建桥梁11座326延米。宜城市重点推进农村公路提档升级建设，采用“建养一体化”模式，投资2.4亿元，对7个乡镇24条180公里农村公路进行提档升级。襄州区采取EPC工程总承包模式，全年完成包含11个乡镇122个行政村256.8公里美丽乡村道路建设任务。8月份，老河口市政府与中标单位(中铁十七局集团第五工程有限公司、湖北建科国际工程有限公司)签订《老河口市普通公路(EPC+建养一体化)建设工程项目总体框架服务协议》和《施工合同》，第一批全长53.29公里的6个项目全部开工建设。8月，老河口市洪山嘴、襄州程河、宜城刘猴、南漳巡检、枣阳吴店加快示范乡镇公路补植

2020年4月28日，襄阳市政府与深圳市盐田港股份有限公司签订襄阳港全面合作协议

2020 年 9 月 17 日，襄阳绕城高速公路南段汉江特大桥合龙

绿化、路域环境整治，通过省交通运输厅考核验收，获第二批省级“四好农村路”示范乡镇。11 月底，对 2020 年新申报省级“四好农村路”示范乡镇、示范县，实地进行督导，查漏补缺，配套建设公路驿站，高标准开展地域特色创建。

运输服务。全年完成道路客运量 2100 万人次、旅客周转量 15.5 亿人公里，比上年分别下降 78.13%、67.21%；完成道路货运量 1.9 亿吨、货物周转量 439.5 亿吨公里，比上年分别下降 20.34%、27.64%。完成水路货运量 1067.62 万吨、货物周转量 50322.56 万吨公里，比上年增长 137.35%、47.86%。完成港口吞吐量 644.61 万吨，比上年增长 27.19%。全市 1374 辆农村客运车辆均安装动态监控装置，建立农村客运车辆动态监控平台 15 个，有效保障农村群众安全便利出行。结合“春运”、清明节、端午节、高考、中考等不同时段运输服务需求，合理调度运力及班次，保障广大旅客及学生安全便捷出行需求。7 月襄阳市区遭遇连续暴雨天气，及时调度公交车辆、抽选优秀驾驶员，完成襄阳高铁站旅客疏散任务。持续开展出租汽车经营整顿，城区出租汽车非法营运得到有效控制，服务质量有效提升。通过集中约谈市区 16 家网约车公司，较好遏制网约车驾驶员违规巡游揽客问题。指导客运企业克服疫情对旅客运输的冲击，实施“运输 + 旅游”策略，支持客运班线将冗长运力依法转为旅游客运、包车客运。创新客运组织方式，支持湖北神州运业集团先行先试，开展定制客运服务，购置 53 辆高级小型客车发展定制客运，12 月份投入客车 7 辆开行襄阳至南阳、投入客车 12 辆开行襄阳至荆门定制客运班线。

运输保障。全市有道路客运经营业户 404 家，客运车辆 2298 辆，客运班线 990 条。全市有公路货运经营业户 36480 家，其中货运企业 1258 家、个体运输户 35222 家，营运载货汽车 63638 辆。货运车辆进一步向大型化、专业化和高级化方向发展，全市牵引车、重型专用货车、甩挂运输车占货运车辆总数分别达到 27%、71% 和 34.1%。全市有机动车维修经营业户 1272 家；机动车综合性能检测站 23 家；机动车驾驶员培训学校 89 家，教学车辆 2503 辆。全市有公交车 1903 辆，其中县市公交车 462 辆，公交空调车、新能源车分别为 1810 辆、1699 辆，分别占公交车总数的 95.1%、89.2%。市区公交车 1441 辆，其中新能源公交车 1326 辆，占比 92%。全市公交线路 143 条，其中县市公交线路 54 条，建成公交专用道 138.3 公里，日运送旅客 58 万人次，全年客运量 1.7 亿人次。襄阳市被列入全国公交都市创建城市，城区公交车 1433 辆，其中新能源车 1154 辆，市区新能源公交车占比达到 80.5%；城区公共交通机动化出行分担率达到 52.5%，中心城区公交站点 500 米半径覆盖率达 98.2%，形成以县(市)城关为中心、20 公里范围公交运输全覆盖；新开通 3 条城区至襄阳东站高铁专线，优化调整线路 29 条，城区公交服务满意率达到 98.5%。全市有农村客运线路 624 条，营运客车 1374 辆，全市行政村客车通达率保持 100%，公交化改造客运班线 31 个，农村客运综合服务站 15 个。初步形成以城镇为中心，乡镇为支点，辐射乡村的农村客运网络。

现代物流发展。全年新增 A 级物流企业 8 家，其中 AAAA 级 3 家、AAA 级 5 家；襄阳市 A 级物流企业达到 121 家，其中 AAAAA 级 2 家、AAAA 级 69 家、AAA 级 45 家、AA 级 5 家。成立以市长为组长的现代化综合交通物流体系建设领导小组，领导小组办公室设在市交通运输局，进一步完善襄阳现代化综合交通物流体系建设体制机制。引导物流企业探索“互联网 + 物流”等新业态、新模式，襄阳厚载科技有限公司、湖北骆驼物流有限公司、中电凯源物流运输有限公司等 3 家物流企业获网络货运经营许可证。多次到相关生产企业、物流园区、物流企业和铁路货场等地走访座谈，引导物流企业开展“公转铁、公转水”。6 月 29 日，以襄阳厚载科技有限公司为主体推进的襄阳至上海公铁联运货运专列正式开通。

安全应急管理。全年全市交通工程建设领域未发生较大以上责任事故，通航水域内未发生海损事故，道路运输行业未发生重大安全生产事故。开展“两客一危”道路运输企业、交通工程建设领域及水上安全隐患整治，检查运输企业和施工单位 391 家次，排查安全除患 604 处，整改完成 602 处，行政处罚 53.29 万元，全市交通安全形势稳定向好。做好汛期公路水路抢通工作，全市公路部门抢通普通公路国省干线 10 条 18 处。全年组织开展应急演练活动，采取桌面推演、现场实战演练 20 次，参加人员 650 余人。全面推进危险货物运输车辆 4G 视频动态监控管理，全市 28 家道路危险货物运输企业1651辆危险品运输车均安装卫星定位装置，安装率100%。市交通运输局派出3个督导组对全市28家道路危险货物运输企业开展督查，发现安全隐患问题151个，全部由各县（市、区）交通运输局、市综合行政执法支队加强执法监督整改到位。全市28家危货企业信息全部录入电子运单管理系统。完成枣阳316国道兴隆段、南漳346国道城区段、谷城303省道庙滩段隐患整治，与市公安交警部门共同排查，制定方案提升市区出口路安全防护能力，投入120万元，完成市安办挂牌的207国道涂沟平交路口整治工作。

行业污染防治。落实《中央环保督察“回头看”及长江保护与湖泊开发专项督察反馈意见整改方案》精神，汉江中心城区水域清漂工作常态化推进，严格落实岸线资源清理整治，船舶污染防治专项战役获全省优秀等次。“船E行”App全面推广应用，襄阳市是全国非长江干流地区第一个推广应用该App的城市。严格实施交通建设工地扬尘管控全覆盖。做好国Ⅲ柴油货车提前淘汰相关工作；督促超过20辆柴油车的运输企业建立车辆维护、燃料和尿素添加使用台账；完成机动车尾气排放维修治理信息上传工作，配合市大气办建立机动车尾气排放不达标治理维修站61家。

绿色货运配送。2020年，襄阳市新能源物流配送车辆8339辆，襄阳本地运行新能源物流车约3500辆。完成充电桩1600余个，建成3座大型综合充电站，19座城市快充站、6座高速服务区快充站。建成一级配送节点2个，二级配送节点4个，三级末端配送服务网点440多个。9月建成襄阳城市绿色货运配送信息平台。制定出台《襄阳市城市绿色货运配送示范企业考核管理办法》，培育7类8家规范的物流配送示范企业。与创建初期相比，共同配送货物占比超过60%，平均吨公里配送运输成本下降16.7%，城市配送车辆百吨公里燃料消耗量降低5.7%。

行政执法。统一道路运输、公路路政、港航海事、交通工程质量监督、城市客运等行业行政执法检查、执法日志等记录，推进执法工作规范化、标准化。开展水域交通秩序专项整治，“三无”船舶清理形成常态化。6月启动市区汉江水域交通秩序专项整治行动，出动海巡艇46艘次、执法人员140余人次，张贴通告400多份，下达责令整改通知书15份；配合汉江十年禁渔治理工作，会同城区政府、公安部门对汉江城区水域“三无”船舶（无船名船号、无船舶证书、无船籍港）开展清理整治专项行动。开展机动车驾培行业专项整治行动。7月专项整治驾培行业无证经营、违规挂靠及不按规定培训等违法违规行为，摸排校外培训点34处，违法挂靠点22处，非法培训点4处；下达《限期改正违法通知书》22份，关停16处，行政处罚18起。加强危货运输检查整治力度。坚持每月对市区8家危货运输企业全面执法检查1次。对1家未按要求整改危货运输企业进行行政处罚。联合高速公路交警，查处违法违规运输危险货物案件20起，暂扣危险品罐式货车3辆。检查巡游出租汽车13361辆次，查处违法经营出租汽车124辆。9月开展道路客运市场专项整治活动，检查旅游客运企业16家，客运车辆623辆，查处纠正违法违规行为9起。10月开展维修检测行业专项整治，责令改正8起，关停5家，行政处罚15家。

公路养护。襄阳“国评”迎检路段395公里，得到部检测组肯定。列养公路缝养、坑槽修补及时，边沟、涵洞通畅，边坡、挡墙等防护工程完好。加强城区出口路扬尘治理，加强清扫保洁力度。完成国省道“455”生命安全防护工程46.7公里，改造危桥15座，排查国省道地质灾害和隐患140处，提高公路安全保障能力。建成谷城应急中心，提前完成“交通厕所”34座，超计划6座。

交通改革。按照省市综合执法改革文件精神和市交通运输综合执法支队“三定”方案，完成428名同志划转编制手续。局直4个中心完成更名。市公路管理处道路油供应站、市汽车综合性能检测中心站、市樊城港物资中转站3家生产经营类事业单位转企改制，经市政府常务会审议同意，该3家单位退出事业单位管理序列，完成资金审计、资产评估，开展养老金测算、职业年金测算，各项工作有序平稳推进。

新冠肺炎疫情防控。从2020年1月22日起，襄阳市交通运输系统形成部门协同联动、市县交通合作互动、整体协调推动的联防联控工作格局，对11个高速公路路口、255个国省道管控点、3736个村组劝返点和汽车站、火车站、飞机场、码头渡口，全天候封控值守。坚决贯彻落实“三不一优先”“一断三不断”要求，疫情期间从省内外输入本市工业原材料等企业生产物资3000余吨、生活物资8000余吨；襄阳市作为全省唯一未停运公交城市，运送乘客88.1万人次。驰援武汉抗疫，选派20名公交驾驶员到武汉转运医疗废弃物574吨；80辆应急公交车和出租汽车转运密切接触者近万人，15条免费医护专线运送医护人员5万余人次。市公交集团出租汽车驾驶员程松松获全国抗疫先进个人，市交通运输综合行政执法支队获全省抗疫先进集体。

（王自强）

【枣阳市】 至2020年底，全市公路通车里程5093.17公里，公路密度155.47公里/百平方公里。其中一级公路89.22公里、二级公路465.45公里、三级公路229.58公里、四级公路4080.3公里、等外公路228.62公里。等级公路比重达95.51%，二级以上公路占等级公路比重为11.40%。其中：国道148.153公里、省道361.604公里、县道363.499公里、乡道1866.905公里、村道2353.009公里。客运站12个，其中一级客运站1个、五级客运站11个。

基础设施建设。枣阳市枣琚路主行车道全线通车，滚水大桥建成通车，苏区大桥主体工程完工。完成美丽乡村北循环线52.8公里，南循环线

2020年10月9日，枣潜高速公路襄阳北段徐家大桥建设中

路基工程全部完工。234国道、423省道、440省道等一二级路建设有序推进，全年完成一二级公路路基22.6公里、路面17.6公里、中小桥26座。农村公路“三年消危计划”危桥改造20座，开工在建20座，完工11座；完成“455”安全防护工程310公里，提档升级323公里，建制村通硬化路19.3公里。

“四好农村路”建设。围绕美丽乡村建设和乡村振兴战略，农村公路全面改造提标。全年完成“四好农村路”185公里，全市“四好农村路”累计300公里。王城镇启动争创省级“四好农村路”示范乡镇，枣阳市启动争创省级“四好农村路”示范县。

运输服务。全年完成公路客运量1345万人次，比上年下降22%，旅客周转量60028万人公里，比上年下降33%；完成公路货运量4664万吨，比上年下降32%，货物周转量123.75亿吨公里，比上年下降40%。全市有营运客车382辆，营运货车22823辆，营运线路102条，客运运输公司4家，危险品货物运输企业2家，驾驶培训学校8家，一二类维修企业57家，物流、货运企业170余家。全市拥有公共交通运营线路10条，运营车辆100辆，固定式站台120座，年运送乘客410余万人次，公交线路覆盖率达95%以上。

行业管理。加强部门联动，推动人、车、货、企业全方位纳入治超监管范围。狠抓源头治超，开展治理货车超限超载运输和非法改装工作。严厉打击非法营运，全年检测车辆9581辆次，卸(转)载货物13636.9吨。受理案件399起，结案381起，其中车辆擅自改型295起，非法营运35起(网约车24起、出租汽车私自转让5起、小型客车非法营运6起)，无道路运输证车辆从事营运17起，货车超限运输2起，路产损失赔补偿9起。做好营运车辆定期审验和换证工作，全年年审货运车辆20946辆，危化品车辆275辆，出租汽车换证210辆；从业资格证年审16911人，换证5515人。

节能减排。申请柴油车补贴，根据《湖北省柴油货车污染治理攻坚战行动计划》，会同相关部门对全市国Ⅲ柴油货车提前淘汰情况进行全面核查，核实符合补助标准车辆664辆，提前淘汰补贴资金862.95万元。公交公司更换新能源公交车100辆。

安全应急管理。全面开展“三年行动”，紧盯“三个持续减少、一个坚决防止”(即道路运输事故起数、死亡人数和较大道路运输事故持续减少，坚决防止重特大道路运输事故)目标，开展督导检查7次，排查隐患39起，约谈警示2次。组织安全督查专班到“两客一危”企业及汽车站等重点行业、重点领域开展安全督查5次，查出一般隐患14起，全部整改。开展安全生产检查10次，对列养公路路基、路面、边坡、桥涵、养护作业，施工工地进行安全隐患摸排检查，对不稳定、不安全因素进行全面有效整改，公路通行能力和安全防护系数稳步提高。完善联网联控定期抽查通报制度，开展平台运营商监管专项整治行动。对危化品运输车辆定期进行“人车见面”，确保危化品运输市场安全。

交通改革举措。7月5日，枣阳市交通运输综合执法大队正式挂牌成立。争取市司法部门支持，明确单位执法主体、执法资格、执法所适用法

2020年12月30日，枣阳市滚水大桥建设完工

律、法规、规章，统一执法法律文书，整理报备行政处罚自由裁量标准；对执法人员编制、身份、执法资格进行全面审核，办理职工养老金、公积金、医保金账户新设手续。推进交通运输“互联网＋政务服务”和“最多跑一次”工作新机制，坚持“双随机一公开”，加大政务公开力度。

（刘长锋）

2020年11月，在建中的宜城汉江二桥

【宜城市】 至2020年底，全市公路通车里程3732公里（不含高速公路），公路密度176公里/百平方公里，其中高速公路91.5公里、一级公路42公里、二级公路250公里、三级公路330公里、四级公路3110公里。内河航道通航里程65公里，港口1个（在建），生产性码头泊位4个（在建），渡口19个。客运站9个，其中二级客运站1个、四级客运站2个、五级客运站6个，货运站1个。

基础设施建设。全年完成交通固定资产投资17亿元，为年度目标任务的109.68%。完成346国道宜城汉江二桥及接线工程建设资金5.9亿元，完成346国道蛮力海村至板桥段大修2.06公里、346国道宜城市二广高速公路宜城北互通至界碑头段改扩建路基1.1公里；207国道宜城交界至小河镇民政段大修7.91公里；272省道枣阳宋集至宜城流水公路改建路基10公里、路面5公里；217省道东津新区至宜城段改建工程交桩、放线和田路分家，施工单位、监理单位进场；438省道宜城刘猴至荆门界段改建路基1.7公里；250省道宜远线刘猴街道大修工程2.773公里；250省道宜城城区至雷河火车站改（扩）建工程完工通车；宜城市汉江大桥维修加固工程完工通车；完成朱市街道中修工程。完成通自然村公路建设72.744公里，农村公路提档升级180公里，完成危桥改造5座125.12延米。襄阳港小河港区一期工程水域部分建设完成，在进行陆域堆场、仓库、道路、管网、办公大楼建设；8月海事码头项目（水上应急搜救中心）竣工并投入使用。宜城高客站完成主站楼及附属设施，待竣工验收；高铁站完成选址工作，在进行宜城市公铁换乘中心项目规划；新能源汽车停车场完成设计招标工作，在进行可行性研究报告评审及图纸设计。新建农村港湾式候车亭5个。

运输服务。全年完成公路客运量859万人次、旅客周转量4.24亿人公里，分别比上年下降47.34%、36.73%；完成公路货运量1032万吨、货物周转量25.87亿吨公里，分别比上年下降44%、49.3%。完成水路货运量275万吨、货物周转量332万吨公里，分别比上年增长8.2%、8.7%；客运量4.3万人次、旅客周转量12.7万人公里，分别比上年下降54.1%、47.7%。全市有客运班线30条，客车290辆。全市所有行政村通客车保持率100%。全市有普货运输企业（物流）59家，其中20辆以上21家；规模以上(50辆以上)普通货运公司9家，危险品运输企业7家。机动车维修企业75家，其中一类维修企业4家、二类维修企业30家、三类维修企业41家。驾驶员培训学校6家。全市港口经营企业1家、水路运输企业1家，各类船舶106艘，港口最大靠泊能力500吨，年吞吐能力100万吨。宜城市开发区物流服务平台入驻企业181家，其中物流运输企业30家、生产企业151家，驾驶员注册量907个。

行业管理。开展“打非治违”专项行动，依法查处非法营运车辆20辆、违规经营出租汽车48辆。完成7所驾校2019年度质量信誉考核；查处非法培训点16个，暂扣非法培训车辆10辆。完成30家二类以上维修企业2019年度质量信誉考核，新备案维修企业3家，查处未按规定进行机动车维修备案4起。重点监管二类以上维修企业，引导企业开展绿色维修创建，鼓励采用节能环保新设备、新技术。抓好汉江禁捕工作，集中拆解389艘涉渔船舶。

公路管养。清理边沟151公里、路肩堆积物190余立方米。铲除高路肩95.3公里、维修防撞墙9米、修复钢护栏720米，补栽公里碑8块、百米桩253根，公里碑、百米桩刷新188公里。修补沥青路面坑槽1225.3平方米，铣刨车辙3275平方米，铣刨拥包8处。大修过渡路面垫坑2353平方米，完成沥青路面灌缝98863延米，维修水泥混凝土路面4300平方米。行道树刷白184公里。全年补划路面标线49公里，孔湾大桥、官庄桥、胡家坡桥、界山林场桥等4座桥梁增设检查踏步45米。组建成立宜城市治超办，开展联合执法，全年检测车辆

2020年，宜城市刘猴镇赵咀村以路美村、以路兴产、以产拓路、路产融合的“四好农村路”

13000余辆，查处超限超载车辆117辆、飞扬撒漏车辆203辆，卸转载货物4542.6吨，超限率控制在2%以下。

法治交通。梳理宜城市交通窗口审批依据，8个行政审批事项和2个公共服务事项全部纳入窗口办理。持续推进政府信息公开和电子证照录入工作。做好年度政府信息网上公开工作，发布注销客运线路及客运车辆《道路运输证》公告。实时收集、整理本单位新产生电子证照数据，确保新产生电子证照数据24小时内录入电子证照共享平台。

交通环保。联合宜城市交警、城管等在小河超限站、218省道、346国道、207国道及砂石厂重要路口开展飞扬撒漏专项治理，利用“雾炮”设备在进出城主要路段进行降尘处理。联合环保部门督促城区维修经营业户对烤漆房增设废气净化装置。至年底，40家烤漆维修企业完成改造32家，8家停用或拆除烤漆装置。累计购置50辆纯电动公交车投放市场，参与运营的纯电动公交车比重达到100%。开展汉江大保护，清理取缔非法码头、堆场57处，关停1处；强制拆解报废老旧船舶、环保不达标船舶93艘，分类管理辖区内78艘在检船舶，38艘船舶污油污水等环保设备安装到位，35艘100总吨以下船舶全部配备油水分离器、垃圾桶，5艘船舶停止营运申请报废拆解。完成岸线补植复绿工作。

文明创建。宜城市交通运输局被评为“省级文明单位”，获襄阳市抗击新冠肺炎疫情先进集体。刘猴镇被评为全省“四好农村路”示范镇。

（胡浩亮）

【南漳县】 至2020年底，全县公路里程5933.58公里，路网密度153.76公里/百平方公里，其中高速公路66.55公里、一级公路86.38公里、二级公路459.35公里、三级公路386.5公里、四级公路4934.8公里。内河航道通航里程79公里（界河按二分之一算），渡口13个。客运站15个，其中二级客运站1个、四级客运站2个、五级客运站12个，货运站1个。

基础设施建设。全年完成交通固定资产投资8.69亿元，比上年增长0.02%。建成一二级公路路基37.14公里、路面23.84公里，完成国省干线大修20.27公里、中修16公里。改造县乡道60公里，新建村级公路55公里，提档升级村道250公里，建成生命安全防护工程350公里，改造公路危桥12座。南漳县汽车客运中心站（二级客运站）竣工投入运营，新建乡镇综合交通运输服务站2座和港湾式客运候车亭8个。

“四好农村路”建设。巩固“‘四好农村路’全国示范县”创建成果，推进西南有机产业、西北林特产业、丘陵绿色产业“三大农村公路经济带”建设，全年改建“四好农村路”示范线、美丽农村路123公里。启动农村公路管理养护体制改革工作。8月10日，南漳县巡检镇被评为全省“四好农村路”示范乡镇；10月，交通运输部、财政部将南漳县定为“全国深化农村公路管理养护体制改革试点县”。

运输服务。全年完成公路客运量583万人次、旅客周转量28085万人公里，分别比上年下降41.9%、43.3%；公路货运量211万吨、货物周转量52736万吨公里，分别比上年

2020年4月22日，南漳加快推进重点交通项目建设

2020 年，南漳县薛坪镇孙湾村扶贫易迁安置点道路建设完成

下降 26.5%、26.6%。全县拥有客货运输车辆 1389 辆，其中班线客车 217 辆、城市公交车 22 辆、出租汽车 107 辆、各类货车 1043 辆；开通长途客运班线 80 条、农村客运班线 173 条，全县 303 个建制村 (社区) 客车通达率保持 100%；开通城市公交线路 9 条、公交车 22 辆，开通城乡短途公交线路 23 条、公交车 48 辆，城区及周边 20 公里范围内实现公交全覆盖。加大汽车维修、驾驶员培训、危险品运输、水上交通等行业监管力度，运输市场秩序明显好转，服务质量明显提升。

公路管养。修补路面翻浆、坑槽等病害 11326 平方米，修复水毁挡墙 18 处 1642 立方米，整修路肩 520569 米，清理边沟 564180 米，灌缝 68542 米，维修路肩带 2800 米，维修钢护栏 231 处 2804 米，新栽标志标牌 52 套，补栽示警桩 580 根、弹力柱 763 根，种植路树 19.7 公里、三叶草 48 公里，全年国省道路面使用性能指数 (PQI) 平均值达到 85 以上，绿化率 100%。依法保护路产路权，清除占用公路用地堆放物品、种植农作物 388 处 14000 余平方米，制止占用公路晒粮 190 处 50000 余平方米，拆除乱搭乱建房 30 处 400 平方米、非公路标志牌 123 块，督促沿路镇、村整改违规供水管道 9100 米，督促电力、通信等部门整改违规“三杆”49 根。

超限超载治理。检测货运车辆 6431 辆次，查处超限超载车辆 66 辆次，整治非法改装车辆 60 辆次，卸 (转) 载货物 3452 吨，境内货车超限超载率控制在 3% 内。

科技与信息化。以建成的全省首家县级交通大数据中心、应急救援远程指挥中心、农村公路管理养护信息中心为基础，加大信息化建设投入，进一步完善基础数据采集，实现 100% 客运班线、旅游包车、危险品运输车辆实时监控、在线管理。推广应用交通行政许可审批“一网通”、道路客运联网售票、公共交通出行“一卡通”“两客一危”5G 动态远程监控新技术。在公路建设和养护工程中，推广应用“碎石化基层施工工艺”“橡胶沥青路面施工工艺”，进一步提高施工质量、效率，节约成本，减少环境污染。

安全应急管理。狠抓安全应急管理和隐患排查治理。全年开展安全大检查 14 次，下发隐患整改通知书 7 份，督办整改安全隐患 7 起。开展消防安全、疏散逃生、快速处置、除险保畅、应急救援、疫情防控应急演练 6 次，危险货物运输企业、班线企业和客运站、水上企业应急演练率 100%。全县交通运输行业安全态势保持平稳，无重大责任事故发生。

交通改革举措。启动农村公路管理养护体制改革工作，县委、县政府印发《南漳县深化农村公路管理养护体制改革实施方案》《南漳县农村公路“路长制”实施方案》，围绕“创新养护生产模式、建设美丽农村路”两大改革方向，全面推行农村公路县、镇、村三级“路长制”，进一步建立完善农村公路保障体系、责任体系、管养体系、考核体系和长效机制。

文明创建。南漳县交通运输局、县公路管理局继续保持“省级文明单位”称号，县农村公路管理局、县道路运输管理局、县交通物流发展局继续保持“市级文明单位”称号。5 月，人力资源和社会保障部、交通运输部授予南漳县交通运输局“全国交通运输系统先进集体”。南漳县交通运输局被评为“襄阳市抗击新冠肺炎疫情先进集体”“襄阳市先进基层党组织”；在全市交通运输工作目标考核获第一名，连续 17 年排名第一方阵。

（何靖）

【保康县】 至 2020 年底，全县公路里程 4985.37 公里，路网密度 154.58 公里 / 百平方公里，其中高速公路 123.11 公里、二级公路 329.24 公里、三级公路 116.53 公里、四级公路 3121.6 公里、等外公路 1294.89 公里。渡口 6 个。客运站 16 个，其中二级客运站 1 个、三级客运站 1 个、五级客运站 14 个，二级货运站 1 个。

基础设施建设。全年完成交通固定资产投资 2.13 亿元。加大政策资金争取力度，争取政策资金 3.72 亿元。12 月 29 日，保康至神农架高速公路全线贯通。完成 241 国道白果树坪至马良段、346 国道黄堡至牌坊湾段二期、寺坪蒋口至珠藏洞段、305 省道冷坡垭至两峪段、468 省道寺坪至马桥段改扩建工程 50.2 公里。完成陈家院至白果树坪、保兴路、后高路全长 97.5 公里的道路刷黑。叶土路完成投资评审、勘察设计采购。完成尧治河、黄龙观、蓝顶草原、凤凰山至车峰坪、筒槽至九路寨旅游公路建设 52.8 公里。完成店垭黄坪至重阳、两峪蓝莓基地至胡家台、后坪蜡烛山至汪家沟、店垭至峡口、梅花至大垭重点产业公路建设 37.5 公里。完成乡镇二通道和乡村骨干网建设 63.7 公里、窄路面加宽 74 公里、县乡道安全防护 471 公

2020 年 3 月 18 日，241 国道保康县白果树坪至马良段改扩建工程施工现场

里，提档升级 280 公里。

“四好农村路”建设。马桥镇争创全省“四好农村路”示范乡镇，打造马桥镇堰垭至尧治河、黄龙观至六柱垭、寺岭至堰垭、堰垭至林川等矿区公路 85.3 公里，包括路面修补、刷黑、标志标线、隧道提质升级、沿线防护工程修补和新建，同步实施公路绿化、美化、安防工程。

运输服务。全县完成道路客运量 55.3 万人次、旅客周转量 5693.6 万人公里，分别比上年增长 23.99%、7.92%；货运量 327 万吨、货物周转量 18746 万吨公里，分别比上年下降 39.2%、44.5%。全县公交线运送旅客 282.2 万人次，比上年减少 53%。在册营运车辆 1639 辆，其中载货汽车 1340 辆、班线客运车辆 299 辆。客运线路 287 条，其中跨省线路 2 条、跨地市线路 7 条、跨县线路 10 条、县内班线 268 条。危险品运输企业 2 家。有城区、城乡公交车 36 辆，公交线路 4 条和城乡公交专线 3 条，公交候车站亭 230 个。出租汽车 60 辆。驾驶员培训学校 4 家。机动车维修企业 84 家，其中一类维修企业 2 家、二类维修企业 9 家、三类维修企业 71 家，摩托车维修 2 家。

公路管养。对白果树坪至陈家院、后坪至高桥河、欧店至兴山等国省干线进行路面刷黑和基础设施配套建设。对因保神高速公路、郑万高铁建设的呼北线、后高线、上安线、白茨线加大清扫力度。对干线路肩进行整修上土，清理疏通桥梁、涵洞、排水沟等排水系统，确保雨季排水畅通，增强公路抗洪能力。对路缘石、护肩带、浆砌边沟以及其他防护设施进行经常性维修，保持道路标线、交通标志、里程碑、百米桩齐全、规范、鲜明。全年清理边沟 3790 公里、清理涵洞 1090 道，完成标准路基 350 公路、桥梁养护 350 座，完成国省干线平交路口指路牌 26 个。完成上安线、白茨线等破损路面处理 9560 平方米，呼北线、白茨线严重破碎板维修 3210 平方米，上安线、呼北线、保当线路面机械灌缝 137 公里，上安线长坪段至黄堡街路面标线 72 公里，维修上安线、后高线等钢护栏 6710 米。

路政管理。以马桥超限检测站为依托，采取固定站点检测与流动巡查相结合的方式，确保过站检测车辆达到超限治理认定标准。加强涉路施工监管，规范行政许可，加大路域环境治理力度。全年检测车辆 113683 辆，其中超限 31 辆，转载卸载 25 辆，转卸载货物 1174.64 吨。清理堆积物 238 处 2579 平方米，清理占道经营 20 处，拆除非公路标志 65 块，清理摆摊设点 12 处，拆除加水站点 2 处。所辖路段发生路产损失案件 20 起，结案 20 起，收取路产赔偿费 86750 元，占利用公路补偿费 922215 元，路产案件结案率 100%，赔补偿率 100%。

运输市场监管。加大运输市场巡查力度，强化流动稽查，严查不按核定班次运行、站外揽客、乱停乱靠、无证经营等违规行为。全年出动执法人员 155 人次，开展上路联合执法 18 次，查扣非法营运车辆 2 辆。

安全应急管理。筹建保康运政信息网，至年底，全县所有 12 吨以上货运车辆、危化品运输车辆及客运车辆均安装 GPS 定位系统。加强安全生产宣传教育，督促各道路客运、危险品运输、水运等企业设立安全生产宣传栏。集中开展“平安公路、平安车船、平安工地”等一系列安全生产宣传教育活动。加强道路运输、险路险段与危桥、工程施工、水上交通、汛期应急等重点领域、重点环节安全监管，

2020 年 1 月 14 日，保康县公路养护突击队在保当线除雪保畅通

开展安全隐患排查与整改，建立安全管理台账，全系统未发生安全事故。

交通改革举措。完成交通运输综合执法大队机构组建、挂牌、人员隶转等工作，核定编制89人，到位62人。县公路管理局、道路运输管理所、物流发展局分别更名为县公路事业服务中心、交通运输服务中心和物流事业发展中心；县乡镇公路管理所与矿山公路段通过整合，组建成立县农村公路建设养护中心，正式挂牌。

（刘锋城）

2020年4月15日，在建中的谷城县河谷汉江公路大桥

【谷城县】 至2020年底，全县公路里程4132.07公里，路网密度161.8公里/百平方公里，其中高速公路103.21公里、一级公路81.28公里、二级公路271.81公里、三级公路130.99公里、四级公路3076.00公里、等外公路468.78公里。内河航道通航里程182.5公里，其中汉江三级航道82.5公里、内河七级航道100公里，港口2个，渡口19个，砂石中心3个。客运站10个，其中二级客运站1个、三级客运站1个、五级客运站5个、农村综合运输服务站3个。

基础设施建设。5月6日，老河口至宜昌高速公路谷城段全线正式通车。河谷汉江公路大桥及接线工程水下桩基施工完成，全面转入桥梁上部结构施工。5月紫金至赵湾段公路改扩建工程开工建设，12月18日控制性工程渔坪隧道贯通。谷城至丹江口公路改扩建一期工程(汉十高速公路匝道口至陈家庄)5公里，完成主油层摊铺750米右幅、2道盖板涵右半幅、13道圆管涵右半幅。盛五路改建工程完成石花镇新改线段3公里。石花汽车客运站项目完成征迁腾地、施工图设计等前期工作，12月开工建设。城区新建公交候车亭29处58个，购置纯电动公交车6辆，新购旅游客车2辆。

“四好农村路”建设。推进“四好农村路”三年攻坚，完成“建养一体化”工程47公里、农村公路提档升级150公里、通村公路100公里、安全防护工程237公里、危桥改造120延米。完成乡村振兴项目石花殷畈至五山杨家湾旅游路口段改造工程、五山田河村茶坛循环公路工程、九里岗、下七坪、何家湾、杨家老湾等路面刷黑工程。完成冷集姚包桥、茨河白龙庙桥、五山洞天桥等危桥改造工程。

运输服务。全年完成公路客运量3232.76万人次、旅客周转量16.13亿人公里，分别比上年下降46.48%、34.14%；货运量3083.54万吨、货物周转量285763万吨公里，分别比上年下降43.25%、47.71%。完成港口货运量196.7万吨、货物周转量5505万吨公里，分别比上年增长1367.91%、224.59%；完成港口客运量8.85万人次、旅客周转量116万人公里，分别比上年下降41.12%、37.63%。全县有客运企业7家，营运客车443辆，客运出租汽车104辆，客运线路93条，其中跨省13条、跨市(县)24条、县内56条。公交车147辆，公交线路15条，其中城区8条、城乡7条，城乡公交实现支付宝和银联App扫码支付。持证营运货车3389辆。

运输市场监督管理。采取“查、打、治、防”四位一体方式，查处非法网约车81辆、非法营运出租汽车30辆、非法电动三轮载客140辆、非法砂石料运输车辆25辆、改型车辆6辆，抄告客运违章案件45件。加强驾培、维修市场整顿，提升培训质量，完善机动车维修网络，优胜劣汰竞争机制初步形成。更换全县104辆出租汽车车载4G终端设备，并纳入4G动态监控平台。加强河库长制巡查，开展汉江谷城段非法捕捞专项整治，拆解“三无”船舶452艘；加强营运船舶管理，督促船员更换救生衣136件、灭火器药125公斤，船舶技术档案达到省一级；在全市率先建造汉江粉水号油污回收船、启用环保“船E行”App；非法码头整治、岸线清理整顿、船舶和港口污染治理三大标志性战役成效明显。

路政管理。推进示范路创建，开展超限运输、飞扬撒漏、大气污染防治、运输车平厢覆盖运输等专项集中整治，发现并处理路损案件10起，发现并制止和处理违法建筑16处；查处超限运输车辆192辆次，卸载、转载货物670吨，干线公路超限超载现象得到有效遏制。

公路养护。开展坑槽修补、沉陷处理、路肩打草、边沟清理、路面清扫等日常养护工作，开展“公路养护争先创优年”活动，完成中修工程26.11公里，国省干线公路状况(PQI)达到87.88，公路整洁顺适、安全畅通。按照《农村公路养护管路办法》，基本形成县、乡、村三级农村公路管理网络，实现“有路必养，养必优良”目标。

安全应急管理。健全安全生产监管体系，制定全县公路水路行业安全生产重大风险清单，道路运输、工程建设、消防、防汛等重点领域安全生产风险防控治理不断深入。紧盯关键环节和重要节点，开展安全生产标准化建设，推动安全隐患排查治理常态化，排查各类隐患 48 条，全部实行整改“五落实”。注重培训宣传和应急演练，培训职工 210 人次，张贴宣传画 120 张，开展水上搜救、危化品泄露处置、道路救援等应急演练，交通运输行业安全生产形势持续稳定。

交通改革。深化交通机构改革和事业单位分类改革，局属事业单位行政职能全部上收，交通执法职能进行整合，更名公路建养、道路运输、港航发展、物流发展、城区客运等服务中心名称并挂牌。新成立交通运输综合执法大队。

（冷俊）

【老河口市】 至 2020 年底，全市公路里程 2220.94 公里，路网密度 215.21 公里 / 百平方公里，其中高速公路里程 30.47 公里、一级公路 86.38 公里、二级公路 115.20 公里、三级公路 122.05 公里、四级公路 1803.34 公里、等外公路 63.50 公里。内河航道通航里程 57.8 公里 (界河按二分之一算)，港口 1 个，生产性码头泊位 6 个，渡口 2 个。客运站 9 个，其中二级客运站 1 个、三级客运站 1 个、五级客运站 7 个。

基础设施建设。全年完成交通固定资产投资 28592 万元，比上年增长 34%。公路建设完成投资 28592 万元，建设完成国省干线公路 29 公里，县、乡、村公路 83.3 公里；完成危桥改造 1 座；完成农村公路生命安全防护工程 103.6 公里。完成城区新式公交站台 52 个，旧式公交站台全部迁移到乡镇客运线路。

“四好农村路”建设。全市农村公路里程 1548.55 公里，其中县道 183.86 公里、乡道 330.04 公里、村道 1034.65 公里，行政村通畅率 100%。实施路网优化、县乡道路提档升级、生态交通建设三大工程，依托 328 国道、302 省道为主线形成的十字形大通道干线路网，完善三张路、仙油路、三龙线等县乡道路和主要通村公路，形成连接干线、辐射乡村的循环闭合线路，使乡镇间互联互通，快速进入干线路网，实现“村村通、路路畅”。全年完成农村公路提档升级 55.1 公里，新建改建县道 3.2 公里；完成农村公路生命安全防护工程 103.6 公里、窄路加宽 12.2 公里、撤并村道路 12.8 公里、林场路建设 5.98 公里；完成危桥改造 1 座；争取上级补助资金 3756 万元。全市建成“美丽农村路”64 条 204 公里。8 月，洪山嘴镇被评为全省“四好农村路”示范乡镇。

运输服务。全年完成公路客运量 487 万人次、旅客周转量 35291.09 万人公里，货运量 572.04 万吨、货物周转量 107324.49 万吨公里。完成水路货运量 105 万吨、货物周转量 5250 万吨公里，货运量比上年增长 38%。全市有营运客车 124 辆，出租汽车 100 辆，城市公交车 86 辆。客运线路 43 条，其中跨省线路 13 条、跨地 (市) 线路 6 条、跨县线路 2 条、县内线路 22 条。全市有营运货车 1641 辆，其中普通货车 1171 辆、危险品运输车辆 41 辆。全市登记注册物流企业 44 家，其中普通货运企业 43 家、危险品货运企业 1 家；快递许可企业 13 家，经营网点 65 个。登记货运车辆 1444 辆，其中：中型车 (4.5~8 吨)364 辆、大型车 (8 吨以上)1080 辆。有成规模物流园区 (中心)2 个。全年新增公交线路 5 条。

2020 年 5 月 6 日，老河口至谷城段通车试运营。图为老河口汉江特大桥

公路管养。巩固完善标准路基 120 公里，沥青路面坑槽修补 3234 平方米，处理路面沉陷 4560 平方米，干线公路施划道路标线 17039 平方米，路面灌缝 96108 米，整修标准路肩 192390 平方米，清理边沟 76.6 公里，维修边沟 100 米，清理路肩杂物 7737 立方米，更换和维修波形梁钢护栏 1507 米，新增和维修标志牌 83 块，排查桥梁 37 座，清理桥涵 55 道，补栽公里碑 10 块，补栽百米桩、示警墩 245 根。316 国道路面铣刨罩面 35000 平方米，维修路缘石 130 米，更换井盖、地漏、边沟盖板 362 块，维护光化汉江大桥伸缩缝 65 道，刷新岗亭 3 个，316 省道水泥路面维修 1300.3 平方米。302 省道改线段整治滑坡 1 处。

路政管理。开展超限超载治理、涉路施工许可、路域环境整治活动。在雷祖殿超限检测站设立路政法律法规咨询台。在 316 国道、328 国道和 302 省道沿线及集市等重点区域，通过车载广播和发放宣传单、悬挂宣传标语等形式进行路政法律法规巡回宣传。交通执法大队与城管执法大队、各属地乡镇办、属地公安派出所等部门联合开展路域环境整治专项行动，清理非标 10 余块，清理加水点 5 处，清理堆物占道约 400 平方米，制止非法挖掘占用公路 2 处。

超限超载治理。加大路警联合治超力度，有效遏制超载超限等违法违规行为。通过上路巡查和临时设点检查形式，运用动态和静态管理相结合的方式依法治理超限运输，实行重卸轻罚。严把路面管控关，在雷祖殿超限站实行 24 小时执勤制度，按照相

2020 年，老河口市马冲水库美丽农村路

关法律法规对车辆超限超载非法改装行为实行一站式查处。全年检测车辆 12271 辆，查处违法超限车辆 69 辆，卸（转）载车辆 69 辆、货物 3852.6 吨，整治非法改装车辆 31 辆，超限率控制在 2% 以内，检测率达到 95%。

运输市场监管。在全市范围内开展打击非法营运专项整治行动，坚决查处未取得经营许可、超越许可事项擅自从事出租汽车、道路客运经营活动等违法违规行为，集中整治客运站、医院等场所周边的非法营运行为，有效维护客运市场运输秩序。加强规范过境客运车辆管理，打击站外揽客、站外经营行为，维护客运市场经营秩序。加大路面巡查力度，实行错时错点、黑白交叉、易地换位等方式开展巡查活动。开展市区客运市场“打非治违”专项行动。加强对危险品、旅游客运市场、物流市场监管力度。全年查处未经许可擅自从事网约车经营活动 20 起，出租汽车违章 16 起，投诉 65 件。

科技与信息化。实施智能公交建设工程，全面推进信息技术在城市公共交通运营管理、服务监管和行业管理等方面的应用，建设公众出行信息服务系统、车辆运营调度管理系统、安全监控系统和应急处置系统。利用北斗导航系统，连接智慧城市数据库，建成全市统一的公共交通数据资源中心和智能调度系统，集公交调度、站点监控、“一卡通”、IC 卡刷卡系统为一体，附带手机 App 模块，随时监控车辆运行位置、速度、班次等情况，实现线上、线下无缝衔接。完善城市公共交通移动支付体系建设，使用无人售票 IC 卡和自动报站系统。所有二类以上维修企业实行电子档案。

交通环保。加大道路扬尘污染治理工作力度，开展道路飞扬撒漏整治专项行动，加大源头监管，严禁运输车辆带泥上路、道路抛撒、遗洒和倾卸建筑垃圾。加强施工现场管理，硬化处理施工场地，严禁施工运输车辆、挖掘机械等将泥土、尘土带出工地，现场内堆土、堆砂用帆布或密目网等进行覆盖。

安全应急管理。开展安全生产三年专项整治行动，全年检查单位 34 家（次），排查隐患 58 处，整改 51 处，行政处罚 22 次，关闭取缔 2 家，罚款 13.26 万元。对辖区内 302 省道、310 省道和 316 国道等干线公路进行巡查，确保公路安全畅通。同时，在危边坡、软路基沉降路段、涉水涉桥处拉设警戒线和警示桩，在所有安全隐患点设立安全标志标牌、爆闪灯。组建应急救援小分队，落实救援车辆、救援物资。加强“两客一危”运输企业检查，检查运输企业 2 家、规模以上物流运输企业 2 家、驾驶员培训学校 2 家、二类以上维修企业 11 家，检查批次 18 次，检查生产经营单位 9 个，排查隐患 8 个，督促整改到位 8 个，对存在违规驾驶行为的驾驶员进行专题教育培训合格后方可上岗。

交通改革举措。实行农村公路管养体制改革，市政府出台《老河口市农村公路养护管理办法》，建立综合考评机制，坚持“政府主导、部门指导、乡镇负责、村居配合”的联动共管机制，发挥交通、交警、乡镇等多部门资源优势和整体合力。按照“养护力量强、资金保障稳、管理考核严”原则，镇上配齐管理人员，村、社区分别成立村级公路养护专班，全面推行“路长制养护模式”。

（王文斗）

【襄州区】 至 2020 年底，全区公路里程 4461.54 公里，路网密度 193.48 公里 / 百平方公里，其中高速公路 104.10 公里、一级公路 251.19 公里、二级公路 299.00 公里、三级公路 182.74 公里、四级公路 3474.89 公里、等外公路 149.62 公里，国省道桥梁 74 座 7923.74 延米。内河航道通航里程 205 公里，达标渡口 29 处，双沟镇赵寨砂石集运中心临时性码头 1 个。客运站 11 个，其中一级客运站 1 个、四级客运站 3 个、五级客运站 6 个、五级农村综合运输服务站 1 个。

基础设施建设。全年完成交通固定资产投资 6.5 亿元，比上年增长 62.5%。316 国道襄枣界至周家岗段改建中的桥涵接线工程、217 省道与 316 国道交叉口段改建工程、273 省道张家集至黄龙街段路面大修工程、218 省道中修工程、217 省道中修工程等 5 个项目完工；10 月 440 省道枣阳蔡阳至张家集段改建工程开工建设，完成工程量 60%。316 省道低干渠桥、五干渠桥、六干渠桥、张官桥、335 省道黄龙东桥、217 省道乔洼桥、余沟桥等 7 座桥梁完工；程河唐河特大桥和朱集白河特大桥完成主跨合龙。

“四好农村路”建设。全年完成黄集镇陶中线 10.02 公里，投资 1100 万

2020 年 7 月 28 日，316 省道区唐河特大桥主跨合龙

元；峪山镇方集至吴河 10 公里，投资 1100 万元；朱集镇翟上线 8.2 公里，投资 910 万元，双沟镇胡庄至郑张营 5.6 公里，投资 390 万元。采取 EPC 工程总承包模式，对 122 个村的美丽乡村道路建设项目进行组织设计、施工招标，8 月底美丽乡村补短板强弱项村庄道路第一批建设任务(包含 11 个乡镇 122 个行政村 256.8 公里建设任务)完成招标工作，9 月上旬全线开工建设，至 12 月底完成 246 公里。超额完成区政府“民生实事”交通项目建设，全年完成通村公路建设 289.75 公里。完成古驿镇张官桥、石桥镇周洼桥、峪山镇吴河南桥等 3 座农村桥梁建设。完成农村公路安全防护工程 260 公里。程河镇获全省“四好农村路”示范乡镇。

运输服务。全年完成道路客运量 2420 万人次、旅客周转量 1.3 亿人公里，分别比上年下降 72.68%、65.23%；货运量 5200 万吨、货物周转量 109.44 亿吨公里，分别比上年下降 20.7%、25.22%。完成水路货运量 58.15 万吨、货物周转量 4389.37 万吨公里；客运量 11.18 万人次、旅客周转量 134.1 万人公里，分别比上年下降 31.45%、28.67%。全区有客运企业 5 家，客运车辆 374 辆，新增(更新)客运车辆 3 辆，客运线路 140 条，其中省际线路 16 条、市际线路 5 条，城乡客运班线 53 条，村村通客运线路 66 条。旅游客车 55 辆。货运企业 322 家，其中普货企业 320 家、货车 17309 辆。新增普货企业 67 家、货车 2827 辆。有危险品货运企业 2 家、危货车辆 1458 辆，新增危货车辆 101 辆。维修企业 170 家，新增维修企业 20 家，其中一类维修企业 50 家、二类维修企业 64 家、三类维修业户 56 家。驾校 19 家，检测站 5 家。拥有各类运输船舶 286 艘 8.31 万载重吨。水运企业 1 家。客渡船 24 艘。

现代物流业发展。全区有 A 级物流企业 40 家(省重点物流企业 19 家)，其中 AAAAA 级 2 家、AAAA 级 18 家、AAA 级 19 家、AA 级 1 家。争取区政府政策支持，向襄阳吉顺永通物流公司等 7 家纳税较多物流企业兑现税收奖金 107.4 万元。全年有 40 余家物流企业到襄州落户。引导物流项目申报，争取浩吉铁路襄州北集疏运中心项目纳入交通运输部“十四五”重点物流项目库；争取捷顺达物流中心、新发地博览城仓配中心等 2 个项目纳入全省“十四五”重点物流项目库，支持中车物流园等 8 个拟建物流项目申报部、省重点物流项目。

行业监管。加大城市出口道路、重点路段保洁保畅工作，加强打非治违、“三治”专项治理，深化路域环境整治。加大城区客运秩序整治、东站客运市场整治等活动。从严查处各种违法违规和不文明经营、驾驶行为，查扣涉嫌非法营运客车 12 辆、违规网约车 58 辆，全部依法整改，从源头上杜绝重特大交通事故发生。进一步深化“两非”治理，开展汉江十年禁捕工作，创优水运交通运输环境。

路政管理。全面清理整顿公路用地范围内侵占路产路权违法行为，规范非标管理，确保境内公路无新的堆物占道、乱搭乱建、乱牵乱挂等现象，道路安全畅通。全年开展境内国省干线公路整治 4 次，下达责令整改文书 26 份，清理移动非公路标志牌 57 块，制止新增加水点 3 处，清理摊点 60 处 300 平方米，清理路面堆积物 41 处 180 平方米，制止打场晒粮 130 处。以“防疫情、守安全、保畅通、优服

2020 年 9 月，襄州区全面推进农村公路补短板强弱项交通建设项目

务”为主题，开展“路政宣传月”和“安全生产宣传月”活动。

超限超载治理。以襄州区政府公布的13家重点源头货运企业为重点，配合交通运政部门采取驻点与巡查相结合的方式，加大源头监管力度，督办源头企业落实主体责任，严处非法改装经营行为。巩固襄州区公路“三治”(治超、治抛、治扬尘)工作整治成果，加强重点路段、重点时段、偏远路段超限车辆的管控，与公安部门联合开展流动检查，严厉打击“百吨王”、恶意超限车辆和强行冲岗车辆，超限率控制在3%以内。检查车辆97200辆、查处超限车辆1768辆、卸转载货物7000余吨。

安全应急管理。落实安全主体责任，强化安全源头监管监控，大力整治各项交通运输安全隐患，全年没有发生一起安全责任事故和重特大事故。襄州区投资159万元引进智能交通综合服务管理系统，实现路面病害及时发现上报处理。加大农村公路安全生命防护工程建设。加强重点时段和“两客一危”安全检查，加大水陆运输安全隐患动态监管，深入排查、治理安全隐患。加大应急抢险和防汛救灾保障工作。

交通改革举措。8月，襄州区交通运输综合执法大队正式挂牌成立。襄州区公路局更名为襄州区公路事务发展中心、襄州区道路运输管理局更名为襄州区道路运输发展服务中心、襄州区港航(海事)局更名为襄州区港航海事发展服务中心、襄州区区镇公路管理所更名为襄州区农村公路发展中心、襄州区交通物流发展局更名为襄州区交通物流发展服务中心。

(王志功)

宜昌市交通运输

【概况】 至2020年底，全市公路通车里程36928公里，路网密度174.3公里/百平方公里，其中高速公路726公里、一级公路749公里、二级公路2721公里、三级公路593公里、四级公路29247公里、等外公路2892公里。内河航道通航里程678.44公里，港口82个，生产性码头泊位177个，渡口173个(其中干线62个、支流111个)。客运站96个，其中一级客运站2个、二级客运站11个、三级客运站8个、四级客运站8个、五级客运站67个。

疫情防控。市交通运输局作为宜昌市疫情防控指挥部交通物流保障组牵头单位，统筹铁、水、公、空和公安、消防等部门守牢交通“主通道”，护卫保畅“生命线”，保障通行“秩序网”。在全省率先设置武汉籍车辆专用通道，实行全面交通管制，设置近4000个交通管制点，有效阻断传染源。组织“红飘带”出租汽车、公交专线免费接送医护人员8万人次。组织宜昌籍6艘“水上酒店”驰援武汉。开辟铁路物流新线路，为“停不得”企业运输原料及产品20万吨。市交通运输局获“宜昌市抗击新冠肺炎疫情先进集体”称号。宜昌公交集团，危险货物车辆驾驶员周建伟、出租汽车驾驶员姚琴获全国交通运输行业抗疫先进集体和先进个人称号。

基础设施建设。全年完成交通固定资产投资120亿元。组建市级高速公路工作专班，同步推进9条高速公路建设。宜都长江大桥建成，江北翻坝高速公路全线完工。呼北高速公路宜都(全福河)至鄂湘界段、宜来高速公路宜昌段开工建设，襄宜、十宜、宜常、宜渝等高速公路加快前期工作。全市综合交通公路水路“三年攻坚”收官。宜昌市、夷陵区、远安县获2019年度省政府督查激励“干线公路”和“四好农村路”2项奖励，获奖励1920万元。全市“美丽宜道”里程达到2000公里，“两带三环四线”的“美丽经济带”格局基本形成。

“四好农村路”建设。加大对贫困地区、边界地区交通扶贫项目资金计划倾斜力度。全年争取农村公路建养资金超10亿元，新建通村公路367公里、提档升级1110公里、县乡道改造125公里、安全防护工程1340公里，实施跨边界公路145公里、省际出口路14公里。全市农村公路里程达到30608公里。开展“网红打卡路·交通星地标”“我的乡镇我的路”等系列宣传活动，有效带动地方经济发展，巩固脱贫攻坚成果。

运输服务。服务外出务工人员和滞留宜昌人员返乡，开通“点对

2020年5月13日，全省交通建设项目集中开工活动在宜昌举行

2020年12月28日，宜昌长江大保护交通重点项目建设暨运行启动活动在秭归举行

点，一站式”包车运输，运送人员2万余人次。参与制定、严格落实旅游客运帮扶“二十条”。全年完成公路货运量9380万吨、货物周转量60.07亿吨公里，比上年分别下降20.31%、27.65%；完成公路客运量3149.2万人次、旅客周转量16.16亿人公里，比上年分别下降66.79%、66.57%。免费为城区1857辆出租汽车赠送防疫香囊，指导督促公交集团在车辆、BRT站台等配置中药香囊1000余份，《中国交通报》等主流媒体进行了报道。

码头治理。《宜昌港总体规划(2035年)》在全省率先获批，比上一轮规划减少港口岸线41.98公里，减幅达35%。长江中上游工艺最新、品类最全、智能化程度最高的枝江化学品船舶洗舱站在全省率先试运行。中石化油库码头、秭归LNG水上加注站开工建设。完成132艘100~400总吨船舶生活污水收集或处理装置改造。争取三峡集团和市政府支持，实现宜昌水域船舶生活垃圾和污水接转处全免费。“净小宜”与国家平台“船E行”互联互通、数据共享。

优化营商环境。取消城区出租汽车“道路运输证”年检，降低企业制度性交易成本64万元。清理取消17项交通涉企统计报表，制定公平竞争审查机制、轻微违法告知承诺制。创新推出“E船检”掌上船检平台，出租汽车、驾培、维修“小秘书”等人性化服务措施。创新开展市直交通运输系统优化营商环境“视频问政”。

安全应急管理。汛期，交通系统累计出动1.6万人次抢险保通，组织维修、抢通国省干线公路458处、农村公路1877处，做到小型灾害即时清除，70%水毁路段3小时内抢通，90%水毁路段24小时内抢通，国省干线未发生水毁造成的死亡事故，未发生抢险次生灾害。争取部省灾毁重建补助资金1.86亿元。

交通执法。开展执法素质提升年系列活动。开展联合治超、质量安全“亮剑行动”、船舶配员、“三无”船舶整治等专项活动，道路、水路交通执法支队全年立案187件。全市“两客一危”企业首次实现全年无上报行车安全事故。省市重点项目、9个在建水运工程、大中桥梁工程质量监督覆盖率100%，交工验收合格率100%。道路支队获评2020年交通运输法治政府部门建设通报表扬基层集体，水路支队执法案例获评2020年湖北省社会信用体系建设典型案例。

（许来）

【宜都市】 至2020年底，全市公路总里程3777.3公里，路网密度278公里/百平方公里。其中高速公路123.5公里、一级公路159.5公里、二级公路166.7公里、三级公路80.2公里、四级公路3172.7公里、等外公路74.7公里。境内航道通航里程87公里(长江46公里、清江41公里)，港口码头26个，生产性码头泊位61个，渡口7个。客运站10个，其中二级客运站1个、三级客运站1个、五级客运站8个，货运站1个。

基础设施建设。全年完成交通固定资产投资8.82亿元，比上年下降33.93%。普通公路建设中，254省道宜都市绕城段公路工程(含清江三桥)累计完成投资8000万元；225省道宜都市枝城长江大桥至大堰堤段公路工程施工图获批复，完成施工、监理招标；长江宜都段河道治理工程(江城大道)初步设计获批复，完成施工图设计；318国道宜都市红花套至长阳县偏岩段(宜都段)改建工程，一标段5.4公里建成通车，累计完成投资1.25亿元。水运建设中，宜都港区垃圾转运码头石柱码头全面建成并投入使用，

2020年10月16日，宜都长江公路大桥通过交工验收

具备船舶垃圾转运、船舶生活污水收集和油污水收集处理三大功能。清江库区海事趸船主体工程基本完工，累计完成投资 220 万元。站场建设中，全年完成农村客运站场建设投资 78 万元。聂家河公路服务区一期完工并正式投入使用。

“四好农村路”建设。完成农村公路“美丽宜道”建设 91.5 公里。完成农村公路通村水泥路建设 16.4 公里、提档升级 42.5 公里、安全防护工程 76 公里。

运输服务。全年完成客运量 2328 万人次、旅客周转量 18.62 亿人公里，比上年分别减少 37%、37%；货运量 5961 万吨、货物周转量 111.37 亿吨公里，比上年分别减少 30%、27.4%。全市拥有道路旅客运输企业 8 家，运营车辆 175 辆。全市有公交车 54 辆、出租汽车 140 辆。道路危险品运输企业 6 家，危险品运输车辆 138 辆。水路运输企业 6 家，客、货运输船舶 24 艘。驾培企业 4 家，驾培车辆 144 辆。二类以上维修企业 46 家。

行业管理。做好公路养护工作，全年完成国省道挖补油路面层 4417 平方米，临时处理坑槽 2456 平方米。完成国省道 11 座大桥、7 座中小桥、2 座隧道定期检测。全市 26 个码头完成规范性岸电桩安装 43 个，实现港口岸电安装全覆盖。开展“三无”船舶（农用船）专项整治，全市拆解船舶 886 艘，签订“不下河不捕鱼”承诺书 171 艘。

超限超载治理。全年投入执法人员 6000 余人次、执法车辆 1000 余辆次，检查车辆 8000 余辆次，查处超限超载运输、非法改装及其他违法车辆 548 辆次，卸载、转运货物 10797 吨。

科技与信息化。8 月 5 日，宜都市智慧公交电子站牌项目开工建设，投资 200 余万元，11 月 18 日通过竣工验收。完成 23 个站点硬件建设、后台服务器建设和公众号平台建设，实现 23 个站台实时显示车辆定位、车辆进站提醒、车辆进出报站等功能。

安全应急管理。疫情期间排查通行车辆 21 万余车次、排查人员 33 万余人次。为解决企业复工复产难题，两次到长沙为全市 45 家企业“点对点”迎接滞留在外省企业高管、技术工人 307 人，并实时开通多条“点对点、一站式”服务专线，累计发班 98 趟，运送滞留宜都返岗复工人员 1882 人。开展涉客涉危车辆、船舶、客运站、港口码头、事故多发道路等隐患排查治理，排查隐患 452 处，完成整改 452 处，挂牌督办安全隐患 2 处。开展安全知识培训 46 场，参加人员 1633 人；制作悬挂安全警示标识、标语、横幅 385 条；开展应急演练 19 场次，参加人员 409 人次。

（王薇薇）

2020 年 12 月 27 日，宜昌化学品洗舱站开业仪式在枝江举行

【枝江市】 至 2020 年底，全市公路里程 4454.40 公里（不含高速公路），路网密度 324.19 公里 / 百平方公里，其中高速公路 66 公里、一级公路 160.01 公里、二级公路 120.77 公里、三级公路 49.15 公里、四级公路 4122.69 公里、等外公路 1.78 公里。内河航道通航里程 134 公里，港口 20 个，生产性码头泊位 37 个，渡口 27 个。客运站 11 个，其中二级客运站 1 个、三级客运站 3 个、四级客运站 2 个、五级客运站 5 个，货运站 1 个。

基础设施建设。全年完成交通固定资产投资 7.94 亿元。枝江百里洲长江大桥纳入《长江干线过江通道布局规划（2020–2035）》，当枝松高速公路工程可行性报告待审；推进沪渝高速公路枝江互通新建项目。疏港一级公路项目完成形象进度 35%；225 省道雅澧线大修、253 省道远松线中修工程完工。累计完成县乡等级公路改造项目 129 公里；新建、改建农村公路 57.4 公里，完成生命安全防护工程 206 公里。董市镇成功创建省级“四好农村路”示范乡镇；争取农村公路项目补助资金 4434 万元。姚家港煤炭专用码头建成投运，七星台综合码头一期主体工程完工，姚家港水上洗舱站具备洗舱功能。三峡农旅电商物流商贸城东一期主体工程完工，安宁物流园建成投运，安福寺三级客运站开工建设。

运输服务。全年完成公路货物周转量 8.15 亿吨公里，比上年下降 71%，旅客周转量 9588.47 万人公里，比上年下降 65%。完成水路货物周转量 7.50 亿吨公里，比上年下降 1.33%。做好疫情期间运输保障。疫情期间，组织 63 辆出租汽车成立爱心车队，免费接送医护人员和保障应急用车。组织应急出租汽车护送医务人员、孕妇、病重市民等特殊群体 2378 人次，完成各项应急运输任务。优化公交线路，延伸 5 路公交线路，方便沿线居民便捷出行。维护修缮农村客运候车亭，对全市 77 座农村客运候车亭进行维护管理，改善乘车环境。

码头治理。巩固非法码头和岸线资源清理整治成果，打好港口和船舶污染防治专项战役，全面完成港口和船舶污染防治建设任务，枝江宏盛船舶污染物接收转运码头、船舶污染物接收船“枝江保洁001”建成投运；完成船舶污染物接收、转运、处置4505单；完成9艘船舶防污染设施改造。参与长江禁捕退捕工作，摸排“三无”船舶128艘，依法拆解88艘，规范管理40艘。

综合执法。开展联合治理超限超载行动13次，查处违规车辆21辆次，卸货285吨；开展路域环境治理，处理涉路违法违规行为455起，办理路赔案件45起。开展非法码头治理，立案查处未依法取得港口经营许可证从事港口经营行为5起，违法运输砂石5起，港口码头违法案件6起，罚款19.9万元。开展道路运输市场治理，检查货运车辆1215辆次、检查客车811辆次，查处各类违规行为134起，办理行政执法案件38起，罚款5.82万元。开展维修驾培行业治理，检查维修、驾培企业100余家次，办理驾培案件5起，罚款7000元。

安全管理。建成交通运输信息化指挥中心，实现实时监控、基础数据管理、分析和预警、投诉处理、应急指挥为一体的信息处理、指挥调度、案件审理可视等功能。开展安全生产执法检查，强化安全隐患源头治理。全年检查企业365家次，检查运输车辆2456辆次，抽查车辆动态监控2100余辆次，检查渡口渡船192次，排查整改安全隐患168处。加强安全生产红线意识，督促企业落实安全生产管理措施，降低企业安全风险，完善安全生产管理制度体系建设。参与沮漳河脱锚趸船险情和玛瑙河安福寺书院坝段滚水坝水毁险情处置。全市水陆运输行业、渡口渡船及交通工程建设未发生安全生产责任事故。

（刘晓泉）

【当阳市】 至2020年底，全市公路里程5741.28公里（不含高速公路），路网密度265.92公里/百平方公里，其中高速公路72.9公里、一级公路80.97公里、二级公路171.44公里、三级公路54.47公里、四级公路4133.48公里、等外公路1300.92公里。内河航道通航里程92.5公里，渡口21处，渡船40艘。客运站10个，其中二级客运站1个、三级客运站1个、四级客运站1个、五级客运站7个，货运站1个。

基础设施建设。全年完成交通固定资产投资4亿元，比上年下降20%。348国道绕城段17.1公里，第二标段累计完成货币工程量20451.33万元，占合同总额的76.3%；第三标段累计完成货币工程量17084.56万元，占合同总额的87.6%。“建养一体化”第一合同段卢家湾大桥桩基施工基本完成、下部结构施工中，其他桥梁建设启动，全线路基及管涵施工均开始施工。253省道远安鸣凤至当阳庙前改建工程当阳境内第三标段开工建设。峡安线8.8公里改建工程完工通车。玉泉寺文化旅游区环线公路改造工程11.12公里完工通车。保当线当阳北互通至当阳四桥段大中修工程12.56公里，累计完成沥青铺筑11.52公里。311省道分当线大修工程累计完成合同工程量的50%。完成长渠二桥、洪庙中桥2座危桥改造。草埠湖镇被评为全省“四好农村路”示范乡镇，获200万元奖励。

运输服务。全市有班线客运企业3家、个体班线客运1家、个体区域经营11家，客运汽车134辆。货运汽车1795辆。有货运经营业户985家，其中货物专用运输73家。全年完成公路客运量860.34万人次，比上年增长156.45%；旅客周转量13820.78万人公里，比上年下降19.16%；完成货运量1644.79万吨，比上年增长123.51%；货物周转量74159.98万吨公里，比上年下降37.15%。推进城乡客运统筹发展，当阳市第一个乡镇三级客运站河溶客运站正式启动营运。依托宜昌第一个市县级约车平台“风行长坂”，开发出租汽车微信和电话约车App程序，一键即可约车出行。

行业管理。全年办理路产赔补偿案件30件，案件查处率和文书使用率均达100%，案卷合格率99%。清理路面堆积物161处786.5平方米，清理占道经营26处889平方米，整治加水点13处，制止非法采挖1处，拆除非公路标牌63块，制止违章建筑2处200平方米，路容路貌进一步提升。超限治理检测车辆37688辆次，查处超限车辆874辆，卸货18089.27吨，超限运输得到有效遏制。

安全应急管理。安全生产形势持续稳定。围绕人、车、船、道路、场站、物流园区、交通工程等重点领域，

2020年12月1日，276省道当阳峡口至夷陵区龙泉段改建工程（当阳段）完工

开展安全生产排查、整治、培训、宣传活动。按照隐患整改“五落实”要求，实行隐患整改闭合管理，督促企业按照规范对车辆、客渡船等运输工具进行保养、检修，严禁带“病”运行。加强雨季水毁路段及危桥事故隐患的观测、排查和处置。应急处置能力不断提升，成功处置“6·27赵家河渡口驳船漂移事故”险情，以案促改开展专项整治，推动全市船舶和渡口规范管理。全年检查企业518家次，排查整改安全隐患238起，开展安全生产培训讲座30场，安全生产集体约谈1次，安全应急演练3场。

交通改革举措。完成公交体制改革，15天内完成50辆公交车辆经营权回购，托管给省客集团公司经营。公交总站建设稳步推进，公交线路优化调整，开通夜间学生公交专线7条，落实65周岁以上老年人免费乘车政策。推动物流降本增效，报请政府出台《当阳市交通物流行业扶持办法》，通过税费奖补、土地优惠、通行费减免等八条措施，促进物流行业规模发展；支持江山贝尔公铁联运物流园项目建成运营，全年货物吞吐量20万吨。完成机构体制改革，玉阳、玉泉2个交管站撤销，人员划转至街道；完成交通综合执法机构改革，下属城市公交服务中心、港航建设维护中心人员转隶至交通运输综合执法大队，人、财、物交接完成。

（杨文）

【远安县】 至2020年底，全县公路里程2042.98公里、路网密度113.83公里/百平方公里，其中高速公路48.72公里、一级公路43.48公里、二级公路203.78公里、三级公路46.83公里、四级公路1621.20公里、等外公路78.97公里。渡口4个。客运站2个，其中二级客运站1个、五级客运站1个。

基础设施建设。全年完成交通固定资产投资7.44亿元，建成公路5条、桥隧规模3座，年度等级公路新增生产能力86公里。远安县“四好农村路”获省政府奖补资金350万元。

2020年，远安县实施农村公路提档升级、美丽农村路打造和安全生命防护等工程。图为旧县镇农村公路

旧县镇成功创建全省“四好农村路”示范乡镇。

运输服务。全县拥有道路客运企业5家，货运企业591家，经营性道路危险货物运输企业1家。城市公交车站1座，城区公交候车亭37个、临时停靠站牌50个，农村客运候车亭116个，简易站及招呼站149个。客运车辆173辆，其中出租汽车80辆、班线客车93辆；客运线路59条，其中跨省线路2条、跨地市线路8条、跨县线路4条、县内线路45条。一类机动车维修企业2户、二类机动车维修企业8户、三类机动车维修企业45户。全面完成县汽车客运中心站等级评定和站级核定，洋坪镇、茅坪场镇2个三级综合运输站项目开工建设，20个港湾式候车亭建成验收。严格执行农村客运运行考评管理，全年争取落实农村客运补贴资金238万元。扶持培育本地农村物流公司，建立全县农村物流中心，因地制宜地在全县7个乡镇建立村级物流服务站点84个，实现村级电商物流网点全覆盖。推进远安物流中心项目建设，引导“四通一达”等物流寄递企业入驻宜昌晶品物流中心园。11月，全国城乡交通运输一体化示范县创建工作交通运输部验收。

行业管理。全年查处“非法营运”案件20起，罚款17.8万元。加强维修驾培监管。全年查处非法教练车7辆，行政处罚5起，罚款1.7万元。加强公路路政管理。全年处理路产损失及占用公路案件33起，收取路产赔偿费20.1万元，重点加强国省道和旅游公路巡查，保障公路安全畅洁。开展交通安全整治百日攻坚战，坚持路警联合协作治超，全年检测货物运输车辆24687辆，查处超载车辆611辆，卸载货物15876.1吨。严格工程质量监督。全年办理质量监督手续12起，下达抽查整改意见通知书7份，返工通知书2份，召开质量约谈会3次，下发质量通报3次，农村公路监督覆盖率100%。协助高安出租汽车公司完成59辆巡游出租汽车更新工作，将车辆所有权变更为“企业+个人”，协调车主与公司完成出租汽车经营权合同续签。

智慧交通。推进不停车检测系统建设。开发“远安掌上客运通”App并投入使用，实现城乡公交和农村客运全覆盖。引导高安公司全体出租汽车主联合“古城电召”程序平台上线县级出租汽车电召平台，实现一键叫车、语音叫车、电话叫车，方便市民便捷出行。

安全应急管理。坚持科技手段监管。在雨雪冰冻天气和易疲劳时段通过监控平台对在营车辆发布预警提示信息；落实属地监管职责，将远安籍7辆807城际公交接入4G智能动态监控平台进行实时监管；督促企业严格落实动态监控主体责任，严格落实车辆违规行为信息闭环处理，充分发挥4G监控平台监管效能，实现连续18个月“五类”违章行为为零的目标。加强源头监督管理，督促运输企业落实安全生产主体责任，严格履行“三关一监督”工作职责，加强节假日和重点时段驻站巡查，对不符合规定的车辆或人员一律停运整改，坚决杜绝“病车”出站。开展安全隐患排查，全年检查道路运输企业108家次，开展专项安全检查2次，查出安全隐患98处，下发整改通知书12份、整改通报4起。开展“防灾减灾”“安全生产月”“高温汛期”“百日攻坚战”等专项行动，重点加强对“两客一危”车辆监管。

(沈大龙)

2020年11月，209国道兴山县伍家坪至高桥集镇改建工程完工

【兴山县】 至2020年底，全县公路通车里程2413.66公里，路网密度103.72公里/百平方公里，其中二级公路433.61公里、三级公路35.09公里、四级公路1856.32公里、等外公路88.64公里。内河航道通航里程33.2公里，码头6个，生产性码头泊位16个，渡口2个。客运站9个，其中二级客运站1个、三级客运站1个、四级客运站2个、五级客运站5个。

基础设施建设。全年完成交通固定资产投资9.9亿元，比上年增长73.7%。209国道兴山县伍家坪至高桥集镇段改建工程建成通车，209国道兴山古夫绕城公路、312省道兴山县金乐至贺家沟段公路、287省道兴山百果园至水月寺段改建工程、香溪河大桥项目、峡口作业区至宜巴高速公路连接线疏港公路、252省道界牌垭至温家垭公路工程加快建设。兴山公铁换乘站开工建设。兴山县船舶污染物接收转运及处置工程(一期)建成并投入使用，填补香溪河流域在船舶油污、船舶生活污水回收及突发应急事件的污染处置方面的空白。

“四好农村路”建设。全年农村公路项目投资7860.63万元。完成中心村道路扩建10.88公里，完成农村公路硬化工程96公里，完成安全防护工程70公里。新建严家井桥、猴子包桥。黄粮镇创建“四好农村路”示范乡镇。

运输服务。全年完成客运量96.92万人次、旅客周转量4946.06万人公里，货运量214.63万吨、货物周转量1.37亿吨公里，客运量、旅客周转量、货运量、货物周转量比上年均有所下降。完成港口货物吞吐量1028万吨，比上年增长15%。船舶电子报告5773艘次，船舶电子报告率100%。全县道路运输市场有客货经营业户261户，营运车辆884辆。其中旅客运输经营71户、营运客车171辆，货物运输经营190户、营运货车713辆(其中道路危险货物运输经营3户、危险品运输车辆57辆)。机动车维修经营备案60家，其中一类机动车维修企业1家，二类机动车维修企业12家、三类机动车维修企业47家。机动车检测企业1个。机动车驾驶员培训企业1个，全县道路运输营运驾驶员持证上岗人员3488人。

行业管理。国省干线公路养护完成投资12915万元，通过“十三五”公路养护“国评”验收。农村公路养护完成投资2231.08万元，养护县乡道11条74公里，签合同养护人14人，发动公益性岗位375人。

路政管理。全年巡查人员上路率达98%，制止违章建筑6起360立方米，拆除违章建筑摊棚等40处1084平方米，清理占道经营221处524.2平方米，清除公路堆积物239处11801.7平方米、种植物520处11000平方米，拆除违法非公路标志标牌452块，开展路域环境集中整治49次，整治过境路段13处。超限超载治理。全年检测货运车辆329127辆次，其中超限车辆28辆，卸载转运货物625.78吨。切割非法安装高厢板大货车26辆。

运政管理。全年出动执法人员660人次，路检路查排查车辆483辆，收缴自制线路牌19块，暂扣非法营运车辆32辆，行政处罚19辆，教育放行13辆次，收缴罚款752195.26元。通过上路稽查和4G动态监控线上稽查相结合的方式加强危险品运输车辆安全监管，下达隐患整改通知书5份，全部整改销号。

科技与信息化。7月香溪河航道提升等级工程全部完工，完成投资3160万元，香溪河成为湖北长江干支流首条一体化一级航道、宜昌地方水域第一条高等级数字航道，具备夜航功能，万吨游轮可主干直达进峡口，3000吨货船可直达平邑口。工程建设成果在香溪河流域9月开展的全省首次数字化航道养护应急演练中得到检验。

安全应急管理。开展安全隐患排查整治行动，全年检查运输企业169家次，发现安全隐患32条，全部整改完成；4G监管平台抽查车辆11759车次，纠正违规278车次。加大维修企业检查力度，明确专人定期开展安全环保检查，检查119次，发现隐患14起并完成整改。严查车辆营运资质及车辆状况，排查安全隐患26处，下达整改通知书9份。排查在建工程安全隐患30起，其中现场整改27起、停工整改3起。组织各类安全检查38次，发现一般安全隐患129处，全部整改到位。加强重点时段运输安全保障工作，春运防滑出动机械车辆65台班，消耗工业盐12吨、防滑料62立方米，修补坑槽650平方米，救援被困车辆6辆次，排查整改隐患3起。

（向倩倩）

2020年12月，秭归县童庄河渡改桥工程桥面摊铺施工中

【秭归县】 至2020年底，全县公路里程4306.79公里，路网密度177.45公里/百平方公里，其中一级公路12.41公里、二级公路362.38公里、三级公路24.38公里、四级公路3858.79公里、等外公路48.83公里。内河航道通航里程134.2公里，港口17个，生产性码头泊位32个，渡口18个。客运站12个，其中二级客运站1个、五级客运站11个。

基础设施建设。全年完成交通固定资产投资6.82亿元，比上年下降31.4%。公路建设完成投资6.13万元，完成芝茅二级公路改扩建56.74公里，童庄河大桥651米、接线公路1.02公里，348国道柳树沟桥重建124.3米。348国道完成路面大中修44.8公里，农村公路完成路面硬化301.6公里、窄路面加宽41.2公里、提档升级81.3公里，村道安全防护工程35.4公里，危桥改造或拆除重建8座135.5米。水运建设完成投资6928万元，完成3条航道整治工作，其中九畹溪航道下溪沟至九畹溪电站段3级航道、聚集坊至下溪沟段4级航道；青干河航道河口至李家河段3级航道，李家河至黄金坝段4级航道；吒溪河航道河口至袁水河段3级航道。

“四好农村路”建设。编制《秭归县四好农村路规划2018—2022》，印发《秭归县农村公路养护管理办法》《2020年农村公路养护管理实施方案》。建设聚周线、芝茅线、归平线沿纸段、童黄线沙黄段、杨泗线（西线）等县道示范线5条136.95公里，文熊线、文薛线文庙段、王分线环形路段等乡道示范线5条54.19公里，东堰线环形路段、南房线、王李线、岩山线等村道示范线32.39公里。周聚线、芝茅线成功创建“美丽宜道”。

2020年12月，秭归县芝兰至茅坪公路主体工程完工

运输服务。全年完成公路客运量223.84万人次、旅客周转量11483.08万人公里，比上年分别下降72.01%、71.82%；货运量406.77万吨、货物周转量26050.08万吨公里，比上年分别下降20.45%、66.28%。完成水路货运量615.63万吨、货物周转量166220.1万吨公里，比上年分别增长9.65%、11.13%；客运量6.69万人次、旅客周转量3334.23万人公里，比上年分别下降95.08%、83.66%。

物流发展。全县形成7条货运班线、利用通村客车200余辆，建成村级物流服务点141家。物流市场主体有国有邮政公司、全国性物流快递企业和地方性专业物流企业，其中物流企业 55 家，营运车辆 2924 辆，载货量 7717 吨，快递企业 15 家。

路政管理。全年纠正各类路政违法行为 128 起，下达《责令改正交通违法行为通知书》79 份，清理摆摊设点 52 处 199 平方米，清除路障 231 处 1892.5 平方米，拆除违法建（构）筑物 71 处 1010 平方米，拆除非公路标牌 49 块，清理违法杆线设施 35 根，桥下空间整治拆除违章建筑 12 处 397 平方米，清理水沟农作物 58.2 平方米，清理公路用地农作物 52 平方米，清理违法占道加水点 3 处。办理公路路产赔补偿案件 27 件，结案 27 起，收取公路赔补偿费 10.75 万元。

超限超载治理。全年路警联合治超检查检测货运车辆 8237 辆次，查处超限运输车辆 234 辆次，卸载转运货物 3615.78 吨，查处非法改装车辆 16 辆次，拆除高厢板 37 块，移交交警罚款 10.36 万元，扣分 1104 分。

行业监管。开展“三无”船舶专项整治。秭归县摸底排查“三无”船舶和非法浮动设施 1178 条，集中上岸 1178 条，累计督促拆解处置“三无”船舶 723 条，规范处置留用船舶 55 条，规范保留抗旱取水设施 400 处。

科技与信息化。全县 372 辆营运客车、89 辆“两客一危”车辆及 88 辆出租汽车安装 4G 动态监控系统，实现客运车辆全天 24 小时在线监控，有效提升道路运输安全水平。三峡坝区岸电实验区建成投运。新建高压开闭所 2 个、变压器 6 台、高压接口箱 5 台，供电趸船 6 艘、岸电箱 12 台，累计岸电供电容量 7500 千伏安，能够同时满足 12 艘游轮接电需求。累计为 1238 艘次船舶提供岸电 604 万千瓦时，替代燃油 1421 吨，减少有害物排放 4475 吨，船舶节约能耗成本 483 万元以上。12 月 28 日，三峡库区秭归县水运应用 LNG 项目开工建设。

安全应急管理。全年查处安全隐患 141 处，整改率 100%。开展“安全生产集中整治”活动。制定方案，开展安全生产整治工作，发现安全隐患 10 处，整改 10 处。推进复工复产期间“安全生产大管控”专项行动，指导复工企业在抓好疫情防控同时，做好风险隐患排查、危险作业整治和安全教育培训等工作。开展复工企业专项检查，包括防控物资储备使用、应急预案制定和安全教育培训等情况，检查道路企业 10 家、水路企业 6 家、在建工程 4 处，查出安全隐患 20 处，整改 20 处。

交通改革举措。加快推进机构改革，组建交通运输综合执法大队。完善交通运输信息指挥中心，整合公路、农路、运管、港航等部门监控信息平台，实现数据共享。推进“放管服”改革及“一张网建设”，简化审批流程，优化营商环境。

文明创建。开展志愿服务活动 30 余次，参加新时代文明实践志愿者 2000 余人次，服务群众 6 万余人。疫情期间开通志愿出租汽车 300 余趟次，志愿医护专车 148 趟次，免费接送医护人员 3296 人次，为 12 个乡镇运输生活物资 300 余吨。

（李峥）

【长阳土家族自治县】 至 2020 年底，全县公路里程 7882.55 公里，路网密度 229.81 公里 / 百平方公里，其中高速公路 84.65 公里、一级公路 24.88 公里、二级公路 481.89 公里、三级公路 104.92 公里、四级公路 5386.97 公里、等外公路 1799.24 公里。内河航道通航里程 138.5 公里，港口 4 个，生产性码头泊位 10 个，渡口 43 个。客运站 13 个，其中二级客运站 1 个、三级客运站 1 个、五级客运站 11 个。

基础设施建设。全年完成交通固定资产投资 7.1 亿元，比上年下降 11.25%。普通公路建设完成投资 7 亿元，其中国省干线一级公路完成投资 1.15 亿元，二级公路完成投资 4.43 亿元，农村公路完成投资 1.42 亿元。水运工程开工建设船舶污染物回收转运码头（设施）项目，隔河岩库区旅游码头工程完工，完成投资 1020 万元。

“四好农村路”建设。创建“四好农村路”，以点促面建设“美丽宜道”，实现交通、旅游、农业等多产业融合发展。全年完成农村公路提档升级 144 公里，完成农村公路硬化 163 公里，完成农村安全防护工程 259 公里。

运输服务。全年完成公路客运量 322.67 万人次、旅客周转量 15350.49 万人公里，比上年分别下降 34%、25%；货运量 237.99 万吨、货物周转量 34297.61 万吨公里，比上年分别增长 3.6%、12%。完成水路客运量 66.65 万人次、旅客周转量 2782.76 万人公里，比上年分别下降 70.8%、73.03%。全县有营运客车 189 辆，营运货车 800 辆，公交车 102 辆，出租汽车 181 辆。公路客运企业 12 家，营运线路 96 条，其中市际线路 2 条、县际线路 16 条、县内线路 78 条。驾驶员培训学校 2 家，二类以上维修企业 9 家，三类维修企业 95 家。有各类船舶 233 艘，其中客船 31 艘、客渡船 192 艘、货船 10 艘。

2020 年，宜昌首批“美丽宜道”长阳方清路农旅融合

公路管养。全年完成大修项目10.04公里、中修项目37公里、安全防护工程26.9公里，弯道整治30余处。完成高家堰太史桥至贺家坪、241国道赤土垭至馒头嘴标准化水沟34公里，累计完成标准化水沟建设120公里。完成4条近300公里美丽干线公路创建工作，新建和提升公路服务区6个，新建景观式停车区近30处，打造微景观100余处。

路政管理。办理一般程序路产赔补偿案件26件，清除路障489处3105平方米，清除占道经营6处47平方米，拆除钢架棚7处867平方米，收取公路赔偿费12.36万元。超限超载治理，检测货运车辆13937辆，查处超限车辆275辆，卸载转运货物5240.28吨。移交交警处罚166起，扣分377分，罚款金额5.22万元。案件查处率和文书使用率均100%，案卷合格率100%，无一起行政复议、行政诉讼案件。

科技与信息化。率先进行船舶防污染监控试点建设，"惠小宜""净小宜"系统正式启用，船舶污染物接收、转运、处置全过程电子联单监管。9月，隔河岩库区船舶污染物接收船舶开工建设。100辆新能源纯电动公交车推广使用"长阳出行"微信小程序，乘车智能，支付便捷。

安全应急管理。开展重点路段、重点场所、重点区域、"两客一危"、在建工程等安全检查38次，行业安全检查125次。发送风险预警和宣传信息1188条。开展"安全生产月"、职业健康宣传、防灾减灾宣传、消防知识培训等活动。组织海事、运管、公路等部门开展安全知识宣传教育和咨询活动5次，发放宣传资料3800余份、组织船员安全教育培训500人次。开展消防安全应急演练5次。推进"交通运输安全生产三年专项整治行动""平安交通""危险化学品安全专项整治""打非治违"等专项行动，排查安全隐患大，及时发现问题隐患，整改到位。

文明创建。品牌创建初显成效。"美丽宜道"方清路成为宜昌"网红打卡路"首站活动举办点，带动沿线旅游、民宿等产业发展。国省道创建"美丽公路"，建成青林口、碑坳观景平台和关口垭服务区，"1413·520"爱心驿站、1314卓尔驿站。脱贫攻坚深入推进，累计投入资金10余亿元，完成农村公路硬化2377.45公里，安全防护工程1714公里，154个行政村硬化路通村率100%。2021年2月，获"全国脱贫攻坚先进集体"称号。

（覃银芳）

【五峰土家族自治县】 至2020年底，全县公路通车里程5862公里。其中一级公路21公里、二级公路259公里、三级公路111公里、四级公路2301公里、等外公路370公里，通组通户公路约2800公里。渡口3个。三级客运站2个。交通综合服务站6个。

基础设施建设。全年完成交通固定资产投资5.2亿元，比上年下降5.4%。全年新建成二级公路41公里。渔洋关客运中心站完成场地平整，完成投资200万元。超限检测站、牛庄乡、采花乡农村综合运输服务站建设完成，完成投资228.32万元。

"四好农村路"建设。实施县乡道改造109.8公里、通自然村道路硬化63.4公里。申报创建"美丽农村路"80公里、"美丽宜道"78.2公里，大湾至左家桥公路被评为"美丽宜道"示范项目。至年底，全县农村公路通车总里程达到5492公里，农村公路循环辐射联通成网，实现100%的行政村、100%的撤并村、100%的通20户以上自然村和78%的村民小组通硬化路，100%的行政村通客运班车。

运输服务。全年完成客运量80.73万人次、旅客周转量4141.8万人公里，比上年分别下降67.5%、67.6%；货运量145.2万吨、货物周转量9325万吨公里，比上年分别下降36.2%、73%。全县有道路运输业户254家，其中道路运输客运业户3家，城市公交2家，出租汽车企业1家，道路货运业户248家。拥有营运客车187辆，其中班线客运车辆102辆、公交车25辆、出租汽车60辆，营运货车348辆。客运班线102条，其中市际班线7条，县际、县内班线95条。机动车综合性能检测站1家，驾校2所、教练车47辆。维修企业备案99家，其中一类维修企业2家、二类维修企业13家、三类维修企业及其他84家。M站（环保整治）1家，汽车租赁企业备案16家。打造定制客运、定线专车等个性化运输服务，宜昌交运集团五峰客运公司首批15辆定制客运车辆投入运营。经县人民政府批准，自7月21日起，五峰中发出租汽车有限公司执行新出租车运价标准，取消原打表以外燃油附加费的收取。

2020年3月18日，开通"点对点、一站式"专车助力复工复产

公路管养。全年日常养护投入资金2000万元。全年修补路面坑槽25912平方米，清理边沟474公里，疏通涵洞45道，清理长草809公里，清除坍方38100立方米，修复波形钢护栏494米，修复钢筋混凝土防撞墙132米，路面清灌缝76公里，处治危险路段8处，修复标志标牌18块，修复道口桩58根，修复百米桩、里程碑202个，完成缺失百米桩预制10根，完成示警桩改色2000根，完成钢筋混凝土护栏改色9公里，新增防护栏665米，补栽公里碑115块，新增标志标牌181块，更新标志标牌53块，标线补划133公里，钢护栏改色8800米。投入融雪剂50吨，投入防滑料105立方米，投入机械785台班。投入水毁修复资金291万元。加强站场改造及美丽公路建设，12月，351国道苏家河服务区被交通运输部评为“全国交通运输行业文明示范窗口”。

路政管理。全年立案查处公路赔补偿案件44起，收取路产损失赔偿费17.69万元，案件查处率100%，结案率100%。拆除、迁移非公路标牌、标语103处，拆除违法建筑2处300平方米。超限治理检测车辆897辆，查处超限车辆53辆，卸载转运货物693.51吨，交警处罚车辆26辆，罚款6400元，扣分90分。大力开展“宪法宣教月”“路政宣传月”“安全生产月”等活动，发放宣传资料4300余份。

安全应急管理。按照“全覆盖、零容忍、重实效”要求，与交警、安监等部门联合开展隐患排查。对排查出来和挂牌督办的各类隐患，及时制定整改方案，明确整改时限，定期督查督办，切实消除各类安全隐患。组织开展安全生产巡查检查48次，查出隐患85处，整改完成85处。收到上级主管部门、县安全生产委员会下达的隐患整改通知、安全隐患督办函10份、安全隐患56处，全部整改完成。

交通改革举措。五峰县委编办下发《关于县直机关和直属事业单位有关机构职能编制事项的通知》，县公路管理局所承担的行政执法管理职责划入县交通运输局，保留编制78个，班子职数核定为1正两副。

文明创建。公路养护站女站长邹诗贫坚守道路养护一线，她的先进事迹登上学习强国平台和中国交通报。省公路管理局在五峰拍摄的微电影《红兰花开茶乡路》获交通运输部微电影二等奖。

（向安芹）

【夷陵区】 至2020年底，全区公路通车里程4922.39公里，路网密度143.13公里/百平方公里，其中高速公路144.97公里(含在建)、一级公路71.45公里、二级公路404.29公里、三级公路67.88公里、四级公路3791.15公里、等外公路442.65公里。内河航道通航里程75.9公里，其中干线48.7公里、支流27.2公里；港口7个，渡口16个。客运站4个，其中二级客运站2个、五级客运站1个、客运服务站1个。

基础设施建设。全年完成交通固定资产投资15.1亿元，比上年下降16.5%。三峡翻坝江北高速公路主体工程全部完成。5月，雾殷路、竹大路、仙湖路、峡安线等项目完工，全区干线公路“十三五”规划项目提前完成，获省政府奖补资金530万元。赵沙路一期工程完成主体工程。348国道三峡公路改造工程、西陵二路、乐天溪互通连接线、东(西泉)凤(凰观)公路开工建设。推进乐天溪流域生态治理工程等项目前期工作。完成全区综合交通“十四五”规划初稿编制工作。

“四好农村路”建设。全区完成农村公路硬化80公里，其中撤并村公路硬化27.1公里、区内扶贫公路硬化52.9公里，完成省下达农村公路安全防护工程287公里。计划实施的21座危桥改造项目全部启动，其中完工17座、在建4座。樟村坪镇被评为全省“四好农村路”示范乡镇，获专项奖励200万元。宋百路爆红网络，为环百里荒乡村振兴试验区铺路引流。

运输服务。全年完成公路客运量396.18万人次、旅客周转量2.03亿人公里，比上年分别下降70.83%、70.64%；货运量1485.01万吨、货物周转量9.51亿吨公里，比上年分别下降36.66%、72.88%。完成水路客运量58.17万人次、旅客周转量1907.52万人公里，比上年分别增长87.1%、55.29%；货运量79.64万吨、货物周转量11.65亿吨公里，比上年分别增长5.1%、36.88%。全区拥有道路运输企业30家，其中客运企业16家(旅游客运企业5家、班线客运企业11家)、出租汽车企业2家、危货运输企业12家；运输车辆635辆，其中客运车辆305辆、出租汽车180辆、危货车辆150辆；客运线路90条，其中跨省线路3条、县际8条、县内79条；公交线路26条，其中BRT公交6条、城乡公交20条。汽车维修企业314家，其中一类维修企业16家、二类维修企业30家。驾驶员培训学校5所。全区拥有水运企业9家(客运6家、货运3家)，持证港埠企业5家，持证船舶63艘(客渡船29艘、普通客船18艘、货船16艘)。

行业管理。加强公路日常养护，完成宜兴线中修17公里、呼北线大修22.44公里。汛期多次组织抢通中断道路，修复一般性水毁26处，清除泥石流、塌方体40018立方米，确保道路道畅通。环保攻坚持续发力。6月底太平溪环保码头启动试运营，为各港口、船舶交付污染物正常运转打下坚实基础；7月份石牌旅游码头取得港口经营许可证，9月底三斗坪旅游码头2艘趸船移除到位，12月底桃花村旅游码头3艘趸船移除到位。优化交通政务服务，逐步实施“一网通办”和“最多跑一次”，优化“快办”服务事项。全年办理审批类事项30918件，审批事项办结率100%。

安全应急管理。全面落实安全生产监管责任，开展安全生产专项检查。全年开展执法检查230余次，出动人员860余人次，排查整改安全隐患492处，移交违法线索12起。以4G监控平台为依托，确保“两客一危”运输车辆动态监控覆盖率100%，全年动态监控纠违550余起，罚款20350元。组织桌面推演1次、现场应急处置演练 2 次，进一步提高行业人员应急处置能力。全年未发生安全生产责任事故。

交通改革举措。深化建设、养护等行业国有企业体制改革，加快行业转型升级。9 月底前完成通衢公司改制工作，将通衢公司移交至经发集团，并配合完成通衢公司参建项目收尾等遗留问题的处理。探索公路养护向市场化转型，推进公路中心下属 3 个专业公路养护企业转型发展。

（黄欣）

2020 年 12 月，287 省道马家埫至土城段改建主体工程完工

【点军区】 至 2020 年底，全区公路里程 1056.52 公里，路网密度 239 公里 / 百平方公里。其中高速公路 38.60 公里、一级公路 49.92 公里、二级公路 75.50 公里、三级公路 16.74 公里、四级公路 862.38 公里、等外公路 13.38 公里。内河航道通航里程 34.4 公里，生产性码头 2 个。五级客运站 2 个。

基础设施建设。全年完成交通固定资产投资 3.27 亿元，比上年增长 16%。土三路建成通车。点长路全面开工。241 国道桥边互通至土城王家坝公路完成林地审批等相关手续。农村路网提档升级项目交工验收线路 15 条 43.02 公里、桥梁 2 座。完成国省干线公路大中修工程 11.2 公里，其中 241 国道土城至王家坝段 6.7 公里、254 省道谭家河至桥河段 4.5 公里，完成投资 1380 万元。

“四好农村路”建设。8 月 10 日，桥边镇获全省“四好农村路”示范乡镇称号，并获得农村公路建养资金奖励 200 万元。点军区《创新公路管养机制，提高公路服务水平》经验做法纳入全国推广“四好农村路”高质量发展典型经验汇编，进行展示推广。

运输服务。全区拥有客运企业 3 家、客运车辆 53 辆，客运线路 21 条，城市公交线路 7 条，专线公交线路 2 条。货运企业 7 家、货运车辆 229 辆，其中危险品货运企业 1 家、车辆 12 辆。拥有道路运输从业人员 1635 人。拥有一类维修企业 3 家、二类维修企业 2 家，综合性能检测站 1 家。二类驾校 1 家，教练车 80 辆，年培训人数 2200 人。建成 800 平方米的艾家镇公交首末站，解决公交车停车问题；建成桥边镇公交首末站，解决桥边专线车停车问题。

2020 年 7 月，宜昌市点军联棚至长阳龙舟坪公路（点军区境）开工建设

行业监管。全年出动行政执法人员 1076 人次，检查车辆 3427 辆次，检查企业 112 家次，检查施工、监理企业 46 家次，发放工程质量监督意见书 5 份，办理行政处罚案件 5 件，行政许可事项 38 件，罚款 5000 元，案件查处率、结案率、许可正确率均为 100%。查处超限运输车辆 120 辆，卸载货物 62.37 吨，卸载率 100%；整治路域环境 124 处，公路平均超限率降至 3.5% 以下。没有发生行政复议、行政诉讼及信访案件。推进疫后重振，优化营商环境。持续推进“放管服”改革。行政审批提速增效，行政权力事项和公共服务事项“一次办好”。全局 66 项政务服务事项全部纳入政务服务大厅窗口统一受理，做到“一网通办”“一窗通办”。进一步优化办事流程，精简办事环节，缩短办结时限。开展“三新”工作，引进湖北神女物流有限公司入驻点军，成为三新企业；武汉亚投旅游客运有限公司二期在点军区落户；泰力盟公司实现“进规”目标。推进长江大保护，完成樱桃园码头船舶及皮带机等设施的拆除。完成所有拆除码头岸线复绿工作，完成岸线复绿 35 亩。完成部分拆除码头视频监控的安装。投入 20 余万元建成视频监控系统，对重要码头区域实现监控全覆盖。

安全应急管理。以“事前、事中、

事后”为重点，建立每月随机抽查、半年重点督查、年终全面检查考核的安全生产监督检查制度，深化专项整治行动，切实加强危化品车辆动态监管。开展“平安工地”建设和“安全生产月”拉网排查整改工作，对在建项目进行逐项目、逐标段检查，发现问题及时整改。开展安全生产检查、问题隐患整治、政策法规宣传，行业平安交通建设取得实效。抓好疫情防控，联合卫健、公安、交警、乡镇及相关部门开展疫情防控工作，在全区52条普通公路设置和县界设置检疫点102个，引导群众有序开展疫情防控工作。协调1635辆保供物资运输车辆安全顺畅通行；采取点对点、一站式服务方式，输送务工人员180余人返岗。

（黄传华）

2020年12月，276省道峡安线安福寺至猇亭公路（猇亭段）主体工程完工

【猇亭区】 至2020年底，全区公路里程355.98公里，路网密度300.36公里/百平方公里，其中一级公路61.23公里、二级公路14.07公里、三级公路2.13公里、四级公路278.55公里。内河航道通航里程22公里，经营性码头11个，泊位22个，渡口2个。三级客运站1个。

基础设施建设。全年完成交通固定资产投资8828万元，比上年增长11.92 %。安福寺至猇亭一级公路项目总投资1.30亿元，年内完成投资5500万元。完成农村公路桥梁建设2座，投资120万元。完成水毁工程项目80万元。完成“455安防工程”建设项目250万元。完成通村公路项目建设153万元。完成船舶污染物接收转运处置码头建设项目25万元。完成“两高路”建设项目300万元。完成318国道大修工程，投资2000万元。完成六泉湖公交首末站项目，投资400万元。

“四好农村路”建设。完成农村公路项目8个25.68公里，其中农村公路提档升级项目2个7.5公里、通村公路建设项目3个16.4公里。

运输服务。全年完成公路货运量857.56万吨、货物周转量164645.21万吨公里，完成客运量6.54万人次、旅客周转量2485.6万人公里。完成空港旅客吞吐量184万人次，比上年下降43.56%；空港货邮量9237吨，比上年下降47.7%。完成港口货运吞吐量529.88万吨，比上年下降28.5%，其中进口184.54万吨，出口345.34万吨。完成船舶污染物接收转运处置，接收船舶生活污水10205吨，生活垃圾107.36吨，含油污水(含废油)265.233吨。全区累计开通城乡公交客运线路14条，其中城市公交客运线路11条、农村班线3条。行政村通客车率100%。

行业监管。开展联合治超行动，整治道路运输市场，稳定安全生产秩序，对货物集散地、车辆聚集地、货运码头、机场周边开展不间断抽查检查，严厉打击非法运输行为。全年出动执法人员280人次、执法车辆238辆次，设置固定超限检测点1处，检测货运车辆1360辆次，查处超限运输车辆104辆，罚款1.5万元，全区货运车辆违法运输超限率明显下降。

安全应急管理。制定安全生产和应急管理工作要点，及时协调、解决安全生产工作中的重大问题，深化“平安交通”创建工作，实现“一无四降”目标。针对重点时段及节假日，联合公安、交警、道路执法等部门开展“打非治违”等专项整治活动。督促乡镇渡口严格执行“签单发航”“停航封渡”制度。对检查出的安全隐患跟踪督办，限期整改。全年检查企业361家，下达执法文书105份，下达一般整改指令62份，行政警告32家，办理行政处罚案件30起(危货运输车辆20起，普货运输车辆9起，驾校1起)，合计处罚5.6万元。查处一般安全隐患487处，全部完成整改。全区交通运输安全形势持续稳定。

（陈炳寅）

荆州市交通运输

【概况】 至2020年底，全市公路里程24380.34公里，路网密度163.99公里/百平方公里，其中高速公路714公里、一级公路767.12公里、二级公路2049.89公里、三级公路796.21公里、四级公路19999.35公里、等外公路53.77公里。内河航道里程1745.11公里，生产性码头泊位69个，渡口299个(其中长江渡口49个)。客运站94个，其中一级客运站4个、二级客运站5个、三级客运站3个、四级客运站11个、五级客运站52个、简易客运站19个。

防疫防汛交通保畅。疫情期间，1600余名交通党员干部坚守交通卡口、出行审批、社区服务一线，组织1132辆应急车辆全力保障物资运输，安全转运广东、海南援荆医疗队1792人次，46.1万人通过“荆易行”审批出行，9万余名农民工乘坐“点对点、一站式”预约包车外出务工。沙市区胡迪获“全国抗击疫情先进个人”，荆州先行旅游客运有限公司获全国交通运输系统抗击新冠肺炎疫情“先进集体”、市公交公司驾驶员周正虎获“先进个人”称号，荆州市交通运输局获“全省抗击疫情先进集体”。面对连续强降雨造成的水毁灾情，全力抢修保通，组织开展巡查抢险，有效处置240国道监利滩河口桥高路堤滑坡、354省道江陵沙岭段路基垮塌、351国道松滋山石坍塌阻断交通、洪湖螺山船闸闸门钢结构变形等20余处突发险情。灾后重建争取灾毁修复资金5936万元、灾毁抢通专项资金250万元。

2020年12月25日，在建中的监利至江陵高速公路东延段。图为分盐互通

基础设施建设。全年完成公路水路投资130.7亿元。沙公高速公路杨家厂至孟家溪段建成，洪江高速公路洪湖至监利段、洪湖赤壁长江大桥在建。完成一二级公路261公里，建成322省道、荆江大道江陵段等一批服务“一城三区、一区多园”、机场建设的干线公路项目，顺利通过全国干线公路评价。完成农村公路改（扩）建1890公里，启动桥梁“三年消危”，纳入省项目库危桥662座，洪湖项目包162座危桥启动改造。洪湖客运站基本建成，荆州港盐卡综合物流园、荆襄物流配送中心、石首沿江物流园进展顺利。统筹推进综合交通运输发展“十四五”规划等行业和专项规划编制，《荆州港总体规划(2035)》获批。争取项目资金23.4亿元，提前启动18个“十四五”普通公路项目前期工作，二广高速公路荆州绕城段及李埠长江公铁大桥、江北高速公路西延段及观音寺长江大桥、沿江高速公路武汉至洪湖段等重点项目前期工作取得重大进展。

运输服务转型升级。多式联运加速发展。启动第四批多式联运国家级示范工程申报工作，荆州盐卡、松滋车阳河、江陵郝穴作业区“公转铁”“铁水联运”等多式联运体系逐步完善，完成港口货物吞吐量3490万吨，集装箱吞吐量12.3万标准箱，铁水联运量378.8万吨。新旧运输业态融合发展。开通网络货运许可线上服务认定。深入实施公交优先战略，出台《关于加快推进市中心城区公共交通发展的实施意见》，全市新增新能源公交车738辆，其中中心城区337辆。中心城区出租汽车第六轮出让工作平稳推进，更新出租汽车179辆，建成出租汽车综合监管指挥中心。25家运输企业和5家客运站评为AAA级，6家机动车维修企业通过首批汽车排放治理维护企业(M站)认定。港口企业63家，其中危货企业13家。

2020年12月，在建中的赤壁长江公路大桥

打造安全绿色智慧交通。启动安全生产专项整治三年行动，对18个重点隐患实施挂牌督办。道路运输安全监管形成闭环，59家“两客一危”企业及2125辆车全部纳入第三方监测平台。开展“清港行动”，水路运输无安全责任事故发生。完成“455”安全生命防护工程1122公里。牵头开展“三无”船舶清理整顿行动，健全联合执法协调机制，各司其职、协同推进，拆解、封存禁捕水域“三无”船舶26632艘，实行标识管理4326艘。开展“荆州智慧交通信息化系统”前期研究，洪湖、石首“智慧交通”及“智慧G318”项目启动。荆州市交通运输局获评“湖北省河湖长制示范单位”。

筑牢依法行政根基。稳步推进综

2020 年 6 月 16 日，荆州市公路事业发展中心正式挂牌

合行政执法体制改革，荆州市公路事业发展中心挂牌成立。实行行政许可、行政处罚“双公示”，推行行政执法公示制、执法全过程记录制、重大执法决定法制审核制“三项制度”，受理办理各类行政审批业务 37370 件。全面推行项目审批“容缺受理”和建设“信用监管”，发起“双随机，一公开”抽查 14 项，随机抽检企业 52 家。

（张峰）

【荆州区】 至 2020 年底，全区普通公路总里程 2245 公里，路网密度 214.8 公里 / 百平方公里，其中一级公路 145 公里、二级公路 245 公里、三级公路 27 公里、四级公路 1805 公里、等外公路 23 公里。全区通航里程 52 公里，其中长江航运干线 25 公里、江汉运河 27 公里，内河港区 1 个，码头 7 个（含公务码头 3 个），渡口 10 处。客运站 6 个，其中一级客运站 1 个，乡镇客运站 5 个。乡镇和行政村通班车率均达到 100%。

疫情防控运输保障。加强交通卡口的防疫检查工作。加强客运站场防疫措施，开展公交站场和公共交通工具清洁消毒工作。助力企业复工复产，确保城区绿色蔬菜运输畅通，疫情期间保证李埠镇为中心城区安全运送蔬菜 240 吨，通行车辆 24 辆次，未发生一例疫情感染事件。

基础设施建设。318 国道荆州区段改扩建工程全长 2.19 公里（含万城大桥 477 米拆除新建），完成万城大桥左幅施工，右幅下构部分完成，连续梁完成，预制梁架设完成。路基清表完成。428 省道朱家岭至李埠段改扩建项目全长 9.28 公里，其中荆州区段 4.58 公里、高新区段 4.70 公里，全线按一级公路标准进行改扩建。荆江大道建设工程全长 10.78 公里，10 月 17 日跨引江济汉特大桥启动建设，完成投资 3000 万元。完成通村公路建设 34 公里，农村公路提档升级 72 公里，“455”安全生命防护工程 87.35 公里。川店镇成功创建省级“四好农村路”示范镇。启动张家山水库、菱角湖湿地公园、丁家嘴水库连湖旅游公路建设，全长 30.21 公里，完成工程可行性报告批复，在进行项目评审中。提前谋划，推动农村公路危桥“三年消危”工作。辖区 5 家港口企业全部落实“四桶一牌”（可回收桶、不可回收桶、有害回收桶、其他回收桶、公示牌）及环保问题整改达标工作。3 家水运企业 400 总吨及以上 97 艘船舶，全部安装生活污水收集或处理装置。完成辖区 8 处岸电建设任务。推进荆州辖区船舶污染物转运码头建设，出台《荆州区船舶污染物水上接收工作考核办法》。

公路养护。完成国省道水泥路面灌缝 20810 米，应急保通修补砖渣坑槽 424 立方米、水泥稳定石屑坑槽 389 平方米，整修路肩 2470 米，增设标牌 7 块，补设道口桩 59 根，完成货币工程量 113.6 万元。落实 271 省道、429 省道大修计划 18.36 公里、中修计划 6.5 公里，并完成大修设计方案编制工作。农村公路养护仍然采取两种模式进行，全区县道及乡道、村道达到 4.5 米以上农村公路由专业养护公司进行养护，养护里程 293 公里。其他农村公路由各镇、管理区自行进行日常养护。全区 1965 公里农村公路全部纳入日常养护范围，养护率 100%，好路率达到 90%。全年配套农村公路养护资金 624 万元。农村公路养护省补资金及区级财政配套资金分配至各镇、管理区，全部用于农村公路养护工作。

路政执法。开展法律法规宣传活动，进村入户宣传 5 次，发放宣传资

2020 年 8 月 6 日，荆州区八岭山镇王新线道路改建施工中

料 1000 份，发送宣传短信 5000 条。处理各类路产损坏案件 24 起，移交代管公路赔偿案件 24 起，破案率、结案率、案赔率 100%。开展拉网式安全隐患排查和整治活动，排查隐患 3000 余处，全部函告各单位整改。7 个单位完成整改。路域环境整治拆除违法建筑 1 起、拆除龙门架 7 处、非公路标志牌 113 块，清除占道经营，洗车加水点，摆摊设点等 20 处。开展路警联合治超执法行动，检测车辆 2959 辆次，处理 134 辆次，卸货 3581 吨。

水路运输。全区水运拥有普货企业 2 家、港口企业 5 家、航运企业 3 家、内河船舶管理企业 1 家，运输船舶 98 艘、载货量 23.74 万吨。形成以川、鄂、沪为主的运输经营市场，主要从事煤炭、沙石、水泥、钢材以及日用杂货等运输业务。码头最大靠泊能力 1000 吨级兼顾 3000 吨级，水运主要以长江干线及支流省际普货运输为主。全年水路运输完成运载量 145 万吨。有渡口 10 个、渡船 12 艘。加强渡口安全管理，签订渡口四级责任状，与各渡船经营人签订渡船（北斗）、AIS 终端设备管理与使用责任书，签订渡船船员安全渡运承诺书。

安全管理。开展安全隐患大排查，全年督查企业 100 余家次，排查隐患 33 处，责令当场整改 21 处、限期整改 12 处。除引江济汉荆马桥路面坑槽隐患在整改实施中，其余隐患均完成整改。对区安委会重点挂牌的 429 省道马山杨桥灌渠视距障碍和梅花湾危桥 2 处隐患实行隐患整改跟踪督办，均按时限全部整改到位。对隐患多风险高的企业，及时约谈负责人，强化隐患整改责任落实。对长江荆州区段停靠船舶加强监管，处理险情 6 次，全年未发生水上安全责任事故，保持荆州区辖区 18 年水上交通安全责任事故为“零”。同时，全领域开展应急演练，增强对突发事件应急处置能力和安全防范意识。督促辖区内“两客一危”企业开展不同类别的应急演练，全年开展应急演练 35 次。

（曾星园）

【沙市区】 至 2020 年底，全区公路里程 1350.88 公里，路网密度 187.36 公里/百平方公里，其中一级公路 120.98 公里、二级公路 65.49 公里、三级公路 61.82 公里、四级公路 1102.59 公里；公路桥梁 165 座。内河航道通航里程 81.64 公里，长江岸线 14.56 公里，生产性码头 2 个、泊位 4 个，非生产性码头 7 个、泊位 6 个；长江渡口 2 处，内荆河渡口 4 处。客运站 5 个，其中一级客运站 1 个、二级客运站 1 个、五级客运站 3 个。

疫情防控运输保障。为抗击疫情，沙市区成立新型冠状病毒感染的肺炎防控指挥部，区交通运输局牵头负责，担负调度指挥、交通管控、后勤保障等任务。一是离荆通道管控。二是车站、长江渡口等重点部位的疫情防控。三是离荆通道、车站、长江渡口等重点部位消杀。四是充分运用大数据开展新冠肺炎疫情防控工作，实现交通出行全程可追溯。“荆易行”审核受理 68889 件，审核通过 36876 件；“湖北交管”审核受理 7308 件，审核通过 4119 件。另外，在区公路局设置咨询办证点，线下核发通行证 801 张，人员 1729 人。沙市区交通运输吴迪获全国抗击新冠肺炎疫情先进个人称号。

基础设施建设。全年完成交通固定资产投资 10.1 亿元。其中，完成普通公路建设投资 9.66 亿元、站场物流投资 0.44 亿元。投资 1215 万元完成区政府民生实事项目的 10 座农村公路危桥改造。以“建养一体化”模式，推进总投资 19 亿元的 5 个项目落地实施，至年底，沙熊线沙市区岑河至东市段改建工程全长 6.44 公里，道路主体工程完工；223 省道大修项目基本建成；322 省道沙市区内荆河大桥至沙公高速岑河互通段改建工程全长 17.84 公里，一级路段 7.03 公里道路和配套部分全部完工，二级路段 10.81 公里，完成改线段 3 公里道路主体工程、老路改建段 3 公里路基；沙市至荆州机场一级公路（沙市段）项目施工方进场；318 国道荆州段改扩建工程（丫角至枪杆段）全长 9.72 公里，新建大桥 1 座 437 延米，路基工程全部完成，在进行路面施工。全年完成公路安全生命防护工程 42.82 公里，“十三五”期累计完成“455”公路安全生命防护工程 552 公里。公路交通安全基础设施明显改善，路网安全保障水平显著提高，公路交通安全综合治理能力全面提升。推进华中（荆州）物流园建设，项目建成后将具备邮政快递、快运物流、供应链产业，电商物流平台，智能物流，生产研发等 6 大功能。

“四好农村路”建设。打造“四好农村路”示范乡镇，抓好农村公路“建、管、护、运”。乡镇和建制村通硬化路率 100%，完成泥巴路、断头路

2020 年 2 月 15 日，沙市区交通防控一线人员冒雪检查车辆

23公里项目后进一步构建村组间27.1公里循环路建设；开展公路桥梁“三年消危行动”，经专业检测机构核查认定的36座危桥全部纳入省“三年消危行动”项目库，全年改造完成10座。县、乡道安全隐患治理率基本达到100%，养护经费全部纳入财政预算，修编《沙市区农村公路养护管理办法》。县、乡级农村公路管理机构设置率100%。所有建制村通客车率100%。

运输服务。全区有水路运输企业12家，其中危货运输企业6家。全年新增船舶6艘，新增运力21700吨。本港籍船舶91艘、20.31万载重吨，单船平均吨位增至2231吨，最大单船达10983吨。持证港口经营企业21家，其中港口危货企业6家。全年完成港口货物吞吐量912.18万吨，比上年减少29.15%。港口集装箱10.65万标准箱，比上年增长6.3%。

公路养护。加强国省干线公路养护，确保列养线路路容路貌整洁，公路养护状况良好。国省干线公路路面技术状况指数(PQI)达到95.75，优良路率达到98.22%。规范站房管理，加强站房建设，抓好路网运行服务。提升规范化管理水平，统一站点标识，加强内务管理，完善生产生活设施，美化净化环境，展示公路“窗口”形象。原停车区项目调整到318国道观音垱公路站内，对外实施提供免费服务功能，设有室内休息室、厕所、停车位。322省道站房改建项目调到观音垱公路站进行站房改建。加快推进普通国省道命名编号调整工作，全面完成全区国省干线公里碑、百米桩、指路标志及标线更新完善工作。实行桥梁养护工程师制度，配备符合条件的专职桥梁养护工程师，配备兼职桥梁观测员，加强对桥梁经常检查和日常养护，建立健全公路桥梁技术档案管理。每季度对各村公路养护情况进行1次考核评定。全年对农村公路桥梁进行3次经常性检查、1次定期检查，汛期对桥梁进行1次安全隐患排查。

路政管理。实现公路管理秩序新突破，维护路产路权，保障公路安全完好畅通。全年路政巡查里程14220公里，发生损坏公路及设施案2起，查处2起，结案率100%。清理非公路标牌10块，清理占道摆摊设点21处23.2平方米，清理公路用地范围内堆积物11处21.6平方米。开展法规宣传，通过报纸、电视、广播和微信等平台宣传公路相关法律法规，到沿线乡镇现场咨询、发放宣传资料、展牌展示交流、路政车辆巡回宣传，对辖区内重点企业“送法上门”，发放宣传资料200余份，下达路政整治意见书10余份。开展集镇整治，协同镇政府、城管等职能部门对318国道花台村至锣场村段路肩贩卖摊点进行劝导，督促自行拆除6处。清理农村公路路面障碍堆积物57处，劝阻疏导占道经营摊点18处，有效保护路产路权，减少道路安全事故的发生。

安全应急管理。全年未发生一起安全责任事故，安全态势平稳有序。开展安全生产三年整治行动，针对春运、暑运、恶劣天气等重点时段以及重点领域，结合工作实际印发《关于加强暑期道路运输安全工作的紧急通知》《关于做好2020年冬季安全生产和消防工作的通知》等8个专项检查方案。严格落实各成员单位行业监管部门安全监管责任，建立健全安全联动机制，强化提升安全监管合力。针对春运、全国两会等重点时段以及大雾、低温雨雪等恶劣天气，进一步完善各类应急预案，组建公路抢修、水上救援应急队伍，适时开展应急演练，提高应对突发事件能力。开展安全检查督办42次，查出安全隐患31处，全部整改完成。深入开展道路运输安全专项治理、公路安全专项治理、水上交通安全专项治理。开展17次专项检查，完善道路交通安全标志标牌12处，整改完成道路凹陷安全隐患2处。加强汛情及特殊时段安全应急工作，成立20人公路应急抢险小分队，确保公路和水上交通运输安全。

（殷华）

【江陵县】 至2020年底，全县公路里程2032.28公里（不含高速公路），路网密度193.9公里/百平方公里。其中高速公路72.6公里、一级公路107.81公里、二级公路184.43公里、三级公路78.94公里、四级公路1661.10公里。内河航道通航里程60.5公里，其中长江岸线49.5公里、内荆河11公里，港口8个（郝穴作业区），生产性码头泊位27个。客运站9个，其中二级客运站1个、四级客运站8个。

基础设施建设。全年港航建设投资13.85亿元。加快推进江陵县港航重点项目建设，荆州港江陵港区郝穴砂石集并中心工程2个浮式码头完工；荆州港江陵港区江陵经济开发区综合码头工程4个泊位交工验收；荆州港江陵港区郝穴作业区中长燃水上加油站改建工程搬迁新址，在建造趸船；湖北荆州煤炭铁水联运储配基地（一期）工程5号、6号泊位完成交工验收，3号、4号泊位在建中，完成码头平台等部分施工，7号、8号泊位开工建设；荆州港江陵港区兴润综合码头改扩建工程交工验收；荆州港木沉渊港区江陵跃进综合码头工程竣工运营；荆州港观音寺港区江陵石化码头工程开工续建。部分港航重点项目基本完工，江陵县现代化港口初具雏形。

“四好农村路”建设。8月资市镇被评为全省“四好农村路”示范乡镇。全年完成农村提档升级56.34公里、撤并村通硬化路17.36公里、窄路面加宽23.16公里、全县道路改善工程20公里。同步推动荆州市桥梁“三年消危”项目，完成对全县农村公路247座桥梁检测工作，67座桥梁纳入“三年消危”数据库并完成设计工作。推进农村公路安全生命防护工程，涉及线路22条，路线全长257.58公里，隐患里程11.85公里，总投资175万元。完成美丽农村路建设100公里。

公路管养。完成县道日常养护巡查120.68公里，建立隐患台账，督促安全隐患整改，实行隐患销号制，排查隐患56处，完成整改41处。重点对郝六线，郝沙线、沙大线进行破碎板处理及灌缝修复。创新管养机制，完善信息化平台，探索推行具有江陵特色的“路长制”，将“路长制”与信息化平台管理深度结合。开展农村公路养护信息化培训，计划以资市镇等4个乡镇为试点，将信息化平台的使用逐步推广覆盖至全县10个乡镇(管理区)，将各乡镇(管理区)对于信息化平台的使用纳入考核。

运输服务。全年全县营运车辆1067辆，其中营运货车938辆、营运客车129辆，其中跨省跨市客车15辆、跨县客车79辆、县内客车35辆，跨省跨市班线6条、跨县班线21条、县内班线11条。城市公交车71辆，出租汽车80辆。一类汽车维修企业1家、二类汽车维修企业4家，综合性能检测站2家。三类驾培学校3家。

(代龙梅)

【松滋市】 至2020年底，全市公路里程3814.53公里(不含高速公路)，其中高速公路38.4公里、一级公路107.23公里、二级公路349.72公里、三级公路136.63公里、四级公路3212.79公里、等外公路8.16公里。全市有长江干线航道27.36公里，内河航道通航里程162.5公里，港口1个，生产性泊位9个，渡口41个。客运站26个，其中二级客运站1个、四级客运站2个、便捷客运站23个，货运站2个。

疫情防控运输保障。自1月22日启动新冠疫情防控，松滋市交通运输局作为松滋交通保障组牵头单位，围绕“强管控、保畅通、调运力、保应急”等职责，管控国省干线9条、管控卡点52处，管控农村公路1365条。疫情期间，交通部门储备应急运力110辆，其中货车40辆、客车40辆、客运出租汽车30辆，转运应急抗疫物资、生活保障类物资5车次、物资42吨。调度25辆公交车用于卡点值守、医护人员上下班、乡镇发热人员运送。调度30辆应急出租汽车用于运送治愈病人及市民急需。调度平安快速大巴2辆转运广东、海南援松医护人员。调度20余辆次货车转运抗疫物资及生活保障类物资，确保疫情期间群众生产生活需要。

基础设施建设。全年完成交通固定资产投资12亿元。卸甲坪至洈水旅游公路全长27.9公里，累计完成产值5768万元。253省道南河大桥至涴市公路全长17.6公里，一标段9公里水稳层基本施工完毕，二标段完成水泥混凝土路面3.5公里。洈水旅游快速通道全长35.87公里，基本完成城北段、城区段和白云路南延路段沥青混凝土路面施工，全线桥梁下构基本完成，楚城大道至洈水段路基施工中。船舶污水垃圾港口接收专用码头项目建设启动。加快车阳河港口二期工程建设，新建3000吨级泊位6个(水工结构按靠泊5000吨级船舶设计)，货物吞吐量为集装箱35.8万标准箱/年，件杂货170万吨/年。洈水旅游客运中心启动建设。加快交通重大项目前期工作。洈水镇至洈水大坝一级公路全长7.5公里，其中5公里完成EPC招投标、2.5公里完成初步设计审查；武汉至松滋高速公路松滋段完成项目投资人招标；车阳河进港铁路项目基本完成相关前期工作；松滋市中心城区公交总站项目前期工作基本完成；当枝松高速公路松滋段、松滋火车站升级改造项目、松西河航道整治工程在进行前期工作中。

“四好农村路”建设。全市完成农村公路固定资产投资1.57亿元，完成县乡道改造14公里，完成农村公路撤并村、自然村通畅工程89.6公里，完成农村公路提档升级(窄路加宽)142.03公里，实施安全防护工程建设114.41公里，完成农村公路“渡改桥”项目14座218延米，全市创建“美丽农村路”163公里。万家乡创建全省“四好农村路”示范乡镇。全面启动农村公路桥梁“三年消危行动”工作。

公路养护。坚持以公路养护全面质量管理体系技术规范为标准，推进养护精细化创新实践。全年完成预防性养护水泥路面灌缝68公里，沥青路面灌缝45公里，清割长草623公里，水沟清挖96.3公里，标准路基整治达标658公里，清除路肩堆积物724立方米，实现畅洁绿美生态路交通公路环境。对三类以上桥梁安排专人监管，专项巡查、专项养护，启动西斋大桥应急抢险重建工程，完成老桥拆除。全年完成254省道葛东线大修34.64公里、台小线望月至洛河桥段16.5公里路面中修、台小线刘家场至羊角山段破碎板处治8000平方米水泥路面，完成荆松一级公路中修3.78万平方米。维修公路站2个，王家桥标准化公路站、应急中心建设全面竣工投入使用，新修交通厕所2个，完成波形钢护栏5920米，标志标牌17块、黄闪灯15盏、警示桩250根。对安全隐患排查路段进行整改施工，完成减速振荡标线254道1028平方米；完成省道葛东线、刘曲线、雅澧线、351国道弯道标线8765平方米；全面完成列养线路安防设施维修，其中波形钢护栏1356米，标志标牌52块、黄闪灯29盏、警示桩537根。完成国省县道涵洞清理疏通96道，灾毁处治路基及边坡土石方坍塌清除5733立方米；完成国省干线和列养县道挡土墙修复3867立方米。

路政管理。与交警部门实行24小时不间断联合执法，形成“源头控管、站点核查、路面巡查”三位一体常态化工作机制。全年检查违法货车1188辆，处罚947辆，教育警告214辆次，卸货转运7146吨，对7家违规配载源头企业进行教育警告和行政罚款。拆除非公路用标牌36块，清理堆物占道102处，清理摆摊设点80处，清除横幅32条，清理加水洗车点2处。与上年相比，路政案件明显减少。

运输服务。全市完成道路客运量208万人次，比上年下降约40%；旅客周转量1.87亿人次，比上年大幅下降。完成港口货物吞吐量600万吨，客渡运量22万人次，其中洈水旅游客运量6.8万人次，客渡运量比上年有所下降。全市有道路客运企业4家、水路运输企业2家、危货运输企业3家、规模以上货运企业48家、驾驶员培训学校8家、机动车维修企业152家。货运车辆2200辆、客运车辆301辆，客运班线89条；货运船舶29艘53629载重吨，旅游船舶15艘780客位，渡船49艘，分布于全市11个乡镇。全市具备客车开行条件的行政村通车率100%。推进城市公交发展，调整松滋中心城区公交线路。投资2400万元购置新能源纯电动公交车100辆投入运营。投资1200万元完成新建85个公交站亭站牌及“智能公交”升级改造。

港航物流发展。围绕“以港兴城”，积极做好协调工作，全力推进并一体化开发建设松滋综合物流园、保税物流园、临港加工区、综合服务配套区及铁路装卸区等，荆州市将车阳河港口工程纳入第四批多式联运示范工程申报项目，松滋市政府与荆州港务集团通力合作，加快疏港铁路建设。

运输市场监管。开展道路客运市场经营秩序专项治理、道路运输企业安全生产源头治理、机动车维修市场和驾驶员培训市场专项整治。全年组织专项稽查行动279次，查处违法违规案件86件，检查企业177家，约谈企业2家，发现并整改安全隐患4处。重点整治城市客运市场无经营权、道路运输证、从业资格证、服务质量监督卡及证照不全或资质不符合要求从事出租汽车客运经营，非法从事出租客运拉客行为等违规违法行为。加大驾培、维修检测行业专项整治力度，暂扣教练车4辆，取缔非法训练场5个，对全市维修企业进行全面调查摸排，下达整改通知书30份，办理案件10余起。加强水上运输管理，重点治理非法从事水上交通运输无证无照行为；非法违法从事涉水工程建设和港口经营行为等各类违法行为，检查各类船舶988艘次，检查港口企业35家次，整改问题75起，办理行政执法案件2起，罚款3万元。开展全市禁捕水域“三无”船舶专项整治，清理整治“三无”船舶206艘。

智能交通建设。与市气象部门加强沟通合作，建立精细化水上交通监测预报预警，对全市港口企业、水路运输企业、乡镇渡口渡船船员(渡工)、大队全体执法人员做到恶劣天气预警全覆盖。加强站场基础建设，在公路和站场同步建设时把新能源客车充电站作为城乡公交客运发展的基础配套设施进行统一规划。以智慧交通为重点，推动大数据、互联网、人工智能等技术与交通运输深度融合，投入1100万元实施“全市治超治限信息化平台、全市客运车辆信息化平台、全市渡船和旅游船舶信息化平台”建设，为全市交通基础设施建设、安全运行控制、交通运输管理决策提供支撑。

安全应急管理。市交通运输局作为市综合交通安全生产专业委员会牵头单位，协调相关单位抓好道路、水路、铁路、邮政等行业安全监管工作，确保全年各行业安全态势平稳可控。全市水上交通安全连续18年无事故，道路客货运输、城市出租和公交客运、公路路政管理、公路工程建设、农村公路养护等行业领域无上报安全责任事故。全年在推进安全生产专项整治三年行动中，检查企业106家次，督导发现问题12个方面，整改一般安全隐患89起、重大安全隐患2起，警示约谈企业1家，行政处罚18次，罚款金额10.35万元。

交通机构改革。8月，全面启动松滋交通运输系统事业单位分类改革工作，全系统8个二级单位和5个交通分局，整合成“两大队、五中心”，即“市道路交通运输综合执法大队、市水路交通运输综合执法大队、公路事业发展中心、农村公路养护中心、客运和物流事业发展中心、交通重点项目建设服务中心、交通信息服务中心”。12月18日，新组建的湖北高成交通建设集团有限公司挂牌成立。11月经市委、市政府同意，将湖北荆松公路管理公司(对荆松一级公路实施管理)由松滋市政府直属管理国企，移交给松滋市交通运输局、松滋市国资局共同管理。农村公路“路长制”全面实施，市政府印发《松滋市农村公路“路长制”实施方案》，把农村公路建设养护管理纳入乡镇政府绩效考核目标管理体系，作为乡镇政府和部门年度工作考核主要内容，落实三级路长管理、养护、建设责任。

(朱卫华)

【公安县】 至2020年底，全县公路里程3655.92公里，路网密度167.33公里/百平方公里，其中高速公路142.23公里、一级公路45.56公里、二级公路294.88公里、三级公路103.16公里、四级公路3212.32公里。内河航道通航里程357公里，生产性码头泊位8个，渡口92个。客运站13个，其中一级客运站1个、三级客运站1个、四级客运站3个、五级客运站8个。

基础设施建设。全年完成交通固定资产投资12.8亿元，比上年下降22%。沙公高速公路全线贯通。疏港公路除主线一级公路段10.48公里、431省道除新建路段9.52公里未完成，

2020年9月22日，公安县宏泰一级客运站正式启用

其余路段具备通车条件。县乡道八新线、斑鸡线、米毛线、三袁墓旅游公路建成通车。埠河砂石集并点基本完工。宏泰一级客运站正式启用。207国道和351国道PPP项目、章庄铺镇集贸南路延伸线、荆都产业园道路、县乡道拖五线等项目进展顺利。207国道黄金口至夹竹园段、226省道黄山头集镇段大修工程基本完工，完成207国道三座大桥老桥拆除工程前期工作，207国道西湖一桥拆除重建工程竣工通车。完成新建通村公路61.7公里、提档升级211公里、危桥改造43座。推动美丽公路建设，完成207国道老线、章庄改线等路段宽林带施工。

法治交通建设。加强交通执法“四基四化”建设，推行行政执法公示制度、执法全过程记录制度和重大执法决定法制审核制度，完成283项依职权事项清理核查配置。深化“放管服”改革，100项依申请服务事项办理流程优化完成，受理行政许可事项312件、服务类事项13746件，实现办理零差错和零投诉；办结农村公路、客货运输、交通工程建设、物流运输等网上信访案件1735件。坚持政务公开，主动接受社会监督，通过媒体公开交通运输信息480余篇(条)。

深化长江大保护。巩固非法码头治理成果，全县长江干线取缔的码头全部复绿，面积达3844亩。推进船舶污染防治，船舶污染物接收船(何彪环保1号)建成投入使用，船舶污染物垃圾接收专用码头启动建设。加强港口岸线资源清理整顿，对湖北盛埠建材码头商混凝土站非法侵占岸线260米进行清退，清理并撤除原五码头双生船厂和涂之寿船厂。加强水上日常巡查与监管，严厉打击非法采砂行为，严禁砂石船舶停靠装卸。开展禁捕退捕水域“三无”船舶专项整治，拆解“三无”船舶24艘，对45艘交通自用船统一标识。

安全应急管理。立足安全监管，突出安全生产风险隐患排查治理，排查行业安全隐患103处，整改落实99处、限期整改4处，整治公路隐患里程121公里，完成农村公路安全防护工程120公里。结合城市精细化管理，开展“打非治违”行动，查扣处理违章客货车辆346辆、非法营运摩托车电动车170辆、巡游出租汽车违章123起，查处超限车辆451辆、卸载货物428吨，查处违法渡运船舶19艘，清除路面堆积物756处，取缔公路加水点35处，制止新的违章建筑37起，清除非公路标牌325块，拆除违章商棚38处。组织质量安全监督、招投标管理、施工企业信用评价、农民工工资清查等活动，保障项目建设质量、资金使用安全。开展港口消防及防污染应急演练、客运车辆消防及反恐应急演练、公路桥梁防灾减灾及交通工程防火灾防高空坠落事故应急演练等活动，进一步提升应急处置能力。

（王万军）

【石首市】 至2020年底，全市公路里程2755.25公里，路网密度194公里/百平方公里，其中高速公路57.9公里、一级公路29.31公里、二级公路207.04公里、三级公路148.67公里、四级公路2308.96公里、等外公路3.37公里。全市有内河航道里程161.5公里，港区码头3个，生产性泊位6个，渡口38个。客运站5个，其中一级客运站1个、五级客运站4个，二级货运站1个。

基础设施建设。全年完成普通公路建设投资4.79亿元，等级公路新增生产能力372.74公里。234国道江北段全面完工通车、江南段快速推进，221省道石首城区至桃花山段改扩建工程完成城区至梓楠堤段路面刷黑，调鲁路路面工程全面完工，焦山河大桥完成10根桩基，在启动连接线路基工程。完成县乡公路31公里、通村公路78公里、提档升级公路340公里。完成危桥改造31座，其余33座危桥列入“三年消危”计划。石首沿江物流园通过验收。投资20万元，完成港口船舶污染物接收船生活污水接收功能改造项目；投资10.5万元，完成客渡船防污染改造项目；投资3.6万元，完成农村客运渡口生命安全防护设施项目；基本完成港口船舶污染物接收转运专用码头建设项目前期工作。

“四好农村路”建设。全年完成县乡道路建设29.73公里，其中天鹅洲滨湖大道10.28公里、小河口镇中洲村通乡公路改建工程1.93公里、石首市横沟市镇横小公路1.72公里、高陵至三兴公公路建设5.0公里(折算)、调关至高家岭公路10.8公里。团山镇被评为全省“四好农村路”示范乡镇。通村公路建设目标任务52.52公里，实际建成60.51公里；提档升级建设目标任务326.33公里全部完成。

运输服务。全年完成道路客运量356.3万人次、旅客周转量1.71亿人公里，货运量387万吨、货物周转量8.32亿吨公里，均比上年有所下降。

2020年，石首市实施农村公路提档升级工程

完成水路客运量230万人次。春运40天因疫情影响，实际春运天数14天，运送旅客14.97万人次，春运客运量比上年下降约65%。全市有客运企业4家，出租汽车公司2家，货运企业45家(含危货企业2家)，驾驶员培训学校12所，一类汽车维修企业1家、二类汽车维修企业7家、三类专项汽车维修17家。营运车辆1540辆，其中班线客车324辆、城区公交107辆、出租汽车228辆、普通货车834辆、危货车辆47辆。跨省线路28条、跨地市线路13条、跨县市线路21条、市内及村村通线路73条。结合荆州、岳阳和石首经济社会发展需要，利用“互联网+”技术平台预约定制车辆，线下发挥站、运客运服务资源优势，累计投放17辆商务车开通石首往返荆州定制快车，投放18辆商务车开通石首往返岳阳定制快车，实行点到点的服务。为荆州往返石首旅客提供便捷出行服务，年底两地共投入10辆大型豪华客车，开通荆州客运枢纽站至石首客运中心城际公交。审核发放道路运输经营许可证43套，新增道路运输证104本，换发、补发道路运输证95本，货运车辆审验501辆，客运车辆年审136辆，从业资格证继续教育学习签章408件，从业资格证诚信考核617人，包车线路牌16块。新增货运企业1家，汽车维修备案3家，荆州电子证照管理系统数据上传147条，湖北省社会信用信息服务平台数据上传1908条，运政系统数据清理223条，实现办结率、满意率100%。完成4家水运企业年度经营资质核查和水路运输核查工作，拥有运力规模123艘，共计134167总吨、194253.57载重吨。

公路养护。列养国、省干线公路7条176.36公里，其中234国道兴阳线38.74公里、省道6条137.62公里。国省道干线公路有列养桥梁43座，全长2674.87延米，其中234国道兴阳线(提等升级国道)7座81.05延米；省道36座2593.82延米。按桥梁跨径分，大桥5座2032.84延米、中桥3座142.78延米、小桥35座499.25延米。

安全管理。组织开展节假日运输组织保障协调，全省客运专项安全整治、客运企业隐患排查治理，中高考运输组织，“安全生产月”等活动。检查客运企业4家、客运车辆500余辆，危货运输企业2家、危货车辆64辆，普货企业9家、普货车辆230余辆，维修企业6家，公交出租企业3家，驾培企业12家，查看车辆档案600余份。投资2万元完成水上搜救趸船锚泊设施建造；完成运政39号艇报废拆解后船舶登记注销工作；投资8.5万元完成应急物资储备工作。全年开展港口安全检查45次，渡口渡船安全检查69次，运输船舶安全检查26艘次，作出行政处罚3起。辖区通航水域内未发生水上交通事故及造成重大环境污染的水路交通责任事故。

码头治理。开展港口码头复绿补绿工作，对全市3家过渡性砂石集并点设施设备进行拆除、清场和植树复绿，累计拆除皮带传输设备6套，分筛、洗砂设备11台套，碎石设备5台套，办公用板房19间。增加复绿面积110亩，植树9400余株。压缩过渡性集并点岸线使用，将原使用的235米岸线压缩到100米以内。

安全应急管理。掌握辖区航道变化、航标优化配布情况，做好大风、大雾禁航及解禁通航秩序维护工作，加大调关弯道等重点水域预控力度，成功应对5次洪峰过境。提升应对突发事件处置能力，组织开展船舶消防、失控等综合船岸应急演习4次。联合石首市应急管理局、石首市文化旅游局等单位走访九曲湾游泳协会，着力解决碍航游泳事宜。

交通改革举措。12月31日，完成交通运输执法改革，将市道路运输管理所(出租车管理所)、市港航管理处(地方海事处)、市公路管理局和市农村公路养护管理中心(市交通基本建设工程质量监督站)行政检查、行政处罚、行政强制等执法职责，以及渔船检验和监督管理职责整合，成立市交通运输综合执法大队，为市交通运输局管理的副科级公益一类事业单位。

(胡卫锋)

【监利市】 至2020年底，全县公路里程5255.80公里，路网密度151.9公里/百平方公里。其中高速公路126.2公里、一级公路97.18公里、二级公路435.25公里、三级公路192.35公里、四级公路4404.82公里。内河航道通航里程426公里(不含长江干线)，生产性码头泊位3个，乡镇渡口49个，其中长江渡口6个。客运站18个，其中一级客运站1个、三级客运站1个、四级客运站3个、五级客运站13个，乡镇候车亭223个，招呼站395个。货运站1个。

基础设施建设。全年完成交通固定资产投资8.69亿元，比上年下降15.6%。重点交通项目建设。监华高速公路启动前期工作，并与湖南省华容县进行对接，签订相关协议。疏港大道及沟渠整治配套工程完成沥青混

2020年11月26日，215省道监利市毛市大桥成功合龙

凝土路面320米、圆管涵35道、箱涵13道，左幅路基全面清表施工中。351国道绕城一级公路完成二期工程(海螺路南延)和三期工程(沙螺大道)项目建议书批复。柘木一级公路完成路基土方处治及新建段路基桥涵。215省道仙监线分盐至毛市段及毛市大桥下部构造、梁板预制全部完成。县乡公路包8个55公里完成招投标。在建项目彭柘线完成工程量的80%；朱石线路基路面工程完工，朱尺河桥在进行桥面铺装；史新线桥完成下部结构及梁板吊装。全年完成港口建设投资2100万元，年货物运转能力470万吨。

“四好农村路”建设。制定示范乡镇创建实施方案，启动示范线路建设和路域环境整治。全市完成农村公路提档升级改造244.4公里，完成新建通村公路52.4公里，完成窄路面加宽84.5公里，完成新建农村公路桥梁22座624.7延米，完成美丽农村路创建241.3公里，完成农村公路安全防护工程270.8公里。完成普通公路桥梁普查，纳入“三年消危”项目库桥梁377座，其中国省道桥梁21座、农村公路桥梁356座。

运输服务。全年完成公路客运量512.4万人次、旅客周转量3.07亿人公里，比上年分别下降55%、46%；货运量398万吨、货物周转量6.76亿吨公里，比上年分别增长38%、42%。完成水路客运量8万人次、旅客周转量170万人公里，货运量7.2万吨、货物周转量192万吨公里，比上年分别下降0.67%、0.69%、0.70%、0.68%。机动车驾驶培训机构21家，机动车维修企业73家，其中二类维修企业21家、三类维修企业52家。全县拥有客车568辆、货车1329辆；船舶数65艘、总运力125059吨，其中个体船舶3艘、总运力1693吨。

长江大保护。长江干线码头治理、岸线清理和港口船舶污染防治取得阶段性成果。一是长江干线非法码头整治全面完成，非法码头39个共计51个泊位按时完成拆除。退坡还林生态修复全面完成，拆除码头全部按“宜林则林、宜草则草”实施还坡复绿；

2020年7月1日，监利县港航海事部门全面清理辖区内“三无”船舶、无证渡船

过渡性临时集并点经营严格遵循“车船直达、封闭运营、砂不落地、道路硬化”方式进行。二是长江岸线清理常态化管控。按照“港口岸线由港口部门负责，非港口岸线由水利河道部门负责”分工负责机制，完成25个码头调查。根据《荆州市长江岸线管理员实施办法(试行)》，港航部门组建岸管员队伍，负责港口规划区内岸线管控，同时完成2处饮用水源保护区内码头问题整改。三是推进港口与船舶污染防治工作，完成2艘港口船舶污染物接收船建造，完成69艘船舶收集或处理装置改造，完成港区内公务趸船、码头泊位岸电接入和使用，码头环保设施整改基本完成。

优化营商环境。一是推进简政放权，激发市场活力。对行政审批范围内的审批制度、审批事项进行清理，进一步规范或取消其中不必要的审批、许可、核准等事项。二是转变服务方式，接受社会监督。在监利市人民政府网公布依申请事项86项，依职权事项264项，行政许可事项全部纳入行政审批窗口受理范围。三是优化办事流程，精简办事环节。进一步缩短办结时限，按照权责一致、有权必有责的要求，根据职责定位，落实责任主体，明确相应责任。四是推行“双随机一公开”监管。在“湖北省双随机一公开”监管平台录入50个随机抽查事项、241名检查人员和674家检查对象，加强对道路(水路)运输、出租汽车等市场领域的事中事后监管。五是推行“互联网+监管”的落实，梳理编制监管事项目录和检查实施清单录入，推动同一监管事项名称、编码、依据、类型等基本要素的统一。

安全管理。不断健全安全生产监管体系，落实安全生产管理职责。开展安全生产大排查大整治百日攻坚行动、安全生产专项整治三年行动、汛期安全排查整治等专项行动。加强重要时段安全监管力度，采取企业自查、行业监管单位巡查、局督查相结合的方式，重点对“两客一危”、渡口渡船、施工工地、“三合一”和人员密集场所消防、防汛物资储备等环节进行经常性排查。自安全生产专项整治三年行动开展以来，发现隐患62个，其中发现并整改一般隐患59个，发现重大隐患3个，完成整改1个，纳入明确整改时限和责任人跟踪督办2个。开展水上搜救、危化品泄露处置、道路救援应急演练，提升交通运输行业应急处置能力。

(王平祥)

【洪湖市】 至2020年底，全市公路里程3521.81公里，路网密度为140公里/百平方公里，其中一级公路122.98公里、二级公路291.74公里、三级公路56.73公里、四级公路3031.63公里、等外公路18.73公里；按行政等级分为国道44.17公里、省道275.80公里、县道294.38公里、乡道1299.25公里、村道1608.21公里。内河航道里程559.5公里，其中通航航道19条396.5公里，港区2个(长江1个)、码头泊位4个(含企业生产、汽客渡及锚地)、渡口54个(其中停渡1个)。客运站13个，其中一级客运站1个、四级客运站1个、五级客运站5个、简易客运站6个，候车亭197个、招呼站451个。

疫情防控。年初疫情期间，460名交通干部职工坚持在抗疫一线，做好线上审批、运输保障、卡口值守、联防联控、网络舆情等方面工作。疫情防控转入常态化后，针对重点交通场所、交通运输工具开展全方位消杀，对旅客严格执行实名制管理并即时登记、检测，对冷链运输企业和从业人员进行跟踪管理，为市民安全出行提供有效保障。

基础设施建设。全年完成交通固定资产投资49.2亿元，其中高速公路投资44亿元、干线公路投资3亿元、农村公路投资1.2亿元、水运工程投资1亿元。洪监高速公路停车区、服务区等配套设施全面完善；江北东高速公路完成主体工程；洪湖至赤壁长江大桥主塔封顶，全市“三路两桥”高速主骨架基本形成。仙桃至赤壁公路峰口、万全、汊河三段共4.3公里改建工程全面建成；329省道新滩至燕窝段31.5公里二级公路改建工程除内荆河大桥及接线外全面完工；小港大桥及接线1.8公里一级公路改扩建工程建成通车；国省干线9座危桥改造、7处大中修项目全面完工；通道绿化项目以及武监高速公路城区互通绿化全面完成，干线路网服务能力不断提升，路域环境进一步优化。洪湖城区新客运站正式运营；智能交通项目开工建设；新堤港区综合码头投入试运营，在完善后方陆域建设；新堤砂石集并中心趸船建造、封闭式堆场基本完成，螺山、燕窝、龙口集并中心开展前期工作；新堤长江船舶污染物接收转运码头前期工作基本完成。启动交通重点项目前期工作，沿江高速公路武汉至洪湖(万全)段完成工程可行性批复；江北高速公路北延接天仙高速公路完成初步路线方案和项目建议书；353省道峰口至府场段改建工程初步设计获批复，环洪湖旅游公路(新堤至大口段)、洪湖市沿东荆河公路黄家口至府场段施工图设计获批复。

“四好农村路”建设。完成撤并村通村公路10.5公里、农村公路提档升级104.6公里、窄路加宽41.9公里、安全生命防护工程175.3公里(乡道165.3公里、村道10公里)，改造农村公路危桥50座，农村路网结构进一步优化，曹市镇被评为全省“四好农村路”示范乡镇。公路桥梁“三年消危”项目前期工作全面完成。群众出行条件进一步改善。

2020年6月8日，洪湖汽车客运站正式投入使用

运输服务。全年完成道路客运量425万人次、旅客周转量2.21亿人公里、货运量120万吨、货物周转量1.26亿吨公里，港口货物吞吐量192万吨。全市有道路客运企业10家、货运物流企业11家，营运客车379辆，货车320辆，普通营运船舶5艘8318载重吨，旅游客运船舶40艘。二类维修企业20家。水路旅游客运公司3家、长江汽车渡口1家、长江客运渡口10家。全年未发生一例水陆交通运输安全责任事故。

运输市场监管。运政人员常年驻站开展经营秩序管理，督促客运站严格落实“三不进站、六不出站”制度，同时组织运管所、出租汽车所对客运站周边拉客，车辆乱停乱靠、围城打转、出租汽车不打表、非法营运车辆违法经营现象进行联合整治。11月开展客运市场规范整治行动，市场经营秩序明显好转。

三大专项战役。一是非法码头专项整治。完成所有非法码头取缔工作并实现复绿。全市水路货物运输码头5个，按省联席办要求，严格监管3家临时码头生产经营行为，确保环保达标；同时督促2家码头加快推进相关手续完善工作。二是船舶污染防治。长江船舶污染物接收专用码头前期工作除防洪、环评专题未完成，其余专题完成；2艘污染物接收船舶建造工作顺利推进，其中长江垃圾接收转运船建成并进港停泊，洪湖湿地垃圾接收船与建造公司签订合同；港口环保设施完善工作扎实推进，部分码头按“四桶一牌”要求设置到位；辖区内100~400吨船舶和400吨以上船舶均完成防污设施改造；新堤港区综合码头按设计要求配置1个岸电接口，随时为船舶提供岸电服务。三是岸线资源清理。长江岸线方面在开展提交公务码头岸线名录、坐标位置及分布示意图等资料上报省联席会备案工作，新的公务码头布局方案完成；内河岸线方面，完成全市内河12处砂石码头清理工作，为保证重点项目材料供应，市联席办同意在螺山镇、瞿家湾镇、小港管理区各设置1处临时作业码头。

安全应急管理。采取加大日常巡查频率、定期开展安全大检查、常态化开展培训和应急演练活动等方式，督促企业履行安全生产主体责任，确保企业各项生产活动均按行业规范和要求进行。此外，8个挂牌隐患全部整改销号。重点项目质量安全方面，督促工程施工企业科学制订施工计划，严格按照安全生产制度开展施工，同时安排技术专班对材料入场、施工工序、工程验收等环节进行实时管控，确保工程质量安全始终处于可控状态。全市水陆交通安全态势平稳，全年未发生一例安全责任事故。

（汪伟）

荆门市交通运输

【概况】 至2020年底，全市公路通车里程16217.72公里，路网密度131.43公里/百平方公里。其中一级公路418.16公里、二级公路1530.39公里、三级公路1177.20公里、四级公路12775.41公里、等外公路316.56公里，等级公路15901.16公里，等级公路比重达到98%；按行政等级分为国道644.58公里、省道965.61公里、县道1927.24公里、乡道5037.49公里、专用公路26.49公里、村道7616.31公里。全市通车里程中有铺装(高级)路面里程14024.537公里，其中水泥混凝土路面11954.27公里、沥青混凝土路面2070.27公里；简易铺装路面(次高级)里程917.81公里，未铺装路面(中级、低级、无路面)里程1275.37公里。有公路桥梁1452座47848.52延米，其中特大桥2座3367.2延米、大桥61座11054.05延米、中桥227座12452.85延米、小桥1162座20974.42延米；危桥165座3916.74延米；隧道2道5279延米。公路渡口6处。境内有通航水域12处、航道27条，通航里程458公里，省级重要港口2个，港区5个、生产泊位19个。客运站41个，其中一级客运站1个、二级客运站6个、三级客运站3个、四级客运站10个、五级客运站21个。

基础设施建设。全市完成交通固定资产投资42.35亿元，为年度目标的112.5%。其中公路建设投资35.57亿元，站场投资3065万元，物流投资6.23亿元，港航建设投资2362万元。全市26个交通重点项目快速推进，枣潜高速公路荆门段通车运营，207国道主线贯通，荆宜高速公路荆门南恢复运营，襄荆高速公路荆门北段改建工程签订征迁协议，荆门城区三环线平交道口改造工程动工建设，347国道、342省道等重点项目有序推进。在全省率先采取设计施工总承包建设模式，全面启动公路桥梁三年消危行动。完成钟祥港船舶防污染在线监管系统工程、钟祥港水上垃圾回收及配套设施工程、港口岸电设施工程建设，有序推进碾盘山枢纽通航安全保障设施工程。

“四好农村路”建设。全市建成撤并村公路200公里、提档升级1580公里、安全防护工程897公里。全域开展“四好农村路”示范创建，“路长制”全面推广，钟祥市被确定为全国农村公路管养体制改革试点。新增省级示范乡镇4个，钟祥市、掇刀区、京山市申报创建全国、全省示范县。全市全年争取省级农村公路补助资金3.54亿元，地方政府配套农村公路养护资金5410.55万元。对全市农村公路破损情况进行普查、逐一登记建档，修复完成223.6公里。印发《关于对农村贫困劳动力实行公益性岗位托底安置的通知》《乡村道养护员公益性岗位考核管理办法(试行)》，对岗位设置、人员聘用，岗位职责及考核责任等进行规定，全年全市交通运输部门落实公益岗位639个。

运输服务。全市全年完成公路客运量706.09万人次、旅客周转量4.93亿人公里，比上年分别下降61.50%、60.32%；货运量2719.22万吨、货物周转量83.94亿吨公里，比上年分别下降24.17%、31.89%。全市有道路客运业户112家，客运企业49家，客车1870辆；道路旅游客运企业12家，客车133辆；道路客运班线747条，其中省际班线37条、市际班线168条、县际班线121条、县内班线421条。新能源汽车(燃料类型主要为天然气、油气混合、纯电)2235辆，其

2020年8月25日，钟祥汉江大桥维修工程完工

中客车21辆、货车160辆、出租汽车1472辆、其他车(含教练车)582辆。全市普货运输企业195家，运输业户10909家，普货运输车辆20580辆；道路危险货物运输企业41家，危货运输车辆3396辆。全市有公交车辆1028辆，新增新能源公交车47辆，营运线路94条，营运线路总长度1543.8公里，客运量7645.8万人次。农村客运线路304条，客运车辆911辆，行政村通车总数1308个，农村客车通村率100%。全市有驾培机构37家，其中一级驾培机构1家、二级驾培机构14家、三级驾培机构22家，注册教学车辆1255辆，教练员1365人。全市道路运输持证从业人员49349人。有一类维修企业29家、二类维修企业156家。全市备案联网机动车综合性能检测机构14家，其中新增2家。全市在册营运货运船舶100艘、70428载重吨，功率21171.5千瓦。在册营运客运船舶17艘。全年完成港口吞吐量341.22万吨、集装箱6664标准箱、客运量6.48万人。新增运力4艘、3861载重吨，完成船舶建造检验13艘、营运检验235艘次、审查船舶图纸4套。

码头治理。督察关停取缔钟祥南湖临时砂石集并中心，规范提升钟祥港转斗综合码头，督促汉江沿线地方政府补植复绿岸线。船舶防污染4G在线监控平台启动试运行，船舶污染物回收码头建设基本完工，保障汉江生态环境和岸线高效利用。

公路管养。全市有县级公路养护单位6个，养护公路管理站及道班72个，固定超限检测站5个。全年完成大修118.85公里、中修67.64公里。完成公路安全防护工程29.9公里。完成危桥改造7座，京山保台线艾河桥设计图上报待批复；建成公路管理站4个、停车区6个、公路厕所3个。

路政管理。全市设有5个路政大队和1个路政中队，有8套不停车检测系统、3套电子抓拍系统全部启用。固定治超站和临时治超点均配备超限检测设备、卸货设备。全年拆除各类广告、店名牌等非公路用标牌、标语1951块，清理堆物占道272处3632平方米，查处路损案件92起，查处率100%，结案率100%，执法文书使用率100%。全年检测超限运输车辆47075辆次，查处超限运输车辆3011辆次，卸货61015吨；割除非法加高墙板43辆。

安全应急管理。开展复工复产安全排查、公路安全生产专项整治三年行动等，全年排查安全隐患19处，下发安全隐患整改通知书5份；启动应急预案，排查处置各类灾情，收集、发布较大灾情信息142条。组织开展工程质量安全综合督查、质量安全专项排查、工程实体质量抽查，加强质量安全生产情况有效监管，下发质量安全通报、整改安全隐患及相关问题150余条。开展道路运输行业安全生产隐患排查，检查道路运输企业16家，发现安全隐患20余起，即行整改10余起；加强防汛抗旱值班值守，严格实行24小时领导带班制和值班报班制度，做好防汛救灾应急保障工作。检查各类船舶881艘次、水运企业6家、涉水施工工地5家，发送预警信息650余条；排查安全隐患6起，完成整改6处。水上安全态势持续平稳，全市船舶安全面100%，辖区水域安全无事故。

文明创建。开展城区出租汽车驾驶员和公交司机文明服务轮训，组织开展"关爱残疾人朋友""爱心助考""扶贫带货"等活动。荆门市交通运输局获全国交通运输行业文明单位、湖北省文明单位、荆门市文明单位称号。局直所有单位均被评为省、市级文明单位，市道路运输管理局获"全国交通运输行业文明示范窗口"。涌现出全国最美公交司机宁飞、全省防疫先进个人彭元月及"荆门好人""道德楷模"等40余人。

(赵津津　韩青)

2020年4月14日，汉江首艘航道抢通疏浚船边抛疏浚作业

【京山市】 至2020年底，全市公路通车里程3359公里，路网密度147.51公里/百平方公里。其中高速公路115.22公里、一级公路88.32公里、二级公路439.01公里、三级公路143.73公里、四级公路2318.25公里、等外公路254.47公里；按行政等级(不含高速公路)分为国道149.733公里、省道342公里、县道382.13公里、乡道1282.09公里、村道1087.83公里。客运站12个，其中二级客运站1个、四级客运站6个、五级客运站5个，货运站1个。

路网规划。着力构建"一道、两环、两网"交通新格局。高标准规划升级改造京宋公路，打通"一主两副"快速通道；升级改造240国道与347国道绕城段，形成城区大外环；打通镇与镇之间断头路，构建市内15个镇区公路大循环；实现国省干线内通外联，市乡公路成网连片，村组公路安全通畅，构建京山全域旅游网、区域现代物流交通网。

基础设施建设。262省道仁曹线二级公路建成通车。完成347国道路面基层铺筑11公里、327省道路面铺筑6公里。北环线完成施工招标挂网。六随线路基全线贯通，完成六房至祁家段路面6公里，在进行祁家至随州交界处路面基层施工。绿林外环线美人谷至停车场路基全面贯通，停车场至坪客线300米施工中。农村公路旅游大环线完成杨集王家冲至李家冲段路基工程7.5公里、路面基层4公里。石龙镇成功入选省级“四好农村路”示范镇。围绕精准扶贫、全域旅游、乡村振兴等重点工作，安排农村公路项目333个、资金7431万元，落实农村公路养护公益性岗位263个、资金150万元，安排扶贫项目44个、资金1218万元。京山市政府办公室印发《京山市农村公路养护管理办法》。

公路管养。2020年，排查安全隐患38起，现场整改38起，完成公路大修71.797公里，中修44.711公里，完成大观桥、蒋畈桥、龙湾滩桥3座危桥改造。对京宋公路猴子坡、武校等“黑点”路段进行重点整治，完善安防设施，完成安全隐患整改销号。“455”公路安全生命防护工程全面完成。国省干道完成后续安全防护工程2.56公里，农村公路完成安全防护工程1122公里。

运输结构转型。2018年6月与武汉铁路局联合开通石料等矿产品货运专列，累计运输大宗货物170万吨，碳排放较公路货运减少80%；使用节能环保城市公交车达100%，交通部门累计给予资金支持800万元。引导和鼓励农村客运采购“绿色”车辆，逐步完善城乡公交一体化与绿色出行；积极引入运输新业态，探索新的运输方式，推广网络客运和道路网络平台货运，支持网约出租汽车、甩挂运输等新模式，发展定制班车、旅游包车等新业态。

农村物流。29家规模物流企业全部退城入园，以金瑞物流园为中心，辐射14个镇区的城乡物流配送体系日益完善。为补齐镇级物流短板，按照产权不变、乡镇主导、部门补贴、市场化运作、专业公司经营的办法，将撤销的交管站改造为镇级综合物流中心，融合公交、客运、快递、物流、客货运服务、电子商务等多种功能。石龙镇物流中心建成投入使用，孙桥镇完成主体工程改造，钱场、永隆、杨集等镇在规划沟通中。

道路安全管理。客运、危货运输车辆实现实时动态监控全覆盖，其中安装4G动态监控客运班线车辆106辆、旅游客车13辆、危货运输车辆5辆、12吨以上货车121辆，全市农村客运车辆222辆，实现客运车辆、危货运输车辆动态实时监控全覆盖，交通运输系统连续18年无重大安全生产事故。运政出动执法人员2200余人次，组织专项检查112次，纠正违规经营500余起，处罚违规车辆15辆，暂扣非法营运出租汽车16辆次，发布客运企业诚信“红黑”榜7期。组织路政、运政、交警部门开展联合治超执法，严格实施“源头管控”和“一超四罚”，智慧矿山建设全面推进，开通治超无人检测系统。处罚源头矿山企业4家，查扣超限超载车辆150余辆，卸货4523吨。杜绝境内严重超载的四轴车辆，石料运输车辆向节能环保转型。

疫情防控交通保障。疫情期间交通牵头负责市指挥部交通组工作职能，配合做好全市道路交通管控，坚守高速公路进出口和国省干线公路卡点，指导督办农村公路卡口设置和管控，调度防控物资运力保障。安排7辆公交车，为内蒙古医疗队和大型超市提供通勤保障。京山市交通运输局被荆门市委市政府表彰为抗疫先进集体。

（张红平）

【沙洋县】 至2020年底，全县公路通车里程2869.76公里，其中一级公路66.25公里、二级公路244.75公里、三级公路292.92公里、四级公路2255.29公里、等外公路10.55公里；按行政等级分为国道97.50公里、省道215.15公里、县道384.19公里、乡道886.47公里、村道1286.45公里。内河航道通航里程94公里，港口1个，生产性码头泊位6个，渡口10个。客运站6个，其中二级客运站1个、三级客运站1个、四级客运站3个、五级客运站1个。

基础设施建设。全年完成交通建设投资近11亿元。完成348国道沙洋汉江公路二桥、348国道沙洋城区绕城公路、342省道沙洋至五里段改扩建工程、223省道沈集至桥河段改建工程、311省道沙洋城区至后港段改扩建工程年度建设任务。完成207国道沙洋段一级公路改建工程年度协调服务工作。完成荆门处洪荆线、钟荆线与348国道沙洋城区绕城段交叉处（工业七路）管道改迁工程。建成沙洋新港物流园一期项目，完成建设投资2.4亿元，完成仓储区、堆场、园区道路、办公大楼及附属设施建设。建成

2020年，沙洋县实施农村公路提档升级工程，将扶贫产业、旅游基地聚点连线。图为潘集湖农村公路

城区公交站牌132个、站亭2个，投资新建曾集新能源公交车充电站1个，建成城乡公交车站亭(棚)30个。《沙洋港总体规划》修编工作取得进展。沙洋港中心港区锚地和沙洋、马良砂石集并中心(点)项目前期工作全面启动。

农村公路建设。投入5000万元，建成撤并村通畅公路21.48公里、通村公路窄路面加宽47.3公里、农村公路“455”安全防护工程157.34公里。加大“四好农村路”建设，曾集镇争创全省“四好农村路”示范乡镇，加大示范路建养里程51.4公里。

运输服务。全年完成公路货运量498.2万吨、货物周转量9645.2万吨公里，比上年均分别下降54%；完成旅客运输量192.1万人次，比上年下降65%；城市公交周转量324万人次，比上年下降40%；出租汽车旅客周转量724万人次，比上年下降9.7%。完成水路货运量134.4万吨、货物周转量18392.7万吨公里，比上年分别下降13.5%、14.6%。

公路管养。全年投入5000余万元，完成266省道文沙线大修2公里、311省道分当线中修12公里、342省道河溶线草场西段中修6公里、207国道五里集镇段大修4公里，完成荆新线李市至东风桥隔离防护工程15公里，修补列养公路路面坑槽2.65万平方米、沉陷车辙4万平方米，更换补栽公里碑、百米桩480块，补植公路行道树3000余棵，清除违法占路经营屋亭、摆摊设点77处，拆除非公路用标牌625块。出台《沙洋县农村公路养护管理办法》《沙洋县农村公路“路长制”实施方案》，建立县、镇、村三级路长制养护管理体制，做到农村公路养护工作规范化建设。结合美丽乡村建设、农村人居环境治理，采取专职管养与兼职管养相结合、群众养护与专业养护相结合、常年养护与季节养护相结合等方式，探索、推行和完善委托养护、合同养护、分片定人包路养护等多种养护模式，对全县农村公路进行管养。开展公路桥梁“三年消危行动”，对农村公路桥梁进行排查、登记建档、完善数据库，完成2座国省公路危桥加固、10座农村公路危桥改造。

2020年6月4日，沙洋县路政执法人员开展路域环境整治行动

运输市场监管。持续开展“打非治违”行动，整治道路运输、城市公共运输、水路运输、驾培维修等非法营运行为。组织运力为疫情期间没有停产的明弘、洪森等5家企业外运货物8.5万吨、集装箱运输312标准箱。做好大件货物运输服务，为湖北明叶公司运输风力发电设备护航24次。组织旭冉、永盛2家客运企业，落实包车服务100余车次，服务复工返岗1万余人员。收购城区原私营环城车40辆，新购新能源公交车40辆，完成公交车公车公营。全面提升公交服务水平，所有公交车安装智能调度一体机、高清摄像头实时监控、一键报警智能语音报站系统、电子路牌、LED广告宣传大屏等配套服务设施。应用“掌上公交”微信小程序和App。开通公交IC卡服务，办理老人卡、学生卡、爱心卡3000余张。优化公交线路布局，增设公交线路，合理调整运营时间，方便群众出行。

路政管理。路政、运政、交警联合开展治理超限超载行动，检测货车8660余辆，查处超限车辆560辆，卸货2.56万吨，开展治超“零点行动”80余次。

安全应急管理。开展“安全生产楚天行”“安全生产月”行动，加强重大节假日、月(季)度安全生产检查和隐患整改。全县1216辆客、货运输车辆完成4G动态视频监控，严格落实违规闭环处理基本规范。开展危货运输领域安全生产专项整治，排查安全隐患21处，整改21处。开展国省、农村公路安全隐患排查整改，完成234国道沙洋至李市段交安工程、汉宜线沙洋至官垱段安全隐患问题整改。加强水上安全巡查，排查整改隐患15起，及时疏浚整改汉江张集航段碍航问题。联合公安交警、消防安监等部门，举行交通安全应急救援演练。

(王寒月)

【钟祥市】 至2020年底，全市公路里程6170.43公里，路网密度141公里/百平方公里，其中一级公路52.18公里、二级公路471.88公里、三级公路501.71公里、四级公路5096.45公里、等外公路48.21公里；按行政等级分为国道215.72公里、省道281.63公里、县道614.93公里、乡道1805.21公里、村道3226.45公里、专用公路26.49公里。内河航道通航里程144公里，港口1个，生产性码头泊位14个，渡口29个。客运站5个，其中二级客运站2个、四级客运站3个。

基础设施建设。全年完成交通固定资产投资25亿元，比上年下降10%。8月1日，枣潜高速公路荆门段全线通车。347国道钟祥段改扩建项目九里杨桥至冷水湾堰段交工验收，东桥至九里杨桥段路面施工全面展开。482省道丰北线完成全部桥梁、沟涵建设，启动丰乐起点段5公里征地拆迁。266省道文石线完成路基、过渡路面、桥梁、涵洞工程。234国道钟祥绕城段项目启动起点段、敖河大桥、枣潜、武荆铁路下穿等节点段路基施工。327省道京山三阳至钟祥客店公路钟祥段改扩建工程签订总体合同。洋梓肖山至客店邵集公路改建项目启动洋梓至枣潜高速公路互通段前期工作，工程可行性研究报告获批复，完成初步设计评审及修编工作。8月13日，丰乐汉江公路大桥正式开工，采取PPP模式融资建设，完成拌和站、工地试验室、施工便道、钢栈桥、项目部办公区等临建工作。完成新建农村公路109公里、路面刷黑11公里，建设桥梁31座，打造"四好农村路"示范线400公里。《钟祥港总体规划修编(2017—2035)》经省政府批复实施。明确浰河港区项目建设模式，推进浰河港区项目前期申报，启动水上污染物回收码头建设。航道应急维护中心正式开工，启动4艘碾盘山水上交通安全监管新建船舶。公路换乘中心主体工程完工，南湖公交站场基本完工，启动火车站公交停车场、中农联公交

2020年4月26日，钟祥柴湖镇创建"四好农村路"示范乡镇。图为鱼池村农村路

回车场项目前期工作。完成凯龙八达物流项目一期建设，公路、铁路、仓储部分投入试运营。

"四好农村路"建设。侧重"帮扶带动产业发展、农村道路信息化管理、完善物流网点建设"创建思路。打造"四好农村路"示范乡镇，完成东桥镇全省"四好农村路"示范乡镇创建工作；开展柴湖镇"四好农村路"示范路网建设，提升打造示范路63.4公里，其中支持红卫、罗城产业发展道路8.8公里，鱼池、前营乡村振兴道路9.4公里，打造提升东湖、红旗、移民新城等片区示范路45.2公里。按照"夯实公路基础、美化路域环境、提升服务品质、助推乡村振兴"思路，加快公路提档升级，完成农村公路窄路面加宽561公里。优化路网结构，完成县乡道改造8.6公里。助推钟祥市创建"四好农村路"全国示范县。

疫情防控运输保障。疫情期间调度出租汽车220辆次、公交车135趟次，转送治愈、隔离排查、经排查无恙人员返家2282人次。安排6辆公交车保障一线医护人员通勤，接送医护人员11930人次。服务蒙古医疗队、同仁医院救治新冠病人医护人员，运行1035趟次、8544人次。服务绿色通道畅通，落实交通运输部"一断三不断"交通管控原则，规范疫情管控(卡)点设置，保障应急救灾车辆、冷链运输车辆、人民群众生产生活必需品运输车辆600车次。保障荆门市盈德气体公司原料运输，水路运送6000吨发电用石灰石至国电汉川发电公司。保障农资保供企业新洋丰农业公司72TUE、散装2500吨硫磺，4900吨硫精砂原材料及时进厂。携车队到河南省接回船员88人返船。

2020年9月4日，347国道钟祥市冷水镇铜钱山水库双向通车

脱贫攻坚。重点扶贫柴湖镇交通基础设施建设，新建柴湖花卉基地红卫、罗城片区8.8公里产业路，鱼池、前营片区9.4公里乡村振兴路，并对新联、大同、群益、关山等村主要道路进行加宽21.4公里。配合市发改、财政、移民等单位加强后续扶持，全面摸排全市集中搬迁安置点连接道路，

2020 年 7 月 29 日，347 国道钟祥文集段通过交工验收

整改存在的道路未硬化、破损明显等问题，确保全市所有集中搬迁安置点均通硬化路。

公路管养。完成国省干道兴阳线、分当线、客潜线 69.08 公里、磷矿镇蛮洲线、石沈线、福许线等 46127 平方米大中修任务。完成国省干线路肩整修 14.55 万平方米，平整车辙 57030 米，清理水沟 103.5 公里，清障 7993 处；完成路面补坑槽 3279.5 平方米，开槽灌缝 3.2 万米，清理山体滑坡 226 立方米。完成兴阳线上郭家嘴桥、青龙坡桥及钟铁线小铁路通道桥改造工程。完成汉江大桥维修加固。马湾大桥建设完成项目前期工作。配合第三方机构对全市 413 座农村公路桥梁进行普查，检测出危桥 67 座，计划分 3 年完成消危工作。加强农村公路养护，设立护路员公益性岗位 156 个。

路政管理。重点治理路面、源头超限超载车辆管控及货物抛撒工作，开展零点行动 50 余次，巡查重点源头企业 107 家次，检测车辆 9390 辆次，查处超限超载运输车辆 524 辆次，卸转货物 4680.43 吨。切割车辆加高墙板 33 辆次。停业整顿违法企业 4 家，违法企业罚款 6 万元，并通过电视媒体对外通告 7 天。参加胡集区域扬尘治理百日攻坚行动，查获车辆违法行为 255 起，查处改型车 19 辆，卸货 1239.29 吨。堆场治理及涉矿整治企业 73 家，其中整改达标企业 2 家，清空土地 23 家，土地执法立案 22 家，“两断三清” 26 家。加强农村公路路域环境整治，制止、劝返超限运输车辆行驶农村公路 300 余次，处理损坏农村公路路产案件 3 起，利用车载喇叭宣传路政法规 2 次。

行业监管。办理执法案件 95 件，罚没收入 55.3 万元，并录入“两法衔接平台”。办理道路运输车辆年审客车 430 辆次、货车 6866 辆次，审核旅游包车业务 172 辆次、道路运输从业人员质量信誉考核 5063 人次、继续教育 2222 人次。机动车维修企业备案 2 家次。加强水上交通安全监管，梳理钟祥港籍长期逃避海事监管船舶 159 艘，其中纳入船舶休眠库和灭失、拆解船舶 55 艘，不需注册不需报告趸船 8 艘，公务船艇 8 艘，渡口渡船 19 艘，运输船舶 65 艘，工程船舶 4 艘，完成正常营运船舶录入电子报港注册和船籍国监督检查报告系统。

交通信息化。加大船舶集装箱运输扶持力度，帮助运输企业申领集装箱运输补贴。加快推进凯龙八达公、铁、水联运普通货物仓储物流项目，公、铁物流项目投入试营运。推进钟祥市智慧交通项目建设，制定运维管理规范建设、数据资源建设、应用系统建设、支撑环境建设等规划，启动交通运输“一张图”管理系统、公共交通管理系统、交通运输综合管理系统、交通运输监测与预警系统、交通运输应急指挥调度系统、交通运输辅助决策系统、办公会商决策系统、畅行钟祥公众服务平台、交通信息管理与运维系统等项目前期工作。

安全应急管理。对全市国省干线、农村公路桥梁中存在安全隐患的 67 座桥梁，拟定 3 年整改消危方案。全面检查客货运输、维修检测、驾驶员培训、客运站等四大行业安全生产，检查企业 480 余家次，排查道路客货运输车辆近 1000 辆次，排查安全隐患 62 起，现场整改 20 起，下达安全隐患整改通知书 33 份。加强春运、疫情、安全生产月、汉江秋汛等特殊时期船舶安全监管，对全市 3 家水运企业、4 家港口企业、11 处乡镇渡口及碾盘山、丰乐大桥施工水域开展水上交通安全专项检查，发现隐患 2 起，限期整改 2 起，行政处罚 6 起。

（李凤琴　宋昌进）

【东宝区】 至 2020 年底，全区公路里程 2036 公里（含漳河新区），路网密度 157 公里 / 百平方公里。其中一级公路 74.71 公里、二级公路 272.00 公里、三级公路 133.41 公里、四级公路 1552.55 公里、等外公路 3.33 公里；按行政等级分为国道 114.58 公里、省道 78.84 公里、县道 338.37 公里、乡道 675.35 公里、村道 828.86 公里。内河航道通航里程 13 公里，渡口 3 个。四级客运站 1 个。

基础设施建设。207 国道子陵公铁立交桥拆除重建工程，完成西半幅老桥拆除，8 根钻孔桩、2 根人工挖孔桩桩检、台帽盖梁施工及钢箱梁顶推工作。襄荆古道仙居至柏坪段改扩建工程，完成全线 7 座桥梁工程、路基土石方工程及石灰渣石垫层，完成水稳底基层 30 公里、水稳基层 20 公里、稀浆封层 15 公里；襄荆古道柏坪至栗溪段改扩建工程，完成全线路面病害处置、水泥稳定碎石基层摊铺、沥青下面层摊铺施工及交通安全防护工程。438 省道荆门仙居至宜城刘猴东宝段改扩建工程，完成全线路基土石方工程、黄聂桥桥梁工程建设，及路面排水沟工程，完成渣石垫层 4 公

2020年5月18日，331省道钟铁线石桥驿至仙居段灾毁恢复重建（大修）工程完工

里。完成县乡道改造计划19.6公里、组组通建设57.32公里、撤并村公路建设38.05公里，完成公路提档升级30.8公里，完成破损路面修复104.575公里，完成水毁重建7.75公里，完成“455”公路安全生命防护工程116.4公里。对103座农村公路桥梁进行普查，其中34座被评定为四、五类危桥，全部纳入省交通运输厅“三年消危”改造计划，在进行项目前期工作。

公路养护。完成207国道蔡家嘴1号桥、子陵公铁立交桥、347国道许旺口桥3座危桥拆除重建工程。投资1900余万元，347国道、207国道、331省道、438省道实施波形钢护栏、护栏基础加固、挡土墙、标志牌、交通标线等安全防护建设，完成隐患里程108.06公里。投资7235万元，完成347国道马河至砂子岭灾毁重建、331省道石桥驿至仙居段灾毁重建、南栗线罗集至柏坪段大修工程。完成辖区300公里农村公路养护工作。

安全应急管理。对辖区6个乡镇34条县乡村道129.26公里农村公路进行安全隐患排查。完成“455”公路安全生命防护工程116.4公里。其中，安装波形梁护栏26372米，设置道口标注416个、广角镜4个、限速禁令标志牌81个、减速让行标志15块、警告标志216块、减速带534米。开展“平安创建”“打非治违”等专项行动，督促辖区内4家一类维修企业、32家二类维修企业、15家三类维修企业、6家驾培机构落实企业安全生产主体责任。落实“两客一危”动态管理工作流程，开展专项整治三年行动排查整治工作，完成辖区内“两客一危”及较大普货运输企业质量信誉考核，辖区运输企业达到AAA以上标准9家、达到AA标准12家、达到A标准3家。开展维修、驾培行业消防知识培训讲座与消防安全演练。以运输企业、在建工地、营运普货和危化品运输车辆、客运站场等为重点，开展安全检查18次，排查安全隐患25处，全部整改完成。组织交警、城管、交通等执法部门开展全区道路交通环境综合整治6次、“零点行动”28次，重点打击辖区超限超载、车辆改型、货物抛撒等违法行为，检查车辆2795辆次，卸货127辆次，卸转货物1971.25吨，处罚改型车辆71辆次，处罚未覆盖油布74辆次。

（周婷　肖豆豆）

【掇刀区】 至2020年底，全区公路里程1354.20公里，路网密度236.75公里/百平方公里。其中一级公路127.82公里、二级公路37.54公里、三级公路84.44公里、四级公路1104.40公里；按行政等级分为国道67.05公里、省道4.10公里、县道158.37公里、乡道319.24公里、村道805.44公里。

基础设施建设。全年完成交通固定资产投资6418万元，比上年减少16%。完成207国道乌海线掇刀段大修工程7.2公里，投资1772万元。投资3781万元，建设“四好农村路”126公里，其中通组公路29公里、提档升级工程41公里、安全防护工程56公里，危桥改造2座，建成蔡院村等现代都市农业圈产业路8.9公里。

运输保障。全区从事道路运输企业207家，其中危化品运输企业27家、普货运输企业177家、客运企

2020年2月15日，东宝区琵琶洲公路养护人员为马河段道路撒盐除雪保畅

2020年8月31日，207国道掇刀区团林集镇段大修工程竣工通车

业3家。营运车辆7268辆，其中普通货运车辆4535辆，危化品运输车辆2733辆。开通农村客运线路22条，覆盖全区73个行政村，建设候车亭33个、招呼站77个、约租牌14个，通村客车覆盖率100%。机动车维修企业101家，其中一类维修企业15家、二类维修企业62家、三类维修企业24家。年维修及保养量可达20万辆次，占荆门市中心城区汽车维修业务70%以上。驾驶员培训机构7家，教练车375辆，教练员227人。

物流发展。全区规模物流企业13家，实现业务总收入10亿元，年均增长7%；从业人员数4500人，年均增长6%。全区AAAA级物流企业7家。全区物流业初步形成以骨干大企业为龙头，中小型企业为主体，梯次发展，集群共进的格局。荆门国际内陆港启动建设，荆门保税物流中心(B型)正式封关运行。一批物流企业(园区)项目规模壮大，带动货运枢纽及区域转运物流中心建设，在各物流产业带之间有效衔接物流通道，发挥各种运输方式组合效率和整体优势，按照“货运无缝衔接”原则，积极发展综合性物流园区。

公路管养。以“畅、洁、美、安”为目标，开展列养公路养护。全年完成清挖边沟860公里，整修路肩1200米，沥青路面坑槽修补93.62平方米，春季药物除草167公里，人工修整长草926公里，清除路面堆积物7560平方米，桥涵养护1670次。投入20万元，在南三环合星村修建可持续循环使用加水点，提高水资源利用率，洒水车冲洗路面频率比上年提高35%。为巩固“四好农村路”建设成果，创新管养模式，依托现有国省干线公路建设养护中心标准化生产设备、生产技术、生产工艺对全区县乡道实施专业化养护，保障列养公路整洁、安全、畅通。

路政管理。重点对三环线公路沿线摆摊设点、堆物占道、非公路用标志牌等路域环境进行整治，拆除公路上违法架设通信铁塔1座，清理除固定及移动式非公路用标志牌33块，整治摆摊设点7处，查处带泥上路污染车辆5辆。超限超载治理。因207国道改扩建，团林超限检测站执法区域站房及设施全部拆除，区治超办在东三环、西三环、207国道团林互通开展路面治超，采取联合治超、源头治超、科技治超，常态化开展“零点行动”，全年开展“零点行动”50次，检测查处超限车辆1324辆，卸货18530余吨，督促车辆覆盖油布32辆，整治非法改装车辆8辆。

行业监管。强化安全责任，年初与运输、维修企业签订安全生产目标责任书，督促企业建立健全安全生产主体责任制和安全保障措施。加强源头管控，严把企业资质关，严把从业人员资格关，严把车辆安全运行管。利用车辆远程视频监控系统监管平台，加强车辆运行过程中的监管，配备专人监控，建立监控台账，及时纠正和处理违法违规行为。开展“散乱污”企业专项整治工作，重点对雨田小区13家维修门店进行专项整治。巡察辖区内涉及从事喷烤漆业务维修企业50余家，责令整改6家，关停1家维修店烤漆房。

安全应急管理。加大安全生产检查力度。日常检查和专项检查相结合，每月开展一次交通运输领域安全检查，加强春节、五一、中小学复学等重点时段、重点节点安全检查工作。结合“三查一访”活动重点开展安全生产隐

2020年5月29日，荆门高新区·掇刀区道路交通环境综合整治行动启动

2020 年 6 月 17 日，举行全区危险化学品运输泄漏事故应急演练

患排查整治、打非治违、扫黑除恶专项行动，针对排查出的 33 处安全隐患，均建立整改台账，实行“销号”管理，完成整改 29 处，需长期整改 4 项。组织观摩危化品运输事故应急处置演练，增强从业人员公共安全意识和防灾避险能力，提高应急救援处置能力。

（张康妮）

【漳河新区】 至 2020 年底，全区公路里程 885.18 公里，路网密度 179.2 公里 / 百平方公里。其中一级公路 39.43 公里、二级公路 15.50 公里、三级公路 125.31 公里、四级公路 704.94 公里；按行政等级分为国道 27.71 公里、县道 105.15 公里、乡道 148.71 公里、村道 603.61 公里。内河航道通航里程 175.50 公里，旅游码头 1 座，渡口 3 个。

基础设施建设。全年完成交通固定资产投资 2.11 亿元，比上年下降 26.2%。改造县道一级公路 6 公里，新建通村公路 23 公里，实施乡村道路提档升级 21 公里，完成农村公路安全防护工程 150 公里，改造农村公路危桥 1 座。开展农村公路路域环境整治，实施县乡公路大修改造工程，打造美丽农村路示范线 2 条。

安全应急管理。开展交通运输领域安全生产检查 35 次。重点排查临水、临崖、急弯、陡坡、危桥等危险路段，查出安全隐患路段 95 处，全部完成整改。开展旅游船舶安全、港口疫情防控、污染防治等专项检查 19 次，检查船舶 246 艘次，查出安全隐患 10 处，全部完成整改。组织船员、安全员开展安全知识教育培训 2 次，组织水上交通安全应急救援演练活动 2 次，实施辖区重要活动水域护航管控 16 次。开展在建工程施工现场质量安全专项检查 12 次，查出隐患问题 15 处，全部整改完毕。投资 260 万元，对辖区内 150 公里道路安全隐患路段完善安全防护设施建设。

（赵凌志）

【屈家岭管理区】 至 2020 年底，屈家岭管理区公路通车里程 543.55 公里，其中一级公路 8.87 公里、二级公路 65.19 公里、三级公路 21.01 公里、四级公路 448.48 公里；按行政等级分为省道 43.90 公里、县道 49.26 公里、乡道 69.12 公里、村道 381.27 公里。二级客运站 1 个。

基础设施建设。中国农谷 · 屈家岭长滩生态农业循环路完工通车，投资 2500 万元。三同林场至青山坡一级公路 11.8 公里，计划投资 34355.08 万元，完成路基路面 5.34 公里。247 省道屈家岭绕城公路完成路基 8 公里、路面 5.4 公里。完成屈家岭农产品物流园物流信息和金融及政府职能部门服务中心、仓储设施、园区道路、物流交易中心主体设施以及大型停车场，10 月 28 日，农贸大市场开业。完成万吨冷库项目 7 层地坪施工和钢结构及库体安装、冷库消防管道及设施器材安装。

“四好农村路”建设。针对农村公路技术等级低、路基路面窄和畅通能力严重不足等问题，邀请第三方规划设计单位编制屈家岭管理区“四好农村路”发展规划 (2018—2022)。按照规划完成提档升级 87 公里、撤并村通畅工程 22 公里、县乡道改造 1 公里。创建美丽农村路 18.89 公里，完成青木垱危桥改造。

运输保障。全区有运输经营业户 465 户，营运车辆 691 辆，其中货车 651 辆、客车 40 辆。农村客运车辆

2020 年 8 月 6 日，屈家岭管理区长滩生态农业循环路沥青面层摊铺

20辆，城市公交车16辆，公交线路5条。客运线路14条，其中跨省线路1条、跨市(州)线路9条、跨县(市)线路2条、区内客运班线2条。一类维修企业1家、二类维修企业4家、三类维修企业62家，二级维护检测中心1家。驾驶员培训学校1所，教练车25辆。

公路养护。全区公路养护里程518.738公里，其中：列养里程为43.904公里，非列养里程498.856公里；公路桥梁27座，其中列养桥梁6座，非列养桥梁21座。全年完成路基整修42.3公里、挖补坑槽5000平方米、整修路肩78.82万平方米，清运公路堆积物222立方米，清理边沟淤泥62.8公里，路树刷白26公里，清理长草3万平方米，疏通涵洞61余道。修复、补栽警示桩250根，新增标志牌5块。投资78.5万元，购置养护设备。建立养护长效机制，出台《屈家岭管理区农村公路养护工作实施方案》，进一步完善由管理区主导、区财政保障、专业养护与群众养护相结合的农村公路管养机制。全年区财政预算安排101万元地方配套资金用于全区农村公路养护。积极推行农村公路"路长制"，各办事处与社区、村、队签订养护合同。统一制作安装"四好农村路"管养公示牌、美丽农村路展示牌。加强养护巡查督办，每月对农村公路养护工作进行检查评分，评分成绩与当月养护经费挂钩。

路政管理。集镇路段整治上做到集镇、路段、路面、路肩保持整洁，垃圾清理到位，重点清理483省道军屈线和屈王线摆摊设点、占道经营、移动非公路标志、集镇段垃圾等问题。妥善处理建筑控制区内的违法筑物和地面构筑物。清理公路沿线违章建筑和占用公路等问题，清理和规范军屈线、农谷大道洗车、加水站点、非公路标志标牌等行为，保护公路路产路权不受侵害。

道路运输市场监管。严格查处客运车辆不按站点停靠、非法营运车辆等，维护道路运输市场秩序。查处客车沿街揽客、不按站点停靠2起，收缴自制班线车辆标牌5套；查处客运包车线路两端均不在车籍所在地4起；查处非法改型货车2起、货车无证经营1起；纠正教练员违规行为1起。与公安交警部门开展联合治超行动，落实路面治超"一超四罚"制度。全年开展联合治超12次，查处车辆5辆。检查辖区5家矿山企业为运输车辆进行超限超载运输配送、装载情况，严禁非法超限超载车辆出场。同时与交警、国土、综合执法局、环保等部门建立联动机制，执法检查中发现超限超载运输行为的，涉及相关部门一律电话通告，共同查处矿山企业、运输企业和运输车辆违法行为。全年查处超限超载车辆6辆，调查矿山企业1家。

法治建设。与区司法局联系，聘请专业律师当法律顾问。深化交通运输"放管服"改革，完善标准化办事指南和审批业务手册，进一步优化审批流程。推进"互联网+政务服务"，完善交通运输部行政许可网上办理平台，深化网上行政审批应用，不断提升服务效率和质量。结合交通执法和运输服务工作，通过业务咨询、发放宣传材料、电子屏、普法活动等形式宣传交通法律知识。

安全应急管理。全区道路运输实现连续20年无安全责任事故发生。年初与辖区8家道路运输企业签订安全生产目标责任书。开展节假日安全检查5次，检查安全隐患6项，下发整改通知书1份，完成整改6项。落实安全工作责任倒查制和信用评价制度。组织开展交通运输行业安全专题教育培训4次，培训人员135人次。组织开展恶劣气候路桥抢修抢通、重点场所消防应急演练、五三汽车站疫情防控演练等应急演练，通过演练提升交通应对突发事件能力。明确专人负责本单位应急工作情况报送工作。

（李红波）

鄂州市交通运输

【概况】 至2020年底，全市公路通车里程3977.74公里，路网密度249.08公里/百平方公里。其中一级公路151.26公里、二级公路219.12公里、三级公路315.74公里、四级公路2879.64公里、等外公路411.98公里，等级公路达到3565.76公里。内河航道通航里程130.01公里，内河乡镇渡口29个、渡船30艘，已建在建码头31个，生产性泊位77个，其中3000吨以上泊位36个。

基础设施建设。全年完成交通固定资产投资67.98亿元，比上年增长172%。新增鄂州公交都市项目、鄂州机场高速一期工程、燕矶长江大桥及接线工程入库。12月底鄂州至咸宁高速公路全线贯通；武汉至阳新高速公路(鄂州段)完成投资18.96亿元；鄂州机场高速公路一期工程获省发改委核准批复。106国道鄂州城区至分水岭段一级公路改建工程完工；新106国道碧石洪口桥主体工程完工，并办理交工手续。316国道泽林至樊口段改造工程、203省道城区至杨叶段改扩建和港口河桥、武黄高速公路连接线等重点工程顺利推进。湖北富地富江船用LNG加注站码头2个5000吨级LNG加注泊位初步设计和安全设施专项设计获批复，并于12月20日开工建设。续建项目葛华新城客运站完工，主体建筑工程通过验收合格。10月鄂州中心城区公交停保场开工建设，购置的105辆新能源纯电动公交车全部投入运营，完成新建或改造公交站台16处。

"四好农村路"建设。至年底，全市建成美丽农村路36.79公里，完成提档升级295.29公里，完成20户以上自然村通畅(撤并村)52.69公里，

2020年5月21日，召开鄂州市出租汽车行业“诚信服务，文明行车”主题实践活动推进会

新建农村路47.35公里，完成县乡道安全防护工程112.74公里、村道安全防护工程21公里。梁子湖区太和镇和段店镇被评为“全省四好农村路示范乡镇”。全面完成农村公路桥梁普查工作，全市行政村硬化工作全面铺开。

运输服务。全年完成道路货运量154.39万吨、货物周转量5942.63万吨公里，比上年分别增长16.58%、1.76%；完成道路客运量48.33万人次、旅客周转量2599.35万人公里，比上年分别减少56.57%、72.88%。完成水路客运量13.8万人次、旅客周转量82.8万人公里，比上年分别下降44%、62%；完成水路货运量748.23万吨、货物周转量39.33亿吨公里，比上年均增长15%。完成港口货物吞吐量2780.51万吨，比上年增长14.8%。

行业管理。完成《鄂州市港口船舶污染物接收转运处置设施建设方案》修编工作并上报市政府，以绿色智慧港口为目标，按照船舶防污染要求对沿江码头进行改造。推进“互联网+监管”，深化“双随机一公开”监管，对“两客一危”运输企业开展安全生产隐患排查治理，对运输企业安全制度落实、运输设备设施状况、动态监控系统运行、驾驶员违规信息闭环处理和客运枢纽站安检等情况进行实地检查。加强执法规范化建设，全面落实行政执法“三项制度”。对交通运输六大重点领域进行“红黑榜”管理，开展服务质量信誉考核，实施守信联合激励和失信联合惩戒。为改善群众交通出行环境，更新或新增新能源公交车125辆，联合市交通投资公司新建、改造公交候车亭34座。

环境保护。开展全市长江沿岸码头范围可绿化地块(含合法码头和取缔后的非法码头)补栽复绿工作。对长江沿线巡查每周不少于2次，制止非法码头苗头性问题2起，杜绝非法码头“死灰复燃”现象。港口船舶污染防治持续推进，按照《港口和船舶污染物接收转运及处置设施建设方案》要求，造价100万元、总吨50吨的梁子湖油污水和垃圾接收船建造完成并通过船舶部门检验发证；购置污水转运车2辆、真空吸油趸2台；船舶污染物综合接收设施进展顺利。

安全应急管理。印发《2020年道路运输安全和应急管理工作要点》，与“两客一危”运输企业和重点货运企业签订《鄂州市2020年道路运输春运安全承诺书》，与各运管所签订安全生产目标管理责任状，建立目标考核制度，进一步完善安全生产责任体系，确保道路运输系统安全生产工作有序开展。制定《鄂州市危险货物道路运输安全综合治理实施方案》，对全市11家危险货物运输企业安全风险进行评估排查，对排查出的风险安排专人挂牌督办。开展道路运输安全生产专项整治三年行动和安全生产月活动，检查车辆470辆次、企业47家次，发现安全隐患33处，提出整改意见24条，下达《安全隐患整改通知书》6份，限期予以整改。

交通改革举措。政务服务全面优化升级。做好顶层设计，落实行政审批“三集中三到位”，交通行政审批事项全部进驻市政务服务大厅，规范内部审批流程，实现“一窗受理”比例100%。加快部省专网和统一受理平台对接融合，行政审批事项“网上办”“掌上办”“最多跑一次”比例均实现100%，即办率78.05%，缩减时限比例73.68%，取消证明事项2项，加快电子证照和数据共享，减材料、减环节成效显著。建立“好差评”制度，办件好评率100%。积极推进“一事联办”和水电气接入事项并联审批。老年乘车卡入驻市民中心，年审实现速办。充值服务延伸至社区和各区，实现“就近办、帮你办”。推进“智慧公交”建设，开发“鄂州公交App”，市民可便捷查询出行线路，开通微信、支付宝、银联云闪付、美团等平台快捷支付。

疫情防控运输保障。疫情期间，围绕道路航道通畅、运输秩序平稳和人员物资应急运输安全等工作，科学决策、执行有力。投入182辆公交车、组织269辆出租汽车做好医务人员、政府公务、市民紧急出行、“四类人员”运送等重要交通保障任务，并做好有关交通出行外宣及舆情应对工作。抓紧常态化防控不放松。研究制定《交通运输行业重点场所疫情防控常态化的工作方案》，全面检查28家客运、7家规模货运企业、18家港口企业、12家水运企业、1家公交客运企业、5家出租汽车运营公司、3家网约车公司、1个一级客运枢纽站、4个公路在建工程项目。对公交站台、轮渡码头、售票厅、候车厅、候渡区等人员较集中地方全面落实防控措施。加强冷链物流运输企业管控。对全市冷链运输企业和车辆进行摸底，对许可范围中含冷藏运输的，建立摸底台账，并定期或不定期开展前度检查，降低通过冷链物流运输传播病毒的风险。

文明创建。积极开展文明单位创建工作，鄂州市港航海事局被交通运输部、人社部评为2019年度全国交通运输系统先进集体，廉政短视频《旭日东升“谦”花开》在湖北省首届“家风家训我来拍”短视频征集活动中被评为优秀作品。罗华明家庭被省妇联、省文明办授予“荆楚清正廉洁最美家庭”称号。

（汪燕）

【鄂城区】 至2020年底，全区公路里程1519.58公里，路网密度250.04公里/百平方公里，其中市政道路303.44公里、高速公路81.64公里、国道45.783公里、省道90.079公里、农村公路998.642公里。港区码头3个，生产性码头泊位5个，渡口17个。客运站20个，其中一级客运站1个、五级客运站3个，简易客运站16个。

“四好农村路”建设。完成鄂城区“四好农村路”规划，汀祖镇积极创建“四好农村路”示范乡镇，打造美丽农村路。全年下达农村公路县乡道计划19.93公里、新建农村公路计划23.10公里，争取省级补助资金1461万元；提档升级改造计划40.34公里，计划投入资金1100万元。市级下达农村公路安全生命防护工程14.32公里，其中县道公路安全生命防护工程9.6公里、补助金额48万元，村道4.72公里、补助金额33万元。

路域整治。治理国省干线占道经营行为，开展316国道杜山段沿线环境卫生、占道经营整治，与交警部门联合执法，清理非法占用道路摆摊设点12次，清理占道经营45处。经过整治，路域环境得到改善，有效保障道路通行安全。

安全应急管理。对事故易发路段和渡口等重点区域进行安全检查，全年检查督查30次，发现安全隐患6处并督促整改到位，督促渡口渡船负责人对存在安全隐患的渡船进行维修，对超龄渡工及时进行调整，将12万元渡工工资、渡口及乘客意外伤害险纳入财政预算。

（王文胜）

【华容区】 至2020年底，全区公路里程1561.37公里，其中高速公路56公里、国道24.50公里、省道39.97公里、县道158.86公里、乡道209.04公里、通村公路1073公里。

基础设施建设。鄂咸高速公路华容区段接近完工；武阳高速公路华容区段建设进展顺利，征地拆迁完成；新港高速公路全长约34.72公里，其中鄂州建设8.97公里，主线全线均为桥梁，完成前期工作。316国道鸿泰至孙彭段改造1.92公里，在原15米宽道路两侧各增加3.75米机动车道、2.75米绿化隔离带、4.5米非机动车道及4.0米人行道，改造后道路红线宽为45米，建设内容包括道路、排水、强弱电工程、绿化、照明、交通等。316国道华容街龙华路至汀桥段大修工程2.86公里。

2020年，汀祖镇打造美丽农村路，积极创建“四好农村路”示范乡镇

“四好农村路”建设。创建“四好农村路”示范乡镇，优先建设干支相连路、旅游路、产业路、扶贫路，以路兴产、以产拓路、路产融合，打造自然景观和谐相融、浑然一体的农村路网体系，协调促进全区农村公路建设管理均衡发展。2019—2020年全区完成“四好农村路”99.83公里，段店镇被评为全省“四好农村路”示范镇。

行业管理。全区80个行政村形成村村通、湾湾连的交通网，区域内到武昌客运班车37辆、到鄂州城区班车80辆，村村通客运线路24条。实现农村循环等级公路、大街小巷硬化、三级公路养护全覆盖。协助完成码头整治及超限超载等工作。

安全应急管理。实施公路安全生命防护工程，定期进行全区农村公路隐患排查，通客车、校车危险路段全部安装生命防护设施。

（王兴国）

【梁子湖区】 至2020年底，全区通车里程1199.7公里，其中国道24.1公里、省道54.9公里、县道139.5公里、乡道305.9公里、通村公路675.3公里。区域水路经九十里长港通江达海。

基础设施建设。牛宅线改扩建工程、铁东线建设工程全线通车。沼山大道路面改扩建工程基本完成，国、省干线梁子湖段沼山街至东沟镇龙塘村段美化亮化试点工作全面启动。5月港口大桥建设项目启动。区域内到武昌客运班车19辆、到鄂州城区班车41辆，村村通客运线路12条。校车33辆。

“四好农村路”建设。创建“四好农村路”示范乡镇，优先建设干支相连路、旅游路、产业路、扶贫路，以路兴产、以产拓路、路产融合，打造与梁子湖自然景观和谐相融、浑然一体的农村路网体系，协调促进全区农村公路建设管理均衡发展。2019—

2020年完成“四好农村路”453公里，全区投资5.90亿元。等级公路较“十二五”末期增加25.5%。推进“四好农村路”高质量发展，建成美丽农村路约120公里，逐步完善农村公路配套设施建设，建成陈太、沙咀农村公路交通驿站，在全省率先建设农村公路一张图及建管养系统平台。全区87个行政村形成村村通、湾湾连的交通网，实现农村循环等级公路、大街小巷硬化、三级公路养护全覆盖。新建“村村通”客运班线招呼站56个、候车棚27个。太和镇被评为全省“四好农村路”示范镇。涂家垴镇积极创建全省“四好农村路”示范镇。

安全应急管理。为加强水上交通安全，提高应急抢险处置能力，区交通局与区应急管理局、梁子湖地方海事处等部门联合定期开展水上应急演练，并联合梁子湖海事处调研考察“一线、三码头”防汛和水上交通安全。重点调研梧桐湖码头至涂镇码头共“一线、三码头”约22公里梁子湖防汛和水上交通安全工作，针对汛期降雨量大特点，及时掌握汛情和水上安全实时动态，不断增强防汛和水上交通安全应急处置能力。

道路运输管理。与区公安分局、区应急管理局、区交警大队、梁子湖运管所等部门定期开展联合执法“打非治违”行动，太和街、沼山转盘、徐山治超站等地域开展非法营运车辆整治行动90余次，徐山治超站坚持24小时治超行动。按照“政府领导，属地负责，部门联动，依法治理，确保稳定”原则，建立治理挂牌“黑车”长效机制，形成齐抓共管局面，确保整治工作常态化。

（柯文忠）

【临空经济区】 至2020年底，全区公路里程426.87公里，路网密度238.88公里/百平方公里。其中高速公路6.87公里、国道8.69公里、省道37.40公里、农村公路373.91公里。港区2个，生产性码头9个。

“四好农村路”建设。加快推进农村公路提档升级计划，确保群众出行需求。全年下达新建农村公路计划2.96公里，争取省级补助资金61万元；提档升级改造计划11.20公里，计划投资350万元。

行业管理。治理005县道临空段占道经营行为，清理沿线非法占用道路摆摊设点7次、清理临空大道垃圾6次。整治长江沿线码头10余次，规范码头有序运营管理。整治修复203省道沿线破损道路6次。设置燕矶安置小区临时停车站1处。

安全应急管理。对事故易发路段公路、桥梁、渡口等重点区进行安全排查，全年检查督查10余次，检查公交、客运、校车6次，统筹疫情和安全，加大整治力度，下发整改单2份，整改完成2个。

（郑志松）

孝感市交通运输

【概况】 至2020年底，全市公路里程18616公里，路网密度209公里/百平方公里。其中高速公路475公里、一级公路319公里、二级公路1467公里、三级公路1251公里、四级公路15104公里。普通国省道二级及以上公路比重达84%。全市干线公路路况、路容、路貌整体良好，路面技术状况指数PQI达80.71。内河航道通航里程546.8公里，其中三级以上高等级航道94.9公里、四级航道18.1公里、五级航道84.2公里、六级及以下航道349.6公里，拥有县级以上港口5个、港区8个、泊位19个，渡口138个。客运站22个，其中一级客运站3个、二级客运站11个、三级客运站3个、四级客运站5个。所辖县（市、区）至少建有1个及以上二级客运站。

基础设施建设。全年完成交通固定资产投资91.74亿元，比上年增长12.3%。其中高速公路完成24.18亿元，干线公路完成29.49亿元，农村公路（含提档升级）完成12.27亿元，“455”公路安全生命防护工程完成1亿元，公路桥梁三年消危完成1.26亿元，国省道大中修完成3.38亿元，水运建设完成1.02亿元，站场物流完成2.58亿元，农旅融合及其他项目完成16.56亿元。武汉城市圈环线高速公路大随至汉十段建成；硚（口）孝（感）高速公路二期、武（汉）大（悟）高速公路大悟段、孝汉应高速公路开工建设。316国道和107国道改扩建工程、347

2020年，107国道孝感肖港至张公堤段改建工程基本完工

国道应城市绕城段基本建成；长兴三路延伸工程加快建设。建设满足旅游快进快出及慢游体验交通网络，打造“双11”农旅养融合示范线(新增线路11条、提升线路11条)，将沿线A级景区、乡村旅游景点串点成线，完善旅游配套设施、提升道路服务管理水平、打造沿途景观形象，提档升级一批旅游公路。11条新增线路里程153公里，投资约18.8亿元，开工建设9条，其中建成双峰山至木兰景区群旅游公路等5条线路。11条提升线路里程582公里，投资10.96亿元。路长制示范线建设基本完成。全市建成农村港湾式候车亭10个、综合运输服务站5个。稳步推进物流园区建设，建成物流园区10个，全市投入运营物流园区(中心)达19个。

“四好农村路”建设。新(改)建农村公路1474公里，全市农村公路里程达16608公里。孝昌县小悟乡、汉川市沉湖镇、安陆市辛榨乡、孝南区杨店镇被评为2019年度全省“四好农村路”示范乡镇。至2020年底，全市覆盖市县两级二级以上公路网络全面建成和联通，初步形成县市(区)公路网大循环，县乡镇公路网小循环的交通格局。

运输服务。全市有道路客运车辆2228辆，其中班线客车2094辆(含农村客运车辆1507辆)、旅游客车134辆，出租汽车2313辆；有货运车辆6238辆，其中普通货运车辆5515辆、危险品运输车辆723辆。全年完成公路客运量2139.41万人次、旅客周转量10.21亿人公里，比上年分别下降63.09%、60.12%；完成公路货运量3676.14万吨、货物周转量49.68亿吨公里，比上年分别下降20.37%、27.71%。三级及以上客运站均实现微机联网售票和信息电子显示，站场服务设施进一步改善。

公路管养。开展精细养护管理年、“畅安舒美路”创建等活动，全年投入资金3.4亿元，完成大中修项目31个共计203公里。完成“455”公路安全生命防护工程3469公里，提前实现“四年任务三年完成”目标。开展路长制示范线创建活动，全年投入8.53亿元，创建7条共计142.7公里示范路。出台《孝感市公路桥梁三年消危行动实施方案》，明确用3年时间，完成全市235座四、五类公路危桥改造任务。2020年启动63座危桥改造。

运输市场监管。开展治理超限运输、整治维修驾培市场、出租汽车行业专项行动，查处违规经营维修企业，规范出租汽车经营行为，打击火车站及城铁东站周边车辆非法营运行为。推进孝感市不停车治理超限超载系统建设，全市普通公路国省干线建成16处不停车治理超限超载系统，超限率始终控制在3%以内。

低碳环保。推进运输服务绿色低碳发展，全市在营公交车923辆，其中新能源公交车526辆，占比57%。汉江非法码头治理中，累计取缔非法码头24个，督促9处规范提升码头完成建设方案评审，完成汉川电厂三期“未批先建”码头整改，关停环保设施配置不到位的城隍临时砂石集并中心，新建年吞吐量200万吨的脉旺砂石集并中心。开展岸线资源清查和整顿2510米，完成21处岸线复绿2000平方米。推进船舶结构调整，加快淘汰老旧落后船舶，推进48艘400总吨以下船舶生活污水收集处理装置设施改造；在建、拟建岸电设施11处，总投资近500万元；建成128个港口污染物接收装置，全市138处渡口131艘渡船、15处港口码头全部签订船舶污染物接收转运处置协议，营运船舶污染内河水域现象得到有效遏制。

安全应急管理。推进交通安全专项行动。在全市道路、水上交通行业全面开展安全生产“四知卡”、安全生产班前会、安全生产“责任上肩”及危险化学品道路运输企业专家驻企帮扶检查等行动，推动道路、水上交通运输企业落实全员岗位责任制，水路运输行业未发生上报事故，道路运输行业未发生一次死亡3人及以上安全责任事故。

交通体制改革。11月孝感市交通运输综合执法支队挂牌成立。设计院转企改制基本完成。湖北中南路桥改制工作基本完成。合力集团、孝客集团改革方案获批。配合有关部门做好“网上审批”“多证合一”“证照分离”“双随机一公开”监管等工作。市级交通行政权力事项由原来的259项减少到173项，累计取消86项，减幅达33%；审批环节由439项减少至316项。开展“一事联办”全省试点，办理流程由原来的3个环节精简到1个环节，办理时限压缩至4个工作日，申请材料由21份减少至17份。全市通过“一事联办”系统新开物流公司12家，发证4家。

脱贫攻坚。加快贫困村道路建设，全市14300公里农村公路养护实现全覆盖；全市23个乡、72个镇全部实

2020年4月17日，孝感外环东环线八一大桥改扩建中（万磊供图）

现二级公路通达乡镇政府驻地，实现50个乡镇有一条宽4.5米以上的通村主干道、20户以上集中居住自然村通水泥路或沥青路。定期到结对帮扶贫困村走访贫困户，开展系列慰问“暖心”活动。加大对驻点扶贫村扶贫力度，投资20万元，将驻点贫困村青石村青石大道水泥路面改造成沥青路面。加大“消费扶贫”购买力度，引导市直交通单位通过“扶贫832平台”及中国社会扶贫网湖北特色馆购买贫困地区农副产品，全年购买扶贫产品35.57万元。

疫情防控交通保障。加强交通管控，做到每车必查、每人必查，严防疫情通过车辆输入。加强疫期物资运输保障，协调公安交警部门，在交通管制期间，确保全市运输应急物资、生活物资货运车辆通行便捷。累计出动应急运输货车465辆次，投入人力1387人次。3月16日，全面启动务工人员返岗包车运输，发送客运包车1747趟次，运送返岗人员29690人。加强医务人员运输保障，出动应急运输客车842辆次，转运黑龙江、重庆援孝返程医疗队员1365名，有效保障本级医务人员及援孝医务人员出行需求。加强疫情常态化防控，落实所辖行业、所管领域以及交通行业常态化防控措施。

文明创建。合力集团被湖北省总工会授予湖北五一劳动奖状。合力安晟汽车销售服务有限公司团支部被共青团中央授予“五四红旗团支部”称号。熊海、胡波涛被评为全国交通运输系统抗击新冠肺炎疫情先进个人。

（付斌　付亚强）

2020年11月29日，316国道（419省道）孝南段改建工程完工通车

【孝南区】 至2020年底，全区公路通车里程2998.85公里，其中高速公路55.69公里、一级公路100.71公里、二级公路222.49公里、三级公路82.6公里、四级公路2038.15公里、等外公路499.21公里。境内航道通航里程210.4公里，其中府河六级航道131.1公里、澴河六级航道57.5公里、沦河五级航道21.8公里。客运站11个，其中四级客运站6个、五级客运站5个。

基础设施建设。全年完成货币工程量11.7亿元。实施11项交通工程建设，其中续建工程6个、新建工程5个。11月29日，316国道孝南段改建工程完工通车。建成北京南路市政工程主干道。107国道孝感肖港至张公堤段改建工程、硚孝高速公路孝感连接线工程、毛陈至天河机场北公路在建中。推进107国道外迁工程、硚孝连接线工程2个“涉铁”公路项目建设。采取ABO投资模式与中电建集团合作，解决槐荫大道东延伸建设资金问题。完善农村“455”公路安全生命防护工程建设。实施农旅融合示范线创建。加快新都市、锦龙、长湖等综合物流园区建设。

“四好农村路”建设。完成农村建设205公里，农村公路安全防护工程101公里。推进“四好农村路”全省示范乡镇创建工作，杨店镇被评为2019年“四好农村路”示范乡镇。全区12个乡镇实现100%的行政村村村通沥青（水泥）路、通客车目标。

路政管理。规范涉路行政许可，开展联合治超、“打非治违”专项行动，全年无安全责任事故发生。加大路域环境整治力度，沿线乡镇、相关部门齐抓共管、沿线群众参与，打造“区有路政员、乡有监管员、村有护路员”的路产路权保护队伍，营造农村公路保护群防群治良好氛围。超限超载治理。打击以路为市、打场晒粮、乱堆乱放、挖掘路肩、毁坏行道树等违法违规行为。建设不停车检测系统2处，开展路警联合治超，检查车辆405辆，查处超载84辆，卸载货物5028.2吨。清理非交通标志标牌84处，清障88处。

公路养护。全面推行路长制工作，构建覆盖全区所有国省干线、县乡道路及农村公路的区、乡、村三级路长制体系，创建“安全、通达、净美”的公路交通环境。投资8800万元，在419省道创建农旅融合示范线，打造一条“一路荷塘月色，四季鸟语花香”示范道路。集中整治路肩65.3公里，更新及完善公里碑百米桩124公里，完善示警桩及道口桩450根，清理边沟3151米，回填坑槽1398平方米，灌缝53公里，机械割草5000公里，护栏修理1550米，安装防眩板20米。清理桥梁伸缩缝325.5米，利用密封胶更换12座桥梁止水带697米。修复桥梁塌方锥坡2处，所有桥梁标志标牌齐全。管养农村公路桥梁176座，完成所有农村公路桥梁技术状况评估检测，增设限载警示牌6块。至2020年底，全区农村公路管养里程2187公里均纳入经常性管养范围，基本实现“有路必养、建即有养、养即到位”工作目标。

运输市场监管。全区有营运车辆

2020 年，419 省道孝南区农旅融合示范线建成

881 辆，其中在营货车 757 辆、客车 124 辆。客车承运人责任险投保率 100%。维修企业 28 家，其中 4S 店 18 家、品牌 20 个，综合性能检测站 1 家。有驾校 10 所。有候车亭 320 个、招呼站 149 个。新建农村港湾式候车亭 9 个，投资 28.8 万元。全年完成道路客运量 74.6 万人次、旅客周转量 1103.6 万人公里，货运量 212.6 万吨、货物周转量 8698 万吨公里。按照"政府主导、需求牵引、市场运作"原则，实施"村村通"客车工程，支持乡镇运输企业参与经营，既带动客运行业发展，也方便农村、偏远贫困村群众出行。全年对 11 个驾培机构和 26 个维修企业开展企业服务质量诚信考核工作，评出 AAA 级驾校 2 个、AAA 级维修企业 6 个。完善城乡道路客运燃油补贴管理体系，提升客运服务质量，优化农村客运网络。2020 年发放燃油补贴 288.6 万元，发放村村通亏损补贴等 90.3 万元。开展"打非治违"执法活动，加强运输市场管理。结合新冠疫情工作安排，检查复工复产运输企业，重点检查辖区 2 个危货企业和客运站、客货运输、驾培企业。查处违规经营行为 93 辆，其中非法教练车 3 辆、违规经营客车 34 辆、违规货车 56 辆。帮助物流企业解决项目审批、用地、施工等方面存在的困难和问题，为物流企业营造良好的建设和发展环境，新都市物流、锦龙物流、长湖物流等一批重点物流企业发展势头良好。

安全管理。4 月、9 月和 12 月，全区所有交通运输企业、物流园区、施工工地等开展综合检查工作，排查整治隐患 153 处，发现一般隐患 77 处，整改完成率 100%，约谈警示 8 家企业负责人。全区道路运输、水上交通、公路水运工程建设施工保持零事故，道路桥梁安全畅通，全系统无火灾事故、无突发事件发生。

脱贫攻坚。加大基础设施建设，完成农村公路建设 205 公里，其中建档立卡贫困村扶贫公路 61 个 50 公里，完成农村公路安全防护工程 101 公里。加大帮扶力度，定期组织帮扶干部到结对帮扶贫困村走访贫困户，开展系列慰问"暖心"活动。加大"消费扶贫"力度，通过"扶贫 832 平台"及中国社会扶贫网湖北特色馆购买贫困地区农副产品 13.1 万元。

污染防治。完成"两非"整治任务，全区无非法码头、无非法使用岸线。建立船舶污染防治长效机制，加强取缔渡口非法渡运监管，查处"三无"船只污染情况。在海事码头推进港口岸电设施建设，完成安装泵船专用变压器；在朱湖码头投入建设船舶污染物接收转运处置设施。加强车辆扬尘管控，督促货运车辆不扬尘、不抛撒、不遗漏，装载散体物料的运输车辆必须加盖帆布密闭运输。针对施工现场物料要求集中堆放，并采取覆盖或洒水等措施，做到不扬尘。落实干线公路清扫洒水降尘工作，定期洒水、清扫，确保公路整洁、畅通。

战疫防汛。疫情期间，完成 10 个驻点村、5 个社区、4 个城市出入口、2 个高速服务区、157 条公路、269 个卡点以及水上航道管控任务，形成联防联控第一道防线。征调应急运力 59 辆，运送 4588 趟次、人员 13787 人次、物资 1909 吨。组织 8 名出租汽车驾驶员担当 120 负压救护车驾驶员，30 名交通技术人员装卸救灾防疫物资和生活物资 760 吨。防汛期间，坚持把支部建在第一线，组建 395 人的抗洪抢险突击队，44 人 24 小时防段值守专班，圆满完成交通保畅任务。

（万磊）

【汉川市】 至 2020 年底，全市公路通车里程 4346.64 公里，其中高速公路 76.3 公里、一级公路 70.59 公里、二级公路 230 公里、三级公路 342.80 公里、四级公路 3626.95 公里；按行政等级（不含高速公路）分为国道 59.5 公里、省道 246.53 公里、县道 195.5 公里、乡道 251.42 公里、村道 3517.39 公里。境内航道通航里程 258.5 公里，其中汉江 93.5 公里、汉北河 56.5 公里、汈汊湖 108.5 公里；港口码头 11 个，砂石集并中心 2 个，生产性码头泊位 21 个，渡口 96 个。客运站 10 个，其中二级客运站 1 个、三级客运站 1 个、五级客运站 8 个。

基础设施建设。全年完成交通固定资产投资 5.6 亿元，比上年减少 0.3%。年初汉蔡快线主体工程建成投入使用，年底大桥声屏障、桥墩防撞圈等附属工程完工。完成 348 国道回龙至田二河段路基土方及桥涵等构造物建设，进入路面基层施工。高榔线至汉蔡快线一级公路连接线完成施工放线。马口镇 105 省道至 244 省道市政化升级改造、211 省道泵站河桥至城隍转盘段改扩建工程进场动工。422 省道福里公路二期工程建成，完成 244 省道马北线汉川火车站至南河段 7 公里路面大修。完成老荷沙线沉湖福星至界点界牌段 13.5 公里改造；完成

348国道武大线中修1.2万平方米。汉川港综合码头完成修编报省政府；11月22日，汉北河新沟二线船闸完成主体工程、金属结构工程和电气控制工程验收。城南客运站充电站正式启用，主站楼主体工程完工。

“四好农村路”建设。全市开展“四好农村路”全国示范县创建活动。乡镇示范线申报新建和提档升级725.7公里，完成路基590.72公里、路面441.25公里、绿化及配套设施186.84公里。全年完成农村公路危桥改造56座。

综合运输。12月29日，新购60辆纯电动新能源公交车全部交付到位，用于增加2路、8路公交运力及发展定制公交。优化调整公交线路3条。10月份，260辆挂靠经营出租汽车更新车辆256辆。全市360辆出租汽车共更新356辆。

运输市场监管。开展城区交通秩序综合整治行动，查扣无牌无证电动车100余台次，非法经营社会车辆3辆。交通路政、运政与公安交警部门联动，开展联合治超行动，查处超限运输和非法改装车辆11辆，卸货580吨。

码头治理。开展规范提升码头验收，7处验收合格码头办理《港口经营许可证》，4处验收不合格码头及2处砂石集并中心于12月中旬全部关停。完成生产经营性和非生产经营性占用岸线资源设施登记核查，对前期取缔的24家非法码头岸线进行清理复绿。加快污染物接收转运专用码头和接收船建设，落实船舶污染物接收、转运及处置联单制度，码头和乡镇渡船均与当地环卫部门签订垃圾、污染物接收转运处置协议，加强现场监督检查，开展专项整治4次，处罚偷排偷放、设施不齐全等违规船舶12艘，现场纠正缺陷60艘。

路政管理。发现并查处路政案件29起，查处率100%，结案率100%。清理各类非公路标志267块；制止违法增设平交道口3处，恢复硬性阻断交通行为2起，制止公路建筑控制区范围内违法建（构）筑物9处，清理公路及公路用地范围内堆积物（障碍物）114处，清理占道经营291处，处理违法涉路施工8起。超限治理检测货运车辆2826辆次，查处违法超限运输车辆54辆次，卸载货物2666.8吨。

安全应急管理。健全完善安全生产管理机制，修订完善突发事件应急预案，及时处置年初公路路面积雪和桥梁冰冻路段，组织开展水上交通安全暨船舶污染应急演练。开展运输企业安全生产“四大行动”，推进安全生产三年专项整治，梳理交通运输行业4大类29项具体任务和清单，建立工作机制和“两个清单”，开展督导检查18次，排查整治一般安全隐患95处、重大安全隐患1处，约谈企业5家，行政处罚38次。加大道路、水路、施工安全监管，开展货车超限超载运输、非法营运车辆、农村道路交通安全、非法码头等专项整治行动，推进公路安全生命防护工程建设。全年水陆无安全生产责任事故发生。

（刘红杰）

【应城市】 至2020年底，全市公路里程2319.216公里，路网密度210公里/百平方公里，其中高速公路67.5公里、一级公路18.09公里、二级公路140.09公里、三级公路134.16公里、四级公路1968.90公里；按行政等级（不含高速公路）分为国道42.52公里、省道112.06公里、县道181.16公里、乡道497.70公里、村道1427.80公里。内河通航里程35公里，其中大富水22公里、汉北河13公里；港口2个，生产性码头泊位5个，渡口17个。客运站10个，其中二级客运站3个、五级客运站7个。

基础设施建设。全年完成交通建设投资近6亿元。续建项目6个：八汤旅游公路八角碑至西十段养护改建工程、农村公路提档升级工程、347国道应城市绕城段工程、曹大公铁立交桥、城区至环线高速公路应城西互通连接线改建工程、262省道上跨长荆铁路杨岭立交桥工程基本完工。新建项目9个：汉宜东线路肩提升养护工程、2个不停车超限超载检测站建设工程、田店镇富水大桥至有名店环市路建设养护工程基本完工，马堰畈二桥拆除重建工程、16座农村公路危桥改造工程、272公里农村公路提档升级工程、公交始末站停车场项目、262省道杨岭立交桥引桥及接线工程、盛滩至长湖立交桥道路绿化工程在建中。

“四好农村路”建设。因地制宜把“四好农村路”建设与路长制、美丽乡村建设、乡村旅游规划等统筹结合，建成杨岭镇“美丽乡村”公路6.85公里，建成西汉湖滨湖旅游路、汤池至皂市公路、赤岸至沈铺公路3条资源旅游路14.35公里，创建路长制示范线路37.13公里。提档升级农村公路256公里，新改建农村公路桥梁10座、村级公路387.05公里，其中自然村和精准扶贫产业路174.8公里、撤并村63.95公里、窄路面加宽148.3公里，补齐一批“末梢路”，打通一批“循环路”，建设一批“产业路”，有力地助推乡村振兴战略和乡村特色经济发展。

运输服务。全市有客运企业18家，营运线路56条，各类客运车辆364辆，其中农村班线客车207辆、长途班线客车95辆、公汽62辆，出租汽车公司3家，完成营运出租汽车报废更新200辆、城区公交站改造26座。客运站运送旅客19.94万人次。渡运渡船22艘，完成客渡运量约10万人次、渡运车辆约6000车次。全年公路客运量224.11万人次、货运量715万吨，比上年分别下降67.35%、9.7%。

示范线创建。全年投入2100余万元，开展汉宜东线16.6公里路长制示范创建工作，重点实施通道绿化工程，对新都化工、市标、梦圆小区、物流园等7处节点进行绿化，新增绿化面积约350亩；实施立面美化工程，维护翻新隔蒲潭大桥“应城门楼”、老虎山“郎君镇门楼”、沿线杆管等地面构筑物，改造沿线塘堰5口，清淤面积60亩；实施通透亮化工程，安装路灯900余根，拆除违章建筑45户、面积6800平方米。取缔沿线T牌违规商业广告。实施平交路口修复工程，逐一改造7处大道分叉路，拓宽路面，实施黑化绿化工程。

运输市场监管。推行“路警联合治超”模式，实行“一超四罚”及失信联合惩戒，严厉打击货车非法改装、超限超载等违法行为。全年查扣车辆264辆，处罚254辆，卸载货物8784吨。联合公安、城管、客管部门，开展城区客运市场秩序整治，加大对非法营运出租汽车、三轮（四轮）车等非法营运行为打击力度，确保运输市场安全有序。全年查处三轮（四轮）电动车61辆。

行业管理。全市204辆农村客运车辆，全部实行公司化经营，统一农村客运标识，安装并使用动态监控设备，农村客运车辆GPS安装使用率100%。推进污染防治。牵头完成“两非”整治任务，全市无非法码头、无非法使用岸线，取缔非法涉砂船舶3艘。建立船舶污染防治长效机制，全市48艘货运船舶，全部安装油水分离器和生活垃圾收集装置。加强公路施工扬尘、运输抛洒滴漏、维修喷涂管控，落实国省干线公路清扫洒水降尘工作，定期洒水、清扫，确保公路整洁、畅通。

安全应急管理。定期到全市所有交通运输企业、施工工地开展综合检查工作，开出隐患整改通知书30份，发现安全隐患74处，提出整改要求96条，对于发现的安全隐患一律实行闭环管理，按“五定”原则限期整改。建立健全风险防控和应急保障机制，开展应急演练2次，全年无一例重大责任安全事故发生。

（邓勇）

【云梦县】 至2020年底，全县公路里程1886.23公里，路网密度312.3公里/百平方公里。其中高速公路14.7公里、一级公路52.40公里、二级公路116.87公里、三级公路105.86公里、四级公路1529.74公里、等外公路66.66公里。内河航道通航里程78.5公里，港口1个，生产性码头泊位2个，渡口15个。客运站11个，其中一级客运站1个、二级客运站1个、四级客运站1个、五级客运站8个，货运站1个。

疫情防控交通保畅。落实“一断三不断”要求，安排执法人员对全县6处国省干线进出口、1处城区路口实行24小时执勤值守，保障防疫物资运输畅通。组织16辆出租汽车在县医院、中医院等地24小时专职接送、送检全县城区及13个乡镇（开发区）发热病人，组织3辆大型客车全天候做好援云医护人员运送和服务工作。做好疫情防控，组织复工复产。开通“点对点、一站式”助力务工人员返岗服务，作为孝感区域发往广东第一班返岗专客，先后发班171车次，安全运送旅客3075人。

基础设施建设。全年完成交通固定资产投资3.74亿元，比上年增长34%。武汉城市圈环线高速公路收尾。云孝大道完成路基桥涵工程，进行路面基层施工。孝汉应高速公路开始征地拆迁。全县交通建设项目13个，完成云梦东站核心区建设项目、云梦东站公交提升工程、211省道路长制示范线续建项目、新316国道农旅融合示范线水系修复工程、汉十连接线大修工程路长制示范线、村级公路建设、农村危桥改造、凤栖东路、新316国道不停车检测系统、楚王城大道维修工程、资源旅游路、420省道云梦清明河至应城三合段改扩建工程等12个项目年度任务。

“路长制”工作。落实《云梦县关于全面推行路长制的实施意见》，夯实县乡村三级路长巡管体系，建立联动协调机制、问题通报整改机制和考核机制。全年县级路长上路12次、镇级路长上路312次，发督办通知12期，组织路域环境整治1次，联动执法9次，制作宣传标语、宣传标牌57处。9月，县委县政府印发《云梦县全面开展城乡环境综合整治工作总体方案》，列出5条国省干线、14条“四好农村路”、22条“美丽乡村路”问题清单和任务清单。交通部门和各乡镇按照任务分工，开展全面整治工作。取缔占道经营52处，拆除违法建筑42处，清理非法标牌131处，铲除非法种植及堆积物362处1809平方米。每年创建路长制示范线1条，营造“安全、通达、净美”交通环境。2020年云梦县路长制示范线建设线路为“211省道曾南段”，连通上年路长制示范线，全长14.8公里。

运输市场监管。成立专班，常态化开展城区客运市场整治，打击非法营运三轮车、电动车，改善城区交通环境。查处非法营运车辆13辆次、三轮车89辆次、电动车32辆次。探索有效组织形式，及时掌握出租汽车群体思想动态和诉求，开展出租汽车从业人员培训3期、培训人员250余名，

2020年，云梦县创建路长制示范线

提高从业人员法律意识和服务意识。加大出租汽车巡查力度，加快投诉处理和投诉案件办结进度，检查出租汽车500余辆次，警告、责令改正134辆次，查处违规经营行为25起。受理投诉47起，立案调查12起。

超限运输治理。始终保持超限超载治理高压态势，超限率控制在4%以内。检测车辆8560余辆次，查处违法超限运输车辆109辆，卸载货物6700余吨。运用科技治超，高标准建设不停车检测系统，全市不停车检测系统推进会上云梦作为参观点，并作典型发言。

安全生产管理。强化安全生产底线思维和红线意识，严格落实“一岗双责”制度，组织开展各类安全竞赛、送法进校园和打非治违等行动。实行旅客互联网购票实名制，应用人脸识别智能检票系统、“两客一危”车辆4G动态监控系统。按照“四不两直”安全生产管理机制开展安全生产检查整改工作，列出安全隐患清单，建立整改台账实时监督，确保整改成效。开展消防逃生、反恐防暴等主题演练培训活动，开展水上搜救应急演练，提高应急处置能力。系统安全生产态势平稳，水上安全面达100%，陆上安全四项指数为零，工程建设安全事故为零。

（王金忠）

2020年，安陆市创建262省道路长制示范线

【安陆市】 至2020年底，全市公路里程2585.21公里，其中高速公路64.1公里、一级公路34.49公里、二级公路264.23公里、三级公路190.22公里、四级公路2032.17公里。大中小桥梁276座。内河航道通航里程40.3公里，渡口3个。客运站13个，其中二级客运站2个、三级客运站1个、五级客运站10个。大型物流园2个。

基础设施建设。全年完成交通建设投资4.13亿元（不含高速公路投资）。武汉城市圈环线高速公路大随至汉十段建成通车。安赵线主体工程完工，完成投资3300万元。完成博物馆至百兆山景区段路长制示范线创建，全长15.2公里，投资6800万元。完成243省道三宋线3公里路面大修，投资348万元。完成210省道平应线接官街道入口至出口2.8公里路面大修，投资661万元。改造316国道柳桥、243省道吉庙桥、210省道河德桥3座国省干线危桥，完成投资300万元。赵棚至钱冲旅游公路建成通车，投资1.5亿元。水寨至长松路面改造工程完工，投资3828万元。辛榨乡成功创建湖北省“四好农村路”示范乡镇。建设农村公路289.41公里，其中撤并村通畅工程43.73公里、窄路加宽51.36公里、提档升级194.32公里。创建美丽农村路6条30.03公里，完成农村公路安全防护工程71公里，启动38座危桥改造。巡店和洑水农村综合服务站主体工程完工，湖北格奥欣医药物流产业园投资2350万元，争取竞争性分配资金200万元。新建不停车检测系统2处，投资804万元。

运输市场监管。全年新增货车66辆，更新客车1辆，建设农村客运公司4家，农村客运逐步实行公司化管理。网上稽查客车700余辆次，检查违规车辆15辆次；查处违规违章长途客运班车4辆次，查处违规违章货车13辆次；查处违规出租汽车37辆次；查扣非法营运车辆52辆次。开展城区严管街（文昌路）整治、城区渣土运输车辆专项整治和联合治超活动。规范维修、驾培市场，维修行业新备案5家，全面清理托运市场。做好道路运输驾驶员继续教育工作，培训1900人；做好驾驶员从业资格诚信考核工作，考核2019年度驾驶员1867人。

公路管养。开展预防性养护和日常养护，加大全线路面机械清扫力度。整修路肩19.86万延米，清理边沟7万延米。及时挖补处置油面病害，完成硬坑槽补油264.2立方米。开展桥梁安全隐患大整治，完成国省干线桥梁修复3座，完成243省道三宋线、210省道平应线、262省道万杨线标准化路段创建。清理堆物占道16处68.5平方米，铲除公路用地种植物137平方米，规范农村饮水管道埋设3处，清除非交通标志标牌101块，拆除违章乱搭乱建5处104.5平方米，取缔公路用地加水点1处，清除公路行道树25棵。受理、上报行政许可1件，引导注册网上办理许可件1起。

安全管理。开展“道路运输平安年”“打非治违”活动，加强客运车辆、危险品运输、水上运输、工程建设、危桥险段安全监管。对公路事故易发路段和桥梁等重点部位进行安全隐患排查，并采取措施消除安全隐患。推进“扫黑除恶”专项活动，开展行业清源行动，提升“一感一度一率一评价”。开展矛盾纠纷排查化解，做好重点群体和重点人员管控、思想转化工作，依法化解矛盾纠纷，无越级访、非法访、集体访事件发生。

交通环保。制定《安陆市船舶污染物接收转运处置监管联单制度》，建设污染物接收存储转运设施。建立公路扬尘管控责任制度和任务清单，严禁使用排放不达标工程机械，常年对干线公路实施机械化清扫，洒水降尘。开展柴油货车污染治理攻坚战行动，淘汰老旧营运车辆66辆。推广应用新能源车辆，建成快速充电桩7个，购进并投入使用新能源公交车23辆。

行业改革。推进法治部门建设，落实法律顾问制度。加强执法队伍建设，聘请社会监督员，推动依法执法、公正执法、文明执法。取消车辆维修经营许可、货运站经营许可，取消4.5吨以下货运车辆营运证、驾驶人员从业资格证以及企业道路运输经营许可证，落实营运车辆检测“三检合一”。推进“放管服”改革，推进“一网通办”“一窗通办”“一事联办”，优化交通行业发展环境。

疫情防控交通保畅。组建应急保障车队，运送防疫物资，“点对点”“一站式”接送医务人员，下派39人进驻11个村、下沉1个社区开展疫情防控。有序推进企业复工复产，提供“点对点”运输服务，组织车辆发班266趟次，运送返岗、务工人员4964人次。

（陈克柱）

2020年，大悟县创建路长制示范路，美化硬化路肩、安装公路安全防护设施

【大悟县】 至2020年底，全县公路里程5767.11公里，路网密度291公里/百平方公里。其中高速公路96.2公里、一级公路72.07公里、二级公路266.91公里、三级公路281.82公里、四级公路3660.11公里、等外公路1390公里。渡口2个。客运站14个，其中二级客运站1个、三级客运站1个、五级客运站12个，货运站1个。

基础设施建设。全年完成交通固定资产投资6.06亿元。346国道大悟县河口至城关段一级公路全长54.875公里，其中河口至孝感北段39.05公里完工通车，全年完成投资8000万元。完成彭店水库至丰店水库和新毛线县乡道改造路基、路面14.67公里，完成投资2200万元；9月，宣化至河南苏河公路14公里、龙潭湖至芳新线公路5.6公里、刘集至蔡店旅游公路(大悟段)7.5公里3条农旅融合线完工通车，完成投资1.14亿元。完成路长制示范公路金岭旅游环线24.8公里，累计完成投资1.8亿元。完成村级公路改造路基路面工程215.9公里，危桥改造6座，安全防护工程102.71公里，完成投资1.07亿元。

“四好农村路”建设。全年争取上级行业主管部门支持农村公路建设资金6658万元，水毁资金486万元，养护资金864万元，争取县级政府支持养护资金配套1069.58万元。县乡道破损路面及水毁中小修：完成挡土墙3094立方米，路面坑槽填补9198平方米，沥青路面裂纹灌缝万余米；边坡滑坡进行塌方清理及边沟清理土石方约55200立方米；增设涵管12道；修复损毁路面2000余米；完成2座农村公路桥梁水毁修复；完成农村公路安全防护工程17公里、安装减速带140余处700余米、新增振荡标线7处减速道钉300余个，投入900余万元。

运输服务。全年完成公路客运量246.88万人次、旅客周转量1.42亿人公里，比上年分别下降52%、59%。城乡客运一体化。新开通公交车线路3条，投入新能源公交车33辆。有普通式候车亭212个、港湾式候车亭6个。全年办理道路运输证换证450件、道路运输证年审575件，完成从业资格证考核1565件，从业资格证继续教育1066件。全县有许可驾校4所，注册教练车133辆，注册教练员170名。

公路管养。做好干线公路养护工作。春运期间，制定工作预案，成立应急队伍，备砂石防滑料，随时处理道路险情，确保全县列养公路畅通。进一步提高公路日常养护质量，落实“五个一”养护管理制度，即一月一检查、一月一考核、一月一督办、一月一评比、一月一通报，以及落实桥梁养护工程师制度。对路基、路面、桥隧、沿线设施和绿化、资金管理、内业资料、安全管理等实行百分制考核，不断提升公路日常养护路况指数。全年公路绿化完成新树苗17000株，补植树苗24000株，确保成活率上升。完成108省道荷土线中修10.25公里，完成243省道三宋线大修25公里，完成投资6601万元。完成路面挖补硬坑槽2.38万平方米、软坑槽3721.7平方米、灌淋油1.12万平方米、灌养缝3.8万米。清理水沟路肩标准化整治工程356公里。

路政管理。开展干线公路路域环境综合整治，查处占道、以路代市、违法涉路施工等问题，维护公路路产路权，美好优化净化公路环境。全年拆除各类非公路标牌340余块，清理临时加水点32处、临时摊点87处，清理路肩障碍物653处，制止新增违章建筑13处。完成交通厕所4座，修复水毁工程41公里。结合县"三治办"5个临时治超点，开展路面联合治理超限超载专项行动，严格实施"一超四罚"，确保超限率控制在3%以内，切实维护交通运输秩序和公路桥梁安全。3处不停车检测系统路面安装工程完工，卸货场设备进行调试并网。

运输市场监管。全年依法查扣非法营运车辆35辆次、非法教练车1辆、残疾车7辆次。打击出租汽车擅自涨价、不按规定使用计价器、拒载等违规经营行为，受理投诉举报52件，查处出租汽车违规经营25辆，对违规经营者进行批评教育和停班学习。开展客货运输市场专项整治。全年检查客货运输车辆1102辆次，其中违规客车28辆(含旅游客车6辆)，未按规定携带资格证、营运证车辆477辆。检查重点砂石运输地车辆591辆，采取不定时不定点检查25次，查处违法违规车辆7辆。

安全应急管理。开展"安全生产月"和"安全生产楚天行"活动，以"线上为主、线下为辅、线上线下相结合"的方式开展各种宣教活动，组织参加全省安全知识网络答题竞赛。开展送消防安全知识进公路养护站组、进路政治超卡点、进机关各股室、进在建工程工地、进职工家庭"五进"活动。安全隐患治理。开展"公路安全风险隐患专项整治三年攻坚行动"，对3处安全隐患挂牌督办，制定整改方案，全部整改到位。督促客货运、机动车维修、汽车综合性能检测站、机动车驾驶员培训、客货运输站场等企业自查自纠，重点对客运站场、公交等领域开展监督检查。全县10家客运企业(其中班车客运6家、出租客运2家、公交客运1家、旅游客运1家)，排查客车786辆，其中排查客运班车453辆、公交客车117辆、出租汽车200辆、旅游客车16辆，客运车辆排查率100%，排查隐患6项，全部整改完成。针对汛期、强降雨、冰雪等恶劣天气安全隐患，强化灾害天气预报预警，加强设施设备保养运行，做好应急处置业务培训，严格执行领导带班、关键岗位24小时值班制度和事故信息报告制度。

交通改革举措。7月22日，经县编委、县人社局、县司法局和县委组织部审核批准，将运管所、公路管理局、农村公路管理局等单位156人编制关系转隶到县交通运输综合执法大队。11月16日，印发《大悟县交通局综合执法大队职能配置、内设机构和人员编制规定》(悟编发〔2020〕3号)。

(肖孝儒)

【孝昌县】 至2020年底，全县公路里程3845.4公里，路网密度307公里/百平方公里。其中高速公路59.6公里、一级公路43.5公里、二级公路149.3公里、三级公路293公里、四级公路3300公里。

基础设施建设。全年完成交通固定投产投资6亿元。争取补短板强功能"十大工程"大天线大修、农村公路安防、115省道升级改造及农村公路"三年消危"等18个项目纳入省项目库，争取交通项目资金6亿元。建成武汉城市圈环线高速公路大随至汉十(孝昌段)。261省道、334省道、花邹线完工，107国道南北段主体工程完工，两站一级路除发展路段1.4公里外均完工，澴水河二桥及澴西新区项目建设中。新(改)建农村公路150公里。完成243省道小河镇菜园村不停车检测系统建设，并投入使用；107国道陡山不停车检测系统在建中。开展"三年消危行动"，全县有22座四、五类公路危桥改造任务，全年实际完成危桥改造13座。至年底，孝昌综合交通运输网络体系进一步完善，实现县城至乡镇半小时交通圈，县城大外环基本达到闭环，乡镇之间路网环环相连，实现互联互通。

"四好农村路"建设。孝昌县在成功创建"四好农村路"省级示范县基础上，提出创建"四好农村路"全国示范县目标。优选200公里示范线路，按照绿化、美化、靓化标准进行打造升级，挖掘"美丽孝道、孝道昌隆"的孝昌公路文化，坚持农旅融合，围绕服务群众出行、服务精准脱贫、服务"三农"发展、服务乡村振兴开展示范创建工作。王小线、小观线刷黑工程完工，邹岗交通驿站、王店磨山驿站、观双线驿站完工并投入使用，创建工作按计划推进。334省道农旅融合示范线创建工程高标准完成。邹岗镇创建"四好农村路"省级示范乡镇通过省交通运输厅第三方外业考核组考核验收，在查漏补缺，迎接内业综合考核。15条"四好农村路"提档升级线路全部建成通车。孝昌县每个乡镇(区)均有1条"四好"标准通乡

2020年，孝昌县坚持农旅融合，打造升级示范线。图为田堂村体育小镇道路

主干道，全县农村公路通行环境得到改善。

运输服务。全县拥有营运客车256辆，客运线路105条，其中省际线路5条、市际线路17条、县际线路24条、县内59条。全年运送旅客121万人次，比上年下降61.4%。公交车53辆，公交线路4条，从业人员58人，新开通3条公交车校园专线，投入16辆公交车服务清溪学校师生出行。出租汽车150辆。全县所有行政村全部实现通客车，“村村通”进一步巩固并常态化运行。

路政管理。采取路政养护联动巡查，拆除违法建筑物7处20平方米，拆除非交通标志牌171块，清理占道堆积物418处3400平方米，清理违法摊点255个，处理路损案件6件。路损案件立案率、查处率、结案率均为100%，境内国省干线公路路域环境基本达到规定目标。加大超限超载治理力度，采取固定站点值守与流动巡查相结合方式，查扣货车483辆、卸货3818.301吨。

运政管理。落实简政放权要求，对4.5吨及以下货运车辆由经营许可改为备案制，全面实行市场化、社会化管理。落实道路客运转型升级有关措施，提高道路客运企业经营自主权，简化经营者办事流程。参与“打非治违”、联合治超及城区客运市场秩序专项整治行动，全年查处非法营运车辆85辆，处理非法改装货车72辆，查扣非法营运及“三无”车辆26辆，查处违章客车31辆、违章出租汽车10辆。

安全应急管理。全年开展安全教育培训600余人次。做好“春运”“国庆”等重点时段交通运输安全工作。建设完善4G监控平台，覆盖全县农村客运及公交车辆，与“两客一危”监控平台实现对接，实施动态监管。开展交通安全生产“四大行动”，完成安全防护工程建设120公里，完成危桥改造13座。

交通体制改革。完成交通综合执法改革，完成机构组建、人员编制调配、职能划转等工作。

疫情防控交通保障。疫情期间，组织应急运输货车130辆次，运送口罩、防护服、隔离衣、手套、鞋套、消毒液、医疗设备、药品，出动应急运输客车257辆次，运送人员1552人次。储备大型客车30辆，组织返岗专车运送返岗复工人员5000人次。

精准扶贫。全年实施通村公路项目153个，投入资金8300万元。其中实施贫困村项目22个，投入资金1000万元。推行乡村道路日常养护机制，按照定人、定路段、定责任、定奖惩“四定”管理制度，全县219个村(社区)主要路段实现农村公路养护全覆盖。行政村全部通客货车，推进小悟新客运站运营，改造升级邹岗客运站，进一步完善全县客运候车亭及停靠点建设。

(曾宪锋)

黄冈市交通运输

【概况】 至2020年底，全市公路通车里程32925公里，路网密度189.2公里/百平方公里。其中高速公路754公里、一级公路688公里、二级公路2663公里、三级公路1884公里、四级公路26502公里、等外公路434公里；按行政等级(不含高速公路)分为国道858公里、省道2016公里、县道2904公里、乡道11165公里、专用公路71公里、村道15157公里。全市等级公路里程32491公里，占公路总里程的99%，二级及以上公路里程占12%。全市铁路营运里程429.5公里，其中复线里程370.1公里、电气化里程387.7公里。全市内河航道通航里程698公里，其中一级航道200公里、三级航道40公里、四级航道14公里、五级航道17公里、六级航道14公里、七级航道109公里，等外航道304公里；港口码头泊位130个，生产用泊位110个、非生产用泊位22个。客运站132个，其中一级客运站2个、二级客运站14个、三级客运站9个、四级客运站10个、五级客运站97个，货运站8个，候车亭8160个。

基础设施建设。全年完成交通固定资产投资175.95亿元，其中铁路62.74亿元、高速公路28.07亿元、普通公路73.23亿元、港航建设10.91亿元、站场物流1亿元。完成一级公路路基59公里、路面89公里，完成二

2020年9月15日，黄冈市公路桥梁消危行动集中开工

级公路路基125公里、路面145公里，完成通村水泥沥青路823公里，完成农村公路提档升级2400公里，完成危桥改造321座、国省道大中修441.36公里。全市共有6个乡镇获评省级“四好农村路”示范乡镇。100~400总吨和400总吨以上船舶防生活污水设施设备改造全部完成，10个码头岸电设施完成改造，6艘船舶污染物接收船建成运营，6个船舶污染物接收转运码头完成建设任务并具备接收转运能力。武穴祥云码头等3个码头完成交竣工验收，完成临港新城码头移交工作。浠河航道整治工程完成前期工作具备开工条件。长江“645”工程蕲春水道基本完工并交工验收。蕲春县蕲北客运站主体工程完工，英山县英山北站竣工，英山县温泉站主体工程开工建设。建成龙感湖帝龙冷链物流配送中心、武穴大道物流园，建成罗田大自然农村物流发展项目，完善乡镇物流配送节点。

2020年8月18日，被洪水冲断的235省道香木河桥原址新建钢桥通车

“四好农村路”示范创建。全市完成通村水泥沥青路823公里；完成农村公路提档升级2400公里，完成危桥改造321座。蕲春县成功创建全省“四好农村路”示范县，黄州陈策楼镇、浠水白莲镇、黄梅五祖镇、武穴余川镇、蕲春张榜镇、红安七里坪镇成功创建“四好农村路”示范乡镇，获奖励资金1600万元。

运输服务。全年全市完成道路货运量10814万吨、货物周转量105.20亿吨公里，客运量2240.91万人次、旅客周转量11.59亿人公里。道路客运量比上年下降71.5%、货运量比上年下降4.8%。投入客运站建设资金3439万元，新建三级站1个、农村综合运输服务站8个。全市拥有营运汽车19788辆，比上年减少27.8%。其中载货汽车15925辆，比上年减少31.9%；载客汽车3863辆，比上年减少3.5%。公交车1576辆，其中新能源公交车1270辆。拥有船舶512艘，比上年减少19.4%，总净载774465吨，比上年增加5.3%。水路货运量5308万吨，比上年增长59.8%。内河港口货物吞吐量6102万吨，比上年增加13.3%。

行业管理。正向激励推行项目建设。每季度组织县市区交通运输局局长到各县市区交通项目建设现场拉练，并制定《全市交通项目建设拉练考核激励方案》，提请市政府对全市交通项目建设真抓实干、取得明显成效的县(市、区)进行通报，并从省政府大督查项目建设奖励资金中安排2450万元予以正向激励。市政府出台国省干线交通安全升级防护和农村道路交通安全管理2个工作方案，进一步加强交通运输安全管理。开展交通工程建设质量“百日亮剑”专项行动，委托第三方对全市公路危桥、国省干线大中修、农村公路建设进行质量巡检。优化城区公交线路和站场，新增大别山医疗中心等公交线路8条，建成虹桥公交首末站，完成市委市政府指令性公交线路开行任务。协调督办新增公交车1066辆，圆满完成全市小康社会公共交通服务指数达标工作。加强出租汽车营运秩序整治，出台“五个四”管理和服务措施，平稳完成运价调整和车辆更新39辆。加强黄冈3个城铁站站前秩序管理，出台《黄冈城区三个城铁值守纪律考核办法(试行)》，实行常态化值守，3个城铁站点加装配套护栏，划分功能区，引导车辆分区停放、旅客有序乘车，城铁站运营环境明显好转。

码头治理。落实长江生态文明建设，推进长江大保护三大标志性战役，累计拆除各类码头146个，开展船舶港口码头污染突出问题专项整治，对长江岸线黄冈段存在的88个违规、违建、遗留等问题进行治理，拆除中粮码头、临港新城综合码头堆场等违建设施。督促8个县市区1个月内，完成长江流域禁捕512艘相关船舶的调查登记、标识管理、拆解处置工作。

安全应急管理。全市公路可变情报板及视频监控系统目标任务63处、164个，完成目标任务的87.5%。汛期全境交通设施水毁严重，全市交通运输系统完成水毁修复6126处。推进“平安交通”建设，持续开展“雷霆行动”超限超载运输治理，开展公路治超“雷霆行动”，查处超载货车1060余辆、非法改装车辆360余辆。推进综合交通安全生产专项整治三年行动，开展“打非治违”“三无”船舶整治、危险货物运输整治等专项行动，圆满完成“五一”“十一”等重要节日交通运输安全保畅工作。

交通改革举措。黄冈市交通运输综合执法支队、麻城市交通综合执法大队挂牌成立。湖北首部公交领域地方法规《黄冈市城市公共交通条例》正式施行。推出交通运输优化营商环境8项服务承诺，按照“专班重建、人员重组、流程再造”原则，设立交通综合受理窗口，对办事环节进行大幅度缩减，实行一窗受理、一网全办。运输结构优化调整持续推进，促进大宗货物运输“公转铁、公转水”为主

2020年3月23日，黄冈市首趟赴粤返岗复工高铁专列开行

攻方向，加快推进铁路和港口建设，编制完成《黄冈港疏港铁路规划》，麻城石材工业园铁路专用线前期工作基本完成。

文明创建。交通微党课、“雪堂书社”读书会、“三好”文明公交线等交通品牌，交通“红马甲”志愿服务广受赞誉。黄冈市交通运输局机关连续四届蝉联“全国文明单位”称号，被人力资源社会保障部、交通运输部评为全国交通运输系统先进集体。黄冈正富出租汽车公司驾驶员李红梅被评为“全国抗击新冠肺炎疫情先进个人”。黄冈市交通运输综合执法支队党委被评为“湖北省抗击新冠肺炎疫情先进集体”“全省先进基层党组织”称号。

（夏彬）

【黄州区】 至2020年底，全区公路里程1624.97公里(不含高速公路)，路网密度460.33公里/百平方公里。其中高速公路21公里、一级公路119.17公里、二级公路100.35公里、三级公路415.51公里、四级公路989.94公里；按行政等级(不含高速公路)分为国道35.03公里，省道73.56公里，县道164.74公里，乡道439.54公里，专用公路8公里，村道904.1公里。境内河流适航通航里程57.9公里，其中长江36.67公里、内河(巴河)21.23公里。黄州港泊位30个，其中生产性泊位24个、功能性泊位6个；在建生产性泊位6个；农村渡口6个。客运站9个，其中一级客运站1个、二级客运站1个、三级客运站1个、五级客运站6个。

基础设施建设。全年完成交通固定资产投资4.2亿元，比上年增长2.4%。其中公路建设3.6亿元、港航建设0.6亿元。完成347国道陶店至团风一级公路、207省道砂子岗至霸城山二级公路、唐家渡港区沿江疏港一级公路、黄州中心区东西向干道畅通工程、汽南线二码头至鄂黄长江大桥段路面大修、堵城超限检测站以及智慧交通等项目工程可行性研究报告、初步设计等前期工作。国省干道建设。347国道陶店至巴河一级公路项目全长4.71公里，完成路基工程建设任务的50%。203省道黄枫线改建项目全长2.7公里，主线及附属设施全面完工。409省道浠黄线(江北一级公路)大修工程全长20.38公里，主线及附属设施完工。106国道美丽公路经济带统筹推进，江北一级公路美化工程完成4处节点建设，2条出口路基本形成四季常绿、层次分明的绿化景观。黄州港船舶污染物接受转运码头项目，投资概算1557万元，垃圾回收趸船在建中。唐家渡港区沙洲锚地项目，投资概算1100万元，4艘航标船、锚地趸船完工，垃圾接收船交付使用。晨鸣纸业综合码头完成竣工验收并投入运营，临港新城综合码头水工部分交工验收，楚江综合码头3号、4号泊位完成竣工验收。

“四好农村路”建设。幸福水库环库生态旅游公路项目全长9.64公里，完成一期路基工程，启动3座桥梁建设。完成农村公路提档升级57.7公里，绿化100公里，建设美丽农路82公里，建设通湾组路85公里。完成“黄冈逸道”公路驿站4座，改造危桥3座，路口镇创建全省“四好农村路”示范乡镇通过初评。

安全防护工程建设。8月，203省道黄枫线2.7公里安全防护工程完工；10月，江北一级公路23.04公里安全防护工程完工。投入资金500万元，将农村公路安全防护工程、提档升级、“四好农村路”示范线建设融合，完成农村公路安全防护工程建设50公里。为保障全区校车运行安全，设立校车停靠牌(提示牌)31个。

运输服务。全区拥有道路运输企

2020年8月5日，106国道水毁路段修复施工中

2020年8月22日，409省道江北一级公路大修施工中

业320家。客运企业10家(其中旅游客运企业3家、城乡公家企业1家)，客运车辆305辆(其中旅游车56辆、城乡公交车138辆)。道路客运班线(含城乡公交线路)59条，其中省际线路14条、市际线路19条、县际线路16条、城乡公交线路10条。全年公路客运量66万人次。有普货运输企业297家、货车6002辆。危险品运输企业13家、危险品运输车辆726辆。维修企业214家，其中一类维修企业22家、二类维修企业84家、三类维修企业108家。驾校7所，其中一级驾校3所、二级驾校2所、三级驾校2所，年培训能力4万余人。港口经营企业12家，水运企业9家，水运服务企业1家，运输船舶248艘45万载重吨。全年完成公路客运量66万人次、货运量1020万吨，港口吞吐量750万吨。

战疫防汛交通保障。组织应急客车58辆、货车60辆、出租汽车175辆和码头1座，组织应急货物运输203辆次，运输物资940余吨，为医护人员摆渡式运输1.39万车次，转运医护人员5.93万人次。“点对点”包车运输发班134趟，发送旅客2710人，“点对点”包列5趟，发送旅客1837人，审办自驾车电子通行证3955张。专班长期坚守黄州火车站、东华客运站执行常态化疫情防控和冷链物流运输防控。成立防汛抢险应急队伍5支43人，组织应急机械设备6台套、应急客货车辆80辆。投入人力1231人次、机械698台次抢修全区4条9处受损国省干线，清理垮塌方9处6710立方米，修补路面3550平方米。农村公路投入资金730万元、人力1270人次、机械97台次，抢修受损农村公路33条81处。组织养护人员85人次，加班加点驰援乡镇及有关部门清除堤坝背水坡杂草近40万平方米。黄州区农村公路局被交通运输部授予全国交通运输系统抗疫先进集体。

行业治理。启动公路危桥消危行动，农村公路库内18座危桥基本改造完工。推进公路治理超限超载行动，“一超四罚”吊销道路运输证47个，查处运输企业117家，纳入黑名单车辆352辆。开展路域环境整治行动，国省道推行“1+X”全员养护体系，好路率达97%。农村公路实施养护转型、管理升级，路长制、路保姆成为标配。狠抓路面及施工扬尘污染、维修喷涂污染。落实河湖库长责任，拆除非法码头11座、泊位22个，收回岸线2194米，按时完成责任范围内滩地复绿61亩，关停未取得环保批复码头2家，拆除“三无”采砂船8艘，禁捕退捕渔船24艘，船舶污染物接收转运码头签订运营协议，长江岸线整治完成全部清单任务并销号。

交通体制改革。推动数字技术在交通领域的应用，大力推行科技治交，国省干线建成超限超载不停车检测系统3处，全区829辆“两客一危”车辆均安装4G动态视频监管系统。健全以信用为基础的新型监管机制，建立项目建设、道路运输等领域严重失信联合惩戒黑名单制度。推进交通综合执法改革，交通综合执法大队和4家事业单位机构改革方案获批复，明确单位性质、编制供给，执法大队正式挂牌。

安全应急管理。全年开展安全检查60余次，重大隐患挂牌督办，建立“两客一危”、冷链物流、桥梁涵洞、渡口码头等领域信息数据库，精准掌握各项风险。修订完善行业应急预案，开展春运应急演练2次、反恐防暴应急演练1次、消防应急演练1次。健全完善应急物资保障体系，制定行业应急物资管理办法，梳理应急储备清单，储备黄砂石料300余吨、编织袋3000余条等应急物资，构建多元化应急物资储备体系。推进平安交通建设，强化安全生产主体责任落实，统筹抓好疫情防控和复工复产安全，全区交通工程建设、公路航道运行、危化品运输等领域无一例重大责任安全事故发生。

（李潇）

【团风县】 至2020年底，全县普通公路里程2707.92公里(不含高速公路)，其中一级公路57.96公里、二级公路140.78公里、三级公路118.36公里、四级公路2371.89公里、等外公路18.93公里。内河航道53公里，码头1个，渡口9个，内河库区渡口8个。客运站10个，其中二级客运站1个、五级客运站9个。

基础设施建设。318国道标云岗至马曹庙段一级公路6公里工程、241省道芦柴坳至漆柱山段二级公路22.9公里改建工程、绕城公路二期一级公路7.2公里工程全部完工。黄冈革命烈士陵园红色旅游路二级公路41.9公里、106国道淋山河段一级公路12公里改扩建工程、207省道溢流河至上巴河段二级公路11公里改建工程等3个项目顺利推进。农村公路全面提档升级，近两年完成“四好农村路”建设210公里，道路绿化和路域环境整治工作同步完成。启动建设公路危桥改造21座全部完工，其中国省公路桥梁6座、农村公路桥梁15座，总投资

3217万元。罗霍洲港区一期码头工程完成交工验收。团风港长江污染物集中接收转运站码头工程顺利实施。团风港口总体规划完成。

创建"四好农村路"示范县。全域推进"四好农村路"建设。在全县所有乡镇启动四好公路建设项目，推广建管养运理念，执行管养制度，推动示范引领。全面完善马曹庙镇、总路嘴镇、回龙山镇农村公路约50公里路肩、边沟、安全防护等配套设施。开展农村路域环境整治，动员各乡镇配合做好农村公路设施建设和路域环境整治工作，做到"一条大道、两路风景、四季常绿、常年洁美"。

运输市场管理。全县有县际客运线路12条，县内客运线路46条，城乡公交线路5条。县内所属渡船18条，挂靠经营航运企业3家，船舶总吨位1.15万吨。全年办理道路货运许可27个，新增货运车辆77辆，新增新能源公交车110辆、新能源出租汽车50辆。加大执法力度，重点打击无证从事营运、不按规定线路行驶等违章行为，维护道路运输市场秩序。

路政管理。拆除违法建筑物2处24平方米，拆除非公路标志142块，清理公路及公路用地范围内堆积物2442平方米，清理占道经营1346平方米，清除占道垃圾箱26处。查处毁路损路案件25起，案件查处率、结案率、索赔率均为100%，执法过错率保持为零，无行政复议、行政诉讼案件发生。严格坚持称重检测、卸载放行原则，检测货运车辆1281辆，查处超限车辆662辆，卸载、转运货物23814.8吨，恢复、拆除非法改装车辆96辆。

公路养护。全面启动绿化通道工程。开展美丽公路打造、路域环境整治和公路洁化、绿化、净化、美化"四化"行动，累计完成国省干线和农村公路绿化100余公里，投入资金1500余万元，全县公路环境明显改观。241省道、318国道、106国省干线完成沥青混凝土补坑槽、整修路肩、清理边沟、路树刷白等。推动美丽公路建设，完成318国道沪聂线马曹庙至方高坪8.69、2公里、347国道南德线举水河至罗家沟桥10.75公里、241省道矮团线方高坪至团风县城8.65公里等国省干线美化工程。加强站场建设和视觉标识系统化建设，完成4个管理站和交通驿站视觉标识建设，提升公路部门对外形象和服务品质。统筹推进交通安全防护工程建设，全面完成347国道中间隔离带的设置。

港口码头整治。全县沿江港口岸线内码头设施、滩地全部整治完毕，滩地生态复绿，完成补植工作，并加强维护保养。推进重点水域乡镇船舶销毁和规范处置、集中管理，消除非法捕捞风险隐患。累计销毁巴河、长江采砂船舶25艘，辖区水域内彻底消除"三无"采砂船舶(机具)。通过联合乡镇政府和渔业管理部门标识管理乡镇船舶13艘，签订禁捕承诺书，建立"三无"船舶档案，一船一档，消除长江非法捕捞隐患。处理违反水路交通法规案件5起，卸载船舶违规装运黄砂300余吨。

船舶污染防治。团风罗霍洲一期码头垃圾接收桶配备到位，建成1个港口污水处理池投入使用，建成3个码头雨污水回收池投入使用，完成以雨污水、生产废水等为重点全面排查整改码头环保设施工作，罗霍洲码头完成环评验收。辖区内10艘100~400总吨船舶安装生活污水或处理装置建设改造工作全部完成。推进船舶污染物接收转运处置全程联单电子化，逐步形成港口生活垃圾及船舶污染物接收、转运及处置的闭环管理工作机制。10月底前，罗霍洲码头港口岸电基础设施全部建成并投入使用。

(胡林喜)

【红安县】 至2020年底，全县公路里程3146.38公里(不含高速公路)，路网密度175.2公里/百平方公里。其中高速公路61.7公里、一级公路80.86公里、二级公路336.25公里、三级公路73.70公里、四级公路2584.25公里、等外公路71.32公里。客运站14个，其中二级客运站2个、五级客运站12个。在营渡口23个。

基础设施建设。全年完成交通固定资产投资7.17亿元。230国道官木塘至大屋墩段、407省道天台山旅游公路、334省道桃花至静山庙公路建成通车，红色经典景区旅游道路完成路基土石方工程，启动路面建设。完成国省干线68.6公里大中修，通过交通运输部"国评"验收。

"四好农村路"建设。完成290.301公里提档升级、50公里20户以下"组组通"建设任务，完成185.50公里省级"四好农村路"示范县创建线路和650公里美丽农村路建设，"交通+"农村公路发展模式不断推进。永佳河镇获省级"四好农村路"示范乡镇称号，红安县申报2020年度省级"四好农村路"示范县、杏花乡申报2020年度省级"四好农村路"示

2020年，407省道天台山旅游公路五拐路段在建中

范乡镇通过外业核查。红安县被交通运输部、财政部列为全国农村公路管理养护体制改革试点县。针对农村公路超限超载车辆增多问题，在主要县乡道及矿区、沙场主要进出口安装远程操控升降式限高门17座。推进农村公路桥梁消危行动，农村公路库内185座四、五类桥梁改造任务，建成29座、在建46座。

运输服务。在全市率先实现乡镇公交全覆盖。8月县城至太平桥镇公交化运营，12月县城至上新集、华家河线路公交改造全面启动，在全市率先实现城乡公交改造全覆盖。公交运营在农村客运占比超过80%。

行业监管。完成治理工作任务20个、生态环保交办件6项，查处违法案件392宗。出租汽车、公汽投诉处理及时，12328运行服务质量考核排名全市第二。国省干线全面养护优良率达到96.89%，农村公路等级公路占比达97.4%，查处损坏路面等违法案件37宗，“一路一景、一景一路”路域环境格局逐步构建。依规标示特定功能船舶14艘，签订禁捕责任书14份。

安全应急管理。新冠疫情、防汛期间，确保应急物资和应急人员运输畅通。完成隐患整改200余处，其中挂牌督办11处，安全形势持续向好。

交通改革举措。交通运输综合执法大队正式挂牌，执法改革有序推进。全年录入“两法平台”案件85件，行政受理窗口缩减办事环节，实行“一窗受理、一网全办”。全国农村公路管理养护体制改革试点工作扎实推进。

（李兴名　秦祖兵）

【麻城市】 至2020年底，全市公路里程4826.86公里，路网密度128.8公里/百平方公里，其中高速公路157.19公里、一级公路3.20公里、二级公路389.02公里、三级公路281.02公里、四级公路3996.43公里。内河航道通航里程110公里(界河按二分之一算)，渡口6个。客运站20个，其中一级客运站1个、二级客运站1个、三级客运站1个、五级客运站16个，货运站1个。

2020年，106国道麻城北段美丽公路经济带全面完工

疫情防控运输保障。面对突来的新冠疫情，按照疫情防控指挥部要求，全力做好疫情期间运输保障工作。疫情防控取得阶段性胜利后，做好常态性疫情防控工作，落实行业疫情防控监管职责。一是加大对麻城火车北站、火车站、客运中心、码头等重点运输场所(站)及各客运企业日常巡查，督促企业履行防控责任。二是对全市快递企业落实疫情防控措施、冷链食品寄递、冷链运输车辆管理等情况进行常态化检查，发现问题，及时改正。三是检查全市9所驾校疫情防控落实情况。

基础设施建设。全年完成交通固定资产投资42亿元。麻竹高速公路建成通车，沪蓉高速公路龟峰山支线建成，麻安东高速公路按时间节点推进。106国道上畈至彭店绕城公路路基、桥涵全面完成，在进行路面施工。106国道彭店至余家寨一级公路、106国道麻城渣家坃至廖家坃公路开工建设。220国道麻城市商家坃(鄂豫界)至边店新建工程、323省道麻城蔡店河至白果段改扩建工程、408省道麻城项家河至城区段改扩建工程完成工程可行性评审。106国道北段美丽公路经济带37公里全面完工。346国道、206省道、241省道、320省道、323省道大中修项目共75公里，完成投资1.8亿元。兴达路、孝感乡南路完成投资1.5亿元。环线建设中，明九线、黄朱线、宋南线、黄三线、尾斗湖旅游线、中项线、王小线完工；阎家河枣边线施工中；中环线建成，共完成投资4.5亿元。完成农村公路提档升级504公里，投资7亿元；安全防护工程完成投资1亿元。危桥改造。除黄冈市交通运输局集中打包招标的195座危桥改造外，全年完成危桥改造111座，其中农村公路危桥81座、国省干线危桥30座；黄冈打包招标危桥改造开工30座。

运输服务。全年完成公路客运量289.6万人次、旅客周转量9248.7万人公里，货运量374.1万吨、货物周转量4895万吨公里。进一步提升“两客一危”车辆4G动态视频系统，实施“智慧运政”，推广使用手机支付宝扫码乘车，公交卡使用范围扩展。

公路养护。完成国省干线沥青路面清灌缝23.47公里，沥青路面坑槽修补24343平方米，喷油43450平方米，水泥路面灌缝1632.3米，疏浚、清理桥梁涵洞435道，清理边沟、平整路肩694公里；维修钢护栏1376米，更换警示标志标牌95块；完成公路绿化59.76公里；241省道矮团线新建水沟260米。全市列养农村公路县道20条480公里，新建水沟70公里，清理排水沟160余公里，清除路肩杂草和障碍物100公里，清扫路面垃圾8万余平方米；做护岸、护坡、防土墙420立方米；修补路面坑槽800平

2020 年 4 月 17 日，金运公共交通发展有限公司正式成立

方米、填料 5000 立方米；设置各类标识、标线 4 万平方米；完成公路绿化 480 公里，移栽树木 13000 余株。

综合执法。持续抓好客运市场专项整治，全面监控 253 辆“两客一危”营运车辆运行动态，及时发送警示短信，督促客货运输企业、出租汽车企业、公交企业履行企业主体责任。上下联动抓治超，建成不停车超限检测系统，助力超限超载治理。全市开展治超专项行动 168 次，卸载黄沙、碎石等货物 1.27 万吨，处罚源头企业 8 家，拆除非法改装装置 41 套，货运车辆超限率控制在 2.0%，超限超载违法现象得到明显遏制；创新方式整治路域环境，开展专项整治 32 次，拆除违章建筑 213 处 2000 平方米、违法非公路标志 217 块。加强水上运输安全监管，对全市 6 个列管渡口、23 艘客渡船开展安全、防污染专项检查 28 次，检查渡船 84 艘次。

安全与应急管理。全年开展安全生产大检查 23 次，安全应急演练 7 次，安全业务培训 21 次，召开安全生产专题会 14 次，安全生产知识咨询活动 1 次。“7·19”阎家河大堤保卫战中，交通系统职工经过近 24 小时奋战，成功解除险情。

交通机构改革。按市委编办要求，全面整合交通运输执法职责和队伍，设立市交通运输综合执法大队。9 月 3 日麻城市交通运输综合执法大队正式挂牌成立。

（周刚）

【罗田县】 至 2020 年底，全县公路里程 3414.89 公里，路网密度 160.399 公里 / 百平方公里，其中高速公路 63.13 公里、二级公路 410.33 公里、三级公路 119.91 公里、四级公路 2676.12 公里、等外公路 145.40 公里。客运站 8 个，其中二级客运站 1 个、三级客运站 2 个、五级客运站 5 个。

基础设施建设。全年完成交通固定资产投资 4.6 亿元，为年度目标的 115%。全年争取 318 国道一级公路及一批农村公路项目无偿补助资金 2.185 亿元，超额完成县政府下达的目标任务。全市“建养一体化”项目 318 国道罗田县城至三里畈一级公路改建工程桥涵和路基工程建设加速推进，6 月 323 省道七娘山至漱鱼嘴段 17.13 公里改扩建工程全线完工。全长 38.5 公里的天堂寨景区第二通道大河岸至九资河旅游公路全面完工。争创省级“四好农村路”示范县，推进雷家垮至三河口公路、潘家湾至二郎庙公路、大雾山至八迪河等县乡公路建设。黄道山大道隧道和古城路等城区建设项目加快实施。241 省道东界岭至李婆墩二级公路前期工作加快推进，武英高速公路石桥铺处增设互通项目在做开工前准备工作。

“四好农村路”建设。全年完成蔡界线美丽农村路改建工程 28.44 公里、八二河至潘家湾改建工程 9.2 公里、上石源河至鲶鱼丘公路 7.57 公里、滕家冲至雷家垸公路工程 6.33 公里、农村公路拓宽改造 80 公里，危桥改造 18 座。10 个乡镇 687.87 公里安全防护工程通过交工验收，凤山镇成功创建全省“四好农村路”示范乡镇，全力做好“四好农村路”示范县创建工作。

公路养护。做好公路精细养护、特色养护，全力修复水毁灾后重建项目，扎实做好日常性路面小修小养。实施“三年消危行动”改造计划，危桥改造开工 40 座。持续优化 323 省道、318 国道美丽公路经济带建设。多处乡村道路成为“网红”打卡热点。积极探索农村公路养护管理体制机制。

2020 年 8 月，323 省道七娘山至漱鱼嘴段改扩建工程全线通车

2020 年 4 月，罗田县"点对点一站式"外出务工人员直达专车服务

运输服务。全年安全运送旅客 46.37 万人次。公交车智能化乘车、手机支付全面推行，市民出行更加便捷。新建平安检测站和汽车大修厂正式投入运营。购置新能源电动公交车 10 辆上线运营，开通 8 号公交线路，新建充电桩 5 个。城乡公交化改造逐步推进，开通罗田至岱家畈、刘家湾、英山公交班线。12 月，县公交公司智能调度平台试运行；县汽运总公司组建罗田浠水线路经营联合体，新购 6 辆纯电动公交车，开通罗田至浠水公交班线；县汽运总公司正式启动全县东部片区农村客运班线公交化改造工作。

法治交通。扎实开展"雷霆行动"专项整治，积极参与长江大保护九大行动"禁渔禁捕"专项行动，规范超限超载运输市场。全年开展并参与专项整治行动 80 余次，交通运输市场秩序进一步净化。推进行政审批便民化服务，"双随机一公开"行政执法监管方式全面推行，"放管服"改革逐步规范，交通营商环境进一步优化。交通综合执法改革稳步推进，依法受理政府信息公开 1 例，全年无一例行政复议、行政诉讼案件。

（张宁）

【英山县】 至 2020 年底，全县公路里程 2832.80 公里，路网密度 196 公里 / 百平方公里，其中高速公路 26.11 公里、一级公路 20.57 公里、二级公路 253.30 公里、三级公路 81.75 公里、四级公路 2451.07 公里。渡口 1 个。客运站 9 个，其中二级客运站 1 个、五级客运站 8 个，候车亭 384 个，招呼站牌 335 个。

运输服务。全县有长途客运企业 1 家、旅游客运企业 2 家、农村客运企业 6 家、货运企业 8 家、机动车维修企业 89 家，城市公共客运企业 1 家，出租汽车企业 1 家，驾校 4 家，综合性能检测站 1 座。营运车辆 987 辆（含新能源车辆 129 辆），其中营运货车 488 辆、营运客车 205 辆、出租汽车 120 辆、公交车 174 辆。拥有运输船舶 1 艘，完成水路客运量 3000 人次。乡镇客车通达率 100%，基本实现四级（含）以上公路通行客车。

基础设施建设。全年完成交通固定资产投资额 13 亿元，比上年增长 9%。318 国道环城一级公路、219 省道红红线红花至陶河段、红红线水口桥至杨柳大桥段建成通车，九龙大道除 2 座桥梁外其他路段建成通车，四季花海旅游路竣工通车，县道张长线、梅沙线改造工程完工通车，杨柳大桥拆除重建后投入使用。323 省道石镇到卡里段开工建设，东门大桥至 318 国道连接线进场施工。219 省道杨柳至红山段、236 省道小米畈至英山坳段（英黄线）、张草线（西段）等重点项目办理前期手续中。

"四好农村路"建设。温泉镇、方家咀乡 2 个乡镇积极创建全省"四好农村路"示范乡镇。农村公路张长线 10.3 公里、梅沙线 9.2 公里、四季花海大道至四棵枫旅游公路 7.2 公里全线通车。5 月 13 日，雷孔线雷店段 10 公里、杨柳茶叶谷旅游路 10.2 公里、南冲畈至花园公路 6 公里、将军山至四季花海 3 公里、东门大桥至 318 连接线 2.1 公里等 5 个农村公路项目集中开工，总投资约 1 亿元。

防汛抢险救灾。汛期持续强烈的暴雨导致多条重点国省干线、县乡道路交通临时中断，全县 7 条国省干线公路水毁 112 处、农村公路水毁 294 处。交通系统干部全员上路，加大道路巡查频次，成立交通应急抢险队伍 200 余人，突击抢险清除塌方 329985 立方米，全县境内公路畅通安全。

公路养护。全年整修路肩 1632 公里，清理边沟 1436 公里，桥梁养护 91 座，涵洞维护约 300 道。完成路面灌缝 3.78 万米，修补路面坑槽 17530 平方米，钢护栏修复 7760 米，破损挡墙修复 32 处 238 立方米，桥梁锥坡护坡修复 7 座，破损路肩修复 3874 平方米，维修和扶正各类公路交通标志 260 余块（根），修复道路标线 12.74 公里。完成 309 省道张杨线 13 公里"畅安舒美路"及 201 省道中大线、318 国道沪聂线共 20 公里"标准化路基"创建任务。完成国省道水毁修复项目、红色旅游路品质提升项目、318 国道美丽公路建设工程、国省道标线及安防设施修复工程，以及标志标牌更新项目等养护任务。

运输服务。全县有城市公交企业 1 家、营运车辆 88 辆，城乡公交企业 2 家、城乡公交线路 11 条、营运车辆 86 辆。有新能源车 129 辆，建成新能源充电站 8 座。智能调度监控室 1 个，公交站点（单向）284 个，其中港湾式候车点 17 个。公共交通布局持续优化，全县新老城区以及城区周边 20 余个行政村实现公交全覆盖。

行业监管。路政部门检查车辆5000余辆，处罚车辆501辆，卸载货物3752吨。任务清单中的8个货物源头企业全部安装称重和监控设备，恶意超限超载和货车非法改装行为得到有效遏制，超限超载率控制在3%以内。联合交警部门开展出租汽车专项整治行动2次，单独开展出租汽车专项整治行动3次，开展通村客运专项督查行动5次，开展非法网约车整治行动6次，整治问题3个。

交通机构改革。深入推进交通运输综合执法改革，整合路政、运政、地方海事、交通工程质量监督等相关职责和执法队伍，成立交通运输综合执法大队，为县交通运输局所属副科级公益一类事业单位，并完成人员划转工作。

（付天姿）

【浠水县】 至2020年底，全县公路里程4328.68公里（含在建347国道38.37公里），路网密度220.09公里/百平方公里。其中高速公路114.4公里、一级公路102.22公里、二级公路219.16公里、三级公路409.90公里、四级公路3483公里。内河航道通航里程53.9公里，渡口27个。客运站12个，其中二级客运站1个、三级客运站1个、四级客运站2个、五级客运站7个、简易站1个。

基础设施建设。全年完成交通固定资产投资22.5亿元，其中争取各类项目资金8.5亿元。完成黄黄高铁土建工程；启动高铁新区“一场六路”前期工作，站前广场项目正式开工建设。完成国省干线201省道铁路桥至红莲及城区段、409省道张岭小桥至下巴河大桥及张岭街道路段、202省道松兰线松山至城关段、343省道丁标线洪山铁路桥至麻桥段，220国道关口至外贸制衣厂段建设任务；加快推进347国道陶巴公路、巴河特大桥、220国道丁司垱至大门段、347国道巴河至兰溪段、401省道桃白线、228省道松巴线竹瓦至汪岗、曹畈温泉大桥等项目建设。完成洗桃线、郑余线、宝塔路等农村公路提档升级工程，推进快城线快岭至蔡河段、芦象线提档升级建设；实施窄路面拼宽340公里、通村通组公路50公里、安全防护工程230公里。完成103座危桥改造打捆招标并启动实施，完成31座、在建24座。浠水县蔡河镇被评为全省“四好农村路”示范乡镇。

运输服务。全年完成公路客运量833万人次、旅客周转量68306万人公里，公路货运量268万吨、货物周转量9060万吨公里。全县有营运货车599辆，营运客车645辆，客运线路133条。其中，跨县以上线路23条、客车135辆，县内线路110条、客车510辆。维修企业227家，其中一类维修企业2家、二类维修企业30家、三类维修企业195家。驾培机构5家，机动车综合性能检测站1家。出租汽车公司2家，出租汽车299辆；公汽公司3家，城区公交线路10条，公交车76辆，公交运营里程180公里，停靠站点197个。各类船舶387艘、5.21万载重吨。列管渡口28个、渡船25艘，日均渡运乘客600余人。浠水港全年货物吞吐量234.9万吨。

公路养护。完成国省干线路肩平整、边坡整修120万余平方米，清理边沟448.85公里，完成路面坑槽修补4853平方米、路面缝养16.9万米。新建桥梁检查步道15座，清理疏通涵洞等9191道次，完成警示桩、标志牌、里程碑和钢护栏等附属设施修复、更新。东深线关口段实施路肩整治、标准化路基养护1.1万立方米。完成中大线、浠黄线美丽公路建设3.5公里。完成201省道安全隐患路段整治9公里，启动实施3座危桥改造及一级公路中央隔离带、国省道视频监控系统、可变信息板设置等安全提升工程。完成马垅站站房改造及停车区、交通厕所建设，启动朱店站站房拆除重建及停车区、交通厕所建设。完成3个公路养护站点“湖北公路统一标识”。公路绿化、扬尘治理工作扎实推进。加强农村公路养护，清除路障、补植损坏行道树，路域环境明显改善。

路政管理。拆除国省干线违章建筑5处157平方米，清除堆积物206处3374平方米，清理占道经营127处1207平方米，拆除各类非公路标志272块、公路限高架1处，规范松兰线铁路部门公路限高架2处。制止农村公路路边埋设水管、乱立线杆和乱建围墙、猪圈等案件21起，依法保护农村公路路产路权。查处超限超载货车2302辆、卸载转运货物26482吨，纠正非法改装货运车辆218辆次。落实“一超四罚”制度，抄送违法车辆信息1157辆次，处罚违法运输货运企业16家、源头生产企业2家。

运输市场监管。全年查处道路运输违法案件60起，其中简单程序行政处罚案件50例、一般程序行政处罚案件10例。查处非法营运车辆3辆次。公交车、出租汽车全部安装服务监督卡，城区76辆公交车安装IC卡和安全监控系统，规范公交车经营行为。全年查处出租汽车不打表经营、拒载、甩客等违规经营行为为389辆次。

港口船舶治理。完成105艘运输船舶油污水处理装置、63艘100~400总吨以下及400总吨以上运输船舶生活污水（油污水）收集装置安装。拆除“三无”非法采砂船41艘，完成98艘退渔禁捕标识安装工作。完成油污水垃圾回收船建造、公务码头备案、2家港口企业岸电设施建设。

政务窗口服务。交通行政审批事项全部进入市民之家行政服务窗口，实现“一网通办”“一个窗口办理”。全年办理行政许可154件，其中货车许可144件、公路涉路许可2件、超限许可8件。

安全应急管理。查处各类安全隐患128处，下发整改通知64份，纠正水上水下违章作业35起，发送水上安全提醒信息1500条。安全生产无责任事故。排查国省干线公路水毁安全除患356处，清除山体滑坡及坍塌方8万立方米、修复挡墙及路肩边坡加固160余处，修复加固波形梁钢护栏等防护设施45处686米，疏通桥涵160座。农村公路出动应急队伍46支、挖掘机458台次，铲车476台次，处理塌方26.8万立方米，修复路基172公里，砌筑边坡9032延米，保障农村公路安全通畅。

交通改革。推进交通综合执法改革，完成划转人员身份认定工作。完成城区公交运营体制改革，由城发集团组建国有公汽公司收购原有民营公交企业，实现公车公营，并调整优化部分公交线路。

（王敬国）

【蕲春县】 至2020年底，全县公路里程3959.1公里，路网密度165.1公里/百平方公里。其中高速公路89公里、一级公路91.32公里、二级公路315.59公里、三级公路376公里、四级公路3070.26公里、等外公路16.93公里。内河航道里程117.8公里，港口码头泊位22个，生产性码头泊位13个，渡口9个。客运站17个，其中二级客运站2个、三级客运站1个、五级客运站14个。

基础设施建设。全年完成交通固定资产投资40亿元，比上年增长11%。完成公路建设投资30.7亿元、水运建设投资2000万元。新增蕲春港管窑港区八里砂石集并点红灯建材码头泊位1个，通过能力120万吨。完成农村公路提档升级137公里、配套公路安全防护设施239公里，完成重点贫困村交通补短板工程100公里，改造农村公路危桥34座，建设“四好农村路”示范线65公里。株林镇成功创建全省“四好农村路”示范乡镇，刘河镇积极创建全省“四好农村路”示范乡镇。

运输服务。全年完成公路客运量304.75万人次、旅客周转量1.65亿人公里，公路货运量652万吨、货物周转量25.23亿吨公里。完成水路客运量20.6万人次、旅客周转量204万人公里，水路货运量1676.3万吨、货物周转量99.38亿吨公里，水路货运量比上年增长249%。全县拥有客运车辆966辆，其中客车581辆、出租汽车262辆、公交车69辆、网约车54辆。货运车辆2200辆，其中危货车辆60辆，8吨以上大货车1520辆。驾培学校6家，维修厂店173家。实施城乡公交化改造，120辆新能源公交车上线运营。拥有机动船30艘，汽渡驳1艘。

公路养护。修补干线公路沥青路面坑槽8491平方米、清灌缝6.67万米、修复损坏钢护栏3718米、整修路肩29.03万平方米、修整边坡5.24万平方米。继续打造美丽公路经济带，在省道株大线、英黄线、下蕲线、狮梅线等线路播种四季花籽，补植行道树，维护保养景观点32处。

行业管理。启用2处车辆不停车检测系统。全年检查检测车辆6000余辆次，查处非法改装和超限超载车辆1000余辆次，其中严重违法超限超载运输“百吨王”5辆，卸转载货物1.5万余吨，全县货车超限超载违法行为得到有效遏制。开展城区客运市场秩序整治，查处非法营运车辆74辆。完成8艘100~400总吨船舶需要生活污水处理收集装置改造，安装船舶生活污水接收处理设备4套，改造3个具备条件的码头岸电设施，建造1艘油污水、垃圾回收船并运营，投资1054万元建设1座船舶污染物接收转运码头。复绿长江岸线730亩，蕲河航运综合开发工程办理交工验收。蕲春长江航道“645”工程基本完工，建成蕲州港区砂石集并中心、管窑八里砂石集并点码头，规范管窑物流码头运营。

安全应急管理。全县客运车辆、出租汽车和危货车辆全部安装GPS监控设备，4G动态第三方监控平台建成投入使用。开展安全生产大排查大整治百日攻坚行动、安全生产专项整治三年行动、汛期安全排查整治、工程质量亮剑等专项行动。采取企业自查、行业监管单位巡查、局督查相结合的方式，重点对“两客一危”、渡口渡船、施工工地和人员密集场所消防、防汛物资储备等环节进行排查，排查隐患74处，全部整改到位。开展水上搜救、危化品泄露处置、道路救援等应急演练，确保交通运输行业安全生产形势持续稳定。

（洪莹）

【武穴市】 至2020年底，全市有公路里程2645.07公里，路网密度206.59公里/百平方公里。其中高速公路70.9公里、一级公路92.66公里、二级公路186.69公里、三级公路107.72公里、四级公路2171.00公里、等外公路16.10公里；按行政等级（不含高速公路）分为国道94.09公里、省道111.99公里、县道223.04公里、乡道941.46公里、村道1203.59公里。境内长江岸线45.6公里，内河航道129.1公里，港区3个，货运码头13座，泊位42个，客汽渡口7个。客运站13个，其中二级客运站2个、四级客运站1个、五级客运站10个，货运站1个。

基础设施建设。全年完成交通建设投资6.03亿元，其中公路建设4.21亿元、港航建设1.26亿元、企业投入

2020年6月，武穴市田镇港区祥云综合码头通过交工验收并投入营运

5600万元。全年完工项目13个，220国道大金至界岭段一级公路、一尖山国际禅修旅游公路I期、官桥至太白湖公路、花桥镇东河口防汛路全面建成通车，武穴电子信息产业园东三路完成刷黑，武山湖环湖路中段1.85公里连接线建成通车，308省道花桥一桥、余川海子地等6座桥梁完工，祥云新区综合码头、马口工业园综合码头I期建成并营运。332省道龙腰至梅川段扩建、308省道松白线花桥高铁站至石佛寺段(中部新城高铁小镇连接线)、大金至德里桥公路改建及城东充电站等项目开工建设。308省道郭德元桥、官桥四眼桥等15座桥梁在改造中。编制完成“十四五”综合交通运输发展规划。全市“四横”(狮梅线、黄梅线、松白线、南德线)、“三纵”(武百线、东深线、莲龙线)、“两高速”(黄黄高速公路、麻武高速公路)、“一港口”(武穴港区)交通格局基本形成。

农村公路建设。全域推进“四好农村路”建设，打造一批“产业路”“循环路”“示范路”。完成农村公路加宽594.21公里、破损路面修复204公里、路面刷黑116公里，美丽乡村示范线130公里在建中。建成驿站20座、交通公厕30座，改造桥梁21座。省级“四好农村路”示范县创建有序推进，武穴市仙人湖环湖路入围交通运输部“全国最美农村路”评选20强。

公路养护。完成308省道松白线大修24.9公里、220国道东深线和332省道黄梅线中修20公里。完成道路油层宕修补1586平方米、清灌缝46358米、维修钢护栏5860米、更换里程碑和百米桩551根、清挖边沟102.32公里、清除塌方45531立方米。

行业监管 加在货车超限超载整治力度，推动货车“挂牌登记、国标车厢、平厢装载、覆盖运输、清洁上路”。全年查处车辆超限347辆，卸载货物4650吨，查处车辆非法改装40辆，切割高墙板86副，落实“一超四罚”88件，取缔非法囤砂点7处。加大非法校车、非法营运车辆、非法驾驶培训机构整治力度，查处非法营运车辆142辆，行政拘留2人。利用码头监控平台技术优势，推动开展水路协税工作。

港口船舶治理。全年完成港口货运吞吐量6979万吨。新建船舶垃圾、生活污水和油污水收集系统201套。黄冈市首艘集固体垃圾、生活污水、油污水收集“三合一”接收船投入使用，武穴首座船舶污染物回收专用码头开工建设。参加长江禁退捕联合执法12次，拆解“三无”船舶30艘，提前完成长江禁退捕“清零”目标。

汛期抢险保畅通。在武穴百米港一二桥、官桥大港、武山湖环湖路等公路水毁现场，灌沙包、堵管涌、疏交通、排隐情、修水毁、保畅通。打通武山湖大桥及其1.9公里临时通道，保障城区主通道通畅；抢通因持续暴雨导致省道红色旅游路多次塌方的22处水毁堵点。汛期抢通干线公路水毁50处、排险25处，修复农村公路水毁620处，督促打通北部山区余川一尖、梅川横岗等重大水毁路段临时通道8处3.8公里，有效保障群众安全出行。

民生保障服务。武穴新客运站投入使用。新增新能源公交车60辆、新能源客车40辆。开通电子信息产业园公交线路，完成石佛寺、梅川线路公交化改造。建成公交首发站2处。新增农村客运班线18条，全市城际、城市、城乡、镇村四级客运网络进一步优化。疫情期间组织返岗专车920辆/次，发送旅客3.2万人次，审批企业复工32家。

(张银俊)

2020年12月，220国道武穴市大金至界岭段一级公路建成通车

【黄梅县】 至2020年底，全县公路通车里程4119.28公里，路网密度242.17公里/百平方公里，其中高速公路68.52公里、一级公路155.25公里、二级公路215.23公里、三级公路147.20公里、四级公路2865.08公里、等外公路668公里；按行政等级分为国省道261.12公里、农村公路3858.16公里。内河航道通航里程133.9公里，港口码头8个，旅游码头1个，渡口27个(长江6个、内河21个)，泊位14个，其中5000吨级泊位2个。客运站13个，其中二级客运站2个、三级客运站1个、五级客运站10个。

基础设施建设。全年完成交通项目建设投资5亿元。启动黄梅高铁集疏运105国道改建、横山公路改造、332省道黄梅线升级、406省道红旅路大河段出口路、406省道红旅路宋冲段改线、258省道苦竹至挪步园、258省道城下线、环太白湖旅游公路等重点工程项目。完成危桥改造38座、安全防护工程150公里。修复236省道程白马段、濯港镇桂坝村、杉木陶瓷工业园、五鸣线、五陈线(蔡田段)、阻马公路、258省道苦竹至挪步园段等水毁公路。完成苦竹、停前五级车站新建，维修港湾式候车亭1个、招呼站5个。全力推进黄梅县港口船舶污染物接收码头和小池滨江综合码头岸电项目建设，推进港口船舶污染物接收处置市场化运营。

“四好农村路”建设。完成通村公路新建和扩宽改造各100公里。下停线(澳科产业路)、刘壁线、广文冲等10条“四好农村路”省级示范县创建线路建设顺利推进，积极探索农村公路管养“路长制”。

运输服务。全县拥有营运汽车4522辆，其中客车386辆、出租汽车263辆、城市公汽91辆。拥有客船29艘(湖内21艘、长江8艘),基本满足全县客货运输需要。按照“分步实施，从易到难，稳步推进”工作方法，完成“以距离城区25公里范围”的农村客运班线纳入城乡公交化改造工作，整合车辆136辆，购置新能源公交车20辆,新增公交线路2条，公共交通小康指数顺利达标。及时发放国家农村班线客运车辆燃油补贴419.8万元，发放公交企业运营亏损补贴、燃油补贴、充电桩建设补贴等449.5万元。

行业管理。积极探索新的治超模式，安装不停车检测系统。坚持实行24小时治超，县联合治超大队查处车辆1311辆，卸货38956.3吨。移交运管部门处理22辆，移交路政部门处罚4辆。开展客运市场、驾培市场整治活动，组建工作专班，严厉打击“麻木”、黑车经营等违法行为，处罚违法违章车辆115辆次。推进长江黄梅段岸线整治提升工程，完成中央环保督察反馈意见中刘佐宇洋、刘佐汇通、新开六咀3个临时砂石集并码头规范整改工作，进一步清理公务性码头靠泊。同时，配合做好龙感湖、长江禁捕退捕工作。做好“三集中三公开”工作，优化办事流程。

公路养护。借力人居环境整治活动，提升公路路域环境。105国道顺利完成迎国检工作。全县公路完成路肩整修456公里、路肩打药除草354公里、边坡修整57公里、清理边沟98850米、路面清灌缝53公里。清理桥梁伸缩缝3489延米，涵洞66道，疏通泄水孔740孔。集中整治以路为市、随意占用公路摆摊设点、非法在公路建筑控制区内倾倒生活垃圾、建筑材料等违法行为。清理路边堆积物1015平方米，拆除非公路标志648块，整治公路建筑控制违法建筑物153处，清理取缔违法囤沙21处，清理占道经营28处。

安全应急管理。安全生产工作做到月检查、季督查、半年总结。加大“春运、清明、五一、端午”期间安全知识宣传和安全督查工作，印发宣传资料5000份，制作展板7块。排查安全隐患145条，下达整改通知书16份，按照要求建立隐患台账并及时整改到位。加强信访维稳工作，积极预防和妥善处置突发性信访事件。

疫情防控运输保障。年初，新冠肺炎疫情突如其来，全系统263名党员干部坚守防控一线，在设立的交通管控卡口落实24小时值守防控。调配城区10个干道卡口封控设施。对长江渔船实行拖离上岸，落实解除动力、集中看管、水面巡查等措施，确保58.86公里长江水路防控安全。征调出租汽车21辆，为城区群众提供交通应急运输保障1766车次，组织公交车队提供482车次物资配送。征调大巴车2辆、货车17辆保障医护人员出行和应急物资调运。助力复工复产，组织开通“一站式、点对点”服务，运输返岗人员10293人，核准物流企业复工17家、驾培企业复工8家、汽车维修企业43家，派出“四进人员”19人。坚持做好车站、码头、公交出租汽车、快递冷链物流等重点场所常态化疫情防控工作。

汛期交通保障。面对7月特大汛情，迅速启动应急预案，科学调度防汛抢险救灾工作。参加大河袁山村山体滑坡抢险搜救工作。10天抢通236省道英黄线程白马段。调度长江应急船舶4艘运输防汛砂石料300立方米，执法巡逻船2艘参与长江防汛巡逻救援工作。调度应急货车200余车次，运输土方支援西隔堤防汛抢险，对13条交通中断县乡道采取应急措施。汛期发生后，组织60名抢险突击队员支援考田河抢险工作、50辆车转运华宁高中被困高考考生，安排执法人员帮助转移新开团洲圩群众。成立国省干线和农村公路抢险工作专班，安排专业人员和力量，巡路查险排险，设置标志标牌，重点路段24小时值班值守，清理山体滑坡420余处。

(黄金文)

咸宁市交通运输

【概况】 至2020年底，全市公路通车里程16894.26公里(不含高速公路)，路网密度173.26公里/百平方公里。其中高速公路482.45公里、一级公路375.04公里、二级公路1546.74公里、三级公路786.05公里、四级公路13425.61公里、等外公路760.82公里，等级公路达到16133.44公里，等级公路比重达95.5%；按行政等级分为国道521.18公里、省道999.72公里、县道2652.89公里、乡道4358.74公里、村道8361.73公里。内河航道通航里程442.75公里，港口2个，生产性码头泊位11个，渡口98个。客运站52个，其中一级客运站4个、二级客运站3个、三级客运站8个、四级客运站1个、五级客运站28个、农村综合运输服务站8个，农村客运候车厅892个、招呼站1035个。

疫情防控运输保障。疫情期间，研究起草、发布交通指令52项，查验车辆26.3万辆次，查验进出人员78万人次，做到不漏一车一人。征调客货运输车辆230辆，集中接送抗疫人员535趟次，运输物资11万吨，交通服务热线答复群众咨询5万余次，实现“一断三不断”“三不一优先”。开展“咸宁老乡 接您回家”暖心活动，率先从武汉接咸宁老乡回家被央视新闻联播报道。

基础设施建设。全年完成交通固定资产投资54亿元，为年度目标的120%。其中高速公路完成投资14.9亿元、普通公路完成投资37.5亿元、港航站场物流完成投资1.6亿元。全年交通建设项目向上争取资金18.9亿元。赤壁长江大桥主桥索塔封顶，一期土建工程基础及下构工程基本完成。107国道咸安绕城段征地拆迁全面启动，咸宁大道西延伸段全面建设，桂乡大道路面改造工程完成年度计划的246%、泉都大道路面改造工程完成年度计划的186%。完成农村公路提档升级工程1966.4公里，完成率103.5%，全部达到“四好农村路”标准，其中1129.3公里达到“美丽农村路”标准。咸安区黄荆塘产业路被推荐参选“全国十大最美农村路”。崇阳县被评为“四好农村路”国家级示范县，咸安区被评为“四好农村路”省级示范县，汀泗桥、双溪桥等7个乡镇被评为“四好农村路”省级示范乡镇。捷利泉都物流园完成主体施工，华信综合流配送中心一期完工，温泉客运中心(改扩建)工程竣工，咸宁北站站前广场改造施工中，核电综合码头通用化改造竣工。美丽风景道建设。对标“宜居、宜游、宜业”全域生态公园城市创建，全面启动咸宁风景道建设，沿线串联星星竹海风景区、青山湿地公园、葛仙山风景区、三国古战场、黄袍山风景区、九宫山、隐水洞等大小36个旅游景点，全长978公里，其中步行骑行综合道11.5公里、骑行道70.8公里、自驾游道895.7公里。累计完成步行、骑行综合道63.3公里，占比77.3%；自驾游道449.1公里，占比50.1%；建成一级驿站6个、二级驿站10个、三级驿站10个；完成345.9公里咸宁风景道LOGO标识。

2020年，319省道咸安咸赵线路面大中修工程完工

公路管养。全年全市国省道干线路面大修计划81.9公里，完成107.64公里，路面中修计划54.96公里全部完成，106国道崇阳、通山段、107国道咸安段、351国道嘉鱼、咸安段等大中修项目全面完工。全市国省干线公路PQI值89.30。公路桥梁三年消危行动。10月10日，市人民政府办公室印发《咸宁市公路桥梁三年消危行动方案》；市交通运输局印发《咸宁市公路桥梁三年消危行动实施细则》。开展普通公路桥梁普查，对危桥进行检测评定，完成“一桥一图”工作，基本确定咸宁市三年消危改造规模511座。至年底，全市完成危桥改造66座、在建21座；危桥工程可行性报告编制基本完成，140座危桥工程可行性报告获批复、67座危桥施工图获批复，其余危桥前期工作加快推进。美丽公路经济带建设。养护、整治公路900余公里，建成公路养护应急中心4个，改造完成公路管理站4个，建设普通公路服务区5个、停车区19个，“厕所革命”16个交通厕所任务全部完成。全面提升国省干线公路道路系统、景观系统、服务系统、保障系统，全域打造美丽公路经济带，累计创建国省道美丽公路示范路、生态旅游示范路26个路段500余公里，泉都大道杨下村至栗林桥段完成路面大修后成为全省首条荧光大道。

2020年5月13日，全省交通运输建设项目集中开工活动咸宁分会场在汀泗桥镇举行

超限超载治理。针对复工复产需

求，路政部门坚持既抓服务，保障货车运输通畅，又抓执法，保障运输秩序规范有序。全年巡查源头企业210余次，检查货车13982辆次，接收各地货车违章抄告函53件，约谈源头企业25次，处理各类违法货车167辆次，源头超限超载现象得到有效遏制。加大路面治超力度，全市路政、运管、交警、特警等执法人员联合执法，在各路段设置24小时治超站点16个、不停车检测系统7个，电子抓拍系统3个，全年查处超限超载车辆2746辆，卸货车辆859辆，卸载货物1.2万吨，行政处罚462万元，超限运输率控制在2%以内。

公交出行。根据市民出行需求，新开公交运营线路1条，调整公交线路4条，定制公交3条。延长公交运营时间2条，重点时段增加公交班次1130次。改造咸宁城区公交候车亭54个，重新安装座椅125套。在公交行业推进驾乘服务规范标准、服务用语标准、驾乘人员应急处置规范等17项标准化服务，开展"日行一善""最美公交"、文明示范线路、文明示范车、党员示范岗等创建活动，提升公交服务质量，规范公交运营行为。

交通物流发展。"一园四心六十个末端"三级配送节点框架初步形成，城市配送公共信息平台建设方案送审中。整合"交通运输+邮政快递融合+电子商务"资源，形成"一点多能、一网多用、深度融合"的农村物流发展新模式，2020年被交通运输部授予全国农村物流服务品牌(第一批)，并作为典型案例在全国推广。

"品质工程"创建。进一步加强工程建设各个环节督办检查，严格落实工程质量安全责任制，开展"坚守公路水运工程质量安全红线"专项行动、交通工程建设项目专项清理和工程机械安全生产专项整治，每季度组织开展全市干线公路质量安全综合督查，聘请第三方检测机构对工程实体质量进行抽检，抓好重点部位和重点环节隐患排查和安全监管，查处质量安全问题67，责令返工盖板涵1座、路基3.7公里、水稳基层800米。

安全应急管理。开展全市综合交通安全生产专项整治三年行动，启动公路桥梁三年消危行动。依托"智慧交通"平台和"雪亮工程"项目，将全市危货运输企业站场、"两客一危"车辆、渡船监控全部纳入局"智慧交通"平台数据接入范畴，采取通报、约谈、整改、罚款、吊销(《道路运输经营许可证》等)五种形态对驾驶员违规驾驶行为进行处理，实现"两客一危"企业驾驶员动态监控违规信息闭环处里全覆盖。启用"咸宁市交通运输信用体系和安全监管服务平台"开展从业人员培训，累计参训16908人次，实现全覆盖。水上交通运输安全生产工作四项指标保持25年零纪录，"两客一危"道路运输连续8年"零事故"。

法治建设。制订《贯彻落实〈党政主要负责人履行推进法治建设第一责任人职责规定〉的实施意见》。落实法律顾问制度，对《创建城市绿色货运配送示范工程的实施意见》《城市绿色货运配送体系建设奖补办法》《咸宁市查处非法出租汽车客运若干规定》《物流业发展的实施意见》等规范性文件等进行严格审核。推进交通综合执法改革，规范和加强交通重点领域执法，开展路政、运政、非法码头整治、港口船舶污染物排放、城市客运执法"百日攻坚"，定期发布路政、城市客运"红黑榜"。不断深入交通运输行业"放管服"改革，持续推进简政放权，承接上级下放审批事项15项，下放事项6项。推行"一门、一网、一次"改革，实行"一网通办""预约服务、延时服务"等便民措施，做到"三减一增"精简办事流程压缩办理时限，155项市级事项全部上网，提供预约服务50余批次。

（蔡霖）

【咸安区】 至2020年底，全区公路里程3025.35公里，路网密度195.10公里/百平方公里。其中高速公路92.2公里、一级公路111.69公里、二级公路257.91公里、三级公路136.45公里、四级公路2253.57公里、等外公路173.53公里。全区所有乡镇政府所在地均通达二级以上公路，20户以上自然村100%通硬化公路，所有行政村100%通客车。

疫情防控运输保障。疫情期间，积极参与疫情防控，保障人员安全有序流动，生产、生活、防疫物资运输畅通。调度征用车辆276辆，开通"点对点"班车1473班次，运送复工复产流动人员1.9万人。9月咸安区交通运输局获"湖北省抗击新冠肺炎疫情先进集体"称号。

基础设施建设。全年完成交通建设投资6.4亿元。360省道大幕至向阳湖公路改扩建工程路基全部完成，完成路面34.4公里。356省道横沟至黄沙铺公路改扩建工程(一期)完工。208省道甘鲁至毛坪段改建工程完成路基、路面各13公里。香城大道官埠桥至巨宁公司段道路综合改造工程完成路基、路面各4公里。中城路香城大道至南大街道路建设工程完成货币工程量1500万元。完成"四好农村路"提档升级工程205公里，双溪桥镇被评为全省"四好农村路"示范乡镇。完成农村公路桥梁改造26座。横沟综合服务客运站项目完工，咸安客运中心站改扩建主体工程完工，双溪桥镇客运站、大幕乡三级客运站启动前期工作。双溪桥、高桥农村综合服务站和双溪农村物流服务站担山社区、高桥农村物流服务站李浦村、大幕农村物流服务站金鸡山村农村物流综合服务点挂牌营业，基本建成覆盖区、乡、村的三级农村物流服务网络。京港物流仓储配送中心规划、环评、用地等手续全部完成，在实施智慧物流服务中心、仓库和机械转运集配中心建设；咸宁公路港项目用地指标、区域环评获批复；官埠智慧物流园项目可行性研究报告编制完成。

公路养护。区公路养护信息化管理平台调试完成，采集录入国省干线公路200公里和农村公路590公里的基础数据。国省干线公路完成小修保养投资1703万元，修补坑槽5450平方米、清理边沟9.09公里、修整路肩7.65万平方米、清理路肩堆积物

14760立方米，路面裂缝灌缝3.92公里，补植行道树550株、绿化18公里。启动官埠桥管理站、永安管理站重建，永安管理站投入使用。实施第二批农村公路安全生命防护工程，完成波形护栏40.5公里、标识标牌1102块，完成投资1027万元。将全区615公里县道主干线分成7大片区进行市场化养护。开展16条县道主干线垃圾治理整治。在双溪桥镇、汀泗桥镇开展农村公路管理养护试点工作。

路政管理。开展路养联合巡查27次，处理路面隐患5起，查处赔(补)偿案件8起，制止、责令改正乱堆乱放、损坏公路、违法涉路施工、设置非标等行为93起。全年开展路域环境整治行动9次，拆除非公路标志134块。4月15日复产复工后，在双溪、汀泗10个源头治超点检查运输车辆，依托马桥治超站、双溪治超点在全区范围内查处违法超限运输车辆315辆次，分装转运货物7863.24吨；处罚非法改装车辆10辆次。咸安区境内货运车辆进站检测率达96%以上，各干线公路货车超限率控制在3%以下。

安全生产。运用动态监管闭环管理系统，对全区7家客运企业386辆客车、5家危险品运输企业72辆货车实施视频监管。推动校车统一运营管理，9月1日交建集团校车公司正式营业。通过重点时段整治、重点区域整治等方式，全面提升辖区路面交通防控能力。开展农村公路杆线安全隐患专项治理，对影响农村公路行车安全的79根强电电线杆、25根弱电电线杆进行迁移整改。组织全区"两客一危"、普通货运、驾培企业开展安全教育培训，建立网上安全教育平台，有53家企业完成注册登记。组织4家"两客一危"企业和公路养护单位开展应急救援演练。全年全区无重特大交通运输安全责任事故发生。

防汛抢险保畅。汛期，全区7条国省干线公路、29条农村公路损毁严重。咸安区交通运输局调配客车、货车各40辆，作为救护受灾群众和相关物资转运的应急用车。加强对山体滑坡易发多发路段巡查力度和巡查频次，及时处置因雨水浸泡发生的二次塌方，修复损毁公路路面、路肩和边坡塌方，保障道路安全通畅，客运班线运营正常。

精准扶贫。与大幕乡常收村、石桥村和双溪桥镇郑良村精准扶贫结对。全年完成石桥村9.3公里"四好农村路"收尾工程和4个组7公里公路硬化，修通刘德至白云山驿站4.7公里旅游公路；完成郑良村5个组5.1公里公路硬化和石南山0.97公里"四好农村路"建设；完成常收村2个组3.1公里公路硬化；常收村张铁余饮水主体工程完工，惠及7个组1600余人。

（郭永仁）

【嘉鱼县】 至2020年底，全县公路里程2786.97公里，路网密度274.03公里/百平方公里，其中一级公路103.26公里、二级公路76.79公里、三级公路101.16公里、四级公路2312.29公里、等外公路193.47公里。内河航道通航里程109.6公里(界河按二分之一算)，港口1个，港区5个，生产性码头泊位11个，渡口10个。客运站3个，其中二级客运站1个、三级客运站2个，新建中客运站2个。

基础设施建设。全年完成交通固定资产投资26226万元。嘉鱼县陆八舒线(扶贫大道)公路改建工程投资13300万元，351国道嘉鱼县官桥至石埠塘改建工程投资2341万元，359省道嘉鱼县绿岭至朱砂段改建工程投资400万元，完成351国道路面大中修3053万元。制定《嘉鱼港石矶头港区护县洲锚地管理办法》，确保锚地工程在建设质量和进度及建成后的使用、维护。投资1272.3万元的护县洲锚地开始试运营，港区内包括锚地靠泊船舶生活垃圾、油污水等均可统一交由锚地管理公司上岸处置，真正做到污染物接收、转运和处置一条龙服务。

"四好农村路"建设。完成牌洲湾镇下沙口村接陈线3.66公里、035县道嘉陆线3.4公里、040县道外新线2.22公里路面修复和刷黑。完成牌洲湾镇堤顶路道路提档升级41公里。建成官桥镇阴山村仙人迹公墓公路1.71公里、新街镇光年城堡道路1.09公里。完成南茶线新渡普桥至官垱桥、沙马线余码头段、三湖社区道路大修6.60公里。完成012县道后红线2.78公里道路改造。实施潘家湾镇田园综合体蔬菜大道建设工程(一期)5.8公里提档升级和刷黑工程，潘家湾镇复兴生产队复兴垸水毁道路修复硬化工程8.63公里在建中。全县农村公路桥梁"三年消危"工程项目在进行招投标，项目涉及42座桥759.9延米。加快推进"四好农村路"示范创建由县市向乡镇延伸，陆溪镇、官桥镇被评为全省"四好农村路"示范乡镇，潘家湾镇、嘉鱼县分别积极创建省级"四好农村路"示范乡镇、示范县。根据县委县政府要求投入302.45万元，建成新街镇余码头村交通驿站，南门大道、陆溪花园村、三湾村、潘家湾镇畈湖村农村公路交通驿站，均交付当地政府投入使用。

路政管理。加大公路巡查力度，

2020年，建成新街镇余码头村交通驿站

依法查处各项违法行为。检查车辆2343辆，查处超限超载车辆49辆，查处抛撒21辆次。处理损坏路产案件5起，及时修复损坏的公路路产和附属设施，对巡查中发现的安全隐患及时上报并进行处理。加强超限运输源头管理和现场管理。多次到矿山源头企业进行治超治限工作宣传，杜绝超限超载车辆出厂上路行驶。通过上路巡查和临时设点检查等方式，运用动态和静态管理相结合依法治理超限运输。超限超载检测站实行24小时执勤制度，检查货车1580余辆，查处超限超载车辆31辆，卸载、转运货物190余吨，清理堆积物5处58立方米，排查整治安全隐患3处。

2020年，实施县域风景道建设的351国道潘家湾路口至花园海桥段路肩铺筑彩色沥青

运输市场监管。全年完成公路旅客周转量6192.188万人公里、货物周转量10570万吨公里，比上年分别下降38%、40%。“打非治违”行动中，检查车辆430余辆，发现并处理违法行为30余起。继续强化驻站制度，加强客运安全源头管理，严格实行“三把关，一监督”“三不进站、六不出站”“安全例检”“查禁三品”制度。对辖区内客运公司按照《道路旅客运输企业质量信誉考评办法》完成考评工作。完成公交汽车管理工作，加强安全监管，确保公交公司全年无安全责任事故。及时受理各类处理投诉件。加强出租汽车市场监管，严厉打击出租汽车不文明规范经营行为。开展打击维修行业非法改、拼装货车专项整治行动，重点加强对货运维修企业的监管。在驾培行业开展机动车驾驶培训教练员“吃拿卡要”行为整治活动，规范驾校教学行为、收费行为、服务行为，提高教练员职业道德素质；对驾校实行动态管理，督促驾校落实安全管理制度。

水上执法。在重要时间节点及陆水河、三湖连江、簰洲丰收闸渡口等重点水域和渡口，对水路运输企业、渡口、渡船和码头进行安全检查，督促企业（经营人）加强船舶及设备的检查、维修；对三湖连江码头派专人值守，对码头船主船舶信息造表登记，并下达停航通知书；对护县洲、归粮洲等渡口船只，采取不定期对渡船安全设施进行检查。通过手机预警平台及时发布影响船舶航行的极端气象预警信息，提醒辖区政府、水运企业、船舶所有人（经营人）做好水上安全防范。配合长江大保护、非法码头治理、长江流域十年禁捕等，对渔业船舶、运输船舶、“三无”船舶摸底排查、制订处置方案。对涉渔船舶采取统一回收一批22艘、标识管理一批497艘、联合执法打击一批35艘“三个一批”措施。

交通改革举措。按照县委深改委《嘉鱼县2020年度全面深化改革项目清单》安排要求，具体承接改革项目为“整个城市发展融入‘风景’理念，所有道路按照风景道建设和管理，加快形成县域风景道建设体系”。完成风景道策划方案初稿和修编工作，并结合建设的交通项目分段实施。完成351国道潘家湾路口至花园海桥路段路肩彩色沥青铺筑工作。

安全应急管理。全年全县运输行业没有发生一起重特大责任事故，事故指标严格控制在下达指标内，安全态势平稳。组织执法人员对辖区内渡口船舶进行安全生产隐患排查，督促落实安全生产工作责任制，从源头上杜绝水上交通安全事故的发生，排除隐患18次。开展渡口渡船专项整治活动，强化水上交通安全监督，整改隐患32起，打击取缔“三无”船舶22艘。加强客运市场监管力度，规范运输市场秩序，加强驻站监督，安排专人长期驻站，严禁携带“三品”乘车。对境内客运线路易发险情路段进行巡查，并按要求通知运输企业建立客运行业突发事件应急预案。加强货运市场管理，严把市场准入关。组织危运企业安全大检查，重点检查危险运输企业安全生产条件、整治危险化学品运输队伍、依法加强对运输企业监督。

（宋子龙）

【赤壁市】 至2020年底，赤壁市行政区域内通车公路里程2778.69公里，其中高速公路86.52公里、国道115.86公里、省道211.02公里、农村公路2365.29公里。

抗疫防汛运输保障。交通干部职工参与9个交通卡点、130条县乡村道路交通管制、3个包保村、21个居民小区、1个应急物资中转站、1个医学隔离观察点、1个点对点人员运输专班、2个交通稽查组、1个消杀组等防控工作。检查车辆15815辆次，查处无通行证车辆、麻木、摩的550余辆；中转、拖运蔬菜、水果、医疗设备、酒精、口罩和防护服等各类防疫物资400余吨等。汛期，辖区公路、桥梁损毁严重，京港线、咸赵线、凤界线等8条国省干线公路发生水毁19处，农村公路发生山体滑坡20余处，全市7个乡镇渡口、2个汽渡码头、2

2020 年 3 月，开展务工人员“点对点、一站式”包车运输服务

个货运码头、2 个旅游码头被淹，交通经济损失达 1500 余万元。面对严峻形势，局党组统筹兼顾、有序调度，全力做好防汛工作。一是安排养护、农村办等部门出动抢险人员抢修、疏通地质灾害，确保列养公路不出现一处因灾情中断情况。二是迅速调集突击队员到长江赤壁干堤，开展巡堤查险防汛；抢修八把刀险情点道路 3 公里；同时做好应急预案，组建 50 人的预备队，储备 50 辆国内应急车辆、7 艘应急船舶，以及装载机、挖掘机、抽水机、编织袋、砂石料、木桩、涵管等应急抢险设备、物资，确保负责的 4 个长江赤壁干堤哨所平稳度汛。

基础设施建设。全年完成交通固定资产投资 11.76 亿元，比上年增长 21.61%。361 省道赤壁市皮家岭至羊楼洞、大竹山至随阳段改建工程 2 个项目竣工。赤壁长江公路大桥、107 国道咸宁市赤壁段改扩建工程(城区外迁段)、319 省道咸赵线改线工程 3 个项目加快建设。赤壁长江大桥东延段、节堤综合码头建设工程、茶庵岭物流园综合体、蒲圻公铁物流中心、陆水河车埠大桥等 5 个项目前期有序推进。综合交通运输“十四五”发展规划编制基本完成。

“四好农村路”建设。全年完成“四好农村路”提档升级建设计划 64.29 公里，开工在建 87 公里；完成生命防护工程计划 183.5 公里；完成自然村通畅建设 30 公里；完成“三年消危行动”33 座危桥改造加固项目前期检测评定、工可立项，勘察设计等工作。余家桥乡积极创建全省“四好农村路”示范乡镇。

物流体系建设。整合快递末端资源，在城区设置快递超市 76 处，推行网格化快递服务，进一步便捷民生服务。实施“城乡配送服务业标准化”国家级试点项目，建成标准化市级分拨中心 1 个、乡镇配送站 10 个和农村物流综合服务点 143 个，进一步优化城乡物流三级配送体系。加大加快物流园谋划、建设，进一步完善物流基础设施，曙光智慧冷链仓储配送中心、茶庵岭物流园开工建设，赤壁公铁物流园完成项目规划和设计，工业物流园和公共配送中心启动前期准备工作。“城乡配送服务业标准化”国家级试点项目通过结项验收，赤壁市被交通部授予“交通运输 + 邮政快递 + 电子商务”首批农村物流服务品牌。至年底，全市综合物流体系基本形成，鄂南物流枢纽雏形初显。

运输服务。开展“点对点”运输，服务赤壁企业复工复产。3 月初，疫情得到初步控制后，为解决务工人员出行难问题，助力企业顺利复产复工，组织客运企业开展务工人员“点对点、一站式”包车运输服务。开通赤壁至广州、深圳、义乌、岳阳、潮州、温州等地包车直达运输，送出返岗务工人员 1.8 万余人次；到湖南岳阳高铁站“接”回 1000 余名外地复工人员，确保高新区维达力、长江大桥等大型企业和重点建设项目复产复工。投入 150 万元建设出租汽车服务管理信息平台，全市 321 辆出租汽车全部安装车载智能终端、顶灯、摄录像机、电召软件平台等软硬件设备设施，不仅提供安全保障，也有效遏制拒载、宰客、拼客、绕道等违法违规行为发生。

推进城乡公交一体化，服务乡村振兴战略。深化改革，将恒昌汽运公

2020 年 11 月 8 日，赤壁—温泉、赤壁—嘉鱼城际公交专线开通

司与公交集团进行整合，发挥优势推进城乡公交一体化工作。市公交集团融资1亿元，完成城区至余家桥、赤壁镇、黄盖湖等乡镇农村客运班线收购，投入纯电动新能源车100余辆，开通城乡公交线路3条，沿途6个乡镇办事处、40余个行政村的10余万群众进城下乡更加便捷。赤壁市被评为全省公交示范城市。推动出租汽车科技应用，服务广大市民出行。

公路养护。进一步提升公路机械化养护水平，降低养护职工劳动强度和安全作业风险，多方筹措资金购置铣刨机、挖掘机、压路机、铲车、标线车、洒水车、养护作业车等养护设备20余台套，全市国省干线公路机械化清扫率100%，小修作业机械化率100%，全市国省干线公路路况综合指数PQI值达95，交通出行环境明显改善。

机构改革。成立交通运输综合执法大队、企业改革服务中心、道路运输服务中心、公路养护中心、农村公路发展中心、港航海事中心（待批）等7个二级单位，完成各单位职责职能清单梳理。

综合执法。市交通运输综合执法大队自成立以来，完善与交警等多部门联合执法机制和“打非治违”长效机制，持续开展客货运输、公路治超、维修驾培、长江禁捕等专项整治活动，严厉打击宰客、甩客、倒客、拒载、超限超载、非法捕捞等违法违规行为，营造良好的交通运输市场秩序。全年查处交通违法违规行为390余起，卸载货物4764吨，实施行政处罚245万元，未发生一起行政复议或行政诉讼败诉案件。

安全生产监管。坚持每月1次安全检查，开展“平安交通”创建、安全隐患大排查、“打非治违”等活动，对车站、码头、渡口、渡船、“两客一危”等重点部位和清明、五一、中秋、十一等重要节点，组织专班开展拉网式安全生产大检查16次，消除安全生产隐患45处。全市交通运输行业未发生一起重大安全生产责任事故。

（陈晓峰）

【通城县】 至2020年底，全县公路通车里程2459.57公里，路网密度215.7公里/百平方公里。其中高速公路49.3公里、一级公路12.15公里、二级公路179.20公里、三级公路21.34公里、四级公路2136.47公里、等外公路61.11公里；按行政等级（不含高速公路）分为国道75.43公里、省道88.67公里、农村公路2246.17公里。形成以2条高速公路、5条国省道干线公路和农村公路为主的交通路网结构。内河航道通航里程43.7公里，渡口7个。客运站9个，其中一级客运站1个、三级客运站3个、四级客运站5个。

基础设施建设。全年完成交通建设投资15.6亿元。完成五里大道升级改造、沙堆至大溪湿地公园公路（沙堆集镇段和上坪至大溪村段）、双龙路、庄前至药姑山公路（庄大线和大水线）、353国道和259省道等国省道干线隐患治理、公路安全生命防护工程等建设。加快推进城东新区路网、开发区路网、106国道绕城公路（隽西大道）、象月线、五里超限站、公路危桥改造（三年消危计划）等项目建设。完成关刀至黄龙林场公路（云溪水库大坝至道上村旅客集散中心段）、北岭线、石杨线、咸宁风景道、国省县道绿化、106国道和353国道干线大修等项目建设，隽水大桥、麦市黄龙桥等项目开工建设。完成沙上线、潭高线、宝塔大道、杨花线、隽大线等项目前期工作，完成县“十四五”综合交通规划及国土空间规划编制，推进通修高速、353国道一级公路改线、城市外环公路、416省道塘湖镇至崇阳青山梓木公路等项目前期工作。

“四好农村路”建设。提档升级农村公路401公里，完成窄路面加宽37.9公里，建设“四好农村路”163公里，补建安全防护工程131公里，消除危桥27座。推行农村公路“路长制”，不断提升农村公路服务品质。大坪乡申报全省“四好农村路”示范乡镇。

疫情防控运输保障。面对新冠肺炎疫情，制定并执行交通管控、运输保障等各项指令30余项，组织公安、卫健、消防等部门严守全县所有（4个）高速公路入口第一关卡，统筹、协调、督促乡村在全县公路路口设立交通管制点（覆盖组和村湾），在全市率先实施公路三级隔断措施。组织“点对点”输送旅客3319人。

运输市场监管。开展长途客运、出租汽车、农村客运、“两客一危”、水上运输等专项整治，维护诚信经营、公平竞争、优质高效的运输市场秩序，提升运输服务水平。全年查处非法营运车辆17辆次、电瓶车13辆次、驾校乱收费3起，取缔非法驾驶培训场地5个。

路政管理。巩固联合治超成果，坚持源头治超和上路治超并举，卸载、罚款、记分处理货车115辆，累计卸载1900余吨、记分320分，公路超限超载有效遏制，超限率控制在3%。加强干线公路养护管理，公路PQI值达到89.9，持续开展干线公路路域环境整治，杜绝乱堆乱占、乱搭等现象。

2020年12月31日，沙堆至大溪湿地公园旅游公路正式通车

2020 年，改造完工的庄内线东冲水库段农村公路

深化交通改革。成功化解交管站、运管所等单位历史遗留欠缴职工保险问题。推进交通综合执法体制改革，进一步整合路政、运政等交通执法职能，精简下设机构，县交通综合执法大队“三定”方案获批复。深化“放、管、服”改革，持续提升行政审批“互联网 + 放管服”改革和“互联网 + 监管”工作效能。

安全应急管理。强化预防预控体系建设，健全安全生产风险管控、隐患治理等工作机制，开展综合交通安全生产专项整治三年行动、公路桥梁三年消危行动、自然灾害风险公路承灾体普查，实现“两客一危”企业驾驶员动态监控违规信息闭环处理全覆盖，杜绝安全生产责任事故。健全应急快速反应机制，全面提升交通应急保障能力。

文明建设。全面推进“文明交通”创建工作，通城县交通运输局获湖北省脱贫攻坚先进集体、咸宁市抗击新冠肺炎疫情先进集体、咸宁市高质量发展先进单位，周益斌被评为交通运输部脱贫攻坚先进个人，李红光被评为湖北省抗击新冠肺炎疫情先进个人。

（杜耀武）

【崇阳县】 至 2020 年底，全县公路通车里程 3153.77 公里(不含高速公路)，路网密度 160.3 公里 / 百平方公里。其中高速公路 93 公里、国道 62.83 公里、省道 244.15 公里、县道 509.78 公里、乡道 657.31 公里、村道 1679.70 公里。内河航道通航里程 138.9 公里，达标渡口 23 处，纳入监管客渡船舶 78 艘。客运站 5 个，其中二级客运站 1 个、四级客运站 4 个。

疫情防控运输保障。成立疫情防控工作领导小组，全面做好应急防控工作，确保第一时间掌握疫情、控制疫情。重点加强对疫区车辆、人员检查，阻断疫情交通传播渠道。组织工作队到开发区社区进行 3 次全面排查。坚持防控服务，全力促安全、保稳定，每天提供 4 辆公交车，专门为云南省支援崇阳县的医护人员提供接送服务；指派 42 名“的哥”组建的“防疫保障车队”，解决市民出行需求。

基础设施建设。全年完成崇阳县“大交通”联组策划项目 37 个，总投资 46.8 亿元。其中续建项目 10 个投资 18.5 亿元、新建项目 27 个投资 28.3 亿元全部完成。完成 106 国道花山至黄龙石城镇绕镇段、359 省道石家祠至王秀英段改建工程、319 省道咸崇旅游路、崇阳二桥右半幅、大市至远陂堰至清水、小港河大桥连接线等 37 个重点项目建设。完善农村客运基础设施，改善群众出行环境。投资 8 万元，新建成候车亭 6 个，修复候车亭 8 个；完成客运总站改造任务，完成港口客运站内业建设，完成路口五级客运站改造。

农村公路建管养。完成农村公路提档升级 499.18 公里，完成美丽农村路 110 公里，完成县乡产业路 70 公里。建立完善农村公路管养体系，通过购买社会服务方式，开展专业化养护，通过智慧交通应用管理平台，提升农村公路管养水平。组织开展消除农村公路安全隐患和实施地质灾害处治，安装波形梁护栏 35 公里，警示标志标牌 830 个，消除安全隐患 110 公里，完成四五类危桥改造 39 座，处治公路地质灾害路段 52 处。

公路养护。完成沥青路面灌缝 108.6 公里、水泥路面灌缝 25 公里，完成沥青料修补坑槽、水稳料修补基层、处治翻浆、清理边沟、整治路肩、清除塌方、疏通桥涵泄水孔、清理桥梁伸缩缝、修复桥涵道等附属设施等小修保养工程。埋设百米桩、公里碑 56 公里。完成辖区所有国省干线安全

2020 年，铜钟乡坳上村沿幕阜山旅游公路因地制宜发展休闲农业与乡村旅游

2020年9月18日，246省道凤界线三眼桥加固改造中

生命防护工程。实施106国道京广线新河桥、桂口桥、246省道凤界线三眼桥，362省道金保线苏塘桥、羊眼桥、黄洋桥，259省道铜天线高枧桥，246省道凤界线李家小桥等8座桥梁加固改造，完成总进度的70%，总投资1123万元。5处地灾项目申报资金中。优化路域环境，打造生态景观绿色走廊，因地制宜组织开展路域环境专项整治行动。加大干线公路绿化维护，提高绿化覆盖率。高规格修建铜天线盘山公路站点，集“公路养护办公、公路养护生活休闲、公路养护应急保畅、公路养护便民”为一体。重新修缮佛岭交通厕所，更换部分设施，增设母婴室。

路政管理。全年检查运输车辆48366辆次，查处超限超载车辆913辆次，卸货24000余吨。查处路产赔偿案件66起，制止在红线控制区内违章建筑2365平方米，清理公路路障6720立方米。做到路政案件查处率、结案率均为100%。

运输结构调整。加快运输结构调整，实现道路运力结构新一轮转型升级。新增车辆不符合消耗达标车型车辆参数及配置条件的，不准进入运输市场经营；对达到有效使用年限和经维修复检不符合运输经营等级的车辆，强制报废退入营运市场。全年审验车辆740辆，新增货车77辆、客车4辆。报废更新出租汽车136辆、客运车8辆。注销货车549辆。

运输市场监管。开展打击非法违法行为专项工作，依法查处非法营运出租汽车157辆，查处其他违法违规营运车辆229辆次，查处违规违章船舶15艘。进一步完善校车设施，对206辆校车安装车载测温仪，全县安装接送学生校车停靠点站牌188块，办理校车运行标线牌156个。制作“崇阳校车、承载未来”宣传片、视频“告家长书”。对所有车辆进行二级维护保养，同时对车辆证件进行审验，确保证件手续齐全有效。深入推进城乡交通运输一体化改革。持续完善城乡交通体制机制，推进交通基础设施建设，不断提升城乡交通运输服务水平。建成1个县级物流城乡配送中心，12个乡镇物流综合服务站点，45个村级配送站点，初步构建集收货、仓储、分拣、配送、流通等于一体的县乡村三级物流体系。

安全生产管理。压实领导责任、行业监管责任、企业主体责任，构建起安全生产责任体系。巩固安全生产会商制度、“分线负责、分片包保”安全督查制度、安全生产风险防范制度，构筑了安全生产制度“防火墙”。强化水上交通安全监管、道路运输安全监管、公路施工安全监管，完善安全生产保障机制。开展安全生产专项整治三年行动。全年开展安全隐患排查53次，整改一般安全隐患217项，保障交通运输安全生产形势持续稳定。

脱贫攻坚。推进脱贫攻坚项目建设，完成脱贫攻坚农村“组组通”公路70公里。选派优秀干部20人到结对帮扶村开展工作，重点督促产业结构调整、产业发展和贫困户扶贫帮扶政策措施落实情况，宣传党和国家扶贫政策。提升帮扶村基础设施建设力度，累计为帮扶村实施通组公路60公里，修桥18座，产业扶贫等总投资8000余万元，有效提升帮扶村基础设施条件。崇阳县交通运输局被中共中央 国务院授予“全国脱贫攻坚先进集体”称号，被省政府评为全省先进基层党组织、全省安全生产先进单位。

（阮汉卿）

【通山县】 至2020年底，全县通车公路里程3324.3公里，其中高速公路97公里、国道87.3公里、省道199公里、农村公路2941公里。实现所有乡镇通乡二级公路黑色化，187个行政村村村通公路，公路通达率、硬化率均为100%。内河航道通航里程89公里。

疫情防控。新冠肺炎疫情发生后，1月24日长途客运、旅游客运、农村客运、城区公交等64条班线282辆营运车辆，128辆出租汽车，159艘客渡船以及物流行业一律落实停运停航停业措施。组织党员干部在国省道干线、渡口码头、城区要道等重要地段设置卡点22处。坚决落实“一断三不断”要求，发放各类车辆通行证2650张，保障疫情防控车辆有序通行、应急物资运输通畅。组织志愿者成立疫情防控运输服务车队，专门护送城区发热病人入院就诊。采取“点对点、一站式”方式，帮助务工人员外出返岗。通山县交通运输局机关党委被评为全市抗击新冠肺炎疫情先进集体和全市先进基层党组织。

基础设施建设。全年完成交通固定资产投资43536万元。咸九高速公路工程可行性研究报告获省发改委批复。完成106国道九宫山至洪港段一级公路路基7.19公里、通山至黄沙公路路基10公里、板桥至富有公路路基4公里、马桥至洋湖公路路基6公里、茅田河至太平山公路路基5公里、南岸公路清表5公里。打造209省道咸

2020年9月，大畈镇“四好农村路”建设

通线、358省道阳通线、415省道厦塘线“美丽风景道”41公里，结合国家全域旅游示范区创建工作对106国道南林、富有、209省道望江岭等3座交通厕所进行改造。

“四好农村路”建设。完成大畈镇创建“四好农村路”示范乡镇路面刷黑4.84万平方米，杨芳林乡晓泉村、横溪村“四好农村路”路面刷黑14公里。大畈镇被评为全省“四好农村路”示范乡镇。实施通羊镇港口、杨芳林乡高桥头至界头塘、富水南岸公路彩色路面改造。

公路养护。实施境内106国道、316国道路面中修工程，铣刨、摊铺路基路面1.9万平方米。对国省干线进行热油灌缝和贴缝带贴缝处理145公里，修补路面坑槽、修整路肩边坡、绿化修剪、补植绿化苗木等小修保养，修复公路标线96公里，更换波形钢护栏3200米、百米桩635根，更新、补全缺失交通标志牌。启动公路桥梁“三年消危行动”，计划危桥改造120座，实施隐水桥、大坪二桥、吴田桥、李家桥等危桥改造21座。全县81座桥梁、317座涵洞日常养护实行责任到人。

路政管理。开展路域环境巡查，查处路产损坏案件4起，收取路产损失赔偿费3300元。清理违法占道堆积物233处496平方米、摆摊设点4处，拆除违法非交通标志牌302块、违章建筑3处110平方米。开展治理超限超载常态化联合执法行动及百日治超攻坚战，查处非法超限超载车辆78辆，卸货386.05吨。

道路运输。全年完成公路客运量56.44万人次、旅客周转量5011.2万人公里，比上年分别下降82.3%、73%；完成货运量294.4万吨、货物周转量23552万吨公里，比上年分别增长37.6%、28.5%。全年争创农村客运文明示范线2条，新增客车6辆；全县64辆跨县以上客车、158辆农村客车、128辆出租汽车、65辆新能源公交车全部实现4G动态视频监控系统全覆盖。通过第三方监测平台，累计发送安全预警信息25条，发现驾驶员违规行为2654次，均实时发出语音安全提醒及时纠正。组织专项整治行动和联合整治行动8次，检查客车124辆次、货车360余辆次，查扣处理中心客运站、客运东站前非法营运出租汽车16辆，查处违规“流动加油车”3辆、违规经营九宫山、隐水洞景区旅游包车6辆，查处违规教练车1辆、客运车辆不按批准站点停靠3辆、拆除改装营运车辆14辆。投资2000万元，完成通羊镇、闯王镇综合运输服务站新建项目，调增杨芳林乡综合运输服务站新建项目，建设慈口乡候车亭。厦铺镇三级客运站建成并投入试运营，燕厦乡三级客运站完成选址。

水路运输。全县有渡口29处、客渡船160艘，全年完成水路客运量43万人次、旅客周转量130万人公里，持续保持安全四项指数为零，实现连续25年无安全责任事故。组织开展船员安全知识培训2次，督促涉水乡镇、船员落实安全责任，采取网格化监管和远程监控相结合的方式，强化重要时段和重点船舶监管力度。利用渡口渡船远程监控系统排查安全隐患26起，全部整改完成。更换破损、陈旧、失效消防救生设备，其中救生衣3605件，救生圈318个，灭火器203个。对接涉水乡镇和农村等部门，建

2020年10月27日，杨芳林乡高桥头至界头塘公路实施彩色路面改造

立已拆解船舶、待拆解船舶、生产生活自用的“三无”(无船名船号、无船籍港、无船舶证书)船舶相关数据清单及工作台账。发放农村水路客运渡船油料补贴资金311万元整。

物流发展。深化县域三级物流配送，依托通山县家贵物流公司所经营的农村淘宝村级服务站点，融合县内物流零担托运和快递等下行至各乡镇货物，进行统一运输配送，建成运营乡镇融合服务站7个、村级淘宝服务点64个、农村物流货运专线6条。开展物流企业信息调查、发布及其景气指数调查工作，深入调查全县商贸、制造、农副特产品，完善数十个农副产品品牌数据。占地108亩的仓储物流分拨中心项目完成土地平整工作，除办公用楼外的框架结构楼房顺利封顶。

安全应急管理。加强隐患路段排查整治，清理公路沿线地质灾害隐患点42处，及时处置雨雪汛期水毁灾害，清理塌方18311立方米，疏通涵洞203道，修筑挡土墙6000立方米。对西站大树下陈城区出口路、黄沙铺柏树村三岔路口及太平山路面破损、积水公路进行整修，修复水毁路段126处。强化应急储备，在通羊、南林桥、九宫山等乡镇各设立1个应急仓库。成立交通应急队伍，开展公路突发事件应急处置演练1次。

脱贫攻坚。实施农村公路提档升级助力交通脱贫攻坚。对路况较差的高雨线、富新线、杨一线及三界公路进行改造，实施农村公路提档升级项目65个476.6公里，完成慈口乡大竹村尊禧鹿业3.5公里环山公路、源远孔雀养殖基地1.23公里道路硬化等产业路工程以及德邦物流园区道路建设，吸引产业落户，助力全县脱贫攻坚。实施“四好农村路”、美丽农村路建设助力乡村振兴。加快推进大畈镇、杨芳林乡“四好农村路”建设，完成下杨村、大坑村、新桥冯村等乡村振兴工程，以及大畈板桥枇杷园区道路，板桥、石门村级公路等美丽农村路项目。实施驻村帮扶助力精准扶贫。驻村帮扶祝家楼、南洞、李家铺、犀港、沙店5个村，帮助各村发展产业，推动落实政策，改善基础设施，5个村459户贫困户1556人如期实现脱贫。

深化交通改革。12月31日，成立通山县交通运输综合执法大队挂牌，职能配置、内设机构和人员编制获县委县政府批准。4月14日，通山县人民政府同意组建通山县交通投资集团有限公司。建养机制改革，将106国道洪港至九宫山绕镇段和南岸公路西段至绕城北路段纳入普通公路“建养一体化”建设项目，落实公路建设和养护打捆实施。事业单位改革：驾校转企改制平稳有序完成，求质驾校资产整体划转通山县交通投资(集团)有限公司。

(阮晓东)

随州市交通运输

【概况】 至2020年底，全市公路通车里程10903.08公里，路网密度113.1公里/百平方公里。其中高速公路320.3公里、一级公路163.82公里、二级公路1145.74公里、三级公路221.25公里、四级公路9051.97公里。内河航道通航里程155公里，渡口34个。客运站34个，其中一级客运站1个、二级客运站4个、三级客运站1个、五级客运站28个。

基础设施建设。全年完成交通固定资产投资12.15亿元。其中高速公路完成1540万元，普通公路完成114961万元(国省道完成38142万元、农村公路完成76819万元)，站场物流完成4606万元，水运建设完成440万元。武汉城市圈外环高速公路广水段完成交工验收，桃园大桥项目按时通车。浪河至何店一级公路全线路基与涵洞基本完成，346国道随州市十岗至任家台段改建工程控制性桥梁工程府河大桥完成92根桩基建设，240国道随州市石桥至钟氏祠段进行初步设计修编工作。随信高速公路项目投资人招标挂网。随州南站综合客运枢纽项目完成建设场地平整。东外环安全防护工程和新316国道淅河段改造工程稳步推进。建成国省道一级公路路面13.23公里。随州市曾都区桃园河水库贫困地区旅游渡运码头项目全面完工，总投资1253万元。投入30余

2020年11月16日，浪河至何店一级公路下穿麻竹高速公路施工中

2020年8月，新购置纯电动公交车20辆

万元维修和完善徐家河、琵琶湖、天河口码头渡运设施；投入30余万元完成随县海事趸船岸电、靠泊台阶、污染物抽排、厕所改造等；投入6万元补助各地防污染建设管理；随县海事趸船建成投入使用，造价200万元。

“四好农村路”建设。加大农村公路建设力度，补齐交通基础设施建设短板。同时，整合资源，加强农村公路路域环境整治，营造政府主导、上下联动、部门协同的“四好农村路”建设工作格局。全年完成新改建农村公路418.1公里、农村公路“455”安全生命防护工程840公里，创建美丽农村路340公里，完成危桥改造5座。曾都区洛阳镇、广水市十里办事处成功创建2019年度省级“四好农村路”示范乡镇。

运输服务。做好疫情防控交通运输保障，全市投入应急保障公交车52辆，运送医护人员177517人次；组织运输防疫物资54车1550吨，运输生产、生活物资1564车85946吨。服务疫后复工复产，3月底逐步分批恢复公共交通，组织发送客运包车711趟，运送外出务工人员15067人次，保障人员安全返岗出行。全年完成公路客运量1219万人次、旅客周转量6.61亿人公里，比上年分别下降47.12%、52.23%；货运量5977万吨、货物周转量116.61亿吨公里，比上年分别下降20.34%、27.70%。完成水路客运量15.6万人次、旅客周转量206.1万人公里，比上年分别下降34.2%、37.1%；货运量99.2万吨、货物周转量1.35亿吨公里，比上年分别下降37.4%、16.8%。全市新增客运经营业户1家，达到509户；新增客车19辆，达到1370辆；新增货运经营业户1175家，达到10708户。推进道路客运转型升级，促进道路货运高质量发展，推进传统班线客运转型定制客运，引导长途客车逐步退出经营，发展旅游客运。落实危险货物道路运输运单管理制度，加强危货运输管理。设有公交营运线路20条，公交营运车辆383辆。出租汽车547辆，依法许可网络预约出租汽车公司4家。新增新能源公交车20辆。调整优化公交线路4条。

物流发展。建立随县农村物流(仓储)三级配送中心，建设12579.2平方米仓库，引进德邦快递、圆通快递、邮政速递等快递企业入驻园区，在随县18个乡镇设立镇级农村物流配送网点。随州城乡万吨农产品冷链物流中心项目建成仓库1栋，面积6000余平方米，建成1号农产品冷藏库1栋共4层，占地面积1.2万平方米。

公路管养。全市普通国省道养护里程1064.5公里，其中国道478.8公里，省道585.7公里；完成生命安全防护工程35.9公里。完成普通国省道大修工程59.45公里、中修工程95.9公里。根据《湖北省普通国省道接养和移交办法》相关规定，制定《随州市普通国省道接养和移交实施方案》，全市普通国省道275.55公里移交任务全部完成。开展公路水毁抢通修复工作，全年投入机械201台班、人员478人次，抢通保畅资金302.95万元，确保国省干线公路安全畅通。积极应对低温雨雪灾害恶劣天气，加强公路应急管理，重点加强桥面、陡坡、急弯、危桥加固工程便道等路段巡查工作，在重点路段、桥梁设置警示标牌，及时撒铺融雪剂、工业盐、防滑料，对重点危险路段安排值班值守提醒劝导，确保道路安全畅通。

路政管理。推进科技治超建设，全市4个治超站全部安装路面监测系统、电子抓拍系统。政府主导、部门配合、路警联合的治超模式基本形成，全市4个超限检测站全部实现交警24小时驻站值守。全年检测车辆43640辆，其中超限车辆891辆，卸载货物3.99万吨，处理非法改装车辆227辆。深化路域环境治理，重点对在限定期限内未自行拆除的非公路标志牌、违法建筑物等通过法律手段进行强制拆除，有效维护路产路权。清除占道积物7处8419.5平方米，拆除非交通标志牌387块，拆除、制止违法建筑4处15平方米，查处损坏路产案件53件，路政案件查处率100%、结案率均为100%。

行业监管。加强巡游出租汽车监管力度，严查巡游出租汽车不打表、拒载、无从业资格证等违法违规经营行为。查处各类违规行为160余起，批评教育300余人次，出租汽车违规行为得到有效遏制。发挥投诉处理中心平台作用，受理各种投诉及咨询247起，投诉受理率、处理率和回复率均为100%。规范网约车管理，组织从业资格考试2场，发放网络预约从业资格证284个。加强城区客运市场稽查，查处非法营运车辆12辆。结合双随机检查模式，加强对驾培机构培训内容监管，对使用不符合要求的教练车、教练场、无证经营等违规经营行为进行打击，规范驾培市场秩序。查处各类违规经营行为12起，下达整改通知书8份，注销二类维修企业6家，取缔三类维修业户3家；上传维修数据51775条，使用竣工出厂合格证2769张。组织道路运输从业人员资格考试120场次。全年参加诚信考核人员12103人次、参加继续教育10389人次。对辖区31家客货运输企业上年度服务质量信誉等级进行评定；对全市86家一二类维修企业进行质量信誉考核，驾培机构质量信誉考核面达100%。

科技与信息化。推广应用运输车辆动态监控，全市“两客一危”车辆、农村客运车辆、总质量12吨及以上普通货运车辆均安装使用动态监控终端。推广应用“双随机一公开”监管平台，实现执法工作全程留痕。推广应用湖北道路四级协同管理与服务信息系统，实现运政业务网上申请、网上办理。加速“互联网+公交服务”平台建设，开通微信扫码乘车服务，新建电子公交站牌、掌上公交出行查询App、智能报站，市民出行更加便捷。进一步加强和规范汽车维修电子健康档案系统使用，遴选一批汽车排放性能维护站(M站)作为汽车排放性能维护技术示范站并挂牌运营，实现汽车排放检验—维护—复检闭环管理。

安全应急管理。开展“打非治违”“平安路段”“平安工地”等专项安全生产工作，确保公路基础设施安全可持续。所有在建工程质量安全监督继续保持全覆盖、零事故。启动安全生产专项整治三年行动，持续开展动态监控第三方监测违规视频典型案例核查清零行动，下发督办通知11次，整改问题车辆65辆次。开展旅游安全生产集中整治，检查企业3家次，查处问题5起。全年检查渡口32处、船舶132艘次，查出安全隐患8处，全部整改到位。落实《水上搜救应急管理系统监控室值班制度》，发挥远程监控终端作用，行业安全生产持续保持平稳可控。

交通改革举措。完成承接渔船检验和监督管理职责、局属二级单位行政职责回归、推进市综合交通运输体系建设职责等工作。完成市交通运输局原曾都分局改革成立曾都区交通运输局事权划分、人事关系和党组织关系转接工作。完成市交通运输局三定方案调整和机关内设机构人员调整工作。推进交通运输综合行政执法改革，市委编委批复同意组建随州市交通运输综合执法支队。

文明创建。不断创新服务群众载体，文明单位、文明示范路、文明示范窗口等创建工作取得新成效，随州市公路管理局被中央文明委授予“全国文明单位”称号；局机关田英卫家庭获评第二届全国文明家庭。在“信用交通宣传月”活动中，城市400余辆公交车载LED电子显示屏、40余块公交电子站牌和部分城市制式站廊投放宣传标语，推出行业诚信从业人员典型案例，推动行业“学信用、懂信用、用信用、守信用”，打造城市客运行业“信”文化，提高城市客运服务质量。

（喻红平）

【曾都区】 至2020年底，全区公路里程2416.44公里，路网密度169.5744公里/百平方公里，其中高速公路59.8公里、一级公路61.41公里、二级公路197.31公里、三级公路110.83公里、四级公路1987.09公里。

基础设施建设。全年完成交通固定资产投资2.8亿元。327省道长张线府河大桥重建工程，完成主体工程建设，在进行栏杆安装，桥长285米、桥宽12米，项目投资2440万元。263省道何柳公路曾都段改建工程完工通车，全长10.8公里，宽7米，沥青混凝土路面。县道王龚线王家河至花塆段改造工程完工通车，投资1430万元，全长8.6公里，宽6米，沥青混凝土路面。县道杨万线万店至新中段改建工程完工通车，投资1746万元，全长10.5公里，宽6.5米。县道兴余线新东至新中段改造工程完工通车，投资623万元，全长4.6公里，宽6米。南郊毛家棚通村公路提档升级工程完工通车，全长9.7公里，宽5.5米。5月迎宾大道被交路改造工程完工，投资621万元，改造里程4.99公里。星光至夹子沟县乡公路改建工程路基施工中，投资3200万元，全长9.4公里，宽7米。县道洛府线洛阳至易家湾段改造工程路基施工基本完成，投资1710万元，全长9公里，宽6.5米，沥青混凝土路。县道现光山景区段改建工程路基施工中，投资1672万元，全长8.8公里，宽6米，沥青混凝土路面。

“四好农村路”建设。全年完成通村公路建设45公里、农村公路提档升级79公里、危桥改造2座、农村公路安全防护工程83公里。开展“四好农村路”示范镇创建，按照“四好农村路”示范乡镇标准，对照完善内外业

2020年8月13日，327省道洛府线路面实施刷黑和标线施工

创建内容，制作安装宣传标语、标牌185块，桥梁刷新10座，路域周边环境整治50余公里，清理候车厅及环境卫生9座，整顿农村客运市场秩序等其他创建工作，投入资金50余万元，8月份通过省交通运输厅验收。

公路养护。全年完成240国道大修1.17公里、327省道大修11公里、星光至白桃路面改造6.5公里、随柳公路路面中修4.45公里、262省道邱畈段水毁修复工程0.8公里、327省道洛阳外环段水毁修复工程2.2公里、迎宾大道被交路改造工程4.99公里。完成病害路面铣刨、摊铺、桥面维修及坑槽处置等3.85万平方米，维修新建边沟1600米、水沟盖板2800米。完成240国道和327省道40余处安全隐患处置，新增交通警示标志60套、道口桩160余根、百米桩1200余根。修复管养线路受损钢护栏600余米，划设标线8000余平方米，补划热熔标线3500余平方米。完成国省干线公路增设三波安全护栏9000余米。开展管养线路全面养护工作。重点对240国道、263省道迎宾大道段、炎帝大道、327省道所有病害路段进行维修和挖补，处置路面网裂和坑槽路段，垫补262省道待改建路段；全面清理辖区管养路段路面、路肩、水沟，重点维护各线路桥梁；维修和更换受损安全设施、标志牌等，清洗隔离栏和刷新部分路段里程碑，保障公路通行信息标识清晰、准确。提升养护水平，促进辖区公路提档升级。完成240国道、327省道、星光至白桃、263省道、262省道、327省道等路段26.12公里大中修及水毁修复，及时修复路面病害，全面清理高路肩、路肩高草、路肩堆积物。对辖区内国省干线公路安全隐患进行集中整治。8月份，对316国道十岗段、327省道府河至洛阳段安全隐患进行调查和治理，增设交通警示标志46套、道口桩160余根、百米桩1200余根。

路政管理。进一步强化路政巡查，有效保护路产路权。开展对集镇路段、违法棚屋、杂乱标牌、摆摊设点、堆物放料、砂石遗撒等违法行为专项治理，加大“路养联合”治理力度，重点对运输石料车辆沿路抛撒石料等污染公路行为进行专项整治，清理辖区内新316国道、迎宾大道、炎帝大道违法占用公路的杂物、废土、石料等，营造良好公路环境。全年处理路损案件12起，全部结案；清理堆积物2900余平方米，制止违法建房800余平方米，清理大小非交通标志标牌80余块，下达责令改正通知书56份。加强治超管理，确保公路安全畅通。充分运用“不停车检测系统”与公安交警联网，推进“非现场执法”，利用大数据打击超限超载行为，进一步提升治超能力和效率。联合公安交警、运政、城管等职能部门，开展联合治超行动，全年检测车辆12511辆次，其中超限车辆169辆，卸载货物3600余吨。

安全应急管理。开展安全隐患排查，纠正违章行为68起，排查隐患42起，指导修复受损钢护栏7处120余米、划设减速震荡标线100余平方米、增设警示标志6套、设置水马400余个、爆闪灯6套，督促各工地及时添置现场施工警示牌100余块、锥形桶300余个、标志服200余件。开展临水路段、平交路口安全治理，对10处临水路段交通安全隐患，设置波形钢护栏8700米，重点整治316、240国道曾都段、迎宾大道、炎帝大道、327省道曾都段、002县道平交道口，基本完成全区国省干线及县道主要路口治理工作。配合相关部门对辖区旅游船舶、在建码头及校车进行安全检查。

（关文）

2020年，曾都区打造公路最美风景线。图为262省道洛阳分水岭段

【广水市】 至2020年底，全市公路里程3532.03公里。其中国道127.82公里、省道211.15公里、县道518.01公里、乡道645.56公里、村道2029.49公里。客运站13个，其中二级客运站2个、五级客运站11个。

基础设施建设。全年完成交通固定资产投资4.97亿元。完成107国道广水市境段改扩建工程，项目全长42.04公里，双向四车道一级公路建设标准，路基宽24.5米，10月1日，107国道全线完工通车。9月30日，广水市中华山大道建成通车，路线全长4148米，二级公路建设标准。346十里至城郊段开工建设。

“四好农村路”建设。全市完成农村公路建设487.78公里。推进十里办事处观音村、余店镇花田故事、关庙镇梅庙村、陈巷镇兴河村、城郊办事处油榨桥村、武胜关镇桃园村、杨寨镇丁湾村等100公里美丽农村路创建工作，完成中华山旅游公路、湖北省军区应山民兵装备仓库进出道路、郝店镇军事小镇等一批农村公路提档升级项目。全市369个行政村全部通水泥路和客运班车。

公路管养。全年完成干线公路大修24.53公里、中修26.79公里，对全市国省管线公路路面裂缝进行清灌缝，完成沥青路面灌缝123公里、水泥路面灌缝56公里，修复路面沥青路面基层24624平方米、面层32156平方米，

2020 年 10 月 1 日，107 国道广水市境段建成通车

整修路肩 56 公里，清理水沟 84 公里，清理疏通桥涵 83 座。

路政管理。通过网上受理，成功办理 346 国道长岭段埋设供水管道《涉路施工许可》，实现行政审批“零见面”。全年清理占道堆积物 148 处 1357 平方米，清理摆摊设点 42 处 122.5 平方米，拆除非交通标志 194 块，路养联勤 97 次，查处路损案件 9 件，收取公路赔偿费 78300 元，收取占利用公路补偿费 26.7 万元，办理涉路施工许可 1 件，办理大件运输许可 26 件。巩固路警联合治超常态化工作机制，实施联合精准治超，开展路警联合流动精准治超行动 143 次，查处超限超载运输和非法改装车辆 669 辆，卸载及转运货物 34586.5 吨，处理非法改装车辆 27 辆。严格实施“一超四罚”和“黑名单”制度。

安全应急管理。完成随应桥危桥改造。对在建项目、公路管理站、治超站进行防疫检查和安全隐患排查，及时整改防疫漏洞和生产安全隐患。汛期、寒潮来临前，检查各应急中心物资储备情况，对全市国省干线公路桥梁开展拉网式排查，加强武胜关、平靖关、南岭、观音坡、长岭高架桥等重点路段巡查。储备沙石、草袋、工业用盐、融雪剂等物资，做好极端恶劣天气下预警和防范工作。维修国省道钢护栏 1820 米、标志牌 42 套。新增设安全牌 35 套，提升公路安全通行水平。全年未发生公路安全责任事故和因道路交通事故引发的民事纠纷及诉讼案件。

交通改革举措。深化“放管服”改革，进一步推进简政放权、放管结合、优化服务，加快建立配置合理、权责一致、运行规范、监督有力、廉洁高效的交通行政审批运行机制。公开行政审批事项、流行图、事中事后监管清单，清理审批要件、压缩审批时限等工作，为相关行政相对人（自然人、法人和其他组织）提供便利，让当事人少跑路，减轻企业负担。深化交通运输综合行政执法改革，进一步理顺全市交通运输执法体制，解决多头执法、重复执法问题，成立广水市交通运输综合执法大队。广水市交通运输综合执法大队为副科级公益一类事业单位，核定事业编制名额 120 名。成立农村公路养护中心，解决农村公路无专职机构、无专业人员管理养护等问题，为副科级公益一类事业单位。

（程学轶）

【随县】 至 2020 年底，全县公路通车里程 5403.44 公里，路网密度 95.2 公里 / 百平方公里。其中高速公路 220 公里、一级公路 31.78 公里、二级公路 476.23 公里、二级公路 200.15 公里、三级公路 82.53 公里、四级公路 4392.75 公里。辖区内河定级航道 35.7 公里、等级外航道 40 余公里，渡口 10 处。客运站 17 个，其中二级客运站 1 个、三级客运站 1 个、五级客运站（包括农村综合服务站）15 个。

基础设施建设。全年完成交通固定资产投资 2.1 亿元。完成全县首个“建养一体化”240 国道柳林至周家湾二级公路改扩建项目前期工作，完成路基 5 公里、桥涵 7 座。完成淮河至随阳店公路随岳高速公路淮河出口至淮河 312 国道段路基路面 9.8 公里。完成 475 省道草店至车云山段路基 16.57 公里，草店大桥及沿线桥涵梁板吊装完毕，全线贯通。完成 263 省道何柳线随县段 4 公里路基。实施公路大修工程 100.6 公里，其中 240 国道保台线 47.1 公里、440 省道唐张线唐镇至吴山 20 公里、随岳高速公路封江至高城联络线 11 公里、淮河联络线 7.5 公里、唐镇十华线和唐华线 15 公里，完成货币工程量 1.7 亿元；公路中修完成 240 国道保台线、316 国道长同线、264 省道万均线、333 省道周新线路面补换板、路面灌缝 47.69 公里，完成货币工程量 620 万元，重点线路行车舒适性、安全性及公路外观大幅提升。

“四好农村路”建设。实施新建 20 户自然村通村公路 155.7 公里，投资 3114 万元；完成提档升级项目 115 公里，投资约 5750 万元；实施“455”生命安全防护工程建设，完成投资 3217 万元，消除全县农村公路隐患路段 424 公里。对全县农村公路桥梁进行普查、采集、入库和上报，经过省交通运输厅危桥复核组评审，有 130 余座危桥达到拆除重建标准。开展“四好农村路”示范镇创建和美丽农村路建设，完成 120 公里美丽农村路创建目标。万福店农场成功创建随州市首个省级“四好农村路”示范镇。

运输服务。全年完成公路客运量 243.95 万人次、旅客周转量 1.30 亿人公里，货运量 2093.48 万吨、货物周转量 40.85 亿吨公里。规范运输市场秩序，保障春运、寻根节、高考、啤酒节期间车辆调度，完成恶劣天气道路畅通工作。全年审验货运车辆 6118 辆，办理经营许可证 629 个、道路运输证 763 个。新增及更新客运车辆 4 辆。

疫情防控交通保障。为辖区各高速公路服务区运送疫情防护物资和车辆通行证；为随县强盛汽车修理厂申报办理车辆通行证，确保疫情期间公务车辆及运输日常物资车辆能得到及时修理。组织执法人员定期对各高速公路服务区疫情防控落实情况进行监督检查，对滞留在随县辖区4个高速公路服务区的23辆车，联合高速巡警进行上锁封存，在低风险时期对所有车辆按照要求进行登记放行；协调大洪山运业公司调派3辆旅游大巴车，运送援随医护人员安全返程；协调随州大随通物流公司配合县防控指挥部完成从仙桃调运口罩、防护服和大米等防护和生活物资；联系外省籍货车从山东滨州调运消毒液安全抵送随县等工作。有序组织企业复工复产返岗人员"点对点"包车服务，投入车辆110余辆，"点对点"输送返岗复工人员2000余人次。支持运输企业共渡难关，核定补助在营保供企业15家，申报补助资金108.03万元并及时补助到位。

公路养护。完成316国道随阳店铁路桥下及234国道南门岗路口、先峰路口等3处特殊路段路面修复工程。处置路面病害10564平方米，整修路肩266.5公里，清挖边沟248.7公里，巩固完善标准路基165公里。开展国省道桥梁普检7次，重点监测4类桥梁4座，修复桥梁栏杆132米；忤水关、殷店停车区投入使用。推进农村公路管养工作，按照美丽农村路创建标准和"三年攻坚"目标，依照轻重缓急原则对县道进行重点养护。开展农村公路环境整治专项工作，持续整治路容路貌，提升道路景观。建立常态化工作机制，重点对公路路面、路肩垃圾进行清理，确保农村道路通畅、整洁、美观，道路两侧绿化到位，道路用地范围内无种植物、堆积物。

路政管理。加强路政管理，拆除非公路标志牌73块，清除路面堆积物1800余平方米，清理占道经营22平方米，制止公路建筑控制区设置地磅1起，实现县域内国省干线公路"畅安舒美"目标。超限超载治理。规范源头企业从业人员日常监管，督促货运源头企业安装称重和视频监控设备，并网管理。开展巡查58次，依法查处货物源头企业违规超限装物行为17起，有效遏制超限货运车辆出(站)场。通过坚持政府主导、部门配合协调，各单位联合行动工作机制，精准打击车辆违法超限运输行为，辖区路段车辆严重超限超载态势得到有效遏制。检测车辆7139辆(次)，查处超限超载车辆97辆，卸载转运货物3355吨，车辆超限率继续保持在2.5%以内。

工程质量监管，以质量管理为核心，平安工地创建为保障，依法履行监督职责，加强实体过程监管，完成通村公路155.7公里、县道均洪公路洪山段改造13.2公里、"两路"项目万福店万三公路9.2公里、三里岗2座中桥工程质量监督工作，完成完工的9座危桥及渡改桥交工检测验收。实现监督覆盖率100%，工程质量合格率100%，无质量、安全责任事故。

安全应急管理。层层落实安全生产责任，签订安全生产目标责任书。健全安全组织体系，提升平安创建能力。建立健全安全应急管理制度，制定相应的安全生产培训计划，组织开展安全教育培训和"平安工地""平安路段"创建活动。加强"两客一危"车辆动态监管，每周对第三方监测平台推送的车辆违规数据督促公司按照"五种形态"进行整改处理并及时上报，督促公司对违规行为进行批评教育17人次，约谈客运企业2家，组织稽查行动110次，检查车辆1200余辆，检查经营业户209家，查处各类违规经营行为84起，无执法错案，无行政复议情况。持续开展"安全生产三年专项行动""水路安全大检查""长期脱管船舶专项整治"等专项整治工作，打好长江大保护"三大攻坚战"和长江十年禁捕战役，开展船舶污染防治工作，配合农业部门清理涉渔"三无"船舶。全年开展安全检查40余次，检查船舶200余艘次，渡口60余处次，查出安全隐患2起并按要求进行整改，清理取缔涉渔"三无"船舶13艘。

交通改革举措。推进"一网、一门、一次"政务服务，通过数据共享和技术改造，改造升级普通货运车辆道路运输证年审方式，推行机动车检测机构一站式受理，改变以往"两头跑"模式，变多次为一次，方便广大货运车主。推进交通综合执法改革，制定《关于组建随县交通运输综合执法大队的方案》。新建一批"综合服务主打、特色服务映衬"公路服务区，公路服务网络基本形成。唐县镇综合公路服务区建设引入社会资本70%以上，实行公益共营，实现服务区建养一体化。

(黄璐)

【大洪山风景名胜区】 至2020年底，辖区内有333省道22公里、国防战备公路(黄双路)9.2公里、麻竹高速公路随州西段连接线3.5公里、内循环二级旅游公路41.23公里、通村公路124公里，其他农村道路49公里。景区内有五级客运站1座。

基础设施建设。6月28日，受强降雨影响，麻竹高速公路随州西段长岗连接线K9+500米、K9+700米处发生山体滑坡地质灾害，阻塞道路及边沟。落实麻竹高速公路随州西段长岗连接线山体滑坡地质灾害治理工作，联系专业机构现场踏勘，研究恢复方案，并按照法定程序办理前期批件。

公路养护。协调做好公路养护，确保辖区列养公路、高速公路连接线安全畅通。大洪山辖区列养公路和高速公路连接线日常养护由随县交通局、公路局承担，全力配合做好333省道与高速公路连接线日常养护工作，确保景区主要通道安全畅通。

路政管理。在整治路域环境工作中，与洪山养护中心、均川养护中心接洽，对部分公路标线进行刷新，对部分受损护栏进行更换加固。11月中旬对麻安高速公路长岗连接线郭家湾隧道照明灯具、灯光进行全面检查，更换隧道灯具50余套、电路管控设备2套。

(喻红平)

恩施土家族苗族自治州交通运输

【概况】 至2020年底，全州在册公路通车里程29119.47公里，路网密度121.03公里／百平方公里，其中高速公路587.94公里、一级公路99.00公里、二级公路2453.47公里、三级公路720.80公里、四级公路25258.26公里。内河航道通航里程589.97公里(界河按二分之一算)，港口5个，生产性码头泊位27个，渡口191个。客运站70个，其中一级客运站1个、二级客运站4个、三级客运站5个、四级客运站9个、五级客运站35个、简易和未定级站16个，货运站2个。

基础设施建设。全年完成交通固定资产投资90.8亿元，比上年下降11.8%。7月16日，建恩、宣鹤高速公路正式开通运营；鹤峰东段高速公路、宣咸高速公路开工建设。建恩北高速公路工程可行性研究报告获省发改委批复，利咸高速公路工程可行性研究报告通过省交通运输厅评估，巴张高速公路前期工作稳步推进，启动编制沪蓉沪渝连接线工程可行性研究报告和相关专题报告。完成普通公路投资49.5亿元，建成恩施市233省道卯山至太山庙段、宣恩县233省道太山庙至椿木营段、来凤县367省道猴栗堡至革勒车段3个项目，续建209国道龙凤坝至谭家坝段、318国道虎岔口至吉心段等19个项目，开工建设351国道恩施芭蕉至谢家土段(盛家坝段)、478省道打杵坳至汪营段(汪营绕镇段)等20个项目(路段)。普通公路“建养一体化”项目稳步推进，至12月底，完成7个项目包招标工作并开工建设，总里程684公里，总投资142亿元。全州新建通村组硬化路820公里，改扩建农村公路2200公里，实施安全防护工程1773公里，创建美丽农村路2210公里，如期完成交通运输部督办的5条省际出口路建设，交通脱贫攻坚“两通”兜底性任务全面完成，助力全州8县市按期脱贫摘帽。完成水运建设投资3.62亿元，建成投产码头项目1个，主体工程完工3个，竣工验收项目3个。恩施东升客运站、建始火车站客运站完成主体建设，咸丰综合客运枢纽站开工建设，巴东北站前期工作在进行土地报批。

“四好农村路”建设。围绕交通脱贫攻坚，全面推进农村公路建设。全年争取部省建设资金9.6亿元，结合乡村振兴和美丽乡村建设规划，实施农村公路硬化路820公里，实施农村公路安全防护工程1773公里。健全农村公路养护管理体制，明确县市政府为农村公路管养责任主体，按照“县道县管、乡村道乡村管”原则，明确交通部门和乡镇人民政府农村公路养护管理职责。全州投入养护资金12519.5万元，从日常养护、应急养护、预防性养护等方面开展养护，有效保障农村公路通行。以传统养护模式为主，探索市场化养护，重要县乡道农村公路采取市场化养护，提高养护水平。建始县高坪镇、巴东县清太坪镇、宣恩县椒园镇、咸丰县黄金洞乡成功创建2019年度省级“四好农村路”示范乡镇。

运输服务。全年完成公路客运量2344.16万人次、旅客周转量11.89亿人公里，比上年分别下降40.05%、49.77%；完成公路货运量3677.3701万吨、公路货物周转量56.86亿吨公里，比上年分别下降20.91%、28.62%。完成水路客运量28.04万人次、旅客周转量3144.12万人公里，比上年分别下降55.54%、31.79%；完成水路货运量124.22万吨、货物周转量2.37亿吨公里，比上年分别增加42.94%、3.76%。全州参与多式联运、甩挂运输企业达30家，甩挂运输牵引车、挂车数量达151辆。“智慧公交”发展、营运船舶升级改造、出租汽车及驾驶员培训改革等工作有序推进，驾驶员计时培训与公安预约考试平台联网联控。新增新能源公交车28辆，全州新能源公交车达到493辆，占比达到69.2%。开展“村村通客车”质量自查，完成全州客运站场在建和在营情况统计摸底及道路运输企业质量信誉考评工作。稳妥实施出租汽车行业改革，鼓励引导各出租汽车企业减免疫情期间承包费管理费，保障出租汽车行业稳定。

公路管养。争取部省灾后重建资金2.5亿元，将灾后重建与大中修养护工程相结合，完成国省道路面大中修221公里，车检平均PQI值达到93，利川、巴东等县市公路养护工作在全省排名大幅提升。启动公路桥梁

2020年11月7日，宜巴高速公路神农溪大桥与在建设中的郑万高铁神农溪大桥

2020年7月16日，建始（陇里）至恩施（罗针田）高速公路通车试运营

“三年消危行动”，首批123座危桥改造基本完成。实施公路隧道提质升级、公路桥梁防护能力提升和连续长陡下坡专项整治，实施农村公路安全防护工程1773公里，提升公路安全通行水平。完善农村公路管养长效机制，协调县市落实养护配套资金，压实县乡村三级养护责任，基本实现农村公路主干道“有路必养”。

安全应急管理。组织开展复工复产安全生产大检查、安全生产专项整治三年行动、安全生产月、危险化学品道路运输安全集中整治等活动。严密排查安全隐患，处理各类违法违规行为，排查整改销号安全隐患1642处；实施行政处罚246起，责令停产停业8家，罚款58.6万元，约谈警示企业25家，联合应急管理、公安等部门实施联合惩戒企业2家；组织开展全州危险货物道路运输企业安全生产全覆盖检查，约谈公司1家。全州292名道路运输企业主要负责人和安全管理人员通过安全考核。落实重点时段24小时应急值班值守制度，190余条恶劣天气预警预报、道路中断或受阻等信息通过多种形式传达到基层企业和单位，174辆应急客货运输车辆、12艘应急运输船舶随时待命。汛期，全州交通运输系统投入水毁灾害抢险保畅工作，投入挖掘机、装载机、工程车辆等抢险机械设备13028台班、人工35848人次、资金2.60亿元，抢通公路1882条，切实保障公路安全畅通。

交通改革举措。推进“放管服”改革，推进事项清理，州级交通运输系统政务服务事项办理项113项，全部实现网上办理。推进项目审批改革，进一步精简审批环节。州、县市交通运输综合执法队伍组建完成，12月1日，恩施州交通运输综合执法支队正式挂牌。

疫情防控交通保障。组建应急人员运输、物资保障运输和机动车应急维修3支应急队伍，有效保障交通管制期间全州各类应急物资高效运输和故障车辆及时抢修，通过12328交通运输服务监督电话提供疫情防控交通咨询服务信息2305件次。在推进企业复工复产工作中，科学统筹推进全州客运站、城市公交、出租汽车及班线客运等有序恢复，及时解决企业复工经营中存在问题，圆满完成全州外出务工人员“点对点”集中运输任务。加强常态化疫情防控工作督导检查，对重点客运港站及交通运输工具常态化疫情防控措施落实情况进行明察暗访，查出问题隐患18个，全部整改到位。邮政恩施市分公司职工尹江被交通运输部表彰为全国交通运输系统抗击新冠肺炎疫情先进个人。

（王郑）

【恩施市】 至2020年底，全市在册公路里程4694.09公里(不含高速公路)，路网密度118.33公里/百平方公里。其中高速公路164.62公里、一级公路28.556公里、二级公路417.914公里、三级公路134.216公里、四级公路3948.783公里。内河航道通航里程82.4公里，港口1个，生产性泊位4个，渡口24个。客运站13个，其中一级客运站1个、四级客运站3个、五级客运站3个，未核定站级6个，货运站2个。

基础设施建设。全年完成交通固定资产投资12.83亿元，比上年下降35.85%。重点项目建设投资10.19亿元，高旗大道、233省道恩施市茆山至太山庙段改扩建工程、318国道绕城线龙凤互通至三中段建成通车。普通公路建设争取上级补助5869万元，其中209国道苏北线大修1公里，补助资金180万元；209国道、318国道、233省道中修32.78公里，补助资金1151万元；完成国省干线20座危桥改造，投资430万元；318国道地质灾害隐患治理工程1440万元；209国道公路安全生命防护工程700万元；209国道灾毁恢复重建项目1568万元；233省道灾毁修复工程400万元。10月，新双线新塘至双河产业扶贫路改扩建项目全面完工；续建农村公路通畅工程33.27公里，完工20.17公里；新建农村公路通畅工程185.40公里，完工170公里。云坛口码头完成建设投资500万元，码头完成375米以上斜坡道施工、护坡工程、人行斜步道工程；浑水河码头建设500客位旅游客运泊位1个、建设500吨级货运泊位1个。客运站场建设投资155万元。屯堡乡简易站建设补助30万元、候车亭建设10个35万元。白杨坪镇候车亭建设12个共42万元、熊家岩客运站维修8万元。红土乡大岩简易站建设20万元。盛家坝大集简易站建设20万元。投资5.15亿元，建成恩施客运中心站，实现公路、铁路与航空运输无缝衔接，是全州唯一承接公铁两种运输方式换乘的综合性客运枢纽站；投资1.8亿元，建成恩施东升客运站，改迁挂榜岩车站；投资30万元改造升级金桂大道沿线公交站台，投资400万元改造施州大道、航空大道等主干道民俗化站台。

“四好农村路”建设。为争创“四好农村路”省级示范县(市)，白杨坪镇、白果乡申报省级“四好农村路”示范乡镇，全市创建“四好农村路”示范线106.15公里。完成新建“四好农村路”196.3公里。投入资金30万元，实施全州乡村振兴现场会道路完善工程。完成行政村完善工程建设项目127.99公里、“美丽农村路”237.71公里。行政村“455”安全生命防护工程指路牌765块全部完工。恩施市172个行政村通客运班车。

公路养护。农村公路规范化管理养护里程5619.49公里，其中县道460.37公里、乡村道5159.12公里。恩施市农村公路日常养护完成疏通边沟近4800公里，疏通涵洞4015道，清理小型塌方1.2万余立方米。实施各类水毁应急抢险养护工程，清除大型塌方26万余立方米，修复受损安保设施32处985米，完成沥青路面修复1985平方米，修复边沟12100米，修复挡土墙3250立方米。

运输服务。全市新开通县内班线2条，投入车辆4辆；新增村村通客车28辆；许可县际旅游客运企业4家，投入客车43辆。许可普通货物运输企业34家、汽车租赁报备企业5家。备案一类维修企业7家、二类维修企业20家、三类维修企业26家，行政许可驾驶培训机构1家。恩施市辖区5条河流7个库区，水域涉及12个乡镇(街道)，货运企业1家，全年完成水路客运量30万人次、货运量5万吨。拥有执法船3艘、执法车1辆。恩施市有农村客运公司17家，其中经营乡村客运14家，农村客运车辆725辆，其中“村村通”客车356辆，行政村(社区)通车率100%，城市公交客车256标台，开通城市公交线路35条，其中城区与龙凤集镇、芭蕉乡集镇、芭蕉乡朱砂溪村、芭蕉黄泥塘村、小渡船办事处望城坡村实现互联互通。出台更换新能源出租汽车补贴政策，全年更换出租汽车177辆、道路客运车辆56辆。新能源、清洁能源出租汽车117辆，占比13.9%；新能源公交车154辆，占比60.3%，城市公交实现“一卡通”，公交停保场建成投用。

路政管理。制止新增违章建筑10起，制止违法采挖24起，清理堆物占道408处、摊点(占道经营)208处，拆除非公路标志牌330块，查处路损案件113起，其中现场处理102起、立案结案11起。收取路产损失赔(补)偿费30余万元。两站检测车辆1935辆，查处超限车辆83辆，其中卸(转)载车辆45辆约752吨。约谈货运车辆修理厂家10家，各修理厂家均承诺不非法改装车辆；检查货源源头单位20余家，督促指导源头治超工作。

运输市场监管。办理道路运输一般行政处罚案件187件，行政处罚71.05万元(其中客运案件64件)；受理“12328”出租汽车有效投诉案件294件，受理“12345”交通运输监督电话转办工单45件，湖北省阳光信访、硒都网及市交运局转办14件，回复满意度100%。组织开展“打非治违”专项行动，突出以车站、城际周边等重点场所领域为重点，严厉打击非法运营，严肃查处无证经营、超范围经营等违法违规经营行为。查处各类违规行为为561起，对16家运输企业企业下达《安全隐患整改通知书》，行政处罚客运企业2家、危货运输企业5家，重点挂牌督办2家客运企业；责令6家违法违规维修企业按《限期整改通知书》限期整改。对全市一、二类维修企业环保工作进行督查，全年有84家汽车维修企业提交烤漆房废气排放达标检测报告，并安装净化设备油漆烤房。

安全应急管理。全年排查出危桥27座，整改完毕25座；排查治理恩施市国省干线滑坡体13处、危岩3处、治理坑槽路面119处；新增加安全护栏5628.5米、安全警示标志200个；新增防撞软墙、防护栏5777米；支路路口“坡改平”路段1143处。开展农村公路安全隐患检查150余次，发现安全隐患81处，落实整改81处。加大交通运输行业安全监管力度，组织开展出租汽车客运、渣土运输、危货运输、旅游客运、维修驾培、网约车、成品油运输专项清理整治。查处“两客一危”违法违规行为、整治“三无”船舶和非客运船舶非法载客，强化汽车租赁、驾培、机动车维修等行业监管。全年检查运输企业300余家，交通工程建设项目268项，发现一般隐患435个，落实整改隐患问题433个。查处非法营运车辆159辆次、危险货运4件，维修业案件2件。

交通改革举措。稳妥推进交通运输综合执法职能职责转换，将隶转人员工作经费纳入市综合执法大队2021年年度预算。完成市农路局、市质监站执法人员到市交通运输综合执法大队的有序划转，相应行政执法职责分别移交，市地方海事处、市公路局暂待划转。

（肖星宇）

【利川市】 至2020年底，全市在册公路里程5604.41公里，路网密度121.68公里/百平方公里，利川现有高速公路108.8公里、一级公路20.74公里、二级公路364.57公里、三级公路82.22公里、四级公路5028.08公里。内河航道通航里程16公里，渡口22个。客运站8个，其中二级客运站1个、四级客运站2个、五级客运站4个、简易客运站1个。

基础设施建设。全年完成交通固定资产投资8.5亿元，比上年减少32%。国省道新建、续建项目2个5个标段，合同金额35400万元，县乡道重点农村公路5个项目13个标段，合同金额30068万元。新建、改扩建农村公路硬化204公里，建设资金1.2亿元。堡上大桥、百丈峡大桥全面建成，浸五线文斗至五里峡段改造升级完成，后白线后槽至白羊塘段改造完成，242国道团堡至元堡段基本建成，完成318国道长坪至苏拉口段路基工程量90%。利咸高速公路前期工作稳步推进，沪渝高速公路利川东互通项目工程可行性报告基本完成。

“四好农村路”建设。按照“四好农村路”三年攻坚行动和“四好农村路”示范县创建要求，落实“路长制”工作措施，完成沙忠线、榨杉线、文五线、老小线、后白线共计94公里改扩建工程建设。新建成齐龙线83.6公里。完成利黄线、尖大线、野三线、谋寨线、张寨线共计165.9公里“四好农村路”路面修复、水沟修复、安全防护及标牌增补等小修设计。

运输服务。严格落实疫情防控措施，抓好道路运输服务保障工作，春运期间严格执行疫情防控措施和道路运输管控措施。根据外出务工人员出行需求，提供“点对点”运输服务，截至6月27日，“点对点”集中运输外出务工人员23043人次。进一步优化群众出行环境，对南环大道、腾龙大道、龙船大道、滨江南（北）路实施公交站台进行改造，投入资金920万元改建公交站台100处；对全市14家村村通客运企业2018年、2019年油补、亏损补贴等资料进行审核。全年受理并许可普通货运经营155起，核（配）发货运车辆道路运输证237本、客运车辆道路运输证413本（其中新增23辆、更新390辆）、出租汽车道路运输证243本；办理客货运车辆年度审验2354辆次；注销道路货物运输业户27家、车辆营运证件77辆，办理车辆转籍过户41辆次，车辆报停13辆次，核发临时线路牌816块。

物流发展。推进物流建设，逐步构建县乡村三级物流体系。利川市县级物流仓储配送中心（物流园）加快建设中，乡镇物流节点建设整合现有的农村综合运输服务站，乡镇快递物流服务站、邮政网点基本涵盖全市586个行政村。

公路管养。完成利川市普通公路“建养一体化”项目包施工监理及跟踪审计招标工作，完成350国道石山庙至羊子岭段新建工程施工监理及过程审计招标工作，农村公路安全生命防护“455”工程全面完成，农村公路指路牌安装工程全部完工。

路政管理。调查损坏、破坏公路路产案件7起，查处公路控制区范围修建建筑物案件46起，责令清除堆物占道49起，处理路面污染2起，及时纠正公路控制区内建房搭棚4起，下达责令改正交通违法行为通知书180余份。依法开展打击非法超限超载运输联合专项行动，查处超限运输车辆57辆次，卸载超限超载货物770余吨。

运输市场监管。开展道路运输非法营运车辆专项整治，检查客货车辆3290辆，保存证据及暂扣车辆116辆，办理非法营运行政处罚案件25件，处罚款75万元，办理客货车辆违法案件10件，处罚款17700元。开展“三无”船舶专项整治，全市有船舶202艘，其中营运船舶32艘、合法特定功能船5艘、“三无”船舶165艘，至年底销毁“三无”渔船16艘。

安全应急管理。实现对全市校车、“两客一危”等车辆实时动态监管全覆盖，督导道路运输客运企业加强卫星定位终端和车载视频监控装置的使用。细化、量化安全生产目标任务，与客运企业、危货企业、二类以上维修企业及驾培学校签订安全生产责任书50份。开展安全隐患排查整治行动，全年检查企业150余家次，下发整改通知书35份，整改隐患35条。抓好公路沿线地质灾害隐患整治工作，排查整改隐患点131处，整改完成恩施州安委会挂牌督办重大道路交通安全隐患1处，验收销号市级安委会挂牌督办重大道路交通安全隐患4处，治理完成市级挂牌治理地质灾害隐患点1处。汛期，组建15个应急抢险专班，投入挖掘机、装载机、工程车辆等抢险机械设备390余台班、人工5000余人次，参加一线防汛抢险救灾，保障受灾国省道、农村公路及时恢复畅通。

交通改革举措。推进“互联网＋政务服务”改革，让企业、业户办事“最多跑一次”。6月8日，根据《中共利川市委机构编制委员会关于同意设立利川市交通运输事务服务中心的批复》，撤销利川市交通系统财会集中核算中心，设立利川市交通运输事务服务中心，进一步规范机构设置和职责划分。

（李积瑾）

【建始县】 至2020年底，全县在册公路里程3844.44公里，路网密度144.15公里／百平方公里，其中高速公路50.41公里、一级公路5.80公里、二级公路327.98公里、三级公路18.05公里、四级公路3442.20公里。内河航道通航里程43.1公里（界河按二分之一算），生产性码头泊位3个，渡口29个。客运站9个，其中三级客运站1个、四级客运站3个，五级客运站5个。

基础设施建设。全年完成交通固定资产投资5.40亿元，比上年下降17%。完成公路建设工程项目12个：209国道锈水沟至八阵图大修10.3公里；318国道野三河至黄连溪大修9.03公里；209国道绿化桥、东风一桥、318国道大水田桥；小河边桥重建工程；209国道小茅田至云桂桥路面中修15公里；318国道水泥混凝土路面第一期中修7公里；209国道长梁至马栏溪迎国评沥青路面修补；花坪站房建设；339省道双寨子、景阳关、汪家寨厕所改造工程；209国道司法局至老虎洞水毁修复工程6处。在建工程4个：209国道马栏溪至奇羊坝路面大修工程11.2公里；318国道第二期中修4.2公里、红建线（金银店）大修1公里；局院内水毁修复（院墙）工程；209国道云桂桥、奇羊坝桥加固工程。组织实施农村公路安全生命防护工程，全长258.93公里，总投资3743.17万元。水运建设投资3000万元，完成港口建设1个，新增泊位1个，通过能力500吨位。茅田综合运输服务站建成并投入使用；火车站二级客运站及三里农村综合运输服务站主体工程完工。

“四好农村路”建设。8月，建始县高坪镇成功创建省级“四好农村路”示范乡镇，获奖金200万元。建始县依托相关项目建设政策，实施村级主干道建设，实现全县行政村通畅率100%，通客车率100%；大力建设自然村村组公路，至年底，全县农村公路通车里程4516.44公里；紧抓提档升级机遇，推动县乡道升级，其中县道调增到11条336.22公里、乡道增加为127条1345.91公里。

运输服务。全年完成公路客运量119.3万人次、旅客周转量6684.1万人公里，比上年分别下降57.3%、55.1%；完成公路货运量632.5万吨、货物周转量156.20亿吨公里，货物周转量比上年增长2.5%；城市公交完成客运量474.3万人次，比上年下降38.83%；巡游出租汽车完成客运量253.6万人次，比上年下降34.1%。完成水路客运量7.4万人次、旅客周转量343.4万人公里，比上年分别下降73.7%、75.5%。全县城市公交经营业户3家，公交车102辆。出租客运经营企业3家，出租汽车110辆。道路客运经营业户11户，客运车辆363辆，比上年下降3%，拥有中高级客车286辆，占客运车辆总量的78.8%，全县所有客运车辆均安装4G车载视频定位终端。有客运班线204条，其中城乡公交线路2条，车辆28辆；采取公交化运营模式车辆64辆。62个行政村采取区域经营模式，54个行政村采取包车和约租方式，行政村客运班线通达率100%。全县危货运输企业2家，危货车辆19辆63吨；道路货运经营业户476户，普通载货汽车690辆9238吨，货车数量比上年增长20%，其中牵引车125辆，比上年增长42%，挂车117辆3785吨，比去年增长44%。货物运输结构调整效果明显，中重型货车、厢式货车、牵引车数量呈大幅上升趋势，货运运力从数量上、质量上逐步向专业化、重型化发展。

物流发展。全县有快递企业13家，物流企业(含挂靠外地物流企业)9家，其中规模较大的物流企业4家。在建中的建始县金轮物流有限责任公司和恩施鑫地园农业开发有限公司，总投资3亿余元，占地267亩。同时，扶持县电商冷链物流扶贫产业园建设，一期在建规模占地98亩。引导客运企业与物流快递企业战略合作，以“国家电子商务进农村综合示范项目—建始县村级快递物流站点建设项目”为依托，建设村级物流站点89个，利用“村村通客车”参与小件物品和快递托运及送达，有效提高农村

2020年8月，建始县高坪镇成功创建省级“四好农村路”示范乡镇。图为高坪镇塘野公路

客运企业和经营者积极性。

城乡公交一体化。优化城市公交路线，设置“市民之家通勤专线”，开设公交市民之家职工专用车。购置新能源纯电动公交车12辆，主要更换7路公交车，进一步方便市民乘坐公共交通出行。推进城乡公交一体化，实现农村客运全覆盖。高坪镇开通新能源出租汽车10辆，成为全县首个开通新能源出租汽车的乡镇；高坪镇至龙坪乡客运班车正式开通。至年底，全县有新能源公交车91辆、新能源出租汽车84辆，行政村客运班线通达率100%。

公路管养。坚持日常保养与预防性养护相结合，全县国省干线公路路况、路容、路貌进一步提升。全年修补路面坑槽4500平方米，沥青路面灌缝85公里，疏通涵洞25道，完成水沟清理1530公里，修复路肩墙530平方米，修复边沟450米，修复挡土墙1950立方米，清洗钢护栏200公里，清理行车视线障碍物100余处，绿化养护5万平方米，修复钢护栏1288米、防撞墙350米，更换道口桩200根，修复防撞软墙280米，补栽公里桩17块、百米桩258个。全年发生水毁44处，清除坍方总量8000立方米。着力打造标准化公路养护站房，提升服务设施服务质量。加强国省干线公路沿线服务区、停车区、交通公厕及观景平台使用管理，将服务设施使用管理维护纳入日常养护巡查范围。

路政管理。严厉打击各类非法违法道路运输经营行为，加大重点区域、重点时段出租汽车执法监督力度。开展渣土扬尘治理，重点打击冒装、不覆盖等违法行为。整治违法超限运输车辆，开展源头治超行动10次、路面联合治超2次。开展联合执法8次。查处交通运输违法经营案件95起。开展路域环境整治14次，开展法治宣传30余次，实施安全教育180余人次，查处各类路政违章20余起，清除堆物占道80余处，拆除违章建筑6起，清理非公路标志标牌120条(块)，制止违法施工10余起，规范红线控制2起，办结公路赔补偿案件23起，收取公路赔(补)偿费13.85万元，案件查处率、结案率均为100%，无行政复议和行政败诉案件，有效维护路产路权。

行政审批服务。不断优化审批流程，交通行政审批服务事项72项，实现一网通办率100%，交通服务窗口办理交通行政许可服务事项6800余件。推进“放管服”改革，制定“四减”工作实施方案，设立网上办理引导员等方式提高网上办件率。推进行政审批服务便民化，将摩托车培训服务点延伸到各乡镇，红岩、高坪、景阳3个摩托车培训点通过验收。加强事中事后监管，落实“双随机一公开”“互

联网+监管”，采用行政管理和行政执法过程互联互通机制，实行“审管分离、共同服务”制度。

水上行业管理。加强水运企业监管。组织专班对清江公司现场值班值守，每日检查防疫台账、人员登记等。定期检查船舶安全性能、技术状况和船员资质等，并及时进行维修。责令损毁严重的小河口渡口渡船停止渡运，调老屋脊渡船到小河口渡口运行。严厉打击“三无”船舶非法营运和超范围经营等行为，联合各涉水乡镇及部门在全县开展为期30天的“三无”船舶专项整治，219艘“三无”船舶上岸并全部拆解。加强码头渡口建设，完成恩施港景阳港区景阳旅游码头、蝴蝶岩旅游码头、野三河码头建设；完成全县5个渡口水毁维修、27艘老旧渡船改造。

安全应急管理。成立交通运输系统安全生产工作领导小组，负责研究解决全县交通运输安全生产工作中的矛盾和问题。成立督查专班对道路运输、水上运输、重点工程、道路通畅等相关企业进行安全生产检查督查4次，查出安全隐患和问题132条，成立安全生产专项整治三年行动督查专班，发现问题和隐患118条。对“两客一危”企业、渡口码头进行安全检查和隐患排查，检查运输企业140余家，排查一般隐患35个，整改到位35个；检查车辆150余辆、检查船舶30余艘。加强消防安全检查，确保企业办公场所、车辆、船舶等消防设施设备齐全完好。利用农村客运(村村通)第三方监管平台和4G动态监控系统进行全方位监管。

交通体制改革。4月，建始县交通运输综合执法大队正式挂牌成立。交通运输综合执法大队进行岗位设置，办理职工公积金及医疗保险过户、人员入编、工作手续调动、工资关系接收，完成执法经费、执法车辆(船舶)整体划转。

(董仙霜)

【巴东县】 至2020年底，全县在册公路里程4798.13公里，路网密度143.14公里/百平方公里，其中高速公路70.16公里、二级公路481.93公里、三级公路97.23公里、四级公路4148.81公里。内河航道通航里程119.41公里(界河按二分之一算)，港口1个，生产性码头泊位20个，渡口34个。客运站12个，其中三级客运站2个、五级客运站6个、简易客运站4个。

基础设施建设。全年完成交通固定资产投资9.10亿元，比上年增长50.02%。国省干线“建养一体化”01项目包、02项目包7个项目，完成施工图预算批复5个，批复总投资约22.6亿元，年度完成投资4.68亿元；245省道泗淌至水布垭段、209国道巴东县溪丘湾至巴东县城段施工图完成审查。348国道黄岩至马鹿池路面大修、209国道莲峡河至东流水大修、245省道北界至大坪中修全部完工。新建货运码头1个，新增3个5000DWT泊位，投资额2.4亿元，设计吞吐量为560万吨/年。临时砂石集并中心建成投用，巴东港宝塔河港区泓宇物流综合码头完工。长江巴东港主城港区西壤坡客运旅游码头和船舶污染物接收转运码头等项目前期工作推进顺利。巴东县二级汽车客运站完成站务用房主体工程建设任务的90%，主站楼基础工程完工，完成投资5865万元；巴东北站一级客运枢纽站完成工程可行性研究报告、初步设计。

“四好农村路”建设。实施农村公路硬化水泥路733公里、砂石路107.58公里、安全生命防护“455”工程453公里、危桥加固32座，打造太溪线、鹿甘线等“四好农村路”200公里。建成县级物流配送中心1个、乡镇物流站10个、中心村物流点150个。全力打造“四好农村路”示范乡镇和城乡客运一体化线路，完成清太坪镇、茶店子镇“四好农村路”示范乡镇创建。建制村通客车率100%。

运输服务。全年完成公路客运量113.64万人次、旅客周转量1.14亿人公里、货运量99万吨；完成水路客运量21.24万人次、旅客周转量2940.12万人公里比上年分别下降46.37%、19.67%，货运量124.22万吨、货物周转量2.37亿吨公里，比上年分别增长42.9%、3.75%。报废柴油公交车16辆，全部更新为纯电动车；野三关集镇新投入的80辆出租汽车和6辆公交车全部为纯电动车辆。全年办理客货企业年审车辆1224辆次、企业171家，办理普通货运车辆新增98辆、换证55辆。做好疫情防控交通保障工作，完成应急物资及医务人员运输。开展“点对点、一站式”运输服务，发送道路客运车辆16522辆次，运送旅客92722人次，水路运送乘客19271人次。开展常态化疫情防控，加强交通行业管理，严防秋冬季疫情反弹风险。

公路养护。加强公路日常养护管

2020年，在建中的巴东港砂石集并中心码头

理。全年清理水沟1625公里、涵洞456道，清除坍塌方134处16890.6立方米，提高抵抗汛期暴雨灾害能力，保障公路安全畅通。加强冬季扫雪防滑工作，保障高寒路段安全畅通。完成扫雪防滑317公里、铺撒炭灰67.4吨、融雪剂42.98吨，投入机械台班98个，总投资17.51万元。注重春季预防性养护工作，强化科学养护、预防性养护理念，加强路面病害处治工作。完成油路路面坑槽修补145公里7850平方米、沥青灌缝82公里、混凝土路面清缝灌缝20公里。加强沿线设施维护，提升公路服务水平。完成135公里钢护栏补短板，对209国道、245省道杨家槽至野三关段急弯路段设置诱导标205块，维修钢护栏23处1523米，钢护栏反光贴275公里。完成209国道、318国道、348国道、巴来线4条线路道口桩补置工作。加快推进养护工程建设。投资380万元的野三关站房建设完成主体工程；投资120万元的刘家荒服务区建设全部完成，并投入使用；投资126万元的3个公厕主体完成。抓好水毁应急抢修工作，确保公路安全畅通。汛期抢险中投入机械台班256个，清理塌方155处22041立方米，清理恢复路面1580平方米，修复挡土墙8处530立方米，修复桥涵44道，进行临时灾害治理7处，投入抢修保通资金890万元。

路政管理。落实“一超四罚”机制，严厉打击货车非法改装、超限超载等违法行为，与乡镇、交警、派出所联动开展区域治超3次，组织夜间专项整治行动8次，检测车辆1268辆次，查获超限运输车辆114辆次，卸载货物3128.56吨。

港口码头治理。开展船舶防污染专项战役，全县船舶含油污水、生活污水和垃圾全面实现污染物按规定处置。集中清理整治“三无”船舶，按照“规范管理一批、依法取缔一批、严厉打击一批”的要求，全县共清理各类船舶816艘，其中上岸拆解639艘，自行上岸99艘，规范为农用自用船28艘，规范为清漂船30艘。开展长江干支线及清江港口码头再清查、再整治工作，完成长期砂石集并中心建设；开展长江段沿线港口岸线资源清理整顿专项战役，加强长江港口项目前期工作管控力度，全面落实岸线资源管理长效机制。

安全应急管理。全年交通运输行业未发生重特大安全生产责任事故。全县“两客一危”以及4类及以上班线客运车辆4G动态监控升级，并纳入第三方监控。公交领域全面使用智慧公交系统，用于公交车辆安全监控和实时调度。开展安全生产专项整治三年行动。开展交通系统安全综合督查2次，行业安全检查12次。重点检查基层站所、交通在建工程、公路水路客货运企业、公共交通营运车辆船舶等，做好风险分析和隐患整改。全年发现和排查安全隐患82处，全部按时完成整改。实施“455”生命安全防护工程450余公里，消除安全隐患600余公里，实施危桥改造16座，完成上级部门督查交办安全生产问题整改6项，挂牌督办并完成重大安全隐患整改1处。

交通改革举措。执法改革顺利推进，在全州率先成立县级交通运输综合执法大队，整合路政、运政、质监、海事等执法职能。出租汽车行业改革稳妥推进。“放管服”改革深入推进，营商环境进一步改善。交通行政许可及服务事项全部实行“一个窗口对外”“一张网”办理。

（李俊）

【宣恩县】 至2020年底，全县在册公路里程2941.90公里，路网密度107.49公里/百平方公里。其中高速公路121.5公里、一级公路18.29公里、二级公路234.53公里、三级公路52.91公里、四级公路2514.67公里。全县有通航水域6个，通航里程75.56公里，渡口17个。在营客运站6个，其中二级客运站1个、五级客运站5个。

基础设施建设。全年完成交通固定资产投资4.13亿元。7月16日，宜来高速公路鹤峰（容美）至宣恩（当阳坪）段、安来高速公路建始（陇里）至恩施（罗针田）段通车运营。351国道椿木营至长潭河段改扩建工程，宣恩境全长45.95公里，01~03标段12.85公里路基及桥梁主体工程完工，完成木林溪至小卧龙段路基清表90%；桥梁桩基开挖400米；桥梁桩基灌注完成15根；涵洞完成2座。4月，209国道宣恩绕城公路工程（一碗水至和平段）开工建设，完成一碗水至雷家坳段路基工程2.8公里。4月，242国道恩施下云坝（大集场）至宣恩晓关段改扩建工程开工建设，完成80%路基工程。233省道太山庙至椿木营改扩建全线完工并交工。西门沟至果茶厂公路工程、珠山镇和平至上卸甲坝公路工程完工。完成和平中学连接线工程路面水稳层铺筑，完成总工程量的80%。彭家寨旅游公路沙道咸池至汪家寨段新建工程累计完成货币工程量9500万元，占合同总工程量的92%。完成伍家台旅游公路椒园一碗水至万寨板场段施工图设计。9月，清江支流忠建河洞坪库区航道整治工程可行性报告获批复。在建的沙道沟三级客运站主体工程完成。农村公路建设。长潭河集镇至椿木营集镇公路、蒙家湾至板寮公路、板场公路、长潭河洗马坪至沙道沟药铺小溪口新改建公路、宣恩县沙道沟镇旅游产业路（邓家湾至郑家坳段）、2019年农村公路安全生命防护工程全部完工。宣恩县沙道沟镇响龙大道南段安置点至郑家坳、泡桐湾至彭家寨游客集散中心道路工程累计完成货币工程量约2800万元（含变更工程量），占合同工程量的51.6%。

“四好农村路”建设。按照“四好农村路”标准对珠山镇、椒园镇、万寨乡为主的13条线路135.8公里农村公路进行改造提升设计。珠山镇完成农村路建设，椒园镇在进行财务审计，万寨乡施工班组进场。督促珠山镇、万寨乡创建“四好农村路”示范乡镇，完成美丽农村路100公里建设任务。

运输服务。全县开通客运班线150条，其中省际客运班线5条，县际客运班线9条，农村客运班线136条。在营客车312辆、旅游客车30辆，出租汽车63辆，城市公交车34

辆。全年完成客运量125万人次、旅客周转量19647.3万人公里。全县293个行政村(含17个社区)全部通客车。全县有易迁安置点65个，实现11个1000人以上大型集中安置点农村客运公交化全覆盖。争取县级财政补助资金108万元，促进全县农村客运健康发展。更新农村客运车辆20辆，其中新能源车4辆。全县有大型物流园2家、物流公司13家，营业面积1300平方米，配送车辆38辆200吨。完成货运量333万吨、货物周转量49950万吨公里。

公路养护。全县分4个标段、3个片区将境内国省道纳入专业化养护。完成国省道216公里、农村公路2501公里日常养护管理。设置警示桩21464个、警示牌10618块。清理涵洞1300余道，清理边沟14996公里，砍除杂草6643公里，清理伸缩缝300余处，修补坑槽13308平方米，灌缝93.7公里，修复安全防护栏668米，修复路肩152米。加强汛期抢险，保障公路通畅，投入抢险机械1927台班、资金1895万元，清除塌方52.22万立方米，新建挡墙1550立方米，修复涵洞25道，抢通公路95条。完成国省道12座危桥改造。完成209国道椿木垭大修工程、东门关至火烧营段路面中修工程、三河沟至莲花坝段中修工程、东门关隧道至猪草湾段中修工程、和平至蒙家湾段工程。完成245省道巴来线沙道集镇至当阳坪段路面大修工程、仙人洞至百步墩段10公里大修工程前期工作。完善服务设施建设，王家坳站房建设完成总工程量的95%；布袋溪公厕和停车场完工；东门关服务区完成工程量的90%。完善附属设施，刷白国省干线行道树226公里，投资242万元重新施划国省道标线。完成209国道、242国道、232省道共102公里百米桩与公里桩刷白等。加强地质灾害治理，完成209国道苏北线K2379+609～K2429+946段8处地质灾害隐患治理总工程量的88%。排查全县地质灾害隐患159处，其中国省道地质灾害隐患35处，农村公路地质灾害隐患124处。排查省自然资源厅反馈地质灾害72处，其中国省道8处、农村公路13处为交通部门责任范围。整治农村公路安全隐患11处。

运输市场监管。有效开展“打非治违”，维护客货运输市场秩序。加强客运站场及车辆检查，助力县城AAAA级旅游区创建。开展联合执法整治行动，受理投诉举报，做到件件有回音。全年检查客运站30次、客运车辆216辆，检查运营车辆73辆次、其他车辆113辆次、摩托车和三四轮车30辆，处理举报投诉19起，查处非法运营案件4起，累计罚款1万元。

路政管理。加强路政巡查，保障道路安全畅通，维护公路路产路权。清理公路及用地范围内堆积物88处759平方米，清理占道经营57处138平方米，清理广告牌98块、横幅126条，查处违法采挖5起，查处其他路损行为9起，清理路面污染9处651平方米，路树排危84处。办结路政案件28起，罚款3000元，收取赔(补)偿费14.68万元。开展超限超载治理，到砂石料场督促出场车辆规范装载和覆盖，治超站检测货运车辆52辆，现场整改装载不规范车辆20辆次，无超限运输车辆。

智能交通。建成全州首个县级智慧交通信息平台，完成一期建设，谋划二期工程。“智慧交通”平台项目通过定制开发一套软件系统，建设一套包括前端监控、应急指挥、集中值守等功能分区的硬件融合系统，接入交通运输专网，实现对全县范围内客货运、公交出租及旅游客车、物流等重点车辆和客运站场、渡口码头、重点路段等重点区域全天候定位、监控、监管、调度和分析。

安全应急管理。严格落实安全生产责任，坚持主要领导负总责，分管领导亲自抓、工作专班具体抓的工作格局，把安全工作与业务工作同部署、同检查、同评比。结合交通运输行业特点，推进隐患排查治理，抓好重要节点安全生产工作，抓好“两客一危”车辆安全管理，开展“打非治违”、超限超载治理专项行动，持续开展建设工地安全隐患排查。全年无重特大事故发生，水上运输持续保持35年无事故。

交通改革举措。推进“专班制”改革，坚持“以事为中心”，以“专班制”推动“大交通”体制改革，充分发挥交通队伍人才优势和专业特长。推进交通运输综合执法改革，交通综合执法改革实施方案经县委常委会批复，设立宣恩县交通运输综合执法大队，明确为副科级公益一类事业单位，县交通运输综合执法大队三定方案获批复，在进行岗位设置。推进公路养护专业化改革，立足全面提升公路管养水平、理顺公路养护用工难题，对国、省、县道分段打包，启动新一轮公开招标。

（李瑜）

【咸丰县】 至2020年底，全县在册公路里程2976.31公里，路网密度116.72公里/百平方公里，其中高速公路47.3公里、一级公路19.95公里、二级公路176.79公里、三级公路257.97公里、四级公路2474.30公里。内河航道通航里程26.5公里，渡口14个。客运站6个，其中二级客运站1个、五级客运站4个、简易客运站1个。

基础设施建设。全年完成交通固定资产投资7.4亿元。351国道大沙坝至李子溪段改扩建项目完成投资1.87亿元。唐崖至朝阳旅游公路完成投资1.37亿元。朝阳大桥及接线工程完成投资9239万元。353国道朝阳寺至石门坎段大修工程完成投资1118万元。十字岭隧道及接线工程完成投资6768万元。咸丰大道延长工程完成投资3960万元。丁寨至甲马池旅游公路生态景观带建设工程完成投资690万元。国省干线危桥加固改造工程完成投资765万元。农村公路完成投资18143万元。坪坝营旅游客运站完成投资260万元。

“四好农村路”建设。全县实施农村公路建设158.539公里，主要解决部分村级道路路基建设及路面硬化问题。完成农村公路安全生命防护“455”工程建设217.8公里。开展全县桥梁普查工作，调查桥梁111座，申报24座危桥纳入危桥改造项目库。

运输服务。全年完成公路客运量112万人次、旅客周转量1.83亿人公里，货运量220万吨、货物周转量36552万吨公里。完成水路客运量4.85万人次。全县客运企业9家、客运车辆586辆。其中道路旅客运输企业5家、客运车辆374辆，旅游客运企业2家、旅游客车18辆，出租汽车客运企业2家、客运车辆200辆；公交企业1家，客运车辆48辆，新购置新能源城市公交车12辆。汽车租赁公司6家，租赁车辆21辆。道路普通货物运输企业17家，各类货运车辆1045辆。汽车维修企业29家，其中一类维修企业1家、二类维修企业15家、三类维修企业13家。机动车驾驶培训机构3家，教练车148辆。全县272个行政村（含社区）通客车保持率100%。在原有县乡村三级物流配送网络基础上，完善优化乡村服务站功能，7月15日“忠堡农村电商交通物流综合服务站”挂牌，持续推动社区电商进乡村。

公路养护。修订完善养护及管理工作方案，印发《咸丰县2020年农村公路养护管理工作方案》，继续按照“政府主导、部门指导、县道县管、乡村道乡村管、组级路受益群众管”的分级管理体制，对全县2002.51公里列养线路开展养护，全年开展2轮养护考评工作，重点督办公路排水设施通畅问题，按照考评得分兑现各乡镇（区）日常养护资金。修复公路边沟1302米、修复路肩墙315立方米，清理边沟1074公里，清除坍方2.64万立方米，修复钢护栏856米，疏通桥梁涵洞782道，路面灌缝194公里。受强降雨影响，全县农村公路水毁灾情545处，造成交通中断247处，桥梁损毁5座，涵洞损毁105处，投入3000多万元用于灾后重建，实施灾后重建工程424个。

路政管理。开展损坏路产违法行为集中整治行动，立案12起，结案12起，挽回路产损失2.44万元。联合公安、运管部门开展超限超载专项整治活动，形成有效的治超网络。联合开展治超行动3次，检测车辆644辆，查处超载车辆29辆，卸载货物910.9吨。

行业监管。加强道路运输市场监管，处理城市公共客运投诉案件19起。运管部门联合公安交警、高警、乡镇派出所及乡镇客管办等职能部门开展行业清源攻坚专项行动，办理案件38起，收缴行政处罚罚款5.3万元。加大工程建设监管力度，建立健全“两级政府、四级管理、六级模式”网格化质量监管体系。组成工作组加强农村公路建设督查管理，下达抽查意见通知书12份，下发质量安全通报2份，现场督促落实整改问题120余处。质量安全监督覆盖率100%。

安全应急管理。严格履行“三关一监督”职责，督促客运企业开展安全隐患排查整改，监督客运站落实“三不进站、六不出站”制度。安全检查企业235家次，发现安全隐患18起，全部整改完成。6月以来，因数轮强降雨，造成县内242国道、351国道、249省道、463省道及545处农村公路受损，灾情发生后，县交通部门启动应急抢险预案，投入应急抢险及灾后重建资金5920余万元，做好公路应急保畅工作。

交通改革举措。开展交通运输综合行政执法体制改革，执法大队大队长就任。公路路政、道路运政、水路运政、航道行政、港口行政、地方海事行政、工程质量监督管理等执法职责全部厘清。

（李艳芳）

【来凤县】 至2020年底，全县在册公路里程1431.87公里，路网密度106.7公里/百平方公里，其中高速公路2.1公里、一级公路5.66公里、二级公路159.21公里、三级公路7.99公里、四级公路1256.91公里。内河航道里程125.9公里，港口1个，渡口33个。客运站6个，其中二级客运站1个、五级客运站3个，简易客运站2个。

基设施建设。全年完成交通固定资产投资4.11亿元（不含高速公路），比上年增长57.72%。宣咸高速公路来凤段开工建设，完成征地拆迁安置补偿工作，完成项目建设用地、土地、林地报批手续，完成施工便道、施工站场建设，启动主线路基施工，完成货币工程量5亿元。242国道来凤县三胡至桂花树工业园K8+250～K9+160段路基完成60%，完成投资1200万元；K9+160～K12+740段隧道掘进490米（双洞），完成蓝河大桥桩基28根，完成投资1.4亿元。鹤来一级公路来凤县小河坪至湘鄂情大桥完成下穿铁路段路基建设50米，完成桩基12根，完成投资800万元。来凤县迎宾大道工程路基完成90%，完成投资1.96亿元。367省道猴革线建成通车，革勒车集镇至咸丰县旋坨段工程在进行施工图设计、编制专题报告。凤舞一路桂花树工业园至狮栗坪段道路工程获立项批复，完成工程可行性研究报告编制及评审工作。完成喳西泰老虎洞中桥及接线工程可行性研究报告、

2020年，改造后的209国道来凤县团结桥

施工图批复和施工招标。来凤县大河至白岩山旅游公路工程可行性研究报告编制完成；来凤县百福司至十字路旅游公路进行勘察设计招标。完成248省道来凤县百福司镇南河隧道提质升级照明工程建设。开工建设国省干线危桥改造8座，完成209国道河坝梁桥拆除重建和248省道来凤县东风一桥、沙子田桥加固改造工程。公交总站完成80辆充电桩建设和场地开挖，完成货币工程量2300万元。投资2122万元，完成农村公路大中修工程67.1公里，完成总工程量的70%；投资1101万元，新建农村公路16.8公里。完成农村公路生命安全防护工程建设95公里。

运输服务。全县196个行政村(社区)客车通达率100%，基本形成以城区为中心、乡镇为节点、覆盖村组的三级客运网络。全县在营公交车64辆，公交线路7条，辐射城郊周边19个行政村。新增货运业户31家，年审《道路运输证》488本，其中客运319本、货运139本、出租汽车30本。

疫情防控交通保障。疫情期间，组织33辆公交车满足公职人员交通需求，组织15辆货运车辆完成抗疫物资运送。开展点对点道路旅客运输，完成来凤至浙江、福建、江苏、广东4省点对点包车运输770辆次，安全运送旅客18015人次。做好企业复工复产准备工作，全县道路运输服务企业在复工复产前做到防疫宣传、物资储备、人员摸排、消毒管理、应急预案“五个到位”。

抢险救灾。汛期，全县农村公路发生山体滑坡74处，造成公路缺口15处，路面受损83150平方米，3座桥梁出现严重病害，311处钢护栏损坏，11条公路交通中断。交通公路部门、乡镇人民政府、公路养护单位成立9支抢险队伍开展抢险救灾工作，投入抢险机械310台班，清运塌方约13.5万立方米，调运砂石料3500立方米，修复路基挡土墙1150立方米，加固桥梁3座，抢修涵洞5道，实现“村级主干道当天通车、通组公路两天通车”目标。

公路养护。全县国省道干线落实标准化养护里程261公里，清理水沟220公里，路面灌缝200公里，水毁修复702平方米，清理塌方480立方米，种植公路绿化树15公里。开展农村公路规范化养护，农村公路日常养护实行月检查制度，每月由农路局牵头，乡镇参与，随机在9家养护单位中抽取3家进行日常养护检查，按照《来凤县农村公路县道、乡村道养护检查评分细则》进行检查评分，养护资金按最终得分情况拨付。

路政管理。重点整治国省干线公路两侧乱堆乱放、非公路标牌、乱搭乱建行为，清理临时摊点38处，拆除非公路标牌26块，清理公路两侧非法种植农作物110平方米。处理农村公路乱搭、乱建、占道案件12起。阳河坝固定超限检测站实行24小时值班值守，查处违法超限超载货车65辆次，自行转运350吨。

运输市场监管。由县人民政府组织专班开展交通秩序综合整治，重点整治来凤至恩施非法营运车辆和县内班车不进站经营等违法行为。开展驾培市场整治行动，重点清理教练车统一标识，规范场所，督促驾校按《教学大纲》内容进行培训，全年驾驶员诚信考核1369人，继续教育790人，换发从业资格证300本，机动车维修备案3家。水上交通突出封航治标与规划西水来凤港治本，工程施工突出日常巡查与重点人员、特种作业持证上岗。全年交通运输行业安全无事故，水上交通连续18年零事故。

交通改革举措。2月，《来凤县交通运输综合行政执法改革实施方案》通过县委机构编制委员会办公室审核，组建“来凤县交通运输综合执法大队”，隶属县交通运输局管理的副科级公益一类事业单位。不再保留县道路运输管理所、县交通基本建设质量监督站、县地方海事处(县港航监督管理站)，其所有在编人员整建制划入县交通运输综合执法大队。将县公路管理局、县农村公路管理局(交通物流发展局)承担的行政执法职责划入县交通运输综合执法大队，其人员编制按照不超过30%比例从严从紧划转。12月，县委办公室、县政府办公室下发《关于印发〈来凤县深化综合行政执法改革人员划转名单〉的通知》。

（田永祥）

【鹤峰县】 至2020年底，全县在册公路里程2828.331公里，路网密度98.62公里/百平方公里，其中高速公路23.05公里、二级公路290.54公里、三级公路70.22公里、四级公路2444.52公里。内河航道通航里程101.1公里(界河按二分之一算)，渡口18个(其中停航8个)。客运站10个，其中三级客运站2个、四级客运站1个、五级客运站5个，简易站2个。

基础设施建设。全年完成交通固定资产投资4.87亿元(不含高速公路)，比上年减少13.99%。宜鹤高速公路鹤峰西段通车运营。1月15日，宜来高速公路鹤峰东段全面开工建设。351国道绕城公路瓦窑坪至跳鱼坎段，完成一级公路路基1.81公里、二级公路路基4.75公里，控制性工程跳鱼坎大桥完成全部合同工程量。351国道绕城公路容美至腊树垭段改建项目，完成路基工程18.06公里。479省道鹤峰县茅坝至梳背溪段改扩建工程(第TJ–02合同段)开工建设，完成产值约2000余万元。南潼公路(复建段)2.48公里，路基宽8.5米，路基路面工程全部完工，其中控制性工程青猴城隧道(1353米)和全县首座百米高墩两河口大桥(339米)按期完成。10月，245省道巴来线湾潭河至下坪段、476省道采桑线江坪河至堰垭段88公里改扩建工程全面开工建设。完成245省道沙元至太平路面大修16.5公里、351国道界牌树至赤树垭路面中修8.5公里，完成湖坪桥、花桥等3座危桥加固。1月18日，溇水河航道整治工程开工建设，完成工程量的80%。港口建设工程及县城经长岭码头至老村河段公路建设工程前期工作基本完成。邬阳乡综合运输服务站建成。

“四好农村路”建设。全县有农村公路1841公里，其中县道71公里、乡道402.91公里、村道1367.09公里。建立健全农村公路管理养护体制，

2020 年 7 月 16 日，宣恩至鹤峰高速公路通车试运营

4 月 13 日县政府出台《鹤峰县农村公路养护管理办法(试行)》，按照“县道县管、乡村道乡村管”原则，基本建立权责清晰、齐抓共管的农村公路管理养护体制机制。

运输服务。全县拥有营运客车 382 辆，其中道路班车 306 辆、城市公交车 26 辆、个体出租汽车 50 辆，客运班线 141 条。有道路客运企业 11 家、公交企业 2 家、旅游企业 2 家。拥有营运货车 256 辆，其中道路危险货物运输车辆 16 辆，道路运输从业人员 4290 人。机动维修企业 75 家，其中一类维修企业 2 家、二类维修企业 20 家、三类维修企业 46 家、其他专项维修企业 7 家。驾驶员培训学校 3 家。机动车维修检测企业 1 家。全县 205 个行政村和 12 个社区通客车率 100%。全县除人口少、流动人口少的 26 个行政村采取约租方式以外，其他均采取班车和区域经营及公交化方式。容美城区有新能源公交车(纯电动)18 辆，公交线路 7 条，年客运量 162 万人次；走马镇有公交车 8 辆，公交线路 4 条。

物流发展。全县乡镇综合运输服务站网络体系进一步完善。发挥乡镇综合运输服务站“一站多能”作用，逐步打通公共交通运输服务乡村居民的“最后一公里”。同时，形成以新建或改扩建的综合运输服务站为依托，整合快递物流和乡村客运资源的方式，推广定点、定线、定时呼叫预约“客运班线”货物运输服务模式，开展县至乡镇、乡镇至行政村的双向物流运输配送服务，形成“客运 + 物流”的新型物流运输服务模式，方便快捷的农村客运网络和县、乡、村三级物流网络基本形成，交通综合效益逐步显现。

公路管养。全年处置交通中断抢修 162 处，动用机械设备 620 台次。清理水沟 2548 公里，修复路肩墙 6100 平方米，修复边沟 3700 米，修补沥青路面坑槽 840 平方米，沥青路面灌缝 52.8 公里，疏通涵洞 245 道，新建涵洞 8 道，修复钢护栏 1400 米，补植新植绿化树 30 公里，完成满山红、大垭、沙元隧道提质升级，新增各类标志标牌 120 余块，路容路貌保持洁化美化。完成 341 省道三里荒至沙坡 12 个点 31 个作业区地质灾害治理工程量的 70%，成功预警和避让 2 次高危风险地重大险情，无伤亡和车辆受损。农村公路养护。完成农村公路安全生命防护“455”工程建设 130.6 公里、排水改善整治工程 110 公里，加强路面病害整治，填补坑槽 16 公里。加强日常养护，更换、维修和加装标志标牌 450 块，设置安全警示标志 800 块，修复损毁钢护栏 6822 米。储备 100 吨融雪剂投入农村公路冬季除雪防滑保畅工作。争取到 3200 余万元用于农村公路汛期应急抢险工作，清除公路塌方近 30 万立方米，修建挡土墙 23125 立方米，修复钢护栏 6822 米，抢通中断道路 201 处。

路政管理。清理广告标牌 3 件，协调天然气管道穿越公路案件 1 件，收取路产补偿费 3 万余元。开展超限超载治理行动，检查车辆 300 余辆次，卸载货物 800 吨，转运货物 500 吨。

安全管理。开展交通建设安全生产专项整治三年行动，发现一般质量安全隐患 157 处，未发现重大安全隐患；对开工建设项目监督覆盖率 100%、危险性较大的工程安全评估率 100%；对重大安全隐患工程实行挂牌督办。开展水上交通安全检查 120 余次，排查库区安全隐患 54 次；对非法载人“三无”船舶解除动力 11 艘，督促各乡镇办理自用船登记 70 余艘，联合乡镇和其他相关单位联合执法 7 次；查处一般程序案件 9 件，简易程序 6 件，罚款金额 1.22 万元。

交通体制改革。6 月 9 日，县交通运输综合执法大队挂牌成立，为县交通运输局下属公益一类事业单位。原运管所、质监站整体划转，县公路局、县农路局、县海事处部分人员划转，共 45 名人员。6 月底正式开展全县交通运输综合行政执法工作。

（明国平）

仙桃市交通运输

【概况】 至 2020 年底，全市公路通车里程 4535.67 公里，路网密度 178.71 公里 / 百平方公里，其中高速公路 150 公里、一级公路 139.36 公里、二级公路 374.51 公里、三级公路 8.89 公里、四级公路 3186.04 公里、等外公

2020 年 5 月 12 日，321 省道彭场至仙桃城区段改建工程开工

路 676.87 公里；按行政等级（不含高速公路）分为国道 90.56 公里、省道 282.45 公里、县道 693.17 公里、乡道 1489.08 公里、村道 1830.41 公里。辖区航道通航里程 82 公里。全市有桥梁 531 座 21054.3 延米，其中特大桥 1 座 1478 延米、大桥 14 座 3983.78 延米、中桥 141 座 7101.62 延米、小桥 375 座 8490.9 延米。

基础设施建设。全年完成公路水路建设投资 3.18 亿元。其中完成计划任务 2430 万元，完成 455 省道胡场至郭河公路改建工程一级公路路面 1 公里、剅河至排湖公路改建工程二级公路路面 3 公里。一级公路路面建设完成投资 11700 万元，完成 318 国道胡场至毛嘴段改建工程一级公路路面 3 公里、321 省道彭场至仙桃城区段改建工程一级公路路面 7 公里；二级公路路面建设完成投资 1819 万元，完成周帮至沙湖互通公路改建工程二级公路路面 3 公里、107 省道新西线西流河改线段改建工程二级公路路面 2.07 公里。318 国道潮愿公路停车区完成投资 80 万元，县乡道安全防护工程完成投资 2300 万元。完成农村公路建设投资 8490.2 万元，完成撤并村通畅 20.4 公里、农村公路提档升级 120 公里、窄路面加宽 29.5 公里。完成水运建设投资 5019 万元。

运输服务。全年完成道路客运量 369.09 万人次、旅客周转量 1.36 亿人公里，货物运输量 1205.01 万吨、货物周转量 19.9 亿吨公里。港口运输完成货物吞吐量 75 万吨、货物周转量 3.75 亿吨公里，集装箱运输 3.51 万标准箱，比上年增长 10.3%。春运期间运送旅客 36.46 万人次，比上年下降 76.31%。全年完成货运车辆办证 137 辆、危险货物车辆办证 5 辆。货运车辆道路运输证年审换证 248 辆，客运车辆年审 569 辆。完成客车、货车、出租汽车、危险货物车辆驾驶员及押运员从业资格证新办证 2790 件、继续教育签注盖章 8137 人次。出租汽车报废更新 20 辆。对总质量 12 吨及以上的 126 辆普通货运车辆全部安装卫星定位装置并接入相应监控平台。注销黄标车道路运输车辆道路运输证 47 辆，注销 4.5 吨以下蓝牌货运车辆 263 辆，清理道路货物运输车辆不规范数据 56 辆次，注销到期从业人员资格证 3689 人次。受新冠肺炎疫情影响，自 1 月 24 日起全市所有客运站关闭，客运班车停止运营。3 月 27 日市际班线（除武汉外）部分复班，市内班线全部复班，省际班线继续停班。有序开通“点对点、一站式”包车运输助力复工复产，省际包车 1120 趟，市际包车 8763 趟，运送返岗复工人员 1.4 万余人。防汛抗旱、“两考”运输保障任务圆满完成。

公路管养。开展公路、桥梁日常养护，对安全防护工程查漏补缺，加强美丽公路创建，对空白路段进行补植，保通保畅，积极推进养护工程项目有序复工和实施。全年完成日常养护货币工程量 900 万元、大修工程货币工程量 651 万元、路面中修 1080 万元、绿化货币工程量 164 万元、安全防护工程 240 万元。投入资金 860 万元购置设备建成沥青拌和站、水稳拌和站，4 月正式投入生产使用。投入资金 80 万元购置小型机具，进一步保障公路养护施工需求，有效提升公路养护服务水平。逐步对 318 国道全段进行“美丽公路”建设，建成美丽公路经济带 15.6 公里。

路政管理。按照“政府主导、部门联合、源头控制、综合治理”原则，

2020 年 8 月，455 省道胡场至郭河段改建工程完工

依法治理违法超限运输行为，常态化开展超限超载车辆联合整治。全年检测货运车辆8944辆，查处超限运输车辆1052辆，卸载(转运)货物7988吨，货运业主自行更新换代轻型运输车辆达到全市的75%，“百吨王”逐步淘汰，大货车载货通行逐渐规范，公路维修压力明显减轻，国省干线与城市道路环境大为改善。《仙桃日报》开辟专栏报道联合治超相关政策和工作进展，曝光典型案例。《仙桃首次查处无人机带路超限车队》《市交通运输局局长夜访超限源头》等10多篇宣传报道先后被报纸、网络媒体转载。开展“路政宣传月”活动，在汉江大桥及国、省干道主要路口更新宣传牌3块，在指路标志杆上加装铝制宣传牌8块，通过发放宣传手册、宣传单、组织调研会现场讲解等形式，加强与货车驾驶员面对面交流和沟通，普及公路管理和安全保护等法律法规知识。在联合治超调处窗口发放执法程序清单，在市民中心许可办理窗口发放许可网上申办流程清单，服务货车驾驶员。加大公路巡查力度，督促施工方规范设置安全标志标牌等，确保道路畅通。实行路政案件处理以现场处理和跟踪督办相结合，成功处理胡郭公路大面积路肩损坏案件。全年办理超限许可44件，林木砍伐许可2件。

行业监管。加强出租汽车行业管理，6月份启动为期3个月的出租汽车市场大整治行动，检查出租汽车2800余辆次，查处各类违规经营行为314起。对吉顺、昌泰2家出租汽车公司230名驾驶员进行四期轮训，提升文明服务水平。全年查处无证经营车辆15辆、非法旅游车15辆、黑教练车8辆、无从业资格证26起、不按核定站点停靠43辆、其他违章71起。查扣涉嫌非法营运机动车辆85辆次，其中依法处罚70辆次，暂扣15辆次。持续推进汉江大保护三大标志性战役，巩固非法码头整治成果，完成岸线生态修复工作，400总吨以上船舶全部安装生活污水处理设施，争取市政府将每年污染物回收船运营费用纳入财政预算。

交通环保。加大城乡公交化改造力度，推进全域新能源公交，购置新能源客车39辆，升级改造三伏潭、沙湖、福星及天门南火车站等4条城乡公交一体化线路。港口岸线资源清查工作基本完成。仙桃港完成正式岸线审批手续，胡场砂石集并中心完成5年临时使用期间合法岸线审批手续。全面完成岸线生态修复工作，加强长江、汉江港口岸线长效管控。投入130万元新建智能充电桩4座，按照国家港口岸电补贴政策，补贴港口经营企业80万元。胡场砂石集并中心与市供电企业达成协议，共同建设港口岸电设施。港航海事部门与杜台油库、胡场砂石集并中心协商沟通，开展真空吸油泵、生活污水处置箱等污染物接收设施建设。完成全市运输船舶船型标准化改造，拆解老旧运输船舶5艘，拆解单壳油船2艘，全市27艘100~400总吨运输船舶全部完成生活污水处理装置改造、21艘400总吨以上运输船舶加装生活污水处理装置。严格按照新的船舶防污标准进行检验审查，对达不到要求的一律不予发证。按照《仙桃市港口船舶污染物接收、转运、处置设施建设方案》规定，完成全部设施建设任务。6月船舶污染物接收船建成并投入试运营，全面实施船舶污染物接收联单制，编制船舶污染物接收中转码头建设可行性研究报告。

安全应急管理。充分利用第三方监控平台，对全市“两客一危”车辆实行24小时统一监控，接入运输企业13家、车辆303辆，将“村村通”客车及426辆出租汽车逐步纳入监控，实现4G动态监控全覆盖。严把危货运输准入关，开展危货企业资质复核，对新申请从事道路危货运输企业以及新增车辆严格审批，不符合条件的不予许可。5月份开展客运站场、危货企业和旅游客车安全隐患治理专项行动。坚持开展水上交通日常安全检查，结合“水上交通安全知识进校园”“安全生产月”咨询日等活动，向社会广泛宣传水上交通法律法规和安全知识。辖区82公里航道安全畅通，航道标位正确率、完好率达99%。全系统开展为期3个月的安全生产集中专项整治，排查隐患，对账销号，整改隐患276个，整改完成率100%。全市全年道路运输、水上交通、交通建设施工等领域均未发生重大安全生产责任事故，安全生产形势持续稳定向好。

文明创建。全系统开展文明单位、文明窗口、青年文明号等创建活动和“道德模范”“身边好人”“最美文明志愿者”“文明家庭”等评选活动。创建全国文明城市工作迎检期间，全系统广大干部职工下沉至沔阳路社区的8个网格61个宿舍小区中，明确责任，细化分工，开展环境整治、公益宣传等共创共建活动。涌现出全国交通运输系统劳动模范、“湖北五一劳动奖章”获得者荣小宏，全国交通运输系统抗击新冠肺炎疫情先进个人刘杰等先进典型。仙桃市交通运输局获“湖北省抗击新冠肺炎疫情先进集体”和“仙桃市创建全国文明城市工作突出集体”称号。

疫情防控交通保障。与相关部门联勤联动，局属各单位和交管站严守高速公路、国省干线、渡口码头等离仙通道。开辟“绿色通道”保障防护物资、生产生活物资和援仙医疗队运输。对山西援仙医疗队248名医护人员实行专班专人服务。牵头设立仙桃南服务区医用防护用品临时交易点。组建30支近180人的工作专班驻村包保。组建24支小分队开展“党员志愿者敲门行动”，200余名干部职工下沉59个社区服务。抓好疫情防控常态化工作，把好客运场站、码头、营运车辆、出租汽车、船舶等重要关口，严格落实“外防输入、内防反弹”防控措施。

（归烨）

天门市交通运输

【概况】 至2020年底，全市公路里程5005.63公里，路网密度189.5公里/百平方公里，其中高速公路56公里、一级公路253.74公里、二级公路392.81公里、三级公路113.04公里、四级公路4054.87公里、等外公路135.17公里。内河航道通航里程339.4公里(界河按二分之一算)，港口1个，在建泊位3个，渡口47个。客运站15个，其中二级客运站2个、三级客运站2个、五级客运站11个。

基础设施建设。全年完成交通固定资产投资9.54亿元，比上年增长30%。公路建设完成投资5.1亿元，完成荷沙线、大天线等一级公路路基36.94公里、路面33.74公里。完成沿江公路、天监线等二级公路路基路面15.5公里。完成国省干线大修25公里。完成港航固定资产投资3245万元，新建天门港船舶污染物接收转运码头2个。完成汉江航道整治建筑物水毁应急修复工程建设。完成客(货)运站场建设、导航台大部分土建工程、工艺设备前期安装工程。

“四好农村路”建设。全市完成自然村公路建设202公里，提档升级公路375.5公里，建设“四好农村路”377公里，完成隐患治理850公里，其中警示柱1733根，各类标志牌1407块，减速板2168.6米，波形护栏30296.5米。落实地方财政预算投资政策，市财政每年安排专项资金用于农村公路建设、养护、危桥改造、“455”公路安全生命防护工程和“四好农村路”建设。全年创建“四好农村路”377公里。黄潭镇被评为全省2019年度“四好农村路”示范乡镇。组建专业机构，购置养护设备，推进农村公路专业化管护。成立农村公路养护中心和5个养护工区，筹资1200万元，配备皮卡车、养护作业车、道路清扫车、标线机、沥青灌缝设备等养护专用设备。同时多渠道筹集项目资金，采取向上争取、调剂和整合资金的方式，对贫困村和软弱涣散村公路建设进行资金兜底。

疫情防控交通保障。疫情期间，为确保物资“绿色通道”、人员“生命通道”和特殊人员返岗通道畅通，投入50辆出租汽车以保障应急运力，固定4辆大巴全程负责援鄂医疗队日常上下班通勤保障工作，累计通勤发班722趟次，运送医务人员4926人次。复工复产后，提供省际客运“点对点、一站式”包车运输服务，投入省际包车238辆次，安全运送返岗务工人员4593人次。及时恢复城市公共交通、市际客运班线和农村客运班线，为生产生活和群众出行提供服务。

2020年，天门市黄潭镇七屋岭产业园路沥青路面改建完工

运输服务。全年完成公路客运量547.31万人次、旅客周转量35760.31万人公里，比上年分别下降74.1%、60.9%；货运量1013.06万吨、货物周转量15.92亿吨公里，比上年分别下降20.42%、10.17%。完成水路货运量136.2万吨、货物周转量9.38亿吨公里，比上年分别增长35.7%、33.7%。全市交通综合运输货物周转量25.66亿吨公里，基本与去年持平。圆满完成五一、国庆、中秋等重点时段运输保障工作，共投入运力898辆，运送旅客22.12万人次。圆满完成高考、中考等重大活动运输保障工作，全市中高考期间，安排应急运力50辆，其中城市公交客车20辆、出租汽车30辆，运送参考学生1.2万人次。

交通物流发展。全市登记的物流企业316家，正常运营的运输、快递、仓储类企业230家。其中物流园区3家、交通零担物流44家、广州服装专线6家、柯桥专线1家、快递168家、仓储8家。全市农村物流配送中心建成，城区配送网点2个，乡镇物流配送站点26个，乡镇覆盖率100%；建成覆盖300余个行政村的村级站点，村级覆盖率达到50%以上。利用企业货源优势，融合交通、商务、农业、供销、邮政等各方资源，解决农村物流需求分散、量小、季节性强、组织难、效益差等问题，打造“一点多能、一网多用、深度融合”的农村物流发展新模式，构建集智能、共享、集约为一体的物流配送融合发展平台，成

2020年11月3日，天门至岳口公交专线正式开通

为天门市第一家集农村物流配送、互联网+电商配送为一体的配送网络平台和物流供应链管理服务平台。

城乡客运一体化。完成天门至岳口、天门至卢市(净潭)、天门至(马湾)干驿、天门至石家河(佛子山)、天门至火车南站5条农村班线公交化改造。全市乡镇通公交率提高至67%。进一步优化公交线路与站点，延伸公交线路，新增公交站点。全市维修、更新候车亭104座、公交站牌283个，市民乘车环境进一步提升。建立公交车和出租汽车服务质量信誉考核常态化机制，公交车正班执行率100%、准点到站率90%以上。公交车驾驶员冯汉飞被交通运输部和全国总工会评为"全国最美公交司机"。

运输市场监管。道路运输市场秩序持续规范。开展天门南火车站喊客拉客、非法营运车辆及违规旅游车、"残疾人代步车"、非法驾驶员培训点、货运市场"打非治违"及专项整治行动，查处非法营运车辆28辆，查处各类违法违规案件326起。

路政管理。加强路域环境整治和超限超载治理力度。拆除非公路标志标牌167块，制止违法建筑5处，检测货运车辆，卸(转)载货物1万余吨。有效改善路域环境，遏制超限超载运输行为，保障市内公路桥梁安全畅通。

科技与信息化。加强智慧交通新型基础设施建设，启动港口智能监管平台建设，实施部省治超联网管理信息系统。加大"两客一危一货"及农村客运车辆纳入4G动态监控力度，渡船实现AIS监控全覆盖。完善公交App手机端系统，市民可实时查询公交运行状态。所有公交开通微信扫码乘车模式，市民出行更便捷。

节能减排。蓝天保卫战取得阶段性成效。全面推广使用清洁能源车辆。更新城市电动公交195辆。淘汰卢市(净潭)、干驿(马湾)、石家河(佛子山)等客运班线老旧燃油客车76辆，投入纯电动公交车54辆。严把货车市场准入关，新增柴油货车必须达到国家排放标准。加大老旧柴油车尾气排放管控力度，累计淘汰排放不达标老旧柴油客车116辆、货车123辆。推进油气回收治理，33辆本地籍成品油运输车辆全部加装油气回收装置。加强非道路移动机械监管，对30台移动机械进行编码登记，实施动态管理，基本消除冒黑烟现象。

交通环保。推行绿色施工，采取围挡、覆盖、洒水等措施抑制施工扬尘。同时，以蔡岭、皂市2个超限检测站为依托，做好砂石运输车辆载荷密闭工作，防止货物抛洒污染公路。全市汉江沿线32处非法码头全部拆除、清场、复绿到位。通过开展岸线资源全面排查摸底、治理，重新修编《天门港总体规划》，清退汉江及内河岸线近48公里。船舶和港口污染物防治任务全面完成。完成船舶和港口污染物接收设施建设投资210.35万元。按照《天门市船舶和港口污染突出问题整治方案》要求，投资1807.05万元建成岳口、麻洋港区2个垃圾接收转运站码头和转运趸船，船舶和港口污染物接收转运处置工作实现常态化运行。完成全市38艘在籍港船舶防污染设施安装和改造。加强现场执法监管，全年检查过闸船舶1425艘次，查处偷排放违法行为2起。

安全应急管理。完善综合交通安全生产委员会机构与职责，调整充实各专委会成员单位和工作专班人员。严格落实"一岗双责"和"三个必须"要求。坚守安全生产红线和"零事故"底线。开展安全生产整治"三年行动""大排查大整治行动""危险品运输安全整治"及"平安交通"建设活动。推进"455"公路安全生命防护工程，完成隐患路段整治648公里。全市"两客一危"、12吨以上重载货车、农村客运车辆以及"四类船舶"4G视频和AIS监管工作得到进一步深化。全年开展水陆运输和工程建设领域安全生产大检查12次、专项督查6次，排查、整改安全隐患243件，实行重大安全隐患市级挂牌督办1件，全年无交通安全生产责任事故。

交通改革举措。全面深化"放管服"改革，推行"一网通办、一窗通办、一事联办"，促进政务服务标准化、规范化、便利化，省本级事项全部实现"最多跑一次"。194项交通政务服务事项全部"进厅上网"，"让数据多跑路，让群众少跑腿"成为交通政务新常态。实现省市"一张网"全覆盖。"我要开物流公司""一事联办"事项上线运行。交通窗口群众月评价率、好评率均提升至100%。

文明创建。深入开展文明单位、文明窗口、文明行业创建活动。全系统获省市表扬的优秀单位和集体12个、优秀个人62人次。政务服务中心交通窗口获"全国交通运输行业文明示范窗口"称号，天门市交通运输局获省级文明单位称号，5个二级单位被评为市级文明单位。

（张文敏）

潜江市交通运输

【概况】 至2020年底，全市公路里程3745.059公里，路网密度186.88公里/百平方公里，其中高速公路76.07公里、一级公路103.99公里、二级公路339.36公里、三级公路84.29公里、四级公路3131.41公里、等外公路9.94公里。港口3个，生产码头泊位13个，渡口50个。客运站16个，其中一级客运站1个、二级客运站1个、四级客运站12个、五级客运站2个，港湾式候车亭105个、简易候车亭141个、招呼站556个。

基础设施建设。全年完成公路建设投资5.28亿元，为年度目标的164.8%。完成路基工程326.65公里、路面326.32公里。潜江汉江大桥新建工程，大桥全长6.74公里，其中潜江岸接线1.44公里，完成潜江侧全部下构及80%梁板施工。247省道汉江大桥至潜江渔洋一级公路，全线50.67公里，完成汉江大桥至318复线段路面工程11.2公里、跨G50大桥下部构造及部分梁板施工，完成新沟大桥至渔洋段老路加宽5.5公里，完成渔洋七一至谢小段路基路面建设3公里。234国道后湖至熊口段改建工程，全长9.8公里，完成路基7公里、路面基层6公里建设。318国道一级公路改造项目全长34.09公里，完成深江站至徐魏台段路面7.3公里、周矶至高场段路面5.85公里、后湖至浩口段路面5.6公里及浩口至苏港段路基2.5公里、基层1.4公里。完成潜江传化公路港(物流)投资889万元。

推进“四好农村路”建设。提请潜江市政府修订《潜江市农村公路养护管理办法》，进一步明确农村公路管养职责，规范农村公路养护管理标准和边界，落实养护资金来源，建立农村公路管养考核长效机制。潜江市列入国家深化农村公路管理养护体制改革试点地区。运粮湖管理区成功创建全省“四好农村路”示范乡镇。

公路桥梁消危行动。潜江市作为湖北省首个公路桥梁三年消危行动试点市，有53座危桥纳入全省三年消危行动第一批项目库。为形成可示范推广的“三年消危”潜江模式，项目采用“统一设计，捆绑招标，全面施工”建设模式，将53座桥梁改造工程的设计、施工和“5年养护”进行捆绑，由市交通运输局作为建设单位采用EPC方式招标，后期由市公路局、市农路局具体组织实施。

2020年7月16日，潜江汉江大桥下部构造和基础工程基本完成

运输服务。全年完成道路客运量153.25万人次、旅客周转量7221.45万人公里，比上年分别下降88%、87%；货运量1055.1万吨、货物周转量15.35亿吨公里，比上年分别下降69%、79%。全年完成港口吞吐量73.2万吨，比上年下降43.3%。完成水路货运量58万吨、货物周转量2.54亿吨公里，比上年分别下降57%、46.9%。拥有道路客运班线51条，客运车辆156辆，日发班次185趟，道路客运网络延伸到全国8个省市，“村村通客车”通达率100%。公交车辆390辆，万人拥有公交车辆数10.7标台。普通货物运输车辆2411辆33051.1吨；危险货物道路运输车辆1554辆24638.1吨。其中牵引车1233辆，半挂车1323辆42360.7吨，整体车1409辆15328.5吨。运输船舶50艘4.1万吨。

路政管理。按照“多方联动、突出重点、标本兼治”原则，清理公路堆积物16处508平方米，清理打场晒粮300平方米，整治马路市场97处，拆除非公路标志牌321块、违法横幅标语37条，处理公路赔偿案件20起，结案率100%。坚持“政府主导、部门联合、属地联防、路警联勤”的货运超限超载联合执法，开展路警联合治超专项行动。制定《潜江市公路管理局货运车辆违法超限运输信息报送和抄告管理规定》，严格落实对超限车辆“一超四罚”处罚机制。依法检测车辆15400辆次，查处违法超限车辆164辆，卸载货物2543.6吨，有效遏制全市境内违法超限运输行为。

运输市场监管。持续开展道路客货运、驾培、维修、出租汽车等行业专项治理行动，进一步规范道路运输市场经营秩序，确保道路运输市场平稳有序。全年上路稽查220余次，检查各类车辆8500辆次，查获违章案件134起，其中班线客车违章21起、出

2020年12月2日，潜江市公路桥梁消危行动项目“EPC+养护”集中开工

租汽车违章28起、货车违章56起、非法运营出租汽车21辆、危险货物运输违章8起。完成经营许可船舶检验106艘次，其中建造(改建)检验3艘次、运营检验103艘次，确保被检船舶质量稳定、航行安全。

交通信息化。一是建设交通运输指挥应急服务信息平台，该平台运用4G/5G、GIS、北斗定位、物联网等新技术，整合和优化潜江市交通运输系统交通工程建设、公路路网资产、公路养护、营运车辆船舶、道路水路运输等信息化资源，建设交通大数据管理中心、指挥应急中心、事件信息处理中心等三大中心。二是全市公路信息化管理水平提升。市公路管理局和市农村公路管理局分别建成覆盖国道、省道、县道、乡道、村道的公路管理信息化系统，极大减轻管理中的工作负担，控制管养成本，提升管养效率，取得较好经济和社会效益，公路管养步入智能化、精细化、规范化轨道。三是加快智慧公交建设。开发建设公交App手机端系统，市民可实时查询公交车运行状态，实现云闪付、支付宝二维码等刷卡扫码乘车，方便市民公交便捷出行。

物流发展。全市物流企业226家，其中A级物流企业8家，物流从业人员2000余人，包括AAAA级物流企业1家、AAA级物流企业6家、A级物流企业1家。现代物流体系逐步形成。物流基础设施加快布局建设，潜江市建成并运营物流园区(物流中心)3个，分别为传化公路港、捷阳物流园和鑫园物流配送中心；农产品交易中心2个，分别为中国小龙虾交易中心和四季友农贸市场；铁路货运枢纽1个。城乡配送网络逐步形成。潜江市城乡物流配送网络运营主体主要由电商平台公司、商贸物流企业、快递物流企业以及专门从事农村物流配送的物流企业组成，共同构建“工业品下乡，农产品进城”的双向物流通道。电商平台公司通过“互联网＋供应链＋销售终端＋流通”的农村电商发展模式，按照一村一店、一站式整合，多元化经营农村便利店运营方式，在全市各乡、镇建设村级网点360家，镇级服务网点15家，建成1个市级电商运营中心，覆盖全市农村的电商网络体系基本建成。商贸物流企业依托“万村千乡”市场工程，构建超市供应体系，基本遍布潜江市所有乡镇。快递物流企业通过营业点加盟形式，实现对市、镇两级物流配送网络全覆盖；邮政企业与农村超市合作，设立“邮掌柜”，实现农村快递物流市、镇、村三级物流配送网络全覆盖。

安全应急管理。坚持“安全第一，预防为主，综合治理”工作方针，强化安全责任，严格措施落实，开展安全生产专项整治三年专项行动，重点行业安全责任落实率100%、安全隐患整治率100%、安全教育覆盖率100%，全系统未发生一起安全生产责任事故，安全生产形势持续稳定。潜江市交通运输局在全省交通运输安全工作视频会上，作为全省安全生产专项整治三年行动代表做经验交流发言。

文明创建。围绕交通运输中心工作，内强素质抓管理，外树形象促发展，推进精神文明和政治文明协调发展。潜江市交通运输局创建为“全国交通运输行业文明单位”和“湖北省文明单位”。开展各类职业技能竞赛活动，举办湖北省第四届交通运输行业“工匠杯”公路职业技能大赛，潜江市公路管理局代表队获个人第二名、第三名。市农村公路管理局举办由全市各养护站、专业养护队职工参加的农村公路养护岗位技能及公路管理养护信息化平台操作培训，提升养护人员养护管理业务技能。丰富行业文化内涵。开展“疫路同行 感恩有你”诗歌朗诵比赛活动。全系统受到部级表彰先进集体和个人5名、省级表彰13名、市级表彰29名。

(何洞强)

神农架林区交通运输

【概况】 至2020年底，全区公路通车里程2096.87公里，路网密度64.86公里/百平方公里。其中一级公路33.13公里、二级公路361.98公里、三级公路220.19公里、四级公路1428.94公里、等外公路52.63公里，等级公路比重达97.5%；按行政等级分为国道188.91公里、省道223.88公里、县道370.52公里、乡道567.60公里、专用公路17.93公里、村道728.03公里。全区通车里程中铺装(高级)路面1986.26公里，其中水泥混凝土路面1545.43公里、沥青混凝土路面440.83公里。简易铺装路面(次高级)里程达40.898公里，未铺装路面(中级、低级、无路面)里程达69.71公里，铺装率为96.68%。形成由南北走向的209国道和东西走向的347国道为“T”形交叉的公路主骨架，国道全部建成生态旅游公路。客运站16个，其中二级客运站1个、三级客运站3个、四级客运站3个、五级客运站9个，候车亭126个。货运站1个。

基础设施建设。全年完成交通固定资产投资2.17亿元。12月29日，保康至神农架高速公路全线贯通，结束了神农架无高速公路的历史，其中神农架段全长5.8公里。12月底，209国道房县杜川至阳日公路全线建成通车，项目总里程55公里，其中林区境内30公里，地质灾害及生态修复工程投资8752万元，交安路面工程投资5356万元。209国道林区阳日至观音河段改扩建工程，项目总里程37公里，分段实施；其中万福隧道段全长2.6公里，主体工程全部完成，占计划总投资的98.9%。472省道林区宋洛至徐家庄段改扩建工程，项目总里程22.8公里，完成计划总投资的97.5%；项目有8.7公里在国家公园核心保护区内，暂未实施。307省道神农架林区八角庙至茨芥坪段改扩建工程，项目里程14.79公里，二级公路技术标准，完成投资1.50亿元，占总投资的93%。307省道八角庙至钢厂坪公路改扩建工程，项目总里程19.7公里，路基工程完成，路面工程完成7.5公里，占计划总投资的85%。完成南德线神宜段、木九段全长44.4公里大中修计划暨灾后重建计划，完成总投资6000万元。完成省道杜酒线刘家屋场段及燕天段11.5公里大中修计划，完成总投资1600万元。完成新华客运枢纽站可行性研究报告编制，并获发改委批复。6月8日，林区松柏客运站开工建设，完成投资1400万元。神农架物流园项目选址规划初稿报林区政府待审定。

“四好农村路”建设。全年完成农村公路提档升级80.55公里，完成投资2.01亿元。官塔线路面工程全长6.67公里，完成水泥稳定底基层、层基、透油层建设，完成投资1061万元。章宝河至千家坪村级生态公路安全生命防护工程全长9.23公里开工建设。两河口至麻湾公路全长14.9公里，工程全部完成，完成总投资4729.8万元。建成莲花至阳日公路全长24公里，概算投资5315.38万元。新改建农村公路桥梁3座。实施农村公路安全防护工程83.36公里。

运输服务。全年完成公路客运量111.86万人次、旅客周转量3322.34万人公里，货运量363万吨、货物周转量1.64亿吨公里。全区有道路客运经营业户7家、货运业户69家，客运车辆205辆、货运车辆367辆，出租汽车72辆，其中更新置换出租汽车10辆。道路客运班线67条，其中省际班线3条、市际班线30条、县际班线21条、县内班线13条。公交线路6条，其中旅游公交线路3条、城市公交线路3条，公交车9辆。维修业户39家，综合检测站1家，驾校1家，出租汽车业户1家，公交公司1家。

公路养护。公路基础服务设施的完善，基本满足公众出行需求。区政府所在地与所辖各乡镇均由等级公路相连，67个行政村公路通畅率100%。干线公路达到平均每25公里1个公路服务区，每11公里1个停车休息区，每10公里1个公厕，每25公里1个加油站。全年完成国省干线公路358公里保洁和边沟清理；完成195公里路边杂草清理；预防性养护贴缝2万米；修补零星坑槽55处；完成国省干线公路受损钢护栏、钢索维修86处；更换公路沿线损坏的防撞轮胎9处；完成国省干线公路沿线可视范围内垃圾清理及8个公厕维护及保洁工作。完成隐患治理统计调查75处，制作警示标牌70块，设置警示提醒32处，对全区调查的102处公路沿线边坡隐患点逐步实施治理。春运期间，使用融雪剂及工业盐180吨、煤渣198立方米、草甸1600条；设置警示标志设置25套50块、锥桶830个；除雪投入工程车辆43台班、装载机63台班、融雪剂撒铺机66台班、除雪车55台班、养护巡查车91台班。

路政管理。加大路产路权管理力度，推进执法规范化和信息化建设工作机制，路政案件查处率、结案率100%。清除障碍28处482平方米；拆除非公路宣传横幅14副，拆除非公路标志标牌431块；拆除广告牌20块；制止路肩种植作物15起；制止污染并责令当事人清扫路面68起；清除公路用地范围堆物49处1479.5平方米；清除路面落石57处；清理占道经营49处1480平方米；拆除违法建筑17处255平方米；发现并制止其他路损行为46起；依法查处路产损失案件43起，收取路产损失赔偿费20.65万

2020年7月1日，木鱼至四季小镇双向对开客运班线正式开通

2020年12月10日，林区交通运输局、公安交警部门联合开展公路交通安全专项整治行动

元。无行政复议被撤销案件，无行政诉讼、败诉案件。开展“防疫情、守安全、保畅通、优服务”为主题的路政宣传整治活动。向公路沿线村委会、货物运输企业、临街商铺及居民宣传公路法律法规知识，发放宣传资料32000余份。

运输市场监管。打击非法违规经营行为，维护运输市场正常秩序。全年发放宣传(册)380余份，利用LED屏幕滚动播出宣传标语176条，检查车辆2589辆，纠正违法行为503起，暂扣车辆21辆，下发责令整改通知书12份。全区建立机动车汽车尾气排放治理维护示范站(M站)5家。全面清查和整顿维修企业，对未办理道路运输证的维修企业责令整改，限期按相关要求办理道路运输经营备案。推动机动车电子健康档案系统建设。落实普通货车异地检验检测，巩固“两减合一”成果，推进“三检合一”工作。规范驾培行业人员培训，搭建从业人员继续教育在线学习平台。开展出租汽车客运市场秩序专项整治行动，重点整治出租汽车车容车貌和卫生状况差问题，打击非法营运行为。引导出租汽车企业寻求多元化发展举措，建立红黑榜制度，纳入诚信考核管理。

安全应急管理。不断完善安全管理工作机制和制度，年初与运输企业签订安全责任书，推行企业安全生产层级责任制。引导运输企业广泛开展法制和安全生产知识宣传。结合全区道路运输实际情况，制订道路运输相关专项整治三年行动计划。督促客运站场、企业落实有关疫情防控、防护指南要求，履行企业安全生产主体责任，开展安全生产隐患排查和治理，加强车辆动态监控和违规行为闭环处理。全年无上报行车事故，道路运输安全生产形势总体平稳。

（张朝）

交通运输发展战略研究及前期工作

【物流服务研究】 多式联运研究。湖北多式联运建设在“十三五”期间取得突破性进展，在构建以国内大循环为主体、国内国际双循环相互促进新发展格局中，成为国内大循环重要节点和国际大循环战略链接。省交通运输厅联合人民日报社人民智库课题调研组，形成《省交通运输厅关于新格局下推进多式联运高质量发展研究分析报告》专题调研报告。省委省政府确立将湖北建设成为国家铁水联运转运中心、江海联运水上桥头堡、亚太航空货运门户的国家多式联运中心战略定位，把推进多式联运高质量发展作为新发展阶段湖北省支撑构建新发展格局的重要战略任务。省交通运输厅负责起草完成《省人民政府关于促进多式联运高质量发展的意见(征求意见稿)》和《湖北省推动多式联运高质量发展三年攻坚行动方案(征求意见稿)》。

物流降本增效研究。随着经济结构调整和供给侧结构改革不断深入，湖北省物流业呈现稳中向好的发展态势，社会物流总费用与地区生产总值的比率稳中下降。自2016年起，省交通运输厅认真落实省委省政府关于降低物流成本有关精神和要求，实施高速公路减费降标。省交通运输厅出台《关于促进道路货运行业健康发展的八条意见》，实现货运车辆省内异地年审，货车驾驶员实现省内异地考核。自2019年开始，全省122家车辆检验检测机构实现安全性能检验、综合性能检测、尾气排放检验“三检合一”，每年为货运经营者节约成本约9000万元。铁路武汉局运用货运差异化价格政策，有效降低湖北省企业物流成本。为推进交通物流降本增效，省交通运输厅联合华中科技大学形成《交通运输促进物流业降本增效对策研究报告》。

运输结构调整。根据交通运输部《关于推进运输结构调整三年行动计划(2018–2020年)》及《湖北省推进运输结构调整实施方案》，全省运输结构调整工作圆满完成，取得良好效果。2020年，铁路完成货运量5006.8万吨，比上年减少199.73万吨、下降3.84%，但完成国家三年行动计划确定的目标(4542万吨)。水路完成货运量40713万吨，比上年增加1608万吨、上升4.11%，完成全年目标任务(38853.9万吨)。铁路、水路、公路运输在综合运输中的比重依次是3.13%、25.43%、71.43%，与上年同期相比，分别上升0.77、上升7.72、下降8.49个百分点。完成集装箱多式联运货运量49.9845万标准箱，完成运输结构调整三年行动计划下达的目标(2020年目标48.2112万标准箱)。完成港口集装箱铁水联运货运量3.8845万标箱，完成2020年目标任务(2.1296万标准箱)。

(王成林)

【交通规划管理】 “十四五”规划工作。按照“1+14+N”规划体系，加快推进湖北省综合交通运输“十四五”发展规划、专项规划以及相关课题研究。组织规划专班先后到17个市州50多个县市区开展实地调研工作，对“十三五”以来500余条建议提案进行系统梳理，开展“十四五”规划网上征求意见活动。加强省市之间沟通交流，与周边省市就“十四五”交通规划总体思路与重大思路开展现场交流。“面对面”完成所有市州“十四五”规划对接工作，基本完成全省综合交通运输“十四五”发展规划文本及重点项目库征求意见稿编制工作。

交通强国试点工作。以湖北省入选交通强国第一批试点省份为契机，进一步加强部省衔接。6月，交通运输部同意湖北省在现代内河航运建设等6个方面开展试点。根据交通运输部相关要求以及厅党组相关部署，跟踪相关部门工作进展，统筹抓好6个交通强国试点方案研究、项目申报等工作，制定印发《湖北省交通强国建设试点实施方案》和6个试点任务工作方案，进一步明确任务要求、时间节点、责任分工，同步推进湖北交通强国试点建设并取得阶段性进展。

重大专项规划工作。按交通运输部要求组织开展湖北大别山地区综合交通基础设施“十四五”发展规划编制工作，并报送相关成果。做好与国家综合立体交通网规划衔接对接，根据《湖北省综合立体交通网规划》研究初步方案，推进湖北省综合立体交通网规划纲要编制工作。密切跟踪全国内河航道与港口布局规划进展，推进完善《湖北省内河航道规划》编制工作。组织完成《湖北省国家公路国土空间控制规划》编制工作。

部省规划衔接工作。争取交通运输部及国家对湖北交通运输支持。全年争取车购税资金124亿元。一批重大项目纳入国家规划，新增国家高速公路里程位居全国前列，新增武汉第二、咸宁等一批机场。国家正式印发的《长江干线过江通道布局规划(2020–2035年)》中，湖北省过江通道总量69座，约占长江过江通道总量的1/4。

(罗志文)

【规划编制】 湖北省综合立体交通网规划编制工作。在规划初稿基础上，与交通运输部规划研究院加强沟通对接，广泛收集资料，综合考虑新冠肺炎疫情带来的风险与机遇，结合湖北省政策导向，对研究报告重点内容进行深化。6月底，省领导专题听取规划思路汇报，年底规划基本完成。

湖北省综合交通运输发展“十四五”规划编制工作。进一步梳理“十三五”规划执行情况，发挥湖北资源优势，重点调研湖北水运发展情况，提出水运发展思路。坚持问题导向和目标导向，结合最新国情、省情，深化完善全省综合交通运输发展“十四五”规划思路，形成规划框架稿。为提高规划可操作性，到那全省17个地市州和部分市县实地调研，了解发展实际和地方需求，据中央、省委有关“十四五”规划建议不断深化完善，形成规划征求意见稿。

大别山综合交通基础设施“十四五”规划编制工作。根据交通运输部工作安排，启动湖北大别山地区综合交通基础设施“十四五”发展规划编制工作。7月成立规划编制组，采取函调方式，对湖北大别山区域内所有县进行调研，收集相关市县经济社会发展基础、交通发展现状、存在问题等资料。编制组倒排工期、责任到人，8月底完成规划报告编制和项目库梳理工作，9月初向交通运输部提交规划成果，11月按照交通运输部要求，完成规划图纸绘制和项目库再次梳理确认。

（胡莎）

【专项研究】 湖北省“十四五”集疏运系统建设规划研究。4月启动湖北省“十四五”集疏运系统建设规划研究工作，加强港站枢纽与经济腹地衔接，促进各方式融合，推进多式联运发展，提高港站枢纽辐射和集聚能力，促进内陆地区外向型经济发展，更好地服务湖北高质量发展。本着公平公正、实力优先原则，委托代理机构选择合作单位，共同制定工作大纲，加强沟通对接，互通最新资料，研究讨论重点问题，推进研究进程，不断修改完善成果内容，12月完成送审稿并通过专家评审。

开展支撑性课题研究。2019年底启动“十四五”及中长期湖北省交通运输需求研究、湖北交通高质量发展路径研究2项前期课题。“十四五”及中长期湖北省交通运输需求研究课题着眼于深入分析研判湖北交通发展的外部需求和行业转型升级的内在要求，提出“十四五”及中长期湖北交通发展策略；湖北交通高质量发展路径研究课题着眼于以系统性思维将区位优势转化为发展优势、竞争优势，研究提出全省交通运输高质量发展实施路径。8月、9月分别完成2项课题送审稿并通过专家评审，课题研究的“十四五”期湖北交通发展规模、发展质量和难点问题，是“十四五”规划的重要支撑性研究。

（胡莎）

交通建设前期工作

【重点工程前期工作】 规划项目开工。全力保障呼北高速公路宜都（全福河）至湘鄂界段、燕矶长江大桥及接线、顺丰机场高速一期工程等省内重大项目开工建设，全省在建高速公路项目27个986公里，已建、在建高速公路总规模达7914公里。其中在建长江大桥4座80公里。根据“十三五”规划及中期调整，除开工项目外，规划新建及改扩建高速公路项目24个1490公里全面启动前期工作。

省际项目衔接。进一步加大省际衔接力度，推动省际项目尽快实现互联互通。“十三五”期，涉及省际衔接的高速公路项目8个，湖北省与相关省份均就省际通道规划达成一致，并完成省际接点协议签署工作。同时，与周边省市加强衔接，谋划一批中长期省际通道项目，做好规划项目储备研究。

重大问题排解。坚持问题导向，及时解决十堰至巫溪高速公路溢水至鄂陕界段、蕲春至太湖高速公路蕲春东段等项目推进中的难题，指导地方加快推动沿江高速公路武汉至洪湖段、沪蓉高速公路红安联络线等一批储备规划项目前期工作，并针对性提出具体意见和相关建议。会同相关单位，加强与国家有关部委、省直相关部门衔接沟通，协调解决项目规划、土地、环评等相关前期要件办理，加快项目实施进程。

前期工作管理机制。高质量推进高速公路及长江大桥前期工作，提升前期工作科学性、时效性、联动性，明确前期工作各阶段工作要求，压实各相关单位工作责任，研究起草《关于加强高速公路及长江大桥前期工作管理的工作方案》《湖北省国家高速公路项目前期工作推进方案》，进一步健全工作机制，明确职责分工，完善工作程序，规范项目运作，加强湖北省高速公路项目前期工作管理，不断提升前期工作的深度和质量。

（罗志文）

【站场物流前期工作】 加强站场物流项目指导服务和跟踪督办，对照规划目标任务，集中对纳入交通运输部规划未开工客货运枢纽、落实部省补助资金未开工或长期停滞等项目进行清理排查，结合项目实际，分别采取现场检查、电话督办等方式开展督导，有效推进项目前期工作及建设进度。

2020年，十堰市武当山客运换乘中心、建始县火车站客运站、广水市广办中心客运站等项目取得交通运输部补助资金。孝感西客运换乘中心、宜昌货运中心（白洋物流园）已经交通运输部下达资金补助确认函。恩施好又多华硒物流园、三峡银岭冷链物流中心（一期）、武汉捷利现代物流产业园、湖北润信农产品物流园（B区）物流中心、黄石传化公路港一期、沙洋新港物流园（一期）、鄂西北物流集疏运配送中心（房县物流园）、石首沿江物流园、湖北格奥欣医药物流产业园（一期）、荆州港盐卡综合物流园、姚家港物流园、湖北阳新超捷物流中心等项目取得省交通运输物流发展补助资金。

（朱燕）

交通基础设施建设

【全省公路水路交通基础设施建设】2020年，全省公路水路固定资产投资确保目标为1000亿元，其中：高速公路370亿元、普通公路505亿元、港航建设65亿元、站场建设60亿元。截至2020年底，全省完成公路水路固定资产投资1016.4亿元，为年度目标的101.6%。全省全年新增公路里程931公里，其中新增高速公路370公里，一级公路599公里，二级公路692公里，三级公路21公里，减少四级公路50公里、等外公路700公里。至年底，全省公路总里程达到289960公里，其中高速公路7230公里、一级公路7064公里、二级公路24628公里、三级公路11351公里、四级公路232780公里，等级公路所占比重为97.62%，比上年提高0.25个百分点，二级及以上公路所占比重达到13.42%，比上年提高0.53个百分点。

全省公路沥青混凝土路面33648公里，水泥混凝土路面223630公里，简易铺装路面10855公里，公路路面铺装率为92.67%。全省公路按行政等级分为国道14267公里、省道20295公里、县道28029公里、乡道84635公里、村道142195公里、专用公路539公里。全省公路密度达到155.49公里/百平方公里，乡镇通畅率100%，行政村通达率100%、行政村通畅率100%。

全省内河航道总里程9066.68公里，其中内河航道通航里程总计8666.9公里，与上年保持一致。按航道结构等级分，有一级航道269.4公里、二级航道768.5公里、三级航道1052.1公里、四级航道289.0公里、五级航道811.4公里、六级航道1787.9公里、七级航道1187.9公里、等外航道2500.7公里，等级航道所占比重为71.2%，三级及以上航道所占比重为24.1%。

1.公路重点工程建设

全省高速公路完成固定资产投资372.4亿元，为年度目标的101.6%。建成武汉四环线北湖至建设段等高速公路项目12个、370公里，建成宜昌白洋长江公路大桥、棋盘洲长江公路大桥等3座长江大桥。武汉至阳新高速公路黄石段、鄂州至咸宁高速公路等25个续建项目加快推进。新开工建设呼北高速公路宜都至鄂湘界段、张南高速公路宣恩至咸丰段等5个项目161公里。

全省普通公路完成固定资产投资509.9亿元，为年度目标的101.0%。建成一级公路677.1公里，为年度目标(455公里)的148.8%，二级公路1165.1公里，为年度目标(800公里)的145.6%。完成新改建农村公路28555公里，为年度目标(1.5万公里)的190.4%，建设进度位列全国第1方阵。至年底，全省农村公路总里程达到25.5万公里，实现所有乡镇、行政村、20户以上自然村通硬化路，农村公路通达深度和等级结构明显提高。

按照“消除存量、遏制增量、动态排查、综合治理”的方针，全面启动公路桥梁“三年消危行动”，全年实施危桥改造1200座，逐步消除全省公路现有危桥安全隐患，力争用3年时间完成全省公路现有危桥加固改造任务。积极将公路安全生命防护“455”工程向不通客运班车的村道延伸，完成安全防护工程15178公里，为年度目标1.4万公里的108.4%。省交通运输厅与省财政厅联合印发《湖北省深化农村公路管理养护体制改革实施方案》，加快建立完善农村公路管理养护长效机制；积极引导各地开展“四好农村路”示范乡镇创建，新增加“四好农村路”示范乡镇55个；深入推进美丽农村路创建，完成美丽农村路创建13812公里，为年度目标的138.1%。

2.港航建设

全省港航建设固定资产投资完成66.7亿元，为年度目标的102.7%。其中航道项目完成投资16.6亿元，占总投资的24.9%；港口项目完成投资50.1亿元，占总投资的75.1%。陆水二期航道整治工程基本完工。雅口航运枢纽主体一期土建工程完工，在进行二期工程施工建设，船闸试运行；孤山航电枢纽3台机组并网发电，在进行二期施工。江陵港区兴润综合码头改扩建工程、荆州港松滋港区车阳河综合码头二期工程、荆州港郝穴港区荆州煤炭铁水联运储配基地一期工程5号、6号泊位、宜昌白洋二期工程等港口项目建成，新增港口吞吐能力超过4000万吨。

全省水路完成客运量232.9万人次，比上年下降63.1%，旅客周转量1.0亿人公里，比上年下降78.8%；完成货运量4.1亿吨，比上年增长3.8%，货物周转量2739.9亿吨公里，比上年下降6.9%。全省完成港口吞吐量3.8亿吨，比上年增长23.9%，其中外贸货物吞吐量1832万吨，比上年下降7.1%。完成集装箱229万标准箱，比上年增长9.8%。港口生产形势运行良好。

3.站场建设

全省站场建设完成投资67.5亿元，为年度目标的112.4%。其中客运站场建设完成投资9.4亿元、货运物流设施建设完成投资58.0亿元。全年建成恩施东升客运站、宜城市高速公路汽车客运站等10个四级以上客运站，孝感西客运换乘中心、南漳县汽车客运中心站等项目进入收尾阶段。建成大随通物流园、武汉捷利现代物流园、荆门通旺达物流园(一期)等9个货运物流项目。

全省公路完成客运量2.2亿人次，比上年减少68.8%，旅客周转量131.6亿人公里，比上年减少66.4%；完成货运量11.4亿吨，比上年下降20.3%，货物周转量1639.9亿吨公里，比上年下降27.7%。

(张学阳)

【全省“四好农村路”建设】强化农村公路补短提升。紧扣乡村振兴战略目标，加快农村公路主干道、断头路、循环路、资源旅游产业路建设，推动交通建设项目更多向进村入户倾斜。截至12月底，新改建农村公路28554.8公里，为年度目标(1.5万公里)的190.4%，其中完成农村公路提档升级工程19280.3公里，为年度目标(1万公里)的192.8%。

科学谋划下一步发展规划。按照

《交通强国建设纲要》，立足湖北实际，推进交通强国背景下农村公路“十四五”发展规划编制。收集和整理市州“十四五”规划上报资料，总结分析“十三五”农村公路规划执行情况、存在问题困难、宏观经济形势和交通需求，积极研究“十四五”建设目标和任务，拟定“十四五”农村公路建设总体目标、补助政策、资金测算、管理模式的建议。同时，6月全面启动全省农村公路基础数据专项调查，12月完成该项工作，进一步摸清底数，准确掌握农村公路现状，为下一步农村公路发展决策提供基础数据支撑。

全面启动“三年消危行动”。按照“消除存量、遏制增量、动态排查、综合治理”方针，全面启动公路桥梁“三年消危行动”，全年实施危桥改造1200座，逐步消除全省公路危桥安全隐患，力争用三年时间完成全省公路危桥加固改造任务。印发《湖北省公路危桥加固改造技术指南》《中小跨径桥梁通用图》等技术规范，并开展“三年消危”试点工作。截至年底，实施危桥改造1244座，其中完工855座(含跨年度项目)、在建389座。

生命安防工程延伸实施。2017年全省开始实施公路安全生命防护“455”工程，至2019年全省完成公路安全生命防护工程8.3万公里，实现“四年任务、三年完成”。2020年将公路安全防护“455”工程向不通客运班车的村道延伸，确保全年完成公路安全防护工程14000公里。截至12月底，全省完成安全防护工程15178公里，为年度目标的108.4%。

不断健全管理养护体系。经省人民政府同意，省交通运输厅与省财政厅联合印发《湖北省深化农村公路管理养护体制改革实施方案》，加快建立完善农村公路管理养护长效机制；督促各县市结合中央、省相关政策及时修订、完善农村公路养护管理相关办法，推进农村公路管养体系完善和管养能力提升；继续执行省级对农村公路养护工程的补助政策，县级财政按不低于省补标准予以配套。

通村客运服务稳步提升。印发《关于进一步巩固“村村通客车”成果有关事项的通知》，从培育合格市场主体、营造良好营商环境、完善发展长效机制等方面明确措施，为巩固深化“村村通客车”扶贫成果提供支撑保障。继续实行农村客运发展每年1个亿省级专项资金政策，有效推动建立农村客运长效机制；完成交通运输部“村村通客车”第三方评估迎检工作，“村村通客车”工作得到评估组肯定。

深入推进示范创建工作。一是开展农村公路管理养护体制改革试点创建。交通运输部、财政部联合下发《关于组织开展深化农村公路管理养护体制改革试点工作的通知》，湖北省被列为省级试点，潜江市、丹江口市、宜都市、南漳县、钟祥市、红安县被列为县级试点。各县市积极开展改革试点，推动主体责任、机构人员、养护资金“三落实”，探索形成一批好经验、好做法。二是引导各地开展“四好农村路”示范乡镇创建。完成上年度全省“四好农村路”示范乡镇申报和资料审查工作，确定复核名单，并于5月份组织开展全省“四好农村路”示范乡镇考评验收工作。全省新增加“四好农村路”示范乡镇55个。三是推进美丽农村路创建。全年全省计划再创建美丽农村路1万公里，发挥美丽农村路引领农村人居环境改善作用，打造“一路一风景、一村一幅画”。截至12月底，各地上报完成美丽农村路创建13812公里，为年度目标的138.1%。

(黄河)

【武汉长江中游航运中心建设】 2020年，武汉港集装箱吞吐量实现193.3万标准箱、同比增长14.4%，航运中心规划纲要获国家发改委函复原则同意，阳逻港水铁联运二期工程顺利开工，武汉港通过日本直航航线对接中欧班列首次在汉实施集装箱国际中转联运、实现一年内向国际港和国际枢纽港的两步跨越，四大功能平台服务能级全面提升。

1. 武汉长江中游航运中心基础设施建设加快推进

畅通高效航道网络体系正在形成。全省航道里程9067公里(含长江1038公里)，通航里程总计8667公里，三级以上高等级航道里程2090公里，居全国第2位；境内长江通航里程在沿江省市中位居首位。长江武汉至城陵矶段维护水深提高到4.5米，城陵矶至宜昌段提高到3.7米，下游6米深水航道整治工程于2020年建成，长江“中梗阻”瓶颈制约得到缓解。汉江蔡甸至兴隆段233公里2000吨级航道进行整治。汉江八级枢纽建成四级(兴隆、崔家营、王甫洲、丹江口)，其他四级在建中。全省“两横一纵一网四支”的航道网络体系正在形成。

集约高效的港口发展格局基本形成。“十三五”期，全省推动码头岸线清理整治，共取缔长江干线各类码头1211个，泊位1383个，腾退岸线长度150公里，复绿面积856万平方米，全省港口码头更加绿色集约。截至年底，共有港口企业292家，港口有生产性泊位828个，港口通过能力4.35亿吨，集装箱年通过能力502万标准箱。1—8月全省港口吞吐量实现3.07亿吨，集装箱吞吐量192.59万标准箱。省委、省政府决策部署，全省港口资源整合向纵深推进。湖北内河港口坚持以建设武汉长江航运中心为使命，以建成中部地区核心枢纽港为目标，向建设一流的内河港口枢纽迈进。

以江海联运水铁联运为主的多式联运发展格局逐步形成。全省港口集疏运体系着力突破“最后一公里”，多式联运示范试点项目成效显著，武汉、黄石、鄂州、宜昌等5个多式联运项目列入交通运输部示范工程，阳逻港疏港铁路一期、黄石新港疏港铁路建成运营，阳逻国际港集装箱水铁联运二期项目实现通车，鄂州三江港和宜昌白洋港疏港铁路建成，黄石港棋盘洲港区在长江中上游率先实现铁路进港。铁水无缝衔接江海联运、江海直达品牌航线相继开通，武汉至上海“天天班”航线，泸州—武汉—台湾集装箱快班航线，武汉至东盟四国航线。开通“武汉—济宁”“阳逻港—徐州港”航线，实现集装箱江河联运，推动长江中上游地区与京杭大运河流域互联互通。

生态优先、绿色发展成为内河航运发展新常态。聚焦港口船舶污染防治，加快基础设施建设步伐。具有岸电供应能力的泊位达到210个。武汉、十堰两地建成50吨级溢油设备库，武汉、宜昌2个危险化学品水上洗舱站建成，宜昌、鄂州LNG码头项目抓紧推进。全省在完成长江经济带港口船舶污染突出问题专项整治和长江大保护十大标志性战役基础上，着力建设和巩固港口和船舶污染物治理长效机制并开展提升行动。宜昌临江绿色服务区建成运营，成为沿江水上服务区的成功典范。十堰、恩施、鄂州等地依托库湖区水域，发展水上绿色旅游项目，为“美丽乡村”建设增添靓丽风景。

智慧、安全的水路交通安全保障体系初步构建。围绕“让航行更安全、让水域更清洁”目标，着眼“条块结合、以块为主”的行业管理特点，以“碧水安澜”行动为抓手，运用“五严六化”(严管三类船舶、严管三类通航水域、严管两类码头、严管三类渡口渡船、严管重点工程施工安全；安全责任体系化、安全监管网格化、检查整改痕迹化、综合执法规范化、宣传培训经常化、预警应急信息化)工作法，开展“大建设、大排查、大整治”活动，提升全省水路交通本质安全水平。武汉阳逻港推出多式联运“云上多联”智慧供应链综合服务平台，构建起智慧共享、智慧协同、智慧供应链三大体系。

2. 武汉长江中游航运中心辐射范围进一步拓展

加快推进长江中游航运中心建设步伐，阳逻港集装箱吞吐量成为长江中上游最大集装箱枢纽港。国际陆海大通道初步形成，阳逻港江海直达航线成为长江中上游运量最大的外贸集装箱航线，中欧班列“五线并行”，通过铁水、铁公、公水等多次联运与阳逻港国际水运航线无缝衔接，港口物流营商环境不断优化，为武汉建设港口型国家物流枢纽建设城市提供重要保障。

开辟国内新航线。10月29日，“徐州—武汉”集装箱直航航线开通，11月19日，“淮安—武汉”集装箱快航、直航首航。每周一班的“武汉—淮安—徐州”集装箱班轮航线，丰富了长江—京杭大运河水运新通道，使长江中游城市群与淮海经济圈联动起来。

推动武汉直航日本班轮化运行。5月9日，武汉—日本集装箱江海直达航线正式班轮化运行，靠泊日本神户、大阪、名古屋等多个港口。12月12日，武汉开通日本—武汉—欧洲集装箱水铁联运国际中转新通道，日本到欧洲的货物运输周期由45天缩短至22天。

推进港口之间内循环，发展“散改集”。5月1日，开通阳逻港一期——经开港“水上穿巴”，按照天天班模式运行，打通武汉东西港口之间“最后一公里”。6月17日，在阳逻水铁联运一期，1600吨进口铁矿砂大宗货物运输“散改集”取得突破，“华中地区粮食散改集”项目正式启动。

推进“陆改水”工程。10月21日，一艘载有500吨澳洲进口棉的“锦航166”班轮从阳逻港出发，开往仙桃港。此前，这批棉花从墨尔本港起运，从上海洋山港入境，通过“江海直达”转运到阳逻港清关。由此，阳逻至仙桃棉花水运专线打造完成。

武汉港口型国家物流枢纽成功获批。11月，武汉获批港口型国家物流枢纽建设城市，武汉将以港口纽带，打造铁、水、公、空等国家级运输通道、枢纽于一体的综合运输超级城市，承载着建设强大国内市场、引领中部崛起的重要使命。

3. 武汉长江航运中心服务水平进一步优化

海关服务持续优化。武汉海关积极支持湖北国际物流核心枢纽项目转运中心建设，推进襄阳、黄石、鄂州、荆州综保区和武汉天河机场保税物流中心(B型)申建，推动中欧班列(武汉)开展邮件、快件、跨境电商运输业务。支持汉口北市场采购与跨境电商、外综服融合发展；做大融资租赁、保税维修等新业态，探索开展跨境电商B2B出口业务。武汉海关出台优化口岸营商环境推进稳外贸稳外资50条支持服务措施，包括建立“企呼关应”问题解决机制，设立企业咨询专门窗口，对企业需求在48小时内回应，办结率做到100%等措施，实现全年进出口整体通关时间不低于2019年12月的水平，较2017年压缩50%以上。

航运交易服务持续提升。武汉航交所构建航运资产交易、航运物流交易、航运人才服务和航运知识产权交易四大交易平台，形成政务服务、信息服务、法务服务、文化服务、商务服务、金融服务六大服务体系，立足武汉，覆盖中游，逐步辐射长江流域。全年交易额增长达75.9亿元，五年来累计交易额突破240亿元。

口岸开放持续扩大。省口岸办持续围绕完善湖北国际贸易单一窗口平台功能、推动口岸提效降费，提升跨境贸易便利化水平，促进跨境贸易便利化，推动外向型经济发展。推动单一窗口与港口、机场、铁路、公路等物流信息节点对接，共同建设跨境贸易大数据平台，稳步实现货物申报、舱单申报、运输工具申报等主要业务100%使用“单一窗口”办理。持续推动口岸提效降费，全力优化口岸营商环境，在单一窗口和各口岸现场公示口岸收费清单，实现口岸收费项目公开透明，推行免除查验没有问题外贸企业吊装、移位、仓储费用试点工作。推动各口岸经营单位及海关特殊监管区经营主体提升园区软硬件和信息化水平，有效提高通关效率，利用“互联网+”优化进出口企业、口岸作业场站预约查验流程，提高查验效率。

(刘洪江)

省管交通建设项目

2020年，武汉四环线高速公路武湖至吴家山段沥青路面铺筑现场

【武汉城市圈环线高速公路大随至汉十段】 该项目起于广水市杨寨镇西湾村，止于安陆市南城肖杨村，对接武汉城市圈环线高速公路孝感南段安陆南枢纽互通起点。路线全长46.42公里，设有杨寨东(枢纽)、太平和陈店3处互通式立交，匝道收费站2处，养护工区1处、监控分中心1处、服务区1处、停车区1处、交警营房1处，另同步修建王太连接线，路线全长10.04公里。主线设有桥梁30座6510米(含主线桥和分离式立交桥)，其中大桥14座4779米，中桥6座443米，主线上跨分离式桥10座1287米，天桥20座。概算投资31.19亿元，建设工期36个月。2018年5月正式开工建设。2020年8月18日通过交工验收。

工程进度。全年完成投资5348万元，开工累计完成投资31.19亿元，占总投资计划的100%。6月30日，大随至汉十段高速公路建设全部完工。

（汪扬）

【武汉四环线高速公路东四环线(北湖至建设段)】 武汉四环线高速公路位于武汉绕城高速公路和城市三环线之间，途经武汉东湖高新技术开发区、青山区、洪山区、黄陂区、东西湖区、蔡甸区、汉阳区、武汉经济开发区、江夏区，是连接武汉六大新城组群的快速通道。全长146公里，线路90%设计为高架形式，按设计速度100公里/小时高速公路标准设计，总投资估算408亿元。

东四环线(北湖至建设段)高速公路起于福银高速公路武汉绕城段北湖互通，在挽月中学以东与规划绿色路交叉设置化工互通后，与四环线青山长江公路大桥相接，全长8.18公里，计划总投资31.97亿元。线路主线100%为高架形式，全线设互通立交3座、特大桥2座。2017年7月1日正式开工建设。2020年12月27日通过交工验收。

2020年12月，东四环线（北湖至建设段）既有绕城高速公路改造完成

工程进度：全年完成投资4.32亿元，累计完成投资31.97亿元，占总投资的100%。形象进度：一、二、三期工程建设全面完成，其中累计完成桩基2252根，系梁780组，墩身2077根，盖梁596组，软基处理78.76万米，路基填方59.84万立方米，T梁预制及架设4676片，现浇梁54联,4联钢箱梁制造及安装，基层施工22.94万平方米，沥青面层570529平方米，均为设计量的100%；交安、机电及绿化工程完成100%。

（李焱武）

【武汉四环线高速公路北四环线(武湖至吴家山段)】 武汉四环线高速公路位于武汉绕城高速公路与三环线之间，是武汉市“环形+放射”道路骨架网络的有机组成部分。其中，武湖至吴家山段高速公路起自黄陂区武湖农场汉施公路于刘大路交叉口北侧，接青山长江大桥，终于东西湖区107国道与十一支沟交叉处，往南与西四环线衔接，全长47.39公里，其中东西湖区14.7公里、黄陂区32.69公里。全线采用双向八车道高速公路建设标准，设计速度100公里/小时，路基宽41米。概算总投资118.35亿元，建设工期48个月。全线设互通立交6处(汉施互通、白沙湾枢纽互通、鞠家咀互通、林家湾互通、墨家湖互通、径河互通)，收费站3处、服务区1处、停车区1处、监控管理分中心1处、养护工区1处。2016年3月27日正式开工建设。2020年12月27日通过交工验收。

工程进度：全年完成投资11.9亿元，开工累计完成投资118.35亿元，占概算总投资的100%。形象进度：至12月底，北四环线(武湖至吴家山段)一、二、三期工程建设完成。

(蒋青)

2020年12月，蕲春至太湖高速公路蕲春西段建设完工

【三峡翻坝江北高速公路】三峡翻坝江北高速公路路线起于宜昌市夷陵区太平溪镇富城坪村，至新坪设新坪枢纽互通，与沪蓉高速公路宜巴段相接，路线全长36.54公里。批复概算48.78亿元，计划建设工期42个月。2017年12月8日开工建设。2020年12月28日完工。

工程进度：全年完成产值14.65亿元，累计完成产值48.78亿元，占投资总额的100%。形象进度：路基工程累计完成土石方508万立方米，绿化防护累计完成47.68万平方米，圬工防护累计完成20.4万立方米，排水工程累计完成63.15公里，均占设计总量的100%。桥梁累计完成桩基2395根，累计完成墩柱1773根，累计预制梁板4597片，累计安装梁板4597片，现浇箱梁累计完成82孔，钢箱梁累计完成6孔，悬浇箱梁累计完成58节段，桥面铺装累计完成30649米，均占设计总量的100%。隧道工程全部完成。二期路面工程全部完成。房建工程、机电工程、交安工程、绿化工程均全部完成。

(程庆华)

2020年6月29日，三峡翻坝江北高速公路乐天溪大桥连续刚构左幅合龙

【蕲春至太湖高速公路蕲春西段】蕲春至太湖高速公路蕲春西段是湖北省“九纵五横二环”高速公路网中“横四”线的重要组成部分，起于蕲春县管窑镇红旗岗村，对接棋盘洲长江公路大桥，终于蕲春县株林镇王细屋，接麻城至武穴高速公路。路线全长24.7公里。项目采用BOT+EPC模式建设，批复概算21.51亿元，其中建安费用15.34亿元。建设工期36个月。2018年10月正式开工建设。2020年12月完工。

工程进度：全年完成投资7.30亿元，开工累计完成投资20.82亿元，占总投资计划的97%。形象进度：路基土石方完成4万立方米，累计完成244万立方米，占总量的100%；圬工防护完成1.35万立方米，累计完成3.2万立方米，占总量的100%；排水工程完成25公里，累计完成43公里，占总量的100%。桩基完成31根，开工累计完成1066根，占总量的100%；系梁完成26个，开工累计完成310个，占总量的100%；承台完成4个，开工累计完成89个，占总量的100%；墩柱完成72根，开工累计完成698个，占总量的100%；墩台帽完成115个，开工累计完成439个，占总量的100%；梁板预制完成1165片，开工累计完成2218片，占总量的100%；梁板安装完成1436片，开工累计完成2218片，占总量的100%；涵洞完成2道，开工累计完成105道，占总量的100%。路面工程全年完成总量的96%。房建工程累计完成总量的50%；交安工程累计完成总量的99%；机电工程累计完成总量的94%；绿化工程累计完成总量的91%。

(陈柏臻)

【沙市至公安高速公路杨家厂至孟家溪段】 该项目起于公安县杨家厂镇青罗村，于孟家溪镇黄田村设孟家溪枢纽互通与岳阳至宜昌高速公路石首至松滋段相接，项目全长27.09公里。按四车道高速公路标准建设，设计速度100公里/小时，概算投资27.64亿元。建设工期42个月。2018年1月开工建设。2020年12月27日通过交工验收。

工程进度：全年完成投资7亿元，开工累计完成投资27.64亿元。形象进度：路基工程：路基土石方完成总量的100%；排水工程完成9.4公里，开工累计完成52.4公里，占总量100%，圬工防护工程完成0.6万立方米，开工累计完成3.0万立方米，占总量100%。桥涵工程：桥梁基础及下构完成100%；梁板预制完成100%；梁板安装完成48片，开工累计完成2441片，占总量100%；悬臂现浇累计完成的100%；现浇箱梁累计完成100%。路面工程累计完成总量的100%。房建工程全部完成。交安工程全部完成。绿化工程全部完成。

（邹宗建）

2020年10月25日，保神高速公路两河口大桥合龙

【保康至神农架高速公路】 保神高速公路起于襄阳市保康县后坪镇前坪村，止于神农架林区阳日镇。路线全长43公里。总投资67.55亿元，建设工期48个月。主线设桥梁26座10448.70米，互通匝道桥12座3363.78米；设隧道11座26255.87米。桥隧比例为85.36%。2017年9月12日正式开工建设。2020年12月29日全线贯通。

工程进度：全年完成投资14.79亿元，开工累计完成投资67.55元，占总投资计划的100%。路基土石方累计完成782.79万立方米，占总量的100%；清淤换填累计完成11.46万立方米，占总量的100%；绿化工程完成5.83万平方米，累计完成30.15万平方米，占总量的100%；圬工防护完成1.34万立方米，累计完成17.56万立方米，占总量的100%；排水工程完成8.6公里，累计完成43.94公里，占总量的100%。桥梁工程桩基累计完成1873根，占总量的100%；墩柱累计完成1276根，占总量的100%；梁板预制完成318片，累计完成3209片，占总量的100%；梁板安装完成800片，累计完成3209片，占总量的100%；现浇箱梁完成36孔，累计完成144孔，占总量的100%；现浇节段完成156节，累计完成342节，占总量的100%；桥面系完成9311米，累计完成23485米，占总量的100%。隧道工程开挖初支完成8764.236米，累计完成54581米，占总量的100%；二次衬砌完成11847.9米，累计完成54581米，占总量的100%。路面工程累计完成总量的100%。房建工程全部完成。交安工程全部完成。绿化工程全部完成。

（魏道强）

2020年10月16日，宜都长江大桥（原名白洋长江公路大桥）通过交工验收

【宜都长江大桥（原名白洋长江公路大桥）】 宜都长江大桥（原名白洋长江公路大桥）是宜昌至张家界高速公路在宜昌境内跨越长江的通道，是联系鄂西北、湘西地区的省际快速通道。桥址位于长江中游宜昌至枝城河段，北岸是宜昌市枝江市白洋镇，南岸是宜都市城镇带（陆城镇、枝城镇等）。路线全长15.68公里。计划总投资33.85亿元，建设工期48个月。2017年4月正式开工建设。2020年10月16日通过交工验收。

工程进度：全年完成投资3.66亿元，开工累计完成投资33.85亿元，占总投资的100%。形象进度：路基土石方累计完成667.19万立方米，占总量的100%；圬工防护完成0.68万立方米，累计完成7.64万立方米，占总量的 100%；绿化防护完成 0.51 万平方米，累计完成 25.11 万平方米，占总量的 100%；排水工程完成 1.04 公里，累计完成 33.47 公里，占总量的 100%。主引桥基础及下构全部完成，主桥桥面板制作全部完成，主缆制作、安装全部完成，钢桁梁制作、安装全部完成；主桥吊索制作、安装完成 12 根，累计完成 272 根，占总量的 100%。接线桥梁基础、下构、上构及涵洞通道全部完成。

（葛光志）

2020 年 6 月 5 日，棋盘洲长江公路大桥主桥钢箱梁合龙

【武汉四环线青山长江公路大桥】青山长江公路大桥是武汉水港、空港、保税港、物流园区、产业园区之间的快速通道，起于化工区八吉府街新集村，接四环线东段，止于黄陂区汉施公路以北，接四环线北段，全长 7.55 公里，其中长江大桥 4.374 公里、接线引桥 3.174 公里，桥梁比 100%。概算总投资 56.03 亿元，计划工期 48 个月。采用双向八车道高速公路标准设计，设计速度 100 公里 / 小时，设计荷载等级采用公路Ⅰ级。2015 年 10 月 8 日正式开工建设。2020 年 11 月 1 日通过交工验收。

工程进度：全年完成投资 1.85 亿元，开工累计完成投资 56.03 亿元，占总投资的 100%。形象进度：开工累计完成桩基 1381 根，承台 307 块，墩柱 627 个，盖梁 192 块，预制梁 1627 片，现浇梁 64 孔，钢梁安装 51370 吨，沥青混凝土摊铺 292500 平方米，均占设计总量的 100%。

（郭俊雯）

2020 年 11 月 1 日，武汉四环线青山长江公路大桥项目通过交工验收

【棋盘洲长江公路大桥】棋盘洲长江公路大桥是湖北省规划的“九纵五横三环”高速公路网组成部分，连接黄石市和黄冈市两地，项目起自阳新县太子镇，接棋盘洲大桥连接线大冶至阳新段，止于蕲春县管窑镇红旗岗村，接沪渝高速公路黄梅至黄石段和规划的蕲春至太湖高速公路。路线全长 21.95 公里，其中长江大桥 3328.5 米（含主桥和南、北引桥），两岸接线 18.62 公里（黄石侧接线 15.86 公里、黄冈侧接线 2.76 公里）。棋盘洲长江公路大桥跨江主桥采用单跨悬索桥一跨跨越长江，主跨 1038 米，缆跨布置 (340+1038+305) 米，桥长 1683 米，矢跨比为 1/9。计划总投资 39.86 亿元，建设工期 48 个月。2017 年 3 月 27 日正式开工建设。2020 年 12 月 18 日通过交工验收。

工程进度：全年完成投资 4.23 亿元，开工累计完成投资 39.86 亿元，占总投资的 100%。引桥、接线的路基、桥涵、隧道工程全部完成。路面工程全部完成。房建、机电、交安、绿化工程全部完成。

（魏坤）

【武穴长江公路大桥】武穴长江公路大桥是湖北省规划的“七纵五横三环”高速公路网规划中“纵一线”麻城至阳新高速公路的组成部分。大桥连接黄冈市和黄石市两地，起点对接麻阳高速公路麻城至武穴段终点，终于阳新县枫林镇花塘村塘湾组附近，设枫林东枢纽互通与杭瑞高速公路相接。路线全长 30.99 公里，计划总投资 58.86 亿元，建设工期 48 个月。其中长江大桥（含主桥和滩、引桥）3355 米、两岸接线 27.64 公里（武穴侧接线 17.17 公里、阳新侧接线 10.47 公里）。武穴长江公路大桥跨江大桥主桥 1403 米，桥跨布置为 (80+290+808+75+75+75) 米 PK 钢箱混合梁斜拉桥，主跨采用 808 米双塔单侧混合梁斜拉桥。2016 年 12 月 30 日正式开工建设。2020 年 12 月 25 日通过交工验收。

工程进度：全年完成投资 9.49 亿元，开工累计完成投资 58.86 亿元，占总投资的 100%。形象进度：引桥、接线路基、桥涵、隧道工程全部完成。路面工程全部完成。房建、机电、交安、绿化工程全部完成。

（池红坤）

2020年10月27日，武穴长江公路大桥主桥合龙

【鄂州至咸宁高速公路】鄂州至咸宁高速公路起于华容区赵咀村，终于金牛镇余家畈，设金牛枢纽互通与武汉城市圈环线高速公路相接，路线全长63.296公里。2017年2月控制性工程开工，2019年4月26日项目因四车道改六车道重新核准，重新核准后概算投资83.71亿元，批复工期42个月。2020年12月基本完工。

工程进度：开工累计完成概算投资83.71亿元，占概算投资的100%。形象进度：临建工程全部完成，清表124.59万立方米，清淤回填214.76立方米，粉喷桩147.21万米，预应力管桩61.15万米，挖方355.86万立方米，填方1150.80立方米，防护工程108.17万平方米，排水工程14.17万米，桩基4418根，系梁1280个，承台344个，墩、台身3518个，墩台、帽1533个，梁板预制8810片，梁板安装8810片，现浇箱梁160节，钢箱梁34跨，挂篮悬浇156节，桥面系1580跨，管涵通道230道，铁路桥全部完成。路面工程、交安工程、绿化工程、机电工程、房建工程全部完成。

（江海）

【十堰经镇坪至巫溪高速公路鲍峡至溢水段】十堰经镇坪至巫溪高速公路是《湖北省省道网规划纲要(2011—2030年)》规划的“九纵五横三环”骨架高速公路网中“纵八”线的重要组成部分，该段是十堰经镇坪至巫溪高速公路的中段。项目起于郧阳区鲍峡镇分水岭村，设鲍峡枢纽互通与十天高速公路相接，止于竹山县溢水镇东川村，设溢水枢纽互通与麻安高速公路相接。路线全长58.63公里。计划总投资102.11亿元，建设工期48个月。设桥梁53座29928.43米(含互通区主线桥、不含拼宽桥)，其中特大桥9座13318.62米、大桥44座16609.81米；设隧道14座16744米，其中特长隧道2座7914米、长隧道2座5172米、中短隧道10座3658米；设互通式立交5座(鲍峡枢纽互通、沧浪山互通、双台互通、溢水互通、溢水枢纽互通)、匝道收费站3处、服务区1处、停车区1处、养护工区(与溢水互通合建)与监控管理分中心各1处。2018年5月16日正式开工建设。

工程进度：全年完成投资40.26亿元，为年度计划的89.2%；开工累计完成投资972.11亿元，为总投资计划的95.2%。一期土建：全年完成梁板预制4812片，累计8816片，占总量100%；梁板安装5141片，累计8670片，占总量98.3%；防撞护栏117766米，累计129825米，占总量91%；桥面铺装57842米，累计58999米，占总量84.9%；现浇箱梁178孔，累计295孔，占总量100%。完成隧道开挖7814米，累计32928米，占总量98.4%；隧道二衬9521米，累计31547米，占总量94.2%。二期路面：完成基层73.41公里，累计73.411公里，占总量46.3%；面层74.98公里，累计74.98公里，占总量24.9%。三期工程：房建主体工程全部完成。累计完成交安隔离栅封网29.6公里，占总量53%；标志标牌基础115处，占总量52%；防眩网15.7公里，占总量72.7%；声屏障3.27公

2020年12月，鄂州至咸宁高速公路武黄枢纽互通基本完工

2020 年 4 月 4 日，十巫高速公路鲍溢段鸡公河 1 号桥实现单幅贯通

里，占总量的 52.9%。机电工程累计完成收费系统 30%、监控系统 50%、通信系统 55%、供配电系统 35%、隧道照明系统 55%、隧道通风系统 30%、消防系统 75%。

项目特点：

(1) 本项目是典型的山区高速公路，桥隧比例达到 79.6%，线路地形复杂，均为两山夹一沟，多处为垂直裸漏岩体，无施工场地，便道修建困难，战线长，大临设施场地狭小，施工组织和管理难度大，危险源多，施工安全风险高。

(2) 本项目地处秦巴山区，地质构造复杂，褶皱断裂发育，围岩强度较低，为软岩隧道，进度管控难和施工安全风险高。

(3) 环保责任大。本项目线路位于旅游区内，石佛寺、学堂洞、火烧寺等风景区均在线路附近。十堰市以"旅游文明城市"为名片，项目建设区域内的环境及生态保护，引起政府及社会各界高度重视和广泛关注。本项目致力于保护生态环境，加大环保、水保等措施的投入，施工过程中对植被的保护，废水、废液、弃渣的排放处理严格遵守当地标准。

(4) 项目多次跨越东河、西河和拦鱼河等季节性河流，且无现成的水文观测资料，河流多为两侧山体流水汇聚而成，雨季时山水及河水对线路施工影响很大，造成桥梁下部结构施工风险大。

（涂泉）

【十堰至淅川高速公路湖北境段】 本项目起于丹江口市石鼓镇贾寨村，接西峡至十堰高速公路河南段，止于丁家营镇三清庙村。路线全长 41.08 公里。项目总投资 67.73 亿元，建设工期 48 个月。2019 年 9 月 4 日正式开工建设。

工程进度：全年完成投资 16.07 亿元，开工累计完成投资 29.59 亿元，占总投资的 43.7%。全年完成路基土石方 1499.7 万立方米，累计 1944 万立方米，占总量 91%；桥梁桩基 1383 根，累计 1607 根，占总量 92%；墩柱 651 根，累计 651 根，占总量 52%；梁板预制 296 片，累计 296 片，占总量 7.2%；梁板架设 185 片，累计 185 片，占总量的 4.5%。隧道开挖初支 6619 米，累计 6619 米，占总量 40.1%；隧道二衬 5343 米，累计 5343 米，占总量 32.1%。丹江口水库特大桥 2 个主墩承台全部完成；2 个塔座全部完成，主桥累计完成 90.74 米，占总量的 11.7%，其中下塔柱全部完成。

（涂泉）

【武汉硚口至孝感高速公路（二期）工程】 武汉硚口至孝感高速公路是武汉城市圈中武汉（汉口中心城区）至孝感（孝南区）快速通道，是武汉城市圈实施交通一体化建设的重要组成部分，同时也是武汉西北方向环线公路之间的一条快速联络通道，沿线经过武汉市下辖的硚口区、东西湖区以及孝感市下辖的孝南区。硚孝高速公路起于武汉市硚口区竹叶海公园东北角，止于孝感市孝南区毛陈镇焦湖，主线全长 34.5 公里。本项目通车后，孝感中心城区到武汉中心城区仅需 20 分钟。

硚孝高速公路分两期建设，一期工程于 2018 年 12 月建成通车。本项目为二期工程，起于京港澳高速公路灯塔互通，止于孝感市毛陈镇焦湖，

2020 年 7 月 29 日，十淅高速公路丹江口水库特大桥南岸塔座浇筑完成

2020 年 12 月 30 日，府河大桥南堤挂篮合龙

路线全长 12.01 公里(其中武汉东西湖区 4.11 公里、孝感孝南区 7.9 公里)，约占硚孝高速公路项目主线(34.5 公里)的 35%，主线桥梁 5 座 9.74 公里，路基全长 2.27 公里，桥梁比例达 81%。建设工期 40 个月。主线采用双向四车道高速公路标准修建，设计速度 100 公里 / 小时，路基宽度 26 米；连接线为双向四车道一级公路，设计速度 60 公里 / 小时，整体式路基宽 23 米。本项目设互通式立体交叉 1 处(东山互通)，立交 1 处(焦湖立交)，特大桥 1 座，大桥 3 座，服务区桥梁 1 座，东山服务区 1 处，主线收费站 1 处，匝道收费站 1 处。2019 年 9 月正式开工建设。

工程进度：全年完成投资 8.07 亿元。形象进度：全年完成桥梁桩基 893 片，累计完成 1193 片，占总量 73%; 系梁完成 474 片，累计完成 474 片，占总量 66%; 承台完成 21 个，累计完成 21 个，占总量 43%; 墩柱完成 728 根，累计完成 728 根，占总量 51%; 盖梁完成 225 片，累计完成 225 片，占总量 39%; 预制梁完成 300 片，占总量 16%; 预制梁安装完成 3 片，占总量 0.16% ；等截面现浇箱梁完成 18 跨，占总量 7%; 挂篮完成 260 米，占总量 22%。

(黄峥)

【监利至江陵高速公路东延段】 监利至江陵高速公路东延线起于洪湖市乌林镇水府村附近，与赤壁长江公路大桥北岸接线对接，终点与监利至江陵高速公路分盐枢纽互通对接，项目全长 62. 51 公里，主线桥梁 56 座 37265.5 米。项目起点至乌林枢纽互通段采用设计速度 100 公里 / 小时、路基宽度 33.5 米的双向六车道高速公路标准，乌林枢纽互通至终点段采用设计速度 100 公里 / 小时、路基宽度 26 米的双向四车道高速公路标准。瞿家湾连接线采用设计速度 80 公里 / 小时、路基宽度 12 米的二级公路技术标准。概算投资 87.87 亿元，建设工期 42 个月。2018 年 6 月开工建设。

工程进度：全年完成投资 28.78 亿元，开工累计完成投资 84.09 亿元，占总投资的 96%。形象进度：路基工程：完成路基土石方、水泥搅拌桩、管桩、碎石垫层；防护工程完成 3.28 万平方米，开工累计完成 19.4 万平方米，占总量 84.8% ；排水工程完成 23.21 公里，开工累计完成 92.65 公里，占总量 84.8%。桥涵工程：桩基、墩柱、梁板预制全部完成；梁板安装完成 470 片，累计完成 7061 片，占总量 100% ；现浇箱梁完成 2 联，累计完成 148 联，占总量 97.4% ；悬浇箱梁完成 3 节，累计完成 381 节，占总量 93.8% ；桥面系完成 4700 米，累计完成 43128 米，占总量 81.2% ；通道涵洞 178 道完成。路面工程累计完成 82%。房建工程累计完成 72%。交安工程累计完成 20%。绿化工程累计完成 20%。

(邹宗建)

【枣阳至潜江高速公路襄阳北段】 枣阳至潜江高速公路襄阳北段起于枣阳市新市镇王大桥村鄂豫省界，终点与枣阳至潜江高速公路襄阳南段对接，线路全长 47.87 公里。总投资 34.95 亿元。主线采用设计速度 120 公里 / 小时的双向四车道高速公路标准建设，整体式路基宽度 27 米、分离式路基宽度 13.50 米。设桥梁 27 座 4363 米(含互通区主线桥、主线上跨分离式立交桥)，其中大桥 15 座 3479 米、中桥 12 座 884 米；设互通式立交 3 处(新市互通、吉河互通、兴隆互通)、分离式立交桥 3 座、天桥 30 座；设匝道收费站 3 处、服务区 1 处(枣潜北服务

2020 年 12 月 31 日，监利至江陵高速公路东延段装配式钢混结构桥梁工业化建造中

2020年，在建中的枣潜高速公路襄阳北段徐家大桥

区）、养护工区与监控管理分中心各1处。2020年4月10日正式开工建设。

工程进度：全年完成投资10.49亿元，开工累计完成投资16.07亿元，占总投资计划349478万元的46.0%。全年完成路基土石方760万立方米，累计完成848万立方米，占总量的70%；清淤换填完成41万立方米，累计完成41万立方米，占总量的78%；绿化工程完成40万平方米，占总量的40%；圬工防护完成4万立方米，占总量的67%，排水工程完成68公里，占总量的41%。涵洞工程完成162道，累计完成171道，占总量的100%。桥梁桩基完成994根，占总量的98%；墩柱完成507根，占总量的71%；梁板预制完成363片，占总量的32%；梁板安装完成137片，占总量的12%；现浇箱梁完成6孔，占总量的50%。

（魏道强）

【襄阳绕城高速公路南段】 襄阳绕城高速公路南段起于襄州区峪山镇杨庄村，止于欧庙镇熊庙村，路线全长31.64公里。总投资26.63亿元，建设工期36个月。2019年12月18日正式开工建设。

工程进度：全年完成投资6.26亿元，开工累计完成投资17.76亿元，占总投资的67%。全年完成路基土石方202万立方米，累计完成449万立方米，占总量的86%；水泥搅拌桩完成5万米，累计完成25万米，占总量的100%；清淤换填完成2.2万立方米，累计完成2.7万立方米，占总量的100%；绿化工程完成24万平方米，累计完成29.12万平方米，占总量的51%；圬工防护完成2万立方米，累计完成3.13万立方米，占总量的57%；排水工程完成25.5公里，累计完成32.14公里，占总量的51%。涵洞工程完成30道，累计完成111道，占总量的100%。桥梁工程桩基完成411根，累计完成1435根，占总量的97%；墩柱完成426根，累计完成799根，占总量的89%；梁板预制完成1012片，累计完成1282片，占总量的71%；梁板安装完成974片，累计完成1151片，占总量的64%；现浇节段完成178节，累计完成342节，占总量的100%；桥面系完成8571米，累计完成8571米，占总量的59%。

（魏道强）

【麻城至安康高速公路麻城东段】 麻城至安康高速公路麻城东段起于麻城市铁门岗乡铁门枢纽互通式立交，顺接大广高速公路湖北段，止于麻城市宋埠镇枢纽互通式立交，对接麻安高速公路麻城至红安段，路线全长15.86公里。采用设计施工总承包模式建设，计划总投资16.18亿元。建设工期36个月。2019年9月正式开工建设。

工程进度：全年完成投资7.05亿元，开工累计完成投资12.47亿元，占总投资的77.05%。形象进度：路基土石方工程累计完成364万立方米，占总量的87.1%；路基圬工防护完成1720立方米，占总量的9.0%；路基排水完成9010米，占总量的16.4%；通涵构造物工程累计完成84道，占总量的93.3%；桥梁桩基完成755根，占总量的99.2%；承台、系梁完成308个，占总量的94.8%；墩柱、肋板完成508个，占总量的93.9%；墩台帽完成246个，占总量

2020年9月17日，襄阳绕城高速公路南段汉江特大桥主桥合龙

2020 年，在建中的麻城至安康高速公路麻城东段

的 88.5%；梁板预制完成 845 片，占总量的 94.1%；梁板安装完成 633 片，占总量的 70.5%。路面底基层完成总量的 5.2%。收费站综合楼主体工程完成 50%。

（刘雄）

【呼和浩特至北海高速公路宜都（全福河）至鄂湘界段】 呼和浩特至北海高速公路是《国家公路网规划(2013—2030)》中规划的新增纵线，编号 G59，该高速公路通道湖北省境内由郧县至十堰、十堰至房县、保康至宜昌、宜昌至张家界（以下简称“宜张”）等高速公路项目构成，是纵贯湖北省西部地区的一条省际通道。宜张高速公路分为当阳至枝江段、白洋长江大桥（更名为宜都长江大桥）段、宜都至五峰（渔洋关）段、宜都（全福河）至鄂湘界段，其中当阳至枝江段、宜都至五峰（渔洋关）段、白洋长江大桥段均建成通车。

宜都（全福河）至鄂湘界段高速公路起自宜都市全福河村文竹湾，接呼北高速公路宜都至五峰（渔洋关）段，止于鄂湘两省交界（炉红山），接呼北高速公路湖南段，全长 18.81 公里。概算投资 33.57 亿元，建设工期 48 个月。全线采用双向四车道高速公路标准建设，设计速度 80 公里 / 小时，路基宽度 25.5 米。桥涵设计汽车荷载等级采用公路－Ⅰ级。设置全福河（枢纽）互通式立交。

工程进度：全年完成投资 5.02 亿元，开工累计完成投资 5.32 亿元，占总投资的 15.85%。

（葛光志）

【宜都至来凤高速公路鹤峰东段】 宜都至来凤高速公路鹤峰东段起于鹤峰县与五峰县交界的马蹄岩隧道，与宜都至来凤高速公路宜昌段对接，止于龙潭坪附近，与宜都至来凤高速公路鹤峰（容美）至宣恩（当阳坪）段对接，路线全长 38.63 公里（短链 31.23 米）。计划总投资 67.32 亿元，建设工期 48 个月。主线设特大桥 4 座 4840.75 米、大桥 20 座 7167.98 米、中桥 2 座 204.5 米；特长隧道 2 座 5526.5 米、长隧道 4 座 8209 米；互通式立交 2 处（燕子互通、鹤峰东互通），匝道收费站 2 处，服务区 2 处，养护工区 1 处。2020 年 7 月开工建设。

工程进度：全年完成投资 20.83 亿元，开工累计完成投资 20.93 亿元，占总投资的 31.1%。形象进度：路基土石方完成 783.6 万立方米，占总量的 72.5%；圬工防护完成 1.96 万立方米，占总量的 21.4%；桥梁基础完成 1328 根（座），占总量的 80%；系梁完成 120 个，占总量的 18.3%；墩柱完成 248 根，占总量的 28%；涵洞通道完成 39 道，占总量的 78%；隧道洞身开挖初支完成 7020 米，占总量的 25.6%；隧道二衬完成 5855 米，占总量的 21.4%。征地拆迁及临建工程全部完成。

项目特点：

(1) 本项目所在区域山体切割明显，起伏较大，沿线房屋较多。沿线均为灰岩出露，犬牙交错，无法采用挖掘机直接修筑便道，便道修筑均需要进行爆破施工，便道修筑困难。由于 2 条隧道和 2 条河流隔绝，导致线路整体被分为 5 段，便道无法沿红线拉通。项目所在地雨水较多，冬春季大雾天气多，便道施工及维护是本工程的重点。

(2) 本项目所在山区沿线海拔较高，进入鹤峰的省道，在线路区域范围内的省道，雨季存在地质灾害的情况影响交通安全。在冬、春季存在浓雾，道路结冰等情况。交通运输条件较差，安全风险高，大宗材料运输及组织是本工程的重点。

(3) 本项目所在区域基本无覆盖层，全部为坚硬岩层，无论是便道修筑、场地平整、基坑开挖、隧道施工均需要进行大量爆破工作，安全风险大，爆破施工为本项目安全管理重点。

(4) 桥梁所占比例大，其中桥梁多为大、中型桥梁和特大桥，并且桥梁布置分散，桥墩墩身高，部分桥墩位于深谷和陡峭山坡上，无法修筑便道，且施工平台开挖会导致边坡滑动等风险，高墩施工为本项目重难点。

(5) 本项目隧道地质条件为喀斯特地貌，存在溶洞突泥突水等不良地质。且八峰隧道为关键线路工程，入口处场地狭小需要设置横洞进洞，横洞位置位于八峰林场内，征地困难。

(6) 特殊桥梁施工技术难度大，云南庄特大桥为主跨 280 米预应力混凝土连续空腹钢构，为本项目控制工程，结构新颖，同类桥型较少，采用双层扣索配合挂篮施工工艺，工序转换复杂，施工质量控制和成桥线形控制难度大，主墩 13 号墩位于 351 国道上，需要进行国道改道后方可进行施工。主墩 14 号位于陡峭山坡上，便道及承台开挖需要大量山体和修筑挡墙完成平台开挖后方可进行主墩施工，且开挖深度达到 40 米，施工场地受限，施工困难，施工工期长。

(7) 溇水河特大桥为主跨 310 米中－下承式不对称钢桁拱桥，宜都侧拱座位于距离地面高 40 米的陡峭山顶上，来风侧拱座位于悬崖前方陡峭山坡上，来风侧场地高差达 24 米。由于施工场地限制，扣塔、缆塔布置困难且工程量大。由于拱肋及连接系全部采用高栓连接，拱肋制造线形及拼装质量要求高，合龙精度要求高。钢梁吊装及桥面板安装工作场地受限，吊装效率低。

(8) 溇水河特大桥和八峰隧道之间有 39 万立方米高填方路基，其中高填方路基 260 米，主要为隧道施工、高低拱桥施工场地，且隧道和拱桥同步实施，工期同步无法错开。本路基也是架梁通道，决定全线贯通的控制性工程。

（付群英）

【武汉至大悟高速公路武汉至河口段】 武汉至大悟高速公路是湖北省省道规划的“九纵五横三环”高速公路布局方案中武汉市 14 条放射线之一，是武汉市北向出口路、北部路网中的主要干线公路，是连接武汉和中原城市群的快速通道。武汉至河口段起于武汉三环线南湖村互通，对接解放大道延长线，在大悟县河口镇刘集与麻竹高速公路搭接；另设机场东支线连接汉十高速公路、岱黄高速公路；设滨湖路延长线支线连接四环线。项目主线路线全长 77.33 公里；机场东通达支线全长 2.36 公里；滨湖路延长线支线全长 6.81 公里。全线设特大桥 2 座 18456.2 米、大桥 24 座 10454.08 米、中桥 17 座 1378.4 米、涵洞 109 道，设互通式立体交叉 14 处、天桥 8 座、通道 79 座。设主线收费站 1 处、匝道收费站 9 处。计划总投资 160.28 亿元，建设工期 42 个月。2019 年 7 月 16 日正式开工建设。

工程进度：全年完成投资 45.32 亿元，开工累计完成投资 59.84 亿元，占总投资的 37.3%。形象进度：桩基完成 6413 根，累计完成 7179 根，占总量的 84.5%；承台、系梁完成 1529 座，累计完成 1539 座，占总量的 46.6%；墩柱完成 2356 根，累计完成 2371 根，占总量的 43.3%；盖梁完成 738 座，占总量的 37.2%；箱梁预制完成 494 榀，占总量的 5.2%；路基土石方完成 1205.4 万立方米，累计完成 1274.5 万立方米，占总量的 53.9%。

项目特点：

(1) 项目管理工程建设规模大，工期紧，桥梁施工占比高。本项目采用 BOT+EPC 模式建设，桥梁长度占路线长度的 35.2%，互通立交 14 处，停车区 1 处，服务区 1 处，收费管理站 10 处。

(2) 全线涉塘涉渠软土较多。本项目主要分布于河流堆积冲积平原，沿线河流、湖塘较多。项目区水系发育，主要为府河和滠水水系，其中府河位于项目路线起点附近，其支流汉北河与线路相交；滠水由南向北与线路走向平行，区域内有西河、桃源河等众多河流。

(3) 施工沿线与铁路、高速公路、地方道路交叉多，施工干扰及安全隐患大。本项目主线跨绕城高速公路、岱黄高速公路，上跨、下穿既有铁路都是全线主要控制节点，且与地方道路交叉众多，车流量大，交通繁忙，施工干扰大，对施工组织、安全保通和协调工作带来较大难度。

(4) 预制梁数量大，架梁线路上关键节点多，架梁工期影响因素多。全线预制箱梁共计 9509 榀，制梁、存梁工程量大，跨径种类多，混凝土需求量大。

(5) 征地拆迁数量大、管线迁改涉及单位多难度大。项目拆迁量非常大，沿线电力、管线众多且十分复杂，特别是项目涉及 40 多条高压线迁改，征迁协调数量大、难度高。

（刘琦）

2020 年 11 月 22 日，武汉至河口段项目首联现浇梁浇筑完成

【武汉至大悟高速公路河口至鄂豫界段】 武汉至大悟高速公路河口至鄂豫界段起于麻竹高速公路刘集枢纽互通，对接武大高速公路南段武汉至河口段，止于宣化店镇北岗村肖家凹鄂豫界，对接河南规划的安阳至罗山高速公路，路线全长 48.28 公里。投资概算 55.20 亿元，建设工期 36 个月。全线设置分离式隧道 1 座 1112.5 米，桥梁 55 座 11804 米，其中主线桥 36 座 10486.72 米，天桥 10 座 572 米，桥隧占主线总长的 26.7%；涵洞 138 道，互通式立体交叉 5 处（刘集互通、四姑互通、吕王互通、黄站互通、宣化店互通），服务区 2 处（宣化店服务区 1 处、四姑停车区 1 处）、养护中心及监控分中心 1 处，另设置 2 条连接线 19.26 公里。2020 年 10 月开工建设。

工程进度：全年完成投资 10.70 亿元，开工累计完成投资 13.70 亿元，占总投资的 24.8%。形象进度：一期土建工程施工队伍进场，在进行临建及控制性工程建设，新建便道完成 37.2 公里，6 个综合场站标准化建设基本完成。路基土石方完成838万立方米，占总量的59.1%。涵通完成10道，占总量的6.7%；桥梁桩基完成148根，占总量的7.5%。隧道洞身开挖及初支完成50米，占总量的2.2%。河口养护中心、监控分中心基本完成。

项目特点：

(1) 本项目同心隧道进出口均为强风化片麻岩和堆积岩，中部有断层破碎带，隧道围岩变化多，且隧道所在山体顶部建有风电设施（覆盖层厚约107米，水平距离80米）。通过采用控制爆破技术，并对隧道顶风力发电机组区进行沉降及爆破震动跟踪监测，及时反馈相关信息，调整施工参数，可有效防止隧道坍塌以及爆破震动对风电设施的影响。

(2) 本项目穿行于丘陵地区群山峻岭之中，高填深挖路段较多，大于30米深挖路堑7处，最高为6级路堑边坡，大于20米高填路段4处，最大填方边坡高度33.9米。针对该特点，深路堑段开挖遵循及时防护的原则对稳定性风险较大的边坡，必须分级开挖，随即支挡，挖一级，支挡防护一级，开挖中采取措施保护边坡稳定，开挖至边坡线前预留一定宽度，保证刷坡过程中设计边坡线以外的土层不受扰动，有效避免边坡滑坡、崩塌等灾害。

2020年10月18日，武汉至阳新高速公路鄂州段跨316国道大桥在建中

(3) 本项目梁板预制、墩柱、涵道等混凝土构造物外露面均采用不锈钢模板，同时全线采用羊毛刷替代钢丝刷打磨模板，极大提高混凝土外观质量。

（汪扬）

【武汉至阳新高速公路武汉段】 武汉至阳新高速公路武汉段起于武汉绕城高速公路，设凤凰山枢纽互通与绕城高速公路和东湖高新区光谷二路相接，于梧桐湖南缘跨梧桐湖至项目终点，与武汉至阳新高速公路鄂州段对接，路线全长16.72公里。计划总投资47亿元，建设工期42个月。2019年7月正式开工建设。

工程进度：全年完成投资15.81亿元，开工累计完成投资37.25亿元，占总投资的78.7%。形象进度：启动梁场建设5个，建成4个；搅拌站完成1个，钢筋场施工完成4个；试验室建设完成1个；保通道路完成5.2公里。桥梁桩基完成70%；承台、系梁完成65%，墩柱完成50%，预制箱梁完成40%。

（董振华）

2020年12月26日，武汉至阳新高速公路武汉段凤莲大道高架桥合龙

【武汉至阳新高速公路鄂州段】 本项目起于梧桐湖新城西北豹獬湖（梧桐湖）南岸的武汉市与鄂州市交界处，止于大冶市东风农场南练山以东的鄂州市与黄石市交界处，路线全长17.90公里。计划总投资44亿元，建设工期36个月。2020年1月正式开工建设。

工程进度：全年完成投资19.30亿元，开工累计完成投资29.78亿元，占总投资的67.6%。形象进度：启动梁场建设3个，建成2个；搅拌站完成1个，钢筋场施工完成4个；试验室建设完成1个；保通道路完成0.8公里。桥梁桩基完成55%；承台、系梁完成30%，墩柱完成20%，预制箱梁完成15%。

（董振华）

【客货运(物流)重点项目】 加强对重点项目指导和跟踪督办。重点推进随州南站综合客运枢纽、枣阳市公铁换乘中心、汉口北国际多式联运物流港、建始县交通物流中心、丹江口市交通综合物流园(原丹江口未来物流园)等项目前期工作,加快推进孝感西客运换乘中心、恩施东升客运站、十堰市武当山客运换乘中心、咸丰县综合物流园、湖北海虹物流园、荆门国际内陆港公铁物流中心、"汉新欧"供应链管理智慧园等重点项目建设进度。至年底,恩施东升客运站、武汉捷利现代物流园、潜江传化公路港(一期)、黄石润信农产品物流园、黄石传化物流园(一期)、沙洋新港物流园(一期)等项目基本建成。十堰市武当山客运换乘中心、建始县火车站客运站、广水市广办中心客运站取得交通运输部补助资金。孝感西客运换乘中心、宜昌货运中心(白洋物流园)已经交通运输部下达资金补助确认函。

(朱燕)

各市州交通建设重点项目

黄石市

【203省道阳新县棋盘洲至富池段改建】 该项目全长33.88公里,一级公路,总投资12.1亿元。至年底,新港园区和县城投为业主负责建设互通至三洲段9.9公里,新港园区建成通车新港段7.7公里,县城投负责建设的三洲南延段2.2公里完成部分路基工程。由县交投为业主的三洲至富池段23.98公里,土方路基填筑施工23公里,基本完成劲性方管桩、毛渣换填、抛石换填等软基处理及38道涵洞施工1238.8米;海口湖特大桥、老渡口中桥、袁广湖大桥下构完成;小雅山隧道贯通,完成主体工程的95%和剩余隧道照明及路面工程。全年完成投资1.5亿元,累计完成投资6.04亿元。

【357省道木港至龙港段改建】 该项目路线长41.68公里,二级公路,总投资4.35亿元。至年底,洋港至龙港段18.3公里建成通车;木港至吉山段10.5公里完成全部路基工程,完成路面基层6.5公里、路面面层4.5公里,完成护坡2000立方米;吉山村段0.98公里,完成路基0.5公里;吉山至边山段6.52公里,因碎石处置问题处于停工状态,且隧改路方案未获批复;小港至燕窠段1.81公里,完成路基0.8公里,与江西省土地插花段未动工;燕窠至洋港段2.7公里,完成路基2.4公里。全年完成投资0.32亿元,累计完成投资1.54亿元。

【阳新县湘鄂赣革命旧址群出口公路】 该项目路线长5.5公里,二级公路,总投资0.67亿元。至年底,完成路基和路面工程5.5公里,在进行附属设施建设。全年完成投资0.1亿元,累计完成投资0.6亿元。

【黄石港阳新港区富池作业区综合码头工程】 新建4个5000吨级泊位,总投资4.53亿元。至年底,完成一期2个泊位建设,二期2个泊位完成水工建筑下部构造的85%、上部构造的56%,陆域部分完成施工招标工作,施工单位进场,在进行临时设施建设工作。全年完成投资0.6亿元,累计完成投资2.55亿元。

【黄石港阳新港区富池作业区富江公用码头工程】 建设2个5000吨级散杂货泊位,总投资1.9亿元。至年底,水工部分完成1号和2号引桥、供电所平台、码头平台等,陆域堆场在进行建设用地报批与土地规划。全年完成投资0.2亿元,累计完成投资0.8亿元。

【黄颡口砂石集并中心】 鄂东矿投港口物流有限公司作为业主投资和建设。项目分两期实施,一期建设黄颡口火山作业区6个5000吨散货泊位,总投资9.06亿元。至年底,完成工程可行性研究报告及初步设计批复,施工图设计完成图审及修编;岸线申请提交至省交通运输厅并通过审查,征求省发改委意见后报交通运输部待批;同时完成土地补偿费、附着物补偿费预缴及资源处置工作,完成拆迁和清表、临时设施施工;在进行场地平整施工中。全年完成投资0.5亿元。

【阳新县综合客运枢纽站】 该项目为一级客运站,用地面积65543平方米(约98.31亩),总建筑面积为13907平方米,并建设相关配套设施,总投资1.28亿元。完成项目工程可行性报告、初步设计、施工图设计、项目建设用地规划许可证、项目建设工程规划许可证等批复,并开工建设,在进行征迁和三通一平工作。全年完成投资0.1亿元。

(章杰　曹睿桓)

十堰市

【十堰滨江新区至武当山一级公路】 该项目起于十堰市滨江新区,与沧浪大道相接,终点位于武当山特区玄岳门,与316国道相接,主线长约58公里(不含机场东、机场西连接线3.3公里),采用设计速度80公里/小时、路基宽度55米、双向六车道加2个辅道的一级公路标准建设(武当山境内全段采用设计速度60公里/小时、路基宽度26米、双向四车道标准建设),配套建设综合管廊、给排水工程、自行车骑行绿道等市政设施。十堰城区段主线长19公里,机场西连接线长2.1公里,总投资28.4亿元,采用PPP模式引进社会资本投资建设;

郧阳段长约8.9公里，总投资17.4亿元，累计完成投资0.9亿元，项目控制性工程神定河大桥(含接线)1.4公里开工建设，剩余7.5公里主线工程在进行招投标；丹江口段主线长18.3公里，机场东连接线1.1公里，总投资约28亿元，累计完成投资2.9亿元，其中机场东连接线1.1公里路基基本完成，主线5.5公里路基和跨汉十高速公路特大桥在建中，主线12.8公里完成征地，在进行路基土石方施工，同步办理上跨高速公路、下穿高铁的施工手续等工作；武当山段全长11.7公里，调整后的生态红线不可避让论证上报省政府。

【209国道城区垭子至大川段改扩建】 该项目全长11.61公里，概算总额为70372万元。全线路基土石方176万立方米，新建隧道1座426延米，新建桥梁18座1854延米。在原有旧路基础上进行改扩建后，路基由原来的8.5米扩宽到20米，总里程在原来基础上减少近2公里。

【十房一级公路柳树垭至土城段开工建设】 10月，十房一级公路柳树垭至土城段开工建设。项目起于209国道柳树垭隧道房县端出口附近，止于穿山堰村两河口，全长22.94公里，采用设计速度60公里/小时的双向四车道一级公路标准建设，建设工期36个月，项目概算总投资11.55亿元。至年底，累计完成路基1.5公里，完成投资5286万元。

【汉江孤山航电枢纽】 该项目是汉江干流水电开发规划中的第八级电站，位于郧西县、郧阳区之间。项目概算投资34.86亿元，水库总库容2.12亿立方米，装机容量180兆瓦，建成后年均发电量5.9亿千瓦时。船闸按四级通航标准建设，设计年单向通过能力373.3万吨，并预留二线船闸位置。

【304省道油长路新改建工程(郧阳区段)】 路线起于丹江口市油坊坪，与280省道相接，止于郧阳区长岭，接郧十高速公路长岭互通连接线，全长19.46公里，全线采用设计速度60公里/小时，路基宽度10米的二级公路标准建设，项目总投资27542.4万元。至年底，一期工程完成路基工程量的80%，累计完成投资1.1亿元。

【304省道五峰至将军河段改扩建】 路线起于五峰乡南北峰村，与柳五公路终点相连接，止于胡家营镇将军河村，与316国道平交，路线全长14.67公里，采用二级公路标准建设，工程概算总投资1.5亿元，其中部省补助资金0.58亿元、地方自筹资金0.92亿元。至年底，路基工程完工，在进行路面施工，累计完成投资1亿元。

【281省道南化至白浪改扩建】 路线起于郧阳区南化塘镇，止于郧阳区白浪镇，为二级公路改扩建工程。路线全长22公里，项目总投资2.57亿元，其中部省补助资金1.39亿元、地方自筹1.18亿元。至年底，完成路基工程量的70%，累计完成投资0.5亿元。

【280省道谭山至梅铺改扩建】 路线起于郧阳区谭山镇，止于郧阳区梅铺镇与丹江口市交界的花石垭，路线全长18.51公里，总投资1.71亿元，其中部省补助资金0.93亿元、地方自筹0.78亿元。至年底，累计完成投资0.3亿元。

【叶滩堵河大桥】 项目起点连接446省道(新潮村蔡家湾)跨越堵河后，到达西岸连接047乡道(叶滩村)。两岸接线工程长436米，跨堵河桥梁长341延米，采用设计速度40公里/小时的双向两车道标准，接线路基宽度8.5米。项目总投资7560万元，其中部省补助资金320万元、地方自筹7240万元。至年底，桥头接线路基工程全部完成，完成栈桥97米、承台平台240平方米，累计完成投资0.2亿元。

【郧阳区南化至罗堰公路加宽改造】 路线起于西河村，止于罗堰村，全长21.14公里，采用山岭重丘区公路标准，设计速度20公里/小时，路基宽度6.5米，路面宽5.0米。项目总投资1976.12万元，累计完成投资1000万元。

【242国道竹山城关至上庸段改扩建】 项目起于242国道庸都隧道，止于田家坝大桥北岸，全长16.5公里。全线采用设计速度60公里/小时的双向四车道一级公路标准建设，概算总投资5.26亿元。至年底，除鱼岭2号隧道尚未完工外，其他基本具备通车条件。

（杜杰）

襄阳市

【襄阳市宜远线宜城城区至火车站连接线】 起于宜城市张家堰，止于雷河镇罗家冲，路线全长11.58公里，采用设计速度80公里/小时、路基宽度24.5米的双向四车道一级公路标准建设，沥青混凝土路面。项目总投资31380万元，其中省补资金4630万元，其余为地方政府配套。工程建设单位为宜城市公路管理局，施工单位为湖北经天路桥有限公司，监理单位为湖北利民建设工程咨询有限公司。全年完成路面工程1.58公里，完成投资1030万元。累计完成路基11.58公里、路面11.58公里，完成投资31380万元。

【218省道襄阳市东津至峪山改建工程完工】 该项目是连接襄阳市区与宜城市的重要通道，原路面大部分为12米宽的双车道二级公路，由于车流量大、重载车辆多，路面龟裂，坑槽较多，部分路段损坏严重。为缓解该路段交通压力，完善东津新区交通基础设施，对该路段进行改扩建施工。路线全长3.31公里，按一级公路标准设计，双向四车道，路基宽度21.5米，设计速度60公里/小时，概算总投资2.65亿元。全年完成路基、路面2.2公里，完成投资3100万元。至年底项目全线完工。设计单位为襄阳市交通设计院，施工单位为洛阳市路桥建设有限公司，监理单位为湖北利民

工程咨询有限公司。

【襄阳市谷城至丹江口公路改建】 该项目起于汉十高速公路谷城互通匝道口与303省道平交口处，止于丹江口市东环路(241国道)平交处。路线全长29.47公里，其中谷城县境内28.95公里、丹江口市境内0.52公里。谷城境内计划总投资54487万元。按一级公路标准设计，设计速度80公里/小时，路基宽度21.5米，沥青混凝土路面，双向四车道。全年完成路基、路面2公里，完成投资1800万元，累计完成路基8公里、路面2公里，累计完成投资10400万元。设计单位为华杰工程咨询有限公司。

【440省道襄阳市枣阳城区至汉十高速公路琚湾互通段改建工程完工】 12月，440省道襄阳市枣阳城区至汉十高速公路琚湾互通段改建工程(续建项目)完工。该项目起于440省道枣阳城区与旧316国道(襄阳路)交叉处，止于长堰埂，全长12.17公里。该线路设计标准为一级公路，路基宽度21.5米，设计速度80公里/小时。中标合同价49448万元。全年完成路面6.17公里，完成货币工程量26948.41万元。设计单位为中交路桥技术有限公司，施工单位为中交路桥公司。

【302省道襄阳市樊城竹条至老河口仙人渡改建】 该项目全长29.45公里，公路等级为一级公路，一般路段设计速度80公里/小时、集镇路段60公里/小时，计划总投资54656万元。302省道樊城竹条至太平店段改扩建工程是襄阳市第一个采用“建养一体化”模式建设的国省干线公路项目。樊城区政府、襄阳市交通运输局共同成立302省道樊城竹条至太平店段改扩建工程指挥部，负责项目统筹管理。共同委托樊城区住房和城乡建设管理局作为项目实施主体履行业主职责，共同委托樊城公路段具体负责项目质量、进度、安全、环保、计量等施工组织管理。全年完成路基3公里、投资3000万元，累计完成路基5公里、投资12000万元。

【襄阳市207国道襄阳段改建工程(含跨汉江特大桥)】 该项目起于鄂豫两省交界处的黄集镇长王村，在牛首跨越汉江，在宜城小河刘家营顺接207国道，路线全长96.18公里。全线4处上跨高速公路、3处上跨铁路、3处下穿铁路。项目采用一级公路标准建设，设计速度80公里/小时，分段采用双向四车道和六车道，路基宽度25.5米和33米。全线设置桥梁50座11894.5米，互通式立交4处，灯控平交32处；服务区2处，养护工区2处，治超站2处，主线收费站1处，管理分中心1处。概算总投资69.5亿元，建设工期42个月，计划2024年9月建成通车。全年完成投资6000万元，累计完成投资10000万元。

【襄阳市南内环至高速公路连接线】 该连接线全长3.91公里，计划投资34714万元。全年完成路基3.91公里、路面2公里，完成投资25000万元，累计完成投资32000万元。

【346国道宜城汉江二桥及接线工程】 该项目全长18.08公里，起于南营办事处南洲村，止于346国道鄢城办事处铁湖村，设计标准为双向六车道，建设工期4年。汉江二桥通车后，宜城至襄阳东津新区车程仅需20分钟。该项目还包含其他3个子项目：217省道东津新区至宜城段改建工程，起于襄阳市中环线与内环南线东延段的交叉处，止于南营办事处万洋村，与346国道平交，全长32.91公里，一级公路；272省道枣阳市宋集至宜城流水公路改建工程，起于枣宜界杨棚村，止于流水镇，与218省道相接，全长38.38公里，二级公路；24条市政道路工程改造(宜城城区内的育才大道、振兴大道、自忠路等24条主次干道改造)。设计单位为中交第二公路勘察设计研究院有限公司，由中交一公局集团有限公司承建，监理单位为北京路桥通国际工程咨询有限公司。

【346国道南漳界碑头至县城段续建】 该项目起于界碑头，止于县城西，与305省道平交，全长34.44公里。设计标准为一级公路，双向四车道，设计速度80公里/小时，路基宽24.5米，行车道宽23米，沥青路面，计划总投资59448万元，其中部省投资34444万元，地方自筹25004万元。全年完成投资3200万元，累计完成路基34.44公里、路面32公里，累计完成投资91565万元。设计单位为湖北中广公路勘察设计有限公司，施工单位为南漳久通路桥建设有限责任公司，监理单位为湖北利民建设工程咨询有限公司。

【328国道老河口市孟楼至仙人渡段续建】 该项目起于328国道鄂豫省界孟楼镇附近，与328国道河南段对接，止于老河口市仙人渡镇以北的王家楼附近，与316国道衔接，路线全线位于老河口市境内，建设里程32.94公里，计划投资56659万元。全线采用设计速度80公里/小时的双向四车道一级公路标准建设，一般路段路基宽度24.5米，孟楼镇区设置非机动车道及人行道，路基宽度29米，各种路基宽度之间设置过度段。全年完成路基2.75公里、路面1.75公里，完成投资3399万元，累计完成路基22.75公里、路面14.75公里，累计完成投资49049万元。设计单位为湖北省交通规划设计院股份有限公司，施工单位为中交隧道工程局有限公司。

【234国道枣阳寺庄至袁庄段改建工程完工】 该项目起于枣阳寺庄，止于袁庄，全长22.39公里，一级公路标准建设，计划投资36234万元。全年完成路基9.99公里、路面10.99公里，完成投资21834万元。累计完成路基、路面各22.39公里，累计完成投资36234万元。设计单位为湖北中广公路勘察设计有限公司。

【316国道河谷大桥及连接线】 该项目起于旧河口城东王家楼，接316国道襄阳城区段改建工程，至谷城城北王家湾，与316国道谷城段相连。路线全长11.68公里，其中新建8.47公里，与303省道共线3.39公里，起点至303省道平交口采用设计速度80公里/小时的双向六车道一级公路标准，路基宽度32米；303省道交叉口至终点采用设计速度80公里/小时的双向四车道一级公路标准，路基宽度24.5米。初步设计批复总投资12.63亿元。其中，河谷大桥全长4.80公里，按双向六车道一级公路标准设计。河谷大桥建成后，老河口、谷城两地城区车程用时缩短至10分钟。全年完成老河口侧引桥下构施工，上部T梁预制完成95%，桥面系及附属施工完成90%；主桥下构施工全部完成，上部施工完成80%；谷城侧引桥下构施工全部完成，上部T梁预制完成90%，桥面系及附属施工完成85%。完成路基2.5公里、路面2公里，完成投资24900万元。累计完成路基6.4公里、路面5公里，完成投资70726万元。社会资本方为中交第一公路工程局有限公司、襄阳路桥建设集团有限公司；项目公司为中交一公局襄阳投资建设有限公司；设计单位为湖北省交通规划设计院；监理单位为武汉交科工程咨询有限公司。

【程河唐河特大桥】 316省道枣阳新市至襄州黄集段改建工程程河唐河特大桥续建。桥梁全长1767.04米，新建设计速度为80公里/小时、桥面宽12米的先简支后连续2×40米+39×30米+(45+70+70+45)米+40米+8×30米的预应力变截面连续箱梁与小箱梁桥结构形式，设计技术标准为公路Ⅰ级。主桥采用桩径2.0米的钻孔灌注桩基础，桥墩采用矩形实心墩。设计单位为湖北省交通规划设计院。设计技术标准：公路Ⅰ级。全年投资3004.69万元，完成桩基4根、系梁7道、立柱22根、盖梁20个，42~44号墩1~8号块完成，42号、44号墩边跨直线段及合龙段完成，43号墩中跨合龙段完成，梁板架设35跨。

【程河白河特大桥】 316省道枣阳新市至襄州黄集段改建工程程河白河特大桥续建。桥梁全长1036米，新建设计速度80公里/小时、桥面宽12米的先简支后连续3×40米+16×30米+(35+60+60+35)米+8×30米的预应力变截面连续箱梁与小箱梁桥结构形式，设计技术标准为公路Ⅰ级。主桥采用桩径2.0米的钻孔灌注桩基础，桥墩采用矩形实心墩。设计单位为湖北省交通规划设计院。全年投资2010.18万元。全年完成桩基48根、系梁26道、立柱50根、盖梁22个，主跨22号、23号承台、墩身完成，20~23号墩身完成，20号、22号墩0~6号块及边跨直线段完成，21号墩0~6号块完成，20号边跨合龙段完成，梁场完成30米梁板151片、40米梁板4片。

（王自强）

宜昌市

【《宜昌港总体规划(2035)》获批】 4月23日，《宜昌港总体规划(2035)》(以下简称《规划》)获交通运输部、湖北省人民政府联合批复。《规划》中规划港口岸线78.5公里，相比上一轮规划港口岸线长度减少42公里，减幅达35%。《规划》的正式获批，为宜昌市港口建设和管理提供规划依据和技术支撑，将有效指导宜昌港口资源保护和开发，对加快推动宜昌建设全国性综合交通运输枢纽和港口型国家物流枢纽具有重要意义。

【兴山公铁换乘站开工建设】 10月28日，兴山公铁换乘站开工建设。项目总用地面积37442平方米，总建筑面积34077平方米，设计日发客量3800人次。兴山公铁换乘站是宜昌市首个实现与高铁无缝换乘的一级客运枢纽站。兴山公铁换乘站建成投运后，兴山将逐步成为鄂西渝东区域性客运发送、旅游集散交通枢纽中心，进一步完善宜昌公铁客运枢纽格局。

（许来）

【三峡机场二期建设有序推进】 三峡机场二期改扩建工程有序推进，至年底，飞行区预验收整改工作全部完成，具备竣工验收条件；T2和国际航站楼桩基工程、土方开挖及冠梁施工全部结束；高架桥、空管工程按计划顺利推进。

（王婷婷）

【276省道当阳峡口至夷陵区龙泉段(当阳段)改建工程完工】 12月1日，276省道当阳峡口至夷陵区龙泉段(当阳段)改建工程完工。该段起于当阳市峡口村，止于界碑垭(当阳市与夷陵区交界处)，全长8.80公里，按双向两车道二级公路标准建设，设计速度40公里/小时，路基宽8.5米，路面宽7米，沥青混凝土路面，全线设桥梁2座124.08米。项目概算投资7447万元，建设工期24个月。由宜昌市交通规划勘察设计研究院设计，四川中尧建筑工程有限公司承建。

【363省道秭归县横溪至香溪公路改建工程屈原集镇至新滩段开工建设】 12月，363省道秭归县横溪至香溪公路改建工程屈原集镇至新滩段开工建设。该段起于屈原集镇，止于新滩滑坡遗址，全长5.67公里，采用二级公路技术标准建设，设计速度40公里/小时，路基宽8.5米，沥青混凝土路面。项目概算总投资5600万元，其中省部投资3715万元，其余为地方自筹解决，建设工期12个月。由湖北中广公路勘察设计有限公司设计，十堰市双环公路建设有限公司承建。

【276省道峡安线安福寺至猇亭公路(猇亭段)主体工程完工】 12月，276省道峡安线安福寺至猇亭公路(猇亭段)主体工程完工。项目起于276省道枝江市安福寺至猇亭区古老背公路改建工程K9+500处，终于张家湾路、桃子冲路形成十字交叉路口，路线全长3公里。采用设计速度80公里/小时的双向四车道一级公路标准建设，路基宽22.5米，桥梁1座157米。项目概算总投资13943万元，其中部省补助资金2165万元，其余地方

自筹。建设工期 18 个月。由中北工程设计咨询有限公司设计，中交第四公路工程局有限公司承建。

【宜昌市点军联棚至长阳龙舟坪公路(点军区境)开工建设】 7月，宜昌市点军联棚至长阳龙舟坪公路(点军区境)开工建设。项目路线起于宜昌市点军区联棚(张家台子),与在建的鸡公岩隧道相接，全长 8.62 公里，全线设大桥 3 座 766.10 米、中桥 6 座 487.75 米，项目概算总投资 56301 万元。建设工期 24 个月，由湖北省交通规划设计院股份有限公司设计，宜昌市城市建设投资控股集团代建。

【287 省道马家垱至土城段改建主体工程完工】 12 月，287 省道马家垱至土城段改建主体工程完工。项目路线起于 287 省道点军区土城乡马家垱(点军区与夷陵区交界处),止于土城乡集镇，与 241 国道平交，路线全长 21.35 公里。采用二级公路技术标准建设，设计速度 40 公里 / 小时，道路面类型为沥青混凝土路面，路基宽 8.5 米。项目概算总投资 16596 万元，其中部省投资 7473 万元，其余为地方自筹。建设工期 24 个月。由宜昌市交通规划勘察设计研究院设计，宜昌富强工程有限责任公司、湖北省清江路桥建筑有限公司等单位承建。

【209 国道兴山县伍家坪至高桥集镇改建工程完工】 11 月，209 国道兴山县伍家坪至高桥集镇改建工程完工。项目起于兴山县伍家坪烟灯垭处，止于高桥集镇东侧，与 457 省道平交，路线全长 11.76 公里。采用设计速度 40 公里 / 小时的双向两车道二级公路标准建设，路基宽 8.5 米，概算总投资 1.29 亿元，建设工期 18 个月。由湖北省交通规划设计股份有限公司设计，湖北瑞得建设有限责任公司、宜昌富强工程有限责任公司承建。

【252 省道兴山县界牌垭至温家垭段公路开工建设】 6 月，252 省道兴山县界牌垭至温家垭段公路开工建设。项目起于兴山县黄粮镇界牌垭，止于兴山县与保康县边界处，全长 47.85 公里。采用设计速度 40 公里 / 小时的双向两车道二级公路标准建设，路基宽 12 米，概算总投资 98396 万元，其中部省补助资金 16748 万元，其余为地方自筹。建设工期 24 个月。由中交公路规划设计院有限公司设计，国闰建设集团有限公司承建。

【秭归县芝兰至茅坪公路主体工程完工】 12 月，秭归县芝兰至茅坪公路主体工程完工。项目起于 255 省道九畹溪镇芝兰桥头，止于茅坪九里接明珠大道，全长 56.74 公里。采用二级公路技术标准建设，设计速度 40 公里 / 小时，路基宽 8.5 米，沥青混凝土路面。全线新建桥梁 3 座 187.46 米。项目概算总投资 59150 万元，建设工期 30 个月。由宜昌华捷道路勘测设计有限责任公司设计，宜昌富强工程责任有限公司等单位承建。

【秭归县童庄河渡改桥工程】 该项目位于秭归县郭家坝镇，大桥全长 651 米，跨越童庄河，两岸连接邓家坡村与头道河村，采用二级公路技术标准建设，设计速度 60 公里 / 小时，桥面净宽 10 米，行车道 8 米，左右人行道各 1 米；右岸接线 345 米，连接 348 国道，左岸接线 670 米，连接县道童黄线，采用三级公路技术标准建设，设计速度 40 公里 / 小时，路基宽 8.5 米，路面宽 7.5 米，预算总投资 25627 万元。由长江勘测规划设计研究有限责任公司设计，中铁大桥局集团有限公司承建。

（杨丽冰）

荆州市

【沪渝高速公路荆州东服务区开工建设】 5 月 1 日，沪渝高速公路荆州东服务区开工建设。项目位于沙市区观音垱镇以东，用地规模 303 亩，预算投资 3.2 亿元，计划建设成为集停车、修理、加油、住宿、餐饮、购物、休闲娱乐于一体的综合性多功能高速公路服务区。至年底，完成投资 8600 万元。

（胡力）

【318 国道荆州区段改扩建】 项目全长 2.19 公里(含万城大桥 477 米拆除新建)，总投资 1.37 亿元。万城大桥新建工程是 318 国道改扩建工程荆州段的重要节点控制性工程，位于荆州和宜昌交界地带，是新 318 国道连接线、跨沮漳河。318 国道荆州段改扩建全部完成后，双向四车道、设计速度 80 公里 / 小时的一级公路，带动荆州经济加快发展。至年底，万城大桥左幅施工完成，右幅预制梁架设完成，附属物征收全部完成，电杆电线全部迁移到位。计划 2021 年 6 月全线通车。

【荆江大道开工建设】 10 月 17 日，荆江大道项目跨引江济汉特大桥开工建设。荆江大道起于李埠杨井村，与在建 428 省道终点对接，向东经杨井村、李埠村、荷花村、跨江汉运河后，利用荆李线加宽改造，止于西环线与南环线交叉口，是通过西环路与荆江大道城区段相接的交通大通道。路线全长 10.78 公里，采用设计速度 80 公里 / 小时、路基宽度 24.5 米的双向四车道一级公路标准建设。项目总投资 3.94 亿元。至年底，完成桥梁桩基础 35 根、承台 1 座、系梁 1 根、墩柱 2 根，完成投资 3000 万元。

（曾星园）

【253 省道南河大桥至浣市公路】 项目起于南河大桥南岸桥头，止于报德寺村与 253 省道平交，路线全长 17.6 公里，总投资 1.53 亿元。至年底，项目一标段 9 公里水稳层基本完工、二标段完成水泥混凝土路面 3.5 公里施工。全年完成产值 4029.36 万元，累计完成产值 6705.06 万元，完成占比 67.73%。

【浣水旅游快速通道】 项目起于新江口镇木天河村与 254 省道顺接，止于团山口村与355省道顺接，路线全长35.87公里，项目总投资8.85亿元。至年底，城北段、城区段和白云路南延路段沥青混凝土路面施工基本完成，全线桥梁下构基本完成，楚城大道至沲水段在进行路基施工。全年完成产值1.44亿元，累计完成产值2.75亿元，完成占比32.5%。

【车阳河港口二期工程建设】 项目概算总投资13.34亿元，由湖北交投荆州投资开发股份有限公司投资建设。新建3000吨级泊位6个(水工结构按靠泊5000吨级船舶设计)，货物吞吐量为集装箱35.8万标准箱/年、件杂货170万吨/年。完成水工建筑物施工，陆域场平及地基处理、进港大道、轨道桩基完成，排水管网完成98%、给排水构筑物完成95%、电气管网安装完成85%、电气构筑物完成95%，完成电力迁改、试运营用电验收。港区大门及管理间、1号和4号变电所、消防泵房及水池、流机库、机修间、拆装箱库、候工楼主体及装修完成，完成综合楼、1号仓库、2号仓库主体施工，完成疏港路至港区大门路段两侧绿化施工，2台门座机、2台岸桥安装完成，累计完成投资86079万元。

(朱卫华)

荆门市

【207国道荆门桃园至子陵、团林至砖桥段改建】 该项目全长103.19公里，其中桃园至子陵段59.35公里、团林至砖桥段43.84公里。采用一级公路技术标准建设，设计速度80公里/小时，双向四车道，路基宽24.5米，预算总投资21.18亿元。桃园至子陵段由华杰工程咨询有限公司设计、团林至砖桥段由江苏交通科技股份有限公司设计，监理单位为湖北楚维工程咨询监理有限责任公司。采取政府和社会资本合作PPP模式建设。荆门中建二〇七公路建设有限公司为该PPP项目法人(业主)，负责合作期内项目融资、建设、运营维护、移交等全面工作。至年底，累计完成投资20.15亿元，完成路基101.5公里、路面80公里、桥梁27座。

【荆门市公路桥梁三年消危行动危桥改造工程】 全市计划改造桥梁328座，其中公路危桥(四、五类桥)拆除重建175座、三类桥加固改造153座。估算总投资3.50亿元，计划工期760天。在全省率先实施设计施工总承包(EPC)建设模式，以市为单位“打捆”招标、整体推进，用3年时间彻底消除公路桥梁安全隐患。由中铁大桥局集团有限公司设计、施工。至年底，全市完成危桥改造18座，其中国省道桥梁6座、农村公路桥梁12座，完成投资1000万元。

【234国道钟祥城区绕城段开工建设】 12月10日，234国道钟祥城区绕城段开工建设。该项目起于钟祥市洋梓镇以北蔡家湾，终点与347国道及枣潜高速公路连接线平交，全长19.97公里，按双向四车道一级公路标准建设，设计速度80公里/小时，路基宽25.5米，总投资60311万元，其中部省补助资金19972万元、地方财政配套40339万元。设计单位为中国公路工程咨询集团有限公司，施工单位为湖北钟祥通达路桥工程有限公司，监理单位为湖北楚维工程咨询监理有限责任公司。12月28日，敖河大桥首桩开钻。

【347国道京山段改扩建】 该项目起于天门与京山交界处邓李村，止于347国道京山与钟祥交界处黄台村，接347国道荆门东桥至子陵段改扩建工程，全长56.92公里，按一级公路标准建设。采用建养一体化模式建设，由山东路桥中标建设。至年底，完成路基10.8公里。

【347国道荆门东桥至冷水段改扩建工程(钟祥段)】 该项目起于钟祥市与京山市交界处，终点接荆门高店互通，全长62.79公里。采用设计速度80公里/小时的双向四车道一级公路标准建设，路基宽24.5米，设计概算总投资13.44亿元。经公开招投标，第一合同段(1、2标)施工单位为中铁五局集团公司、监理单位为湖北华中公路工程监理咨询有限公司；第二合同段(3、5标)施工单位为国基建设集团有限公司、监理单位为湖北楚维工程咨询监理有限责任公司；第三合同段(6、7标)施工单位为湖北钟祥通达路桥工程有限公司、监理单位为湖北中交公路桥梁监理咨询有限公司。至年底，第一合同段21.68公里，完成全部路基及桥涵施工，完成路面80%；第二合同段14.13公里全部完工，于7月29日完成交工验收；第三合同段16.3公里全部完工，于9月29日完成交工验收。

【348国道沙洋城区绕城段工程】 该项目起点接348国道沙洋汉江二桥接线工程终点，止于高阳镇垢冢村，路线全长15.23公里，全线采用设计速度80公里/小时的双向四车道一级公路标准建设，路基宽24.5米，批复投资31944万元，其中省补资金15725万元、地方配套16219万元。设计单位为湖北中广公路勘察设计有限公司，分4个阶段进行施工。第一阶段为开发区段1.66公里完工；第二阶段为311省道高桥集镇至342省道枣林段4.89公里，完成交工验收；第三阶段为342省道枣林至348国道垢冢段4.16公里，完成交工验收；第四阶段为311省道高桥集镇至汉江二桥段4.77公里，至年底，完成路基路面施工，在进行人行道等附属设施施工。

【223省道沈集至荆州六监区公路沙洋段工程完工】 12月，223省道沈集至荆州六监区公路沙洋段工程全部完工。该项目起于沙洋县沈集镇沈集村，止于沙洋县后港镇蛟尾村，全长51公里。按二级公路标准建设，路基宽10米，路面宽8.5米，设计总投资3.9亿元，资金来源为部省投资和地方自筹。

【262 省道仁和至曹武公路改扩建工程完工】 12 月，262 省道仁和至曹武公路改扩建工程全部完工。该项目起于罗店仁和与安陆交界处，止于曹武与应城交界处，全长 38.1 公里，按二级公路标准建设，设计速度 60 公里 / 小时，路基宽 12 米，总投资 2.35 亿元。施工单位为京山市路桥建设有限公司，监理单位为湖北省楚维工程咨询监理有限责任公司。

【266 省道钟祥市文集至石牌段改扩建】 该项目起于钟祥市文集镇沿山村与 331 省道钟铁线相接，终点与 439 省道江石线相接，全长 23.04 公里。采用设计速度 80 公里 / 小时的双向两车道二级公路标准建设，路基宽 12 米，路面宽 10.5 米，总投资 1.80 亿元。设计单位为中国公路工程咨询集团有限公司，施工单位为湖北钟祥通达路桥工程有限公司，监理单位为湖北楚维工程咨询监理有限责任公司。至年底，完成 9.5 公里过渡路面及沿线全部桥梁工程。

【311 沙洋城区至后港段改扩建工程开工】 7 月，311 沙洋城区至后港段改扩建工程开工建设。该项目起于沙洋县城区沙洋大桥附近平湖大道和汉津大道的交叉十字路口，终于沙洋县后港镇西侧，下穿蒙华铁路，汇入原有旧路。路线全长 36.7 公里，采用设计速度 80 公里 / 小时、路基宽 24.5 米的一级公路标准建设。批复投资 8.68 亿元。由中交第三航务工程勘察设计院有限公司设计，中国一冶集团有限公司(路基路面施工)、沙洋楚雄公路桥梁工程有限责任公司(桥梁工程施工)施工，上海中咨安通工程管理股份有限公司监理。至年底，完成路基 17 公里、路面 12 公里。

【327 省道京山三阳至钟祥客店改扩建工程开工】 3 月，327 省道京山三阳至钟祥客店改扩建工程开工建设。该项目起于京山市三阳镇南坪客线与国道 240 平交处，止于京山与钟祥交界处徐家坪，全长 36.56 公里，按山区二级公路标准建设。项目采用建养一体化模式建设，由山东路桥中标建设。至年底，完成挖方 29.04 万立方米、填方 27.45 万立方米、土工格栅 1.62 万平方米、清表 29.85 万平方米、涵洞工程 35 道 406.812 米、防护工程 1.78 万立方米，桥梁工程开工 5 道，完成下部构造。

【342 省道沙洋至河溶(沙洋至五里段)公路改建】 该项目东起 311 省道(老汉宜线)沙洋县卷桥南环路十字交叉口，终点与新 207 国道 T 形相交，路线全长 35.68 公里。全线采用设计速度 80 公里 / 小时、路基宽 21.5 米的一级公路标准建设。批复投资 8.55 亿元。由湖北省交通规划设计院股份有限公司设计，采用建养一体化模式由湖南建工集团有限公司施工，厦门港湾咨询监理有限公司监理。至年底，完成路基 34 公里、路面基层 31 公里、沥青面层 31 公里。

【438 省道荆门仙居至宜城刘猴公路东宝段改建】 该项目起于荆门仙居乡聚仙路林业管理站门口，止于宜城市刘猴镇三里村，全长 6.1 公里。按二级公路标准建设，设计速度 60 公里 / 小时，项目投资 4305 万元。由十堰市路纬交通勘察设计有限公司设计。至年底，完成全线路基土石方工程、渣石垫层摊铺工程、路面排水沟及黄聂桥建设工程。

【482 省道钟祥市丰乐至北新集段改扩建】 该项目起于钟祥市丰乐镇，止于 234 国道北新集处，与龙北线对接，全长 40.62 公里。按二级公路标准建设，设计速度 60 公里 / 小时，路基宽 10 米，计划投资 3.09 亿元。由钟祥通达路桥公司、钟祥畅达养护公司施工，湖北楚维工程咨询监理有限责任公司监理。至年底，完成沿线全部桥梁工程、7 公里路基及部分涵洞施工。

【348 国道沙洋汉江公路二桥】 该项目起于沙洋县范家台桥北，止于李家台，全长 4 公里(沙洋县境内 2.1 公里、天门市境内 1.9 公里)，其中大桥长 2.153 公里、两岸接线 1.843 公里。全线采用设计速度 80 公里 / 小时、路基宽 24.5 米的双向四车道一级公路标准建设。批复投资 5.37 亿元。由北京交科公路勘察设计研究院有限公司设计，中交第三航务工程局有限公司施工，湖北省公路水运工程咨询监理有限公司监理。至年底，完成桥梁下部构造、部分箱梁预制和现浇，完成接线段路基施工。

(韩青)

孝感市

【107 国道孝感肖港至张公堤段改建】 该项目起于孝南区肖港镇福银高速公路孝感北互通出口处，止于张公堤(孝感市与武汉市交界处)，路线全长 37.24 公里，其中新建里程 28.49 公里、利用旧路加宽改建 8.75 公里。按一级公路标准(城区路段兼市政道路)建设。批复预算 19.36 亿元。至年底，完成全线路基、管涵、桩基和 97% 的桥梁下构，93% 的桥梁上构，90% 的路面，京广铁路立交桥跨铁路转体部分桩基、墩柱、盖梁全部完成，转体现浇梁基本完成。

【316 国道外迁线建成通车】 11 月 29 日，316 国道外迁线建成通车。该项目起于云梦县伍洛镇熊家台，止于孝南区毛陈镇陈八埠，路线全长 22 公里。按双向四车道一级公路标准建设，设计速度 80 公里 / 小时，路基宽 24.5 米。项目建设投资 8 亿元。

【孝感市孝云大道长兴三路延伸工程】 该项目起于孝南区上鲍家湾附近，接 107 国道孝感南段改建工程，终于云梦县伍洛镇熊家台以北，与新 316 国道对接，路线全长 15 公里，建设投资 22 亿元。按双向六车道城市快速路标准建设，设计速度 80 公里 / 小时，澴河大桥以东段路基宽 60 米、以西段 36 米。至年底，完成路基工程量

78%、路面工程量 1.5%、涵洞工程量 82%，完成桥梁桩基 98.5%、桥梁下构 82%、上构完成 25%。

【316 国道孝南段改建工程建成通车】 11 月 29 日，316 国道孝南段改建工程建成通车。该项目起于 316 国道孝南区毛陈镇焦湖村莲藕市场处，止于卧龙乡七里村，全长 18.70 公里。采用设计速度 80 公里 / 小时、路基宽 24.5 米的双向四车道一级公路标准建设。

【硚孝高速公路孝感连接线】 该项目硚孝高速公路进入孝感城区的重要通道，全长 6.55 公里，由 2 条线组成，其中孝硚大道市政道路起于南大经济开发区鲁铺仙女湖路与 107 国道复线相交处，止于毛陈镇大黄家咀，路线长 5.59 公里；107 国道联络线起于 107 国道毛陈镇焦湖村处，止于毛陈镇大黄家咀处与孝硚大道相交，路线长 0.96 公里。按城市一级主干道标准建设，路基宽 50 米，双向六车道。

（万磊）

黄冈市

【黄冈至黄梅铁路项目】 工程进度。3 月 23 日，黄冈至黄梅铁路跨麻阳高速公路特大桥 13 号连续梁开始施工。5 月 29 日，铁家冲一号隧道顺利贯通，是全线首个贯通的隧道。6 月 17 日，黄黄高铁跨麻阳高速公路特大桥连续梁合龙，是全线首个连续梁合龙。7 月 10 日，黄黄高铁重点控制工程、全长 1420 米的王上湾隧道全线贯通。9 月 16 日，范家岗特大桥跨京九线转体梁施工。12 月 22 日，项目全线 15 座隧道全部贯通。12 月 26 日黄黄铁路浠水特大桥 (72+128+72) 米连续梁顺利合龙，连续梁采用 6 米大节段悬臂造桥机施工，该技术在国内铁路建设中首次应用。全年黄冈至黄梅铁路完成投资 44.9 亿元。

【燕矶长江大桥】 燕矶长江大桥是湖北国际物流核心枢纽的重要配套工程，上层为高速公路，下层为城市快速路。高速公路起于黄冈市大广高速公路，设黄州北枢纽互通，由北向南沿巴河右岸前行，与 347 国道相交处设陶店互通，向南在南湖路处设江北互通，经六福湾跨长江至鄂州市燕矶镇，止于鄂城区沙窝乡，接武鄂高速公路，全长 26.12 公里。采用设计速度 100 公里 / 小时、路基宽 33.5 米的双向六车道标准。城市快速路起于 409 省道，与黄州大道相交处设黄州互通，沿巴河快速路，在黄州大道设上下桥匝道，过江后在鄂东大道设上下桥匝道，上跨吴楚大道，止于上下层桥梁分离处，与鄂州市规划的燕大快速路相接，全长 9.22 公里，采用设计速度 80 公里 / 小时、路基宽 25.5 米的双向四车道标准。项目经省政府批准由黄冈、鄂州两市采用特许经营权方式建设，项目估算总投资 125.61 亿元，建设工期为 54 个月。项目业主为湖北交投燕矶长江大桥有限公司，设计单位为中交第二公路勘察设计研究院、中南勘察设计院。10 月 18 日，燕矶长江大桥在黄冈侧锚碇施工区举行开工仪式。至年底，项目驻地、搅拌站、钢筋加工场等大临建工程全部完成。

（夏彬）

【220 国道武穴市大金至界岭段改建】 220 国道武穴市大金至界岭段全长 55 公里，起于武穴与蕲春交界处界岭，止于 50 国道沪渝高速公路武穴大金收费站，全长 25.7 公里，其中改线段长 6.6 公里、老路拼宽利用段长 19.1 公里。全线采用设计速度 80 公里 / 小时的一级公路标准建设，路基宽 24.5 米，路面宽 23 米，建中桥 3 座 161 米、小桥 2 座 33 米。计划总投资 5.05 亿元，资金来源为部省补助和地方配套。至年底，220 国道武穴市大金至界岭段改建工程主体工程完工。

【中部新城高铁小镇连接线工程开工建设】 9 月 28 日，中部新城高铁小镇连接线工程开工建设。该项目是连通黄黄高铁武穴北站的重要配套工程，起于花桥镇郭德元村，止于石佛寺镇红绿灯处，与 220 国道武穴界岭至大金段一级公路相交，路线全长 6.6 公里。建设标准为一级公路兼城市主干道功能，沥青混凝土路面，设计速度 60 公里 / 小时，总投资 1.86 亿元，资金来源为地方自筹。至年底，完成清表 3.85 万平方米、路基抛石 1.04 万立方米、石渣填筑 9.7 万立方米，在进行郭德元桥和管涵、边沟施工。完成货币工程量 4000 万元。

【332 省道武穴市龙腰至梅川段改建工程开工建设】 8 月 28 日，332 省道武穴市龙腰至梅川段改建工程开工建设。该项目起于余川镇龙腰村，止于梅川镇解念兹村，路线全长 23.93 公里，其中沿旧路改扩建 20.56 公里、新建 3.37 公里，路基宽 25.5 米，沿线有桥梁 8 座 202 米、涵洞 72 道、立体交叉 1 处、与公路平面交叉 53 处，按一级公路标准建设，设计速度 80 公里 / 小时，全线沥青路面。预算总造价 5.98 亿元，资金来源为部省补助和地方配套。计划工期 30 个月。至年底，完成梅川镇李云二至解念兹村路基 2 公里。

【武穴大金至德里桥公路改建工程开工建设】 5 月 23 日，武穴大金至德里桥公路改建工程开工建设。该项目起于 204 省道下穿京九铁路附近，终于德里桥附近接县道武新线，路线全长 9.31 公里。设计标准为三级公路，水泥混凝土路面。全线有中桥 2 座、涵洞 31 道。工程总投资 2200 万元。计划工期 10 个月。至年底，完成石渣垫层 7.3 公里、路面硬化 5.7 公里。

（张银俊）

【田镇港区洪阳湖作业区祥云综合码头投入营运】 6 月，田镇港区洪阳湖作业区祥云综合码头通过交工验收并投入营运。该项目规划建设 3000DWT 泊位 4 个，其中件杂货泊位 2 个（兼靠 5000 吨级货船，采用高桩梁板结构）、散货泊位 2 个（采用趸船浮码头结构形式）。年吞吐量 440 万吨，其中散货 340 万吨、件杂货 100 万吨，设计年通过能力 484 万吨。陆域布置有堆场，仓库等生产设施，配套建设给排水、供电照明、消防、环保等设施。

（张银俊）

【318国道英山县城区段竣工通车】 10月，318国道英山县城区段竣工通车。该项目起自英山县城东侧莲花村，与318国道平交，向北经王家坳、莲花山至河东村，跨东河后经黄泥岗村、张家畈村，接201省道，路线全长7.3公里，按一级公路标准建设，双向四车道，宽23米。预算总投资1.8亿元，工期30个月。

【219省道红红线红花至陶河段竣工通车】 12月，219省道红红线红花至陶河段竣工通车。219省道红花至陶河段改建工程是英山县普通公路“建养一体化”项目包之一，起于草盘地镇伍桂村与222省道小白线平交，终于陶河乡陶河街道，路线全长15.2公里，建设标准为二级公路。总投资1.39亿元，工期24个月。

【323省道过三线过路滩至石镇段竣工通车】 12月，323省道过三线过路滩至石镇段竣工通车。323省道过三线过路滩至石镇段是英山县普通公路“建养一体化”项目包之一，起于雷店镇过路滩村与222省道小白线平交，终于石头咀镇街道与201省道中大线平交，路线全长19公里，建设标准为二级公路。总投资2.07亿元，工期24个月。

【英山县梅沙线改建工程通过交工验收】 10月28日，英山县梅沙线改建工程通过交工验收。该项目起于英山县温泉镇梅岩村，于318国道平交，止于沙湾河(鄂皖交界处)。路线全长9.2公里，路面宽度6米，总投资约4000万元。

【杨柳大桥建成通车】 1月18日，杨柳大桥建成通车。杨柳大桥位于219省道英山县红英线，属旧桥拆除新建，桥长330.08米，桥宽15米，总投资3042万元。

【四季花海旅游路竣工】 5月底，四季花海旅游路竣工。四季花海旅游路起于县城西南边，南至王家湾四棵枫，西临白莲河水库，是白莲河水库环库生态旅游公路重要组成部分。路线全长7.3公里，路基宽度12米，公路等级为二级公路，是英山县第一条彩色沥青景观路。总投资6100万元。

【英山县九龙大道改建】 英山县九龙大道改建工程起于毕升大道交叉口处，止于红山大道平面交叉口，改建道路全长2.74公里。道路等级为二级公路兼城市主干路，沥青混凝土路面。估算总投资7294.5万元，除2座桥梁外，其他路段均完成建设任务。

（付天姿）

咸宁市

【107国道咸安绕城段工程】 107国道咸安绕城段起于贺胜桥镇，与107国道江夏段对接，终点在汀泗桥镇双港桥与107国道赤壁段对接。路线全长36.84公里，其中改建1.9公里、新建34.94公里。按双向四车道一级公路技术标准建设，设计速度80公里/小时，路基宽26米。总造价13.99亿元。征地拆迁工作全面启动，控制性工程全面开工，全年完成投资5.2亿元，累计完成投资12.8亿元。

【咸宁大道西延伸段道路工程(一期)】 该项目起于咸宁大道与嫦娥大道交叉处，止于程益桥村附近接规划四路，全长约6公里。路基宽度29米，按双向六车道一级公路兼顾城市主干路标准建设，设计速度60公里/小时，总概算4.15亿元。至年底，完成路基土石方工程量85%；涵洞通道19道，占总量的73%；防护工程挡土墙工程量88%。全线5.5公里路基便道贯通。全年完成投资1.5亿元，累计完成投资3.5亿元。

（蔡霖）

随州市

【浪河至何店一级公路】 随州市浪河至何店一级公路是346国道、240国道随州市区段改建工程及浪河至何店一级公路建设工程PPP项目存量项目，起于编钟大道与麻竹高速公路交叉口王家冲，于邓家咀接263省道，对接汉十高速公路何店互通出口，全长7.29公里。预算总投资5.13亿元，施工工期24个月。由中铁二十局集团第一工程有限公司、京山县路桥建设有限公司、随州市九易通路桥工程有限公司施工，广东协立工程咨询监理有限公司监理。至年底，全线路基、涵洞工程基本完成。

【346国道随州市十岗至任家台段改扩建】 该项目起于随州市曾都区淅河镇十岗，止于曾都区南郊任家台，路线全长23.76公里，建设工期36个月。概算总投资7.9亿元。采用设计速度80公里/小时、路基宽25.5米的双向六车道一级公路技术标准建设。至年底，完成投资7330万元，完成全线23.76公里放线任务，开挖边界沟10公里，登记红线内房屋354余户，完成光华村550米路基试验段填筑及府河大桥69根桩基施工，建成使用工地实验室及钢筋加工场1处。

【桃园大桥正式通车】 7月24日，桃园大桥正式通车。桃园大桥连接交通大道与擂鼓墩大道，全长322.45米，桥宽26.0米，双向六车道，选用悬索桥型。大桥设计速度60公里/小时，荷载等级为城-A级，设计安全等级一级。估算总投资3966万元。资金来源为部省补助资金和地方自筹资金。

（喻红平）

恩施土家族苗族自治州

【348国道巴东长江大桥至平阳坝段开工建设】 6月3日，348国道巴

东长江大桥至平阳坝02合同段开工建设。该合同段位于大桥桥北至柚子树坪，至郑万高铁巴东北站站前广场，路线全长14.73公里，采用一级公路标准建设，设计速度60公里/小时，路基宽度23米，总投资16.27亿元。

【351国道咸丰县大沙坝至龙井段开工建设】 10月，351国道咸丰县大沙坝至龙井段(大沙坝至李子溪段)开工建设。大沙坝至李子溪段起于咸丰县大沙坝，止于李子溪，路线全长29.42公里，采用设计速度40公里/小时、路基宽8.5米的二级公路标准建设，投资规模7.10亿元。

【209国道宣恩绕城公路工程(椒园一碗水至和平段)】 该项目起于宣恩县椒园镇黄坪，止于宣恩县珠山镇干沟塘，主线全长20.25公里，另设莲花坝至卸甲坝段支线3.42公里，投资规模15.98亿元。采用设计速度60公里/小时的双向四车道一级公路标准建设，其中黄坪至岳家坨段路基宽23米、岳家坨至卸甲坝段路基宽25.5米、卸甲坝至干沟塘段及支线莲花坝至卸甲坝段路基宽20.5米。其中一碗水至卸甲坝段于4月开工建设。

【351国道宣恩县椿木营至长潭河段改扩建】 该项目起于宣恩县左家垭，止于长潭河松树堡，宣恩境内路线全长45.95公里，采用设计速度40公里/小时、路基宽8.5米的二级公路标准建设，投资规模9.05亿元。项目分3段实施，第1段、第2段开工建设，第3段未招标。

【242国道恩施大集场至宣恩晓关段公路开工建设】 4月，242国道恩施大集场至宣恩晓关段公路开工建设。项目起于恩施市与宣恩县分界处拖泥沟，止于晓关乡南侧232省道，全长17.95公里。采用设计速度40公里/小时、路基宽8.5米的二级公路标准建设，投资规模2.30亿元。

(王郑)

仙桃市

【仙桃市胡郭公路318国道至排湖绿道段改建】 该项目起于胡场镇五号村，接318国道，止于排湖风景区排湖绿道与原胡郭公路交叉口。项目建设里程10.35公里，公路等级为一级公路，设计速度60公里/小时，路基宽23米，估算投资2.84亿元。至年底，累计完成路基工程10.35公里、路面工程9公里，完成投资2.31亿元。

【仙桃市剅河至排湖公路改建】 该项目起于213省道李谢线董庄桥处，止于排湖至沔城公路，全长14.20公里。全线采用设计速度40公里/小时、路基宽11米、路面宽8米的二级公路标准建设，投资估算1.13亿元。至年底，累计完成路基工程14.20公里、路面工程12公里，完成投资1.09亿元。

(归烨)

潜江市

【潜江汉江大桥新建工程】 该项目全长6.74公里，其中天门岸接线2.84公里、汉江大桥2.46公里、潜江岸接线1.44公里，预算总投资4.77亿元。至年底，完成投资2.2亿元，完成潜江侧全部下构及80%梁板施工，天门侧下构基本完成。

【247省道汉江大桥至潜江渔洋一级公路】 该项目起点对接潜江汉江大桥，止于监利新沟大桥，全线50.67公里，概算总投资13.21亿元。至年底，完成汉江大桥至318国道复线段11.2公里路面工程、跨G50大桥下部构造及部分梁板施工，完成新沟大桥至渔洋段5.5公里旧路加宽施工，完成渔洋七一至谢小段3公里路基路面施工。

【234国道后湖至熊口段改建】 该项目起于沪渝高速公路后湖互通G50大桥，止于234国道与322省道平交处，全长9.8公里，预算投资1.17亿元。至年底，完成路基工程7公里、路面基层6公里。

【318国道一级公路改造】 该项目全长34.09公里，概算投资约6.27亿元。至年底，完成深江站至徐魏台段路面工程7.3公里、周矶至高场段路面工程5.85公里、后湖至浩口段路面工程5.6公里，完成浩口至苏港段路基工程2.5公里、基层1.4公里。

(何洞强)

农村公路建设

【武汉市】 全市全年完成县乡产业路路基106.6公里、路面103.3公里，提档升级路基路面109.3公里。新建通湾公路204.09公里，提档升级项目建设188.48公里，县乡道改造78.859公里。开展公路桥梁“三年消危行动”，危桥改造13座。围绕乡村振兴战略，助力脱贫攻坚，督导推进“四好农村路”示范创建，黄陂区被评为2019年度湖北省“四好农村路”示范县；蔡甸区大集街、黄陂区祁家湾街、新洲区辛冲街被评为2019年度湖北省“四好农村路”示范乡镇。交通行业机构改革不断深入，区、街道两级农村公路管理机构制度化、规范化、科学化管理模式逐步形成。

(盛欢)

【宜昌市】 全市农村公路总里程33048.8公里。其中县道3230.7公里、占比9.8%，乡道8249.3公里、占比25%，村道21568.8公里、占比65.2%。农村公路新改建工程，全年完成撤并村通畅工程367公里、提档升级工程1000公里、县乡道改造124.5公里、窄路面加宽311.4公里。完成农村公路安全防护工程1340公里，其中县乡道计划1145公里、村道计划195公里；完成危桥改造16座、新建桥梁10座；完成坡改平4处，平交道口整改103处，重大安全隐患治理14处。全市申报创建美丽农村路1226公里。完成农村公路美丽宜道540公里。在全市13条美丽宜道上选择具有影响力、信誉度的企业商家作为美丽宜道打卡点，印发一批美丽宜道手绘地图免费发放给市民，线路辐射宜昌9个县市区，服务当地农村人居出行，也带动沿线民宿、农家饭、特色采摘等特色产业发展。远安县旧县镇、点军区桥边镇、宜都市潘家湾乡、枝江市董市镇、当阳市草埠湖镇、夷陵区樟村坪镇6个乡镇通过考核，获评2019年省级“四好农村路”示范乡镇。

（李锐）

【荆州市】 全市农村公路通车里程21731公里，占公路通车总里程的92%，农村公路密度达到150.7公里/百平方公里，实现100%乡镇通达二级以上公路，1542个行政村100%通水泥（沥青）路、100%通达客车。江陵县获评全国“四好农村路”示范县，全市建成省级“四好农村路”示范县4个（含国家级）、示范乡镇8个。

提档升级工程。为解决农村公路通而不畅、标准不高问题，对主要干道和重要路段通村公路实施提档升级和窄路加宽，将路面宽度由原来的3.5米扩宽到4.5米或5.5米，全年完成农村公路提档升级1122.79公里。

公路安全保障。完成“455”公路安全生命防护工程1122公里。启动实施公路桥梁“三年消危行动”，采取分区域“打捆”招标、统一实施，将桥梁建设和定时养护进行捆绑，引进企业承担项目总承包施工。全市4个项目包共计662座危桥项目落地实施，第1、2个项目包开工建设。

美丽农村路创建。结合美丽乡村建设，开展农村公路路域环境整治，实施农村公路绿化行动，具备条件的农村公路实现“路田分家、路宅分家”，栽植行道树。全年建成“美丽农村路”1088公里。

农村公路管养。按照“有路必养、养必到位”要求，建立分级养管机制，县市财政按省拨资金全额配套，确保每个乡镇每年养护经费不低于40万元。采取“专群结合”模式，实施分段承包、定额包干和“一员多岗”，做好日常养护；通过政府购买服务，选择专业化养护企业承担农村公路大中修等工程。争取省级农村公路养护资金6583万元，落实县级农村公路养护资金配套7528.5万元。

运输服务提升工程。按照“客货并举、交邮结合”思路，推行“多站合一、资源共享”，建设交通综合服务站，形成优势互补、良性互动的三级农村物流网络。

（彭华）

【咸宁市】 全年农村公路提档升级计划1899.03公里，完成1966.37公里，完成率103.5%。创建美丽农村路1129.3公里。至年底，崇阳县被评为“四好农村路”国家级示范县，崇阳县、咸安区被评为省级“四好农村路”示范县，咸安区汀泗桥、双溪桥镇，嘉鱼县陆溪镇、官桥镇，崇阳县白霓镇、铜钟乡，通山县大畈镇等7个乡镇被评为省级“四好农村路”示范乡镇。

咸宁风景道建设。5月25日，咸宁市人民政府印发《市人民政府办公室关于印发咸宁风景道建设实施方案的通知》，全面启动咸宁风景道建设，在一、二级路改造、养护大中修工程、“四好农村路”、美丽乡村路、“三年消危行动”等建设项目中，融入“风景道”理念同步建设。咸宁风景道策划总里程977.95公里，其中步行道11.5公里、骑行道70.79公里，自驾游道895.66公里。全年建成咸宁风景道512.68公里，其中步行骑行综合道、骑行道63.6公里、自驾游道449.08公里，同时完成345.9公里咸宁风景道LOGO标识。

“三年消危”专项行动。10月10日，咸宁市人民政府印发《市人民政府办公室关于印发咸宁市公路桥梁三年消危行动方案的通知》。市交通运输局印发《咸宁市公路桥梁三年消危行动实施细则》，明确职责分工。开展普通公路桥梁普查和危桥检测评定，基本确定全市“三年消危”改造规模511座。至年底，全市危桥改造在建21座、完工66座。全市危桥工程可行性报告编制基本完成，140座危桥工程可行性、67座危桥施工图设计获批复，其余危桥前期工作抓紧推进。

（蔡霖）

【随州市】 全年完成新改建农村公路418.1公里，完成农村公路生命安全防护工程840公里，创建美丽农村路340公里，完成危桥改造5座。曾都区洛阳镇、广水市十里办事处成功创建2019年度“四好农村路”省级示范乡镇。积极争取上级部门和地方政府对“四好农村路”建设项目和资金支持，加大农村公路建设力度，力争把农村公路打造成促进发展的经济线，保障安全的生命线，展现亮点的风景线。同时，整合资源，形成合力，加强农村公路路域环境整治，营造政府主导、上下联动、部门协同的“四好农村路”建设工作格局。

（喻红平）

【恩施土家族苗族自治州】 全州全年完成农村公路投资19.7亿元，完成农村公路新建硬化路820公里、改扩建农村公路2200公里，实施农村公路安全防护工程1773公里。积极推进“三年消危行动”，完成农村公路危桥改造95座，有效提升桥梁安全通行能力。农村公路养护力度不断加大，各县市相继出台农村公路规范化养护管理实施方案（办法），落实养护管理职责，细化养护管理措施，明确资金保障渠道和奖惩办法，为农村公路养护管理提供重要保障。至年底，全州农村公路养护总里程 24896.67 公里，投入养护资金 12519.5 万元（其中省补资金 5341 万元、县市配套资金 7178.5 万元）。各县市按考评标准加强养护工作检查考核，考核结果与养护资金拨付挂钩，提高养护管理成效。开展公路病害排查、整治，有针对性地采取灌缝、修补和表处等措施，延长公路使用年限，更好地发挥养护投资效能。“四好农村路”创建持续推进，建始县高坪镇等 4 个乡镇成功创建省级“四好农村路”示范乡镇，创建美丽农村路 2210 公里，提档升级公路 2200 公里。

（王郑）

【仙桃市】 全年完成农村公路投资 8490.2 万元，完成撤并村通畅工程 20.4 公里，农村公路提档升级 120 公里，窄路面加宽 29.5 公里，创建美丽农村路 110 公里，实现乡镇和建制村 100% 通硬化路、100% 通客车，以城区为中心、乡镇为节点、村组为网点的农村公路交通网络初步形成。郑场镇被评为全省“四好农村路”示范乡镇。仙桃市交通运输局每月对农村公路建设的进度、质量进行考核评比，督促镇政府切实履行主体责任，完成提档升级征地、拆迁等配套工程，高标准做好道路沿线绿化美化工作。引入第三方检测机构对道路质量进行检测，实施事前、事中、事后全过程有效监督，必须经过施工方自检、监理抽检、第三方检测、乡镇和村质量监督小组监督、交通部门巡查等多重监督方式，经验收合格后才能通过。各乡镇从建成一条路、绿化一条路、美化一条路入手，加快农村公路提档升级，打通产业发展通道、连接镇与镇的内循环通道。

（归烨）

旅游公路建设

【十堰市】《十堰市环库沿库生态旅游公路规划（2018—2030）》明确以汉江、堵河、金钱河为轴线，环绕丹江口水库、黄龙水库、潘口水库、金钱河水库改造规划建设环库沿库生态旅游公路。环丹江口库区立体交通体系由环库交通网、生态公路网、生态绿道、观光铁路、水上交通等五个方面构成，整合在建的十巫高速公路、十淅高速公路、汉十高铁、滨江新区至武当山一级公路、汉十高速公路武当山互通改造等重大项目，以及计划建设的丹江口通用机场、环库观光铁路、库区航运工程、环库生态绿道等 42 个项目，总投资达 1381 亿元。

至年底，环丹江口库区公路 429 公里全部建成。丹江口市凉习段等近 150 公里基本完成自行车道、观景台、停车区、服务区等服务设施配套建设。其中新改建丹江口市 241 国道呼北线东环一级路段 20 公里、316 国道长同线土武一级路段 23 公里；郧阳区 209 国道苏北线城关至杨溪段 11.2 公里、304 省道油兰线长岭至沙洲一级路段 8 公里、301 省道两郧线城关至大堰段 7.3 公里；武当山特区 316 国道长同线土武一级路段 6.5 公里共 76 公里全部完成。新改建丹江口市 444 省道习凉线 47 公里，279 省道石青线枫土段 11 公里，280 省道刘两线及 304 省道油兰线六里坪至油坊坪段 22 公里，316 省道新土线三官殿至土台段 36.5 公里；郧阳区 209 国道苏北线茨家岭至杨溪段 16 公里，304 省道油兰线油坊坪至长岭段 19 公里、柳陂至五峰段 49 公里、五峰至将军河段 14.5 公里；武当山特区 279 省道石青线枫土段 6 公里；郧西县 242 国道甘钦线郧西至羊尾段 34 公里共 255 公里二级公路全部完成。完成 337 省道丹郧线习家店至茨家岭段 41 公里、301 省道两郧线大堰至郧西段 57 公里共 98 公里二级公路路面改善项目。丹江口市三官殿至土台（南环库公路）列入交通运输部全国 33 个绿色典型示范工程建设项目，全线服务设施齐全，被称为“最美公路”。

（杜杰）

【襄阳市】 隆中至七里山农村公路。该项目起于隆中风景区道路（草庐剧场）分岔口，终于七里山南大门，与 251 省道（茨关路）相接，全长 31.82 公里。建设标准为双向两车道二级公路，设计速度 40 公里 / 小时，路基宽 7.5~8.5 米，概算总投资 2.7 亿元，建设工期 18 个月。至年底，全线完工通车。该项目连通襄城隆中景区和南漳七里山景区，建成后隆中风景区、石门干渠、七里山风景区将直线连接，通达时间缩短到 2 小时以内，对完善区域路网、促进农村经济、助力“襄宜南”组群发展、推动襄阳旅游产业跨越式发展等具有积极意义。项目投资主体为汉江国有资本投资集团有限公司，征迁主体为襄城区政府和南漳县政府。

樊城一号农村公路。全长 50.3 公里，计划总投资 1.50 亿元。始于普陀水库西南角，止于樊城区茹家湾与老河口交界处，设计为双向两车道四级公路，路面宽 7 米，路基宽 8 米。资金来源政府投资，采用建养一体化模式建设，由中交基础设施养护集团建设。

保康尧治河旅游公路改建。至年底，完成保康尧治河旅游公路改建工程建设。该项目起于 307 省道马桥镇笔架村，止于在马里湾村与国道 209 复线平交，全长 36.59 公里，路面宽 6 米。估算总投资 2.62 亿元。

谷城石花至五山段改建。至年底，谷城石花至五山段改建工程完成。该项目是谷城明星乡镇石花镇通往五山旅游景区的重要交通要道，全长 15 公里，计划投资 4356 万元，按二级公路标准建设。

（王自强）

【荆州市】 围绕“构建全域旅游主通道，打通景区景点微路网”理念，加快旅游交通基础设施建设，逐步形成以高速公路为主骨架、生态景观国省干线为脉络、美丽农村路为基础的全域旅游交通服务网络。进一步实现交通与文化旅游产业深度融合，提升交通服务品质，助推全市文旅产业高质量发展。

推进旅游快速路建设。持续推进纪南城至楚王车马阵、221 省道石首城区至桃花山段、松滋城区至沧水公路、卸甲坪至沧水、环长湖、环洪湖、环天鹅洲等 7 个旅游公路项目，总投资 38 亿元，建设里程 245 公里，提升景区通达能力。

推进乡村微路网构筑。结合“四好农村路”示范创建，新改扩建景区周边农村公路 236 条 535 公里，打通乡村旅游最后一公里，带动乡村旅游、农家乐的健康发展。荆州区投资 7000 余万元打造环八岭山森林公园旅游通道，串联 4 个乡村体育休闲项目。荆州区川店镇紫荆村利用农村交通优势，成功引进紫荆紫薇采摘园和紫荆生态农业观光园项目。洪湖市老湾回族乡投资 2400 万元对农村公路提档升级，全面开发珂里全域旅游。石首市投资 6000 万元打造联通湘鄂两省边界的漆鹿线旅游公路，吸引众多摄影和旅行爱好者前去“打卡”。

（张俊霞）

【恩施土家族苗族自治州】 作为湖北武陵山绿色旅游公路重要组成部分，恩施州绿色生态旅游公路由“一主六支”组成，主线起于巴东，经建始、恩施、利川、咸丰、来凤、宣恩，止于鹤峰，将恩施州 8 县市和巴东神农溪，建始野三河、清江画廊，恩施梭布垭石林、土司城、大峡谷，利川腾龙洞、佛宝山，咸丰坪坝营 9 处核心景区有效串联。恩施千公里绿色生态旅游公路建成，奠定“畅、安、舒、美、特”设计理念和“以人为本、因地制宜、安全舒适、生态环保”人文关怀精神，恩施州在“十三五”期，所有规划、新建、改扩建国省干线公路和普通公路，均按照旅游公路理念和风格建设打造，形成“条条公路皆是旅游路”，为恩施州全域旅游和鄂西绿色生态示范区建设奠定交通基础。

鹤峰县中营镇伍家湾至门坎岩三级公路。10 月，鹤峰县中营镇伍家湾至门坎岩三级公路建成通车。项目起于中营镇杨家大湾至石家坪项目 K9+012 处，止于鹤峰与建始交界处门坎岩，路线全长 2.96 公里。采用设计速度 30 公里 / 小时、路基宽 7.5 米的三级公路技术标准建设，预算总投资 3900 万元。该项目位于鹤峰县中营镇高山度假基地、红三军军部旧址红色旅游景区、中国之中神秘交叉点，极大促进了当地产业、旅游的发展。

（王郑）

交通建设和质量管理

【交通基本建设管理】 统筹疫情防控、推进复工复产。印发《湖北省交通建设新冠肺炎疫情防控指南》等指导文件，按照因时因地、风险受控、分类有序原则，指导市州和项目建设单位推进疫情防控和复工复产“两不误”。主动对接服务，帮助武汉港集装箱有限公司等企业渡过难关。采取“函审 + 视频”的线上审批模式，在线完成十淅高速公路丹江口水库特大桥施工图设计审查，创新推进项目前期工作。

严格履职尽责、规范工程管理。加快设计审查审批进度。采取完善代厅设计咨询审查制度、规范审查行为、前期报批合理交叉等方式，规范设计管理，提高审批效率。全年完成公路水运工程初步设计、施工图设计审批 27 个，为年度计划项目开工建设提供保障。至年底，全省高速公路初步设计和施工图设计批复里程均超过 7800 公里。严格施工许可。通过梳理施工许可办理前置要件和报批流程，提前指导国高项目达到各项申报要求，确保在法定时限内办理完毕；对市州承办施工许可滞后的地高项目及时督办和提醒。强化交工备案。按照省厅统一部署，加强项目交工验收备案管理，重点核查交安、绿化、房建、消防、连接线等附属工程，严格落实“三同时”制度。全完成 8 个项目交工备案工作，对存在违规问题的枣潜高速公路襄阳南段、龟峰山支线项目下达不予备案通知书。同时，对在建高速公路连接线、房建等附属设施建设情况进行摸底并督办。推进竣工验收。采取细化督办清单、召开推进会议、动态跟踪督办、沟通协调等措施，对省交通投资集团公司等项目法人单位进行指导、约谈、书面督办，推进竣工验收工作。至年底，全省未按期竣工验收的高速公路项目 42 个（属交通运输部验收项目 10 个），其中启动验收准备工作的项目 16 个。完成沌口长江公路大桥、汉江碾兴段航道整治工程竣工验收和 9 个项目竣工复测工作。

完善制度体系、加强行业管理。健全管理制度体系。结合职责分工，编制完成处室“管理制度化、工作程序化、职能数字化”等系列资料，研究细化行政审批事项清单和工程管理报批流程，印发《关于加强我省高速公路工程监督管理的工作方案》《关于进一步规范高速公路工程管理报批有关事项的通知》等规范性文件，强化治理能力建设。完善技术标准体系。发布《中小跨径桥梁通用图》《湖北省公路危桥加固改造技术指南》，指导老旧危桥标准化设计，提高设计质量和工作效率；发布《湖北省机制砂混凝土应用技术指南》，加快全省公路工程对机制砂的推广应用。加强政策宣贯培训。创新采取视频授课、线上培训等方式，开展交通工程新政策、新规范、新技术运用培训，全年有329位从业人员使用在线培训。

强化监督检查、严格行政执法。加大质量监督检查力度。全年开展质量监督检查24次，覆盖项目16个、施工监理合同段33个，对发现的质量问题印发通报38份，并督办相关单位限期整改销号。委托专业检测机构开展工程原材料及实体工程质量抽检，高速公路抽检合格率达96.0%，提前2个月实现在建高速公路和市州“全覆盖”。按照部省相关要求，完成交通运输行业重点产品质量监督抽查工作，组织全省交通运输系统开展“质量月”活动。开展“质量安全红线”行动。印发《湖北省“坚守公路水运工程质量安全红线”专项行动工作方案》，分季度对27个公路水运重点项目“质量安全红线”行动自查自纠情况进行督查，及时指导督促相关单位整改落实隐患问题。严格质量监督执法。根据举报线索，依法对翻坝北高速公路隧道工程质量问题及时开展调查处理。对存在重大质量隐患问题的项目严格追究和依法处置。对质量安全问题较为突出的武阳高速公路武汉段、武大高速公路河口段、武汉四环线东段、武汉四环线北段等项目进行约谈，对保康至神农架高速公路项目第一标段洪家院隧道施工质量问题给予行政处罚。

落实专项任务、助力攻坚收官。推进交通“厕所革命”。全年建成规划内国省道交通厕所36座，占年度目标51座的71%。按照省“厕所革命”办公室部署要求，进一步加强督办剩余15座交通厕所建设进度。协助开展扶贫督查。参加省交通运输厅开展的交通扶贫领域专项治理行动督查和“三大战役”“四大攻坚战”专项督查活动，对督查发现问题及时督促整改落实。推进绿色公路建设。印发《湖北省绿色公路评价指标体系》，系统总结麻竹高速公路大悟段和武深高速公路嘉通段绿色公路试点建设经验并加以推广。完成“品质工程”攻关行动。以长江大桥、雅口枢纽为重点，组织完成品质工程三年攻关行动。通过攻关行动，总结应用隧道施工先进工装等一批技术成果，大力推广“四新技术”应用，发布淘汰落后工艺、设备、材料目录，引导公路水运工程建设健康持续发展。

（姚茂超）

【交通基础设施建设市场管理】 优化招标文件编制。严格落实《优化营商环境条例》，要求招标人取消一批设置不合法、不规范、不合理的招标条款，提高市场主体特别是民营中小企业，进一步参与交通基础设施建设的积极性。在招标方案、资格条件、评标办法、合同条款设置等方面提供政策支持。协调省交通运输厅有关处室，对投资人招标文件进一步优化，指导有关市州政府依法依规设置招标条款，保护双方合法权益。

支持项目提前开展有关招标。为加快项目进展，允许在项目建设规模、建设标准、控制点确定、工程可行性研究报告上报待批阶段，提前开展勘察设计招标。项目初步设计审查，技术方案明确后，提前开展监理招标工作。施工图审查后，提前发布施工招标公告，待工程量清单编制完成，以补遗书形式通知各投标人。

优化企业发展环境。主动走访重点企业，听取企业困难和问题，强化精准服务，逐一解答疑问，建立“没有障碍、没有阻力、没有问题”沟通机制。在全省公路水运工程交通资质审批工程中，充分发挥“店小二”精神，进一步简化审批流程，提高服务质量，全部实现线上办理。截至11月15日，完成53家公路养护工程施工从业资质新申请和复核换证工作、15家公路水运工程试验检测机构资质新申请和复核换证工作，配合住建厅做好29家交通工程施工企业新申请资质联审工作。

推动“信用交通省”建设。印发《2020年全省交通运输信用体系建设工作要点的通知》，完成“信用交通省”中期评估总结工作，制定信用交通宣传月活动方案。在信用数据归集方面，督促各地交通运输部门集中填报有关数据，保证数据完整性。组织开展2019年度信用评价。对46家设计企业、77家施工企业、60家监理企业、80家检测机构进行信用评价。其中AA级55家、占参评总数的21%，A级193家、占参评总数的73.3%，B级12家、占参评总数的4.6%，C级1家、D级2家。对783名监理工程师进行信用评价，其中因失信行为扣分的监理工程师42名。

及时查处违法违规行为。严格落实行业监管责任，依法对市场主体进行监管，开展十一届省委第六轮巡视发现的招投标领域突出问题整改工作，重点查处长江路桥公司违法分包行为。同时，及时处理白洋长江公路大桥、棋盘洲长江公路大桥缆索除湿系统招标、张南高速公路土建施工招标、京港澳高速公路湖北段日常维修保养工程、项目违法转包分包等投诉，约谈相关责任单位和责任人。

全面贯彻落实《保障农民工工资支付条例》。印发《省交通运输厅关于贯彻落实保障农民工工资支付实施意见的通知》，要求在招标文件合同条款中，加强农民工工资支付监管，开设农民工工资专用账户，专项用于支付农民工工资。同时，组织全省交通部门、重点工程有关人员参加线上学习培训、考试，保障农民工工资支付落实到位奠定良好基础。

（苏德俊）

【交通建设造价管理】 造价文件审查。严格依据现行的规范标准，从项目造价文件编制依据的合法性、工程数量的准确性、技术经济指标的合理性等方面进行造价审查。全年审查各类项目造价文件29项次。其中高速公路项目12项次（工程可行性9项次、初步设计3项次）；国省道项目8项次（初步设计2项次，施工图设计6项次），其中普通国省道应急养护和灾害治理2项次、桥梁维修改造项目6项次；高速公路专项工程项目7项次；水运工程项目2项次。上报金额8696613万元，审查金额8263836万元，共核调金额432777万元，核调比例5%。根据《湖北省交通基本建设项目造价文件审查规定》(试行)有关规定，对送审的造价文件及编制单位进行评分评价。全年发布造价审查简报2期，促进造价文件编制单位提高编制水平。

定额管理。广泛征集省内公路工程建设、施工、设计等单位意见和建议，完成湖北省关于部颁2018年定额使用反馈意见报告并上报部路网中心。推进《湖北省高速公路养护工程预算定额》(2018试用稿)应用落实工作。开展湖北省补充定额编制相关工作，根据项目施工进度，开展预制墩安装及钢混梁叠拼现场调研和基础资料收集等工作；开展湖北省2018定额体系估、概、预算项目节表标准化管理的相关工作。

信息化管理。完成12期湖北省交通建设工程主要材料价格信息收集、整理、上报、测算、审核、发布任务，收集材料价格信息报表800余份，涉及信息采集点近500个，平均每期对外发布15大类190余种材料规格、2000余个材料价格信息数据；完成并向交通运输水运工程造价定额中心上报4期水运工程造价材料价格信息。编制发布6期《湖北省交通工程造价信息》期刊。

造价人员管理。按照部职业资格中心要求，全年受理上报初始、延续和变更注册申请40余人次，配合省人社厅完成省内一、二级造价工程师资格审核及其他相关工作。

(周振)

【交通工程质量监督】

(1)高速公路监督。全年组织质量综合及专项监督检查16次，印发通报16份，其中综合督查3次、质量保证体系专项督查4次、桥梁钢结构质量专项督查1次、路面和及防排水专项督查2次、跨长江桥梁专项督查1次、桥隧及监理专项督查1次、质量巡查1次、原材料及工程实体质量专项抽查3次等。检查施工合同段48个、监理合同段37个。通过督查，发现质量隐患或问题逾1200个，经项目建设单位组织参建单位整改进行销号处理。全省在建公路重点工程监督抽检数据(含交工检测)356327个(组)，总体合格率为96.91%。对不符合要求的原材料及工程实体加大跟踪督办力度，经统计，清退处理不合格原材料20批次，同时对存在工程实体抽检数据合格率较低情况的项目进行全省通报。

根据《湖北省公路重点项目质量安全量化排序考核评价办法(试行)》规定，综合全年督查情况，对质量综合督查和专项督查涉及的48个施工合同段、37个监理合同段进行督查量化排序，未发生质量责任事故。组织完成沪蓉高速公路麻城龟峰山支线，武汉城市圈环线高速公路大随至汉十段(孝感北段)，郧十高速公路郧阳北互通，蕲春至太湖高速公路蕲春西段，沙市至公安高速公路杨家厂至孟家溪段，武汉四环线高速公路北四环线、东四环线，白洋、青山、棋盘洲、武穴长江公路大桥等11个项目411.8公里高速公路交工验收质量核验工作；组织完成沌口长江公路大桥，黄冈至鄂州高速公路，黄冈至鄂州高速公路团风段，麻城至武穴高速公路，十堰至白河高速公路，武汉至深圳高速公路武汉段，武汉城市圈环线高速公路咸宁西段、仙桃段、洪湖段等9个项目469.8公里高速公路竣工质量复测工作，完成沌口长江公路大桥、黄冈至鄂州高速公路团风段2个高速公路项目竣工质量鉴定工作。

(2)水运工程监督。全年组织质量综合督查2次、质量专项督查7次，下发质量督查通报5份，质量抽查意见通知书2份，均整改闭合到位。编制出台《湖北省水运重点工程交工质量验证性检测实施细则(试行)》，进一步规范水运工程交工验证性检测工作。及时对新开工的武汉港化学品船舶洗舱站(水域部分)、阳逻国际港集装箱铁水联运二期项目(武汉港武湖港区铁水联运集装箱码头工程)、武汉新港三江港区鄂钢钢铁件杂码头(一期)续建工程等3个建设项目办理质量监督手续。完成黄石港棋盘洲港区二期码头工程11~13号和21~23号泊位工程、黄石港棋盘洲港区二期工程21~23号泊位港口装卸设备、黄石港阳新港区富池作业区综合码头一期工程3号、4号泊位工程、汉江蔡甸汉阳闸至南岸嘴段航道整治工程五标、黄石港阳新港区华新骨料码头3号泊位工程等4个项目交工质量核验工作。完成汉江碾盘山至新隆段航道整治工程项目竣工验收前质量检测和质量鉴定相关工作。全省在建水运工程质量态势持续稳定可控，全年质监机构和监理单位共抽检质量数据34594点(组)，总检测合格率96.8%，比上年下降0.2个百分点，整体合格率保持较高水平。全年质监机构和监理单位共抽检质量数据34594点(组)，总检测合格率96.8%，比上年下降0.2个百分点，整体合格率保持较高水平。

(3)普通公路监督。2020年全年对省交通运输厅委托直接开展质量监督的蔡甸至汉川城关公路汉川段、348国道沙洋汉江公路二桥、247省道潜江汉江大桥(第二施工标段K2+900~K5+360)、316国道河谷汉江公路大桥及接线工程、346国道宜城汉江二桥及接线工程等5个跨汉江普通公路大桥项目，组织质量安全综合督查1次、质量专项督查3次，印发督查通报4份；组织工程原材料和实体质量抽查3次，印发质量监督抽查意见通知书8份。组织完成蔡甸至汉川城关公路汉川段项目完工工程交工质量验证性检测工作。组织开展全省普通公路工程原材料和实体质量抽查2次，印发抽查情况通报2份。全省各级交通运输主管部门及所属交通质量监督机构通过巡视检查、专项督查、综合督查、检测抽查等方式督促参建各方落实质量责任，保障全省在建普通公路工程实体质量继续保持较高水平。其中，全年干线公路监督抽检数据142601个(组)，合格数据137084个(组)，总体合格率96.1%，比上年上升1.0个百分点；农村公路监督抽检数据47304个(组),合格数据44974个(组),总体合格率95.0%,比上年上升1.0个百分点。

(4)既有高速公路改扩建监督。全年对福银高速公路武当山互通改建工程、纱帽大道交汉洪高速综合枢纽工程(涉高速公路部分)等2个既有高速公路改扩建工程项目,组织质量专项督查1次、质量巡查2次,印发督查通报1份。组织完成福银高速公路武当山互通改建工程完工工程交工质量验证性检测工作。

(5)资信管理。完成60家监理企业、130工程项目、151个监理合同段、783名监理工程师2019年度信用评价工作。完成枣潜高速公路襄阳北段等11个重点项目,406名监理人员岗前考核工作;对5家监理企业进行双随机检查。

(6)试验检测管理。配合省交通运输厅完成16家等级检测机构等级评定。开展检测机构能力验证(比对试验),涉及全省77家公路水运工程试验检测机构、82家重点工程工地试验室,对比对试验结果为"不满意"的16家检测机构和工地试验室作出暂停相应参数试验、限期整改、年度信用评价扣分等处罚。开展对检测机构双随机检查,抽查等级检测机构12家,要求12家机构在1个月内完成整改。完成89家等级检测机构、312个工地试验室(含现场检测项目)、约3000余名检测人员2020年度信用评价工作。

(沈磊)

【厅重点办工作】"十三五"期,全省新建成长江公路大桥9座,实现县县通高速公路,新增高速公路1026公里,全省高速公路里程达到7230公里。2019年宣鹤高速公路建成,结束鹤峰县不通高速公路历史。2020年底保康至神农架林区高速公路建成,打通神农架林区不通高速"最后一公里"。至"十三五"末,全省所有县(市、区)全部通高速公路。建成沌口、青山、石首、嘉鱼、白洋、香溪、公安公铁、棋盘洲、武穴等9座长江大桥。"十三五"期,湖北省长江公路大桥建设数量及规模居全国之最。武汉城市圈环线全面建成,武汉四环线"画圆",全省骨架高速公路网再添"两环"。枣潜高速公路襄阳至潜江段全线建成通车,全省骨架高速公路网新添"一纵"。主要做法:

(1)高站位统筹。将"县县通高速"涉及的宣鹤、保神高速公路作为重中之重,采取督办约谈、支部共建等方式,保障项目按期建成。主动担当作为,针对洪监、麻竹黄冈段等高速公路"烂尾"项目,提出推进思路和建议并得到肯定,推动相关市州清退原投资人,促进项目早日建成通车。统筹全面谋大局。前期谋划"十三五"规划项目开工为重点,统筹相关责任单位加快前期工作。后期以统筹规划项目完工为重点,组织开展高速公路三年攻坚,印发攻坚任务书,制定攻坚推进方案,明确市州政府、省直单位、投资人工作分工,统筹相关责任单位加快项目建设。

(2)高强度督办。将补齐高速公路攻坚短板作为工作主线,通过发督办函、约谈负责人等方式督促加快滞后项目建设。组织全省高速公路建设推进(调度)会11次,下发督办函19份,约谈推进滞后项目相关责任人38批次。借力省政府对高速公路攻坚进行高位督办,争取并承办省领导出席的高速公路三年攻坚现场推进(专题)会6次,摸清底数,聚焦问题,找准原因,厘清责任,明确措施,促进攻坚项目建设从"推进乏力"向"积极攻坚"转变。建立并落实"双周巡查、每月调度、按季调控、半年督办"工作机制,到滞后项目建设一线巡查,实行精准有效的组织调度,开展严格有力的督办,促进项目建设提速加力,印发巡查调度会议纪要58份,推动攻坚项目建设从"按部就班"向"提速加力"转变。

(3)高效率解难。纵向协调保环境。协调地方政府,督促保障良好项目建设环境,督促限期解决建设用地交付、钉子户拆迁中的突出问题,为项目正常推进扫清障碍、赢得时间。横向协调提效率。协调自然资源、环保等省直相关单位,加快拟开工高速公路项目立项要件及相关专题审查审批进程。协调铁路、电力等管理部门,建立定期会商工作机制,加速解决高速公路涉铁、涉电施工交叉问题。

2020年,全省高速公路完成投资372.4亿元。呼北高速公路宜都至鄂湘界段、张南高速公路宣恩至咸丰段、武汉绕城高速公路中洲至北湖段改扩建、武大高速公路河口至鄂豫省界段、燕矶长江大桥等5个项目开工建设。十巫高速公路鲍峡至溢水段、赤壁长江大桥等项目加快推进。保康至神农架林区高速公路、三峡翻坝江北高速公路、沪蓉高速公路龟峰山支线、武汉城市圈环线高速公路大随至汉十段、蕲太高速公路蕲春西段、沙公高速公路杨家厂至孟家溪段、武汉四环线高速公路北四环和东四环、鄂州至咸宁高速公路、白洋长江公路大桥、棋盘洲长江公路大桥、武穴长江公路大桥等12个项目建成,全年建成高速公路370公里。主要做法:

(1)以高速公路复工复产为抓手,推进宏观统筹超前谋划。在系统梳理"十三五"高速公路建设情况基础上,3月份向省政府和厅党组提出统筹疫情防控和复工复产的建议,向承建三年攻坚项目的4名投资人下发督办函,督促各投资人逐个项目落实复工计划,周密制定疫情防控方案,详细制定完成"十三五"目标的时限方案,促进全省高速公路项目建设上半年产能恢复到疫情前水平,下半年进入攻坚冲刺状态。

(2)以高速公路三年攻坚为重点,推进日常督办持续加压。结合每个项目进展情况分析预判形象进度与时间是否匹配,检查节点目标完成情况,针对滞后情况提前预警,通过发督办函、约谈负责人等方式督促加快滞后项目。全年下发督办函(约谈通知)10份,约谈投资人后方公司、市交通运输局、项目公司、铁路单位负责同志16批次,推动项目建设提速加力。

(3) 以高速公路均衡推进为目标，推进巡查调度精准有效。按照省政府 4 月 15 日专题会议纪要精神，到滞后项目建设一线进行巡查，逐个攻坚项目实行精准的组织调度，先后在 18 个攻坚项目召开巡查调度会，印发调度会会议纪要 36 份，促进项目冲刺既定建设目标。

(4) 以解决制约项目问题为导向，推动协调服务落地见效。紧盯影响高速公路推进的征地拆迁、电力迁改、铁路交叉等重点问题，通过发函、召开专题会议、现场协调等方式争取相关部门和地市政府支持，解决保康至神农架林区高速公路一标合同纠纷、武汉北四环涉军八一农场阻工、鄂州至咸宁高速公路大冶境内房屋拆迁、武穴长江公路大桥钢箱梁复工等各类影响工程建设中的重大问题 30 余个，促进项目建设有序推进。

（左小明）

交通基础设施养护和管理

【普通公路养护】 全年全省普通公路完成公路养护大修工程870公里、中修1690公里，分别占计划目标的74%、82%；完成公路安全生命防护工程14364公里，占计划目标的90%；完成危桥改造698座，在实施449座，未开工1446座。同时，组织开展2019年以来公路养护大中修工程、安防工程、危桥改造、站房改造、服务设施建设等计划项目核查工作。具体工作：

圆满完成迎国评工作。印发《湖北省普通干线公路迎接“十三五”全国干线公路养护管理评价实施方案》，成立迎国评领导小组，领导小组下设综合协调组、现场督办组、内业资料组和宣传报道组，明确全省迎国评重点工作标准，制定整改路段及督办项目明细清单。同时，推动各级公路部门健全机构、落实责任、明确任务。在正式受评过程中，积极配合部工作组，圆满完成湖北省国评工作。

开展养护争先创优年活动。印发《2020年公路养护争先创优年活动方案》，组织全省公路部门围绕迎国评工作，找差距、补短板、提质量、树亮点，着力在路况水平、质量安全、路域环境、规范管理、科技创新、站点建设、服务为民、内业资料等八个方面争先创优，提升全省公路养护管理水平。

推进公路桥梁三年消危行动。加快推进公路桥梁三年消危行动，委托专业单位编制《湖北省公路危桥加固改造技术指南》并报省交通运输厅印发；配合省交通运输厅开展普通公路桥梁普查工作，根据各地上报普查结果结合上年危桥检测结果，建立“三年消危”初步项目库；分市州对项目库开展核查及初步改造方式咨询工作；协助省交通运输厅编制年度部省危桥改造项目计划，下达年度危桥改造补助资金。

强化公路日常养护管理。及时分解全年国省干线公路小修保养资金(包括考核资金1.5亿元)。组织开展公路春养工作，督促各地围绕上年公路日常养护管理考核评价中发现的问题，着力抓好整改提高。组织开展上半年公路日常养护管理评价工作，促进日常养护工作的规范化、制度化、经常化。

推进“四好农村路”攻坚战。完成上年度农村公路建设质量检测工作；参加省交通运输厅组织开展的2019年度“四好农村路”示范乡镇考核验收工作；开展农村公路危桥核查工作；协助制定《湖北省农村公路管理体制改革实施方案(代拟稿)》《湖北省农村公路养护资金使用和考核管理办法(试行)》；完成2021年农村公路年度预算建议方案。

(耿峥　吕厚全)

【高速公路养护】 全年全省高速公路克服疫后重振、灾后重建双重压力，完成养护货币工程量24.56亿元，强化病害整治，提高路况质量，提升治理成效，路网优良路率100%，PQI均值达95.08，较上年提高0.76。圆满完成“十三五”全国干线公路养护管理评价迎检工作。全省高速公路落实“公路隧道提质升级”“公路桥梁防护能力提升”“连续长陡下坡整治”三大专项行动要求，确保按期按标推进，累计投入1.26亿元，完成隧道提质升级333道294948延米、桥梁安防能力提升545座72634延米、长陡下坡整治10处。开展独柱墩桥梁抗倾覆评估及加固改造、跨江跨峡谷悬索桥(斜拉桥)等专项排查工作，“公跨铁”立交桥养护管理得到重视和加强。

(耿峥　叶春松)

【高速公路服务区】 修订高速公路服务区服务质量等管理制度，提升全省高速公路服务质量水平。构建完善服务区监管体系，开展服务区考核评价标准研究及评价信息发布机制，建立、修改、完善高速公路服务区监督考评办法；推动《湖北高速公路服务区服务设施规范》《湖北高速公路服务区管理规范》2部服务区行业管理地方标准出台和宣贯工作。结合服务区信息化课题研究，建设完善服务区信息化管理平台整体框架和功能；推进服务区基础信息、视频监控、巡查情况、监督考核等接入信息化管理平台，指导经营管理单位加强信息化平台运用；开展智慧化服务区建设标准研究及试点建设。持续开展服务区脏乱差整治，确保服务区环境卫生干净整洁。完善排污、排水设施，确保排污达标；深入推进“厕所革命”，保持厕所干净整洁无异味，全部达到三星级以上标准。保持标志标线齐全醒目，广场照明设施完好，合理划分区域，引导车辆规范停放，解决车辆乱停乱放问题。根据交通动线设计，优化公共服务设施设置，无乱搭乱建服务设施、无乱张贴广告，服务环境安全卫生，无空气污染，整体环境令人愉悦。开展既有服务区服务设施维修整治，确保公益设施齐全，维修及时，功能完好，正常运行。持续开展“荆楚行 湖北情”系列活动。通过组织全省高速公路服务区从业人员开展服务技能比武，促进业务交流，提升服务水平，打造一批服务区服务明星、品牌小吃。继续开展“司机之家”试点建设，进一步推进“司机之家”建设，不断提升综合服务能力，满足公众多样化需求。

(叶春松)

【航道管理与养护】 2020年，全省航道总里程9065.88公里，通航里程8667.88公里，其中Ⅲ级及以上航道2090公里，列养总里程2645.71公里。汉江航道列养范围从河口至孤山802公里、一级支流370.6公里、其他等级航道1473.11公里。其中一类养护里程658.9公里、二类养护里程615.21公里、三类养护里程为1371.6公里。执行年度航道养护管理计划，做好航道日常养护管理、船闸保养及应急保通工程管理；重点抓好汉江以及香溪河、清江等重要航道养护管理工作；实现设标航道的标位正常率及灯光保证率等均达到计划目标。

(1)规范管理，促养护管理水平上新台阶。根据《国务院办公厅关于印发交通运输领域中央与地方财政事权和支出责任划分改革方案的通知》，结合全省航道养护实际情况，提出航道养护经费分摊原则建议。结合全省航道养护管理实际，协助省交通运输厅制定《汉江航道应急抢通工作的实施方案》《湖北省汉江航道养护管理评价办法》。依据《内河航道维护技术规范》《航道养护工程预算编制规定》及配套的《航道养护预算定额》等文件，测算全省航道日常养护、通航建筑物（船闸）日常检测维护费用标准。

完善汉江航道养护应急新机制，保航道平安畅通。全年通过规范管理、标准化养护，形成统一高效的养护管理模式。实行日发布丹江口以下重要站点航道水情及维护尺度信息。有堵必疏，出现维护尺度不足，或巡查中发现有出浅现象，立即启动应急预案，在抢通疏浚过程中探索航道应急疏浚土综合利用。为确保航道整治效果，依据水毁观测结果，定期开展汉江航道整治建筑物水毁修复工程。采取季度检查、日常巡查及专家检查、指导等方式，有效保障汉江航道养护管理质量水平。

依法依规，加强航道资源保护。协助省交通运输厅做好通航河流临、跨、拦河设施的《通航条件影响评价审核》、助航设施等审核工作。开展航道通航条件影响评价审核后的监管工作，督促建设单位落实《航评审核意见》，协助做好临、跨、拦河建设项目后期助航设施配布。配合相关部门打击航道范围内非法采砂行为，及时制止破坏航道的违法违规行为。

(2) 通航船闸的日常养护管理。全省运行船闸主要有汉江崔家营航运枢纽船闸、江汉运河龙洲苑、高石碑船闸、兴隆水利枢纽船闸以及内荆河螺山船闸、宦子口船闸和福田寺船闸等，各船闸日常养护管理工作由各地港航管理部门或业主负责，包括船闸日常调度运行、例行检修、保养等，确保船闸功能正常和满足过往船舶通行需求。各船闸和管理部门加强汉江兴隆枢纽船闸和江汉运河船闸联合统一调度，有效提高船闸过闸效率，保障通航安全。合理调整船闸检修安排，减少对通航的影响。

(3) 应急保通工程实施情况。持续暴雨及汛情造成航标流失及水毁、崩岸造成碍航石堆、整治建筑物水毁导致航道尺度受到影响等，采取毁坏修复测量、淤积清理、船闸受损修复等措施。为及时消除安全隐患，确保船舶航行安全畅通，采取维修更新助航设施、清障、修复整治建筑物、船闸抢修等应急抢通措施，投入应急抢通资金 2066.55 万元。开展汉江航道应急保通恢复性工作，主要是雅口枢纽引航道、余家佬、钟祥公路二桥、蒋滩、碾盘山、伍庙、尤集、玉皇阁、周家台、保堤至新河口等重点浅滩航道应急抢通疏浚 14.65 万立方米；螺山船闸引航道清淤，疏浚工程量为 1.86 万立方米。汉江“兴隆至汉川段”水毁严重的整治建筑物包括丁坝 23 处、护滩带 37 处、护岸 4 处，工程总造价 1873.17 万元。

通过强化应急保通工作，排堵运输船舶 3117 艘次，运输船舶直接效益超过 4900 余万元，社会效益明显。主要表现：通过及时疏浚碍航浅滩，增宽航道尺度，改善通航条件，保证汉江级航道尺度满足运输船舶通行需求，基本保障航道安全畅通。通过应急保通工程的实施，使滞留在航道内的运输船舶得到及时疏散，为船舶安全出行提供有力保障，有效确保船舶运输企业和沿江大型企业经济效益不受损失。通过及时清除碍航石堆等航道内安全隐患，有效避免发生安全事故，确保船舶在航道中的安全航行。全年未发生一例因航道中存在碍航物而出现的水上交通安全事故。及时启动汉江航道整治建筑物水毁修复工程，束水归槽，进一步确保航道稳定。全年丁坝水毁修复投入资金 1873.17 万元。

(4) 养护经费使用情况。养护经费主要用于汉江、清江、香溪河等高等级航道养护，随着物价、人工成本上涨导致养护成本增加。为保障高等级航道畅通，组织实施浅滩疏浚、应急清障等应急保通工程。全年省级财政投入航道养护管理经费 3797 万元（含中央航道应急保通经费），其中用于汉江航道养护管理经费 2412 万元，占养护管理经费总额的 63%。

（黄风华）

市州公路养护及改革

【武汉市】 加强公路日常养护管理，加大路面坑槽、裂缝修补力度，全面巡查并处治路肩边坡、排水设施、安防设施等，确保全市普通公路安全畅通运行。全市公路养护完成路面灌缝 6.6 万米，病害修补 1.3 万平方米，整修路肩 48.5 万米、路基 4400 立方米、边坡 8.8 万平方米，清理边沟 39 万米，桥梁检查 1399 座，桥梁支座养护 1293 座。加快养护大中修、危桥改造进度，省下达大修计划 84.01 公里，完成 39 公里；中修计划 126.45 公里，完成 22 公里。江夏区 107 国道贺站桥危桥改造工程完工并通车。省下达危桥改造计划 10 座，蔡甸区龚家渡二桥（左）开工建设，江夏区三门口桥、新洲区四合庄大桥、沙咀桥、举水河大桥开展前期工作，新洲区胡家畈桥、道士岗桥、彭吴家河桥、肖家咀小桥施工中。

（盛欢）

【十堰市】 十堰市公路养护中心下辖 8 个县市区公路局，负责 6 条国道和 31 条省道公路管养工作。全市公路管养里程 3318.51 公里（其中包括国道 995.61 公里、省道 2322.90 公里），一线公路养护人员1200余人。

大中修工程。全年完成大修60公里、中修470公里。方案选择上摒弃传统“摊大饼”式的单一结构方案，克服标高抬升过多对边沟、路肩带和安全防护设施的影响。水泥路面大修重点引进“就地发裂”新技术，普通沥青路面中修鼓励采用综合处治技术，实施路段效果良好。

一路一站创建。全市累计完成创建路段2300公里，沿线创建标准化公路养护管理站30个，停车区、停车港湾60个，观景台150个，整治修缮养护作业点45个，全路段绿化全覆盖。

危桥改造。全年完成国省道危桥改造13座，其中新建竹溪县242国道长岭沟2号桥和3号桥、竹山县317省道孟家沟口桥、胡家沟口桥、山里沟口桥、董玉沟口桥，229省道猪咀桥和张家湾桥共8座桥梁；加固郧阳区242国道代家沟桥、郧西县242国道干沟口桥、301省道河夹店桥、338省道过风楼桥和朱家湾桥共5座桥梁。

公路管理站建设。全年未下达公路养护管理站建设改造计划。全市在241国道丹江口市太和大道和牛河接线路口自主建设太和大道综合服务区，该服务区是十堰市标准最高的普通公路服务区，打造驾乘人员“温馨之家”，为过往驾驶员及行人提供干净卫生、价格适宜的餐饮服务，也提供车辆加油、简易维修、停车安保、便利购物、路况信息等服务。

公路服务设施。全年下达服务设施计划13个，分别是城区方滩公路停车区、郧阳区南化公路停车区、郧阳区安阳公路停车区、郧西县夹河公路停车区、郧西县马安公路停车区、郧西县将军河公路停车区、竹溪县和坪公路停车区、竹溪县关垭公路停车区、竹溪县桃园公路停车区、丹江口市习均大桥公路停车区、竹山县南口公路停车区、竹山县龙背湾公路停车区、房县旱田洼公路停车区。至12月底，除竹山县南口公路停车区、房县旱田洼公路停车区位于改扩建路段未实施完工外，其余11个服务设施全部完成。

交通厕所。根据《湖北省交通“厕所革命”专项规划(2018—2020)》要求，结合十堰各县市区国省道养护管理站点、公路服务设施等布局情况，拟定全市30个“交通厕所”位置(其中改造9座、新建21座)。至11月，全市30个规划内交通厕所全部完成并投入使用。

（张光武　郭丹）

【襄阳市】 开展季度养护检查。采取上路查看的方式检查各县(市、区)国省干线公路、养护管理站，查阅内业资料。重点检查路面缝养、路面病害处治等春养开展情况及养护工程开复工、疫情防护情况，对检查出的问题予以通报。季度养护检查采取百分制考核，主要分为日常保养、小修工程、养护工程、综合管理、资金使用。通过季度养护检查进行考核排名，查找问题，明确努力方向，保证养护工作的有效开展。

现场督查养护工程进度。开展专项督办检查14次，重点抓好上年遗留工程项目实施。结合三年消危行动，进一步加快危桥改造项目设计和审批速度。完成危桥改造15座，完成“455”公路安全生命防护工程46.7公里，提高公路安全保障能力。

开展干线公路地质灾害隐患排查。建立公路沿线地质灾害监测预警机制，防止灾害发生，最大程度降低危害和损失，提高公路应急处置能力和水平。排查出国省道存在地质灾害隐患140处，其中自然资源部门提供的调查数据核实地质灾害隐患81处，不在自然资源部门提供的数据中的地质灾害隐患59处。形成工作台账，完善全省干线公路地质灾害隐患库。

干线公路“国评”迎检。制定《襄阳市普通干线公路迎接“十三五”全国干线公路养护管理评价实施方案》，结合襄阳实际，重点突出路况提升、日常养护、路域环境、基层站所、示范公路、服务功能以及迎评资料等。全省“国评”迎检路段中，襄阳参检的7条国省道395公里有针对性地实施大修、中修和预防性养护，完成200余公里路面处治，得到交通运输部检测组肯定。不断增强服务能力，利用现有管养设施，把普通公路服务区建设与养护站场建设、与地方旅游发展与“厕所革命”结合起来，为驾乘人员提供停车、短暂休息等基本服务。建成谷城应急中心，提前完成“十三五”“交通厕所”建设任务34座，超计划6座。

（王自强）

【宜昌市】 大中修工程。全年计划大修187.97公里，完成大修156.6公里；计划中修工程188.49公里，完成中修182.64公里。计划危桥改造30座，完成危桥改造13座，设计修编中17座。计划公路生命安全防护工程277.38公里，设计工作基本完成。地质灾害项目7处全部完工。服务设施15个全部完成。

（李露竹）

【荆州市】 全面提升公路养护水平，初步形成责任以县级政府为主体、投入以公共财政为主体、养护以市场机制为主体、监管以交通部门为主体的农村公路管理养护体制和运行机制。

完成危桥改造和大中修工程建设。351国道监利县红联桥、215省道周天河桥危桥改造完成，221省道石首市安乡河大桥加固工程完工，220省道挖口子桥重建工程完工；完成351国道洪湖市螺山大桥、103省道大同湖桥增设桥梁人行步道、防撞钢护栏等预防性养护；完成松滋市跃进桥、长寿桥改造，西斋大桥应急抢险重建工程完成30%。松滋市、石首市完成国省道危桥“三年消危”改造项目设计和图纸评审工作。全市大修项目计划115.75公里，完成92.73公里，占计划的80%。全市中修工程计划150.64公里全部完成。

及时处置汛期公路灾毁。强降雨期间，加大公路巡查频率，同时夜间巡查公路桥梁、排水沟、险情段面等，在隐患路段均设置安全警示标志，全市未发生公路交通中断超过1小时。全市及时处治公路险情51处，清除路基塌方2729立方米，修复挡土墙1182立方米，打桩护坡7700米；处治路面病害10.8万平方米。其中松滋市处置山体滑坡、危岩崩塌等灾害21处，特别是225省道雅澧线K63+200处的危岩滑塌至路面造成交通中断；洪湖消除路面积水4处，埋设涵管456米，处置滑坡险情12处1160米；江陵县周马线沙岭段采取打双排木桩护坡，有效避免路基崩塌进一步扩大。对秦大线路面被掏空1米，采取石料灌填处理，有效防止路面坍塌造成交通中断。

加大日常养护管理力度。做好公路预防性养护工作，及时修补坑槽，路况指标显著提升。全市日常养护投资5678万元。及时处治路面病害，修补路面坑槽14220平方米，路面破碎板修复5105平方米，路面灌缝300公里。开展路肩养护，保持排水畅通。路肩填土整修800公里，标准路基整治达标662公里，清除路肩堆积物583立方米。公安县完成道路裂缝贴预防性养护1万米，松滋采用新型专用胶处置更换7座桥梁伸缩缝。更新完善公路设施，修复钢护栏2084米，维修和更换防撞墙866米、更换警示桩1176根、爆闪灯410套、钢质减速带286米、防眩板990块，更换百米桩、公里碑79块，疏通排水沟150公里、清理涵洞28道、泄水孔323处。

推进站场建设。全市完成公路管理站19个、应急中心3个，新站建设项目陆续开工，其中公安县申津渡、甘家厂普通公路停车区投入使用；石首市江北中心大垸站和应急中心开工；监利县新沟朱堤村、砖剅村和黄歇镇、白螺镇、上车湾公路驿站交通厕所在建中；荆州区王场公路站前期工作完成。

健全农村公路管养体系。全面落实县级政府主体责任，按照“县道县管，乡村道乡村管”原则，推行农村公路“路长制”，建立健全农村公路管理养护责任体系和运行机制。各县市区成立县级农村公路管理机构，落实乡级专职农村公路工作人员。同时设置路面保洁员、护路员等公益性岗位。江陵县、松滋市覆盖县、乡、村道的“路长制”全面建立。创新机制，促进农村公路转型发展。有序推进农村公路养护市场化改革，各县市区将农村公路大中修等专业性工程通过政府采购等方式交由专业养护企业承担，对日常养护推行群众性养护模式。开展美丽农村路创建，切实提高路域环境，创建美丽农村路130公里。

（彭华）

【黄冈市】 全年完成公路养护大修129公里、中修238公里。自筹资金对全市14条国省干线次差路段提前实施大中修和预防性养护33.38公里，路况明显提升。同时，结合普通公路工程建设质量“百日亮剑行动”，对一批大中修工程质量进行抽检，印发通报，限时整改。

组织部署迎国评准备工作，做好迎接抽检评测保障工作。组织2个工作组到县市区督办普通国省干线公路迎国评准备和第三季度“晒履责、赛养护”工作，对标对表，查问题、补短板、找差距、督进度。全市8个县市区6条国省干线共281.7公里，顺利通过国评路检。加强日常养护管理，推动日常养护工作常态化、制度化、规范化。全市完成水泥路面清灌缝20.35万米、沥青路面清灌缝69.2万米，水泥路面补板5.85万平方米、沥青路面坑槽修补18.95万平方米，涵洞清理12315道、清理边沟4531公里，路肩平整3765公里，边坡修整3317公里。添置养护机械，提升养护作业能力，全市采购和储备养护作业机械135台套。增补完善国省道大中桥梁“四牌一步道”。开展桥梁预防性养护，全市19座桥梁更换桥梁支座516个。对部分桥梁伸缩缝进行更新或更换，其中罗田、麻城利用创新型专利产品WD-810环保自流平密封胶修复伸缩缝，对破损的伸缩缝进行止水灌缝密封，代替毛勒缝橡胶条止水带。

结合争先创优活动部署，全市普通国省干线一级公路中央分隔带护栏路段8个县市区12条线路155.83公里计划任务基本完成。对照省政府“455”公路安全生命防护工程要求，全市9个县市区453公里隐患路段完工76.62公里、在建267.96公里。完成公路监控视频156处，10个县市区16条线路29处集镇过境路段路域环境全部整治完成，国省干线通行环境更加安全、规范有序。

按照《湖北省普通公路养护和服务设施视觉标识系统设计手册》，全市公路部门办公楼、应急中心、养护站点全面建成公路视觉标识系统。全市完成公路标志牌更换70块、新建520块，拆除重新设置2块。改造完成标准化养管站6处，建成交通厕所6座、停车区(服务区)4处，添置各项便民设施，落实专人定期维护，持续对过往群众公益开放，公路便民服务更加便利。

全面巩固美丽公路创建设成果，结合沿线特色经济、乡村旅游等产业，在106国道、318国道等19条国省道创建美丽公路571公里，新建106国道麻城北段、258省道黄梅段“美丽公路”50公里，形成“畅、安、舒、美、富”美丽公路走廊。

面对汛情，全市公路养护应急队伍第一时间开展抢险保通，确保具备条件的国省干线3小时抢通便道，3天恢复通行。罗田县10小时抢通318国道张八塘冲断路段，英山县连续作战60小时清理318国道杨柳段7处山体滑坡近5万立方米，黄州区连夜控制住106国道路面垮塌险情，麻城市24小时排除沿河路堤206省道长达200米溃坝险情，黄梅县对冲断交通的236省道抢修重建，公路应急保障工作扎实有力。

采用2项环保节能新材料技术(橡胶粉改性沥青纤维同步碎石封层和大粒径沥青稳定碎石面层)和1项新施工工艺(泡沫就地冷再生)，在黄州区改建16公里国省干线公路为一级公路，消纳4万余条废旧轮胎，100%回收利用废旧路面材料，较传统路面大修工程节约成本20%以上，缩短施工工期30%至40%。环保节能新材料技术广泛应用在220国道武穴市东深线、205省道蕲春县下蕲线、343省道浠水县丁标线等12个项目中。另外，沉降路基压浆技术、稀浆封层技术和就地再生利用等新技术在全市养护工程得到推广应用。

（夏彬）

【咸宁市】 全年全市国省干线路面大修计划81.9公里，完成107.64公里；路面中修计划54.96公里，完成54.96公里，106国道崇阳、通山段，107国道咸安段，351国道嘉鱼、咸安段等大中修项目全面完工。日常预防性养护全年完成路面灌缝500.5公里，路面修补坑槽22.68万平方米，清理边沟1221.8公里，整治路肩902公里，疏通桥梁泄水孔1150个，清理桥梁伸缩缝362条，修复桥涵62道，修补安全防护设施120公里，埋设百米桩3813个、公里碑205块、示警桩60个，清理堆积物1114处，刷新路面标线1950平方米，补植行道树550株，做好日常预防性养护稳定路况基础性工作。推进351国道、107国道路况全面提升及标线标牌等附属设施完善工作，提升路面平整度，降低破损率。全市国省干线公路PQI值89.30，位列全省第二名。

加强附属设施建设，推进服务品质稳步提升。全市建有咸安区横沟应急中心、嘉鱼县官桥应急中心、赤壁市公路应急中心、崇阳县公路应急中心4个公路养护应急中心。通城县养护应急中心完成场地平整，通山县应急中心与106国道京广线一级公路建设同步征地。咸安区永安管理站、崇阳金塘管理站、通山县板桥管理站3个公路管理站达标改造中，永安管理站、金塘管理站建成并投入使用，板桥管理站实施中。全市建有咸安区横沟公路服务区、赤壁市小柏公路服务区、崇阳县翠竹岭公路服务区、嘉鱼县官桥公路服务区、通城县大坰公路服务区5个普通公路服务区；建有停车区19个，在建停车区2个。全市规划交通厕所16座，全部完成。通山县望江岭厕所完成达标改造，投入使用。

（蔡霖）

【随州市】 全市全年完成养护大修工程59.45公里、中修工程95.93公里。完成公路安全生命防护工程35.9公里。完成交通厕所建设1座，全市交通厕所建设任务全部完成。

迎国评专项行动。一是提升道路基础排水设施。通过开挖、清理、维修边沟的方式杜绝边沟堵塞、积水等脏乱差现象发生。10月下旬完成辖区国省干线公路桥梁定期检测工作，11月上旬开展全市干线路况检测工作。二是确保路面完好，大力提升路况。做好巡查保畅和路况调查，启动挖补工作。调用铣刨机、压路机等大型养护作业设备，对管养路段路面坑槽、裂缝等病害进行处置，提升路况，改善通行能力。三是做好全面养护，提升路容路貌。对各线路道口桩、百米桩进行经常性维修刷新，保持公路附属设施整洁、统一。完成跨铁路桥标语刷写工作、沿线钢护栏及时擦洗、垃圾厂路口等易抛撒路口冲洗等工作，确保路容路貌处于良好状态。

公路桥梁三年消危行动。根据省人民政府《湖北省公路桥梁三年消危行动方案》的通知精神，随州根据实际情况，筛选出29座桥梁纳入“三年消危”项目库。全年完成普通国省道危桥改造6座。

公路日常养护。一是加强日常全面养护工作。对所有病害路段进行维修和挖补，重点对240国道、316国道、263省道迎宾大道段、炎帝大道坑槽进行挖补，保障路面安全畅通。维修和更换各类受损安全设施、标志牌，保障公路通行信息标识清晰、准确。维修更换标志牌123块、更换隔离水马33个、更换爆闪灯12套，安装反光标志800余个，刷新部分路段里程碑。储备防冻物资，开展路面除雪防冰行动。二是提升国省干线路容路貌。开展“路容路貌大整治活动”，对高路肩、路肩高草、路肩堆积物进行全面清理，清理路肩堆积物、铲垫路肩91.75公里，全部清理316国道桥梁伸缩缝。整修路肩111.75公里、清理开挖水沟30余公里、浆砌2700余米、水沟盖板2800余米，修复受损钢护栏123处9084米，处理各类路面抛洒、乱堆乱倒现象218起。三是加强水毁防治修复工作。汛期处置路面积水40余处、清理滑坡2200余立方米，完成240国道保台线路肩修复2公里，262省道万杨线水毁路段路面修复和补划标线400余米、邱畈段水毁修复800米，327省道洛阳外环段水毁修复2.2公里。四是提高作业机械化及内业水平。出资600余万元，购置铣刨机、摊铺机及切割机、平板夯等小型养护机械设备20余台。开展桥梁养护智能化，采用CBMS桥梁管理系统，提高了梁养护管理水平。五是提升公路为民服务能力。加快服务设施建设，配套完善随县唐县镇公路服务区，续建完成曾都北郊公路服务区及广水霞家河公路服务区，改造殷店公路管理站，新建忤水关公路停车区，提高全市干线公路服务能力。对全市16处养护管理站点下达补助资金，提升服务能力和水平，形成全市国省道干线公路服务设施综合立体服务格局。推进完善全市公路交通情况调查自动化站点建设。

美丽公路建设。全市按照“政府主导、部门配合、建养并重、综合治理”原则，以107国道、316国道一级公路为重点，总结推广美丽公路创建成果、加大创建力度，加快推进美丽公路经济带建设。316国道曾都区淅河十岗至随县净明45公里一级公路美丽公路建成通车运营，107国道广水境内44公里一级公路完成路面施工，相关配套设施在建中。曾都省道随柳线城区13公里绿色公路，取得曾都区政府资金支持，整合7.5公里中修计划和桃园大桥接线工程资金，高标准打造绿色公路，项目及配套设施均完工。

（喻红平）

【恩施土家族苗族自治州】 全州全年投资1.75亿元，完成国省干线公路路面大中修221公里。341省道鹤峰县境、209国道宣恩县境地质灾害防治工程续建项目，318国道恩施市境地质灾害防治项目在建，累计完成投资4800万元。全年危桥改造计划30座，续建项目27座，完工32座，投资1583万元。全年完成路面灌缝1299.4公里、坑槽修补127781.2平方米、清理水沟19487.1米、修复安全防护设施11505米、标线补划115.6公里，标牌更新和维护934块。国省干线路面使用性能指数85.23。开展实施排水设施补短板、冬春专业化养护、护栏补短板、急弯视线诱导、养护工程建设、美丽示范公路创建、规范公路沿线垃圾收集设施“七个专项工作”，增设边沟18459米、修复边沟59146米、增设涵洞23道、修复涵洞112道、隧道渗水修复3座；冬春专业化养护路面灌缝561.9公里、修补坑槽100628.6平方米；完成护栏补短板6533处；完成急弯视线诱导1199处；规范公路沿线垃圾收集设施236个；美丽示范公路209国道建始马栏溪至恩施龙凤坝段、318国道沪聂线龙凤坝至鸭松溪段、233省道大椿线大峡谷至鸭松溪段正在实施。全州公路部门投入挖掘机、装载机、工程车辆等抢险机械设备2435台次，投入人工8741人次，投入抢险保通资金4859.6万元。全年完成国省干线公路服务区1个、公路停车区5个、养护管理站续建项目3个。三年累计完成国省干线交通厕所56个，完成规划外交通厕所11座。完成服务设施（包括交通厕所）总投资1800万元。

（王郑）

【仙桃市】 制度管理。健全日常养护管理考核办法、小修保养验收评定办法，规范公路日常保养、小修工程、综合管理、资金使用、公路技术状况评定等日常养护管理工作。按照“定额养护、合同管理、计量支付”养护管理模式，每月月底对养护管理站进行日常小修工程考核，验收合格后办理计量与支付手续，以省市季度检查为依据进行考核奖惩。

日常养护。规范路面病害处治，推进养护绿色作业，推广废旧路面材料循环利用。对路基日常养护，按人均承包管养4公里“分路基到人”，确保路肩横坡度，保证排水畅通。与当地政府协商共建，对路面保洁实行国路民养；在实施公路绿化工程中，打造绿化示范景观带，完善公路排水设施，形成“畅安舒美”通行环境；与公安交警联合行动，开展交通安全设施整治，对国省干线公路进行拉网式排查，提升公路安全保障能力。加强内业规范管理。重点宣贯省养护基础图表范本，结合实际修改完善，做到内业资料整理、归档的完整性、及时性和闭合性。全年全省普通公路日常养护管理评价在市州中排名第一。

拓展经营。全年完成货币工程量2.62亿元，完成项目3个，在建项目7个。即318国道仙桃市胡场至毛嘴段改建工程，完成货币工程量1.20亿元；318国道仙桃市黄荆大桥至和平路口段改扩建工程，完成货币工程量1428万元；321省道彭场至仙桃城区段改建工程，完成货币工程量6156万元；仙桃市胡郭公路318国道至排湖绿道段改建工程，完成货币工程量1748万元；仙桃市袁排西路升级改造工程，完成货币工程量1509万元；仙桃市村级道路升级改造项目工程（第二批）郑场镇5条路21.8公里，完成货币工程量242万元；仙桃市排湖至沔城公路改建工程，完成货币工程量151万元；仙桃港待泊区道路工程，完成货币工程量407万元；彭杨公路延长线建设工程1.848公里，完成货币工程量1257万元；汪洲大道延长线1.948公里，完成货币工程量1265万元。

（归烨）

【天门市】 自3月份疫情结束后，率先恢复公路养护正常作业，对全市主次干道全面实施维修养护，确保路面畅通与安全。全市公路养护小修保养完成沥青面层坑槽修补12513.2平方米，基层坑槽修复7407.2平方米，清灌缝22745米，清除堆积物1930.4立方米，除草334公里，补植苗木5100株，维修防护栏154米，补栽刷新公路沿线百米桩4132个、公里碑414块，拆旧立新及牌面刷新标志标牌87块。同时，构建“畅、洁、绿、美”公路生态走廊，推进美丽公路创建，对269省道天监线彭场镇段、武大线、客潜线、石佛线、宋市养护站、李场站、杨场站等宜林空白路段及站场进行绿化或补植，进一步改善公路路域环境。开展厕所、停车区等服务设施建设，完善李场服务区、杨场服务区、吴刘公路停车区、干驿公路停车区、皂市公路停车区、武荆出口公路停车区等服务配套设施。

（张文敏）

【神农架林区】 突出“服务化”养护，解决广大群众休息、进餐、车辆检修等需要，加大公路服务区、停车区、观景台建设，不断完善基础服务设施。体现“生态化”养护，加大资金投入力度，坚持“栽、管、护”并重原则，确保“栽一条线、活一条线、绿一条线”，巩固“绿色生态公路”建设成果。打造“品牌化”养护，结合原始地貌、沿途景物、风土人情、人文景观等元素，组合造景，有效改善公路环境，丰富公路服务功能和文化内涵，打造一路一景、独具林区特色的生态景观路。提升“创新化”养护，在急弯险道防护栏旁和混凝土防撞墙上继续加装柔性废旧轮胎；在“杜酒线、机场路”起用铺设蓄盐融冰路面等新技术，提升交通公路整体服务功能。完成国省干线所有桥梁、隧道和涵洞定期“体检”工作，发现问题及时处置修复。清除堵死涵洞38道；完成所有损坏桥梁伸缩缝调查统计并完成实施治理；完成林区境内61座桥梁消危检测，并对307省道阳日大桥进行专项检测；危桥改造项目盘龙桥维修加固改造工作完成50%的工程量。较好完成“十三五”干线公路养护管理治理能力评价工作。

（张朝）

公路水路运营管理

【湖北省交通投资集团有限公司】2020年，省交投集团公司全年完成投资406亿元，超目标13.8%；实现营业收入328亿元，超目标6.5%，其中通行费收入113亿元、经营性收入215亿元；经营性子公司净利润11.38亿元，超目标51.9%。建成保神高速公路、宜都长江公路大桥、棋盘洲长江公路大桥、武穴长江公路大桥、武汉城市圈环线高速公路大随至汉十段、蕲太高速公路蕲春西段、沙公高速公路杨家厂至孟家溪枢纽段、三峡翻坝江北高速公路、龟峰山支线高速公路等“3桥6路”共252公里。集团公司获评全国文明单位。集团公司党委被评为“2018—2019年度全省党建工作示范单位”。

大战大考勇担使命。疫情防控最艰险、最吃劲的关键时刻，所辖243个收费站、109对服务区正常运行，1万余名交投职工守牢离鄂离汉大通道，倾情服务援鄂医疗队，保障应急物资快速通行，打造疫情防控“前沿哨所”“服务驿站”。4000余名党员下沉社区村组，守住疫情防控第一道防线。减免通行费约60亿元，减免中小微企业租金7000万元。驰援“两山”医院建设，向省内相关市州和武汉市相关区捐款捐物合计3724万元。

项目建设克难推进。面对疫情、汛情叠加冲击，抢时间、抢要素、抢资源，跑出疫后重启重振“加速度”，随着保神高速公路全线贯通，“十三五”建设项目圆满收官，实现全省“县县通高速”。新开工“9路”340公里、投资规模652亿元，在建及拟建项目24个1078公里，投资规模1833亿元，为“十四五”打下坚实基础。鄂州花湖机场累计完成投资88亿元，占总投资51%，机场飞行区土石方、地下及道面水稳工程大部分完工，航站区施工过半。港口累计完成投资15.7亿元，续建松滋车阳河港口二期等“4港”。续建当远铁路67公里。

融资工作有力有序。顶住疫情带来的巨大压力，想方设法筹集资金、维护报表，守住AAA信用评级，确保企业正常运转。完成总量2626亿元的债务置换，累计节省利息支出172亿元。打通发改委、银行间市场交易商协会、交易所三大融资通道，获得“绿色通道”和“储架发行”资质。集团再次获评“优秀企业债发行人”。子公司信用体系逐步建立，物流集团、产城集团、建设集团长江路桥公司等3家企业获评主体信用AA等级。产城集团实现自主融资57亿元。楚天公司多渠道融资30亿元，综合资金成本3.18%。

运营管理破局提质。贯彻落实省委省政府交通体制改革部署，实现6个原高速公路管理处资产、人员整体移交、平稳过渡。组建运营集团，统筹管理10个片区，形成高速公路“一体化”运营管理新局面。如期完成“撤站”任务，一次性通过交通运输部全网复检，自主开发的ETC门架设备稳定性及精准度全省领先。高标准推进“迎国评”工作，顺利完成839公里抽检路段检测评价(占全省抽检里程83.2%)，“一桥一隧”专项检查及高速公路管养水平获交通运输部专家组肯定。

产业发展多元竞进。在全行业受到冲击、供应链受损、市场萎缩背景下，抢占资源、优化布局，相关多元产业指标企稳回升、全面好于预期。经营性子公司营业收入占比达65.5%。产业投资实现新布局，加大在武汉投资力度，成立武汉投资公司，落子长江新城。与武汉市政府签订战略合作协议，在基础设施建设、片区开发、能源、物流等领域达成广泛合作意向。工程建设板块逆势增长，建设集团成为首家营业收入破100亿元的子公司，成功获取市政总承包一级资质；中南院集团获得公路行业全部甲级设计资质、市政行业监理甲级资质。现代物流加速发展，建立以湖北为中心、覆盖全国20多个省市的现代供应链物流体系。物流集团挺进中国物流企业50强第27位，集团外营收比上年增长20%以上，新增国内合同金额40余亿元。产城融合成效初显，全年

2020年12月18日，棋盘洲长江公路大桥通过交工验收

2020 年 8 月 29 日，荆州港李埠港区一期综合码头工程通过竣工验收

实现一级土地收益近 11 亿元，土地摘牌 4400 亩，创历史新高。襄阳奇梦海滩水公园盛大开园，中国汉江 (襄阳) 生态城正式开工，宜昌巴山金谷取得突破性进展，鲟龙湾文旅产业园全面启动建设，利川龙船水乡景区提档升级工程基本完成。交通服务产业链进一步延伸，自营、控股、参股加油站 132 座，建设运营枝江油库，油源开发和油品资源供应渠道大幅拓宽，“交投能源”品牌获“第四届中国高速公路服务区知名能源品牌”。进一步强化科技引领，研发投入 3.35 亿元，交通科技成果获省级以上奖励 20 余项。推进信息化建设总体规划，启动全省高速公路通信干线网 (OTN) 升级改造，智能检测公司入选国务院国有企业改革领导小组办公室“科改示范企业”，上市工作正式启动。

(赵林)

【湖北省联合发展投资集团有限公司】 湖北省联合发展投资集团有限公司 (以下简称联投集团) 是由湖北省和武汉城市圈九市国资委为主要出资人，6 家省内央企为股东共同出资成立，公司注册资本 43.28 亿元。业务范围涵盖产业新城、园区运营、地产开发、产业金融、数字产业、基础设施与新基建等领域，资产规模逾 2219 亿元。2020 年，联投集团整合基础设施与新基建板块，成立湖北省建设投资集团有限公司 (以下简称建投集团)，打造集投资、设计、咨询、建设、运营管理“一体化解决方案”的市场主体，为城市基础设施建设提供一站式投资建设及开发运营服务，建投集团控股的湖北联合交通投资开发有限公司主要负责武汉城市圈重大交通基础设施投资建设和运营管理任务，运营管理武汉绕城高速公路东北段、和左、汉英、青郑、汉洪、黄鄂、硚孝、鄂咸以及阳逻长江大桥、黄冈长江大桥等武汉 1+8 城市圈“八路两桥”，总里程 330 公里。

(1) 深化股权多元化改革，引进战略投资者。湖北联合交通投资开发有限公司 (以下简称联交投公司) 克服疫情影响，依法依规按程序完成引战项目立项，法律、财务尽职调查、交通量调查及资产评估，增资方案的编制报批及公开挂牌交易等环节，11 月 27 日与山东高速湖北发展公司共同签订《增资协议》，山东高速湖北发展公司成为联交投公司第二大股东。

(2) 推进湖北省 ETC 费显和清分结算系统优化工程。落实交通运输部“第十战役”重点实施方案，实现“一次行程、一张账单、一次扣费、一次告知”及点亮费显工作目标，公司成立实车测试专班，从方案拟定、组织分工、路径规划、系统保障、车辆调度、安全防疫、表格填制等方面全面部署，确保实车测试工作稳步推进。4 月 20 日开展实车测试，组织费收、机电人员 150 余名，租赁社会车辆 65 辆，规划测试路径 1173 条，行驶里程 3 万余公里，协调解决门架、车道、费显、收费软件等问题 160 余项。5 月 2 日，顺利通过交通运输部复测验收工作，为恢复收费后营运工作开展奠定基础。

(3) 实现汉洪高速公路小军山至汉南区间“点对点”免费。公司与地方政府携手共商便民惠企举措，在汉洪高速公路汉南收费站与小军山收费站之间，达成由政府统一购买服务方式，通过 ETC 技术手段，实现区域内车辆“点对点”免费快速通行协议，让利于民、受惠于企，提振区域经济活力。

(4) 开展高速公路相关附属设施工程咨询、代建等工作。

2020 年 12 月，纱帽大道交汉洪高速公路综合枢纽工程建设完工。图为乌金收费站

2020 年 12 月，硃山路下穿汉洪高速公路通道主体工程基本完成

(1) 纱帽大道交汉洪高速公路综合枢纽工程建设。项目总建筑面积 10013.06 平方米，投资概算 4.02 亿元，起于纱帽大道与马影河大道平交口，与纱帽大道(马影河大道—兴城大道段)顺接，往北设置桥梁上跨汉洪高速和 321 省道，设置双 T 形互通与汉洪高速公路衔接。主线全长 1.81 公里、匝道全长 3.60 公里。新建匝道桥 3 座 1.41 公里，新建收费站 1 处、养护工区 1 处(与匝道收费站合建)、入口治超检测点 1 处。公司克服疫情影响，进一步完善交安、绿色、照明等配套设施，并组织各项专项验收，年底具备通车条件。项目开通后乌金收费站与小军山站、汉南站 3 站间 ETC 车辆点对点免费，有利于降低武汉经济技术开发区市民出行成本和企业物流成本。

(2) 硃山路下穿汉洪高速公路通道工程。项目建设范围为硃山路 K1+720 ~ K2+410 段下穿汉洪高速公路，全长约 690 米，规划红线宽度 70 米，道路等级为城市主干道。总投资 3.59 亿元。6 月 24 日取得建设工程规划许可证，7 月 15 日取得建筑工程施工许可证，年底主体工程基本完成。

(张弛)

【武汉港航发展集团有限公司】 武汉港航发展集团有限公司(简称港发集团)成立于 2015 年 8 月，由武汉、黄石、鄂州、黄冈、咸宁 5 市共同出资 70 亿元组建，其中武汉市占股 82.8%，黄石、鄂州、黄冈、咸宁等 4 市各占股 4.3%。湖北省委省政府明确港发集团发展定位为：打造集港口投资建设、运营服务、航运物流、临港产业园区等为一体的航运核心企业，建成长江中上游最大公共码头营运商以及中部地区最大、最具影响力的临港产业集团和综合物流集团。拥有 17 家二级子公司，二级以下企业 98 家，参股武汉新港江北铁路公司。主要业务有港口经营、综合运输、物贸供应链、港航投资建设。全年实现营业收入 86.58 亿元，比上年增长 4.81%；利润总额 0.58 亿元，完成年初目标的 193%；资产总额 368.97 亿元，比上年增长 8.84%；资产负债率 70%，控制在合理区间；安全态势持续平稳。

长江大保护。集团码头 14 个集装箱泊位和 3 个滚装泊位实现岸电全覆盖，主动对接上海港航纵横平台、长江江海联运信息平台，不断提升港区信息化水平，通过建设 TOPS、EDI 系统，方便海关调阅船舶、集卡作业、集装箱进出及堆存信息，实现在线查阅集装箱在港信息、办理提箱手续，以及远程操控龙门吊功能；基于 5G 技术的无人驾驶集装箱转运车在花山港投入使用。

疫情汛情防控。1 月 23 日—4 月 8 日抗疫情期间，集团及各权属企业接送医护人员 22.3 万人次，配送生活物资 1.07 万吨，抢卸电煤 14.9 万吨，中转防疫物资 14 批次，构筑保人员接送、保物资供应、保物流畅通的坚强堡垒。中央指导组物资保障组、交通保障组分别给港发集团、省客集团发来感谢信；武港集团、华中港航、长江新丝路、汉欧国际、大通航运等 5 家企业获湖北省物流行业抗疫保供复工先进企业称号。汛期严防死守，花

2020 年 12 月 12 日，成功开通日本—武汉—欧洲集装箱海铁联运国际中转新通道

山港自保堤成功抢险，杨泗港12个闸口平安度汛，1.8公里长江大堤有惊无险，阳逻、金口、仙桃、小池、振航等高桩泊位坚持防汛、生产两手抓、两不误。

物流大通道。港口经营方面，阳逻港集装箱新航线、多式联运新通道、“散改集”新项目齐发，花山港本地箱源与铁水联运业务齐增，金口港整车装箱业务与“散改集”业务并举，仙桃港全程物流与“陆改水”业务并进，全港集装箱吞吐量完成113.76万TEU，逆势而上实现3.4%的增幅。商品车加快跨区域联运线路开发合作，全年完成商品车装车量92.41万辆，滚装业务市场份额扩大到86%。汉欧班列全年班列发运总量达到230列，18920标箱，实载率100%，货值约74.82亿元，排名全国第13名。增开武汉—基辅、武汉—贝尔格莱德、“日本—武汉—欧洲”海铁联运国际物流新通道等新线路，进一步完善欧洲网络布局。铁水联运方面，全年完成38591标箱，比上年增长16.3%；投入7台自营集卡，实现公路短驳降费提效；争取海关支持，实现外贸箱装卸作业，完成5004标箱。铁水联运一期工程顺利通过国家验收，被交通运输部、国家发改委联合授予“国家多式联运示范工程”。园区运营方面，阳逻保税园新增入驻企业16家、达到68家，完成进出口货值9.945亿美元。仙桃B保全年完成报关单量9300余票，进出口货值71.92亿元人民币，与仙桃港联动完成进出口货物1.43万吨。湖北汽运汉正西物流园、溢龙汽车用品市场保持较高商铺出租率，租金入库率100%。

发展供应链。着力拓展产业链终端贸易主体，有序扩增石油焦、冷链、有色金属等大宗商品业务规模；石油焦、冷链、有色金属等项目成为平台贸易板块核心产品，全年实现石油焦营业收入9.20亿元；有色金属项目营业收入2.28亿元；冷链项目营业收入3.21亿元。

投资建设。全年完成投资52.67亿元，比上年增长5.2%。多式联运海关监管中心主体工程完工；盘塘砂石集并中心1号线开工作业；硚孝高速二期完成货币工程量4.31亿元；汉口北高新物流园二期项目通过验收，完成新签约面积7584平方米；汉口北项目周边市政道路(横二路)取得实质性进展；仙桃综合物流园全面完工并开展招商工作；咸宁公路港项目建设和招商工作完成集团下达的经营考核指标；2艘560TEU汉亚直达集装箱示范船实现航班周线运营，全年航次58个，1艘1140TEU武汉至洋山集装箱船建成下水成功。响应产业援疆号召，建设阿拉山口国际木材产业园项目，土建工程全部完工，综合楼、加工厂房基本达到竣工验收条件，综合楼装修工程完成工程量的80%。武汉综交院《武汉国家物流枢纽发展路径研究》课题获中国物流学会优秀课题三等奖，《武汉市新洲区汪辛公路》获湖北省市政道路类二等奖，《一种公路工程设计用快速划线装置》等5项专利申报至国家知识产权局。

市场开拓。阳逻、花山、金口、仙桃港集装箱吞吐量比上年分别增长7.13%、205.06%、4.77%、10.66%，花山港年集装箱吞吐量首次突破10万标箱；集装箱业务在全市市场份额为58.85%，比上年下降6个百分点；商品车运输开辟15条汽车运输新流向，引进8个汽车新品牌，滚装业务市场份额扩大到86%，比上年上升5个百分点。“云上多联”平台新增注册用户1008家、实现平台交易额120.12亿元，实现信息服务营收628.90万元，完成年度目标104.82%。获得政府和行业主管部门各种表彰、奖项16项，入选“武汉服务业百强”“2020年度武汉市大数据企业”，作为全国供应链创新与应用试点第一批典型经验获国家8部委联袂推介，“云上多联”平台入选工信部“2020年新型信息消费示范项目”，获评“全国物流行业先进集体”。“云上多联”平台各子平台完成系统开发、上线和初验工作，实现大宗商品交易、综合业务运营、物流一单制、智能结算、企业风控管理等应用功能上线运行；推出“云上大宗”“云上物链”“云上金链”“云上数链”等服务产品。7月16日，武汉市人民政府印发《武汉市促进线上经济发展实施方案》，点名支持“云上多联”平台项目建设。克服疫情影响，创新物流服务，实现逆势增长，铁水箱量完成38591TEU(累计外贸箱发运5008TEU，还箱7374TEU)，比上年增长16.3%。

改革创新。7月完成对原新港投集团的吸收合并。推进与中远海运、上港集团在阳逻港合作运营。贯彻落实“一城一港一主体”战略，推进阳逻港一二三期整合工作。开发网络货运+城配项目；阳逻保税园迎来全省首家木材、粮食保税加工项目落地，武汉新港进口粮食物流分拨中心挂牌运营，博禄聚烯烃武汉分拨中心项目挂牌，中外运阳逻保税仓正式开仓运营。

（熊航赐）

【崔家营航电枢纽管理处】 枢纽运营情况。截至12月31日，枢纽持续安全运行突破4308天，累计通航船舶数量34777艘，通航船舶吨位813万吨；电站全年发电量4.64亿度，累计发电量达48亿度；全年上缴税收1977万元，自发电以来上缴税收突破2.7亿元。全年未出现人身伤亡等一般安全事故。

1. 抗疫保运，三大攻坚任务圆满完成

防疫情保发电，枢纽运营指标逆势上行。面对突如其来的新冠肺炎疫情，管理处第一时间成立疫情防控领导小组，制定落实防控措施36条，严格执行生产区域全封闭式管理，在一线运维人员不足平时60%的情况下，及时调整运行生产模式，在2个多月封闭管理期间，完成电站进水口清污、电站技术供水故障等多项急难险重任务，完成机组巡检工作34次，设备维护消缺82项，安全发电7272.5万度，较上年同期增长30%。全年发电4.6亿度，提前75天完成年度发电目标。

保通航防大汛，枢纽社会效益充分彰显。坚持疫情期间船闸停航不停

2020年3月31日，襄阳市疫情解封后崔家营航电枢纽正式恢复通航

工，落实设备维保和船闸消杀工作，保障相关设备稳定状态。疫情解封后第一时间恢复通航，为汉江航运相关产业复工复产做好服务。定期对两闸设备和水情测报系统进行巡查维护，认真落实汛前安全隐患排查、整改工作。以汛情为令，严格执行防汛预案及水库调度规程，在汛期精准调度闸门100余次，确保平安度汛。

抢A修练队伍，设备运维工作圆满成功。发电机组A级检修是崔家营枢纽“十年一遇”的工程项目。面对新冠疫情不利影响和项目工序复杂问题，成立机组A级检修专班，制定全方位进度计划，严格全过程施工监管，落实高标准验收要求，历经百余天，成功完成34大项检修任务，实现首台机组A修后一次冲水空转成功、一次升压空载成功、一次合闸并网成功。充分利用检修设备分拆契机，通过理论教学和实践练兵，对生产人员开展系统培训，提升一线人员技能水平，丰富技术管理经验。全年按期完成机组A级检修等700余项检修维护和6项技改工作。

2. 保障升级，十年安全运营更进一步

压实安全责任，强化生产、防疫安全保障。通过完善管理制度，健全安全监督保障体系，加强生产现场安全监管，进一步织密、织牢三级安全监督网络，确保生产安全可控、在控。完善并优化“两查两报”工作机制，加强安全监管考核力度，促进安全生产活动进一步规范化。全年组织12次安全会议和5次安全大检查，研究解决安全生产问题28项，排查各类安全隐患56项，按期整改率100%。坚持严格落实日常消杀、测温、错峰用餐、进出管控等各项常态化疫情防控工作措施，组织全体员工进行核酸检测，巩固防疫成果。

围绕重点关键，不断提升综合防控能力。结合各生产部门特点，分专业、分领域开展船闸闸室防沉船、机组伸缩节大量漏水和治安突发事件等专项应急演练，成功应对庞崔线失压等突发事件，应急处置能力进一步提升。完善监控管理，加强安保防范，突出技防人防结合，综合防控能力明显提升，综合治理效果更加凸显。

筑牢保密意识，促进网络安全规范管理。坚持一手抓管理机制，一手抓工作规范，开展保密工作自查自纠，加强对保密工作风险防范，提升相关人员保密工作意识和防范能力。组织网络安全意识教育培训、参观网络安全科技会展等多项宣教活动，增强风险防范意识。印发网络安全管理制度和应急预案，加强网络安全队伍建设，开展网络安全检查，堵塞网络安全漏洞，网络安全风险管控力度进一步强化。

3. 管理提效，运管体制机制与时俱进

展现品牌魅力，讲好枢纽发展故事。以航电枢纽十年来安全发展历程为主题，制作专题宣传片，在《人民日报》《湖北日报》和《湖北交通新闻》等主流媒体上相继发布系列报道，全面展现枢纽在建设汉江智慧航道、保障枢纽安全生产、推动航电技术革新、维护汉江生态环保和塑造崔家营魅力品牌等方面取得的各项成果，总结崔家营规范管理模式、高效运营机制、人才队伍培养、技术克难创新经验和发展内涵，实现传播湖北交通航电发展好声音宣传效果。

推进绩效评价，保障资金使用效益。建立三级项目指标库，以全面绩效管理为抓手，促进预算项目实施质量监管和把控，通过加强绩效评价结果运用，提高财政资金使用效益。全年签订合同91项，其中政采项目19个、非政采项目34个、零星采购项目38个，基本做到立项筹备充分、采购实施规范、执行按节点落实。预算资金整体执行率达到99.6%。

心系职工权益，积极争取福利保障。在全省机构改革的客观形势下，坚持推进管理处人员编制核定、省直机关养老保险参保和人员岗位聘用工作，经过多次与省人社厅、省编办和厅人事教育处沟通协调，及时提交相关材料，克服重重困难，基本完成湖北省机关事业单位养老保险参保工作，保障了职工权益。落实了管理处专业技术人员岗位聘用工作，人事管理工作进一步规范。

4. 党建引领，基层组织建设成果丰硕

举办党建书籍推荐分享、党规党纪知识测试等“喜迎建党99周年系列活动”。第一党支部获“2018—2019年度全省党建工作示范单位”。管理处被评为第六届全国文明单位。成功举办湖北省交通运输行业第四届全“交通工匠杯”职工职业技能竞赛船闸运管员竞赛，管理处2名职工获省交通运输厅“交通工匠”称号，5名职工获得优胜奖。利用首次机组A级检修的有利时机，开展职工大讲堂和“名师带徒”活动。持续完善职工书屋建设，开放职工书屋网络平台，实现线上线下双线查阅学习。

（薛若枕）

船闸所工作人员走上船头服务船民

【江汉运河航道管理处】 疫情防控保障。面对新型冠状病毒肺炎疫情严峻形势和艰巨任务，全面启动新冠疫情防控工作，坚决落实“一断三不断”要求，织密重点船舶和敏感人群疫情管控网，核查疫区来船，严防疫情通过水路蔓延，为过往船舶营造安全有序通航环境。开辟“绿色通道”保障生产生活和防疫物资经江汉运河运送各地。主动化疫情之“危”为发展之“机”，江汉运河通航船舶流量密度在5月份恢复到上年同期水平，全年通航船舶6852艘次，船舶总吨573万吨，比上年分别增长20%、29%。

平安航道建设。常抓不懈防范化解安全生产重大风险，进一步深化和完善安全生产责任体系，推进安全生产专项整治三年行动，安全生产形势持续稳定向好。汛期持续时间长，最高水位超警戒水位1米，及时启动应急三级响应，做好储备防汛应急物资、器材，龙洲垸船闸实行上、下闸门分级挡水的措施，有效规避船闸挡水建筑物承受的最不利荷载。利用智能航运监控系统对船闸及上游引航道进行24小时监测，密切关注水情雨情变化和运河堤坝状况，严把江汉运河水域“上下关隘”，守护广大船民平安航程。

通航管理服务。推进船闸与航道管理水平，推动两船闸运行方案的编制。推进江汉运河智能航运管理与服务系统功能的完善，并于12月28日在全线通航船舶推广试应用，江汉运河服务全智能、监管全覆盖、信息全共享、数据全可视功能基本实现。以船艇为阵地，超前与靠前服务船民，夏送清凉、节送问候，强化与调水部门协调联动，及时跟进各个时段运河水位的变化，全力保障船舶通行。

2020年7月14日清晨8时13分起，江汉运河开始为长湖分洪

事业发展根基。连续举办3期“职工大讲堂”，组织开展“学理论、强业务、拓技能、展作为”竞赛，以第四届“交通工匠杯”船闸运管员竞赛为契机，开展技术指导和专业培训，全体职工职业技能和履职水平进一步提高。按照实际工作需要，启动干部选拔任用工作，选拔任用4名副科级干部。结合空编缺岗情况，公开招聘4名职工补充到干部队伍。在第二届全国交通运输优秀文化品牌推选展示活动中，江汉运河航道管理处“绿色运河”文化品牌成功入选交通运输“政务事业类十佳文化品牌”。

（张辉）

【高速公路联网收费中心】 2020年，省高速公路联网收费中心全体干部职工顶住疫情冲击，奋力打赢“第十战役”，为全省高速公路联网运行和公众出行提供技术支撑和服务保障，被人力资源社会保障部、交通运输部表彰为“全国交通运输系统先进集体”。

1. 疫情防控保障

积极参与承担交通运输服务保障电话受理，7×24小时不间断工作，3个月累计受理服务11.57万件，受理疫情防控物资运输热线服务1404件。组织发动中心44名党员全部到所居住或联系社区（村组）报到，接受社区（村组）管理和调度，参与疫情防控，多名党员被评为社区抗疫先进工作者。

2. 撤站工程“第十战役”

面对严峻疫情形势，中心全程坚守岗位，以线上远程会商为主要形式，协调各合作银行、业务支持单位，协力推进联网收费系统转换运行，成功打赢“第十战役”。一是如期完成“四个清零”。集中解决1月份产生的通行费交易积压数据上传和争议数据处理，共上传跨省ETC交易8770.36万笔、跨省现金交易455.02万笔，完成ETC记账1.85亿笔、ETC交易争议处理190.16万笔。完成六大类系统问题处理。协调合作银行完成延期扣款清理，实现通行费交易一次请款。3月7日前清理存量投诉2.14万笔，3月31日前完成新增存量投诉归零。二是顺利完成ETC系统升级改造。开展ETC清分结算接口、秘钥系统国密、ETC发行系统升级改造，省内清分结算和跨省清分结算系统完成部中心与发行服务机构数据同步传输、拆分业务对接等核心升级，实现“一次行程、一张账单、一次扣费、一次告知”总目标。积极组织协调12家ETC合作银行完成银行清分结算系统升级改造。三是配合完成费显及软件优化。完成省中心收费软件与ETC车道软件改造，保障ETC设备正常使用。上线管理机费率查询功能，为路段、站点提供费率查询网页，规避计费异常。四是顺利通过全省路网实车测试。发放测试标签300套，以测试车辆通行的方式，顺利完成清分结算、跨省对账及结算、CPC卡调拨管理、特情处理、稽查管理、客户服务、系统运行监测服务、系统参数管理、数据传输管理、时钟同步等10个项目测试。核对报送全省高速公路352个在用收费站、2347条在用土建车道、5300个收费车道号、1140个收费单元、1027个收费门架数据详细资料，App实地采集率达90%以上。五是完成交费信息查询服务。12家ETC合作银行扣费短信及清分结算系统陆续投产上线。“湖北e出行”微信公众号和微信小程序上线账单查询和月结单服务，为客户提供通行明细、月结单等查询服务，及ETC消费微信消息告知。对接“中国ETC服务”小程序，实现车牌占用自动挂起。

3. 联网收费业务

历经1月1日系统切换、2月17日疫情免费及5月6日恢复收费，全省年通行收费车2.52亿辆次累计207.54亿元，日均68.89万辆5670.55万元，较上年分别下降18.15%、17.36%。剔除撤站系统切换初期及疫情免费期（126天），5月6日后通行收费车流量2.23亿辆，日均92.95万辆，同比增长9.21%；收取通行费186.84亿元，日均7785.11万元，同比增长11.82%、9.76%。

坚持通行数据日清分、周汇总、月分析，及时发现、分析、排除特情问题，确保清分工作及时准确。做好各类数据通报上报，全年下发路网流量收入报表、联网通行数据、清分数据、统计数据12期，上报重大节假日出行数据7期。持续做好实施惠民政策技术支持，保障3条高速公路、1条一级公路继续执行“点对点”免费通行政策，执行通行湖北省高速公路的二类货车5折优惠、三类货车7.2折优惠、五类货车9折优惠等政策实施。做好新高速公路路段、一级公路、新收费站点并网开通。制发《关于明确取消高速公路省界收费站后全网费率管理基本性规则性事项的通知》，指导路段提前做好开通前各项准备工作，提高效率、缩减成本。全年完成武汉南四环高速等12路1桥共30个新收费站的联网运营开通工作。

4. 非现金支付业务

(1)ETC发展平稳有序。全省ETC车道覆盖382站1252条，覆盖率100%。全年新增发行50.75万户，注销126万户（累计发行813.62万户），鄂籍车有ETC通衢卡用户506.48万户。建成ETC一站式客服网点5524个，覆盖100%的乡镇级行政区。ETC使用率、支付率持续提升，全年共通行ETC车辆1.2亿辆、支付98.73亿元，ETC使用率、支付率分别为62.57%、63.52%。

坚持用户至上、服务优先原则，做好用户售后服务保障。建立退费处理机制，协调合作银行、路段单位妥善处理用户投诉退款，化解舆情风险。至12月31日，处理国家平台业务协调单1515条、投诉7.66万条，退款3.82万条共计793.25万元。按照部中心结算争议交易判定及操作流程，及时处理国家平台清分确认、争议、退费、投诉、服务特情等各类交易问题2.16万条。

开展状态名单专项治理。以无卡注销状态名单为重点，同步加强标签状态名单清理。全年清理卡状态名单81.87万条，其中无卡注销状态名单77.64万条，止付卡状态名单2.09万条，卡重复名单2.32万条；清理标签状态名单8.17万条。

积极服务ETC各参与方，推进ETC业务智能化、标准化。加强系统运维开发，上线ETC新客服系统、退费系统，启用数据中心ETC资源池，配合异地数据备份中心建设。制发《ETC特情处理技术支持外包项目服务管理细则》，进一步规范ETC技术支持服务管理。协调督促服务区管理单位和服务终端维护单位合力做好服务区自助服务终端日常维护，完成13对国评迎检服务区自助服务终端专项维保。

主动服务ETC合作银行业务开展。配合完成建行系统上收升级，支持邮储等9家银行完成客服软件或卡采购，协助新银行备用通信链路建设工作。常态开展ETC业务培训，印发ETC客服系统操作手册、文件汇编、常见问题解答等资料，进一步提升合作银行ETC业务水平。统一修改和规范银行用户协议相关表述，新增并规范ETC拓展应用服务相关约定。

(2)顺利完成第二轮手机移动（银联卡）支付收取通行费服务项目招投标。全年受理移动支付1433.97万笔153246.23万元，占现金交易额的78.33%。12月份，全省联网高速公路非现金支付使用率、支付率分别达到

87.06%、92.97%。

5. 联网技术保障

全省高速公路视频云联网基本完成。按照交通运输部关于全国高速公路视频联网工作要求，制发《湖北省高速公路视频联网监测工作实施方案》《湖北省高速公路视频云联网技术要求》等文件，指导各经营管理单位按统一标准、统一要求上云接入全省高速公路视频联网。因地制宜开展省级视频云平台建设。编制湖北省高速公路省级视频云平台设计方案，采用政府购买服务方式，通过单一来源采购确定楚天云为视频云平台服务商。有序开展路段上云接入与部省联调。提前与路段单位分类分片进行技术对接，每日与路段单位和省平台服务商进行沟通，及时掌握接入进度，如期完成省级视频云平台部署、路段视频接入、网络安全测评以及部省平台联调接入等工作。共计接入86个路段单位4477路视频图像，涉及8个视频上云网关品牌，近100台设备。

网络安全及技术保障坚强有力。按照“日常维护与应急处置并进、规范管理与技术创新并重”原则，突出重点，加强系统隐患预防，确保故障处置高效，全年无一例重大机电事故发生，为联网收费工作提供有力保障。严密监测部站、省站间通信系统，及时通报运行状况，督促配合路段快速处理故障，保证疫情期间软件升级、费率下发等工作顺利开展。加强网络安全值守，针对新系统特点，明确监测重点、各方职责及工作流程，严格实施7×24小时监测值守，成功保障1月1日系统切换期、5月6日恢复收费以及全国两会期间等重点时间节点全网系统安全运行。严格落实省中心综合业务平台运行监测机制，每2小时对平台内银行数据、收费业务数据、交易包接收情况开展一轮监测，确保异常及时处理，数据正常流转。顺利完成交通运输部组织的网络安全攻防演练。

根据《省交通运输厅关于进一步规范高速公路设站收费报批有关事项的通知》要求，结合撤站后对联网收费系统管理新需求，进一步理清新建路段并网检测内容与流程，修订联网收费系统并网检测指南，及时发给各单位并进行宣传讲解。5月6日，老谷、南四环、洪监以及崇阳西收费站开通，枣潜高速公路襄阳南段、荆门北段、荆潜段以及宜鹤、建恩、麻红、圈环孝感北、棋盘洲连接线、宜都长江大桥等高速公路并网通车。

6. 运行监测工作

(1) 联网收费系统监测有效展开，路网基础信息统计精准。依托部监测平台，建立路段中心二级监测账户，实现路网监测全覆盖。以网络安全、车道交易、传输指标、门架运行指标为重点，实现监测数据一日一通报，督促路段单位加强系统维护。截至10月31日，发布全省设备运行情况通报155次，督促路段解决实体门架连通率问题352次、实体收费站连通率问题312次，督促路段关注门架RSU、收费站RSU、车道控制器异常状态65次。发布实车测试问题情况通报11次，督促技术支撑单位解决软件问题141次、硬件问题2次。

科学高效做好路网基础信息采集、统计、上报。制定《基础数据报送规定》，明确数据优先级，按照“第一时间确保生产系统基础数据、根据进度统一调度展示性基础数据”原则，压缩数据入库时间；明确省中心、科研所、路段分中心权责边界，进一步优化报送审核流程。全年完成南四环高速公路、老谷高速公路、嘉通高速公路崇阳西收费站、枣潜高速襄阳南段、荆门北段、荆潜段、建恩高速公路、宜鹤高速公路、麻红高速公路、棋盘洲长江大桥，以及一级路香溪长江公路大桥、荆松公路基础数据入库工作。审核、更新收费公路业主单位60家收费站380个，实地采集1094个实体收费单元、437个实体收费广场、1147个实体收费门架信息；完成部路网中心5次GIS地图核对反馈信息。

(2) 基本形成通行介质管理长效机制。制发《关于建立联网高速公路复合通行卡(CPC卡)投放长效机制的通知》，协调新入网路段带卡入网14.7万张，入网单位分摊采购23万张，有效缓解卡基数不足问题。制定《通行介质管理规定(试行)》，全面梳理规范CPC卡入库、下发、清卡、坏卡等管理环节，督促路段落实每日盘点、就近周转机制。下发《关于近期通行介质管理有关注意事项的通知》《关于进一步加强CPC卡管理的通知》《关于严格控制因设备系统故障原因发放通行纸券的通知》等，及时跟进解决通行介质流转问题。全省全年CPC卡总投入量113.5万张，管理基数109.7万张，库存115万张。累计调拨卡638次1978759张，跨省调拨7次272984张。

7. 公众出行服务

全年服务热线受理179.91万件(日均4916件)，比上年增长27.76%；互联网自助查询服务1049.74万次(日均2.87万次)，比上年增长10.11%；微信、短信平台、电台、微博、门户网站等向社会发布出行信息45.58万条。微信公众号关注数突破119万人，绑定ETC卡用户75万人。

按照交通运输部“全国统筹、服务至上、整体推进、动态完善”原则，不断健全ETC客服体系。建立联网中心牵头负责、路段中心协作配合的“1+62”投诉和争议处理体系，建立路网联合协同处理工作机制，用户投诉处理能力和时效全面提升。承接95022全网ETC监督服务电话，6个月受理话务量8.54万件，日均270件；中国ETC在线客服受理6.14件，日均168件。对接12328交通运输监督服务热线和12345市长热线，受理阳光信访、省市长信箱、荆楚网等各大省级平台转办投诉5824件，日均16件。建立投诉工单流转处理流程，按照“日清月结”要求，及时高效做好投诉处理，客户服务支撑系统受理投诉单9.6万件，日均262件。96576通衢卡客服专线转为语音自助服务热线。

(郑相毅)

综合交通和水陆运输

【全省道路运输发展】

1. 道路客运

全省全年完成道路运输客运量2.17亿人次，比上年下降68.8%，受疫情影响，叠加出行方式转变加快，道路运输客运量下降明显，月度同比降幅均超55%。至12月底，全省上线定制客运线路20余条，累计订单超12万单。“村村通客车”成果更加巩固，全省23879个行政村保持100%“村村通客车”，其中：客运班线公交化改造3251个，占比14%；通公交4948个，占比21%。所有农村客运车辆实现动态监管全覆盖。道路客运信息化服务水平显著提升，全省道路客运联网售票系统覆盖17个市州及所有二级及以上客运站，全省首家道路客运电子客票电子发票在宜昌上线。

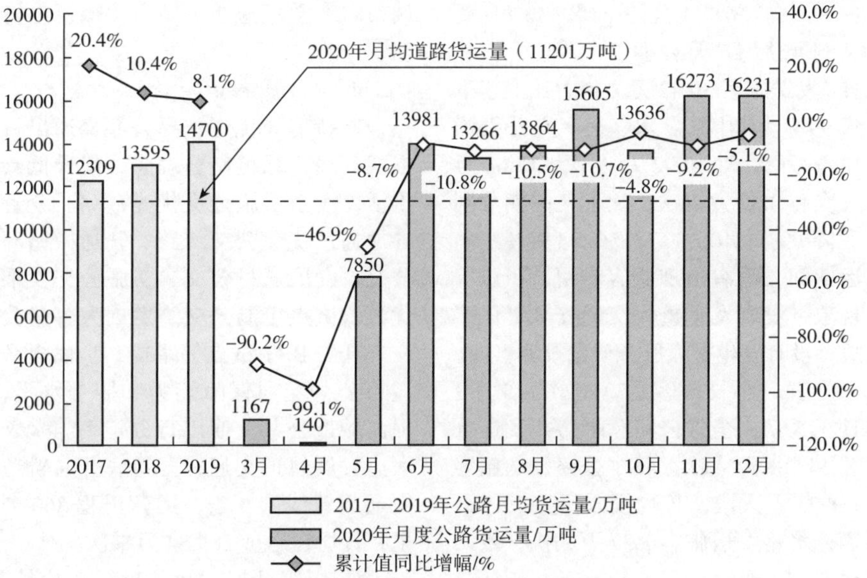

2020年道路货运量及增幅月度变化

2. 道路货运

全省全年完成道路运输货运量11.43亿吨，比上年下降20.3%。一季度货运量受疫情“封路”影响呈断崖式下跌，随后4月疫情进入常态化防控，道路货运量保持较快增势，快速回升至稳定水平，全年走势持续向好。

3. 农村物流

农村物流三级物流体系基本建成。建成农村综合运输服务站433个，支持县乡客运站拓展快递业务功能，依托邮政乡村服务点延伸农村物流服务网络，推广农村客运车辆代运邮件快件。先后培育建设农村交通物流试点示范项目23个，构建起高效衔接的城乡配送体系，并向交通运输部报送赤壁康华、长阳百誉、竹山亨运、英山英讯通4家优秀“交通运输＋邮政快递融合”农村物流服务品牌。全省县乡村三级农村物流体系建设稳步推进，基本构建物流园区—物流中心—农村物流服务站的三级物流节点体系，“工业品下乡，农产品进城”的农村物流通道基本畅通。

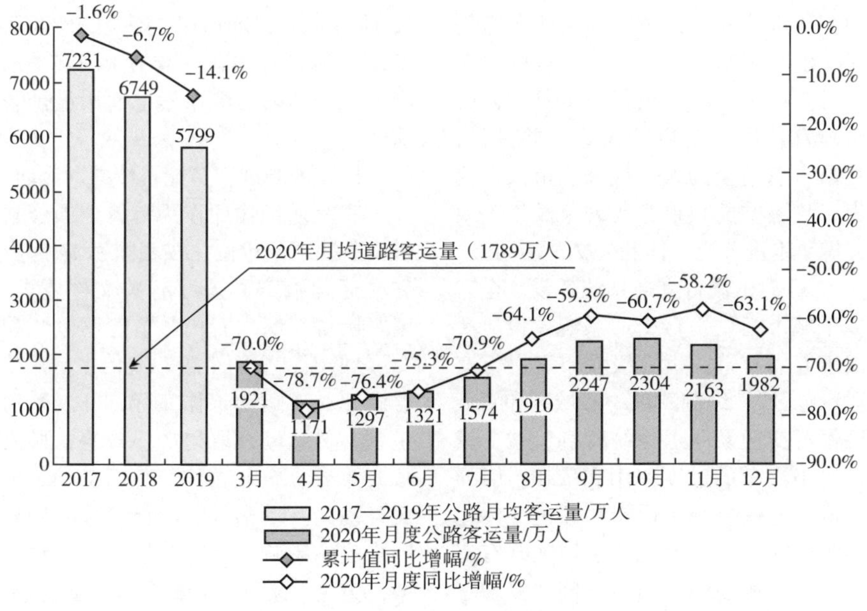

2020年道路客运量及增幅月度变化

4. 网络货运

稳步推进网络平台货运发展。贯彻落实交通运输部和国家税务总局印发的《网络平台道路货物运输经营管理暂行办法》，鼓励各地有实力的货运企业申报网络平台货运企业，扩大互联网＋货运覆盖面，提升道路货运智能化、集约化发展水平。截至年底，全省累计通过线上服务能力认定的网络货运企业30家。

（王成林）

【节假日运输】 春运40天。2020年1月10日至2月18日，全省铁、水、公、空共发送旅客2220.87万人次，比上年下降65.79%。其中，铁路发送旅客680.47万人次，比上年下降66.98%；水路发送旅客4.39万人次，比上年下降64.31%；公路发送旅客1454.62万人次，比上年下降65.32%；民航发送旅客81.40万人次，比上年下降63.84%。受新冠肺炎疫情影响，春运受到较大冲击。武汉封城前14天（含封城当日，即1月10日至23日）发送旅客2190万人次，比上年下降3.25%。其中铁、水、公、空分别为667万人次、4.37万人次、1441万人次和78万人次，分别占各自春运量的98%、99.5%、99.1%和95.8%。其中，铁路、水路和民航分别增长5.63%、

19.1% 和 7.82%，公路下降 7.43%。武汉封城后 26 天 (1 月 24 日至 2 月 18 日) 发送旅客 30.42 万人次，比上年下降 99%。其中铁、水、公、空分别为 13.46 万人次、0.02 万人次、13.62 万人次和 3.32 万人次，比上年同期分别下降 99%、100%、99.5% 和 98%。春运期间，没有出现旅客滞留、积压等现象，没有发生重大交通安全责任事故，没有发生重大服务质量投诉事件。

五一小长假客运。2020 年 5 月 1 日至 5 日，全省公路、水路共发送旅客 142.08 万人次。其中公路发送旅客 138.71 万人次，日均投入运力 1.87 万辆；水路发送旅客 3.37 万人次，投入运力 267 艘。

国庆黄金周 (含中秋) 客运。2020 年 10 月 1 日至 8 日，全省公路、水路共发送旅客 682.57 万人次。其中，公路发送客流 663.53 万人次，投入运力 24.36 万辆；水路发送客流 19.04 万人次，投入运力 829 艘。

(李庆九)

【交通运输节能减排】

1. 清洁能源和新能源汽车推广

全省持续实施政策引领，加快老旧运输车辆淘汰，调动各地发展新能源、清洁能源公交车的积极性。截至年底，全省新能源公交车达到 13348 辆，并处于持续增长状态。武汉市上线试运营氢燃料电池公交车 31 辆，其中，经开区公交线路 4 条 21 辆、东湖高新区公交线路 1 条 10 辆。全省全年新增及更换公交车 1942 辆，其中新增及更换新能源公交车 1921 辆，占比 99%。

2. 交通一卡通互联互通工作

按照交通运输部推进交通一卡通全国互联互通要求，继续大力推进城市公交卡公交互联互通工作。截至年底，全省 17 个市州全部完成公交领域一卡通互联改造，16 个城市发行全国互联互通卡。全国互联互通卡累计发行超 40 万张，8 个城市停发旧卡。

3. 积极申报绿色出行创建城市

向交通运输部和国家发改委推荐申报武汉市和襄阳市为绿色出行创建城市。专文报送 2 个城市“绿色出行创建行动方案”。

4. 大力倡导绿色出行

坚持倡导优先选择公共交通出行方式，践行绿色交通理念，倡导低碳生活，大力实施公交优先战略。全省各地通过优化公交线路、开通微循环公交、发展通村公交、实施公交换乘优惠、试点定制公交、发展大容量公交、开展 BRT 试点等举措，全面提升城市公共交通保障能力和服务水平，提高城市公共交通出行分担率。武汉大力发展轨道交通，至年底开通轨道交通运营线路 9 条，运营里程 360 公里，日均客运量 169.84 万乘次。

(1) 组织开展“绿色出行宣传月”和“公交出行宣传周”活动。根据国家统一安排，9 月份组织开展“绿色出行宣传月”和“公交出行宣传周”活动。活动围绕“践行绿色出行、建设美丽中国”主题，通过组织多样化的绿色出行和公交出行宣传活动，积极宣传绿色出行理念和公交优先发展政策，普及交通安全知识，大力倡导绿色出行。结合全省公交“日行一善、载德前行”主题活动，进一步培育城市公共交通文化，营造了解公交、关心公交、支持公交、选择公交的良好氛围。全省 17 个市州普遍开展双主题宣传活动，并向县级城市延伸，取得良好效果。荆州市将公交 4 路线“全国交通系统先进集体”和文明车组创建“模范车组”授牌仪式、全国一卡通发布仪式与绿色出行宣传月和公交出行宣传周活动启动仪式一并举行；宜昌市邀请全国人大代表、市人大代表、政协委员和乘客代表组成代表团开展“走进公交、体验公交”活动。

(2) 尝试慢行交通系统建设。全省多个城市尝试慢行交通系统建设。武汉市着力打造“世界级城市型慢行交通示范区”，编制武汉中心城区和新城区慢行交通及绿道系统规划，减少城市对小汽车的过度使用和依赖，引导形成“地铁公交 + 慢行”绿色一体化出行模式，力争实现中心城区既有道路慢行系统规模和出行空间“只增不减”、机动车出行空间只减不增，新建道路慢行空间与机动车空间同步增长，从而提高步行、自行车、公交等绿色交通方式的出行分担率。

(3) 先进公交文化建设。注重先进公交文化培育和普及，总结推广武汉公交“日行一善”、宜昌“文化进车厢”、襄阳公交“三讲”等典型企业文化，推广黄冈市城区“三好”文明公交线创建活动。

5. 大力推广岸电技术应用

全省抓住长江绿色岸电改革契机，以“油改电”减少燃油能源消耗，实现“绿色岸电”。省交通运输厅与长江航务管理局、省能源局、省电力公司、国电南瑞公司及有关市州人民政府等单位合力推进岸电建设。截至 12 月，全省长江干线港口 216 个泊位岸电设施安装到位，其中集装箱专业泊位 10 个，集装箱功能泊位 18 个，客运泊位 33 个，其他泊位 155 个。宜昌市、黄石市经营性泊位岸电基本全覆盖。全部完成交通运输部《港口岸电布局方案》中下达湖北省全年 19 个岸电泊位建设任务。依据国家发改委 2019 年下达的投资计划，湖北省三峡坝区岸电系统游船受电装置改造项目涉及武汉、宜昌、恩施 3 个市州 8 家旅游船公司 30 艘客船。2020 年，其中 1 家客运船舶公司转注册重庆，全省三峡坝区岸电系统游船受电装置改造的 7 家旅游船公司 25 艘客船全部完成改造。截至 12 月底，全省港口岸电使用 368.8 万度，其中客运泊位岸电使用 345.7 万度，在全国内河港口岸电使用量排名前列。

6. 积极开展“节能宣传周”活动

省交通运输厅作为首批全国公共机构节能示范单位，按照国家 14 部委和交通运输部办公厅有关文件要求，紧紧围绕“绿水青山，节能增效”和“绿色低碳，全面小康”宣传主题，结合湖北交通运输工作实际，开展系列主题宣传活动，取得明显效果，形成政府主导、企业主体、部门推动、全民行动的互动格局。因新型冠状病毒肺炎疫情影响，有针对性制订活动方案，宣传周活动错峰举行，通过 QQ 群、微信群和厅机关门户网站向全体干部职工及时传达《关于2020年全省公共机构节能宣传周活动安排的通知》精神；制作节能、低碳、资源再利用宣传专栏，宣传节能知识。厅机关每年申报节能减排专项经费，推进机关节能改造，所有新购设备必须符合2级以上能效标准，逐步淘汰高能耗设备。全厅所有照明灯具均更新为LED节能灯具，实现办公区域高效光源使用率100%。组织各有关单位参加国家节能中心、交通运输部科研院等单位组织的第三届“讲好节能故事”大赛，十堰公交集团获摄影优秀奖1项和征文优秀奖2项。

（李庆九）

【全省道路运输业发展】 截至2020年底，全省有道路客运2946户，其中班线客运2722户、旅游(含包车)224户；道路客运车辆29325辆，其中班线客运车辆7093辆、旅游包车6868辆，农村客运15364辆；全省12吨以上重载货运车辆约217024辆，占货运车辆总数的63.01%；危货运输车辆18426辆(其中挂车6941辆)、经营业户403户。

疫情防控和重点时段运输保障。疫情期间(2020年2月至6月)，全省从139家道路客运企业抽调应急客车运力8975辆，从174家道路货运企业抽调应急货车运力1451辆，确保应急运力随用随调。出台《关于进一步加强“点对点、一站式”包车客运安全监管的通知》，落实防疫规定，保障人员安全有序流动，发送道路客运“点对点、一站式”包车1.6万趟次，运送返岗务工人员52万人次。农村物流在疫情期间有力保障城乡群众生活物资供应。完成春运、重要节假日、高考中考等重点时段运输服务和防汛抗旱运力保障以及行业疫情防控常态化工作。

道路运输创新发展。围绕道路客运转型升级“8条意见”，各地在“互联网+道路客运”发展方面进行有益探索和实践。省客集团上线汉口至英山定制客运线路、武昌至黄石惠民城际公交；宜昌交运集团上线8条城际公交；潜江驰宇运输公司开行潜江至武汉城际约租客运；联网售票系统上线定制客运线路20余条，订单超过10万单。完成25家网络货运经营线上服务能力材料初审工作。

行业高质量发展。召开重点企业座谈会，助力客货运输企业在常态化疫情防控形势下走出困境。道路运输领域信息化服务水平持续提升，截至年底，全省道路客运联网售票系统覆盖17个市州、110家客运站，自助售(取)票设备实现省内一级和二级客运站场全覆盖，联网售票客运场站均开通移动互联网售票和线上支付渠道，全省联网售票客运站共计售出2224万张客票。全省汽车客运站采取设立“绿色通道”、保留人工服务和现金支付窗口、提供咨询帮助及特需服务等保障措施，加强和改善“智能时代”下老年人出行服务。

“村村通客车”持续深化。出台《湖北省农村客运运营服务规范》《关于进一步巩固“村村通客车”成果有关事项的通知》，进一步规范农村客运服务供给，完善发展长效机制，巩固“村村通客车”成果。确定兴山县作为试点，落实农村客运网络扶贫工作。截至年底，全省继续保持100%行政村通客车，武汉、潜江、黄州实现全域公交。

规范管理力度。举办新《汽车旅客运输规则》培训班、危货电子运单培训班。推进危货电子运单制度，共发通报6期，全省危险货物道路运输电子运单企业覆盖率达100%。组织开展道路运输“三大专项整治”行动，进一步规范长途客运接驳运输行为。截至年底，全省有接驳运输企业60家，线路263条，车辆639辆，接驳点76个。

（刘蔚）

【班线客运】 深入推进道路班线客运转型升级。以适应市场需求为导向，以发挥道路客运比较优势为手段，以补短板、强弱项、促转型为目标，贯彻落实道路客运转型升级“8条意见”，建立转型升级联系点，在“互联网+道路客运”发展方面进行有益探索和实践。宜昌交运集团8条城际公交运行良好。省客集团汉口至英山定制客运线路、武昌至黄石惠民城际公交上线运行。联网售票系统积极扩充增值服务功能，为宜昌、荆门、黄石等地运输企业定制客运业务提供运营和技术支持。陆续上线定制客运线路20余条，累计订单超过10万单。

促进班线客运高质量发展。贯彻落实“放管服”改革部署，举办新《汽车旅客运输规则》培训班、召开重点企业座谈会，从企业需求出发，助力客货运输企业在常态化疫情防控形势下走出困境，促进道路旅客运输行业健康发展。发挥道路客运面广、线多、有固定车站以及专业车辆和驾驶员等方面优势，推进站商融合、运游结合、城际公交、定制客运及物联网发展，深入挖掘旅客流量潜在价值，提升客运企业盈利能力。开展农村运输服务提升行动，巩固“村村通客车”成果，出台农村客运运营服务规范，对农村客运经营者、从业人员、车辆、站点的管理和服务提出明确要求，进一步规范农村客运服务供给。

规范发展班车客运定制服务。发挥移动互联网等信息技术作用，鼓励开展灵活、快速、小批量的道路客运定制服务。提供道路班车客运定制服务，企业应当具备道路客运经营资格，驾驶员应当取得相应从业资格，车辆原则上应当使用7座及以上的营运客车。对提供出行信息服务的互联网平台，加强科学引导和规范管理。互联网平台运营商不得组织非营运车辆和未取得相应从业资格的驾驶员从事旅客运输。

强化事中事后监管。深化“双随机一公开”机制在客运审批方面的运用，加强客运审批流程监管，加强动态监控第三方监测平台数据在审批中的应用。加强审批后的监督检查，完善投诉举报受理及办理机制，依法处置违法行为，按照谁审批、谁监管的原则，开展双随机抽查和重点检查。

进一步规范道路客运接驳运输。建立完善800公里客运班线管理台账，进一步淘汰800公里以上客运班线和车辆。督促各地运输管理部门及时掌握接驳运输企业线路、车辆、人员和接驳点动态变化，做好信息更新、整理、报送工作。加强监管，开展多种形式监督检查，以查促改，逐步规范接驳运输行为。

（刘璟）

【旅游客运】 截至2020年底，全省有道路旅游（含包车）客运企业224户，旅游客运车辆6868辆。全省旅游客运管理以确保安全生产和优质服务为目标，以落实管理制度和强化监管为手段，克服新冠肺炎疫情影响，主动服务抗疫运输保障工作。全面压实企业主体责任。全省各地督促旅游客运企业进一步落实安全生产主体责任，不断强化道路运输安全责任，加强企业安全生产管理建设，严格按照“三证一牌一单”和“五统一”制度规范旅游客运经营行为，确保旅游客运安全运营。切实做好疫情防控和重点时段运输保障工作。出台《关于进一步加强“点对点、一站式”包车客运安全监管的通知》，落实防疫规定，保障人员安全有序流动，共发送道路客运“点对点、一站式”包车1.6万趟次，运送返岗务工人员52万人次。全面强化旅游市场监管。各地行业管理部门督促旅游客运企业加强车辆动态监管，严格实施包车客运车辆卫星定位装置的安装、使用、监管等相关规定，完善监控管理流程，配备专职人员，严格按照《湖北省“两客一危”车辆动态监控违规信息闭环处理基本规范》要求，加强车辆动态监控管理，及时纠正各类违法违规行为，对违规驾驶员按照“五种形态”及时处理，消除事故隐患。进一步规范旅游包车客运标志牌管理，全面实行人工审核发放管理，严格网上申领与核发包车客运标志牌。

（刘璟）

【城市公交运营】 推动公交一键报警装置安装工作。下发《关于推动城市公交车辆安装一键报警装置工作的通知》；制定月统计报表，明确报送时间节点和责任人，利用微信、QQ等工作群进行数据汇总，并及时在群通报。

协助评选全国公交行业一百名“最美司机”。收集补充公交驾驶员优秀事迹，报送推选10名优秀驾驶员为全国公交行业“最美司机”，6名驾驶员当选“最美司机”。组织获奖代表参加全国表彰会，武汉公交司机李福斌作为全国文明代表之一在会上做典型发言。最美司机熊会萍当选为全国劳模。

督促开展“公交出行宣传周”活动。全省公交都市创建城市、省级公交示范创建城市和绝大部分市州城市普遍开展公交活动周活动，并向县级城市延伸。武汉、襄阳、宜昌、天门、汉川等城市均开展各种主题活动。

做好燃油补贴数据申报和资金分配工作。开展2019年新能源公交车应用推广考核工作。组织各地开展2019年度新能源公交车运营补助申报，全面指导督办各地通过申报系统按要求上报数据；对申报数据进行重点抽查核查，指导各地按规定程序做好资料收集，数据审核、公示、上报等工作。完成2019年度公交车燃油补贴涨价补助20%部分资金测算分配工作。

（徐晓婷）

【城市轨道交通运营】 12月30日，武汉轨道交通8号线二期、11号线三期葛店段获武汉市人民政府开通初期运营批复，新增轨道交通运营线路里程21.3公里。轨道交通运营线路总数达到9条，共设站240座，线网总里程360公里，运营列车413列，全年客运量6.22亿乘次，日均客运量169.84万乘次，比上年下降38.8%。全年未发生重大安全事故及安全责任事故。

疫情防控运输保障。1月23日至3月27日，武汉轨道交通所辖全部线路暂停运营。3月28日，武汉轨道交通1、2、3、4、6、7号线恢复运营；4月22日，轨道交通阳逻线、11号线、8号线三期恢复运营，武汉轨道交通线网全面恢复正常。停运期间，严格做好轨道交通疫情防控工作，对轨道交通全线网通风管道、车辆空调、车厢、车站、停车场、调度中心、办公用房、车站公共服务场所及设施设备进行全面消杀并采取必要的封闭管理措施。同时每天对地铁车站、车控室等区域采取相应的消毒措施，地下公共区域采取定时通风换气。复运后，做好疫情防控工作，每日对车站和列车进行全方位清洁消毒，列车严格执行“每班次通风”制度；严格落实实名制乘车规定，加强现场实名乘车登记宣传和引导，严把乘车入口关。

（刘元林）

【客运出租汽车运输】 全省有巡游出租汽车43318辆，客运企业278户，个体1474户，新能源车1570辆，从业人员近10万人。企业经营模式主要有两权合一经营、挂靠经营、个体经营3种，所占比重分别为66%、31%、3%。

1. 加强对各地改革工作的指导

自国家出租汽车行业2个文件出台后，加强对全省各地出租汽车改革工作的督办指导。市级层面仅仙桃市未出台《网络预约出租汽车经营服务管理实施细则》和《深化出租汽车行业改革的实施意见》。

2. 不断规范网约车发展

根据《网络预约出租汽车经营服务管理暂行办法》和《关于网络预约出租汽车经营者申请线上服务认定流程的通知》要求，对斑马公司、风韵公司、鸿路行公司、省客集团、襄阳公交、宜昌交运、东风电动、安捷在线、环球出行、长天科技、鸣哈出行、尚车新能源等12个从事网约车经营公司线上服务能力材料进行审核，指导各市州按照文件要求给合法合规的公司、车辆、驾驶员办理相关证件。全省有首汽约车、神州专车、易到、呼我出行、斑马快跑、风韵出行、万顺叫车、尚车出行、曹操专车、轩轩出行、滴滴出行、去哪儿、东风电动、阳光出行等56家平台公司在全省14个市州分别办理《网络预约出租汽车经营许可证》，办理《网络预约出租汽车运输证》车辆32807辆，办理《网络预约出租汽车驾驶员证》82891人。此外，全省省级和17个地市州全部接入部网约车监管信息交互平台。其中，武汉市除接入部监管信息交互平台外，还自建信息平台，加强对出租汽车的监管。

3. 指导出租汽车行业全力抗疫

疫情期间，代厅拟稿全省防疫工作方案并指导武汉市拟定出租汽车相关应急预案。引导全省各地出租汽车企业投入疫情防控工作，严格落实交通运输部分区分级防控指南等要求，做好交通运输工具消毒通风、运输组织、人员防护和宣传引导工作，落实乘客信息登记和体温测量、发热旅客移交等有关措施。指导出租汽车企业安全有序完成疫情应急物资、生活物资、医护人员等运输保障工作。武汉市出租汽车安排车辆6000辆，运行89.4万辆次。

4. 全力保障出租汽车市场稳定

在疫情防控、经济下滑的背景下，以及全国不稳定事件频发、内部新老业态交织导致矛盾叠加形势下，指导各地妥善处理出租汽车行业不稳定事件。到现场进行督办和信息收集研判，与交通运输部、省维稳办、省交通运输厅及各市州进行工作对接，收集并上报出租汽车行业稳定信息，指导市州加强部门联动，做好出租汽车安全维稳工作。指导各市州完成出租汽车质量信誉考核。指导武汉市做好赴京上访人员劝返工作，确保两会期间行业稳定。开展疫情期间出租汽车维稳隐患排查，上报稳定问题推进情况。指导各地出租汽车行业管理部门正确引导出租汽车经营者克服困难，协调企业和税务部门适当降低和减免疫情期间上交税费，及时关注驾驶员动态，发现问题及时处置上报。下发《关于加强出租汽车行业服务质量监管的通知》，指导各地切实采取有效措施，提升行业形象，确保出租汽车行业稳定。贯彻落实交通运输部《出租汽车服务质量信誉考核办法》通知精神，利用量化手段，提升全省出租汽车客运行业服务质量水平。

5. 大力排查化解不稳定因素

开展出租汽车行业涉疫风险隐患排查，按照“属地管理、分级负责”原则，将主要风险点进行分类，划定风险等级，落实包案领导，明确各地矛盾化解时限，把问题解决在当地、消除在萌芽状态。

6. 不断增强行业服务质量

高考和中考期间，指导城市出租汽车企业主动开展“中高考学生免费乘车”等活动，为高考、中考学子提供免费服务。武汉、襄阳、宜昌、荆门等出租汽车行业组织运力开展“中(高)考直通车”“爱心送考车”“雷锋车”等志愿公益活动。指导各地在出租汽车行业开展“日行一善”活动，深入发掘典型、总结经验，收录典型事例，进一步增强交通文化引领力和凝聚力，不断提升市民、乘客交通出行获得感和幸福感。

7. 做好燃油补贴基础工作

充分利用好油补政策，加快推广新能源车的发展步伐。完成2019年度出租汽车燃油补贴资金测算分配工作。

（吴松）

【城乡客运一体化】 全省城乡道路客运一体化发展水平稳步提升。支持机场快线、联程运输、高铁和景区直通车发展，优化农村客运、城市公交、城际公交线路，鼓励支持具备条件的农村客运线路实行公交化运行。截至年底，全省继续保持100%的行政村通客车，武汉实现全域公交。襄阳、随州、鄂州、广水、荆门、红安、蕲春、罗田、黄石、黄梅、仙桃、麻城、天门、应城、咸宁等15个县市开通武汉机场直达客运专线。省客集团上线汉口至英山定制客运线路、武昌至黄石惠民城际公交；宜昌交运集团上线8条城际公交；潜江驰宇运输公司开行潜江至武汉城际约租客运；联网售票系统上线定制客运线路20余条，累计订单超过10万单。组织开展2019年度城乡交通运输一体化发展水平自评估工作，纳入评价工作的92个县市区(其中武汉、黄石、宜昌、孝感城区分别进行整体评价)，评出AAAAA级县市区80个，占比87%；AAAA级县市区10个，占比11%；AAA级市区1个，占比1%；AA级1个。

（刘蔚）

【驾驶员培训行业管理】 推进省驾培监管平台与公安互联网交通综合服务平台对接。11月5日，省公安交管局与省道路运输管理局沟通协调省级驾培与考试系统对接有关事宜。拟由省公安厅会同省交通运输厅联合发文，建立沟通协调机制，共同推进驾考对接落实，有利于解决驾培机构不按大纲培训、校外非法培训等管理难题。

及时处理驾校培训投诉。省交通运输厅《关于2019年度全省12328电话系统运行管理情况报告》分析，机动车驾驶员培训类投诉举报752件，比上年有所增加，投诉问题主要集中在收费、退费等方面。为规范机动车驾驶员培训经营活动，维护机动车驾驶员培训市场秩序，保护当事人合法权益，印发《关于进一步规范机动车驾驶员培训有关管理工作的通知》，要求规范经营管理、实行明码标价、完善合同约束、严格失信惩治。

督促各地开展2019年度驾培机构质量信誉考核工作。按照新的《湖北省机动车驾驶培训机构质量信誉考核办法》规定，督促各市州运管机构将2019年度驾培机构质量信誉考核结果通过门户网站或者新闻媒体向社会公布，受疫情影响，全省驾培机构质量信誉考核结果于9月通过报纸及局外网面向全省公布。全省有驾培机构712家，其中，AAA级驾培机构136家，AA级驾培机构317家，A级驾培机构165家，B级63家。

（胡礼苗）

【道路运输从业人员培训】 做好疫情防控期间道路运输从业资格管理工作。按照《交通运输部关于切实做好疫情防控期间道路运输从业资格管理工作的通知》，结合省实际，印发《关于做好疫情防控期间道路运输从业资格证换证工作的通知》，对因疫情影响而无法换证的，从业资格证有效期延续45天，同时要求各地在执行过程中要本着依法依规、服务民生、稳定为重的原则处理遇到的新情况新问题。

做好全省道路客货运汽车驾驶员职业技能竞赛工作。9月中旬在孝感市成功举办第十二届全国交通运输行业职业技能竞赛湖北省选拔赛暨2020年“湖北工匠杯”技能大赛——全省交通运输行业第四届“交通工匠杯”职工职业技能大赛湖北省选拔赛，肖海峰等前三名选手分别获竞赛一、二、三等奖，孝感市等三个代表队分别获竞赛团体一、二、三名。11月全国总决赛中，湖北省王兵、肖海峰分别获得个人第七、十六名，全省选手获团体第五名的成绩。

开展营运客货车驾驶员安全文明驾驶教育培训违规整改。针对部分市州在开展营运客货车驾驶员安全文明驾驶教育专项行动考核工作中存在指定营运商问题，责成相关道路运输管理部门汇报有关问题，印发《关于开展营运客货车驾驶员安全文明驾驶教育专项行动自查整改的通知》，组建工作专班，在全省范围内开展自查整改，少数管理部门存在的指定营运商的违规行为限期整改完毕。此外，对全省运管机构出台的驾培行业及从业人员管理等政策性文件进行全面清理，暂未发现有限制竞争和排除竞争条款。

继续开展货运驾驶员免费网络继续教育试点工作。为落实十四部委关于开展道路货运驾驶员免费网络继续教育部署要求，交通运输部确定含湖北省在内的5省市开展道路货运驾驶员免费网络继续教育试点工作，为加快推进相关工作开展，全省在宜昌市先行试用交通运输部免费网络继续教育平台基础上，继续扩大试用范围，有14个市州使用交通运输部货运驾驶员免费网络继续教育平台。

（胡礼苗）

【机动车维修检测】 做好疫情防控应急运输车辆维修服务保障工作。新冠肺炎防控期间，各类应急物资和人员由全国驰援湖北。2月1日，为保障应急车辆正常运转，要求各地建立应急运输车辆维修点。各地克服因疫情封城后的各种困难，迅速上报确定184家应急运输车辆维修保障单位，积极协调防控指挥部为各维修点人员及时返岗通行提供便利。2月4日，省交通运输厅发布《湖北省疫情防控应急运输车辆维修点一览表》。疫情期间，各地紧急成立疫情应急抢险队，为防疫抗疫中出现的故障车辆提供免费维修服务，保障各类应急物资和人员运输畅通。4月中旬全省解封，各地组织辖区汽车维修企业及检测检验机构做好复工复产。截至5月中旬，全省维修企业总数9485家，复工企业总数8740家，其中一二类企业3546家，复工3291家，复工率92.8%；三类企业(不含摩托车专项修理)5969家，复工5449家，复工率91.3%。一二类维修企业完成维修量34.3万辆次。全省综检机构179家，复工171家，复工率95.53%，完成检测量64879辆次。

继续推广应用湖北省汽车维修电子健康档案系统。2018年全省汽车维修电子健康档案实现省级系统全覆盖，全省17个市州推广实施，并实现部省系统数据对接。继续推动湖北省汽车维修电子健康档案系统向三类维修企业延伸。督促和引导维修企业使用系统，提高系统使用率和数据上传率。1—12月，全省3555家(含新增企业)一二类维修企业全部安装系统，224家三类维修企业安装使用该系统，维修数据上传220万余条，上传率44.95%。其中宜昌市上传率达到98.05%，荆门市上传率达到84.57%，神农架上传率在75%，仙桃市上传率一直低于20%；21.32%的企业完成系统对接，实现数据自动上传；全省1385家一二类维修企业，出具汽车维修竣工出厂合格证45.44万余张；有299人注册App，访问量656次。加快推进道路货运车辆检验检测改革实施，继续推进落实道路货运车辆“三检合一”工作。截至年底，全省有175家机动车检验检测机构实现“三检合一”。

推进实施机动车排放检测与强制维护制度(I/M制度)工作。贯彻落实《中华人民共和国大气污染防治法》、生态环境部等11部委联合印发的《柴油货车污染治理攻坚战行动计划》和《湖北省柴油货车污染治理攻坚战行动计划》文件精神，9月省生态环境厅、省交通运输厅、省市场监督管理局联合下发《关于建立汽车排放检验与维护制度的实施意见》(鄂环发〔2020〕54号)，明确工作任务和要求，要求全省建立实施汽车排放检验与维护制度，建立健全相关工作机制，实现检验—维修—复检闭环管理。

（陈蕤）

【全省水路运输】 2020年，全省水运经济前期下滑明显，中后期强劲恢复。受疫情影响，上半年全省水路运输市场下滑明显，除少数水路货运量基数较小市州外，各市州水路货运量普遍大幅下降。从5月开始，随着疫情趋缓以及运输结构调整工作措施得力，到11月保持连续7个月单月同比增长。全年全省完成水路货运量40713.7万吨，比上年增长4.1%，完成货物周转量2665.2亿吨公里，比上年下降6.3%。

全力做好水路交通战疫工作。结合水上工作实际，进一步完善行业疫情防控工作预案，下发关于加强新型冠状病毒感染的肺炎疫情防控工作的紧急通知等，对全省港航海事系统疫情防控工作进行安排部署。克服困难保障水路运输畅通，做好全省应急运输船舶运力储备，协调有关单位确定阳逻港二期为“防疫物资接收港”，确保水路物流“大动脉”畅通。争取部水运局、长航局支持，协调长江沿线港航、海事等部门，全力保障湖北省防疫物资、民生物资、重点生产物资水上应急运输。做好援汉游轮有关运输保障工作，多次到武汉港停靠码头，现场指挥调度停靠运转保障事宜，确保游船酒店早日投入使用。认真完成各类日报工作，确保上报内容及时、准确、有效，为领导科学决策提供依据。严格落实“以严防输入为重点，严防反弹”防控策略，持续做好水路运输常态化疫情防控各项工作。

圆满完成水路运输结构调整任务。

克服疫情影响，尽快恢复全省水路货运，加大重点企业联系力度，积极走访长航集团、华中港航物流集团等骨干港航企业，支持企业大力拓展货物来源渠道。推动适箱货物集装箱化运输，培育和发展武汉—洋山、武汉—日本、黄石—韩国、泸—汉—台、武汉—东盟四国等航线。积极争取出台支持措施，全面推动全省大宗货物、集装箱运输公转水。将运输结构调整工作纳入“奋战后四月、结账十三五”专项调度，按月统计、通报，动员全省各级港航管理部门和重点骨干港航企业，抓增量、挖潜力、补弱项、查漏洞，全力推进水路运输结构调整。经综合施策，疫情后全省水路运输恢复态势强劲，全省水路货运量从前4个月大幅下降后，从5月开始，连续8个月单月同比增长。全省水路货物运输量全年完成量占全年运输结构调整任务104.8%。

铁水联运、江海联运持续发展壮大。全年完成港口集装箱铁水联运49798标箱，顺利完成全年目标任务。铁水联运示范工程建设运营进展良好。阳逻铁水联运示范工程通过验收，阳逻港铁水联运二期工程开建。黄石新港多式联运平台公司——黄石新港多式联运有限公司9月8日成立，宜昌多式联运示范工程开通4条示范线路，鄂州多式联运示范工程鄂钢长航码头铁水联运正式投运，华中最大的煤炭铁水联运项目——荆州煤储基地开港试运营。江海联运航线进一步拓展。武汉至日本集装箱江海直航航线疫后迅速复航，并实现班轮化运转。“日本—武汉—欧洲”集装箱铁水联运国际中转新通道开通。武汉开通“孝感—东北”铁水联运专列。花山港首次承揽纸浆“散改集”“铁水联运”业务。武汉至徐州、至淮安2条集装箱班轮航线相继开通。

示范船、新能源船研发建造取得较大进展。1140标箱集装箱船建造项目进展顺利。“汉海1号”“汉海2号”“汉海3号”“汉海7号”(原6号)下水投入常态化营运，“汉海5号”于12月8日下水完成试航。1300客位新能源纯电动游轮开建。国内首艘300客位全电动长江游船“君旅号”首航。汉江流域最大集装箱船——阳光66号集装箱船首航。

水路运输行业监管持续加强。协助开展年度全省水路运输及其辅助业核查，起草《湖北省小型客船运输管理办法》《关于加强全省水路客运服务质量管理的通知》等。完成全省防汛抗旱水路运输保障相关工作。圆满完成春运、“清明”“十一”等重点时段全省水路运输组织协调工作。

（崔娟）

【长江航运管理】2020年，面对疫情全球流行和复杂形势严峻考验，长江航运始终坚持稳中求进工作总基调，贯彻新发展理念，落实中央“六稳”“六保”方针，聚焦交通强国建设和长江航运高质量发展，统筹推进防控疫情、水路运输保障、深化改革、防范风险和服务经济社会发展各项工作，长江航运总体保持稳健发展势头。在疫情防控中，全力阻断疫情传播，坚持“一断三不断”、水运“四优先”，确保物流供应链畅通。

1. 夯实基础设施建设，推动湖北水运大发展

全省全年完成固定资产投资66.7亿元，其中11月达10.8亿元，创“十三五”以来单月最高纪录。雅口航运枢纽完成投资28.2亿元，占总投资的84%。全省建成12个港口项目，“十三五”项目库中建成的项目达43个。汉江碾盘山至兴隆段航道整治工程竣工。雅口枢纽主体土建工程基本完成并实现船闸通航，孤山枢纽3台机组投产发电，新集枢纽开工。武汉阳逻港铁水联运二期开工。花山港首次承揽纸浆“散改集”铁水联运业务。华中最大的煤炭铁水联运项目——荆州煤储基地开港试运营。全省新增2条品牌航线。武汉至日本集装箱江海直航航线疫后迅速复航，并实现班轮化运转。“日本—武汉—欧洲”集装箱铁水联运国际中转新通道、“孝感—东北”铁水联运专列和武汉至徐州、淮安2条集装箱班轮航线开通。

2. 抓机遇、迎挑战、补短板，畅通湖北水运大通道

长江航运组建汉江2000吨级航道整治工程建设筹备指挥部、江汉平原航道网水网联通工程前期工作专班，工程可行性和研究论证工作实质性展开。武汉铁水联运二期自动化码头开工，宜昌长江三峡游轮母港、白洋港专用铁路投资过半，襄阳港小河港区现代化综合码头主体工程基本建成。编制湖北省“十四五”水运发展规划。结合《湖北省疫后重振补短板强功能“十大工程”三年行动方案(2020—2022年)》，规划实施水运补短板项目8个，总投资109亿元。宜昌区域性港口建设迈出实质性步伐。襄阳新港公司挂牌成立，谋划打造汉江流域航运中心。

全年新增航运企业7家，完成水路货运量4.1亿吨，比上年增长4.1%，集装箱吞吐量229.3万TEU，比上年增长9.4%，居长江中上游第一位，其中11月集装箱量达“十三五”期单月最高水平，集装箱铁水联运量达4.9万TEU，江汉运河完成通航船舶6852艘次、船舶总吨573万吨，比上年分别增长20%、29%。

3. 创新体制机制，加强水运安全大提升

全年办理审批事项66件，其中深水岸线审批24件、航道通航影响评价12件、国内水路运输经营许可10件。受疫情影响，审批总数较上年162件有较大幅度下降。与第三方机构共同研究湖北省航道、船闸日常养护管理事权划分，编制印发《湖北省内河航道、通航建筑物日常养护费用标准》。探索形成危化品码头初步设计和安全设施设计合并审查机制。推行船检“网上受理、远程检验”等新方法，全年完成建造检验船舶538艘、55.1万总吨，比上年增长25%、39%。湖北汉江航道新基建项目初设编制完成，汉江航运监管服务平台初具雏形。汉江交通环保安全视频监控系统一期工程建成。长江流域第一个干支联网的汉江电子航道图上线。健全完善基本支出保障机制，港航海事部门基本支出纳入同级财政预算保障范围。

全年实现零险情、零事故、零伤亡，全省水运连续十年保持无3人以上较大事故纪录。开展水路交通安全大检查、水路交通危险品存储和运输安全检查、长期逃避海事监管船舶检查等各类专项行动，摸排8330艘船舶状态，查改问题隐患118个。印发《港口危险货物安全“十条规定”警示函》，开展港口危货安全“专家会诊”，查处各类问题44个。全力保障长江、汉江危化品油库码头、荆州螺山船闸等关键点位汛期安全。加快推进巡航救助一体化建设，推进建设应急搜救指挥船1艘、趸船11艘、工作艇15艘，“通衢一号”指挥艇建造进展顺利。

4. 着力绿色生态建设，推进长江大保护

对再清查再整治中发现的22个码头全部拆除完毕。完成8个码头港口岸线手续补办申报，宜昌港、黄石港、钟祥港等规划修编获批。19个岸电建设任务全部完成。全省累计设置固定污染物接收设施3724个，移动接收设施144艘（辆）。武汉、宜昌2座水上化学品洗舱站和武汉、十堰2座50吨溢油应急库建成运营，宜昌、鄂州2个LNG码头开工。港口自身环保设施整改达标并取得明显成效。全省排查生产性码头292个，检查进出港船舶1.37万艘次。武汉、荆州、襄阳、荆门等地推广“船E行”系统应用，宜昌“净小宜”与“船E行”实现全面对接。

建立健全船舶和港口污染防治长效机制，提升规范已建船舶污染物接收转运系统。推进《400总吨以下内河船舶防治水污染管理办法》实施，加强船舶防污染监督联合执法，综合运用无人机、可视化视频监控平台等技术手段，加大船舶污染物偷排超排行为查处力度。探索汉江航道疏浚土综合利用。推进LNG加注站、水上服务区等绿色服务基础设施加快建成投运。提高洗舱作业安全管理水平，落实“应洗尽洗”要求，规范洗舱作业流程。做好《中华人民共和国长江保护法》宣贯工作。继续加大船舶受电改造力度，推广船舶靠港使用岸电，加快港口岸电建设。加大船舶使用燃油质量检查力度，加速老旧船舶拆解报废进程，对不符合环保标准的船舶实行强制退出机制，大力推广清洁能源动力船应用。加强港内港外锚地管理，推进锚地资源共享共用。

5. 落实责任加强管理，做好疫情常态化大防控

疫情暴发初期，长江水路运输需求急剧下滑，长江省际旅游客运和载货汽车滚装运输市场进入停航状态。随着统筹常态化疫情防控和经济社会发展交通运输各项工作发力见效，长江航运逐步朝着步入正常轨道的有利方向发展，载货汽车滚装、省际旅游客运于6月份、8月份陆续复航。

全省保证畅通信息传递渠道，严格值班值守制度，确保遇有情况能及时应对、及时处置。严格渡口渡船、旅游客运港站、港口物流园区、水运工程建设现场等领域常态化疫情防范和应急处置措施，加强海运进口冷链运输、码头装卸作业过程中的安全卫生管理和员工防护，构建全覆盖、无死角、无盲区的水运常态化防控网络体系。落实水路客运实名制、电子客票制度。及时做好干部职工教育提醒工作，确保主体责任、个人和家庭自我教育责任落到实处。

（曹慕鑫）

【港口管理】

1. 船舶污染防治专项工作

全省2853艘400总吨以上（含400总吨）船舶，943艘100至400总吨船舶（含100总吨、不含400总吨）船舶生活污水收集处置装置改造全部完成。

船舶污染物码头接收设施建设运行，以及与城市公共转运、处置设施有效衔接。截至11月，全省港口码头设置船舶垃圾接收固定设施3413个，其中生活污水存储池（罐、柜）281个、含油污水存储池（罐）235个、垃圾桶（收集站）2897个；移动设施133个，其中接收车辆40辆、接收船93艘。全省船舶垃圾、生活污水、含油污水接收设施均与转运处置设施实现有效衔接。宜昌、武汉新建洗舱站基本完工并试洗舱，达到“确保在年底前投入运营，并进行一次船舶洗舱作业”要求。

港口自身环保设施改造和码头环保手续完善。全省各市州均开展港口自身环保设施改造完善排查工作，排查生产性码头292个，并督促港口企业完善环保设施。针对港口码头环保手续完善问题，省交通运输厅下发《关于进一步核实完善港口码头自身环保设施的通知》《关于码头环保设施认定相关工作的重点提示》《关于落实港口自身环保设施改造及环保认定的紧急通知》《关于对未取得环保认证码头实施关闭的通知》等文件，要求各地工作专班加快推进码头环保认定工作，同时向省生态环境厅商请环保部门支持，对全省所有港口码头环保设施进行认定。至年底各地码头环保认定手续完成。

港口岸电设施建设和使用。截至11月，全省港口岸电覆盖泊位数206个，岸电累计使用6438次，11.2万小时，320万度，客运码头使用情况较好，使用3050次，8.2万小时，299万度，占全省总用电量的93.4%。

船舶LNG加注站建设推进。经省人民政府同意开展前期工作的5个LNG码头中，鄂州港富地富江船用LNG加气站建设项目、宜昌港秭归县水运应用LNG项目进展较快。12月21日，鄂州LNG加气站开工建设；12月28日，宜昌LNG项目开工建设。

长江经济带船舶水污染物联合监管与服务信息系统推广应用。为加快“船E行”系统推广应用，省交通运输厅、省生态环境厅、省住房和城乡建设厅、交通运输部长江航务管理局联合下发《关于做好长江经济带船舶水污染物联合监管与服务信息系统应用有关工作的通知》，在全省范围内加快推广“船E行”系统。截至11月底，该系统基本覆盖全省所有港口，宜昌“净小宜”与“船E行”系统有效对接，实现信息互联互通和数据共享。

2. 港口安全监管工作

会同省交通运输厅安监处，分2次成立4个暗访督查组，对武汉、荆州、仙桃等地危化企业及监管部门进行暗访，对相关问题督促整改。继续组织第三方专家对全省危化品企业进行抽查。6—10月，对武汉、黄冈、荆州等8个市州26个危化港口企业，以及9个港口行政管理部门进行安全三年专项整治检查，重点对企业安全管理资料和作业现场进行检查。对检查发现的问题与各单位进行总结、交流、反馈，并提出整改建议与措施。

3. 推进港口资源整合等工作

整理汇编全国有关省市港口资源整合方案。梳理湖北省主要港口企业基本数据，对全省国有公用港口码头港航资源进行系统摸底调查，整理省内主要港务集团基本情况。组织开展“奋战后四月、结账十三五”专项调度，对全省船舶污染防治专项工作进行全省调度，并组织开展全省“奋战后四月、结账十三五”现场调度会。

（刘洪江）

【船舶检验】 2020年，全省检验登记船舶8837艘、503.9万总吨、172.8万千瓦。全年检验业务量：为新建(改建)船舶审图402套，检验船舶7632艘次、617.8万总吨。其中，建造、检验538艘次、55.1万总吨。营运检验7094艘次、562.7万总吨。与上年相比，建造、检验业务量全面增长，分别增长25%、39%，出现宜昌、黄冈、鄂州、荆门、孝感5个造船热点。营运检验业务量有所下降，检验艘数和总吨位分别下降4%、9%，主要是受新冠疫情影响、部分船东停运不报检。船用产品检验6265件(台)，件数为上年同期3.8倍。全省船检部门验船人员285人，其中持有注册验船师资格证书154人(A级6人，B级42人，C级95人，D级11人)，持有内河小船营运检验适任证书93人，另有无证辅助人员38人。近2年，省交通运输厅和省船检局多次主办渔船检验人员业务培训，并组织参加部海事局渔检适任资格考试，有271人取得渔船检验人员适任资格(其中90%以上为商船持证人员)。主要工作如下：

1. 加强基础建设，探索管理新机制

加强工作谋划，强化基础建设。印发2020年全省船检工作要点，总体部署船检工作。基于事业单位审批职能划转、交通主管部门新形势，省船检局重新规划职责定位，探索船检管理工作新模式。清理编制船检管理规范性文件有效清单。为加强各市州船检机构工作质量考核，编制船检工作质量年度考核评估办法。协助推动渔业船检和监督管理职能，及时跟踪各市州渔检职能落实情况。船检信息化建设取得新进展。宜昌市试点档案电子化，第一期扫描入库294艘客(渡)船类、货船检验档案，实现查找、借阅、监管等功能，研发“E船检”App软件，让企业报检最多跑一次。十堰市签发“中国渔政42319”船检证书。

2. 推进质量体系，促进检验行为规范

抓质量体系有效运行。各级船检部门发挥船检质量管理体系(B/0版)监督和引导作用，把运行质量体系与检验业务日常管理有机结合，不断促进检验行为流程化、标准化、规范化，保证船检程序到位率不低于95%，顾客满意度达到90%以上。采取集中培训、专题研讨交流等多种方式，抓好质量体系宣贯工作。在抓好船检系统内部宣贯同时，继续抓好服务对象的宣传，营造质量体系运行氛围。

3. 加强质量监督检查，促进依法依规检验

采取“双随机、一公开”模式，开展专项督查。按照省船检局安全生产三年专项行动中暗访发现“锦龙001”油轮的问题，黄冈市督促船东进行整改。加强船检登记号审核管理，建立多级审查制度，应用海事船检协同平台检验监督功能，开展网上抽查，确保新建船船图一致性，全年审核授予登记号468艘。从严控制2艘船舶初次检验的审核。抓好直属海事部门通报涉嫌船检质量问题的核查、整改、反馈。加强《船舶检修检测服务管理办法》《船舶检修检测服务机构技术条件》宣贯，抓好检修检测服务机构日常管理，全年组织认可船舶检修检测服务机构48家，规范对第三方检测数据采信行为。

4. 克难攻坚，推进船舶检验服务

多措并举，精准助力船厂复工复产。全省船检部门认真执行部海事局疫情期间有关检验管理新政策，努力保证疫情期间船检工作不断不乱。在3月疫情期，孝感市验船师进驻船厂，为船厂首批复工复产保驾护航；在疫情常态化防控阶段，鄂州、黄冈、荆门等市建立船厂、船公司检验业务申报微信群，探索“网上受理、远程检验”等新方法，加班加点检验，及时配合船厂船舶生产。5月27日，中国水运报以“创新工作服务方式、促船企复工复产”进行专题报道。

突出重点，持续推进客(渡)船和危险品船安全技术评估中发现问题的整改，消除船舶安全隐患。依据2019年省船检局聘请第三方(CCS实业公司武汉分公司)对全省危险化学品船安全性能专项评估，下发28艘船舶评估情况通报，责成相关市船检部门对照问题清单，逐项整改销号，取得阶段性成效。从4月起，配合省交通运输厅聘请第三方(CCS实业公司武汉分公司)实施重点船舶(3艘新建内河普通货船、1艘新建植物油船、1艘营运货船换证检验及其固定式消防系统的检修检测服务公司)检验质量抽查评估。加强内河砂石船营运检验管理，全省推行验船师现场拍照、在证书记载围货板高度等措施，凡发现私自加高围货板的，坚决要求恢复原状，努力防止船东私自改建等现象。

抓好建造检验管理。创新检验工作方式，改变船检部门“保姆式”检验模式，强化船厂质检要求和管理，促使厂方落实船舶建造质量主体责任。严格执行建造检验“五不检”制度，抓好船舶下水前、完工前等重要环节内部复核，保证船图一致性。为顺利推进长江干线普通干散货船兼装植物油改建检验，加强现场检验部门与审图部门联合审图，由现场验船师先勘验实船、评估改建方案可行性，再送

审、按批准图纸施工、改建检验。宜昌市加强船舶开工前审查和焊工持证上岗抽查，引导推动船厂加大投入，引进数控切割、埋弧自动焊、气体保护自动焊机等先进造船设备，推行船体分段建造工艺，促进船舶建造质量提升。黄冈市产品检验48批次，发放产品证书650份(4392件)，产品检验业务量创历史新高。

5.扎实开展专项活动，取得阶段性成效

组织开展长期脱管船、脱检船专项整治行动。各级船检部门通过海事船检平台查询、主动联系船公司等方式，进一步摸清证书过期船舶情况，建立船检证书过期船舶清单。采取电话、发函等方式，督促船公司、船东申请恢复检验、整改。从10月起，每月定期向部海事局上报。

按照双随机方式，6月中旬省船检局通过船检管理信息系统，抽查上年度内河船舶救生设备专项检查活动情况，共抽查16个市州64艘船舶(包括48艘客(渡)船、16艘货船)，下发情况通报(2020第5期)，要求全省继续开展船舶救生衣专项检查，消除存在的安全隐患。强化船舶吨位管理，防止“大船小证”现象反弹。加强新建船舶吨位丈量的随机抽查。在船检登记号审核时，凡发现船舶总吨位、总功率等重要参数与审批图纸不一致的，需要补充吨位计算书并说明原因。

6.加强防污染，促进绿色船舶发展

根据《长江经济带船舶和港口污染突出问题整改方案》和《湖北省推进船舶和港口污染突出问题整治实施方案》要求，抓好防污染检验管理。船检部门从审图和建造检验把关，保证新建船舶配齐防污染设备设施。完成长江、汉江沿线港口配套新建垃圾、油污水和生活污水接收船及趸船的建造检验业务。武汉审图中心主动提醒设计公司，从设计阶段满足法规防污染新要求。结合现有船营运检验，主动追溯最新法规标准，推进400总吨以上813艘船舶加装临时性生活污水储存柜。凡发现不符合法规要求的，依法收回船检证书，并通报海事和港口管理部门。各市州船检部门配合推动100~400总吨内河小型船舶环保改造，建立762艘船舶环保改造工作台账。第4季度开展全省港航海事系统279艘公务船防污染设备配备情况专项摸底调查，为下一步推动公务船环保改造打下基础。

从严控制船舶转籍和新建采砂船。严格船舶转籍审核，防止低标准船舶，特别是防污染设备不齐全或技术状况不好船舶的转入。贯彻执行《湖北省河道采砂管理规定》，从严控制新建采砂船检验管理，从源头上防止违规新建和违规改建以及外省采砂船转入。推进绿色航运发展。严格执行国家过闸运输船舶主尺度系列标准，配合推进内河船型标准化。抓好LNG、LPG、锂电池等新能源动力船舶的审图和检验业务管理。孝感、荆州市完成辖区船厂为雄安新区近百艘18米LPG动力游览船建造检验。宜昌市、恩施州完成长途客船和客运趸船岸电受电设施改造检验。

7.加强业务培训，促进队伍素质提升

省船检局首次应用港航视频会议系统，进行新法规宣贯培训。邀请中国船级社武汉规范所专家讲解《内河船舶法定检验技术法则》(2019)版(6月)，创单次培训人数规模之最(231人)。从2012年起，全省集中采购、启用中国船级社内河审图专业软件。8月份，协助省交通运输厅主办全省渔船检验业务培训班(100人)。9月份，主办船检专业软件培训班(40名)，学习内河审图专业软件操作及稳性计算审核等知识。按照部海事局统一部署，及时征集多部技术法规和规范性文件反馈意见。配合武汉规范研究所，通过现场拍照、查阅资料等方式，搜集整理湖北省区域性代表船型，完成初步入选“中国船谱”(第二卷)船舶资料收集。

8.强化作风建设，打造服务船检

弘扬“有呼必应、无事不扰”店小二精神，优化船检服务。加强党建引领，强化船检职业道德教育，推行廉政验船承诺制，不断增强验船人员依法行政意识和廉洁自律意识。不断改进工作作风，提升验船人员安全环保质量责任意识。孝感、恩施等在检验开始和结束后主动接受船东评价。十堰市在检验中试点网上报检、容缺办理，让船东少跑路。黄冈市通过快递传递资料和证书，为行政相对人减轻负担。武汉市船检所胡飞孔获2019—2020年度全国海事系统“庆文式”标兵称号。宜昌市船检中心成功组织主办首届“最美验船师”“明星质检员”“明星造船厂”和“最牛电焊工”评选活动。

(李群华)

安全应急管理

【全省水陆交通安全】 压实安全责任。统筹推进常态化疫情防控和安全生产各项工作，印发《2020年度安全生产监督检查计划》，各级领导带队下沉一线督导检查专项整治行动开展情况，指导各地加强安全生产工作。先后组织28个明察暗访组到相关市州开展重点行业领域安全生产检查。各市州交通运输局结合自身实际，查隐患、纠违章，全力压实安全生产责任。全省港航海事系统通过业务系统比对等方式对9146艘船舶进行清理，建立长期逃避海事监管船舶清单和问题清单，逐船逐问题进行督促整改。

开展三年专项行动。印发全省交通运输安全生产专项整治三年行动工作方案，明确三年行动任务分工，将重点工作细化为77项任务清单，逐项明确牵头处室和配合单位（部门）。各级交通运输部门分别成立安全生产专项整治三年行动领导小组和工作专班，建立联络员制度和信息报送制度，确保专项整治工作有序推进。联合中铁武汉局集团下发关于做好湖北省境内公路“公跨铁”桥梁移交工作的通知，武汉局集团累计完成“公跨铁”桥梁移交404座。

加强重点领域监管。深刻吸取浙江台州“6·13”和“7·7”贵州安顺公交事故教训，针对性开展汽车客运站、旅游客运、危货运输等专项整治行动，制定印发《全省危险化学品道路运输安全集中整治落实工作方案》，聘请第三方机构对全省港口危险货物企业进行“专家会诊”，强化安全评估。加大对重点营运车辆抽查、检查、通报力度，进一步巩固和完善闭环处理工作机制，运用五种形态对“两客一危”实施闭环处理，批评教育18533人次，经济处罚3776次，停班学习437人次，辞退开除24人。

提升本质安全水平。组织开展公路水路自然灾害综合风险普查试点工作，宜昌市夷陵区、荆州市公安县、咸宁市咸安区3个试点县区按时完成全国试点普查任务，其审核质量通过率排列全国第一。全省对普通公路急弯陡坡、临崖临水等路段安全隐患排查1062次，完成安全隐患整治582次；完成普通公路安全生命防护工程建设123公里，投入资金1098万元。1500座危桥改造项目完成前期工作或开工；12个共403.8公里公路地质灾害整治项目跨年度计划全面完成；改善179座隧道出入口安全状况。梳理典型制度措施17项，安全生产专项整治工作向纵深推进。

（郑上）

【工程安全监督】 2020年，厅质监局直接监督的全省在建公路水运重点工程35个，其中长江公路大桥4座、独立汉江大桥4座、高速公路项目21个、航运枢纽工程1座、码头工程5个。涉及施工合同段79个、监理合同段49个。

突发的疫情和罕见的汛情给安全生产工作带来巨大挑战，为保障重点工程建设有序推进，厅质监局发扬“店小二”服务精神，强化线上监管，优化线下监督，深入开展安全生产专项整治三年行动和坚守公路水运工程质量安全红线行动，不断夯实安全管理基础。采取“双随机”“四不两直”机制和“监督工程师+专家”“综合监督组”、线上监督等方式开展监督检查，切实提升对全省公路水运重点工程监管效果。全年开展综合检查、安全专项督查14次，累计检查施工项目73个、施工标段126个、监理标段70个，下达安全检查整改通知书62份，发现安全生产隐患或问题1951个。

始终以平安工地建设为抓手，以新开工项目和危大工程开工前安全生产条件核查为切入点，加强日常安全监督检查，督促全省公路水运重点工程项目开展平安工地建设，完善施工安全管控措施。全年组织全省公路水运工程开展平安工地考核2次，检查公路重点项目14个，抽查监理合同段20个，监督覆盖率48%，抽查施工合同段26个，监督覆盖率37%，均满足《公路水运工程平安工地建设管理办法》抽查比例要求，促进各项目贯彻和落实平安工地建设。

（沈磊）

【全省公路安防“455”工程】 全省8万公里普通公路“455”工程基本完成，全年完成15178公里。省公路事业发展中心配合省交通运输厅起草公路桥梁三年消危行动工作方案和技术指南，对潜江、荆州、黄冈、襄阳、鄂州、天门、咸宁、仙桃、宜昌、孝感、随州、黄石、荆门等13市公路桥梁“三年消危”项目库组织开展检查及初步改造方式咨询，下达年度2328座危桥改造项目计划，其中完成危桥改造前期工作或开工1500座，完工655座。推进地质灾害项目处治，12个公路地质灾害整治项目共403.8公里跨年度计划全面完成，全年完成处治224公里。对全省14处重点安全风险和1处安全隐患进行督办落实，保障公路安全处于受控状态。各级公路部门排查风险467处，全部管控中；排查隐患1938处，整改1915处，整改率99%，切实增强各类隐患排查治理和风险管控力度。

（耿峥　郭岐山）

【道路运输安全监管】 2020年接到全省上报道路运输行车事故9起，死亡15人，受伤31人，与上年相比，事故起数下降40%，死亡人数下降53%。其中“两客一危”行车事故6起，死亡10人，受伤28人，与上年相比，实现事故起数和死亡人数“双下降”，事故起数下降14%，死亡人数下降38%。未发生重大及以上道路行车安全责任事故。

进一步强化行业安全监管。统筹推进新冠肺炎疫情防控同时，精准施策，强化行业安全监管，印发《关于进一步加强“点对点、一站式”包车客运安全监管工作的通知》《关于进一步加强疫情防控和复工复产期间道路客运市场监管的通知》《2020年全省道路运输安全应急管理工作要点》《关于进一步加强零担货物道路运输管理有关事项的通知》等文件。组织部署“汽车客运站、旅游客运、危货运输”等3个专项整治行动，加大隐患和风险排查管控力度，认真梳理安全生产风险点和短板弱项，彻底根治一批“老大难”问题。协助省交通运输厅推进危险化学品道路运输安全集中整治，召开危险化学品道路运输安全集中整治工作专题会，研究讨论建立完善危化品运输整治工作机制。落实电子运单管理制度，全省电子运单企业覆盖率100%、车辆覆盖率64.45%，累计完成电子运单83575单，车均完成电子运单数11.94单。加强与公安交管等部门数据共享，与公安交管部门建立相关联席制度，共享约谈机制，形成齐抓共管格局。

安全生产三年行动计划有序推进。印发《省运管局安全生产专项整治三年行动工作落实方案》，明确责任，召开道路运输安全生产专项整治三年行动计划联络人工作会议，研究部署信息报送、工作机制，落实联络人等工作。召开安全生产专项整治三年行动及常态化疫情防控工作督办会，研究部署“一措施、两清单”工作，对标对表，细化任务清单，指导行业加大隐患和风险排查管控力度。结合“与爱同行、惠游湖北”活动，加强与应急、公安交管、文旅等部门协作力度，开展多层次明察暗访、督导检查。派出督导检查组15组，督导检查运输企业60家，发现问题隐患73起，督促相关市州责令限期整改，整改全部落实。

严格落实违规信息闭环处理。坚持疫情防控常态化条件下的闭环处理工作全覆盖零容忍，加大重点营运车辆抽查、检查、管控力度，进一步巩固和完善闭环处理工作机制，每月通报情况，各市州重点对车均报警和报警次数排名靠前的“两客一危”企业和车辆进行约谈，对驾驶员违规行为，严格按照“五种形态”实施处罚。截至12月，全省运用五种形态实施闭环处理，接受批评教育13357人次、经济处罚2793人次、停班学习368人次、辞退开除17人、联合惩戒1人；对“两客一危”企业通报173起、约谈26起、整改402起、处罚7起。制定下发《关于开展2020年道路运输行业“安全生产月”活动的通知》，组织开展安全知识网络竞赛和“安康杯”安全健康知识竞赛活动，对部分市州交通运输部门落实反恐工作和危险品道路运输企业进行调研和暗访。

做好道路运输应急保障工作。组织防汛运力摸底，督促相关市州落实省级直接调用应急运力1000辆(其中客车500辆、货车500辆)，实现逐车落实到车属单位、车牌号、驾驶员、联络人、集结地点等，形成应急运力明细表。要求各地细化优化应急预案，提前做好应急准备，整合应急资源。督促“两客一危”企业，密切关注天气和路况信息，加强恶劣天气运行安全风险评估研判，及时按规定调整运行安排，减少途中滞留风险，严防重特大安全事故发生。

（黄继兵）

【全省交通应急管理】 做好疫情防控应急保障。武汉封城期间，省交通运输厅应急办参加交通运输部视频调度23次，编制工作报告84份，转办各类公文件300余件，接听各类电话10000余起，处理转交群众咨询服务事件500余起。全省5个应急物资中转调运站为292辆次货车、5293吨货物提供中转服务。运管部门组织各类应急保障车辆5.65万辆，运送人员1154万人次，运送物资113万吨。港航海事部门组织转运各类物资1044万吨，集装箱8万标箱，防疫物资近3万吨。全省高速公路日均开启收费站应急运输绿色通道490余道，投入人员6200余人次，保障防疫物资、人员运输车辆238万辆、1626万吨防疫物资安全快速通行。

强化汛期保通保畅。全年全省汛期达143天，梅雨期54天。省高管局编制印发《高速公路百公里防汛物资机具基本配置建议表》，制定高速公路桥梁、隧道、高边坡等重点部位33类122项安全风险隐患巡查、排查内容；督促各单位开展多轮安全风险隐患排查工作，排查重点部位7603次，完成风险隐患治理328处。港航海事系统成立防汛抗旱工作领导小组，对全省港航海事系统防汛抗旱工作统一领导，多次召开防汛专题会，研究部署全省水路交通防汛抗旱运输保障工作，组织开展水路交通防汛抗旱工作督查检查。

提升应急处置水平。组织开展全省交通运输应急演练和液化气槽车、运瓶车消防应急演练。全省普通公路组建应急抢通队伍92支5850人、专职钢桥架设队伍3支120人、冲锋舟操作专职队伍1支30人。全省规划91个县区级养护应急中心，建设完成50个，形成省市县三级公路交通应急物资储备基地网络体系。应急装备物资储备更加齐全完备。全省普通公路储备各类应急装备2720台套，其中公路钢桥29套、无人机11架、冲锋舟11艘，季节性应急物资储备充足。

（郑上）

【普通公路安全应急管理】 抓好元旦、春节、五一、端午、汛期、中秋、国庆、冬季等特殊时段安全管理，重点抓好疫情常态化条件下安全工作，加强行业所属107个建养施工企业和290个复工复产项目安全生产条件检查和服务，采用线下线上相结合方式对公路企业和生产单位复工复产进行检查督办，线上471次、线下370次服务督导企业275家次，指出并整改问题30件。各级公路部门成立检查组249个，开展督导检查1115次，检查单位934家，督导问题806个。注重提高安全监管责任及能力素质，修订和宣贯安全应急管理实务手册，规范监管内容、程序、方法和要求，开展“安全生产月”等系列宣教活动170余场次，举办安全应急培训160次，受训7637人次。

坚持问题导向，加大“455”工程、危桥、灾损路段执行力度，加强各类风险管控和隐患排查治理。对潜江、荆州、黄冈、襄阳、鄂州、天门、咸宁、仙桃、宜昌、孝感、随州、黄石、荆门等13市公路桥梁“三年消危”项目库开展检查及初步改造方式咨询。全年完成普通公路“455”工程15178公里，完成危桥改造655座，完成地质灾害处治224公里。督办落实全省14处重点安全风险和1

处安全隐患，保障公路安全处于受控状态，增强各类隐患排查治理和风险管控力度。

组织公路安全生产专项整治三年行动，从公路品质和服务上提升公路安全本质水平。启动公路隧道整治提质、公路桥梁安全防护和连续长陡下坡路段安全通行能力专项行动，改善179座隧道出入口安全状况。以107国道、207国道、312国道为样板开展普通国省道交通安全示范路创建活动，营造安全畅通公路通行环境。以潜江汉江大桥为样板推进平安工地创建工作，其工厂化预制、装配化施工、专业化实施为保障“三年消危行动”和重点高危项目施工安全提供经验。丹江口高铁小镇二级公路改造工程被省交通运输厅评为2019年度“平安工地”建设示范工程。以白洋长江公路渡口为样板，狠抓公路养护管理站、超限检测站、收费站、公路专用渡口安全管理，结合公路养护管理标准化、超限检测站标准化等活动，纵深推进“平安站所”创建工作。全年渡口开行航班3.33万次，安全渡运车辆47.38万辆车次；检测货车217.42万辆，治理违法超限车辆3.1万辆，卸转货物66.09万吨。

全力抓好疫情防控和公路防汛。全省处置公路汛情紧急出动1586次，处置重大公路阻断突发事件455起，投入人力19467人次、机械设备9802台班，确保公路安全畅通。对6个专业渡口渡船、重要桥梁隧道、重点路段实施全程监控、重点监管、备战处突。全省开展公路突发事件暨FK应急演练、专业公路渡口水上安全应急处置演练等88次，突发事件快速反应能力得到提升。

（耿峥　郭岐山）

【高速公路安全应急管理】 着力健全安全生产责任体系，完善行业安全生产监管机制，狠抓安全风险防控和隐患排查治理，规范突发事件应急处置，全省高速公路系统交通事故起数、死亡人数实现“双下降”，有力保障全省高速公路系统安全生产形势持续稳定。

建章立制，行业安全生产有底。进一步完善应急管理体系建设的意见、生产安全事故应急实施办法、《交通运输综合安全检查手册》《交通运输安全生产双重预防体系建设检查手册》等制度，开展高速公路行业安全生产综合调研和风险隐患双防双控体系建设专项调研，摸清行业现行安全管理制度体系运行存在的痛点和难点问题，形成全年高速公路行业安全生产管理制度办法的修订、编制清单。完成行业安全生产监管办法、约谈管理办法、生产安全事故责任追究和整改情况评估办法、重大隐患挂牌办法、风险管理办法、隐患治理办法等10份安全应急管理制度，进一步完善行业安全生产管理体系，推进全省高速公路安全生产治理体系和治理能力现代化。建立完善“路政机构抓日常、省高管局抓统筹”的高速公路行业安全生产“两级监管”机制，省高管局制定年度监督检查计划，路政管理机构开展日常监管、定期报告工作情况，省高管局月度通报、季度分析、重点督导工作模式，构建行业安全生产监管“一盘棋”。印发年度安全生产监督检查计划，明确责任制建立、管理制度落实、教育培训、风险隐患管控治理、养护施工监管等10个方面监管内容。开展防汛督导检查3次，上报防汛专报6期，发布防汛通报4期，实地踏勘防汛重点路段43次，召开现场督办会33场，优质有效地完成行业防汛工作。厘清行业经营管理单位危化品安全运输管理9项法定职责和15项主要工作内容，组建2个专项督导组，对7条高速公路的15个收费站、12对服务区开展督导检查工作，督促整改相关问题12项。组织3轮专项督导，对9条高速公路施工现场进行检查督办，督促整改问题5处。以安全生产专项整治三年行动为统领，依托湖北省高速公路行业问题隐患填报系统，通过通报约谈、路政跟踪督导方式，督促各经营管理单位紧盯桥梁、隧道、高边坡、临水临崖等10类重点部位，对排查出的安全隐患加大治理整改力度，按照“一隐患一清单”模式登记、备案，确保隐患排查整治工作落实落地。全省高速公路系统排查重点隐患(计划处置时间大于15天或跨月度、处置时需要采取交通管制措施的隐患)88处，完成治理81处，其余7处安全隐患在进一步处治中。深化警路共建共管长效机制，全面推进全省高速公路交通安全综合治理，高管局会同省公安交管局组织召开全省高速公路安全隐患和超限超载治理专题部署会，查找短板弱项，交流工作经验，明确高速公路安全隐患高标准排查治理、联合整治超限超载、协同共治长效机制等3类18项共治任务，健全完善打基础、谋长远的部门协作机制。

重点专项工作取得新实效。一是疫情防控稳定有效。针对新冠肺炎疫情防控工作，高管局迅速成立疫情防控工作领导小组和工作专班，发挥应急中心信息枢纽、调度中心的作用，采取“指挥员、调度员、统计员、分析员、值班员”“五员岗位制”，做到统一指挥、科学调度、全面统计、快速分析、兵不离岗。期间，运用“一事一分表、一类一总表”和“一日一统计、一周一分析”数据管理模式，统计分析路网运行、疫情防控等各类信息10万余条，形成报告400余份，为高速公路防疫形势研判、联防联控决策提供翔实依据，确保电话指令有响应、视频会议有保障、各项工作有落实。全省高速公路系统严格按照“一断三不断”和“三不一优先”的疫情防控交通保障工作要求，加强与地方疫情防控指挥部及公安、卫健等部门协调配合，在服务区设置体温检测点251个，收费站设置防疫检查点353个，累计检疫测温人数1169万余人次，检疫消毒车辆551万余辆次；日均开启收费站应急运输绿色通道490余道，投入人员6200余人次，执行防疫重点人员、重点物资应急运输护送任务450余人次和697余车次，保障防疫物资、人员运输车辆238万辆和1626万吨防疫物资安全快速通行。同时，结合国内个别省市疫情反弹实际，进一步强化落实疫情防控常态化工作，指导、督促行业各单位建立全员参与、责任到人、全力配合的工作机制，统筹落实疫情防控和各项安全生产工作。二是行业平安度汛。全年湖北省汛期达143天，梅雨期54天。印发防汛工作要点、指导意见和应急保障预案，指导各单位完善职责任务清单，建立全员参与、分区包片、责任到人、部门协作工作机制，行业防汛救灾工作组织有序、措施得力。编制印发《高速公路百公里防汛物资机具基本配置建议表》，量化防汛物资机具基本配置要求；制定高速公路桥梁、隧道、高边坡等重点部位33类122项安全风险隐患巡查、排查内容。同时，依托防汛风险隐患排查治理智能化系统，督促各单位开展多轮防汛安全风险隐患排查和防汛应急物资储备、投入工作，排查重点部位7603次，完成风险隐患治理328处；在42起自然灾害事件，全省高速公路系统投入救灾资金895万元，调配人工46869人次、机械设备5215台班、巡查车辆10697辆次、各类物资173000余项，未发生导致人员伤亡次生事故，有效保障高速公路畅通。三是安全应急“十三五·迎国评”任务圆满完成。将全省高速公路应急处置、路网监测、出行服务等5个板块的17项迎检内容分工到项，按期完成资料汇总、整理、上传等工作，11月17日，圆满完成交通运输部评价组现场视察应急中心工作。四是防冻防滑工作准备充分。制定印发《全省高速公路2020—2021年冬季防冻防滑保畅工作方案》，明确各经营管理单位指挥体系、联动机制、应急队伍建设和物资储备、机具配置、隐患治理、值班值守等工作任务。全省高速公路系统设置防冻防滑物资储备点149个，组建应急队伍192支共计4803人，储备各类机具设备1235台，融雪剂、工业盐23527吨，标志标牌、水马、警示灯、防滑垫等交安设施227495万项，防冻防滑应急物资储备充足。

应急处置能力取得新提升。一是加强分析研判，保障施策精准到站。聚焦重点收费站和重点时段，结合相关收费站通行车流结构，按照“一站一策”“一事一档”原则，制定完善监测预警、应急处置等工作流程、措施，确保疏堵保畅工作标准明确、程序清晰、责任具体、任务到人。对全省381个收费站进行分级、分类，筛选出重点监测收费站75个，通过路网监测平台实时巡查各重点收费站运行情况，督导相关经营管理单位采取疏堵保畅和阶段性应急通行措施，保障全省高速路网运行总体平稳，下达督促重点收费站口采取疏堵保畅措施指令942次，实施阶段性应急通行措施36次。二是修订完善应急预案，保障突发事件处置科学高效。调整预警分级、预警启动和终止程序，细化应急保障有关工作要求，修订完善《湖北省高速公路行业突发事件应急预案》《操作指南》，新编专项预案5项，进一步规范指导突发事件应对工作。三是提升应对效率，确保应急处置到位。全省高速公路系统通过强化日常视频会商，深化联勤联动机制，适时模拟应急演练等措施，不断检验和提升路网应急调度处置能力，保障全省高速路网平稳有序运行。国庆、中秋“双节”期间，省高管局印发安全保畅和督导检查工作方案，组织召开安全保畅视频会、拥堵收费站约谈会，部署行业双节期间安全保畅、出行服务和行业监管等重点工作，成立2个督导组，对17处重点收费站和8个服务区开展督导工作。路政管理机构会同公安高警、经营管理单位强化“一路三方”联勤联动工作机制，实行全天驻点值守，加密道路巡查频次，督导检查路段安全保畅和服务工作。“双节”期间全省高速路网未发生重大以上交通事故，日均缓行时长较上年同期下降6.3%，高速路网运行效率有所提升，路网运行持续平稳有序。

（张俊）

【道路运输应急管理】 做好疫情期间道路运输应急保障。新冠肺炎疫情发生后，全省运管机构认真贯彻落实中央、省及当地疫情防控指挥部工作部署，开展《客运场站和交通运输工具新冠肺炎疫情分区分级防控指南》宣贯工作，到汽车客运站和道路运输企业开展监督检查，指导企业落实《指南》要求，切实做好常态化疫情防控工作。按照国家和省防控指挥部要求，在最短时间内建立5个物资调运站，建立运行管理机制，有力保障重点物资安全、有序、高效转运。

做好特殊时期道路运输应急保障。印发《关于印发2020年湖北省道路运输防汛抗旱保障工作预案的通知》《关于做好2020年道路运输防汛抗旱保障工作的通知》。省级掌握应急运力1000辆，其中客车500辆、货车500辆，做到“六个落实”，确保安全度汛。风险研判，适时调整班线。密切关注天气和路况信息，加强恶劣天气运行安全风险评估研判，动态了解运行线路通行情况，及时按规定调整运行安排。防汛期间，全省道路客运累计停运班线551条，其中县内班线509条、县际班线19条、市际班线12条、省际班线11条。黄石大冶市、阳新县运管局成立汛期巡查队，对涉水、临崖等重点路段实行不间断巡查，对不具备通行条件的线路一律予以停班。有效应对，全面预防预警。与公安、气象、公路等部门加强信息共享和联合行动，随时掌握天气、路况情况，排查消除可能因雪灾和降温天气造成的安全隐患。指导各市州运管机构督促企业落实冰雪天气应对措施，做好驾驶员安全教育和车辆检查维护工作，严格管控车辆运行线路，对不符合通行条件的线路及车辆该停则停。汽车客运站严格客运站封闭式管理，落实长途班线客运实名制管理制度，完备站内监控和防火防爆等安全设施，加强车辆例检、报班、出站登记等各个环节及岗位人员履职情况监督检查。遇有影响客车正常运行的恶劣天气，汽车客运站要尽早向旅客发布信息通告，做好解释和疏运工作。城市公交、公交集中停车场站严格落实安保、消防安全等管理制度，全力保障冬季道路运输安全。

做好道路运输安全应急宣传教育。

精心组织，开展爱心送考。督促各地包车客运企业履行安全生产主体责任，提前做好爱心送考行程规划和运输应急保障工作。在多日连降暴雨情况下，各地组织出租汽车和客运班车提供高考、中考爱心送考服务。仙桃市运管局党总支全体党员和部分运输企业工作人员100人，组成押车护运护考队，一人跟一车，为考生赴考保驾护航。结合防灾减灾日，围绕“提高灾害风险治理能力”主题，采取多种形式有效开展防灾减灾宣传教育，以过公交车、出租汽车、客运车辆、客运场站等为依托，通过播放视频、电视墙滚动播出等形式，向全社会普及防灾减灾、应急避险、自救互救等科普知识，有效提升全民防灾减灾意识和综合防灾避险能力。加强值守，确保信息畅通。严格落实领导带班和24小时值班制度以及重大事项报告制度，确保应急处置和政令信息畅通。

（黄继兵）

【水路运输安全应急管理】

1.加强疫情期间水上交通安全监管

督促指导复工复产港口码头、水路运输、在建水运工程等企业，全面强化企业疫情防控及复工复产期间安全意识，统筹做好疫情防控和安全生产工作。严格执行离汉离鄂水路交通通道管控措施，严格客运船舶、货运船舶管控，通过视频监控、现场巡查等方式确保客渡运码头、船舶停航停渡落实到位，坚决防止疫情通过港口和运输船舶向外输出。

做好应急物资和重点生产生活物资运输保障工作，实行24小时运转。全面落实“四优先”措施，统筹全省重点船舶企业运力、重点港口码头，充分运用长江沿线港航海事部门协调机制，建立管理部门与企业沟通联系微信群，采取“一事一议、一船一对接”方式，保障船舶靠港装卸、快进快出。协调解决武钢铁矿石短缺，湖北养殖业饲料“断粮”等燃眉之急；保障出运上海的方舱医院建筑钢材，出运重庆大型企业的重点生产物资顺利抵港转运，1月20日—4月8日，转运各类物资1044万吨、集装箱8万标箱、防疫物资近3万吨。

2.开展水路交通安全生产专项行动

对港口、船舶、企业、船员、航道及涉水工程等进行全面整治，消除隐患，坚决遏制水路交通安全事故发生。全年未发生水路交通安全事故。开展水路交通危险品存储和运输安全督查检查。成立6个小组，采取“四不两直”方式，到武汉、仙桃、荆州、潜江等地对市州、县(市、区)交通运输主管部门、危货港口码头、水路危险品运输企业、危化品船舶进行现场督办，推进部门监管责任和企业主体责任落实，检查单位9家，发现问题隐患118个。强化港口危险货物企业安全监管，印发《港口危险货物安全“十条规定”警示函》，会同市州主管部门及北京中安质环有限公司专家，对武汉、黄冈两地3家港口企业危险化学品安全生产及管理情况进行“专家会诊”，查处问题44个，均移交反馈并进行督办。

开展长期逃避海事监管船舶专项行动。印发《关于开展长期逃避海事监管船舶专项整治行动的通知》，摸清8330艘船舶状态，督促指导46艘船舶办理所有权登记、199艘办理所有权注销登记、181艘船舶办理进出港报告注册、1342艘船舶按规定进行进出港报告，对1607艘船舶实施船舶现场监督、对957艘船舶实施船舶安全检查，为517艘船舶核换发国籍证书、402艘船舶核换发船舶最低安全配员证书、1417艘船舶核换发船舶检验证书，1636艘船舶脱离长期逃避海事监管状态。

加强通航建筑物航运枢纽大坝运行安全管理。配合省交通运输厅印发《关于进一步加强通航建筑物航运枢纽大坝运行安全管理和航运枢纽工程建设安全管理的通知》《关于再次重申加强通航建筑物及航运枢纽大坝建设和运行安全管理确保安全度汛的通知》，召开通航建筑物和航运枢纽大坝运行安全管理视频会，推动各地各单位切实加强通航建筑物航运枢纽大坝运行安全管理。完成1处在建通航建筑物、2处航运枢纽大坝设计复核，排查通航建筑物或航运枢纽大坝56处(交通主管项目20个、水利或其他部门主管项目36个)。

配合做好水路运输市场管理工作。协助省交通运输厅做好省际客船和液货危险品船运输企业集中换证申报材料收集初审工作，加强审核船舶登记、船舶检验、安全管理体系等证书审查，严把企业经营资质准入关，协助审核4家水路运输企业新开业或扩大经营范围申请、56家省际客船和液货危险品船运输企业到期换证申请、2家新增沿海省际成品油船舶运力申请。配合省交通运输厅印发《关于开展2020年国内水路运输及其辅助业和国际船舶运输业核查工作的通知》，按照要求对重点企业进行现场核查。部署开展为期1个月的水上交通安全大检查活动，要求各地对辖区航运公司、停泊超过18个小时以上的船舶、公司对所属的所有船舶实施100%检查。

3.严守重点时段安全

严守重大节假日等重点时段安全，深入一线监督检查，督促各项安全工作落实，把好安全关口。严守汛期水上交通安全，组织开展水路交通防汛抗旱工作督查检查。到荆州、黄石、荆门、襄阳、十堰、咸宁等地进行水路交通防汛检查督导，对长江、汉江武汉段危化品油库码头、荆州螺山船闸等关键点位汛期安全以及襄阳、黄石、咸宁等地水路交通防汛抗旱部署、落实情况开展监督检查。

4.增强安全防范意识和能力

围绕“消除事故隐患，筑牢安全防线”主题，开展安全生产宣讲活动、安全生产知识网络竞赛、渡工免费安全培训等宣传和教育活动，通过网络、电视、报纸宣传等，提高从业人员、船员和乘客安全防范技能，增强安全意识，营造安全氛围。举办全省交通运输行业第四届“交通工匠杯”职工职业技能大赛港口客运员项目决赛，组织参加第十二届全国交通运输行业

“山东港口烟台港杯”港口客运员职业技能大赛，提升广大港口客运员综合素质和技术技能。

5. 提升安全监管应急能力

推进将船员远程培训点和船员远程培训考场建设项目纳入《湖北省疫后重振补短板强功能“十大工程”三年行动方案(2020—2022年)》新基建工程项目库，实施提升船员综合素质“五进”工程，启动内河船舶船员考试题库建设工作，委托第三方建设16项内河船舶船员考试题库、内河船舶船员考试自动组卷系统和船员模拟考试系统。加快推进巡航救助一体化水上应急搜救基地趸船和工作艇建设。适应改革行政审批制度改革和交通行政执法机构改革工作需要，组织开展验船人员新法规视频培训、船检专业软件操作培训、船舶船员管理业务培训等培训，更好地服务航运企业、船东及船员。提升应急处置能力，十堰、襄阳、荆门、鄂州、黄石、武汉等地结合日常应急管理工作，坚持“贴近实战、注重实效”原则，开展水上搜救应急演练，优化完善应急预案，持续提高防灾减灾和应急处置能力。

（董少青　王祥）

交通财务费收

【资金保障】 全面谋划推进“十四五”交通发展，同步开展“疫后重振补短板强功能交通补短板工程三年行动(2020—2022年)”，力争用3年时间，实施一批交通补短板、强弱项、提功能重大项目。建立完善政府主导、分级负责、多元筹资的投融资模式，积极争取财政资金，吸引社会资本投入，多渠道筹措建设和养护资金。

坚持“政府主导”，进一步完善财政事权和支出责任划分机制，明确各级政府支出责任。在中央车购税、燃油税交通专项税费资金分配基础上，更加注重财政事权与财权对等，突出财政事权和支出责任相适应，由以补助、引导为主，逐步转化为履行支出责任为主。用好用足政府收费公路专项债券政策，对于符合条件的项目，积极争取债券发行额度。

坚持“市场融资”，进一步激发社会资本投资活力，建立公平开放透明、平等竞争的市场规则，鼓励和引导各类社会资本进入交通领域。继续规范创新推广运用PPP模式，应用领域由公路不断向港口航道、综合交通枢纽、物流场站等领域拓展，积极引导市州通过“交通＋沿线土地、旅游、矿产等资源”“存量带增量”“项目捆绑、肥瘦搭配”等创新做法，吸引社会资本参与，提高项目收益推进项目落地。

全力争取交通运输部对湖北交通的支持，积极筹措车购税资金，为全省交通发展提供有力支撑。开展《车辆购置税收入补助地方资金暂行管理办法》政策宣传和解读，加强车辆购置税收入补助地方资金管理，提高资金使用效益。车购税资金管理和使用遵循以下原则：一是突出事权。按照交通运输领域财政事权和支出责任划分有关要求，保障好中央财政事权所需的相关支出，并根据不同时期发展目标对地方财政事权给予一定资金支持。二是保障重点。重点保障国家重大战略目标和纳入国家交通运输规划的重大项目建设。三是注重绩效。实行全过程预算绩效管理，强化绩效评价结果运用。四是各司其职。各级财政部门、交通运输主管部门应当按照各自职责负责项目和资金申报、审核、执行、监管等相关工作。

车购税资金全过程预算绩效管理。按照职责加强对车购税项目和资金申报、审核、执行的管理监督，建立“谁申报、谁负责”“谁使用、谁负责”的责任机制。一是强化绩效目标管理。车购税资金使用主体在申报项目和资金时，科学设置明确、具体、一定时期可实现的绩效目标，以细化、量化的指标予以描述并按要求提交。加强对绩效目标的审核，将其作为项目评审评估、资金分配的重要依据，并将审核后的绩效目标随同资金一并分解下达到具体项目。二是做好绩效运行监控。加强车购税资金执行过程中的绩效监控，综合运用数据支撑系统等信息化手段，重点监控是否符合既定的绩效目标，项目和资金执行偏离既定绩效目标的，及时采取措施予以纠正。三是加强绩效评价和结果运用。按照各自职责客观公正地组织开展好绩效评价工作，将评价结果及时反馈给被评价单位，对发现的问题督促整改。

（黄河清）

【预算管理】 科学编制预算。结合疫后重振和“十四五”规划，开展2021年预算编制工作，精心谋划、依法规范编制部门预算。按省财政厅有关要求，及时上报的2021年预算编制文本，科学编制预算。

加强预算执行。按时公开2020年部门预算；批复下达厅直单位2020年部门预算，下发《关于规范高效做好2020年省对下转移支付预算分配工作的通知》，落实责任处室(单位)，明确分配要求。召开厅机关、厅直单位预算工作座谈会，进一步规范和加强预算管理。具体执行过程中，按期通报预算执行进度，压实预算执行主体责任，利用预算调剂等手段进一步优化预算执行效率。规范高效做好全年省对下转移支付预算分配工作，落实责任处室(单位)，明确分配要求，严把预算支出关口。积极应对新冠疫情冲击，压减一般性支出，减免相关承租企业房屋租金。积极开展清理拖欠民营企业中小企业账款工作。

开展绩效评价。全面实施预算绩效管理。全面推进部门预算项目支出绩效管理，按要求开展车购税资金绩效评价工作；印发年度预算绩效管理工作方案，开展省级交通专项资金重点绩效考评。建立完善绩效指标库，强化绩效评价结果应用，综合衡量资金政策执行效果，为政策后续实施和完善提供决策支撑。开展部门预算、对下转移支付项目绩效评价工作。统筹合并开展年度部省补助资金绩效评价、部省资金结存情况核查以及扶贫领域交通专项资金检查工作。建立全方位、全过程、全覆盖的预算绩效管理体系，实现预算和绩效管理一体化。在季度末两个时间节点，分析项目绩效执行情况并形成报告，发现问题、自我纠偏，确保完成年度绩效目标。同时，发挥绩效评价结果“风向标”“指挥棒”作用，将绩效评价结果应用到预算编制、资金分配、政策调整等方面。对于绩效评价不合格的进行甄别清理，及时调整预算。通过不断总结，提炼全省交通行业适用的共性和个性化绩效指标，建立具有行业特色的预算绩效评价标准体系，促进预算规范有效执行。

（黄河清）

【费收管理】 至2020年末，全省收费公路里程7068.6公里，占公路总里程28.9万公里的2.45%。其中，高速公路6617.40公里，一级公路371.19公里，独立桥梁隧道80.0公里，占比分别为93.6%、5.3%和1.1%。收费公路里程比上年末净增加402.4公里。其中，高速公路净增加453.6公里、一级公路减少51.2公里。

(1)主线收费站。全省收费公路共有主线收费站26个，比上年末减少14个。其中，高速公路15个(比上年末减少12.5个)，一级公路8个(比上年末减少1个)，独立桥梁隧道3个(比上年末减少0.5个)，占比分别为57.7%、30.8%和11.5%。

(2)建设投资。2020年末，全省收

费公路累计建设投资4537.5亿元，较上年末净增加362.1亿元，增长8.7%。其中，累计资本金投入1220.2亿元，资本金占比26.9%；累计债务性资金投入3317.3亿元，债务性资金占比73.1%。

(3)债务余额。2020年末，全省收费公路债务余额3432.7亿元，比上年末增加255.9亿元，增长8.1%。其中，银行贷款余额2454.8亿元，政府收费公路专项债余额3.1亿元，其他债务余额974.8亿元，占比分别为71.5%、0.1%和28.4%。

(4)收入支出。全省收费公路通行费收入212.9亿元，比上年减少45.1亿元，下降17.5%。全省收费公路支出408.5亿元，比上年减少40.8亿元，下降9.1%，其中，偿还债务本金190.2亿元，偿还债务利息152.7亿元，养护支出24.2亿元，公路及附属设施改扩建工程支出1.1亿元，运营管理支出25.0亿元，税费支出15.2亿元，占比分别为46.6%、37.4%、5.9%、0.3%、6.1%、3.7%。全省收费公路通行费收支缺口195.6亿元，比上年增加4.3亿元，增长2.3%。

(一)政府还贷公路情况

2020年末，全省政府还贷公路里程3661公里，累计建设投资2311.3亿元，债务余额1792.8亿元，年通行费收入101.7亿元，年支出总额167.9亿元，分别占湖北省收费公路的51.8%、50.9%、52.2%、47.8%和41.1%。

(1)里程构成。2020年末，全省政府还贷公路总里程3661.0公里，其中，高速公路3282.8公里，一级公路352.3公里，独立桥梁隧道25.9公里，占比分别为89.7%、9.6%和0.7%。政府还贷高速公路占收费高速公路里程的51.8%。

(2)建设投资。2020年末，全省政府还贷公路累计建设投资总额2311.3亿元，其中，高速公路2165.4亿元，一级公路94.8亿元，独立桥梁隧道51.1亿元，占比分别为93.7%、4.1%和2.2%。政府还贷公路累计建设投资总额中，累计资本金投入604.7亿元，资本金比例26.2%；累计债务性资金投入1706.6亿元，债务性资金比例73.8%。

(3)债务余额。2020年末，政府还贷公路债务余额1792.8亿元，其中，高速公路1717.1亿元，一级公路46.9亿元，独立桥梁隧道28.8亿元，占比分别为95.8%、2.6%和1.6%。

(4)收入支出。全年政府还贷公路通行费收入101.7亿元。其中，高速公路92.0亿元，一级公路1.8亿元，独立桥梁隧道7.9亿元，占比分别为90.4%、1.8%和7.8%。全年政府还贷公路支出总额167.9亿元。其中偿还债务本金58.7亿元，偿还债务利息78.4亿元，养护支出14.3亿元，公路及附属设施改扩建工程支出0.7亿元，运营管理支出13.1亿元，税费支出2.8亿元，占比分别为34.9%、46.7%、8.5%、0.4%、7.8%、1.7%。全年政府还贷公路通行费收支缺口66.2亿元。其中，高速公路缺口64.0亿元，一级公路缺口4.3亿元，独立桥梁隧道盈余2.2亿元。

(二)经营性公路情况

2020年末全省经营性公路里程3407.6公里，累计建设投资总额2226.2亿元，债务余额1639.9亿元，年通行费收入111.2亿元，年支出总额240.6亿元，分别占全省收费公路的48.2%、49.1%、47.8%、52.2%和58.9%。

(1)里程构成。2020年末经营性公路总里程为3407.6公里，其中，高速公路3334.6公里，一级公路18.9公里，独立桥梁隧道54.1公里，分别占经营性公路里程的97.9%、0.6%和1.6%。经营性高速公路占收费高速公路里程的48.2%。

(2)建设投资。2020年末经营性公路累计建设投资总额2226.2亿元，其中，高速公路2070.0亿元，一级公路13.4亿元，独立桥梁隧道142.9亿元，占比分别为93.0%、0.6%和6.4%。经营性公路累计建设投资总额中，累计资本金投入615.6亿元，资本金比例27.7%；累计债务性资金投入1610.6亿元，债务性资金比例72.3%。

(3)债务余额。2020年末经营性公路债务余额1639.9亿元，其中，高速公路1549.3亿元，一级公路6.0亿元，独立桥梁隧道84.6亿元，占比分别为94.5%、0.4%和5.2%。

(4)收入支出。全年经营性公路通行费收入111.2亿元。其中，高速公路98.4亿元，一级公路1.1亿元，独立桥梁隧道11.7亿元，占比分别为88.5%、1.0%和10.5%。全年经营性公路支出总额为240.6亿元。其中偿还债务本金131.5亿元，偿还债务利息74.3亿元，养护支出9.9亿元，公路及附属设施改扩建工程支出0.5亿元，运营管理支出11.9亿元，税费支出12.5亿元，占比分别为54.7%、30.9%、4.1%、0.2%、5.0%、5.2%。全年经营性公路通行费收支缺口129.4亿元。其中，高速公路缺口122.5亿元，一级公路缺口1.4亿元，独立桥梁隧道缺口5.4亿元。

(三)通行费减免情况

2020年，全省收费公路共减免车辆通行费60.5亿元，比上年增加5.2亿元，增长9.3%。其中，绿色通道(鲜活农产品运输车辆)减免10.0亿元，重大节假日小型客车免费通行减免3.9亿元，其他政策性减免46.6亿元，占比分别为16.5%、6.5%和77.0%。

(四)做好免费通行

按国家统一部署，全省高速公路从2月17日至5月5日(共79天)，对所有车辆实行免费通行，5月6日起恢复收费。按照“三不一优先”(不停车、不检查、不收费，优先便捷通行)要求，做好免费通行等工作，确保疫情防控大通道畅通。

(五)实施差异优惠

根据《交通运输部办公厅 国家发展改革委办公厅 财政部办公厅关于进一步优化完善货车计费方式调整有关工作的通知》和《省人民政府关于印发湖北省促进经济社会加快发展若干政策措施的通知》精神，实施高速公路差异化收费优惠政策。从2020年1月1日起，对通行湖北省高速公路的3类和5类ETC货车给予应交通行费10%的差异化收费优惠(含5%无差别基本优惠)。从3月1日起，对2类ETC货车给予应交通行费28%的优惠，对3类ETC货车给予应交通行费 14% 的优惠(含 5% 无差别基本优惠和已实施差异化优惠)。自疫情防控车辆免收车辆通行费截止之时点至 2020 年 12 月 31 日，在原优惠政策基础上，对 2 类和 3 类 ETC 货车进一步提高通行费优惠比例，其中，对 2 类 ETC 货车在原优惠比例 28% 的基础上给予应交通行费 22% 的优惠(累积优惠 50%)，对 3 类 ETC 货车给予应交通行费 14% 的优惠(累积优惠 28%)。

(六)规范设站审查

按国家统一部署，2020 年 1 月 1 日，全国取消高速公路省界收费站。适应全国联网收费要求，规范高速公路设站收费及开通运营流程，高速公路设站收费运行审批分为设站收费许可审核审批和开通运营符合性检测审查两个阶段。1 月，制定下发《省交通运输厅关于进一步规范高速公路设站收费报批有关事项的通知》，明确高速公路设站收费报批程序以及审核审查事项和要求。

(七)调整计费方式

调整高速公路货车计费方式，并实施差异化收费优惠政策。自 2020 年 1 月 1 日起，按国家统一部署，湖北省高速公路货车通行费由计重收费调整为按车(轴)型收费，执行新的车型分类标准。全省货车通行费计费方式调整工作做到“两个确保”，即确保在相同交通流量条件下，不增加货车通行费总体负担，确保每一类收费车型在标准装载状态下的应交通行费额均不大于原计重收费的应交通行费额。

(八)优化收费标准

根据《交通运输部办公厅　国家发展改革委办公厅　财政部办公厅关于开展货车高速公路收费标准优化调整实施效果评估工作的通知》(交公路明电〔2020〕296 号)等文件精神，对全省货车收费标准进一步优化调整，确保本地区每类货车都符合“不增加货车通行费总体负担”。12 月 16 日，交通运输部会同国家发展改革委、财政部复核通过湖北省优化调整建议方案。

(九)收费清理规范

9 月印发《省交通运输厅关于开展交通物流领域收费清理规范工作的通知》，开展交通物流领域收费清理规范工作。重点自查是否存在无法律、法规、规章依据，设定收费项目的情况；是否存在擅自提高标准收费的情况；是否存在所属单位利用行政权力收费的情况；是否严格执行收费项目和标准公示制度；是否存在不按公示价格标准收费或随意增加收费项目等行为；是否存在中介机构利用政府影响违规收费的情况等。

(十)通行费清分工作

坚持通行数据日清分、周汇总、月分析。进一步完善封账管理制度，督促站所全面做好封账工作，确保清分数据准确；进一步提高清分数据的准确率，与技术部门协调清分数据的提取及上报工作流程，开发路段、中心数据校核等多项管理功能，重点提升数据上传率和及时性；继续做好各类数据的上报分析工作，及时发现、分析、排除特情问题，确保数据及时和准确。做好争议数据及交易对账处理工作。根据交通运输部路网中心相关要求，进一步建立健全争议数据及交易对账处理工作制度，完善工作流程，完善争议处理及交易对账的管理机制和平台建设，做好交易对账系统联调联试及省级系统开发工作，确保交易对账系统上线，积极协调各方做好争议处理，最大限度保障业主权益。规范实施“点对点”政府统一支付。严格资金预存及清分结算要求，鼓励地方政府采取统一支付方式，对通行部分高速公路路段区间实行免费政策。

(十一)不断完善收费系统优化工作

进一步查漏补缺，注重细节，完善省级辅助平台系统功能，有效确保路段、省中心各级系统计费精确，安全稳定，开发联网收费拆分数据可视化校核系统，对通行车辆基本信息、收费站、门架、收费公路、收费单元的收费费率等进行地图可视化展示，实时展示湖北高速公路网上的在途车辆及其行驶路径，利用云计算、大数据等技术，展示通行湖北高速公路行驶车辆的历史计费结果及拆分数据，可视化展现车辆通行门架路径拟合的过程，方便路段单位对历史通行车辆进行收费数据校核。

(十二)做好政策减免车辆的通行保障工作

建立预约服务系统监管机制，加强对查验人员的管理，加强收费人员培训，确保熟练掌握预约系统查验软件，制定特情处置流程，加派现场引导和处置人员，提高现场处置和通行效率，快速处理绿通车辆等政策免费车辆，做到应免尽免，减少社会舆情。配合部路网中心做好抢险救灾车辆通行服务平台省级开发及联调测试工作。如发生优惠车辆应享受优惠但未能享受优惠的情况，严格按规范要求办理退费。

(十三)做好稽核保障工作

建立完善的稽核管理体系，建立路段和站级稽核管理机构，明确工作职责，加强稽核队伍建设，通过业务培训、经验交流等方式提高收费人员对稽核工作的认识。指导各路段做好数据分析、证据采集、模型整理、特情筛查等方面工作，保障业务流转、协查联动及任务落实。建立考核评价机制，积极协同打击违法违规逃费行为，有效减少通行流失，保障全网稽核业务有序开展，共同维护行业健康有序发展。

(十四)做好疫情防控大数据报送工作

对高速公路收费系统及报表系统进行升级开发，实现对中高风险地区来鄂车辆的精准识别。采用入口精准排查，从高中风险地区所辖收费站入口入手，筛选排查高中风险地区所辖收费站来鄂车辆，编制疫情管控相关地区车辆入鄂明细表，并上报厅交通保障专班。对收费车道系统进行升级开发，对中高风险地区抵鄂车辆车道系统进行提示，更加快捷的协助有关部门对重点地区来(返)鄂人员的管控，降低疫情传播风险。四、全面提升服务质量

(十五)电子收费(ETC)发行工作

一是保障系统平稳运行，多层次、多角度的服务发行方、合作银

行、ETC 用户等各 ETC 参与方，实现电子收费 (ETC) 业务智能化、标准化。二是完成湖北省卡签二次发行系统建设，对标联网收费客户服务管理相关规则及《收费公路电子收费与运营服务规程》，通过高效、规范的途径提供各类客户服务。三是完成电子退费功能升级改造，以客户服务为驱动，实现现有的 ETC 系统与银行系统对接并可控可靠的完成退费操作，提高退费效率，提升用户售后体验。四是推进系统数据共享，在集卡车 ETC 申办时进行查询结果反馈，完善办理流程，把控办理质量。五是配合 ETC 合作银行，提升服务质量。加强合作银行 ETC 业务水平，印发 ETC 客服系统操作手册、文件汇编、常见问题解答等文本资料。进一步规范 ETC 操作流程，将 ETC 发行及售后过程中的问题处理工作标准化、制度化。六是全面协助合作银行日常工作，明确专人对接，及时解答并处理各项问题，并协助解决合作银行设备采购、招投标过程中的技术问题。七是积极探索 ETC 拓展应用工作。增加和规范对 ETC 拓展应用服务相关约定。按照部中心要求，督促合作银行完成用户协议变更及启用，每周报送全省《ETC 账户在拓展场景交易相关协议更新情况统计表》。八是 ETC 系统安全工作。加强 ETC 省中心系统网络安全维护与加固，完成系统等保年度测评。ETC 省中心系统运行平稳，未出现网络安全事件。完成 ETC 省中心系统安全设备特征库、病毒库证书授权延期续费工作，保障网络安全。搭建微软漏洞升级平台 (WSUS)，定期对服务器、终端漏洞进行补丁升级；布设数据库审计系统，加强数据库操作行为监控。组织外包人员签订保密协议，从人员管理角度做好安全风险管控。上线系统准入系统，对 ETC 发行网络内的电脑终端、读写设备进行准入管控，从技术层面对网络非法接入和非授权拷贝数据进行控制。建立数据读写登记制度，对 U 盘等外接设备的使用进行有效管理。降低系统的人为操作风险。

（黄河清）

【行业管理】 建立风险防范机制。根据“十四五”规划，科学测算融资规模，做好融资方案，规范举债行为，坚持预算与规划相适应、财力与需求相匹配，从源头上防控债务风险。同时，做好债务清理甄别工作，将存量交通债务纳入预算管理，落实偿债资金来源；积极优化债务结构，合理调整长短债比例，科学安排偿还时间，以低成本债务置换高成本债务；加强跟踪督导，建立债务化解信息报送制度，加强动态监控和督办。

建立预算保障机制。根据“十四五”规划，进一步完善预算保障机制，继续争取省级财政保障，争取省级债券资金投入；保障重点支出，保障重大项目，加大统筹力度，进一步提高资金安排的指向性、有效性；强化零基预算理念，建立能增能减、有保有压的预算分配机制，坚决删减不具备条件的项目或者高估支出标准的项目；优化支出结构，精准发力、精准投入、精准保障，在项目谋划与资金安排上更加科学、可行，树立长期过紧日子的思想，把有限的资金花在刀刃上；加强审计监督和财务检查，以问题为导向，对执行进度慢、绩效评价结果不理想的项目，减少预算安排或不再安排。

建立统筹发展机制。综合运用项目捆绑、肥瘦搭配等方式，将收益较好和收益较差的交通基础设施项目打包招标，平衡项目间整体收益。探索将新建项目和存量项目打包，凭借存量项目较为稳定的收益预期吸引社会资本投资，缓解资本金出资压力。引导、鼓励有条件的地区将交通建设与产业发展、园区建设、乡村旅游、资源开发等捆绑实施一体化开发。探索实施流域矿产、水电资源、港口岸线、后方土地产业及商业开发与航道、港口、物流园等捆绑式统一开发模式。积极发展“交通 + 物流”“交通 + 旅游”“互联网 + 交通”等新兴业态，发挥大数据在交通运输领域的运用，提高交通运输基础设施社会效益和经济效益。

建立存量盘活机制。探索通过改建—运营—移交 (ROT)、转让—运营—移交 (TOT)、资产证券化、信托产品等方式盘活存量交通基础设施资产，拓宽筹融资渠道。争取更多收费公路等优质项目纳入国家不动产投资信托基金 (REITs) 试点，盘活权属清晰、收益稳定、回报良好和运营持续的存量资产，募集资金用于新的交通基础设施补短板项目，形成投资良性循环。探索将具有良好现金流和收益支撑的交通运输基础设施项目，通过资产证券化、出让部分政府资产以及经营性国有资产权益等方式，盘活存量资产，释放投融资能力，实现投资良性循环。

建立奖惩激励机制。为调动地方政府积极性，对地方配套到位情况良好、投资完成情况良好的市县，优先向交通运输部申请、下达车购税补助资金和省级补助资金；对地方投资不能到位或到位率较低的市县，以及资金下达后、项目推进滞后的市县，缓拨或核减下一批次部省补助资金，以促进项目加快建设。

（黄河清）

【资产管理】 持续推进资产清查工作，形成厅直单位资产清查工作报告，提出建议意见，依法规范处置历史遗留问题，加强和规范国有资产管理。规范基建项目资产移交程序，规范基本建设项目财务决算、资产交付、结余资金处理等工作。规范公路资产核算及管理，贯彻落实《公路资产管理暂行办法》，研究公路水路公共基础设施政府会计核算工作，研究制定公路资产重置标准，指导行业做好初始入账工作。

（黄河清）

【采购管理】 规范政府采购代理机构，加强政府采购内部控制管理，确保政府采购项目规范运行。加强政府采购预算编审，加强对属财政性资金采购项目的预算与计划管理，切实做到应编尽编、应采尽采、不编不采。加强政府采购实施管理，严格采购计划审批，加强采购活动流程控制，突出重点环节，确保政府采购信息公布的及时、完整、准确，实现全流程公开透明。

（黄河清）

【全省高速公路费收】 全年完成高速公路通行费收入207.54亿元，同口径相比增长3.42。5月6日全省高速公路恢复收费。严格按照省指挥部统一部署和属地指挥部具体要求，配合卫健、公安等部门，做好站口封控、车辆消毒、人员测温、场所消杀、发热人员移送等工作。疫情紧急防控期间，各收费站、服务区消毒车辆551万余辆次、检测体温1169万余人次，未发生一起聚集性疫情，未发生防控不力导致工作贻误事件。协调相关部门落实“多线管控合一”和“一断三不断”“三不一优先”要求，各收费站开设防疫车辆“绿色通道”，实行24小时现场值守服务，各路政管理机构全程护送、无缝对接，重点保障“四类物资”“四类人员”应急运输，先后执行护送450余人次、697车次，累计保障238万辆防疫运输车辆、1626万吨防疫物资快进快出。

（叶春松）

【普通公路一二级公路费收】 全省一级公路收费站全年通行费收入18675万元，为年度收入计划的181.31%。一级公路收费站全年通行车辆1629.07万辆次。通过多次协调、一线现场督办，松滋收费站、香溪大桥收费站ETC系统成功并入全国ETC联网收费系统。全省7个一级公路收费站均实现支持人工车道刷ETC卡通行。渡口、收费站实现省市县三级视频监控联网，专业公路渡口、一级公路收费站视频监控联网实现全覆盖。

（叶春松）

【交通内部审计】 按要求编制《厅审计办工作“三化”资料汇编》，工作人员职能职责、工作内容进一步明确和细化，修订和完善制度，优化审计业务工作流程，形成用制度管人、管事、管钱，敢担当、敢作为、敢负责的长效机制。

学习“1+N”法，持续开展部门预算执行和财务收支审计。按照紧盯违反八项规定、防止“四风”问题变形异化，“过紧日子”要求，对16家厅直单位开展部门预算执行和财务收支审计。学习省审计厅“1+N”审计方法，整合年度内开展的经济责任审计、后续跟踪审计、质量评价专项审计，将其主要内容内嵌审计中。通过一次审计达到“一审多项、一审多果、一果多用”效果，实现纠错弊、促规范、防风险的审计目标。

提高审计质量，尝试开展审计业务外包质量评价。厅直单位主要通过政府采购选择社会中介机构实施项目审计工作，由于基本上是当“甩手掌柜”，容易出现审计目标性不强、方法不当、程序不严、质量不高等问题，加强审计业务外包质量评价。全年对湖北交通职业技术学院新校区项目、雅口航运枢纽项目审计和造价咨询业务外包质量开展评价，加强业务外包管控，提高审计质量。

聚焦扶贫决战，组织开展交通扶贫资金专项审计调查“回头看”。按交通运输部部署，制定《湖北省交通扶贫资金专项审计调查“回头看”工作方案》，组织全省纳入审计范围的市州交通运输部门开展自查和重点调查。在全面自查基础上、做好新冠肺炎疫情防控前提下，通过书面、QQ、微信等方式在线核查和实地核查相结合的方式开展重点检查。审计发现问题整改情况按要求上报。

做好协调沟通，配合审计署、省审计厅、省人大开展重大政策落实跟踪审计、建设项目审计等工作。截至10月底，收到国家重大政策落实跟踪审计组资料清单需求16次、来厅座谈调研8次，协调相关厅直单位和厅业务主办处室做好情况说明和资料报送工作。通过沟通和协调，在公布的2020年前三个季度审计报告中，审计未发现厅在落实国家重大政策落实方面问题。按省人大财经委要求，核实柳家山片区外环线道路项目审计发现问题，参加代表问询，督促整改工作。配合湖北省审计厅完成湖北内河航运能力提升项目（雅口管理处）审计工作。

发挥鉴证作用，完成汉江航道整治兴汉段竣工决算厅内审核工作。完成汉江航道整治兴汉段竣工决算厅内审核工作，审核报告报厅财务处。形成厅基建项目竣工决算审核规程和审核要点。关注民生资金，指导做好交通涉及民生资金审计工作。指导省运管局、省港航局开展成品油价格补助资金审计发现问题整改情况审计回头看工作。服务重点工程，做好高速公路竣工决算审计认定工作。完成武汉沌口长江大桥、荆州东卷高速公路竣工决算审计认定。

深入调查研究，做好“撤站”工程竣工决算审计准备工作。按“撤站”指挥部统一部署和工作要求，项目决算审计工作由厅审计办组织实施。厅审计办组织研究合同、相关法律法规，学习工程初步设计文件，调研联投代建部、省交投公司结算情况和开展的造价咨询情况。对计划开展的造价咨询和审计工作形成初步方案。

（胡敏）

交通法治

【交通法治建设】 坚持党的全面领导，切实发挥厅党组对法治政府部门建设领导核心作用。厅长任省交通运输厅法治交通建设领导小组组长，履行法治建设第一责任人责任，将法治政府部门建设与交通运输中心工作同部署、同推进、同督促，将法治贯穿到交通运输建设、运营、管理、安全生产等全过程各方面。定期听取法治政府部门建设汇报，对交通立法、放管服改革、综合执法改革、政府信息公开、重大行政处罚、行政复议诉讼等工作亲自部署、亲自过问、亲自协调、亲自督办。

强化行政权力制约和监督，推进行政决策科学化、民主化、法治化。厅机关建立“全面统筹的科学决策机制、规范有序的高效运行机制、务实细致的后勤保障机制、奖罚分明的落实问责机制”四大机制。落实党组议事和决策规则，厅长办公会、厅务会、专题会制度，凡涉及“三重一大”(重大决策、重要干部任免、重要项目安排和大额度资金使用)事项，必须组织合法性审查，经厅党组会、厅长办公会集体讨论决定。厅机关、厅直各单位全面建立厅法律顾问工作制度，法律顾问全程参与规范性文件审查、重大行政处罚法制审核、工程招标文件审查、合同审查等工作。省交通运输厅对高速公路建设管理体制改革、高速公路服务区管理、道路运输企业及从业人员“红黑名单”管理、公路桥梁工程违法分包突出问题专项整治等重大事项组织合法性审查和集体决策，无一件重大决策事项因违法被省政府撤销。法治政府部门建设情况定期通过厅门户网站主动向社会公开。

抓住领导干部这个“关键少数”，推进法治学习宣传教育。将法律知识学习列为党委(党组)理论学习中心组学习的重要内容。全年厅领导集体学法6次，学习中央全面依法治国工作会议精神、总体国家安全观、野生动物保护“一法一办法”“两个决定”、《优化营商环境条例》《中共湖北省委 湖北省人民政府印发〈关于更大力度优化营商环境激发市场活力的若干措施〉的通知》(鄂发〔2020〕6号)等。厅机关举办法治讲座2次。邀请武汉大学法学院教授、湖北省普法宣讲团成员冉克平为厅机关、厅直单位领导干部作《民法典》专题讲座。“宪法宣传周”期间邀请省委党校黄金桥教授就习近平法治思想进行专题线上授课。向厅机关干部发放《民法典》《优化营商环境条例》《领导干部依法行政常用法律法规手册》等书籍。组织领导干部和法制工作骨干参加交通运输部交通运输行政执法、行政复议网络培训班。组织干部职工参加无纸化学法用法，参考率100%，优秀率达90%以上。

(郭秀丽)

【交通行政立法】 完善依法行政制度体系，推动法律法规规章有效实施。申报《湖北省高速公路管理条例(修订)》为省人大常委会2021年度立法调研项目。申报《湖北省高速公路服务区管理办法》《湖北省小型客船运输管理办法》为省政府2021年度立法计划项目。开展《中华人民共和国民法典》涉及行政法规、地方性法规、规章和规范性文件清理，与优化营商环境不一致的政府规章、规范性文件和证明事项清理，妨碍统一市场和公平竞争的政策措施清理。

开展立法后评估，不断提高科学立法水平。向省政府、省人大报告《湖北省公路路政条例》实施3周年情况。委托武汉理工大学课题组开展湖北交通立法评估工作及“十四五”交通法治建设规划研究。对《湖北省交通运输常用行政处罚自由裁量标准(试行)》进行实施后评估，明确7个部分266项处罚事项标准。配合开展《武汉城市圈资源节约型和环境友好型社会建设综合配套改革试验促进条例》立法后评估。

(郭秀丽)

【交通行政执法】 法治政府建设不断深入。落实《湖北省交通运输法治政府部门建设实施方案(2016—2020)》，制定印发《2020年湖北交通运输法治建设工作要点》。顺利通过交通运输综合执法检查，统筹法治政府建设和优化营商环境等3项工作受到交通运输部点名表扬，2个基层执法单位和4个先进个人受到交通运输部表彰。

严格规范性文件管理。落实《湖北省交通运输规范性文件管理办法》《湖北省交通运输厅关于完善规范性文件合法性审查机制的意见》，明确规范性文件提交法制机构合法性审查之前必须要面向社会公开征求意见，期限不得少于30天。完善规范性文件联合审查评估机制，对4部拟制定的厅规范性文件送审稿组织合法性审查、制度廉洁性评估、公平竞争审查。对22部现行有效厅规范性文件和32部省政府、省政府办公厅印发的交通运输规范性文件组织清理，清理结果向社会公开。配合省市场监管局对仙桃市运管局违规干预驾培市场公平竞争行为进行调查处理。

全面推行行政执法公示全过程记录重大执法决定法制审核三项制度。行政执法事前基本信息在厅网站公示。行政许可结果信息通过省政务网实时公示。行政处罚、行政强制结果信息在厅门户网站及时公示。行政检查信息按季度通过“互联网+监管”平台公示。全省高速公路路政执法人员实现全员配备执法记录仪，每日上传执法音像记录。其他执法门类执法单位按照一定比例配备执法记录仪。制定重大执法决定法制审核目录清单和重大执法决定法制审核流程图。以厅机关名义作出的22件重大行政处罚案件均由厅法规处(审批办)会同厅法律顾问审核后出具书面法制审核意见，并按程序举办听证会10场。

严格规范公正文明执法。一是加强执法队伍建设。推进服务型执法队伍建设，整顿执法队伍，培树先进典型。严把执法人员准入关，严控执法证件办理流程，严格清理不符合持证要求的执法人员。全年组织执法资格考试7次，参考人数1000余人，由省交通运输厅统一出题、实地监考、集中阅卷，确保考试公开、公平、公正。配合交通运输部开展2020年交通运输综合执法检查，从全省随机抽取50名执法人员参加交通运输部执法检查考试。启动综合执法证换证工作，对综合执法改革到位的市州启动综合执法证换证工作。二是推进执法信息化建设。停止使用全省运政四级协同管理系统执法模块，全面推广应用行政执法综合管理信息系统。全省大部分地区实现执法检查、文书制作、行政处罚全程通过执法系统办理。实现省交通运输厅执法系统与省“互联网+监管”“双随机一公开”系统对接。推动基层执法站所“四基四化”建设，升级执法装备，配置执法记录仪、无人机，推行手机掌上办案执法，实施非现场执法。三是提升办案能力和水平。组织开展全省交通运输行政执法案卷评查，抽取公路路政、道路运政、港航海事、质量监督等执法门类案卷55份，督促各级执法单位规范执法文书制作。省交通运输厅办理行政复议案件10件、行政诉讼案件1件，厅本级行政复议案件无一件被复议机关撤销或确认违法，行政诉讼案件无一件被法院判决撤销或确认违法。

（郭秀丽）

【优化营商环境】 坚持高位推动。落实省委、省政府《关于更大力度优化营商环境　激发市场活力的若干措施》《开展法治化营商环境提升行动方案》和“有呼必应、无事不扰”的“店小二”精神，研究制定《进一步优化交通运输营商环境的实施意见》。全面深化“放管服”改革，为市场主体创业创新营造便利发展环境，提供优质高效服务。成立厅优化营商环境领导小组，制定《省交通运输厅优化营商环境工作实施方案》，明确责任处室和责任人，采取“月调度、季通报、年总结”方式，制定、细化16条具体措施。

狠抓任务落实。完成政务服务事项清理，下放精简审批事项，增加即办件，减少证明材料5项，压缩办理时限66%。深入推进货车“三检合一”。推动资质资格许可事项审批改革。清理压减工程建设领域企业资质资格认定事项和无谓证明事项。根据省政府统一部署，实施交通行政审批事项“一网通办”，推动、衔接部垂、省垂审批系统与省政务服务平台对接，省级政务服务事项全部实现网上办理。简化办事材料、精简办事环节、压缩办理时限，52个政务服务事项实现“最多跑一次”。全年办件量达9万余件，较上年增加近一倍。推行“一网通办”“一事联办”，实行线上线下融合，与省自然资源厅、住建厅联合审批水电气接入，与省市场监管局、住建厅、税务局等部门联合审批“我要开物流公司”。启用行政审批专用章，推行电子证照。落实跨省大件运输11条服务举措，开展跨省大件运输审批。制定下发“证照分离”改革全覆盖方案，落实40个事项审批改革。做好“12345”服务热线和好差评工作。按要求完善权力清单，责任清单，并实行动态管理。

加强事中事后监管。制定印发《加强和规范事中事后监管的通知》《大件运输许可监督管理办法》。创新监管方式，加强信用监管，开展公路水运建设市场信用评价。推动“互联网+监管”，制定《省交通运输厅“互联网+监管”工作方案》，认领161项交通运输部监管事项目录，填写完成140项检查实施清单要素。向省大数据平台传输1500余条监管信息，实现与省“互联网+监管”平台集中对接，平台注册用户增加至230人。组织开展“双随机、一公开”抽查，完善“一单两库”，调整录入随机抽查事项2个、执法人员信息275条、检查对象信息42条。在“双随机、一公开”平台发起检查任务17次，检查对象20户，检查结果在厅网站上公示。

（郭秀丽）

【普法依法治理】 落实“谁执法谁普法”普法责任制。制定省交通运输厅普法责任清单，结合行业特点和公众法治需求，重点宣传《湖北省公路路政条例》《湖北省道路运输条例》等行业法规，以“防控疫情、法治同行”为主题，在公共交通工具、货运站场、公路客运站、物流园区、高速公路服务区等经营场所，开展《中华人民共和国传染病防治法》《突发公共卫生事件应急条例》《中华人民共和国野生动物保护法》《中华人民共和国动物防疫法》等法律法规宣传。

抓住关键节点突出重要内容开展宣传。组织开展“七五”普法规划验收和“七五”普法总结。组织开展宪法宣传周、五月公路路政宣传月、抗疫普法宣传等活动。路政宣传月期间，全省交通运输系统通过线下方式，悬挂、张贴横幅标语2186条，制作展板795块，利用电子情报板发布宣传标语2196条，出动宣传车5242次；通过线上方式，开通网络直播5个，利用微信等网络媒体发布小文章151篇，设计制作短视频122个、微电影5部，开展“视频走访”活动168次，走访党政机关222次，走访企业、工厂、学校等435次，收到群众意见建议665条，解答群众疑惑1646条。省公路局结合安全专项整治活动，在微信平台上开展宣传和调研活动，获得人民日报、楚天传媒网、今日头条、腾讯新闻、湖北日报大武汉传媒官微等20家媒体同步报道，近2万名网民参与，回收电子问卷近万份，收集整理建议意见9000余条。

持续开展法治文化创建。巩固法治文化创建成果，发挥高速公路武黄路政支队第二大队作为全省第三批“省级法治文化示范点”的示范带动作用。省交通运输厅报送的鄂东长江公路大桥桥下空间违建整治案例获湖北十大法治事件提名奖。开展法治读书活动，为基层站所赠送法治书籍3000余册，丰富基层职工书屋。法治理论研究和创作取得突破，省交通运输厅在省司法厅组织的全省法治征文大赛中获优秀组织奖，高速公路系统有4人获得征文大赛奖。

（郭秀丽）

【高速公路路政管理】 超限治理开创新局。结合收费模式转换新形势，修订印发全省高速公路入口称重检测工作实施方案，规范入口治超处置措施和工作流程，全面加强入口管控，严格落实出口倒查。组织开展大件运输车辆违法通行专项整治行动，全年查处违法超限车辆1612辆，卸载120辆，卸载货物829.41吨，责令补办超限许可98辆，移交处理66辆，行政处罚29辆，货车超限率大幅下降，全面达标。进一步优化办理流程，加强力量配备，积极应对大件运输许可爆发式增长压力，日均分发审查大件运输许可410件。路域整治加大力度。紧盯“八无”目标要求，开展路域环境治理“百日攻坚”专项行动，制止侵占路产路权违法行为183起，清理桥涵堆积物66947平方米，拆除违法跨线7处、非公路标志牌40处、违法建筑9546平方米。“四基四化”扎实推进。白羊塘超限站、随岳和武黄支队营房收尾配套工作基本完成，鄂南、通城南超限检测站改造升级有序实施，无人机、路政车载视频、执法记录仪等科技装备增配到位，行政执法综合管理信息系统全面启用，路政执法基础保障不断强化。普法宣传拓展新路。结合疫情防控常态化新形势，创新“线上普法＋线下送法”宣传新路径。鄂西支队第三大队建成“全省法治宣传教育基地”，鄂东长江大桥桥下空间违建整治事件获2019年“湖北省十大法治事件”提名奖。

（刘锦）

【普通公路路政管理】 开展严重违法超限运输行为专项整治行动。制定《进一步加强全省普通公路治理车辆超限超载工作实施方案》。协助省交通运输厅、省公安厅制定印发《依法开展百吨王货车严重违法超限超载运输行为专项整治行动方案》，收集严重违法超限运输企业货车处罚信息，开展大数据分析，协助相关部门倒查问责货运源头单位和运输企业；协同省交通运输厅、省公安厅分组督导各地“百吨王”专项治理情况，研究“百吨王”非法改装、违规装载、屡禁不止等多发高发区域、分布运行规律，督促各地交通公安部门精准查纠，重拳出击，依法顶格查处，坚决打击严重违法超限超载行为。全省检测货车208.01万辆，治理违法超限车辆3.01万辆，卸转货物67.09万吨。

推进科技和信用治超。协助开展湖北省治超联网管理信息系统建设，完成工程可行性报告修编和送审。加强公路治超视频联网和执勤情况在线日常巡查，下发通报4期，指导督促各地加强治超平台运行监管及问题整改。协同信息专班完成治超信息系统网络安全等维保测评工作，督促维保单位制定逐项整改措施，保障系统安全。上报交通运输部确认严重违法失信行为1起，向省交通运输厅报送《关于抄告2019年1月1日至12月31日违法超限运输信息的报告》，为相关单位按联合惩戒备忘录等规定，对非法超限运输货运车辆和驾驶员及运输企业等违法当事人实施联合惩戒措施提供证据资料。

全面推行“路养联合”的路产保护机制，加大路政巡查工作力度，提高损害公路违法行为查处率。各市州严格按照“八个无”目标，及时排查清理非法设置非公路标志、违法占用公路资源、违法占道经营、违法增设交叉口等违法行为，会同有关部门，集中开展专项整治行动，依法查处一批严重影响公路安全的案件，路政案件结案率、路损追偿率分别为97%、96%，无一起行政复议和行政诉讼败诉案件，有效保护路产路权，促使路域环境进一步优化、美化。黄石市针对106国道、大金省道、界浮省道、沿横省道、黄新省道等国省干线公路开展路域环境整治行动，加大日常监管及道路巡查力度，对非公路标志、违法建筑、地面构筑物和堆积物进行详细排查清理。十堰市、咸宁市、荆门市和孝感市，加强与管理对象沟通互动，在查处乱堆乱放、乱搭乱建等涉路违法行为过程中向当事人有针对性地进行法制宣传，进一步巩固路政管理成果。全年全省查处公路违法行为8016起（违法超限运输除外），罚款157.36万元，收取赔补偿费1022.04万元；拆除违章建筑1390处，清理非公路标志21268块，清理公路堆积物余19869处，清理占道经营8399处。

做好审批职能调整衔接工作。全年办理涉路施工许可95件、省内大件运输许可207件、参与跨省大件运输并联许可4760件，群众满意度100%。

（杨勇）

交通科技与培训教育

【科技项目研究与管理】 2020年，湖北省交通运输科技创新坚持新发展理念，坚持高质量发展，以技术创新为驱动，重点围绕应用基础研究、交通运输建设研究、软科学研究、信息化技术研究，标准、计量及质量研究，企业创新研究和科技成果推广7个领域组织开展科技创新活动，取得一批阶段性成果。完成2021年湖北省交通运输厅科技计划项目立项41个，计划补助项目30个，预算补助资金432万元。组织完成“长江流域复杂地质区大跨度斜拉桥主墩基础快速施工关键技术研究”等16个厅科技计划项目验收工作，在厅网站公开结题项目研究成果信息。

2021年湖北省交通运输厅科技项目计划表

项目类别		一、应用基础研究	
序号	项目名称	项目承担单位	项目保证方
1	轻质低收缩超高性能混凝土开发及在桥梁中应用研究	湖北省交通规划设计院股份有限公司，武汉理工大学，中南安全环境技术研究院股份有限公司	中南工程咨询设计集团有限公司
2	预制装配化钢－混组合桥梁建造关键技术及应用研究	湖北省交通规划设计院股份有限公司，武汉理工大学	中南工程咨询设计集团有限公司
3	微生物诱导固结特殊填料在道路工程中的应用研究	湖北省交通规划设计院股份有限公司，武汉理工大学，仙桃市交通运输局	中南工程咨询设计集团有限公司
4	基于胎路接触机理的沥青路面抗滑性能检测关键技术研究	中交第二公路勘察设计研究院有限公司	恩施州交通运输局
5	板块活跃区公路高应力隧道岩爆灾害评估及防控技术研究	湖北省交通规划设计院股份有限公司，中国科学院武汉岩土力学研究所	中南工程咨询设计集团有限公司
6	UHPC加固大跨径钢筋混凝土拱桥技术开发与示范	重庆交通大学	湖北省交通运输厅工程质量监督局
7	沥青磨耗层高效快速感应加热自融雪－自愈合技术应用研究	武汉理工大学，五峰土家族自治县交通运输局，五峰交通建设开发有限责任公司，宜昌长乐城市建设投资开发有限责任公司	宜昌市交通运输局
8	自锚式加筋土挡土墙在山区公路超高边坡的应用研究	宜昌市夷陵区公路建设养护中心，宜昌市夷陵区交通运输局，三峡大学，宜昌市夷陵区通衢公司，宜昌市交通规划勘察设计研究院	宜昌市交通运输局
9	荷载与气候耦合作用下公路路基健康诊断和评估技术研究	湖北省交通规划设计院股份有限公司，中国科学院武汉岩土力学研究所	中南工程咨询设计集团有限公司
10	磷固废基胶凝材料设计与路用关键技术	湖北交通职业技术学院，湖北恒沁环保科技有限责任公司，武汉理工大学	湖北交通职业技术学院
11	多因素耦合作用下高位松散岩体孕灾机制及防治成套技术研究	湖北省交通规划设计院股份有限公司，中国地质大学（武汉）	中南工程咨询设计集团有限公司
12	三峡库区大跨窄幅预应力混凝土斜拉桥施工关键技术研究	省公路学会、武汉轻工大学，秭归县交通运输局，中铁大桥局第七工程有限公司，武汉工大研究所有限责任公司	湖北省公路学会
13	生活垃圾焚烧灰渣在路面基层中的应用关键技术研究	湖北楚晟科路桥技术开发有限公司，襄阳市栋梁环保科技有限公司，武汉理工大学	襄阳市交通运输局
14	新型固废基路面透水材料制备及性能可控性研究	湖北第二师范学院，中国地质大学，钟祥市交通运输局	荆门市交通运输局

续上表

项目类别		二、交通运输建设养护研究	
序号	项目名称	项目承担单位	项目保证方
1	大跨连续梁桥钢-STC轻型组合桥面结构负弯矩区抗裂性能优化设计及STC-面层黏结性能研究	湖北省路桥集团有限公司，湖南大学	湖北省联合发展投资集团有限公司
2	公路改扩建废旧资源高值化绿色技术研究	公路建设与养护技术材料及装备交通运输行业研发中心(武汉)，湖北交投智能检测股份有限公司，湖北交投京港澳高速公路改扩建项目管理有限公司	湖北省交通投资有限公司
3	高速公路跨线天桥(群)快速建拆关键技术研究	交通运输行业公路建设与养护技术材料及装备研发中心(武汉)，中交第二公路勘察设计研究院有限公司，湖北交投京港澳高速公路改扩建项目管理有限公司	湖北省交通投资有限公司
4	钢混组合梁预制桥面板及湿接缝性能提升关键技术研究与应用	湖北长江路桥股份有限公司，湖北交投建设集团有限公司，中南勘察设计院集团有限公司，公路建设与养护技术材料及装备交通运输行业研发中心(武汉)，中交第二公路勘察设计研究院有限公司，武汉理工大学	湖北省交通投资有限公司
5	岩溶区公路隧道质量通病防控与质量提升关键技术	湖北省交通规划设计院股份有限公司，中铁二十一局集团有限公司，湖北交投鄂西高速公路建设管理有限公司，中南大学	中南工程咨询设计集团有限公司
6	软弱围岩隧道预收敛变形实时监测评估技术及其应用	湖北交投鄂西高速公路建设管理有限公司，湖北省交通规划设计院股份有限公司，中铁二十一局集团有限公司，中南大学	湖北省交通投资有限公司
7	基于合理应力分布的大跨钢混组合梁斜拉桥结构最优化设计和精细化施工控制关键技术研究	湖北省赤壁长江公路大桥有限公司	湖北省交通投资有限公司
8	基于UHPC的装配式桥梁设计与施工技术研究	中铁大桥科学研究院有限公司	湖北省公路学会
9	长江内河流域航运枢纽梯级开发生态环境累积效应研究	湖北省汉江雅口航运枢纽工程建设指挥部	湖北省汉江雅口航运枢纽建设管理处
10	跨敏感水域桥梁危化品泄漏应急处理系统研究	湖北省交通规划设计院股份有限公司，华中科技大学，华智通舟科技工程有限公司	中南工程咨询设计集团有限公司
11	河谷大桥成套技术研究	中交一公局襄阳投资建设有限公司，老河口市交通运输局	襄阳市交通运输局

项目类别		三、软科学研究	
序号	项目名称	项目承担单位	项目保证方
1	大数据背景下城市应对突发公共卫生事件的交通优化策略研究——以COVID-19疫情影响下的武汉市为例	武汉工程大学，湖北交通职业技术学院	湖北交通职业技术学院
2	山区在役国省干线公路运营安全风险评估及预警研究	恩施州公路管理局，武汉理工大学	恩施州交通运输局
3	基于模糊综合评价的桥梁安全风险防控与韧性管理研究	咸宁市交通运输局，武汉轻工大学	咸宁市交通运输局
4	汉北河航线航道工程综合效益评价	湖北省交通运输厅港航管理局，武汉理工大学	湖北省交通运输厅港航管理局
5	湖北路空一体立体交通运输领域发展重点及对策研究	湖北交投实业发展有限公司，路空壹体(武汉)科技发展有限公司，交通运输部科学研究院，湖北省应急管理厅	湖北省交通投资有限公司
6	学校学会联合培养实践式教学模式研究	湖北省公路学会，武汉轻工大学，武汉交通职业学院，湖北职业技术学院，武汉工大研究所	湖北省公路学会

续上表

项目类别		四、信息化技术研究	
序号	项目名称	项目承担单位	项目保证方
1	应对纯电动营运车辆热失控安全事故的大数据监控及风险防控技术研究	武汉综合交通研究院有限公司	武汉市交通运输局
2	鄂西山区交通地质基础数据信息化集成与国土空间交通规划灾害风险评价系统	湖北省交通规划设计院股份有限公司，湖北省交通运输厅公路管理局，中国地质大学(武汉)	中南工程咨询设计集团有限公司
3	基于多传感器融合的车辆全路况动态称重智能算法创新研究	武汉理工大学，湖北省交通运输厅通信信息中心，湖北交通职业技术学院	湖北交通职业技术学院
4	公路桥梁大数据系统开发与技术研究	公路建设与养护技术材料及装备交通运输行业研发中心(武汉)，湖北交投智能检测股份有限公司	湖北省交通投资有限公司
5	十武一级路智慧公路建设关键技术研究及应用示范	湖北省交通规划设计院股份有限公司	中南工程咨询设计集团有限公司
6	智能网联汽车与智慧交通测试示范应用基地建设研究	湖北交通职业技术学院、武汉光庭信息技术股份有限公司	湖北交通职业技术学院

项目类别		五、交通运输标准化研究	
序号	项目名称	项目承担单位	项目保证方
1	公路混凝土桥梁加固改造质量检验评价标准	武汉二航路桥特种工程有限责任公司，湖北省交通运输厅工程质量监督局，交通运输部公路科学研究院，中南工程咨询设计集团有限公司，重庆交大建设工程质量检测中心有限公司，中交基础设施养护集团有限公司，中交第二公路勘察设计研究院有限公司，长沙理工大学，武汉理工大学	湖北省交通运输厅工程质量监督局
2	公路桥梁伸缩装置技术状况评定及维护更换标准研究	湖北省路桥集团有限公司，武汉工程大学	湖北省联合发展投资集团有限公司
3	圬工与配筋混凝土拱桥加固改造技术规程	武汉二航路桥特种工程有限责任公司，重庆交通大学，湖北省交通规划设计院股份有限公司，湖北省交通运输厅工程质量监督局，中交基础设施养护集团有限公司，中交第二公路勘察设计研究院有限公司	湖北省交通运输厅工程质量监督局

项目类别		六、企业技术创新研究	
序号	项目名称	项目承担单位	项目保证方
1	城市轨道列车屏蔽门的安全监测技术研究	湖北交通职业技术学院，武汉驭光科技有限公司	湖北交通职业技术学院

(1) 科技创新。全面谋划“十四五”全省交通运输科技创新工作，编制完成《湖北省“十四五”交通运输科技创新发展规划(初稿)》。成立湖北省交通运输研究院，挂靠湖北交通职业技术学院，着力打造全省交通运输行业科学创新支撑平台。湖北国创高新材料股份有限公司申报的湖北省资源循环利用及装备创新中心，通过湖北省经信厅认定。

科技创新活动及成果：①省交通运输厅推荐的“以片麻岩和钢渣为全部矿质原材料的沥青混凝土抗水损害性能研究”入选科技论文类2020年度交通运输重大科技创新入库成果。②依托湖北国创高新材料股份有限公司的交通运输部“公路交通节能与环保技术及装备交通运输行业研发中心”获授权发明专利1件，申报专利4件，推荐的环保产品“橡胶高粘高韧复合改性沥青”列入湖北省创新产品应用示范名单。完成湖北省技术创新专项重大项目《自修复沥青混凝土路面工程化研究及应用》技术推广及项目验收工作。高性能乳化沥青防水黏结层、微表处用改性乳化沥青、高性能透水彩色沥青、水性彩色路面保护剂、环境友好型降噪路面技术等成功应用于武汉南四环、四川内遂高速公路、湖北武麻高速公路、广西市政工程、武汉光谷三路、湖北省监利市市政工程等项目。③依托湖北省交通投资集团有限公司的交通运输部公路建设与养护技术、材料及装备研发中心申报知识产权27项，获授权9项，其中发明专利1项、软件著作权7项、实用新型专利1项，发表中文核心期刊论文22篇。研发的“基于阵列光栅传感的智能感知技术”实现由点式传感向线面式传感的突破，可实现车辆荷载和位置实时感知、路面结构层温度、应力实时监测，并对路基路面病害进行诊断，该技术通过中试验证；“基于中台理念的数据分析系统建设”项目研究，可通过1套数据中台，融合公路资产、结构、病害、评估、收费、气象等多源数据，供多种功能定位的业务系统使用。④被交通运输部、工业和信息化部认定的“智能网联汽车自动驾驶封闭场地测试基地(襄阳)”形成系列化燃料电池系统开发试验能力、系列化电驱动系统试验能力、高压附件试验能力，成为氢能源整车开发试验基地。

2020年度湖北交通科技成果获奖项目

项目名称	所获奖项
功能性路面建造及长期服役性能保持与动态评价关键技术	湖北省科技技术进步奖一等奖
变质软岩区公路隧道建设关键技术及应用研究	湖北省科学技术进步三等奖
湖北省麻城至武穴高速公路综合勘察	公路交通优秀勘察一等奖
秭归(香溪)长江公路大桥工程地质综合勘察	公路交通优秀勘察二等奖
利川至万州高速公路湖北段	公路交通优秀设计一等奖
秭归(香溪)长江公路大桥	公路交通优秀设计一等奖
湖北省麻城至武穴高速公路	公路交通优秀设计二等奖
石首长江公路大桥	公路交通优秀设计二等奖
武汉城市圈环线高速公路孝感南段	公路交通优秀设计三等奖
宜来高速公路宜昌段BIM正向设计	中国公路学会交通BIM工程创新奖二等奖
秭归长江公路大桥(又称香溪长江公路大桥)	2020年国际桥梁大会(IBC)古斯塔夫斯·林德撒尔奖
武汉市四环线沌口长江公路大桥	中国公路建设行业协会李春奖(公路交通优质工程奖)
黄石至阳新一级公路大冶湖特大桥及接线工程	中国公路建设行业协会李春奖(公路交通优质工程奖)
东北寒冷季冰冻地区多跨钢混组合梁矮塔斜拉桥设计施工关键技术研究	中国公路学会科技技术二等奖
基于表面自由能理论的沥青路面材料高效利用研究	中国公路学会科学技术二等奖
老龄在役文物三铰钢拱桥整体保护式修缮成套技术	中国公路学会科学技术二等奖
提升普通国省干线公路改扩建质量的技术政策研究	中国公路学会科学技术三等奖

(2)标准体系建设。2月2日，归口管理的湖北省地方标准《公路工程试验检测设备期间核查规范》批准发布，自2020年4月2日开始实施。《公路路基填筑工程智能压实控制技术规程》等5项湖北省级地方标准编制，列入省市场监管局2020年度湖北省地方标准制修订项目计划(第二批)。

(周建勋)

【交通环境保护】 交通运输污染防治。落实国务院《打赢蓝天保卫战三年行动计划》《水污染防治行动计划》和湖北省实施方案，推进交通运输结构调整，加强交通大气污染防治和港口船舶污染防治。全年全省铁路、水路、公路运输在综合运输中的比重依次达到3.13%、25.43%、71.43%，与2017年相比分别上升0.87%、上升6.49%、下降7.09%。5个多式联运示范项目列入国家多式联运示范工程，其中武汉阳逻港铁水联运示范工程通过验收，黄石等4个国家多式联运示范项目基本实现常态化运营。襄阳市、十堰市通过全国城市绿色货运配送示范验收，先进运输组织方式进一步推广。全省81%的公交车辆为新能源及清洁能源车，新能源、清洁能源装备在公交领域得以广泛应用。武汉市被交通运输部授予“国家公交都市建设示范城市”，绿色出行比例显著上升。全省港口岸电覆盖泊位216个。长江、汉江干线内河船型标准化率达80%，船舶标准化、大型化进程加快，同时推动船舶和江海直达船舶使用硫含量不大于10毫克每千克的柴油。

长江大保护。按照省政府统一部署，强力推动长江干线非法码头整治、长江和汉江港口岸线资源清理整顿、船舶污染防治三大标志性战役按时结账、圆满收官。截至年底，长江干线及主要支流汉江、清江分别取缔各类码头(含砂场、砂站)1800余个，复绿面积超过900万平方米。长江、汉江利用港口岸线长度150公里，仅占自然岸线总长的4%，约为“十二五”末期的50%。全省港口码头面貌得到显著变化，码头作业效能和港口岸线利用效率进一步提升。全省100总吨以上(含100总吨)船舶生活污水收集处置装置改造完成，长江武汉、宜昌2座新建洗舱站基本建成并试洗舱作业，汉江武汉、十堰2座50吨级应急溢油应急设备库基本建成具备溢油应急处置功能，鄂州、宜昌LNG加气站开工建设。船舶污染物联合监管与服务信息系统(船E行)基本全覆盖，船舶污染物“船—港—城”“接收—转运—处置”的多部门联合监管机制逐步建立。

交通领域生态环保问题整改。省交通运输厅承担第一轮中央生态环境保护督察整改任务8项，截至12月底，完成7项，其中销号6项，完成并申请销号1项，未完成但达到序时进度1项；省交通运输厅承担第一轮中央生态环境保护督察“回头看”及专项督察整改任务11项，截至12月底，完成9项，其中销号1项，完成并申请销号8项，未完成但达到序时进度2项。省交通运输厅就警示片反映的“湖北荆门4艘货轮生活污水处理设施均处于闲置状态问题”，指导督办荆门市立行立改并举一反三，会同省直相关部门开展联合现场验收，船舶排放污水经第三方检测达标通过验收，并报请省长江办、省委生态环保督察办销号；省交通运输厅就警示片反映的“宜昌王家河油库码头搬迁进展缓慢存在环境风险问题”，督办宜昌市交通运输部门年底新建码头开工建设，并督促加快拆除中石化王家河油库码头。

（刘伟）

【交通信息化与网络安全】 全面谋划“十四五”全省交通运输信息化发展，编制完成《湖北省交通运输信息化“十四五”发展规划（初稿）》。编制完成《湖北省疫后重振补短板强功能交通新基建工程三年行动实施方案》，成为湖北省新基建三年行动方案重要组成部分。完成“一厅五局”网站集约化建设，开设“坚决打赢疫情防控阻击战”“安全生产专项整治三年行动”“深化放管服”“湖北高速坚定不移走高质量发展之路”“2020年安全生产月”等网上专题，主动公开政府交通信息11767条。完成与“一网通办”“互联网+监管”平台对接，通过省交通运输共享平台，向省直部门和市州交通运输主管部门共享交通行业数据资源。建立全省交通运输网络安全通报体系，全年向交通运输部报送网络安全工作月报12期、季报4期，发布省交通运输厅网络安全通报3期。组织开展网络安全风险隐患排查和整改，完善监测和管理机制，落实相关制度和规定，网络安全总体状况平稳。

（邹珺）

【湖北交通职业技术学院】 战疫抗洪。面对突如其来的新冠肺炎疫情，学校全体教职工积极参与抗疫。学校组织374名党员到社区报到，为守紧筑牢社区（村）第一道防线提供力量支撑。马沧湖校区、教培中心响应政府号召，腾位置、供床位，先后为443人次提供隔离服务。630名教职工捐款捐物83673.86元。学校相继收到夷陵区、紫阳街道等部门锦旗。学校作为省教育厅“停课不停学”试点单位，自2月10日起各教学单位实行“一院（部、处）一策”，保证教学秩序和质量，做到教师不停课、学生不停学，涌现一大批教学榜样，在各大媒体引起广泛关注。同时，学校勇挑抗洪重担，抽调125人完成23天巡堤5000余次的五金堤防汛值守任务。

2020年12月10日，湖北交通职业技术学院第二十届大学生科技文化艺术节开幕

新校区建设。学校克服新冠肺炎疫情的影响，在新校区建设中主动攻克难题，确保工程质量。副省长肖菊华带队到新校区调研指导工作，要求加快进度改善办学条件和环境。学校多方协调，完成6间工具房钉子户拆迁和东门强弱电线迁移工作。精心组织施工，在建土建工程满足交付使用条件，一、二、三组团范围内道路管网联网成片，二组团和三组团3标建筑单体通电，剩余工程基本具备招标条件。

内涵建设。学校以“双高建设年”推动全年各项工作，助推学校内涵提升。开展双高建设，及时下达“双高计划”建设任务通知，顺利完成“双高计划”建设项目二“打造技术技能人才培养高地”、项目六“提升校企合作水平”、项目十“提升国际化水平”方案的完善、任务书填报及年度建设工作。启动质量工程核心指标创建工程，设定标志性成果数据指标8类24个、其他指标5类15个，争创国家级核心项目指标。不断完善制度体系，全面推进岗位调整、职称评定、绩效分配改革，公开招聘为契机优化师资队伍建设，开展多层次多维度培养培训活动72人次，获批湖北省二级教授职数1个，重点落实待遇权益发放，完成新机关事业单位养老保险参保工作。成立学校“十四五”事业发展规划编制小组，完成学校“十三五”总结，全面启动学校“十四五”规划编制工作。学校再次获评“2017—2019年全省文明单位（校园）”，档案工作通过省特级复查，2个基层单位获评省级“青年文明号”，1名学生获评“中国大学生自强之星”。

办学水平。学校统筹推进疫情防控和教育教学，多措并举确保教学质量，获全国物流职业教育和全国航空职业教育教学成果奖二等奖，新增18个“1+X”证书试点，完成国家示范职教集团申报工作，组织编写的全国团体标准《建筑装饰装修施工工艺标准》获民政部批准，对社会公开发布。做好招考组考工作，完成2020年全省汽车维修类4812名学生专业技能高考组考工作，完成2020年单招扩招考试。教学之余，备战技能竞赛，学生先后获“一带一路”国际挑战赛一等奖、交通行指委无损检测大赛一等奖、湖北工匠杯技能大赛一等奖等8项大奖。学生朱宏宇获首届中国职业技能大赛世赛项目“重型车辆维修”铜奖，入选国家集训队，实现技能竞赛新突破。

专业设置调整。学校围绕七大交通特色专业群，开展专业设置工作，共备案专业49个，分别是：工程测量技术、土木工程检测技术、工程造价、建设工程监理、高速铁路施工与维护、道路与桥梁工程技术、道路养护与管理、城市轨道交通工程技术、机电一体化技术、工业机器人技术、飞行器数字化制造技术、无人机应用技术、新能源汽车技术、智能工程机械运用技术、汽车检测与维修技术、飞机机电设备维修、汽车智能技术、汽车技术服务与营销、汽车造型与改装技术、智能交通技术、城市轨道交通机电技术、城市轨道交通通信信号技术、计算机应用技术、计算机网络技术、现代移动通信技术、电子商务、空中乘务、城市轨道交通运营管理、邮政通信管理、邮政快递运营管理、大数据与会计、商务管理、市场营销、智能物流技术、现代物流管理、采购与供应管理、旅游管理、酒店管理与数字化运营、酒店管理与数字化运营、电气自动化技术、航海技术、船舶电子电气技术、港口与航运管理、轮机工程技术、建筑装饰工程技术、建筑工程技术、虚拟现实技术应用、艺术设计、环境艺术设计。本年度没有新增专业。

中高职衔接的职业教育体系建设。联合武汉市供销商业学校、武汉市石牌岭高级职业中学、十堰市郧阳科技学校、京山市中等职业技术学校、江汉油田职业技术学校、湖北省旅游学校6所中职学校，成功申报5个“3+2”分段制高等职业教育招生专业，分别是物流管理、电子商务、新能源汽车技术、空中乘务、汽车运用与维修技术。

对外交流和校企合作。开展对外交流活动，顺利完成与美国沃特康姆社区学院进行计算机应用技术专业中外合作办学申报材料报送工作，与北京中留教育公司洽谈国际交流项目，并与日本学校就新能源汽车专业中外合作办学达成合作意向。发挥交通职教集团平台功能，推动产教融合深度发展，成立工作专班，完成示范职教集团申报工作，完成中兴通讯、工业机器人校企合作项目验收工作，与武汉南华光电职校签订校校合作协议，完成武汉地铁订单班组班和送岗工作，并且做好96份校企合作协议清理工作，联合人才培养再上台阶。

学生管理。统筹开展全校学生疫情防控管理，连续343天每天开展学生健康状况“日报告”“零报告”，全校学生无一例确诊、疑似或无症状病例，开学平稳有序。400余名学生投身抗疫志愿服务，开展“我劳动，我光荣”主题实践活动，引导同学们崇尚劳动、尊重劳动。开展疫情、伙食、冬季送温暖等专项补助活动，召开贫困生座谈会，全年资助6506人次，贫困生覆盖率100%。强化心理疏导，全年开展个体咨询211人次，热线咨询102人次，危机干预24人次，用陪伴服务学生心理成长。加强国防教育，采用抖音直播等线上方式开展宣传和答疑，义务兵入伍人数连续8年大幅增长，完成年度任务240%。组织学生参加全省大学生模拟射击比赛，获优秀组织奖、团体优胜奖。加强士官培养，首次同步完成海军、空军、武警3个军兵种443人体检政审、封闭式管理和走兵送兵工作。

招生就业。全年招生录取考生5698人，招生人数、分数再创历史新高。精准编制招生计划，省外录取考生1207人，比上年增长13.3%，艺术类计划首次出省，技能高考专业计划招生人数达1697人。拓宽生源来源渠道，争取3个军兵种9个招生专业计划610个，争取“3+2”合作学校5所学校7个专业，共录取考生317人，争取行业单招政策，招收行业职工79人，响应扩招政策，录取高职单招21人、扩招203人。毕业生就业率92.60%，位列全省高校前列。大学生创业孵化基地累计入驻创业团队83支，创业项目带动就业400余人，入选省发展改革委“省级创新创业基地”建设项目。

社会服务。推进新一轮教学成果奖培育申报工作，做好科研项目立项结题等工作，全年获批立项数达60项，其中省厅级及以上项目24项。做好成人培训，全年完成成教招生535人，社会考试14584人次，培训2171人次，全年收入283万元；积极响应职业教育赋能提质行动计划，申报获批26个职业技能培训项目。加强资源整合，推进老校区土地房屋及相关资产处置；形成学校所属企业体制改革实施方案；统筹推进疫情防控与复工复产工作，顺达公司承接新项目5项、合同金额3906.22万元，楚雄公司通过合作方式承接新项目2个、合同金额50万元，驾培公司做好培训收尾和清理关闭前相关准备工作，教培中心在完成疫情防控征用任务基础上，实现全年经营收入480万元，培训学员1.3万人次。做好精准扶贫工作，安排36.68万元采购左溪寺村、远安县等扶贫物资，实施消费扶贫；投入3万元扶持左溪寺村修建村标，学校定点联系的左溪寺村189户贫困户全部脱贫。

党风廉政建设。持续巩固深化“不忘初心、牢记使命”主题教育成果，推动全面从严治党向纵深发展，风清气正、干事创业的良好氛围进一步形成。物流与交通管理学院教师党支部书记工作室(万雯)获批全国第二批高校“双带头人”教师党支部书记工作室，1个基层党组织获省交通运输厅“红旗党支部”，3名优秀共产党员获省交通运输厅表彰。优化调整10个党总支、5个直属党支部、28个基层党支部设置，并按期完成换届选举。开展“大学生科技文化艺术节”“讲抗疫故事、铸育人使命”报告会等主题活动。

(易思)

交通综合管理

【机构编制】 深入推进高速公路机构调整与人员划转。深度调研改革工作中存在的困难和问题，积极向有关部门汇报和沟通，多次召开专题会议研究谋划，制定完善《湖北省高速公路机构调整人员划转工作建议方案》，组织召开综合交通运输体制改革启动会，与湖北省交通投资集团公司人力资源部签订《关于6个高速公路管理处人员划转有关具体交接事宜的备忘录》，顺利完成6个机构划转和7002名相关人员信息移交工作。

顺利完成取消高速公路省界站人员安置。省交通、财政、人社、国资委等四单位联合下发《湖北省取消高速公路省界收费站人员安置工作实施意见》，通过增设新岗位、新开通路段、划转省交投公司等转岗渠道，圆满完成2912名人员分流安置工作。

稳步推进综合执法改革和治超、应急救援等新机构设置。落实省政府综合交通运输体制改革方案，提出交通运输综合执法、公路超限治理、应急救援等新机构设置建议，向省委编办有关部门汇报沟通，争取支持。按党组要求，向省委编办呈报省交通运输综合行政执法局、省公路超限治理办公室、公路应急救援(物资储备)中心等3个新机构设置方案。

(肖磊)

【干部工作】 做好疫情防控工作。落实省委组织部、厅党组部署，印发落实厅机关及厅直单位党员到社区协助做好疫情防控工作方案。组建11个协助专班，协助社区开展疫情防控工作。抽调10名党员干部成立支援武汉社区工作组下沉到武汉市硚口区古田军院社区，推动社区疫情防控措施抓细抓实，确保联防联控措施落实到位。落实上级关于善后安置工作精神，及时组建工作专班，定点服务，动态跟踪，妥善处理好厅机关和厅直单位19人疫情善后及抚恤工作。推进驻村工作队贯彻落实各级党委政府关于做好新冠肺炎疫情防控有关要求，一手抓防疫，一手抓扶贫。

严格有序开展干部选任工作。组织完成厅机关2名二级巡视员晋升，以及厅机关和厅直五局科级干部新一轮职级晋升。进一步加强厅直单位科级干部选任把关，切实规范厅直单位科级干部选任工作事前沟通、方案审核、任职备案等制度，督促厅直单位做好干部选拔任用一报告两评议工作，完成10家单位科级干部选拔任用方案审核。

稳步推进领导班子工作调研及履职尽责考核。由厅主要领导带队到省公路局等15个厅直单位与班子成员、中层干部开展座谈，了解情况、宣讲政策、推荐优秀，同步开展领导班子专项考核和年度履职尽责考核，促进厅直单位班子建设和事业发展深度融合。圆满完成厅领导班子和省管干部2019年度考核及调研工作，配合完成省交通运输厅2019年度省委重要工作检查考核。

从紧从实加强干部监督管理。突出抓好干部日常管理监督，组织全厅副处级以上领导干部和四级以上职级人员填报个人有关事项报告，及时将省管领导干部个人有关事项报告转递省委组织部，对207名处级领导干部和二级以上职级人员个人有关事项报告汇总上报，并按10%的比例进行抽查核实，认真执行凡提必核制度，开展个人有关事项报告专项整治工作。进一步规范严格审核审批因私出国(境)事项，组织开展全系统违规办理和持有因私出国(境)证件专项治理，对系统内531名在职公务员(参公人员)及退休5年内副处级以上干部持有因私出国(境)证件情况进行全面梳理、准确登记、重新造册，并结合武汉公安机关出入境管理部门反馈结果开展信息核查。

做好省委巡视和选人用人专项检查迎检工作。整理汇总有关干部选拔任用、教育管理监督、纠正选人用人上的不正之风等方面规章制度及措施，提供干部任免、工资福利、社团管理、机构编制、人员招聘、出国(境)工作等各种补充资料材料和有关说明。根据省委组织部选人用人专项检查反馈意见中指出的7类问题，逐一制定整改措施，切实明确责任部门和完成时限。

开展事业单位统一公开招聘。完成5家厅直单位10名招聘计划用编申请、计划申报、网上报名审核、面试、体检考察等工作。做好厅直事业单位职称聘任工作，厅直事业单位聘任四级专业技术岗位高级职务11人。

(肖磊)

【干部培训】 结合疫情防控实际，坚持以网络培训为主，灵活开展多种形式的干部教育培训。组织厅机关全体干部及系统内副处级以上领导干部参加“学习贯彻党的十九届四中全会精神”“城市公共安全与应急管理”网络专题班，组织全省450名交通运输系统干部参加交通运输部网络培训班，组织13名干部参加省委党校主体培训班、1名正处级干部参加全省年轻干部培训班学习。

(肖磊)

【驻村扶贫工作】 党建引领，抓好队伍建设。制定年度学习计划，建立学习记录台账，参加省、市、镇组织的集中学习培训(省组织驻村工作队长培训1次、荆州市乡村干部、驻村干部培训班1次、洪湖市和万全镇组织的贫困户信息动态信息调整等培训会议8次)。联系厅直单位、部门到村开展支部结对共建、主题党日等活动5次。及时做好省交通运输厅对驻村工作队人员调整工作，9月4日驻村工作队第四批3名队员到村报到，顺利完成人员更替、交接。

精准施策，克服疫情影响。积极搜集和宣传用工招聘信息，协调外出务工人员乘坐免费务工专列。协助合作社为养殖贫困户从外地转运回虾蟹苗1600余斤、养殖饲料3吨。协助14户扶持对象填写申报表，落实补贴26860元。对全村15~24周岁的15名贫困户子女进行全面排查，为符合雨露计划补助的2人申报有关手续，为学杂费超过5000元符合“扶贫保”理赔条件的3名学生向保险公司申报理赔资料。10月16日，省交通运输厅组织厅机关、厅直有关单位党员代表60余人，到洪湖市万全镇黄丝村举行“打赢脱贫攻坚战　我为黄丝拼一单”支部主题党日活动，厅机关和厅直单位先后组织5批次210余名党员职工到村开展主题党日活动和消费扶贫活动，累计采购当地农特产品7.98万元。

稳扎稳打，夯实基础工作。开展“两类对象”再排查再帮扶工作，对所有建档贫困户进行逐户排查、测算。完成年度扶贫对象动态管理和信息采集工作，对贫困户中因新生儿、服兵役造成的人员变化等情况进行核实，及时对贫困户信息实行动态调整。积极参加防汛救灾工作，联合村委一起查看水位运行情况，入户了解贫困户汛期受灾情况。开展结对帮扶责任人再入户再核查工作，向建档立卡贫困户全面宣传扶贫政策、核对动态信息，并实地核查“两不愁三保障”实现情况。

坚持问题导向，积极开展整改。开展交通扶贫领域及扶贫开发工作相关问题整改，认领问题、建立台账、对标整改。成立驻村帮扶项目资金使用清查工作专班，全面核查2017年以来黄丝村扶贫项目资金使用情况，对资金使用情况逐笔过筛，对帮扶项目脱贫成效予以自评。

严格标准，推进项目实施。完成全长300米的黄丝村进村主路工程完工验收。有序推进黄丝村基础设施建设，配合镇政府组织完成黄丝渠一桥东段护坡工程项目，推进1.16公里水泥路(不含错车台和掉头路段)、3.9公里碎石路建设，指导督促村两委规范扶贫项目实施手续，建立完善帮扶项目后续运行的黄丝村光伏发电站管理制度、万全镇黄丝村卫生室管理制度、黄丝村扶贫公路养护管理制度等制度。

责任上肩，加强片区协调。定期组织召开片区工作队经验交流座谈会，收集整理荆州片区各工作队工作动态，分享交流驻村帮扶工作经验，分析研究当前扶贫领域存在的困难和问题。组织开展2019年度工作考核，对片区工作队、工作队员、第一书记、派出单位进行考评。

(肖磊)

【工资社保】2020年，按省关于机关事业单位工资规定，完成省交通运输厅机关和厅直单位级别工资与薪级工资两年年度考核合格后的晋升调整工作。按省通知，完成省交通运输厅下沉到基层一线具体承担疫情防控工作人员临时性补助发放工作。指导省交通运输厅通信信息中心、省汉江崔家营航电枢纽管理处参加进入省直机关事业单位养老保险。

(方敏)

【交通职业资格】做好职业资格考务管理工作，优先服务复工从业人员。优化公路水路工程施工企业主要负责人和安全生产管理人员考核审核、证书发放等办理流程，采用电话、邮件、快递等非现场接触方式办理有关事项，避免考生聚集交叉感染风险。根据公路水运工程试验检测专业技术人员实际需要，结合疫情防控实际，2019年度公路水运工程试验检测专业技术人员职业资格纸质证书首次通过快递方式送达考生手中。主动联络，到省人力资源和社会保障厅办理2019年技术能手资料收集与申报工作，为从业人员职级晋升做好服务。及时办理公路水运工程施工企业主要负责人和安全生产管理人员考核工作的注册、延期、调入、变更、注销5107件。发放公路水运工程试验检测专业技术人员职业资格证书1300余本，机动车检测维修专业技术人员职业资格证书和臂章58件，危险货物水路运输从业人员考核证书30余本，公路水运工程监理收尾考试证书289本。

增强风险意识，做好考试防疫准备工作。根据全省疫情防控状况和推进复工复产工作要求，结合全省公路水运工程施工企业需求，落实好《省交通运输厅关于进一步做好全省交通运输行业新冠肺炎疫情常态化防控工作的通知》精神，及时搜集全国、省内考试开展情况，研究疫情防控相关举措。各考点结合所在区域防疫工作要求共同制定应对新冠肺炎疫情考试方案和计划，及时向当地防疫相关部门报备。顺利完成年度全国公路水运工程试验检测专业技术人员职业资格考试(湖北考区)，参加考试人数达6961人，考试12896科次。

加强能力建设，完善职业资格服务社会功能。为进一步加强行政审批规范化建设，按照省政府有关要求，根据深化“互联网+放管服”改革工作方案要求，继续开展全省政务服务“一张网”建设。对武汉地铁集团有限公司和湖北铁道运输职业学院2家轨道列车司机鉴定站建站条件进行复核并办理备案手续，为下一步开展新工种鉴定工作奠定基础。同时，协助交通运输部职业资格中心做好机动车检测维修专业技术人员职业资格转为全机考、部分鉴定考核转型为等级认定的征求意见工作。

(向元)

【职称】为进一步健全人才评价标准、改革和创新人才评价方式、完善人才评价管理服务制度，厅职业资格中心组织专家对2015年版《湖北省工程系列交通运输专业技术职务任职资格申报评审条件(试行)》开展修订工作。新的评审条件以职业分类为基础，以品德、能力和业绩为导向，克服“三唯”倾向，按专业和工作方向进一步细分评审条件，并对部分评审标准进行量化，同时分层级对评审标准和要求进行调整，体现向基层适度倾斜评审倾向。评审标准经过充分调研和广泛征求意见，与专业工作特点结合紧密，体现一线工程技术人员合理诉求，在评价专业人才方式和手段上更加科学客观公正。根据省职改办《关于调整部分职称系列(专业)高级职务评审权事项的通知》(职改字〔2020〕4号)要求，自5月起“将路桥、港航专业正高级职称纳入‘湖北省路桥、港航高级职务评审委员会’的评审范围”。调整部分职称系列(专业)高级职务评审权是深化湖北省职称制度改革的重要举措，省交通运输厅组织完成全省路桥港航工程专业正高级职称全部评审工作，为以后结合本行业和本专业特点进一步提升正高级职称评审科学性和针对性打下基础。厅职业资格中心组织专家对《湖北省路桥港航工程专业技术职务水平能力测试大纲》进行再次修订，并于12月份发布。9月，组织开发的“湖北省路桥港航工程专业技术人员水平能力测试机考系统”正式交工验收。该系统能够满足在线报名、缴费、考场编排、随机组卷、在线答题、即时阅卷、数据储存与分析等多项功能，有利于简化申报手续，减轻考生负担，有利于管理部门全面系统掌握全省人才发展和成长轨迹。

(向元)

【外事外经】 完成省交通运输厅及厅直单位干部出入境备案清理工作，新增、修改、撤销全厅备案人员300余人次。根据疫情防控要求，暂停实施因公出国访问和培训项目。世界银行代表团分别于5月12日和12月3日至4日对雅口航运枢纽建设项目进行第四次、第五次项目监测。世行代表团对雅口航运枢纽工程所取得的进展给予肯定，表示项目无论是工程质量、安全、环保等各方面均达到世行预期，监测成效明显，达到预期目标。

(向元)

【目标管理】 高密度部署。厅党组始终把目标责任制管理摆在重要位置，列入党组重要议事日程，将其与重点工作同安排、同部署。在项目预算谋划上，围绕年度交通运输发展中心工作，将年度目标与预算管理相结合，全面、精准谋划项目。年初召开全省交通运输工作会研究部署全年重点任务，并对目标任务进行细化分解，明确责任人和完成时限，印发全省交通运输系统贯彻落实，同时要求厅直各单位、厅机关各处室对照目标任务进行细化分解。年中召开全省交通运输运行半年调度会，针对重点工作不定期召开专题会，进一步强化措施，确保年度目标任务和核心、中心工作圆满完成。形成党组统一领导，主要领导亲自抓，分管领导具体抓，各单位、各部门负责人分工负责、齐抓共管的工作格局，为完成全年目标任务奠定基础。

高强度督办。严格落实省委办公厅关于督查检查考核有关工作要求，实行督查工作计划管理，每年突出交通运输中心工作和重点工作，明确综合督查和专项督查责任，每月不定期下发主要领导重要事项交办单，每两个月通报厅党组会、厅长办公会、专题会、调研座谈会等决定事项落实情况，建立督办工作台账，实行网上交办和催办，提升督办效率和督办效果。全年发出重要工作交办单16期，督办事项95件。建立目标责任制联络员制度，定期督办职能目标完成情况，切实推动部、省、厅重大决策部署落实落地。

高质量落实。全力以赴，夺取“抗疫”“重振”双胜利，省交通运输厅与省委省政府签订责任状中的各项目标任务均超额完成。全年累计完成交通固定资产投资1016亿元，为年度目标的101.6%；建成武汉城市圈环线高速大随至汉十段等12个项目共370公里，为年度目标的192.7%；建成一级公路677.1公里、二级公路1165公里，新改建农村公路28554.8公里，分别为年度目标的148.8%、145.6%、190.4%；雅口航运枢纽主体一期土建工程完工，船闸试运行；陆水二期航道整治工程、江陵港区兴润综合码头改扩建工程等港口项目建设基本完成，新增港口吞吐能力1655万吨，为年度目标的165.5%；建成客运站、货运物流项目19个，为年度目标的105.6%；全省完成安全防护工程15178公里，实施危桥改造1245座，分别为年度目标的108.4%、103.8%；创建三星级以上服务区62对，改造和建设星级厕所30对，分别为年度目标的206.7%、187.5%；高质量完成“建设交通强国示范区，打造新时代九省通衢”省委重大课题，初步谋划完成全省“十四五”综合交通运输规划雏形，一批重大项目纳入国家规划，湖北省过江通道总量和规划新建数量均居全国第1位，新增国家高速公路里程居全国前列。

(程梦雨)

【社会管理及综合治理】 全面压实综治稳定工作责任。落实交通运输部、省委省政府、省委政法委平安建设(综治工作)相关部署要求，以健全落实综治工作领导责任制为抓手，维护交通运输安全为重点，深入推进平安交通建设。制定综治维稳、信访工作要点、年度综治职能任务目标，与机关处室、直属单位负责人签订社会治安综合治理目标管理责任书，把综治工作责任落实到具体部门和个人，形成主要领导亲自抓、分管领导具体抓、各处室(单位)负责人分工负责的工作格局。

积极参与属地综治管理和平安建设工作。落实综合治理“属地管理”原则，动员广大干部群众积极支持和参与所在地区、街道开展社会治安及其创新工作，落实有关社会治安防控措施，形成“社会治安人人参与”的群防群治格局。组织参加社区党建联席会，联合航空社区对辖区困难退休职工家庭进行走访慰问，落实厅领导慰问活动1次，慰问困难户30户，发放慰问金1.9万元。开展综治项目帮扶工作，落实航空社区综治安全项目建设帮扶资金2.5万元，全面提升驻地社区社会综合治理、安防管控能力。

加强对综治联系点的指导和帮扶力度。贯彻落实《省综治委综治联系点工作实施意见》，将开展综治联系点工作作为本单位联系服务基层群众的一项重要举措，从推进矛盾纠纷调处多元化、推进镇村综治中心建设规范化、推进社会治理积分制提档升级示范创建、积极开展平安宣传和创建工作等方面着手，全面落实开展综治联系点帮扶工作。按照三年帮扶工作规划，9月厅党组书记、厅长朱汉桥到东宝区实地调研，指导地方综治工作开展。全年组织专人3次到东宝区开展综治工作调研，加强综治联系点的帮扶、指导，对东宝区提出的支持项目进行调研审核，解决工作中出现的问题。组织专人对省交通运输厅上年综治联系点帮扶示范项目进行验收，开展2020年综治示范项目帮扶工作，将全区“六心合一”综治中心建设，纳入联系点综治示范项目进行帮扶指导，援建综治项目3个，落实援建资金120万元。

（李永胜）

【信访】 加强信访事项督办化解。全年办理信访事项617件（批），接待来访79批次374人次，协调督办厅长批示件19件、巡视组交办信访件66件，实地调研督导4次，信访督办13次，信访案件受理率、办结率均为100%。处理涉稳、涉访信息3772条，整理上报147条，报送信访情况分析17次，总结工作9次。

与厅直单位、机关处室签订信访管理责任书。制定湖北省交通运输厅领导干部接访制度，厅领导主动接访包案交通运输重点领域、重点群体及群众反映集中的信访诉求，组织开展领导干部接访、包案活动12次，厅长批阅信访件19件，建立厅领导批阅信访件台账，督促责任单位按期办理。着力构建依法有序的信访工作秩序，对信访办理过程中遇到的疑难、重点信访案件，及时高效搭建信访沟通平台，有效化解信访矛盾，提高办信效率。

（李永胜）

【档案管理】 年初制定下发《2020年全省交通运输档案工作要点》，指导全系统有计划、有步骤地开展档案工作。围绕“6·9”国际档案日等重要时间节点，广泛开展内容丰富、形式多样的档案法律法规宣传教育和标准规范宣贯培训工作。加强事中事后监管，做好档案执法迎检工作。指导厅直单位学习档案业务配套相关规章制度，提高档案工作规范化水平。精准服务交通运输中心大局，统筹做好疫情防控档案收集工作，加强疫情档案资料的收集、归档和整理，确保疫情防控档案及时得到收集和安全保管。服务全省交通运输精准扶贫工作，各地各单位做好精准扶贫资料归档和后续整理、利用工作。

加强档案行政管理。指导涉及改革单位的档案处置工作。重新审定《文件材料分类方案、归档范围和保管期限表》（“三合一”制度），确保档案资料安全完整，各单位档案工作规范开展。继续做好档案目标管理考评工作，按照省档案局《湖北省机关档案工作目标管理考评办法》要求，做好档案目标管理到期复查考评工作，确保档案目标管理考评工作顺利开展。加强重点建设项目竣工档案有序管理。严格依照有关管理规定，建立健全档案登记、形成、收集、整理、验收等管理制度，强化工程建设项目档案工作，为重点建设项目质量保驾护航。加强在建工程项目档案管理工作的监督检查，指导工程建设项目档案专项验收工作。

推进档案信息化建设。继续推进电子文件在线归档工作，扩大在线归档范围，由省特级向省一级延伸。各地交通运输部门积极跟进，力争完成电子文件在线归档工作。持续推进数字档案室建设，加快存量档案数字化步伐，开展数字档案室创建工作。加强档案安全保障。建立健全“人防、物防、技防”三位一体的档案安全防范体系。持续强化安全责任意识，严格执行安全管理制度。加强档案安全保密机制建设，提升档案网络和信息系统风险管理能力，守住档案安全底线。加强档案干部队伍建设，多渠道开展档案业务人员培训，提升档案干部履职尽责能力。

（戚媛）

【省人大建议、政协提案办理】 全年共收到全国人大建议1件，省人大建议131件（其中主办79件、会办52件），省政协提案80件（其中主办24件、会办56件）。截至8月25日，211件建议提案全部办结，答复率、沟通率、满意率均为100%。办理结果均实行网上传输、纸质回复的“双轨制”。除敏感内容外，全部在本单位门户网站上主动公开。答复意见资料统一归档管理，较好地完成办理任务。主要做法是：

不断增强做好办理建议提案工作责任感。厅主要领导高度重视，经常询问省人大代表建议提案办理情况，要求在办理建议提案过程中，要结合中央及省中心任务，抓住人民群众密切关注的热点问题，狠抓落实。分管厅领导具体抓，亲自部署、批办、审核。各承办处室明确办理任务、办理时限、办理人员，做到“有调查研究、有反馈意见”，形成一级抓一级、一级对一级负责的办理工作体系，保证办理渠道畅通，促进办理工作顺利开展。

健全制度，规范办理，提高办理质量。建议提案办理中，严格按照规范程序进行。收到建议提案后，认真清点分类，逐件登记核实。探索办理工作新思路、新方法，完善办理机制，提高办理质量。加强事前沟通，办理前主动与代表委员沟通，通过电话、信函等形式，充分了解代表委员提出建议提案的真实想法和意图。如在办理“关于改建沪渝高速公路枝江段高速互通的建议”过程中，采取将建议人请进来的方式共同研究和协商，倾听代表意见，找准建议办理工作着力点，抓好建议办理工作的落实。加强协调配合，本着“把协办件当主办件来办”的工作态度，主动配合、积极协助主办单位，参与每一项协办件办理工作，为主办单位提供有价值的协办意见。

深入调查研究，着力解决问题。省交通运输厅承办处室对建议提案中所涉及的问题，加强调查研究，提出解决方案，解决实际问题。如办理“关于尽快启动监南二级客运建设项目的建议”过程中，厅客货运输处责成荆州市交通运输局组建专班到实地走访并现场勘察，与相关部门及代表协商，共同推进项目启动。

（戚媛）

【研究室工作】 推进重大改革出成效。全力推进交通运输部综合交通运输改革试点工作。2016年8月，省政府办公厅正式印发关于成立省综合交通运输工作领导小组的通知。2017 年 10 月，省政府印发鄂政办函〔2017〕69 号文件，对湖北省综合交通运输工作领导小组进行调整，明确由省委常委、常务副省长担任组长，分管省长担任常务副组长，成员单位包括发改、编办、财政等部门，代表省政府全面负责综合交通运输的组织领导和统筹协调。领导小组办公室设在省交通运输厅，承担领导小组日常工作。同时，配合完成高速公路移交等改革工作。

做好重大课题强服务。按照厅主要领导部署，在厅分管领导直接带领下，完成省委财经委重大课题《建设交通强国示范区，打造新时代九省通衢》研究工作。在全力做好疫情防控相关工作的同时，积极、密切与省委财经办保持沟通，按照新形势新要求对研究报告进行完善。省委书记应勇主持召开省委专题会，听取省交通运输厅汇报，并明确指出要把“建设交通强国示范区，打造新时代九省通衢”作为未来一段时间全省综合交通运输发展的新战略定位。

服务疫情防控做贡献。省疫情防控指挥部交通保障专班成立后，研究室按照厅党组安排，派 2 人长期入驻指挥部材料信息组集中办公，主要负责汇报文稿起草、发文发函归档、材料上报、对外宣传、总结报送等。专班共编印文件 12 件、函件(纪要)18 件；以指挥部函头发文发函 83 件；汇编交通保障专班《每日专报》173 期，报前方指导组《情况简报》48 期；收集并向媒体推荐交通系统疫情防控和交通保障新闻稿件，媒体播发 770 篇；拟定主要工作汇报稿、讲话稿、纪要、感谢信(慰问信)等材料 58 篇；协调媒体采访 48 批(次)。

研究室克服文稿质量要求更高、更快、更准、更实、更新的考验；克服能力不足、水平不够、人手不多的考验；克服适应新要求，提升思考力、表达力、行动力的考验，全年重点做好以下几项工作：

不折不扣履行好新增处室职能。根据厅机关处室职责调整，厅研究室新增统一组织协调交通运输行业新闻宣传、舆情管理，负责厅机关和厅直单位传统媒体及新媒体发布内容审查把关和更新调整，行政协调厅宣传中心工作等新职责。根据新的工作要求，研究室进一步完善工作“三化”内容，与宣传中心加强对接协调，形成工作合力，并对相关职责进行明确分工，提出明确的工作要求，努力以新面貌、新气象做好相关工作。

认真细致做好重要文稿及材料工作。起草 2020 年度工作报告及半年调度会工作报告，整理编印厅主要领导上年度重要文稿汇编，初步起草 2021 年度工作报告。完成全省疫情防控交通保障、全省综合交通运输体制改革、全省综合交通安全专业委员会全会、全省综合交通运输工作情况、省委巡视、省委重要工作考核等有关汇报、讲话稿的起草或参与拟定。配合厅相关处室，完成 60 余篇重要汇报文稿、讲话材料和发文的把关工作。

围绕中心做好新闻宣传和舆论引导。围绕厅党组年初布置的中心工作，做好宣传及舆论引导。完成《省交通运输厅新闻宣传管理办法(送审稿)》。与厅宣传中心加强配合，突出强化重大宣传事项共同研究，在全力做好疫情期间对外宣传、发布会背景材料准备等工作基础上，同步做好领导交办的专题宣传、署名文章等各项重要宣传工作。发挥部门网站、微信等媒体主阵地作用，及时发布正面、权威信息，聚焦专题性重点工作，编发全省交通运输《舆情专报》15 期。同时，做好与省委网信办衔接，收到相关舆情信息后及时向厅领导汇报并转相关处室处置。

(许磊)

【机关后勤服务】 机关大楼及宿舍区水电服务。做好区域内水电设施设备维修维护以及房屋维修改造。完成厅机关大楼水、电保障及中央空调、电梯、应急发电机组和锅炉等重点设备维护保养，完成日常维修 522 件。按规定如期完成办公用房、机关运行成本和能耗统计，并上报省机关事务管理局。

机关食堂膳食服务。严格落实食品安全卫生制度，确保食品安全。严格从业人员健康证管理，如期更新及公示。严格客餐接待标准和规定。严格落实食堂管理制度，优化采购渠道，加强出入库管理。组织农副产品扶贫物资采购近 10 万元。开展制止餐饮浪费行为活动。开展厨余垃圾分类工作，实施厨余垃圾台账管理。

机关公务用车服务保障。以“管理规范、服务优质、安全行驶、节能降耗”为目标，按照公务用车相关要求，加强日常管理，突出规范用车和安全行车，安全、高效、优质地为厅机关日常公务出行及重大型活动提供用车保障，先后完成 5 次中央、部、省级在汉重大型活动。全年安全行驶约 15 万公里，无重大交通责任事故。

机关区域安保和消防工作。不断完善安保工作人防、物防、技防措施，提升保卫工作科学化、智能化水平，全年无安全责任事故。至 11 月底，接待来访人员 12648 人次，协助接待上访事件 68 次，疏导上访人员 152 人次。完成 10 次重大活动及会议安保、停车、疏导等工作。定期开展厅机关大楼消防安全培训。

综合管理。做好厅机关大楼会议室管理和会议接待等保障工作，严格落实会议室使用登记管理制度。开展节能宣传周活动，宣传节能知识，倡导低碳生活。首次使用台北路房改房维修基金对小区公共部分进行局部维修。

(姚婷)

【湖北省综合交通运输研究会】 有序推进课题研究。组织人员全面整理和校对课题研究报告，完成《湖北省交通运输高质量发展路径研究》报告和报告简写本，9 月份在武汉通过专家评审顺利结题。联合武汉理工大学开展《交通强国背景下的湖北省“十四五”交通运输发展战略研究》课题研究，邀请相关专家学者参与，结合湖北省交通发展实际情况，聚焦全局性、战略性、基础性问题，围绕推动交通高质量发展、建设交通强省目

2020 年 9 月 20 日，召开《交通强国背景下的湖北省“十四五”交通运输发展战略研究》项目结题审查会

标，开展“十四五”湖北交通运输发展战略、总体思路、主要目标、重点任务与实施路径等方面研究工作，历时 1 年多完成课题研究。

强化思想政治引领。坚持学习习近平新时代中国特色社会主义思想，开展专题组织生活会，用党的创新理论武装头脑、指导实践、推动工作。开展平安建设工作，开展思想政治工作和法制教育，进一步提高研究会全体人员平安建设工作的自觉性和积极性。开展研究会内部安全隐患检查，加强内部安全防范工作，严格执行疫情防控措施，保障人员安全和工作顺利开展。

（谭静）

【湖北省公路学会】 坚持党建强会保障，科技战疫彰显学会责任担当。按照学会党支部和理事长办公会要求，2 月 14 日秘书处开始网上办公，转发学习贯彻习近平总书记重要讲话精神，转发中国公路学会慰问信和支援的抗疫物资，宣传会员单位抗疫先进事迹，利用行业资源组织开展由中国公路学会主办的高速公路管理讲堂线上网络直播学习、旅游交通工作委员会公益云课堂学习、智能交通技术学习等活动。按照中国公路学会要求，疫情期间开展征集会员及公路科技工作者抗击疫情事迹材料工作，收到通讯 29 篇，其中上报中国公路学会 12 篇全部被录用。学会评选出 17 个会员单位为新冠肺炎疫情防控工作先进集体、26 名会员为新冠肺炎疫情防控工作先进个人。

加强学术建设，搭建多层次科技创新学术交流平台。上半年受疫情影响未开展线下聚集性活动。5 月份后开始恢复学术交流和科普宣传活动，联办、主办、承办各类学术论坛、专题研讨、现场观摩等活动近 20 个。9 月 23—24 日，与辽宁、广东、湖南、山东、香港、澳门等公路学会共同主办“2020 年五省一市二区公路交通技术论坛”，围绕“科技创新、智慧公路、交通强国”主题开展技术交流与讨论。学会 2 位专家分别作“绿色智能交通及其在雄安新区容东片区的实践”和“城市快速路智慧化建设与发展探讨”演讲。10 月 21— 23 日，组织全省工程技术人员 90 余人考察雅康高速公路建造技术并进行学术交流。8 月 27 日，组织开展“智慧桥梁”平台建设学术交流，4 位专家分别作“桥梁施工智慧管理与智能建造平台”“绿色智能交通及其在雄安新区容东片区的实践”“桥科院桥梁健康监测研究与工程应用”“城市快速路智慧化建设与发展探讨”专题演讲。12 月 13 日，大数据与交通学术年会在武汉举办，来自全省公路交通行业的 200 多名专家和代表参会。20 位交通、信息智能领域专家作“桥梁智能化建设技术发展的若干思考”“新基建工程项目建设数字化管理研究与实践”等学术报告和演讲，同时举办新时期科技成果展，展示公路交通智能化设计、施工、养

2020 年 8 月 27 日，开展“智慧桥梁”平台建设学术交流与展示，参观武汉市桥梁科普教育基地

2020年12月13日，2020年大数据与交通学术年会在武汉召开

护、检测、监管等科技成果与工程实例，49篇学术论文入选年会论文集。

开展科普活动，为提高公众科学素质作贡献。继续开展“党在我心中、科学在身边”为主旨的科普进企业、进农村、进学校、进社区特色活动。组织好中国公路学会主办的“2020年全国公路科技活动周”，根据疫情防控要求，采取线上线下相结合的方式进行。组织参观中铁大桥局桥科院桥梁结构健康与安全国家重点实验室、武汉桥梁博物馆，以及位于武汉新能源汽车工业研究院的国家智能网联汽车测试示范区。湖北省“2020年全国科普日”主场活动期间，学会发放各类桥梁知识、道路安全驾驶口袋书、各种公路路面材料、智能检测污水处理系统、公路BIM智能建造技术等科普手册900多份，其中最新版高速公路行车指南备受民众欢迎。

改革学会工作，增强学会活力。省公路学会有专委会12个。制定的《湖北省公路学会专业委员会管理办法》《湖北省公路学会专业委员会考核评估办法》没有落到实处。为了改变这种局面，学会对部分专委会的名称、挂靠单位、机构组织及负责人进行变更和调整。如原安全环保专委会挂靠湖北交通职业技术学院，更名为环境保护与可持续发展专委会，挂靠省交投智能检测股份有限公司，面貌焕然一新，8月份到现在，连续组织2次活动，召开2次委员会议，其中一次会议大会学术交流达到14篇。变更后的专委会组织活动次数和学术交流论文大幅增加。全年调整完成2个专委会，取消1个，调整中1个。完成2个地方学会换届工作。在单位会员结构方面，更加注重吸纳央企、新兴科技公司和大专院校入会，新接纳中国地大(武汉)工程学院、中铁大桥勘测设计院、桥科院、卡本科技集团股份有限公司等9个单位入会，增补4名常务理事、6名理事，发展个人会员171人。

科研、科技奖评审、职称评审、科技评价、档案技术服务工作均取得进步。学会首次成为省交通运输厅科研项目申请单位保证方；作为第一承担单位的“学校学会联合培养实践式教学模式研究”等2个项目获省交通厅立项；“生态旅游公路建设配套技术研究”等4个项目基本完成；申报省科协的4个项目，完成2个，在进行中2个。完成年度湖北省公路学会科学技术奖评审并向中国公路学会推荐。受湖北省交通运输厅委托组织开展职称评审相关工作，完成全部初审工作。科技成果评价工作更加规范有序，制定《湖北省公路学会科学技术成果评价管理办法》(试行)，并经八届七次理事会批准实施，按此办法完成3个项目科技成果评价。同时，学会接受委托，出具对襄阳路桥建设集团有限公司在湖北省公路建设市场行业地位的评价意见、对武汉武大卓越科技有限责任公司产品和技术行业地位的评价报告。继续为十房、利万、建恩等3个高速公路建设项目提供档案技术服务，启动沙公南、江北东2个高速公路档案技术服务项目。

(杨运娥)

【湖北省交通会计学会】 2020年，省交通会计学会获“全省会计学会先进单位”称号。1月16日，学会召开

2020年6月16日，湖北省交通会计学会第八届四次理事大会主会场

八届四次常务理事会议。因疫情原因于6月16日通过省交通运输厅视频专线召开八届四次理事大会，会议传达了全国和全省交通运输工作会议精神，魏公民会长代表第八届理事会作《众志成城　化危为机　助推交通财会工作新发展》工作报告，听取关于2019年学会财务收支情况，表彰上年度学会活动及组稿撰稿先进集体和先进个人。

开展学术研究交流经验。11月18日，武汉纺织大学、省港航管理局、省交通会计学会申报的"基于防腐视角的交通事业单位内部控制研究"项目课题研讨会在省港航局召开。12月12日，召开学会年度优秀论文专家评审会，评审出优秀论文26篇，并从中选出4篇优秀论文进行大会交流。12月18日，学会通过省交通运输厅专线召开年度学术交流会，学会会员单位分管财务领导、财务处(科)长、优秀论文作者、点评专家、通信信息联络员及财审人员260余人参加交流会。按照《关于下发〈湖北省交通会计学会第八届理事会学术研讨规划(2016—2020)〉的通知》要求，各会员单位要按时完成研讨规划研究和撰稿工作，有20个单位完成学术研讨提纲分配安排任务，总体完成情况良好。

坚持举办继续教育专题培训。为在全省加快建成全方位、全过程、全覆盖的预算绩效管理体系，实现预算和绩效管理一体化，切实提高财政资源配置效率和使用效益，2020年7月30日省财政厅印发《预算绩效管理系列制度》。11月17日，省交通会计学会通过腾讯会议软件在线上举办湖北省交通行业预算绩效管理专题业务培训，专门邀请省财政厅4位专家讲解《预算绩效管理系列制度》，各市(州)交通运输局、厅直各单位、厅机关各处室等全省交通系统行政事业单位和部门主要领导、分管领导、财务部门及业务部门负责人等1200余人参加培训。此次培训授课对象面广，内容针对性强，促进了交通系统绩效评价工作管理水平的提升。12月2日，省交通会计学会在线上举办企业内部控制规范体系及内部控制评价专题讲座。

2020年11月18日，湖北省交通会计学会科技项目课题研讨现场

搭好会刊网站宣传平台。学会全年编辑出版《湖北交通财会》会刊4期，共印制发行3900本(因疫情原因1、2期合并发行)，刊登包括新增的疫情防控、精神风貌等栏目文章11篇，财审工作研究、财务管理、资产管理、审计监督、内部控制、筹融资探讨、税务筹划等方面内容的学术论文27篇，全国及全省交通工作会议报道、学会工作动态、《湖北省财政厅关于印发全面实施预算绩效管理系列制度的通知》等财务法律法规22篇，为会员学习新的会计和审计知识、探讨财审理论、交流工作经验、展示会员单位和个人风采提供平台。学会网站新增"通知公告"和"会员风采"栏目，为学会通知公告信息发布及会员风采展示提供专属区域，调整导航栏及首页栏目，提高网站浏览便利度。

开展调研走访，做好服务。6月份和7月份，学会派人随同第三方审计机构赴仙桃、潜江、黄石等地参与绩效评价工作，了解会员单位基本情况，征求会员单位对学会各项工作的意见和建议。为会员单位代订《交通财会》《财会通讯》等财会刊物。全年组织42家会员单位征订《交通财会》78份，81家会员单位征订《财会通讯》163份。

(刘念)

【湖北省交通造价研究会】 面对新冠肺炎疫情，交通造价研究会发挥交通工程建设桥梁纽带作用，以通讯方式在武汉召开第二届三次理事会，确定"以实体研究为载体，以补充规范、标准为内容，以学术交流合作为平台，以服务交通建设为根本"的交通造价研究新理念，逐步形成交通造价管理贯穿整个交通工程建设全过程的新格局，实现交通造价管理的规范化、标准化、信息化、科学化。以通讯方式在武汉召开"湖北省交通工程材料价格信息工作会"，会上总结上年度湖北省交通工程材料价格信息调查与发布工作任务完成情况，表彰此项工作中优秀的材料价格信息联络员，对全年新冠疫情期间的交通工程材料价格信息的采集、分析要素、调研重点等进行部署和安排，保证疫情期间全省交通工程材料价格信息调查与发布等工作的稳定性和时效性。

组织开展特大桥梁造价技术学术交流活动，在武汉举办"PPP模式下长江、汉江湾桥项目工程造价管理学术交流活动"，来自全省80余名会员代表、专家参加，对世界跨度最大的钢混全结构梁双塔斜拉桥——赤壁长江公路大桥项目在PPP模式下造价管理相关经验进行交流。实地考察在建中的武汉江汉湾桥项目工地，就该桥在PPP模式下的工程投资、采用超大型的钢桁梁结构关键性技术中的造价管理及其采用新材料、新工艺的费用计列经验进行交流。

开展创交通工程造价优秀成果(论文)活动，评审出“武汉市四环线沌阳长江大桥”“国道318线林芝至拉萨段公路改造工程林芝至干布江达段”设计概算等9项优秀成果；评审出《快速编制公路工程概预算方法研究》《箱型拱桥转体施工现场设施与造价分析》等17篇优秀论文。对交通工程造价热难点问题进行研究，解决华杰、信永中和等造价咨询公司就赤壁长江公路大桥临时钢栈桥及下部桥面钢板和钢管桩的摊销次数及系数等8个方面问题；针对恩施州宣恩县交通局提出的“建养一体化”砂石料组价问题，对宣恩县境内的351、242等国道改扩建项目砂石料加工实施方案、加工费用等价格构成进行调查和认定，解决宣恩县地方交通建设砂石料组价问题；对黄冈水工定额部分材料价格如何调整进行造价咨询，提出政策性专家指导意见。

(王萍)

2020年10月26日，省交通历史文化学会组织参观“人民至上，生命至上”抗击新冠肺炎疫情专题展览

【湖北省交通历史文化学会】 学会严格执行《湖北省社会团体登记管理办法》和学会章程，在规定范围内开展业务活动，落实会员大会、理事会、监事会制度，实行民主选举、民主决策和民主管理，健全内部监督，使学会成为独立承担法律责任的法人主体。按照学会章程规定，召开理事会，接受有关人员因职务变动等辞去常务理事、理事职务，新增常务理事6人。

宣传动员抗击疫情。面对突如其来的新冠疫情，学会通过官网、微信等方式宣传疫情防控知识，广泛动员会员单位坚定信心、同舟共济，服从指挥，勇于担当，在打赢疫情防控阻击战中贡献力量。本年度会刊第1至2期为抗疫专刊，宣传湖北省交通系统疫情期间克难攻坚、勇当疫情防控交通运输保障的主力军。学会组织参观“人民至上，生命至上”为主题的抗击新冠肺炎疫情专题展览，并撰写《此生无悔入华夏——抗击新冠肺炎疫情专题展览观后记》。夯实交通历史文化研究阵地。会刊通过记载湖北交通行业发展历史，推介湖北交通文化建设的最新成果，开展湖北交通文化学术交流，传播文化知识，展示文化才艺，架起学会、会员单位和湖北交通员工交流的桥梁和纽带。全年征集交通稿件600余篇、图画300余幅，编辑出版期刊4期，出版发放2000余本，采纳图片216幅、稿件117篇。

圆满完成《黄冈交通运输志》出版印刷工作。《黄冈交通运输志》编纂工作于2015年4月通过招标由文化学会承担。学会接受任务后，对编纂原则和篇目大纲进行精心筹划修订。总编室精心撰稿，反复修改。2018年3月，对送审稿再次进行增添删改，补充新中国成立前有关交通历史方面的内容，达到纵不断线要求；补充彩页、插图、序、后记、索引等，使体例更加完备，形成100万字的终审稿。2019年10月，《黄冈交通志》通过黄冈市交通运输局认可，出具正式确认印刷函件交人民交通出版社股份有限公司印刷出版。疫情期间，根据出版社责任编辑意见，学会工作人员在封城居家期间，通过网络电话对资料进行核实修改完善。

(王汉荣 吴新华)

党群工作和精神文明建设

【党建工作】 坚持“围绕中心、建设队伍、服务群众”，持续在“深、实、准、好”上做文章，聚焦战疫、战洪、战贫和疫后重振、当好“十三五”硬账硬结“先行官”，持之以恒抓基层、打基础、固根本，深化推进基层党建工作规范化标准化建设，扎实推进省委巡视反馈意见整改，充分发挥党建引领保障作用，让党旗在交通运输全系统、各岗位高高飘扬。

强化理论武装，“两个维护”更加自觉。坚持把做到“两个维护”作为最大的政治，专题组织学习贯彻习近平总书记关于加强党的政治建设重要论述，树牢政治机关意识，进一步增强“四个意识”、坚定“四个自信”、做到“两个维护”。巩固深化“不忘初心、牢记使命”主题教育成果，不断完善“思想引领、学习在先”机制，制定加强理论学习、提高学习质量的意见，把学习领会习近平新时代中国特色社会主义思想作为中心组学习的首要任务，把跟进学习贯彻习近平总书记重要讲话、中央和省委重要精神作为党组会、办公会第一议题，全年组织开展中心组集体学习14次，召开党组会传达学习、研究部署党建工作20余次，举办四中、五中全会精神专题培训班。依托“学习强国”“干部在线学习中心”平台，组织党员自学，在学深悟透习近平新时代中国特色社会主义思想过程中，筑牢信仰之基，补足精神之钙，把稳思想之舵。

推进规范提升，基层基础更加牢固。进一步加强和规范支部主题党日活动，坚持每月发布学习重点内容提示，每季度开展调研检查、交流借鉴，加强对年度党建工作项目清单和问题清单跟踪问效。进一步规范发展党员工作程序，开展发展党员工作自查整改，落实年度党员发展指导性计划，全年接收预备党员154名，严把政治审查关，确保党员发展质量。进一步抓好基层党建工作联系点建设，聚焦小、远、散、弱党支部。厅领导人人建立基层党建工作联系点，实行领导联系、支部联建，推动解决支部工作规范不够、质量不高等问题。进一步深化“红旗党支部”创建，培树崔家营航电枢纽管理处第一党支部为“全省党建工作示范单位”，打造湖北交通职业技术学院为教育部“全国党建工作样板支部”，省交通运输厅再次获评省直机关党建工作先进单位。

发挥两个作用，引领保障更加有力。充分发挥基层党组织战斗堡垒作用和党员先锋模范作用，切实把党的政治优势、组织优势、密切联系优势转化为制胜优势，为统筹疫情防控和交通运输改革发展提供坚强保证。年初，面对突如其来的新冠肺炎疫情，厅党组及时发出《关于“拓展主题教育成果，让党旗在全省交通运输防控疫情第一线高高飘扬”的通知》。56名干部到省疫情防控交通保障专班工作，2608名党员干部战斗在疫情防控一线，11个工作专班、1个支援武汉军院社区工作组，全面协助社区开展疫情防控，采取一对一服务妥善做好疫情期间逝者殡葬善后工作。3554名党员捐款支持疫情防控工作。各级党组织和党员真正把初心写在行动上、把为民服务展现在岗位上。制定党员下沉社区工作实施方案，在2个联系社区成立下沉工作队，队长、副队长均由厅领导担任。厅领导分别到对口社区调研指导、讲党课和慰问20余次，厅属党组织和所有在职党员到社区亮身份、领职责、勇担当，全面做到“双报到”“双服务”。妥善做好思想工作，积极化解矛盾，顺利完成6个机构划转和7002名人员移交工作，有序转出党组织关系1827人次。

（邱欣年）

【党风廉政建设】 强化统筹谋划，落地落实主体责任。年初召开全面从严治党工作推进会，制定年度党建工作要点及工作项目清单，明确责任领导和完成时限，推动党建工作与业务工作同谋划、同部署、同落实、同考核，做到深度融入、协同推进。年底组织开展党建工作“三级联述联评联考”，对厅直单位党委（支部）、厅机关支部书记抓基层党建工作情况进行述职评议，以评促建，以查促改，推动全面从严治党主体责任层层传导、层层压实。

深化宣传教育，不断筑牢思想防线。扎实开展经常性纪律教育，做实党风廉政建设宣传教育月11项活动，推送廉政书画作品10幅、廉洁家风家训小故事3则、廉政微视频3部，编印《交通系统违纪违规案例选编(2020)》读本，组织1748名干部职工参加党纪法规知识测试，党组书记带头讲廉政党课，带头读《警示录》、撰读后感，引导全体党员干部对照自查，引以为戒。

坚持精准发力，持续整治“四风”问题。年初疫情防控关键阶段，及时制定《关于“深刻吸取典型案例教训，驰而不息抓好纪律作风建设”的通知》，明确“六带头六严禁”纪律约束，强化纪律作风提醒。在清明、五一、中秋、元旦、春节等重要节假日前，下发通知，重申严明纪律，持续对纠“四风”提前打招呼、发信号、提要求。制定持续解决困扰基层形式主义官僚主义问题工作措施，进一步巩固减文、减会、减过度检查考核留痕等治理效果，全年发文数、会议数比上年分别减少3.3%和9.09%。

做实监督执纪，认真抓好整改落实。配合做好省委第七轮巡视，狠抓省委巡视反馈问题整改，督促抓好厅党组巡察反馈意见的整改见效工作。组织全厅系统200余名处级干部全面排查廉政风险点，有针对性地制订务实管用的防控措施。坚持惩前毖后、治病救人，制定运用监督执纪“第一种形态”具体措施，对党员干部存在的苗头性、倾向性问题及时提醒和教育帮助。厅党组会同驻厅纪检监察组定期会商研究，形成两个责任贯通的有效合力，全年处置问题线索15件，党纪处分3人次、政务处分6人次、组织处理19人次。

（邱欣年）

【行业精神文明建设】 深化理论武装，夯实思想之基。坚持把深入学习贯彻习近平新时代中国特色社会主义思想作为首要政治任务，巩固拓展

“不忘初心、牢记使命”主题教育成果，为行业精神文明建设奠定坚实的政治基础和思想基础。举办全省交通运输行业精神文明建设培训班，开展精神文明创建工作交流，推动习近平总书记关于社会主义精神文明建设的系列重要论述、指示批示精神的学习教育往深里走、往实里走、往心里走，确保全省交通运输行业干部职工以先进的理论筑牢信仰之基、补足精神之钙、把稳思想之舵。

凝聚榜样力量，践行核心价值。坚持组织全系统干部职工传递爱岗敬业、勇于担当、改革创新、奋发向上的精神力量，把弘扬爱国主义精神和时代精神、弘扬伟大抗疫精神和新时代交通精神统一起来，把学“老典型”与树“新典型”结合起来，做好“感动交通人物”“最美”系列和“抗疫”先进典型人物推选宣传，推树全国“十大最美公交司机”1人、“最美公交司机”5人，感动交通“十大年度人物”和“年度特别致敬人物”各1名，全省交通行业21个集体、43名个人分别受到全国、部、省抗击新冠肺炎疫情表彰。

以文化人育人，淬炼行业品牌。拓展“书香交通·文化同行”职工读书文化品牌影响力，每月向全厅系统职工书屋推荐配送一批新书，每季度组织1次现场读书分享会，在做好常态化疫情防控前提下，举办3期线下读书分享会。围绕岗位建功、品质生活、和谐社会、成长成材等内容，微信读书群坚持每日推送1本听书，组织发表读书心得和开展读书讨论。组织参加全省“劳动筑梦”职工演讲比赛、“书香三八·智慧启航”作品征集等活动。

弘扬志愿精神，践行初心使命。开展志愿服务和社会公益活动，培育文明风尚，传播文明理念。组织申报学雷锋活动示范点2个、岗位学雷锋标兵2个。全省数百家公交服务企业参与“日行一善、载德前行”品牌创建活动，尊老爱幼、拾金不昧、见义勇为等善行义举层出不穷。“青年战疫志愿服务队”“雷锋志愿服务队”“党员志愿服务分队”不断涌现。全厅在职党员干部按照“双报到”“双服务”要求，亮明身份下沉社区，认领服务岗位，广泛开展社区志愿服务活动。

聚力文明创建，引领时代新风。组织开展“十四五”全省交通运输精神文明建设规划研究，开展巾帼文明岗、青年文明号创建，持续组织“文明交通”“文明出行”“文明餐桌”等活动。立足“小康社会年”，组织开展“职工爱心消费扶贫”，厅机关及直属系统干部职工全年购买贫困地区农副产品约390万元。厅直属单位崔家营航电枢纽管理处创建成为全国文明单位，1家全国文明单位、8家省部级文明单位通过复核。

（邱欣年）

【交通运输工会】 2020年，省交通运输工会推树全国“十大最美货车司机”1人、“最美货车司机”5人，全省“五一”劳动奖状1个、全省“五一”劳动奖章3个，湖北省工人先锋号1个，省直机关优秀工会工作者1个，授予18名一线职工“交通工匠”。省交通运输工会在上年度全省工会工作“职工说了算”绩效考评和专项工作考评中获优胜单位。

理论武装铸魂稳方向。坚持把学习贯彻习近平新时代中国特色社会主义思想，特别是习近平总书记关于工人阶级和工会工作的重要论述作为首要的政治任务。利用工会主席及专兼职工会干部培训班开展专项学习，并要求各级工会组织借助“学习强国”、工会微信群、工会网站等媒介载体，用好职工大课堂、班组学习会等多种形式载体，“线上＋线下”广泛开展线上工会主席督促学、专家辅导学、职工课堂组织学、干部职工经常学等活动。坚定走中国特色社会主义工会发展道路。

疫情防控担当有作为。按照坚定信心、同舟共济、科学防治、精准施策要求，利用工会宣传主阵地，第一时间向职工宣传防疫政策措施、宣传战“疫”先进典型、宣传工会抗疫作为，强化正向发声。密切关注疫情对行业发展以及职工队伍稳定状况的影响，广泛开展全省交通运输企业复工复产调研摸排并撰写调研报告，提出困难原因以及对策建议，争取上级政策支持和倾斜，全力保障职工队伍稳定团结、有序复工复产。广泛开展关爱慰问和志愿服务活动，及时拨付专项及配套疫情防控慰问经费26万元；第一时间协调筹措解决防控物资购置等问题；协调全国海员建设工会和爱心企业，为疫情期间全省运输防疫物资的优秀货运企业驾驶员捐赠一批健康理疗物品；为返工复工职工提供必要的劳动保护，把党和政府的关爱和工会组织的温暖传递到抗疫一线职工心中。

2020年9月27日，全省第四届“交通工匠杯”职业技能大赛装载机项目决赛在潜江举行

宣传教育深化显成效。进一步拓展“不忘初心、牢记使命”、社会主义核心价值观、交通运输行业价值观等主题宣传教育，组织参与抗疫文书、照片等征集活动，参与全省“劳动筑梦”职工演讲比赛，并向全总、省总工会推荐申报“劳动光荣·奋斗有我”“书香三八·智慧启航”等文字、视频作品集，省交通运输工会获评优秀组织奖。在全省交通运输系统组织开展“抗疫有我·交通先行”主题征文，讲好交通故事，弘扬抗疫精神，展示交通职工风采。厅运管局黄蕾摄影画册《雷与火的冲锋号》和武汉市交通工会制作的《战役中的交通》画册，被中国国家博物馆及湖北档案馆永久收藏。相关事迹被新华网、光明网、湖北日报、楚天都市报等媒体广泛宣传。组织“网聚职工正能量 争做中国好网民”网络正能量微视频、诵读作品以及网络微课、工会扶贫短故事等作品征集评选推荐。省交通运输工会申报的天门市交通工会干部杨静扶贫事迹短视频，获全国工会扶贫短视频故事征集优秀奖。

围绕中心完成硬任务。围绕“交通强国”湖北试点重要战略、重要工程、重要项目，在全省交通运输系统广泛开展以“全力以赴战疫保生产、攻坚克难提质促发展”为主题的示范性劳动竞赛，紧扣“四大攻坚”重点工程、“安康杯”安全生产、“服务提质”窗口建设、“立足岗位建新功”六型班组创建等6个领域，引领数十万广大交通运输职工坚持做到立足岗位建功促生产、共克时艰渡难关。联合省人力资源和社会保障厅、省总工会、团省委举办全省交通运输系统“第四届‘交通工匠杯’职工职业技能竞赛”，全省普通公路、运管物流、港航系统以及城市轨道交通等4类6个项目工种进行竞赛。择优选拔货运汽车驾驶员王兵等7人参加第十二届全国交通运输职业技能竞赛，取得自参加全国道路运输行业驾驶员职业技能竞赛以来最好成绩。按照“产业工人队伍建设改革深化年”行动部署，全面开展第八届全省职工职业技能大赛、第四届荆楚工匠选树等活动，广大职工通过竞技平台广泛交流技术、提升技能和素质。在全国公路工程建设劳动和技能竞赛活动中，获优胜项目2个、先进个人1个，省交通运输工会被评为优秀组织单位。

服务职工做到心坎上。以阵地建设作为服务职工的有效平台和抓手，在全省交通运输系统创建考评授牌厅级职工书屋5个、职工(劳模)创新工作室2个、职工(教育)培训基地1个、示范爱心母婴室1个，着眼广大职工实际所需，做实服务。全年通过省交通运输工会申报，全总工会授牌职工书屋3个，获评省级示范性职工(劳模、工匠)创新工作室1个、省级职工(劳模、工匠)创新工作室1个、省级示范爱心母婴室1个。慰问春节坚守生产一线基层职工898人，“两节”送温暖走访慰问建档困难职工29名，夏季高温“送清凉”走访慰问一线职工122人，分2批次组织8名优秀抗疫职工、6名劳模代表参加劳模疗休养活动，看望省部级劳模23人，为省部级困难劳模申请生活困难补助15000元。9月份开学季，在系统开展困难职工“金秋助学”活动，为省级困难职工子女申请助学资金3000元。开展“职工爱心消费扶贫”活动，争取上级工会及配套资金32.8万元，组织厅直单位工会购买大米、木耳、茶叶等农副产品约380万元。

深化维权铸就安全感。争创全国、省级厂务公开民主管理先进单位，持续推进以职代会为基本形式的民主管理工作，职工代表大会提案答复率100%。突出疫情防控形势下湖北职工群众复工复产难、心理关爱需求强等问题，落实省总工会关于服务外出务工人员专项行动及推进全省职工心理关爱服务工作实施方案，组织开展复工复产职工需求调研，第一时间反馈情况、提出对策建议、解决实际问题。推动《保障农民工工资支付条例》在交通重点工程建设领域实施。关注出租汽车驾驶员和货车驾驶员诉求，督促并配合相关部门和单位加强“司机之家”建设，帮助改善生产生活条件。以开展“安康杯”竞赛活动为契机，推进无疫情站(场)、无疫情工地、无疫情班组创建活动，突出开展岗位风险管控、安全操作规程等实操性安全培训服务，全省交通运输系统21家单位463个班组7886人报名参加，实现安全责任目标落实率100%。在全国公路水路行业班组、船舶安全生产竞赛中，湖北省水路系统获得表彰船舶2个、建设项目合同段1个、班组1个、个人2名；公路系统获得表彰建设项目合同段3个、班组5个、个人4名。

文体活动呈现新亮点。以“文化活动年年搞，年年都有新变化”为工作理念，成功组织举办“交通文化月”“迎新春联欢会”“趣味运动比赛”等陶冶职工情操的文体活动。以凸显湖北交通特色为宗旨，深化拓展“书香交通·文化同行”职工分享阅读文化品牌，6月和9月联合厅文明委举办主题为“人类、环境、健康”“万水千山总是情”线下2期读书分享会。在“品牌助力交通强国建设”第二届交通运输优秀文化品牌推选展示活动中，省江汉运河航电管理处“绿色运河”文化品牌获交通运输部“政务事业类十佳文化品牌”。

自身建设持续上台阶。进一步加强处室规范化建设，两次修订完善交通工会基础工作“三化”(数字化、科学化、规范化)资料汇编。组织开展全面总结“十三五”期间全省交通运输系统产业工会工作，积极谋划“十四五”中长期规划，进一步明确方向、瞄准目标、找准路径，为推动交通工会工作创新发展奠定基础。组织编报统计年报、上年度工会决算报告、上年度中央财政专项帮扶资金使用及地方帮扶资金收支情况等，指导各单位做好年度经费收支预算，并严格按照中央财政专项帮扶资金使用及地方帮扶资金收支管理规定，以及全总、省总新冠肺炎疫情防控专项资金使用文件要求，确保资金支出足额到位、专款专用。省交通运输工会再次被中华全国总工会评为市级工会财务先进单位。

(张娟)

【离退休干部工作】 落实离退休干部党建责任。把离退休干部党组织建设与在职人员党建同部署、同推进。建立分工明确、职责清晰、保障有力、运转顺畅工作机制。落实党费对离退休干部党组织活动支持力度，离退休干部党费返还比例100%。按照省委组织部、省委老干局要求，落实离退休干部党组织书记和委员工作补贴及党支部工作经费。开展离退休干部示范党支部创建。落实支部主题党日等组织生活制度，按照主题党日活动安排，每月10日组织离退休党员学习。疫情期间，成立省交通运输厅离退休党员志愿队，为社区群众和老干部老党员提供志愿服务，每天派1名支委在老干部党员活动中心值班，为离退休党员服务。完善各项制度，促进工作制度化、经常化。组织老干支部书记参加省委老干局组织的培训班，提高支部书记开展党务工作能力。

2020年4月29日，台北路老干部支部商议交通小区环境卫生大整治活动

文化养老乐在其中。鼓励老干部开展形式多样的文体活动，支持老干部上老年大学，每学期每人报销2门课程学费。鼓励和组织老干部参加省委老干局、社区开展的象棋、围棋、书画、征文比赛等系列文体活动。举办歌唱班、模特班、手工制作等老干部兴趣班，丰富老同志精神文化生活。疫情期间，以离退休党支部主导的老党员、老干部抗疫文化活动为内容的《交通小区抗疫纪实》编印出版，记录厅机关老党员老干部参与抗击疫情的点点滴滴。敬老月期间，组织老干部开展抗疫文化展示活动，到江夏革命纪念馆参观学习。

用情用心做好服务。注重发挥家庭在养老中的基础性作用，引导家庭成员切实履行应尽义务。对高龄、独居、长期卧床、生活自理差的老干部，党支部成员经常走访看望并与其子女联系沟通，督促做好老干部养老服务工作，确保老干部生活上得到照顾。同时，保持与社区联系，协助提供力所能及的为老干部服务工作。老干部生病住院、丧葬等期间均要进行慰问。老同志提出的问题，按照政策积极协调有关部门解决，确属不能解决的问题做好说服工作。坚持热情接待、认真倾听、真诚交流、耐心解释，不回避、不推诿，及时向相关单位或部门反映情况、化解矛盾，消除不稳定因素。

抗击疫情形成交通老干部特色文化。武汉封城，疫情形势十分严峻，离退休第一党支部书记阮治川主动担当起小区抗疫战斗总指挥，发动身体健康的离退休党员干部参与防控服务工作，2月10日成立“手拉手”志愿者服务队，把志愿者分成统筹协调、疫情动态、值勤管理、后勤保障、文体宣传5个领导小组，开展工作。指导和协助社区和小区志愿者开展义务服务活动，参与志愿者向居民发送团购菜、粮油、鸡蛋和生活用品26批2000余份，发送爱心菜800余份。特殊时期不能开会，离退休第一党支部利用党支部微信群，号召大家献计献策，网上办公，在微信群部署工作。危难时刻，他们是挺身而出的逆行者；抗击疫情，他们是平安小区的护卫者；排忧解难，他们是热心服务的奉献者；凝聚人心，他们是和谐家园的建设者。离退休第一党支部得到桃源社区高度称赞。

做传递正能量的引导者。随着疫情发展，老干部党支部组织开展网络居家文体展示和美食展示比赛活动。

2020年4月29日，台北路交通小区退休老干部志愿者接替小区封闭管理

不分男女老少，不分在职退休，不分所在单位，以抗击疫情为主题的诗词、散文、绘画作品接连推出，写出《抗疫群英谱诗集》2本，用朗诵、演唱、器乐演奏、体操等形式表演和美食展示的视频在微信群里发布，既丰富小区居民精神生活，又增添战胜疫情的勇气和力量。疫情期间，向志愿者所在单位推荐志愿者火线入党1人。

（胡树江）

【交通宣传报道】 2020年，厅宣传中心围绕厅党组确定的重点工作，始终做到立足行业、服务人民，积极传递权威声音，发布抗疫保畅举措，进一步增强新闻报道和舆论引导的针对性、有效性，宣传营造共克时艰的舆论氛围。

鼓士气，聚能量，完成战疫宣传任务。依托中央、省内主流媒体和新媒体平台，全方位宣传湖北交通运输疫情期间各项重点工作和典型事迹，做到报纸有交通文章、电视有交通画面、电台有交通声音、新媒体有交通故事。深入宣传“一方有难、八方支援”的大爱精神。2月3日，《中国交通报》头版发表《跨越千里　三省联手只为新型冠状病毒检测试剂抵鄂》，2月17日，《中国交通报》头版发表《早点送达就能挽救更多生命——五省市交通联手护航负压救护车运输》。深入宣传交通保障应急物资举措和疫情防控各项工作。2月14日，新华社发表长篇通讯《方向，武汉》，高度肯定湖北交通运输疫情防控交通保障工作。2月2日，《中国交通报》头版发表《湖北“多线管控合一”提效疫情防控和交通保障》。2月12日，《中国交通报》头条发表《进鄂应急物资中转调运站有序运转　物资来得顺畅司机回得安全》。2月18日，《中国交通报》头版发表《坚决打赢疫情防控阻击战——湖北交通人奋战“疫”线侧记》，得到交通运输部副部长刘小明肯定和批示。深入宣传交通职工坚守岗位最美“逆行”身影。深入宣传交通一线和基层党组织战斗堡垒作用和先锋模范作用，发表《坚守战“疫”最前线》《湖北交通人奋战冰天雪地—守护生命通道》《党员请出列！》《“我们党员要当好群众的主心骨”》《我先上！党员带头力保武汉公交应急运输》等文章。据统计，疫情期间在《新华社》《中国交通报》《经济日报》等中央媒体共发表通讯文章30余篇。深入宣传湖北交通行业服务社会经济，发展助力，复工复产。《中国交通报》刊发《水上旅游市场逐渐恢复“元气”——“一日游”回暖新业态可期》《重启　复苏　加速度——武汉“解封”一月来的湖北交通记忆》《湖北集中开工95个交通项目》《五月公路水路投资环比增长超两成——湖北重振中的交通力量》等文章。

全方位多角度扩大湖北交通宣传主阵地。通过行业新闻宣传主阵地《中国交通报》，相继策划和撰写交通抗疫、复工复产交通先行、交通项目开门红、六稳六保、取消省界收费站等文章。疫情期间湖北站负责人在全国交通宣传视频会上作经验交流。全年《湖北日报》见报稿件达百余篇。湖北电视台除固定栏目稿件播发外，在湖北新闻发稿近40篇。宣传中心记者以及全省骨干通讯员在《中国交通报》发稿近300篇，完成《湖北交通新闻》出版50期，完成《湖北交通》杂志出版4期。此外，先后组织媒体记者到潜江、黄冈、黄石等地进行集中采访。

深度策划，重点做好“十三五”湖北交通成就宣传。按照厅党组要求，开展“十三五”主题宣传，展现5年来交通运输事业光辉历程、伟大成就和宝贵经验，讲好交通故事，传递正能量，树立新形象，展示湖北“建设交通强国示范区，打造新时代九省通衢”辉煌成果。《湖北日报》、湖北电视台、《湖北画报》均作大篇幅报道。《湖北交通》报开辟专栏，报道交通系统各单位“十三五”期间建设发展成就。

精工细耕描绘湖北“四好农村路”。从20世纪80年代民工建勤养护和修建地方道路，到2003年国家提出“让农民兄弟走上沥青路和水泥路”，再到近年交通运输庄严承诺“小康路上绝不让任何一个地方因农村交通而掉队”，农村公路是交通行业重中之重，也是行业宣传报道主题。宣传中心围绕习近平总书记关于“四好农村路”重要批示6周年，派出记者和约请骨干通讯员采写，几乎每期《湖北交通报》都有关于“四好农村路”报道。

扩大视野着笔综合交通。综合交通运输领导小组办公室挂牌一年来，宣传中心着力开展多式联运发展成就，高度关注铁路、航空、邮政发展新动向、新成就，在湖北电视台、《湖北日报》《湖北画报》推出专题深度报道，展示大交通发展成就。

致力于行业典型经验推介。行业媒体重要责任之一，就是推广各地的先进经验，如：潜江、荆州市推进农村危桥改造的做法；黄石、大冶、蕲春、神农架等地“四好农村路”创建经验；南漳、宜都、远安等县市农村公路养护管理经验；宜昌、襄阳市交邮结合、协调发展的典型案例；各地发展农村物流的经验；孝感、荆门市公路治超工作经验。

与社会媒体合作，扩大行业新闻宣传效果。与湖北日报社合作，在《湖北日报》开辟交通行业版，每月刊发1个整版；与湖北电视台合作，在新闻频道开辟《荆楚大交通》专栏，每月2期，每期15分钟。同时，利用《长江云》微信平台，不断地推发湖北交通新闻。与人民日报、新华社、湖北电台、927交通广播、中国交通广播、荆楚网、省政府门户网、楚天都市报、农村新报建立良好合作关系，让社会更广泛了解交通、理解交通、支持交通。协助完成中央电视台采访湖北长江大桥宣传任务。此外，运用省交通运输厅门户网站、长江云微信、湖北交通新闻和湖北交通微信，推介全省骨干通讯员优秀稿件，开展交通行业新闻宣传。

（方庆）

调查研究

关于加快推进全省运输结构调整的对策建议

湖北省交通运输厅　朱汉桥

运输结构调整是党中央、国务院的决策部署，根本目的在于打赢蓝天保卫战、打好污染防治攻坚战，提高综合运输效率、降低物流成本，更好服务建设交通强国和决胜全面建成小康社会。2018年以来，全省运输结构调整取得了阶段性成效，但今年受疫情影响，出现了许多新情况、新变化，遇到了一些新问题，需要深入梳理，剖析原因，研究对策，加快推进运输结构调整，尽快建立与"建设交通强国示范区，打造新时代九省通衢"新战略定位相适应的交通运输体系。

一、当前全省运输结构调整推动现状

在多方共同努力下，目前铁路、水运优势得到进一步发挥，公路运输持续优化提质，多式联运加快发展，全省运输结构调整工作取得了明显成效。

(一)通干线、连支线，铁路运能持续提升。浩吉铁路、郑万铁路襄阳东以北段、汉十高铁等已开通运营，襄渝、汉丹线货运能力进一步提升。沿江高铁、武汉新港江北铁路、当阳至远安支线等重点项目稳步推进。大花岭物流基地、滠口物流基地已建成投产。襄阳北编组站扩能改造已完成。十堰京能热电有限公司铁路专用线、丹江农夫山泉铁路专用线已投入运营。中铁武汉局公司采取大宗货物运价浮动机制、一企一策差异化运价等减税降费和价格优惠政策，有效降低企业物流成本。

(二)畅航道、疏港口，水运工程持续升级。长江深水航道645工程进展顺利，汉江河口2000吨级航道工程主体工程基本完工，雅口枢纽船闸已实现通航。黄石港棋盘洲二期部分泊位完工验收，鄂州三江港区一期综合码头等基本完工。已建成连通武汉阳逻港、黄石棋盘洲港等港口的疏港铁路10条。荆州煤炭储配基地铁路专用线基本建成。S203黄石西塞至棋盘洲段等疏港公路路基工程基本完工。"武汉—上海""泸—汉—台""武汉—东盟""武汉—日韩"及长江内支线集装箱班轮、喂给航线不断巩固。

(三)抓治超、创绿色，道路货运持续提质。全省355个高速公路收费站入口货车称重系统全面建设完成，并与联网收费系统联动，高速公路货车入口治超工作排名全国靠前。全省50处普通公路超限检测站货车进站引导系统建设完成并投入使用。已有18家企业通过认定，取得网络货运道路运输许可。襄阳、十堰城市绿色货运配送示范创建基本完成目标。

(四)强示范、优线路，多式联运持续提速。武汉阳逻港区多式联运示范工程(阳逻港一期)顺利通过交通运输部验收，阳逻港二期工程加快推进，多式联运阳逻海关监管中心项目正在建设。黄石新港多式联运工程建设项目基本完工。鄂州三江港多式联运已开通"铁水+公水"两种联运模式。宜昌白洋港多式联运5条联运示范线路已开通4条并实现常态化运营。武汉金控集团多式联运工程建设项目加快，供应链金融平台业务模式细分调整正在研究推进。

(五)建平台、推共享，信息资源持续整合。长江新丝路公司"云上多联"智慧供应链综合服务平台一期全面投入使用，实现阳逻港、上海港、宁波港数据对接共享，通过与中铁武汉局数据对接，实现了武汉范围铁路物流信息查询功能。武汉航运交易所持续发布武汉航运中心出口集装箱运价等长江航运三大指数。黄石新港、宜昌白洋港多式联运相关信息系统上线运行。武汉粮食物流项目、鄂州三江港项目基本实现了铁水联运信息交换共享。长江干线主要港口基本实现与交通运输部数据直报。

二、存在的主要问题

交通运输是国民经济和社会发展的基础性、先导性产业和服务性行业，服务于经济生产和社会活动，当前我省运输结构调整工作与目标有差距，主要有两个方面的原因：

一方面，受疫情影响，经济生产和社会活动大幅减少，上下游产业链达产不同步、运输市场低迷、综合交通运量整体不足，铁路、水路货运量双双下降外，这是主要原因。从现状来看，铁路运量存在缺口：按今年铁路运量增长趋势，预计全年湖北省铁路发送量完成约为4640万吨，距离全省运输结构调整三年行动计划增量目标约有134万吨的缺口。水运目标也存在缺口：按照目前水路货运形势发展，预计全年湖北省水路货运量完成3.5亿吨，距离增量目标约有4000万吨的缺口。同时，集装箱量差距较大。

另一方面，除疫情影响外，全社会共同推进运输结构调整的合力优势还未有效发挥，各地各单位在推动力度上有待加强，也是一个重要原因。力度不足，突出表现为"四个不足"：一是思想认识不足，部分地区和单位对运输结构调整工作重视不够、组织不力、浮于应付，是工作进展滞后的根源；二是协同联动不足，部分单位部门认为运输结构调整与自己关系不大，导致政策制定难、执行难，在地区间、部门间存在发展短板；三是勇于担当不足，主要是认为部分指标任务过高，难以完成，缺乏狠劲韧性，缺乏常抓不懈和钉钉子的恒心和毅力；四是政策创新不足，虽然面对重大项目用地、环评、资金等趋紧的压力，但帮助企业纾困解难的力度还不够大，创新管用的实招还不够多，铁路、水路与公路的合理比价关系尚未形成，特别是铁路货运的比较优势还没有充分发挥等。

三、加快推动全省运输结构调整的对策建议

为严格贯彻好党中央、国务院关于推进运输结构调整的决策部署，落实好省委十一届八次全会关于建设全省现代化综合交通运输体系、畅通物流运输大通道的明确要求，下一步，全省运输结构调整工作要坚持问题导向、效率导向、目标导向，实施一系列有针对性的措施，合力攻坚、发挥优势、补齐短板，以更高效的运输结构，为全省经济社会发展提供更有力的先行支撑。为此，提出以下建议：

(一)进一步加力推进基础设施建设。铁路、水路、综合货运枢纽等基础设施是运输结构调整的基本依托，是“公转铁”“公转水”的基础支撑，应全力推进。一是推进铁路专用线建设。强化在建铁路专用线调度，加快项目建设进度；对省内年货运量150万吨以上的工矿企业、大型物流园要尽快完成摸底排查，有条件的尽快接入铁路专用线。二是加快水运基础设施建设。以长江645工程、松西河航道整治工程、唐白河(唐河)航道工程、兴隆至汉川段航道整治等工程为重点，加快推进内河高等级航道建设。三是加快推进多式联运基础设施建设。加大对5个国家级多式联运示范项目建设的督导支持力度，指导培育荆州、荆门、襄阳等地发展多式联运项目。

(二)进一步发挥好铁路和水路的比较优势。铁路、水路运量大、能耗低，在运输结构调整中具有主导作用，要创新思路举措，提升服务水平，充分发挥铁路和水路的比较优势，吸引货运资源。一是持续提升铁路运输服务水平。铁路运输企业要着力创新运输组织模式，提升全程物流服务水平，逐步推动向多式联运经营人转变，提高服务质效。二是充分优化水路运输组织。要落实应勇书记关于“发展江海联运、水铁联运、水水中转和沿江带货”等要求，加快实施全省港口一体化管理，加快推进全省港口资源整合，加快实现对汉江航道的统一管理，促进全省水运优势整体发挥，加快补齐水运短板。三是进一步推进道路货运转型升级。持续开展高速公路联合治超，积极推广道路网络平台货运，持续推进城市绿色高效货运配送，加快城乡一体化货运发展，实现道路货运健康、稳定、规范发展。

(三)进一步优化市场营商环境。在当前疫情防控常态化背景下，各政府部门要争当“有呼必应、无事不扰”的店小二，加大政策引导力度，营造良好市场环境。一是深入了解政策诉求。以当地大型工矿企业、重点物流企业为重点，深入企业和市场一线开展调研，认真摸排企业在推进运输结构调整过程中遇到的难点、堵点问题，了解诉求。二是不断加强政策创新。在抓好既有政策落实基础上，积极推动出台运输结构调整的用地、财税等支持政策。三是持续推进“放管服”改革。优化服务流程，支持多式联运、网络货运平台等物流领域新模式、新业态的规模化、集约化发展，为货主企业提供全程物流的高水平服务。

(四)进一步深挖运输结构调整的市场潜能。充分利用既有和即将建成的基础设施，持续深挖铁路、水路运输市场潜能。一是要继续深挖铁路货运潜能。聚焦煤炭、矿石、焦炭、钢材、商品车等关键货类和集装箱挖潜增效，积极拓展砂石料、水泥建材等新货源。二是要全面提升多式联运服务水平。以多式联运示范工程建设为载体，大力发展以集装箱、半挂车为运载单元的驮背运输、空铁联运、江海中转、江海直达等新模式，加快公铁联运和水铁联运发展速度。三是要大力推进中欧(武汉)班列发展。全力做好货源组织，发挥枢纽区位优势，提升中欧(武汉)班列国际通道能力和服务品质。

持续做好办案“后半篇文章” 着力营造良好政治生态

湖北省纪委监委驻省交通运输厅纪检监察组 刘汉诚

一体推进“不敢腐、不能腐、不想腐”机制建立，提高纪检监察治理效能，需要我们严格依纪依法做好审查调查工作，同时抓好教育、监督和制度建设。2018年以来，驻省交通运输厅纪检监察组共办理信访件126件，立案17人，处分11人，组织处理41人。同时，向驻在部门发出12份《整改通知书》、11份《纪检监察建议书》、18份《督办单》，督促驻在部门制定各项规章制度13个，着力营造交通运输厅系统良好政治生态，为推动交通强国湖北示范区建设提供纪律保障。

一、抓教育警示，筑牢思想防线

身边的案例是最生动的教材，我组坚持把警示教育做细做深，既抓个案警示，也抓全面提醒，力争纪法教育不漏一人，不留死角。

(一)严格处分宣布强震慑。对我组查处的每一个名处级干部，在宣布处分决定时，都安排办案人员参加受处分干部所在单位领导班子专题会，通报违纪违法案情，详细剖析当事人犯错误的主客观原因，提出应该汲取的教训，督促发案单位做好处分决定执行工作，确保把一纸处分决定书变成廉政教育“一堂课”。2018年以来，我组共派出7人次参与有关干部处分决定宣布工作。

(二)印发案例选编普纪法。我组督促驻在部门机关纪委连续2年编发《交通系统违纪违规案例选编》，收录我组办理案件及当年全国交通系统具有代表性的违纪违法案例，将这200多件案件作为主题党日学习教材，驻在部门党员干部人手一册，谈体会谈启发，发挥教育作用。

(三)开展廉政约谈常提醒。我组坚持对新任干部进行集体廉政谈话，结合当年查处的案例，对干部提出履职尽责、担当作为、廉洁从政、干净干事的要求。坚持每年约谈部分处室负责人，对履行“一岗双责”的情况、开展业务工作情况、与驻厅纪检监察组工作配合中的问题进行提醒。近两年共对12名业务处室负责人进行了工作约谈。有的接受约谈的处长表示，接受驻厅纪检监察组提醒谈话，如芒在背，一身冷汗，警醒至深。

(四)实施风险排查抓预警。2020年，结合驻在单位机构改革，我组再次督促驻在单位开展了处级干部廉政风险点排查工作。200余名处级干部对自己岗位廉政风险的发生几率、危害程度进行分析评估，并制订务实管用的防控措施。通过这项工作，激发党员干部主动开展自我教育的意识。

二、抓清理整改，破解共性问题

在巡视巡察、信访举报和审查调查中，经常会发现一些较为普遍的违规问题，我组坚持在查处典型个案的同时，开展全面清理系统规范。

(一)立足规范开展评审费清理。2016年省委巡视组在反馈意见中，要求我组关注驻在单位业务处室干部领取“评审费”情况。我组详细核实后，对几名干部给予了组织处理，并决定开展专项清理。通过一个月的工作，驻在单位143名处科级干部通过个人申报，共自行上交违规领取的评审费89.75万元。此后，驻在部门修订完善了相关规章制度，对干部参与业务评审进行了规范。

(二)回应呼声开展住房清理。2019年上半年，我组收到反映部分干部违规享受多套政策性住房的反映，经初步了解，得知该问题不是个案，由于处理起来难度大，在每个二级单位都有个别问题未解决，矛盾比较突出。在我组的强力督促下，驻在部门开展了专项清理，共清理出10家厅直单位31名党员干部违规多占政策性住房问题，通过做好深入细致的思想工作，实施一人一策的腾退方案，当年9月便将发现的问题全部整改到位。

(三)聚焦重点抓好督办检查。2019年以来，我组对涉及交通扶贫项目资金使用、疫情防控措施落实等中央和省委省政府重大决策部署强化监督检查，发现问题后及时运用《整改通知书》《纪检监察建议书》《整改督办单》等多种方式，有力推动工作。2020年省委巡视反馈后，我组跟进监督、加压推动，3个月内完成96%的整改任务。

三、抓制度优化，提升治理效能

制度的健全完善是长期的过程，我组在工作中着力提高制度的精度、广度和准度，切实把制度优势转化为治理效能。

(一)见微知著提高制度精度。2020年，我组接到举报，反映驻在部门某局路政支队个别干部上班打篮球的问题。经调查该问题反映属实，但该同志的行为又貌似不违反规定，因为该单位现有规章制度中确实设置了体能训练时间。经仔细分析，认定该单位制度过于笼统，该同志在明显属于上班工作的时间打篮球，有违制度设立的初衷，于是建议该单位对相关责任人批评教育，并细化了制度规定。

(二)提纲挈领拓展制度广度。2016年以来，我组先后查办了驻在单位部分干部在招投标工作中违规打招呼并借机敛财的问题，针对暴露出的制度缺失问题，督促驻在部门先后制定下发了政府采购管理办法(试行)、在全省公路水运工程招投标活动中落实失信联合惩戒的通知、交通运输工程建设招标代理机构管理办法等，有力推动了相关业务工作办事流程的规范。

（三）由表析里增强制度准度。2019年，在跟踪某重点桥梁项目工程质量整改工作中，我组发现驻在部门某局交竣工验收制度存在瑕疵，工程交竣工质量检测企业由建设方委托中介机构选择，存在重大风险隐患。在对该单位主要领导进行约谈后，该单位按要求对该项目进行了复测，对2016年以来所有的交竣工检测意见书进行大起底排查隐患，建立制度将交竣工验收检测经费纳入财政预算，收回了检测机构委托权。

四、抓回访教育，做实干部监督

我组坚守纪检监察工作的政治性，在惩前毖后、治病救人严肃认真做好查审查调查工作的同时，坚持同驻在单位党组织一起，做好受处分干部的跟踪教育和管理工作。

（一）纪法教育引导思想转化。2016年，驻在部门某局有25名干部因为违规支出会务费、收受礼金、收受评审费等问题而受到组织处理。我们在逐一开展回访中，发现有的干部还不能理解规范评审费工作，于是通过公开宣讲和个别交流，讲政策、讲纪律，将行政职能与劳务支出的区别向干部讲深讲透，促进了相关干部的思想转化。

（二）跟踪监督鼓励干事创业。对于受处分的干部，特别是同时受到组织处理的同志，我组给予持续的关注和监督。组负责人多次专门就受处分干部影响期内的工作安排，与干部所在单位负责人沟通，在做好帮教的同时，根据干部特长合理安排工作，保护干部的工作积极性。多名受处分的干部激动地表示，组织没有抛弃自己，自己一定不辜负组织的期望，改正错误、努力工作。

（三）回访考察护航干部使用。我组按照规定，同驻在部门党组织一起，对处分影响期满的进行考察，通过广泛的座谈了解，同受处分干部谈心谈话，对处分影响期内的表现给予客观全面的评价，对表现好的同志给予肯定，对表现不佳的给予提醒帮助。2020年机构改革中，多名受过处分、后表现优秀的干部得到提拔重用。

五、抓责任落实，建立良好生态

全面从严治党需要齐抓共管，我组坚持把督促驻在单位党组织履行主体责任，筑牢纪律堤坝，作为重要的工作着力点。

（一）完善机制促进监督。我组制定了协助和监督驻在部门党组织落实全面从严治党主体责任规定的具体措施，明确了重要情况报告制度、构建监督协同机制的责任分工，做实做细日常监督工作。驻在部门党组在省直单位率先开展了巡察工作，两次巡察共向我组移交问题线索30余条。

（二）专题调研提醒监督。2020年，我组坚持"奔着问题去，盯着问题查，督着问题改"，开展了驻在部门党组织落实全面从严治党主体责任专题调研。在个别座谈、查阅资料、明察暗访、专题讨论过程中，对驻在部门各级班子成员履行主体责任情况进行深入了解和督促。提醒某单位主要负责人要到重大项目现场解决问题，也提醒某单位纪委书记要敢于斗争，善于斗争，提高斗争艺术。

（三）协作办案共同监督。我组坚持借助业务处室力量，共同开展问责追责案件调查。2020年，在调查省委巡视反馈的某局政府采购方面的问题时，与驻在部门法规处、财务处联合成立调查专班，由业务处室对违规问题进行认定，再由我组进行责任追究调查，最后提出对3名相关责任人的责任追究建议，取得较好效果。

关于湖北省部分地市村村通客车工作情况的调研报告

湖北省交通运输厅　王本举

2015年底全省所有建制村均已实现村村通客车。为真实了解村村通客车情况，2020年7月份开始，通过随机抽取、实地调查和问卷调查等形式，对宜昌、十堰、黄冈、孝感、恩施等地25个县、833个建制村的“村村通客车”基本运营情况进行调查摸底，并对调研地区农村客运运营情况进行分析，希望对下阶段推进农村客运发展提供帮助。

一、“村村通客车”基础总体良好

此次调研随机抽取了宜昌市秭归、长阳、五峰，十堰市郧阳、郧西、竹山、竹溪、房县、丹江口，黄冈市红安、团风、麻城、英山、罗田、蕲春，孝感市孝昌、大悟，以及恩施州下辖的8个县市，共计25个县市区的833个建制村，主要对建制村通客车的客运形式、基础设施建设、安全保障设施和运营监管等方面进行了调查了解。

总体上看，“村村通客车”得到了广大村民的普遍好评。在17124份村民调查问卷中，10883位村民认为“村村通客车”对于改善当地的交通条件和出行条件比较重要和非常重要，占63.55%；12996位村民对于“村村通客车”服务持非常满意或者比较满意的态度，占75.89%。主要体现在以下五方面：

一是农村道路基础设施较为完善。在所调查的833个有效建制村中，581个建制村“村村通客车”道路为沥青路，占69.75%；237个建制村道路为水泥路，占28.45%；仅15个建制村道路为未硬化的沙土路等，占1.81%。在这些建制村的硬化村道中，宽度达到了3.5米且修建路肩的道路比例为78.99%，仅有17.28%建制村的村道为单车道。同时，还有608个建制村的道路建有错车道，占72.99%；784个建制村安装了醒目的限速、警示、警告标志标牌，占94.12%；753个建制村附近村道的临崖临水路段安装了道路安全设施，占90.40%；675个建制村的道路会得到定期的清理和维护，占81.03%。

二是农村客运车辆安全状况较好。在车况方面，833个建制村中，444个建制村的客车车辆为使用了1~3年的新车，占53.30%；355个建制村的客车车辆使用了3~5年，占42.62%。同时，客车内部卫生条件基本保持较好，730个建制村的车辆卫生条件较好或者非常整洁，占87.64%；其余12.36%的客车车内卫生条件有待改善。在车辆外观方面，677个建制村的客运车辆有齐全的外观标识，占81.27%；50个建制村的车辆外观标识不全，占6%；47个建制村的具有法定运营资格的车辆在外观上没有任何统一标识，占5.64%。在车辆安全设施方面，山区农村客运车辆基本安装了防抱死(ABS)系统，且大部分客车内部都配备了消防锤、灭火器等应急安全设备，仅有18辆没有配备或损坏，占调查总数的2.16%。在监控设备方面，833有效建制村中，752个建制村的客运车辆安装动态监控设备，占90.28%；有19个建制村的车辆的监控设备无法正常工作，占2.28%；732个建制村的车内中没有加装任何额外座椅，占87.88%。

三是农村客运运营形式多样。调查的833个建制村中，327个建制村“村村通客车”的运营形式属于农村客运班线的运营，占39.26%；336个建制村“村村通客车”的运营形式属于城镇公交线路的延伸，占40.34%；76个建制村“村村通客车”的运营形式为跨村落的区域式运营，占9.12%；92个建制村“村村通客车”的运营形式为网上约车、电话约车，占11.04%。同时，还发现，超过70%的建制村兼有上述两种或者三种“村村通客车”形式并存。

四是农村客运票价整体上比较亲民。调查发现，779个建制村的班线有专人售票，占93.52%；659个建制村有统一、固定的定价标准，占79.11%。此外，除了常规的售票制度之外，恩施等地农村客运在满足了村民的常规出行需求的基础上，还推行了包月、包季收费的制度，用于包车接送村里的学生去镇里上学或者在赶集的日子里去其他地方赶集。在17124位有效受访村民中，有11373位认为班车价格水平比较合理，为他们的出行带来了实惠，占66.42%；有6317位村民反映在本地“村村通客车”服务开通后，出行费用有了大幅度的减少，占36.89%；有7006位村民表示他们的出行费得到了一定的减少，占40.91%；同时也有5756位村民对“村村通客车”的定价水平表示没有表示满意态度，希望票价可以进一步下降，占33.61%。

五是农村客运管理逐步规范。在调查中发现，833个建制村农村客运驾驶员均具有相应的客运资质，调查中也没有发现超速、酒驾、醉驾等危险驾驶情况，超载问题个别地区偶有发生。还看到了“村村通客车”车辆都具有包括道路运输许可证、行驶证等齐备的法律规定证照以及保险。各地交管部门与客运公司针对“软件”与“硬件”两方面的监管使得通过“村村通客车”出行的村民们的出行安全得到了很大程度上的保障。此外，经抽查，799个建制村的“村村通客车”监督电话可以拨通，占95.91%，对于村民在乘车过程中遇到的安全问题或者安全隐患做到了迅速反应、及时应对。但也有部分(27.61%)监督电话拨通之后存在一定程度的“踢皮球”现象，小部分(4.08%)监督电话无法拨通。

二、“村村通客车”运营服务不平衡

经过多年的运营发展，宜昌、十堰、黄冈、孝感、恩施等“村村通客车”在各项硬件建设方面均表现良好，车辆种类多样，运力供给充足，基础设施建设和维护水平较高，各类安全设施齐全，但在运营服务方面还存在发展不平衡的问题，需要加以重视和解决。

一是部分地区农村道路管养水平有待加强。此次调研的5个地市中，孝感市农村道路管养问题较为突出，在调查的98个建制村中，有52个建制村附近村道的部分路段没有达到规定宽度，只有26个建制村附近的村道非常平整，其余建制村道路均有部分路段存在不同程度的道路破损。有错车需求29个建制村的单车道村道中，18个建制村的错车道建设存在不同程度的问题，如没有硬化、没有明显交通标志、无法正常错车(过窄、过短、被占用等)。

二是各地黑车现象不容忽视。据统计，宜昌市、黄冈市、孝感市、十堰市和恩施州私家车揽客现象比例分别为34.65%、75.69%、53.06%、67.5%和38.13%。宜昌市的私家车揽客现象相对集中，主要分布在秭归县境内的秭归客运中心附近和秭归县下辖的各镇中心，部分“村村通客车”专用停车点被私家车用于揽客。利川市凉雾乡的七里沟村推出的学生专线因为大量的黑车挤压，部分个人承运者只得通过出行时间固定，需求集中的学生和赶集专线来维持其基本运营。

三是农村客运候乘设施利用率不高。调查发现，农村客运候车设施未起到聚集乘客的作用。在调查的833个建制村中，有643个建制村有固定候乘设施，占77.2%；有190个建制村没有固定的候乘设施，占22.8%。但在643个有固定候车站点的建制村中，近一半都存在不同程度的损坏；256个候车站点的基础设施年久失修，无法使用，占39.81%；还有232个候车站点被杂物占用或者被挪为他用，占36.08%。另外，在受访的17124位村民中，大部分村民更倾向于在某个约定俗成的、人口密集的地方上车或者沿途招手上车。黄冈市有候车亭的249个建制村中，121个建制村的完备的候车设施被废弃，占48.59%，81个候车亭被用来放置杂物(32.53%)，123个候车亭的座椅及站牌被破坏年久失修(49.40%)。

四是部分时段运力供给与需求的结构性错配。据调查，运力供给与需求的结构性错配主要表现在两个方面：一是发车频率太低，班次设置不合理；二是线路覆盖率无法满足村民们的出行需求，这也是各地受访村民提出改进意见最为集中的两个方面。在17124位受访村民样本中，9481位受访村民认为“村村通客车”发车频率太少，对发车频率的评价为非常不满意和一般，占55.37%；3949位村民反映要改善“村村通客车”服务，首先要从增加农村客运班线的班次与运营时间入手，在村民提出的意见建议中总量排名第一，占23.06%。此外，还有2269位受访村民对于班车线路的覆盖情况表示不满，认为线路太短、太偏、太少，没有尽可能地照顾到支线道路上的村民，占13.25%；有1949位村民认为目前“村村通客车”亟须改进的问题就在于线路覆盖率较低，占11.36%。总体来看，虽然村民对“村村通客车”服务表示不满意的村民比例较小，但是对线路覆盖情况非常满意的村民比例也很小，仅1208位村民对线路覆盖率表示非常满意，占7.05%。由此可见，各地“村村通客车”的线路规划还应当根据当地村民的实际需求进行一定调整。

三、“村村通客车”持续高质量发展意见

针对此次调研情况，结合国家乡村振兴战略要求部署，对“十四五”期全省“村村通客车”高质量提出三点建议：

一是构建农村公路建管养运一体化机制。尽快建立完善农村公路“路长制”，对农村公路建设、管理、养护及运输等实施一体化管理，将农村公路安保、候车站点等设施一并纳入维护、管理和考核范围，确保农村公路安全保障和服务运营设施的正常、完好。

二是实施农村客运管理规范标准化清单。尽快建立全省统一的农村客运服务管理标准清单，重点对农村客运车辆车型准入、安全设施配置、候车站点建设维护、黑车整治及考核监督等予以明确细化，增加农村客运运营主体的经营自主权，将农村客运运力保障、车辆安全卫生、票价合理性及投诉处理等纳入燃油补助发放考核范围，切实促进全省农村客运统一规范发展。

三是大力推进农村客运公交化改造。尽快制定全省农村客运公交化发展实施方案，出台鼓励奖补政策，加快推进基础条件较好的地区加快推进农村客运公交化改造进度，积极开展农村全域公交县、公交镇等创建活动，切实推进全省农村客运运营公交化、车辆电动化、监管智能化、便民服务网络化、城乡客运一体化发展，有效提升农村客运发展质量和水平，切实缩小城乡客运发展差距。

四是推进农村客运多渠道融合发展模式。按照新的法规要求，通过“四好农村路”“城乡交通运输一体化示范县”及“互联网+”农村物流品牌等创建，认真总结农村客运与乡村旅游、特色产业及小件快递等融合发展经验做法，在全省逐步推广应用，提升农村客运造血功能，最大限度发挥农村客运功能，为乡村振兴发展战略提供更加坚强有力的运输服务保障。

关于全省公路桥梁三年消危行动调研报告

湖北省交通运输厅　姜友生

根据省政府《关于印发湖北省公路桥梁三年消危行动方案的通知》(鄂政发〔2019〕30号)要求，为充分掌握全省公路危桥现状，组织开展好全省公路桥梁三年消危行动(以下简称三年消危)，省交通运输厅就各地三年消危工作进展情况进行了专题调研。调研工作采取广泛征求意见、召开专题座谈会和深入桥梁现场检查等形式，广泛听取市县交通运输部门、交通建设企业等各方面的意见建议，切实掌握第一手材料。现将调研总体情况及下一步工作建议报告如下。

一、三年消危行动的实施情况

省政府的三年消危行动方案发布后，全省各级交通运输部门在省厅的统一指导下，各地克服疫情影响，迅速行动；潜江市、荆州市、黄冈市三个试点单位完成了桥梁普查、危桥排查、方案设计、施工组织、项目开工等工作；其他市州也积极向试点单位看齐，积极向地方政府和省厅申报实施方案，全省三年消危行动工作顺利启动。2020年全省实施危桥改造1244座，其中已完工855座、在建389座；圆满完成了省政府下达的年度计划任务。

(一)开展公路桥梁普查工作。

为全面掌握全省公路桥梁，特别是农村公路桥的基本情况，省厅在2020年1月下发《关于开展全省农村公路桥梁普查工作的通知》，组织各市州对全省农村公路线路上的所有桥梁进行普查，为摸清了全省公路桥梁的"家底"。各地克服疫情的不利影响，于2020年5月完成此项工作。

截至2019年底，全省共有公路桥梁31167座；其中：国省道桥梁6953座(国道2642座、省道4311座)，农村公路桥梁24214座(县道4822座、乡道10703座、村道8643座、专用道路46座)。

(二)建立三年消危行动初步项目库。2020年7月，根据省厅组织第一次复核和第二次普查结果，按照国省干线非建设路段现有病危桥、2019年经专业检测机构复核确定的农村公路危桥、2020年各地普查过程中新增上报的危桥及部分提前实施项目等因素，省厅公路局建立了6145座桥梁的三年消危行动初步项目库。

2020年全省三年消危初步项目库(市州分布)

市　州	现有桥梁(座)			初步项目库数量(座)			危桥占比(%)		
	总计	国省干线	农村公路	总计	国省干线	农村公路	总计	国省干线	农村公路
合计	31167	6953	24214	6145	1475	4670	20%	21%	19%
武汉市	1776	270	1506	118	64	54	7%	24%	4%
黄石市	730	191	539	154	40	114	21%	21%	21%
十堰市	2435	1007	1428	333	127	206	14%	13%	14%
宜昌市	2431	845	1586	480	306	174	20%	36%	11%
襄阳市	3107	620	2487	446	131	315	14%	21%	13%
鄂州市	264	39	225	51	19	32	19%	49%	14%
荆门市	1630	424	1206	186	24	162	11%	6%	13%
孝感市	2390	469	1921	590	135	455	25%	29%	24%
荆州市	3933	406	3527	952	70	882	24%	17%	25%
黄冈市	5632	923	4709	1339	245	1094	24%	27%	23%
咸宁市	2091	410	1681	565	74	491	27%	18%	29%
随州市	1027	367	660	250	29	221	24%	8%	33%
恩施州	2161	640	1521	400	156	244	19%	24%	16%
仙桃市	537	49	488	86	8	78	16%	16%	16%
潜江市	278	64	214	53	16	37	19%	25%	17%
天门市	606	168	438	114	10	104	19%	6%	24%
林区	139	61	78	28	21	7	20%	34%	9%

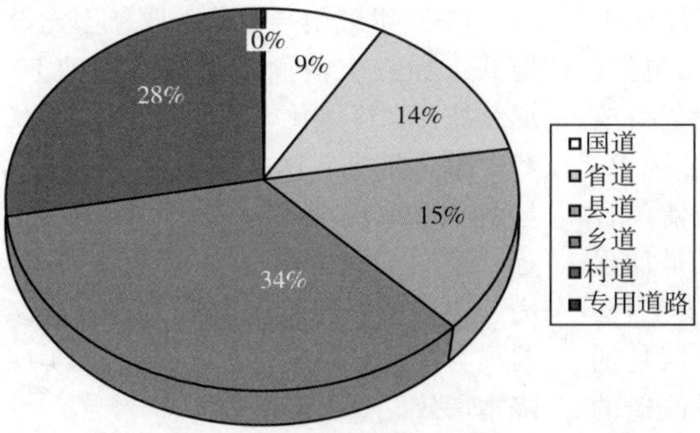

全省公路桥梁构成比例

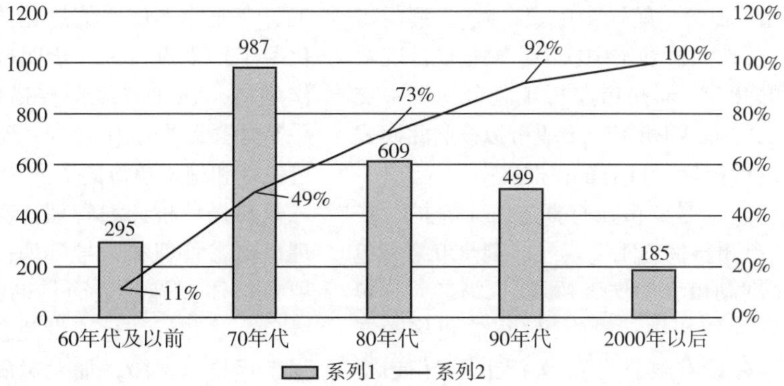

危桥建设年代

从全省三年消危初步项目库的市州分布情况看，黄冈、荆州、孝感、咸宁等市州的公路危桥数量较多，均超过 500 座以上；从危桥占比 (危桥数量与桥梁总量的比值) 来看，全省危桥数量占桥梁总量的 20%，其中咸宁、孝感、荆州、黄冈、随州等市州的危桥占比较大，均超过 24%。

(三) 加强省级技术指导。为进一步加强三年消危行动标准化设计工作的推进，省厅委托专业设计单位编制下发了《湖北省公路危桥加固改造技术指南》《“三年消危行动”中小跨径桥梁通用图》，对危桥改造实施原则、加固技术措施、改造技术标准、基本设计方案等作出了具体的要求和规定。

特别是对桥梁结构性病害要进行系统分析、分类处置、综合施策，实施“一桥一图、一桥一策”，按照“能利用的不拆除、能修复的不重建”原则，因地制宜合理确定桥梁改造方案。特别是对主体结构基本完好的旧危桥，以及荷载达不到现有标准的老旧石拱桥，不能一拆了之，可采取结构加固、保护性利用或调整用途等方式，延长桥梁使用寿命，把有限的改造资金用在“刀刃”上。同时，按照交通运输高质量发展的要求，县乡道以上的新建桥梁均按照现行规范中的最高荷载标准 (公路 –I 级) 进行设计，有效提升公路桥梁的适用性和耐久性。

(四) 组织危桥规范化检测和复核。省厅专业技术力量对全省危桥进行复核和认定工作，为后期开展危桥改造工作提供了翔实的基础数据。其中：按照不少于 30% 的比例进行现场复核，按“一桥一图”的要求对所有危桥进行专家集体会商。由于复核工作量巨大，此项工作将在 2021 年春节前基本完成。目前，已完成 12 个市州的现场复核工作，已确认的 4294 座危桥中：小桥 3248 座，占比 76%；中桥 907 座，占比 21%；大桥 139 座 (含特大桥 5 座)，占比 3%。

从荆州市等六个市州的 2575 座危桥建设年代来看，20 世纪 60 年代及以前的桥梁 (使用 50 年以上的)295 座，占比 11%；20 世纪 70 年代的桥梁 987 座 (使用 40 年以上的)，占比 38%；20 世纪 80 年代的桥梁 609 座 (使用 30 年以上的)，占比 24%；20 世纪 90 年代的桥梁 499 座 (使用 20 年以上的)，占比 19%；2000 年以后的桥梁 185 座 (使用 20 年以内的)，占比 8%。也就是说绝大部分桥梁使用年限超过 30 年，已达到规范规定的小桥 30 年 (二级及以下等级公路) 设计使用年限。

(五) 实施三年消危工作试点。根据市州政府和交通主管部门的申请，省厅选取潜江、荆州、黄冈三市启动了全省公路桥梁三年消危的工作试点，重点是按照“区域化、集约化、标准化”和“整体推进”的要求，采取以市州为单位分区域“打捆”招标，将桥梁建设和一定时期的养护进行捆绑，引进有实力、讲信誉、经验丰富的大型企业参与项目建设，统筹考虑桥梁建设和养护的全寿命周期成本，实现降本增效，全面推进三年消危工作。省厅按照“谁积极支持谁，谁实施的好支持谁”的原则，对先行先试、推进力度大、实施效果好的市、县加大支持力度。目前，试点单位的各项工作进展总体较好，为推进全省公路桥梁三年消危工作树立了典型和示范。

二、存在的问题

(一) 农村公路桥梁管理缺失。目前已确认危桥中的农村公路危桥占比超过 80%。在省厅的复核中反映出，全省农村公路桥梁管理的技术人员缺失，桥梁管理上的工作不到位，桥梁基础数据严重失真，大部分农村公路桥梁处于失养状态；全省公路桥梁，特别是农村公路桥梁安全隐患较大，急需组织一次专项行动消除隐患、强化管理，确保全省公路桥梁的本质安全。

(二) 危桥实施总体偏慢。2020 年省厅已下达危桥改造省级补助资金 14.5 亿元，计划实施 1200 座 (力争实施 2328 座)，截至目前已实施 1244 座，年度目标虽然已经完成，但离力争目标还有较大的差距。危桥实施较慢的主要原因是受到疫情影响，但也存在市县对三年消危工作的认识不统一，前期工作进展缓慢，招投标准备时间过长，省级调控力度有待加强等问题。

(三) 市州统筹的模式多样。由于受到地方政府财政能力的限制和工作惯性的影响，各市州在实施新型建设模式的认识不一。目前各市州主要采取以下几种模式：

一是“设计施工总承包 + 养护”或“设计施工总承包”模式。潜江市 (中交武汉二航特种公司)、黄冈市 (中铁大桥局 + 中铁大桥院)、襄阳市(中交二航局+中交二院)、荆门市(中铁大桥局+中铁第六勘察设计院)、鄂州市(鄂州市路桥工程公司+中交二院)。随州市、十堰市拟按照此模式进行招标，目前正在推进中。

二是“市州打捆施工+养护”或“市州打捆施工”模式。荆州市第一包(洪湖市，中铁大桥局)，第二、三包正在招标中；恩施州(恩施州华泰交通建设有限公司)、天门市(天门市交通工程公司)；宜昌市、仙桃市拟采取此模式，相关工作正在开展中。

三是“各县市自行开展”模式。目前武汉、黄石、孝感、咸宁均采用各县市区自行组织开展的方式进行推进。林区国省干线和农村公路拟分别由公路局和农路局各自组织实施。

三、相关工作建议

(一)出台三年消危工作方案。进一步明确省厅对三年消危行动的总体工作要求，规范化检测、系统化分析、标准化设计、工厂化预制、装配化施工、专业化实施、信息化监管等“七化”工作重点；进一步明确省厅的工作举措，强化省级调控措施，包括：一是加强前期工作管理，明确危桥改造设计和施工单位的资质和工作要求；二是加强危桥计划管理，实施清单管理、动态管理和销号管理；三是加强项目整体实施，全面贯彻品质工程、绿色公路和标准化建设理念；四是加强工程技术保障，加大对危桥改造的技术指导和行业监督服务；五是加强监督考核，对实施效果进行绩效评价，并给予正向激励。

(二)明确三年消危省级补助标准。建议会同省财政尽快出台三年消危省级补助标准，落实鄂政发〔2019〕30号文件中提出“省级按照‘十三五’公路水路定额补助标准落实补助资金，并根据工程建设成本、物价和人工成本等因素适时调整定额补助标准”的要求，便于后期计划资金安排和管理，也便于调动地方政府实施三年消危行动的积极性。

(三)继续引导各地采取新型建设模式。在三个消危工作试点基础上，继续按照“区域化、集约化、标准化”和“整体推进”的实施要求，积极引导各地采取以市州为单位“打捆”招标、统一实施的建设模式，引进有实力、讲信誉、经验丰富的大型企业参与项目建设，落实“七化要求”，实现降本增效。

(四)推进桥梁管理信息化工作。成立工作专班负责推进公路桥梁智能化管养工作，落实全省公路桥梁三年消危行动中的信息化管理工作；选择个别市县在三年消危工作中应用和完善公路桥梁智能化综合管养系统；待系统应用完善后，再进行全省的全覆盖推广应用工作，逐步建立湖北省桥梁信息化管理平台，实现危桥改造工程数据的电子化、日常养护的智能化、管理工作的信息化，提升全省公路桥梁的信息化监管水平。

推进机关党员下沉 推动共建共治共享

湖北省交通运输厅 汪凡非

2020年3月，习近平总书记赴湖北考察疫情防控工作时指出，要着力完善城市治理体系和城乡基层治理体系，树立“全周期管理”意识，努力探索超大城市现代化治理新路子。省委十一届七次全会提出，全面推行机关企事业单位党组织和党员干部“双报到”制度，真正发挥好下沉干部作用，帮助解决基层治理中遇到的实际困难。省交通运输厅要认真贯彻落实党中央和省委决策部署，积极服务和主动参与城乡基层治理，以推动机关党组织与街道社区党组织共驻共建为重点，以深化“双报到、双报告”制度为抓手，推动人员力量和资源要素下沉，努力在强化党建引领、助力基层社区治理上走在前、作表率。

一、充分认识机关党员干部下沉工作的重要意义

习近平总书记强调，推进国家治理体系和治理能力现代化，社区治理只能加强、不能削弱。在疫情防控斗争中，社区作为疫情防控的一线，在外防输入、内防扩散中发挥了重要防线作用，但也暴露出组织动员力、落实执行力、人力物力保障等方面的短板和不足。推进机关党员干部下沉社区工作常态化，推动资源力量向基层倾斜，促进基层治理能力提升，显得更加迫切，尤其重要。

第一，推进机关党员下沉是深入贯彻落实党的十九届四中全会精神和省委十一届七次全会精神的重要举措。党的十九届四中全会，是我们党站在实现“两个一百年”奋斗目标的历史交汇点上召开的一次具有开创性、里程碑意义的重要会议。全会明确提出要“坚持和完善共建共治共享的社会治理制度”，“建设人人有责、人人尽责、人人享有的社会治理共同体”，“构建基层社会治理新格局”，对发挥我国制度优势、推进基层社会治理现代化提供了科学指引和根本遵循。省委十一届七次全会对十九届四中全会确定的各项制度建设任务，进一步细化、实化、具体化，提出了“湖北方案”，全面勾画了推进新时代全省城乡基层治理新蓝图。社区是基层治理的最小单元，是国家治理体系和治理能力现代化的基础和支撑。必须站在加强党的领导，巩固党的执政根基的政治高度，深刻把握推进机关在职党员干部下沉社区工作的重要意义，进一步增强责任感和使命感，更加重视基层，更好地服务社区、服务群众，推动构建共建共治共享的基层社会治理格局，不断夯实党在基层的执政根基。

第二，推进机关党员下沉是习近平总书记交给湖北的政治考题。2018年，习近平总书记考察湖北时专程到武汉市青和居社区调研，指出“为民的事无小事，大量的工作在基层”，强调要总结推广青和居社区党建引领基层治理有关经验做法。2020年3月在我省考察时，习近平总书记再次强调，要夯实社会治理基层基础，推动社会治理重心下移，构建党组织领导的共建共治共享的城乡基层治理格局。在5月参加湖北代表审议时，习近平总书记进一步强调，要看看我们基层治理方面有哪些成绩可以总结、巩固提高，还有哪些不足需要完善。遵照习近平总书记系列重要指示精神，省委七次全会全面总结疫情防控中行之有效的做法，对疫情大考后，省域治理要“完善和发展”什么，作出了重点回答，把党建引领基层社会治理，作为推进省域治理现代化的重点内容，专章写进了全会《决定》。与之配套的《关于深化新时代党建引领加强基层社会治理的意见》等系列文件相继出台，其中《湖北省机关企事业单位党员干部下沉社区实施办法》，明确要求全省所有机关企事业单位、所有在职党员干部都要到社区报到，参加社区工作。总书记出了题，省委做出了部署，我们的责任，就是不折不扣抓好落实，把机关党员干部下沉社区这个题目回答好，转化成推动构建共建共治共享基层社会治理格局的生动实践。

第三，推进机关党员下沉是深入机关驻地、深度参与社区治理的现实需要。

一是有利于解决与社区互联互动不够的问题。省交通运输厅从2016年就积极推动机关在职党员进社区，认领“微心愿”，参与扶贫帮困和慰问活动，机关党组织与社区党委也建立共驻共建制度。但实际工作中，还存在机关党员参与意识不强、载体不够丰富、共建不够深入等问题。机关党员干部下沉社区常态化，搭建了下沉党组织与社区党组织的双向沟通机制，双方可以通过签订共建协议、人才结对培养、建立项目认领机制等加强组织共建，通过共同开展活动、加强党员教育等推进活动共联，通过整合信息、阵地、文化、服务等推动资源共享，从而真正实现互联互动、协同共建，推进社区治理，促进社会文明进步。

二是有利于解决社区工作力量不足的问题。社区工作十分辛苦，日常承担着宣传国家政策、办理本地居民的公共事务和公益事业，调解民间纠纷、协助维护社会治安、协助做好公共卫生、计划生育、优抚救济等大量工作，在实际工作中，受制于人员配备等因素，部分社区在履行职责中显得捉襟见肘，没有足够的精力去组织居民、发动居民和服务群众，自治组织的性质难以体现。各级党组织力量下沉、关口前移，机关党员干部下沉社区常态化，现阶段能够帮助社区充实工作力量，提高社区履行主责主业、服务群众的能力和资源承载力。

三是有利于解决机关党员干部同群众联系不够紧密问题。对机关党员干部来说，日常工作中深入基层，接触的也多是行业管理对象和服务对象，很少有机会能够真正深入社区，了解社区工作如何开展、体会社区干部工作的艰辛。机关党员干部下沉社区常态化，一方面机关党员干部能够通过向社区干部学习，提高同群众打交道和解决实际问题的能力，让机关党员干部在服务社区、服务群众的实践历练中接触地气、吸收养分，得到淬炼和提升，同时也能进一步促进机关党员干部改进工作作风，强化宗旨意识，密切党同人民群众的血肉联系。另一方面机关党员干部能够发挥桥梁纽带作用，及时把党和国家的决策部署和政策主张传达到基层，夯实党的执政基础，同时也能把基层的困难和群众的合理诉求向上反映，帮助解决实际问题。

二、准确把握机关党员干部下沉社区的工作任务

推进机关党员干部下沉社区，要通过人员力量、资源要素的下沉，认真落实“宣传党的政策、联系服务群众、参与民主议事、参加志愿服务、维护和谐稳定、处理突发事件”六项任务，帮助解决社区建设发展中遇到的重难点问题，切实为群众解难题办实事。

一是当好“宣传员”。一名党员一面旗帜，机关党员干部下沉社区后，要积极参与宣传习近平新时代中国特色社会主义思想，宣传党的路线方针政策，宣传法治、教育、环保、安全等知识，普及公共卫生和疫情防控相关知识，让社区居民在第一时间知晓党的最新政策，防止出现因群众对政策等不了解而引发的不理解或心理恐慌。

二是当好“联络员”。机关党员干部下沉社区，注意随时随地多渠道了解居民群众需求和困难，力所能及为居民群众提供服务，对孤寡老人、残障人士等重点特殊困难群体，通过电话、微信、走访探视等方式进行经常性联系，急群众之所急，解群众之所忧，把群众当家人。

三是当好“调解员”。省交通运输厅作为驻在航空社区的机关单位，融入社区，参与社区工作，责任义不容辞。要积极主动参与社区党组织主导的听证会、协调会、恳谈会、评议会等协商议事活动，发挥职能和工作优势，积极出谋划策，提出意见建议。积极协调化解邻里矛盾、物业纠纷、不文明饲养宠物等“微治理”，解决好群众“鸡毛蒜皮”“家长里短”的身边事。

四是当好“服务员”。党员既是一种身份，也是一种责任。要秉承全心全意为人民服务的意识，撸起袖子、卷起裤子、躬下身子，积极参加社区组织的环境整治、义务护绿、治安巡逻、交通值守、政策宣传、物资运送、结对帮扶困难居民群众，以及心理咨询、信访维护处突、法律援助、文化体育、医疗保健等志愿服务活动，多为群众办实事办好事。

三、切实推动机关党员干部下沉社区工作落到实处

2020年7月以来，按照省委部署及《湖北省机关企事业单位党员干部下沉社区实施办法》要求，省交通运输厅迅速行动，制定了党员干部下沉社区工作实施方案，成立了以厅党组主要负责同志任组长的领导小组，组建了联系社区工作队和应急突击队，编制了《工作手册》，建立《工作日志》填写和社区书记签审制度。机关党员干部下沉社区后，积极参与社区爱心课堂、驻点值守登记、矛盾纠纷调解、文明宣传、人口普查、社区环境整治等活动，深度参与社区治理，并积极发挥作用，总体情况反响良好。完成“双报到”只是开始，做实常态化、实现长效化，确保党员干部下得去、沉得住、干得好、评价高，才是重点。

一是杜绝官僚主义。对党员干部来说，不管原来是什么身份、做什么工作，下沉社区的时候就是社区工作人员、干的就是社区工作。下，就要有下的样子；沉，就要沉下心来，沉到具体的事情上。下沉党员干部要服从社区的统一管理、统一调度、统一安排，主动靠前服务，不挑肥拣瘦、拈轻怕重，始终同社区干部群众站在一起、干在一起，不断增强服务群众的思想自觉和行动自觉。

二是力戒形式主义。“下沉”是一个走心、出力、用情的工作，要有真心实意、持之以恒服务群众的热情，不能将“下沉”简单等同于填满工作纪实手册、完成时长任务、完成活动次数，多问问“群众还需要什么”“社区还需要解决什么”，多些务实、踏实、求实，一切围绕社区、群众的需求转，切实推动提升基层治理能力水平。

三是注重活动实效。坚持问题导向、目标导向、效果导向，奔着解决问题去，奔着完成目标去，奔着达到效果去，在人员组织、任务安排上更加精准高效，充分调动社区和下沉干部的积极性，真正把党员干部下沉社区工作落到实处，努力达到党员干部受教育、基层组织增活力、居民群众得实惠、社区治理上水平的目标要求。

基层强则全局强，基层稳则全局稳。全面推行机关党员干部下沉社区，帮助解决社区治理中遇到的实际困难，是推进省域治理现代化的“湖北实践”，要切实把思想和行动统一到习近平总书记重要指示精神和省委七次全会部署要求上来，勇于担当作为，抓好贯彻落实，在推动构建共建共治共享的基层社会治理格局中体现交通担当、彰显交通作为，真正把党的政治优势、组织优势更好地转化为治理优势，进一步提升社区居民的获得感、幸福感、安全感。

关于全省公路重点工作综合调研督导情况的报告

湖北省公路事业发展中心　张　磊

根据省厅安排，2021年5月24日至6月5日，省公路事业发展中心由领导带队，组成6个综合调研督办组，采取实地查看、查阅资料、听取汇报、反馈交流等形式，深入全省17个市州对普通公路桥梁“三年消危”行动、公路灾毁恢复重建项目、国省道建设项目、农村公路“路长制”、建养运行机制推进情况以及防汛工作、安全隐患整治工作、路产路权维护现状等9项重点工作开展了综合调研督办。调研督办中，调研组深入基层察实情、找短板、寻实策，谋发展，与基层零距离，与问题零距离，宣贯部省政策，积极解疑答惑，开展技术服务，督办工作短板，摸清公路现状，取得了较好的效果，达到了预期的目标。现将综合调研督办情况报告如下：

一、总体情况

全省交通部门认真贯彻落实全省交通、公路工作会议精神，紧盯年度各项目标任务，信心足、干劲大、工作实，各项工作扎实务实、成效突出，呈现出了良好的发展态势。突出表现在以下方面：一是前期工作高效推进。福银高速公路工可项目已完成招标，武汉新港高速双柳长江大桥及接线工程勘察设计招标顺利推进。普通国道建设78个项目，已完成工可咨询23个、批复16个；初设咨询5个、批复2个。普通国道养护工程前期工作已签订技术服务合同，组织开展养护工程前期现场调查工作。二是建设项目扎实有效。按照项目建设“清单化、责任化、时限化”要求，聚焦前期工作和要素保障，全面落实重点项目调度、推进、协调等常态化制度，扎实推进项目建设进度，确保高质高效。截至5月底，全省完成普通公路固定资产投资193.5亿元，建成普通公路路基4074.8公里，路面3973.1公里，预计6月底确保实现时间过半、任务过半目标。三是国省道品质明显提升。国省道高质量发展理念得到广泛共识。交通公路部门在地方政府大力支持下，通过提档升级、专项行动等全力开展环保路、旅游路、产业路等美丽公路经济带创建活动，国省干线逐渐成为展示地方形象、助推经济发展的硬支撑，日常养护、精细化养护、机械化养护抓得紧抓得实，公路沿线的养护应急中心、公路服务区、交通厕所、停车港湾等各具特色，设施齐全，公路服务品质明显提升。四是农村公路特色明显。农村公路与旅游、产业、生态融合发展，成片成网，路景相融，已成为新农村建设一道亮丽的风景线。各地将“四好”农村公路建设与乡村振兴相结合，积极开展各具特色的农村公路建设，农村公路建设、养护发生翻天覆地变化，公路建设、路况水平有了明显进步与提高，沿线附属服务设施也到了逐步完善和发展。

二、重点工作开展情况

（一）公路桥梁“三年消危”推进情况。

各地争取将三年消危行动纳入政府重要议事日程，相继出台了实施推进方案。黄冈市政府将桥梁消危行动纳入市政府正向激励的重要考核内容；襄阳市政府将三年消危行动列入政府十件实事之一，黄石、潜江、天门、鄂州、林区等地已落实部分项目地方配套资金，有效保障了项目推进。潜江市积极创新项目组织实施模式，采用EPC建设模式，将工程设计、施工和“5年养护期”进行捆绑招标，对全市剩余53座公路危桥进行集中改造，成为全省首个公路桥梁三年消危行动试点市；黄冈市、荆州市、襄阳市、荆门市、仙桃等地结合自身特点，采取了EPC、施工总承包等方式，引进了大型央企，为项目实施提供了技术保障。

2021年全省公路桥梁“三年消危行动”目标为累计实施4000座，其中累计完工2700座。截至5月底，全省共启动实施危桥改造项目1764座（国省干线326座、农村公路1438座），占项目库总数的33%，占年度目标的44%；其中已上报完成危桥改造项目1074座（国省干线177座、农村公路897座），占项目库总数的20%，占年度目标的40%。全省纳入“三年消危行动”第一批项目库桥梁共计5289座，截至5月底，已完成设计批复的桥梁2473座，占比约46.8%；正在开展设计的桥梁2229座，占比约42.1%；仍未启动的桥梁587座，占比约11.1%。其中：仙桃市、潜江市、林区、宜昌市和黄石市前期工作推进较快，已完成设计批复桥梁占项目库总数分别为96%、91%、91%、88%、87%；荆州市、黄冈市、鄂州市完成设计批复桥梁占项目库总数也达到50%以上。

（二）2020年下达公路灾毁恢复重建项目完成情况。

2020年10月，省厅下达2020年公路灾毁恢复重建项目补助资金110000万元，安排公路灾毁恢复重建项目103个/807公里。截至5月底，全省公路灾毁恢复重建项目累计完成里程608.265公里，完工率75.4%；累计拨付补助资金6.96亿元，补助资金拨付率63%。其中，咸宁、鄂州、随州项目全部完工，恩施州、黄冈、黄石完工90%以上，荆州、武汉进展最慢（荆州完工率只有13.2%，武汉完工率只有19.4%）。

（三）近两年已落实部车购税的国省道建设项目完成情况。

近两年厅下达部车购税国省道建设项目计划109个，累计完成路基1755公里、路面1129公里，分别占计划的73%、57%。总体完成进度不均衡。G242竹山县田家坝至峪口段等19个项目主体工程已完工，占计划的17%，其中黄冈(4个)、十堰(3个)等11个市州均有完工项目；234国道钟祥城区绕城段等6个项目处于停工状态，占计划的6%，其中恩施州3个、荆门2个、随州1个；G316武当山段新建工程(武当山特区)等6个项目未开工，占计划的6%，其中恩施州4个、十堰1个、宜昌1个。部分项目与计划时间进度还有一定差距，累计进度比例低于40%的项目有23个，其中恩施州6个、十堰4个、黄冈3个。

(四)2021年预安排计划公路建设项目开展情况。

2021年，省厅下达预安排184个国省道项目计划。截至5月底，全省完成国省道建设投资49亿元，完成一级公路106公里、二级公路125公里，分别占年度预安排计划力争目标的5.1%、14%、13%。

从完工情况看，全省已完工项目5个，有21个项目未开工，十堰、宜昌、恩施未开工项目较多，分别有4个、3个、3个。从进度情况看，武汉、十堰、荆门、黄冈按时间进度要求完成工程量相对较好；鄂州、随州、仙桃等市预安排项目尚未形成路面形象进度。

(五)公路防汛工作准备及落实情况。

认真贯彻落实省防办关于切实做好汛前准备工作的通知以及全省防汛抗旱工作电视电话会议精神，全省公路层层成立防汛工作领导小组，明确防汛职责及工作重点，从隐患排查、预防预警、应急物资储备、应急队伍建设等方面做好防汛各项工作。全省共储备抢险机械设备2452台套、公路钢桥23套、无人机16架、冲锋舟20艘、渡船9套。野战帐篷170顶、编织袋224194条、储备砂石料11.8967万余立方、各类警示标志标牌15943块，锹镐8726把，水马、防撞锥等29098个。待命应急保通队伍96支计5330人。

按照“雨前查隐患、雨中查险情、雨后查损失”的工作思路，深入开展安全隐患大排查活动，排查桥隧、工地、路段、渡口、站所等安全隐患1295处，已整改1230处，整改率95%。入汛以来，全省连续遭遇四轮强降雨和强对流大风雷暴天气侵袭，宜昌、恩施、襄阳、十堰、黄冈、咸宁等地公路部门加大对易滑坡、临水临崖、连续陡坡、重要桥隧等路段巡查排险力度，对在建公路工程项目落实各项安全防护措施，针对公路灾毁情况设置安全警示标志、疏导交通、及时清理塌方、疏通排水等措施进行抢险处置，昼夜奋战抢修水毁公路，切实做到“保通保畅保安全”。

(六)普通公路重大隐患风险的整治情况。

落实省厅深化防范化解安全生产重大风险工作专题会议精神，按照分级分类管理要求，从组织领导、责任分工落实、措施防范上认真按照相关要求抓好工作落实。

2021年，省综合交通安全生产专业委员会挂牌督办重大安全隐患路段15处。其中，G316孝感孝南区1136km+500m~1146km+500m处、G316襄阳襄州区1440km~1460km处已完成销号；G312国道928km~938km+500M段、G209建始县2274km~2284km(闫家湾隧道)段、G220黄冈市武穴市1234.9km~1244.9km(界岭至大金)段，隐患整改基本完成；其他重大安全隐患路段正在加紧整改。

(七)农村公路“路长制”推进情况。

孝感市自2019年开始在全市推行“路长制”，市级成立路长办，实行县市区、乡、村三级“路长制”，初步形成“党委领导、政府主导、部门指导、乡村联动”的工作格局，2019年至2020年，全市成功创建了14条特色鲜明的示范路，共288公里。2021年，孝感市路长办到县(市、区)对路长制工作进行巡查督办20余次，召开全市路长制专班工作会议2次，“路长制信息化云平台”管理系统培训会议1次，报送市政府重点工作12次，正在研发“路长制信息化云平台”管理系统进行全市数据、信息收集、录入。全省共3个市州制定出台“路长制”实施意见，除潜江、天门、林区外，其余市州正积极研究。全省共有39个县(市区)已由县人民政府印发“路长制”推行的相关文件，试点推行路长制工作。

(八)路产路权维护工作情况。

综合执法改革情况：截至5月底，全省9个市州已成立交通运输综合执法支队，分别是武汉、十堰、宜昌、黄冈、荆州、恩施、孝感、黄石、襄阳，其中7个市州路政管理职能已划拨至交通运输综合执法支队或交通运输局(荆州)；全省56个县市区已成立交通运输综合执法大队。

已完成改革的公路部门对于路产路权的维护，主要由养护人员在日常养护巡查中兼职完成，若发现损害路产路权情况及时报告执法支队进行处理，相关工作协同机制已初步建立。未完成改革的公路部门继续开展公路巡查、路面治超、路域环境整治工作。

(九)农村公路建设养护机制推进情况。

全省共有10个市州相继出台农村公路管理养护办法，对农村公路管理养护、资金保障作出明确规定，“以县为主、分级负责、群众参与”的农村公路养护格局基本形成。县级政府是农村公路养护的责任主体，对辖区农村公路养护工作负总责，落实养护资金，建立农村公路管养长效机制，组织开展农村公路养护工作。县级交通运输部门负责实施本辖区县道养护，监督、指导乡道、村道养护工作。乡镇政府是乡道、村道养护的实施主体，具体负责本辖区乡道、村道养护工作。

各地初步形成长效的农村公路管养制度体系，形成了专业公司养护模式，“三员合一”养护模式，“乡镇统筹，分村划段”养护模式，“专群结合”养护模式，“养护社会化”模式等农村公路管养模式。

三、存在的主要问题

(一)干线公路建设要素制约大推进困难。

配套资金筹集困难和土地环保要素制约是干线公路建设推进的最大问题。现行土地政策明确规定除国家高速公路和国道项目、连接深度贫困地区直接为该地区服务的省级公路外，其他项目停止办理用地手续。受用地政策影响，一批省道项目基本停滞。2021 年，省厅下达的前期工作计划(第一批)中 33 个项目中 19 个项目因土地、环境等要素限制进度滞后。一批“未批先建、边批边建”的在建项目因违法用地停工。仅荆州市就有 14 个“十三五”项目占用基本农田 19 公顷，处于停工状态。随着人工费用、砂石、水泥、钢材等主材价格大幅上涨，地方资金配套十分困难。“十三五”期宜昌市一级公路部省补助资金约占项目建安费 28% 左右，二级公路占 38% 左右，市县配套资金比例在 60% 以上；“十三五”宜昌市一二级公路建设总投资 191 亿元，部省补助 54 亿元，需地方配套 137 亿元，平均每个县需配套约 14 亿元左右；宜昌市因资金配套问题无法开工的干线公路项目 12 个，开工后无法顺利推进的干线公路项目 14 个。

(二)“三年消危行动”进展不平衡。

从实施进展情况来看，潜江市、黄冈市、黄石市进展较快，开工率分别占项目库总数的 89%、54%、53%，占年度目标任务的 118%、72%、70%；潜江市已率先完成 2021 年度实施目标，恩施州、黄冈市，完工率分别占项目库总数的 37%、35%；占年度目标任务的 68%、63%。仙桃市、随州市、荆州市、鄂州市、荆门市等市州项目库实施率均低于 20%，项目库完工率均低于 10%，与年度目标任务差距较大。主要原因：一是地方配套资金压力大。“三年消危行动”项目多、造价高、资金配套压力大。加之部省补助标准和规模未出台，部分地区有等待观望心态。二是技术要求高施工难度大。“三年消危行动”项目库中桥梁多、形式多样、结构复杂、部分桥梁修建年代较早，对设计、施工提出了较高的技术要求。特别是偏远山区，机械设备、材料运距远，施工场地受限，难以标准化规模化施工。三是管理难度较大。部分公路危桥改造项目由县市负责建设，在建设中面临技术人员短缺、管理经验不足等问题，难以适应项目建设管理需求。

(三)农村公路管养长效机制需进一步完善。

一是“路长制”需要规范。全省除孝感市外，农村公路“路长制”的推行尚处于探索阶段。由于各地争取政府重视程度不同，“路长制”的工作职责、组织体系、考核机制急需规范完善。二是养护组织需要加强。农村公路养护大多以镇、村养护为主，机构设置不一，养护观念不强、专业程度不高，养护质量参差不齐，甚至出现失养、缺养现象。三是管理体系亟待完善。农村公路管理存在薄弱环节，大多依靠乡镇、村级护路员护路，得不到有效监管。

(四)公路行业改革需进一步加强指导。

随着行业改革逐步深入推进，公路部门职能定位、工作程序、经费保障、基层建设等方面面临许多问题。一是职能职责不清。全省公路部门名称不一，各地公路部门职责分工也不同，个别公路部门工作碎片化，头痛医头脚痛医脚。二是工作关系不顺。交通部门与公路部门、各级公路部门之间分工模糊，工作关系不清，公路部门无法实施对行业的有效的指导管理服务。三是经费保障不足。部分市级公路部门改革后，行业管理经费被交通部门统筹，日常管理经费短缺，运转十分困难，矛盾较为突出。四是基层建设不够。部分基层公路部门改革历史遗留问题多、包袱重，养护应急设备、站所等资源被统筹划拨，人才滞后、设备落后，作用能力差、应急保通能力不足的问题将进一步凸显。

四、有关建议

(一)恳请省厅争取省政府出台关于加快新时代交通公路高质量发展的意见。

发展是硬道理，交通是硬支撑。湖北得天独厚的交通区位优势必须充分发挥。根据国务院出台《交通强国建设纲要》《国家综合立体交通网规划纲要》，我省交通公路发展短板日益凸显，土地资金等制约交通公路发展要素日益加重，必须加以研究解决。恳请省厅争取省政府出台关于加快新时代湖北交通公路高质量发展的意见。建立交通公路部门与发改、财政、土地、环保、文化旅游等部门定期协调沟通机制，在交通公路建设综合规划、资金投向、要件审批上共商共建、整合资源、融合发展，共同推动交通公路高质量发展。

(二)恳请省厅制定出台关于全面做好农村公路“路长制”工作的指导意见。

根据交通运输部关于全面做好农村公路“路长制”工作的通知精神，在省、市两级人民政府分别成立农村公路“路长制”领导小组，建立健全地方党委政府主导、交通部门主抓、多部门协调配合的“四好农村路”建养管模式，细化县、乡、村三级路长具体职责和责任清单，制定“路长制”具体工作制度，完善“路长制”考核奖惩措施，健全完善工作机制，落实保障措施，加大宣传指导力度，进一步压实农村公路管理养护责任。

(三)恳请省厅加强对全省公路行业改革指导。

建议省厅制定出台全省公路行业改革指导意见，明确公路部门的事权划分、职能职责，理顺省市县三级公路部门与交通、执法等部门的工作关系。指导各地交通公路部门积极把握和主动适应机构改革新要求，按照聚焦主业、覆盖全面、做优做实、理顺关系、职责清晰的原则，主动而为，推动改革，进一步把公路事权做实、把服务做细、把支撑做硬、把管理做优，推动公路事业高质量发展。

关于做好当前安全生产工作的思考与建议

湖北省道路运输事业发展中心　陶维号

近日，笔者带队对湖北某市安全生产工作进行了一周的督查，重点对该市市、区两级党委和政府以及应急管理、住建、交通等部门贯彻落实中央、省相关部署情况等进行了综合督查，对督查方案指向的38个问题清单以及涉及的12家企业进行了全面核查和延伸检查；现场查看了11家“两客一危”运输企业、4家尾矿库和矿山，走访了12个社区、敬老院、燃气商业用户等。结合自己长期从事安全监管工作的所思所困所想，形成如下几点思考与建议。

一、对当前安全形势的总体感受

(一)安全生产高压态势正在形成，但是压力传导递减现象依然存在。

从整治力度看，各级级党委、政府主要领导等均深入一线督导，各部门领导奔赴现场排查，该市19个安全生产专业委员会检查1581家次企业(单位、场所)，高压态势不可谓不大。

但从实地督查情况看，各级政府、部门布置的工作，到企业层面压力传递链条就中断，多是一般性安排，可追溯的文件一大堆，但是真正管用的不多，有的规章制度照搬照抄，有的体系文件内容与现场运行实际不符，存在政热企冷、压力减弱现象。

(二)隐患排查治理行动全面展开，但是不真不实不硬的情况依然存在。

从整治硬度看，该市各安全生产专业委员会查出隐患问题2861项，下达执法文书或整改通知书783份；市住建部门检查发现安全隐患30处，下达整改通知书12份；某开发区拆除占压天然气管道设施违法违规建构物7处，排查整治力度不可谓不大。

但督查发现，安全生产检查频次高，但有的流于形式。如，在近一周的时间里，该市某企业接受各级各部门安全生产检查达14批次，但均未交办具体整改问题。个别部门在行业监管上动真碰硬还不够。如，某区应急管理局6月15日连发28份安全生产行政执法文书，却未见一起处罚。

(三)一批问题隐患得到整改治理，但是新的问题隐患依然存在。

从整治深度看，经核查，督查方案所列该市38个问题清单，虽然大部分已经整改完毕或正在整改落实，但督查又新发现问题45个。

二、问题依然存在的深层次原因分析

从历次事故调查、安全检查报告看，安全生产存在的主要问题，归纳起来还是那几样：“投入不足”“违规操作”“违章指挥”“主体责任不到位”“培训不到位”“监管不到位”“专业人员缺乏”等都是常见词汇。

在目前安全生产高压态势下，管理那么严，检查这么多，为什么顽症依旧，形势并未有大的改观？我认为，影响因素固然很多，但是，一个重要原因是，有些基层部门、企业干部在安全生产方面存在的惯性思维、一贯作风、习惯做法！从某种意义上看，这也成为了当前安全生产方面最大的隐患，需要从思想根源上进行排查和根治。

1. 要坚决打破“事故发生后都是这么整”应付检查的惯性思维。在监管层面，消除问题隐患治理一整风，或者只检查排查，少治理整改的现象。在企业层面，淡化痕迹对付检查，重心向下向内，真正在安全责任、投入、培训、管理、应急救援五到位方面，聚焦自身薄弱环节抓强化，淡化痕迹对付检查。

2. 要坚决改进“开会、发文、检查、记录、报道”等避责式的惯常作风。改变安全整治“上面热热闹闹、企业不了了之”的局面，把更多心思放在提升本质安全与基础安全上，把更多精力放在排查之后风险防控和隐患治理上。

3. 要坚决改变“一刀切、一把尺子量到底”的形而上学的习惯做法。一个企业“生病”，所有企业“吃药”的现象一直存在，来自多个政府及部门水平不一的频繁检查，反而不利于企业落实安全措施。

三、典型务实做法

关于借助第三方专业力量的问题，在督查发现有两个案例务实管用，值得关注。

案例一：该市某区聘请第三方服务公司，对118家工贸企业开展风险评估和隐患排查，并将结果按风险等级对应“红、橙、黄、蓝”四色按季度予以全区通报，对企业主要负责人安全生产意识触动较大，促进了企业主体责任特别是主要负责人安全责任落实。

案例二：道路运输流动性大、不可控因素多，一直是安全生产的心头大患。近年来，湖北省交通运管部门引入3家第三方监测企业，探索第三方安全监测机制，对近23万辆“两客一危一货”运输车辆实行全天24小时实时动态监测，及时发现、实时报警、纠正和协助处理驾驶员超速、疲劳驾驶、接打手机等违规驾驶行为，对车辆运行安全起到“加把锁”的作用。交通运管部门运用第三方监测数据，借鉴执纪监督问责四种形态的做法，督促运输企业对违规驾驶员采取批评教育、停班学习、经济处罚、辞退开除、联合惩戒五种形态进行处理，打通监管部门到企业、企业到车辆驾驶员压力传导最后“一公里”，驾驶员违规驾驶行为整体大幅度下降，车辆运行安全风险防控效果明显。从2019年到2021年4月，全省运输企业对“两客一危”车辆驾驶员实施批评教育70945人次，经济处罚14636人次，停班学习2080人次，辞退开除

127人，联合惩戒40人。有的企业还运用这些监测数据，借鉴民主生活会的做法，对驾驶员开展警示教育，安全驾驶意识触动效果明显。该机制实施以来，驾驶员违规驾驶行为整体大幅度下降，车辆运行安全风险防控效果明显。据统计，全省“两客一危”车辆违规报警信息，2021年4月较2019年4月同比下降95%。督查中发现，该市2021年前5个月驾驶员超速和疲劳驾驶行为分别下降97%、92%。这种做法目前已被多地借鉴并创新运用。

四、几点建议

(一)坚持把强化企业安全生产主体责任放在首位。

企业核心领导的重视程度往往决定了安全责任的落实程度。首要的是破解企业主要负责人这个“牛鼻子”在思想和行为方面存在的不想和不会落实主体责任的问题。核心问题是“不想”。必须纠正企业主要负责人把安全工作的刚性要求当作“耳边风”，把自己安全生产“主攻手”的责任定位变成“二传手”，将安全人员当挡箭牌的错误做法。

为此，需要从行政处罚、责任追究两个层面加大对安全违法行为的打击，责任事故的处理，形成震慑；需要运用社会信用体系的力量进行治理；需要建立和强化企业主要负责人未经培训考核合格不准上岗的准入制度等，倒逼企业主动抓安全。

(二)坚持把强化企业安全生产基础作为重中之重。

我们督查新发现的45个问题中，设备设施和操作规程类问题21个，这类问题多数属于本质安全和安全基础问题，这些物的不安全状态、人的不安全行为、管的薄弱环节等，必然成为成安全隐患。可怕的是，有的地方和企业对这类问题有的不问不听、视而不见、见怪不怪。

为此，各行各业，尤其是高危行业的企业，迫切需要把补齐安全生产基础短板，作为当前问题隐患排查治理的重中之重，维护设施设备、提升技术措施、强化教育培训、修复管理缺陷。

(三)统筹协调建立合理的风险隐患排查工作机制。

安全不是监督出来的，但在企业自律缺失和安全基础薄弱的当下，必要的安全监督和问题隐患排查是必须的，同时，如何理顺安全检查与企业落实主体责任的关系，避免“一人感冒，全家吃药”的监管与检查模式，也需要认真研究。

为此，建议各安全生产专委会针对不同情况，分级分层、分类分项建立层次清晰、重点突出、频次适度、务实有效、企业接受的风险防控、隐患排查和治理机制，以减轻企业被检查频次，集中精力强化自身安全及问题整改。对于经过量化评估认可的管理规范的企业，可以免检或减少检查频次，主要以自检自查为主。

(四)充分运用第三方专业机构强化安全风险监测、隐患排查。

面对门类越来越多、体量越来越大的生产经营企业，特别是在燃气、化工等重点领域，政府部门自身专业人才欠缺，仍然采取“人海战术”的传统管理思维，很难组织务实有效的问题隐患排查。

为此，建议在专业性比较强的行业，充分借助第三方专业机构的力量，加强安全生产环节的监测，为主管部门隐患排查和精准监管提供有效的支撑。对量比较大、安全管理能力不强的小微企业，加大政府购买服务力度，引入第三方安全生产专业化机构，在风险辨识、隐患排查等方面，为其安全管理直接提供服务。

加快推进湖北港口资源整合的调研报告

湖北省港航事业发展中心　王阳红

为深入贯彻习近平总书记视察湖北、考察长江的重要讲话精神，落实省委省政府主要领导关于加快推进全省港口资源整合、推进港口运营一体化的指示精神，我们对浙江上海等省市港口资源整合、港口建设与发展、岸线资源管理与生态环境保护等方面情况进行了调研、考察、学习，形成如下调研报告。

一、推进我省长江、汉江港口资源整合一体化发展势在必行

（一）推进港口整合是贯彻落实习近平总书记重要指示精神，做大做强港口，建设世界一流港口的重大举措。

港口资源整合是习近平总书记重点关注、亲自推动的重要事项。习近平总书记在浙江任职期间亲自推动了浙江宁波－舟山港的整合，他每到一个沿江沿海地区几乎都要视察港口。他提出要建设世界一流港口，明确提出港口要做好“四个一流”，为“一带一路”建设服务好。交通运输部为深入贯彻习近平总书记关于港口发展的重要指示批示精神，在总结区域港口一体化发展改革试点的基础上，交通运输部印发《关于学习借鉴浙江经验推进区域港口一体化改革的通知》，要求全国各地学习借鉴浙江推进区域港口一体化改革经验，因地制宜有序推进区域港口一体化发展。

（二）在交通运输部的大力引导下，许多省份港口资源整合已成效凸显。

浙江省2015年8月，成立由省委书记任组长、省长和常务副省长任副组长和有关省领导、部门以及地市主要负责人为成员的省海洋港口发展领导小组。2016年6月，组建省海洋港口发展委员会，由省分管领导担任主任。2016年11月，省海港集团与宁波舟山港集团深化整合，实行“两块牌子、一套班子”运作。并一次性注入省属资产150亿元，作为省级海洋港口资源开发建设投融资主平台。在实现宁波—舟山港一体化运营基础上，之后又相继完成了对温州港、嘉兴港、台州港和义乌国际陆港等相关港口资产的整合。浙江省港口整合有力促进了港口发展定位科学化、有力促进了港口资源利用集约化、有力促进了港口运营高效化、有力促进了港口市场竞争有序化、有力促进了港口服务现代化。

广西壮族自治区2016年3月沿海三市港口管理体制改革上收工作全部完成，北部湾港口行政管理资源整合工作全面完成；江苏省于2017年5月成立了江苏省港口集团有限公司实现了全省整合；江西省2018年6月成立了江西省港航建设投资集团有限公司实现了全省港口航道等资源的整合；湖南省于2018年12月以省属国有资本为主体，联合岳阳市属国有资本，成立了湖南省港务集团有限公司，形成了湖南港口投资建设、一体化运营和港产园城融合发展平台；此外重庆、河北、福建、山东等省也已全面实现全省域范围内的港口资源整合。

（三）我省港口资源整合初显成效，但横向比较滞后明显。

我省是较早开展港口资源整合的省份，开展港口资源整合取得了一定的成绩，但与外省市整合效果相比还存在以下几个方面的问题：一是局部港口资源整合效果不理想。武汉港发集团的鄂东港口资源整合未能发挥资源整合对港口现代化抱团发展强有力的推动作用。二是局部整合加剧了大型企业集团各自割据抢占岸线资源的格局。各大企业集团将岸线作为战略资源进行开发，参与我省港口建设开发的中央或省级大型企业集团不下10家，一定程度上造成了从“小而散”到“群雄割据”的格局；三是港口“龙头企业”领跑效应不够。随着外省港口集团成功组建，武汉港发集团规模和效益已不具备优势，要实现省政府打造长江中上游最大的港口营运商和最大、最具影响力的临港产业集团及综合物流集团的目标，还需要由更强有力的措施。四是港口市场的合理分工和有序竞争格局尚未形成。全省重要港口的港口功能布局定位尚缺乏统筹规划，同一港区范围内同质化、恶性竞争还一定程度存在。

我省作为长江经济带的中心腹地，汉江又是长江最大支流，在总结我省鄂东五市港航资源整合取得经验的基础上，迫切需要加快研究推进全省长江、汉江港口资源整合的具体措施和方案。

二、湖北港口整合一体化是建成内河一流强港打造内陆开放高地降低物流成本的必由之路

（一）有利于加快推进我省一流强港建设。

整合港口资源，有利于促进不同层次港口间的合理分工和港口间优势互补，避免“小而全”的重复建设，实现岸线资源的节约集约使用；有利于政府集中资金和其他政策支持整合后的港口做大做强，避免“撒胡椒面”，发挥政策的合力效应；还有利于政府以整合后的港口企业为依托，通过资本运作方式筹集资金，加快推进一流内河强港建设。

（二）有利于构建以黄金水道为主轴江综合运输体系，进一步降低我省物流成本。

我省作为长江经济带的中心腹地，占有长江干线的三分之一，这是我省打造低成本物流的天然禀赋资源，港口作为沿江综合运输体系发展的重要基础，发挥着不可替代的重要作用。通过整合港口资源，进一步提升我省港口功能、加强港口间互动联合，促进港产城深度融合，加快推进港口枢纽化、集约化、现代化发展，将有利于进一步降低物流成本，为我省长江经济带开放开发战略实施提供更强支撑。

（三）有利于加快我省产业优化布局和经济转型升级。

随着长江经济带建设的深入推进，港航在全省发展中的作用日益凸显，通过整合港口资源，带动要素合理流动，优化沿江产业布局，加快产业转型升级，实现港航与地方经济紧密融合，加快实现“建成支点、走在前列”的目标任务。在推进经济发展方式转变和产业结构调整上取得新突破。

三、浙江上海等省市港口整合的经验

浙江省港口资源整合是习近平总书记亲自谋划、亲自推动的重大改革事项，在全国具有较强的典型性和代表性。浙江省推进港口资源整合，是深入贯彻习近平总书记关于港口建设发展的重要指示精神的战略举措，在统筹区域沿海港口、内河港口、内陆无水港一体化发展，发挥省内港口资源优势，促进港口提质增效升级、化解过剩产能、优化资源配置、服务国家战略、引领经济转型发展等方面取得显著成效。

（一）浙江省港口资源整合的主要做法。

1. 领导重视，高位推进。一是成立省海洋港口发展领导小组，由省委书记任组长，省长、常务副省长任副组长，有关省领导、部门及市州主要负责人为成员，统筹推进全省海洋港口一体化发展，协调解决推进发展过程中的重大问题。二是组建省海港委（领导小组、省海港委、海港集团于 2015 年 8 月同步成立），并获中央编办批准，为省政府直属正厅级机构，由分管副省长兼任党委书记、主任，省政府副秘书长、省海洋经济工作办公室专职副主任、省交通运输厅厅长、省港航管理局局长、宁波市市长、舟山市委书记兼任副主任，办公室设省交通运输厅。省海港委经省政府授权履行省级经济管理权限，基本职责包括：综合协调全省海洋经济发展，负责海洋港口发展工作，统筹海洋港口岸线综合管理，组织协调全省口岸管理，负责全省海洋港口一体化发展等，将省级政府口岸管理及原在发展改革、交通运输、海洋等部门的涉海涉港统筹职能划归省海港委。其中：口岸管理职责，从浙江省政府办公厅划入；海洋发展职责和按权限审批审核备案海港重大建设项目的职责，从浙江省发改委划入；海港规划及投资、沿海港口岸线管理和宁波舟山港管委会的职责，从浙江省交通运输厅划入；海岸线统筹管理职责，从浙江省海洋渔业局划入；管理浙江省海港集团和宁波舟山港集团，承担浙江省委、省政府赋予的其他职责。

2. 政府引导，股权纽带。一是在原海投集团基础上，更名成立海港集团，并一次性注入省属资产 150 亿元（原海投集团资本金 100 亿元和省财政注资 50 亿元），作为省级海洋港口资源开发建设投融资主平台。二是撤销原宁波港集团和舟山港集团，通过股权等值划转（按净资产无偿划转），整合组建新的宁波舟山港集团，作为全省海洋港口运营核心主体。三是深化整合海港集团与宁波舟山港集团，将宁波舟山港集团资产整体注入海港集团。在公司层级上，宁波舟山港集团成为海港集团全资子公司；在管理层级上，海港集团与宁波舟山港集团实行“两块牌子、一套班子”运作。四是在实现宁波、舟山港一体化运营基础上，相继整合嘉兴港、温州港、台州港和义乌国际陆港等港口资产，并与其他内河港口开展合作。下一步，海港集团将推进港口资源深度整合。

3. 统筹推进，集约发展。一是统筹加强港口岸线资源管控。完善港口岸线项目的前期工作联动机制，成立浙江省海洋港口岸线资源收储中心，加强港口岸线等资源的统筹管理。二是统筹推进口岸监管一体化。通过不同口岸部门信息互换、监管互认、执法互助，实现全省口岸跨部门、跨区域一体化通关协作。以宁波舟山港为突破，船舶在不同港区移动按在不同泊位移动处理，货物在不同港区装卸按在不同堆场装卸处理，将电子口岸平台整合至“单一窗口”并在全省推广，同时实现宁波舟山港调度引航一体化。三是统筹推进建设项目。编制实施全省“十三五”海洋港口重大建设项目库，集中资金资源，重点有序投向重大项目。四是上收管理权限，实行股比分红权与经营决策权分离。通过公司章程约定，出资人一致授权浙江省国资委行使对海港集团的决策权，集团下属企业、资产、业务由海港集团统一运营管理，各出资人按股比分享收益。每年实行保底分红并逐年增长，如果不能足额分配，省级财政让利地方财政，满足各地级市优先分配。

4. 优化布局，港城联动。一是调整港口布局。科学编制全省海洋港口发展中长期规划，完善修订各港口总体规划，形成了以宁波舟山港为主体，以浙东南沿海港口和浙北环杭州湾港口为两翼，联动发展义乌国际陆港和湖州、金华、衢州、丽水等地其他内河港口的“一体两翼多联”港口格局。二是优化港口功能。以集约化和规模化为原则，以地域经济特色和货物货种需求为划分标准，将宁波舟山港 19 个港区划分为重点发展港区、优化发展港区、特色发展港区，分类推进发展。三是加强多式联运。高速公路（或连接线）、跨海大桥基本覆盖所有港区，重载铁路进入主要集装箱和矿石、煤炭散货码头。积极推进水水中转、江海联运、铁水联运，组建大宗散货江海联运船队，建设舟山江海联运服务中心。四是促进港产城联动。加强港口规划与城市规划、产业规划衔接，港口与临港产业、物流园区衔接。“向陆”，拓展内陆服务网络，促进海港与义乌等内陆无水港联动；“向江”，推进长江发展战略，在南京、太仓等地投资建设多个码头，并与长江沿线 20 多个主要港口形成江海联运服务对接。“向海”，参与印尼、缅甸等“一带一路”沿线港口投资建设，深度对接招商局、中远海运等央企，在港口建设、临港工业、海洋产业等方面加强国际合作。

5. 合作共建，多方共赢。一是深化与央企合作共建。共同投资港口码头，并纳入海港集团统一规划、建设和运营。二是充分调动地方积极性。

维护地方现有利益。保持各地港口企业注册地、股权和税收关系不变，保持重点项目推进力度不减，保持港口对各地经济发展支撑力度不减反增。三是注重发挥生态效益。创新发展绿色码头，对不符合环保要求和功能定位的老旧码头实行技术改造或整体搬迁，集卡“一拖双挂”被评为交通运输部第五批“全国交通行业节能减排示范项目”，油改电龙门吊年节约能耗超1万吨标煤、减少碳排放超2.6万吨，高压岸电实现单次供电17小时、19388千瓦时，创岸电用电量和用电时长两项国内纪录。

（二）上海集团资源整合做法。

上海国际港务（集团）股份有限公司（以下简称上港集团）是我国大陆最大的港口企业。集团先后经历了上海港务局、上海国际港务（集团）有限公司改制，由上海市国有资产监督管理委员会、招商局集团“招商国际”等五家单位作为发起人发起设立，经国家商务部批准，于2005年6月28日正式成立。上港集团主营业务分四大板块，即：集装箱码头业务、散杂货码头业务、港口物流业务和港口服务业务，目前已形成了包括码头装卸、仓储堆存、航运、陆运、代理等服务在内的港口物流产业链。公司上海地区下辖分公司12家及内设机构3家，二级（全资及控股）子公司31家、参股企业13家。

上港集团实施“六个聚焦”发展战略，即：聚焦国资国企改革完善现代企业治理结构，聚焦洋山深水港区建设消化“十三五”增量，聚焦长江，发展港、航、货纵向一体的港口物流产业，聚焦优化资源配置推进重大项目，聚焦国际化把握底部机遇，聚焦核心主业相关多元投资。2019年上海港（公司母港）集装箱吞吐量4330.3万TEU，连续第十年位居全球首位。截至2019年12月31日，公司总资产1421.77亿元人民币，实现归母净利润90.62亿元，A股总市值1337.12亿元人民币。

四、经验和启示

浙江等省市港口资源整合对我省港口整合发展提供了可借鉴的典型经验。

1. 必须坚持省委省政府主导推进。推进全省港口资源整合涉及省、市、县多级政府与资本、市场主体，打破现有经营模式与利益格局，必须通过省委省政府统筹整合政府与市场两大资源，充分发挥省级政府在战略规划、资源统筹、行政管理、综合协调方面的优势，突破行政壁垒和利益束缚，减少和防止要素投入的低效与浪费，确保发展规划、重大决策与省委省政府要求保持一致。

2. 必须坚持从省级层面统筹。通过上海、浙江两省港口整合发展经验及我省鄂东五市先期整合发展情况，要平衡全省各地方利益，统筹合理开发全省港口资源，形成发展合力，必须坚持省级统筹推进，坚持管理经营权归属省级政府，通过省级层面科学合理调整各港功能定位，促进协调发展，推进港口、产业、城市联动融合发展，将全省港口整体打造成为现代化大型内河强港，推动城市社会发展。

3. 必须坚持通过划拨方式进行整合。港口整合涉及武汉、宜昌、荆州、黄石4个全国性主要港口、鄂州等14个区域重要港口、19个地方一般港口公用码头国有资产，公用港口码头基本采用政府补贴、资金扶持等方式建设，为避免国有资产流失，解决国有资本分散割据形势，全省港口所有涉及国有资产必须采取划拨方式一次性划至省级平台。从外省港口整合发展经验来看，只有通过划拨方式才能实现真正意义上整合，才能使全省统一的港口经营管理平台后续健康稳定运行。

4. 必须在行业管理部门协调下统筹推进。根据现行港口管理的有关法律法规，作为省政府的组成部门，交通运输主管部门和港口行政部门具体行使港口、岸线相关管理职能，并协助统筹全省港口规划与发展。推进全省港口资源整合，不仅包括港口企业，还包括港航资源、行政资源等相关内容，并涉及协调口岸、发改等相关职能部门，必须在行业管理部门统筹协调下才能更好实现全省港口资源整合，更有利于对上协调政策，横向统筹资源，对下因地制宜，在全省形成团结一心，抱团发展的合力。

五、有关建议

第一，建立强有力的领导机制。建议成立湖北省推进港口整合领导小组，统筹推进全省港口资源整合；第二，建立精干高效的工作专班。建议湖北省推进港口整合领导小组下设办公室，设在省交通运输厅办公室在领导小组领导下开展日常工作；第三，制定全面统筹、对标一流、科学高效、切合实际的实施方案。深入贯彻习近平总书记关于港口工作的系列指示精神，以建设世界一流内河强港为目标，统筹全省长江、汉江港口岸线资源，整合重点国有港口企业，按照全省港口统一规划、布局合理、分工明确、专业配套、规模发展的思路，制定切实可行的整合路径和具体方案。第四，制定积极稳妥的港口整合实施计划。争取5月制定完成港口整合实施方案、2021年6月湖北省港口集团挂牌、2021年底全面整合到位。

专题资料

进一步优化交通运输营商环境的实施意见

（鄂交发〔2020〕123 号）

为全面落实党中央、国务院和省委、省政府关于优化营商环境的决策部署，深入实施《优化营商环境条例》，坚决贯彻落实《省委省政府关于更大力度优化营商环境激发市场活力的若干措施》（简称“30 条”）、《大力弘扬“店小二”精神“十必须、十不准”》，坚持问题导向、需求导向、目标导向、结果导向，以更大力度、更坚决措施优化全省交通运输政务服务环境、市场环境、法治环境，推动补短板强功能交通项目建设提速加力，建设交通强国示范区，打造新时代九省通衢，特提出以下意见。

一、高度重视优化营商环境

交通发展，短期靠项目，中期靠政策，长期靠环境。营商环境是发展环境的重要内容，是地区核心竞争力和软实力的集中体现。全省交通运输部门要把优化营商环境作为今年下半年及今后一段时间的一项重要政治任务，持续发力、久久为功，以滚石上山的拼劲韧劲干劲，打造湖北交通运输营商环境“升级版”。

全省交通运输部门要把优化营商环境法律法规和政策的学习，作为党组、党委中心组学习的重要内容，全面准确地落实“30 条”和“十必须、十不准”。要强化“一盘棋”的大局观念，制定工作方案，成立以主要负责人为组长的领导小组，把优化营商环境的责任落实到主要负责人、分管领导、业务部门和每个干部职工的肩上。要把工作措施细化到每项业务、每个领域，传导压力，强化领导，密切配合，精准发力。实行“月调度、季通报、年总结”的工作机制。对不履行优化营商环境职责或损害营商环境的行为，要依法依规追究责任。

二、提高行政审批质量效率

要把深入推进“放管服”改革、提高审批质量效率作为优化政务服务环境的当头炮，硬指标。全面落实交通运输审批新机制，做好权责清单公开，服务指南完善，审批流程再造，建设一流的政务服务窗口。要落实“放管服”的要求，依法依规开展审批工作，清理简并资质资格许可事项，不准变相审批，可网办事项不准要求到现场办理，审批服务做到“零超时”。大力推进审批服务过程中的“减事项、减材料、减环节、减证照、减时限”，积极推行“马上办、就近办、网上办、一次办”。

三、推行政务服务“一网通办”“一事联办”

按省政府统一部署，积极推进“一网通办”，尽快实现事项管理全统一、业务系统全连通、统一受理全覆盖、重点事项办理全提速，提升企业群众的获得感、满意度。推进垂管业务系统与地方政府政务服务系统互联对接。围绕交通领域办件量大、企业群众需求多的事项，做好交通行业“一事联办”试点和推广工作，积极配合相关部门开展水电气和投资、大件许可的并联审批工作。方便企业群众“一号申请”，“一套材料”办审批，推动高频服务事项入驻“鄂汇办”App，从“网上办”向“掌上办”转变。

四、强化政务服务的技术支撑

做好审批业务系统的衔接、协同，提升网络支撑能力，加强数据共享开放，强化数据安全管理，“让数据多跑路，让群众少跑腿”。在审批量大、社会需求多的审批业务中，探索研究电子证照、电子文书、电子印章、电子档案应用，提升企业群众办事的便利度。

五、健全政企沟通机制

建立政企沟通责任机制，形成建议投诉受理、处理的责任闭环，对所有企业和群众实名提出的意见、建议或投诉举报，必须实行首办负责、100% 限期反馈，不准互相推诿、故意拖延、逾期不回复。推动政务服务“好差评”对所有服务事项、服务渠道、承办单位、承办人员的全覆盖，100% 限期整改并反馈。确保各事项服务指南联系方式有人应答，畅通企业群众诉求和权益保护的反映渠道，落实“1 个工作日签收、一般问题 5 个工作日办结、疑难问题 15 个工作日办结”的工作要求。

六、深入推进“证照分离”改革

落实优化市场环境的各项要求，积极推进“证照分离”改革，对所有涉及市场准入的行政审批事项全部纳入“证照分离”改革范围，按照“直接取消审批、审批改为备案、实行告知承诺、优化审批服务”等四种方式，进一步清理压减各类审批事项，做到能减尽减、能合则合，优化审批服务。

七、持续放宽市场准入

严格执行市场准入负面清单制度，负面清单中的禁止事项要监管到位，许可事项要规范办理。对所有市场主体一视同仁、平等对待，严禁违法自行设立市场准入门槛，禁止搞地方保护、指定交易、市场壁垒。清理违反相关规定的政策文件，做到公平竞争审查常态化，促进市场公平竞争。

八、降低和规范涉企收费

严格落实各项涉企降费政策，进一步减轻企业负担，降低经营成本、激励投资创业。治理交通部门下属单位、行业协会商会、中介机构等涉企收费行为。所有省定涉企行政事业性收费必须做到“零收费”，不准超出清单收费、搭车收费、变相收费，不准违反保证金规定。

九、激发市场活力和社会创造力

为新产业、新业态、新模式规范发展留出充足空间，对所有市场主体实行包容审慎监管，对市场主体首次轻微违法经营行为及时纠正的免予行政处罚。不准对新业态、新模式简单否定，以罚代管，一罚了之。所有涉企会议、调研活动必须严格实行归口报批管理，经同级党委、政府批准后方可组织，除走访服务企业或者企业家履行社会职务职责外，一个月安排同一家企业参加会议或到同一家企业调研不超过一次，不可干扰企业正常经营。

十、提高交通运输服务质量

完善公路服务区设施设备，改善服务条件，做好ETC、“湖北e出行”、公众出行服务网相关工作，不断为人民群众提供优质的出行服务。规范高速公路服务区服务行为，优化道路客运、港口站场以及城市公共交通等“窗口”单位的服务和公路养护服务质量，强化对经营管理单位的监督管理。

十一、创新和完善交通运输信用监管

法治是最好的营商环境，监管必须体现更加公平的要求。按照要求认真推进法治政府部门建设工作，组织开展政府部门失信专项治理行动，对所有依法作出的政策承诺和签订的各类合同必须100%兑现、履约，不随意更改合同，拖欠企业账款，损害政府部门公信力，给予市场主体稳定预期。全面推进信用信息在行政管理中的应用，完善信用修复机制，支持企业开展信用修复，对一般违法行为，主动纠正、消除不良影响的，经申请撤销公示，不纳入信用联合惩戒范围。

十二、推进“互联网+监管”和“双随机、一公开”

以互联网技术和信息化手段促进监管规范化、精准化、智能化。在交通运输行政执法中全面应用省级“互联网+监管”系统，加强对公共信用信息、市场信用信息、投诉举报信息等全面关联监管。涉企检查实行清单管理，并归口报同级党委、政府，建立跨地区、跨层级、跨部门的监管工作协同联动机制。全面推行“双随机、一公开”监管，结合重点监管与信用监管，科学制定年度抽查计划，合理安排检查比例和频次，除规定情况外，对同一家企业现场执法检查一年不超过一次。

十三、创新招标投标方式

应招标项目必须严格按照《招投标法》的规定依法实行公开招投标，招标投标条件设置要体现公平竞争的要求。招标投标和政府部门采购对各类市场主体一视同仁，提高招标投标和政府部门采购透明度。按照要求加快推进招投标全流程电子化，实现依法必须招标的项目在线招标、投标、开标、评标率100%。严格监管和打击招投标活动中的违法行为，切实保障投标人和潜在投标人合法权益。

十四、加强和规范事中事后监管

运用法治思维和法治方法履行监管职责、落实监管责任、健全监管规则、创新监管方式，加快构建权责明确、公平公正、公开透明、简约高效的事中事后监管体系。着力解决部分地方存在的不会管、不敢管、不愿管等突出问题，形成市场自主、政府监管、社会监督互为支撑的协同监管格局。规范行政执法，全面落实行政执法公示制度、执法全过程记录制度、重大执法决定法制审核制度等“三项制度”，严格落实执法程序，加强执法队伍建设和执法人员资格管理。

十五、加强规范性文件审查

严格落实规范性文件制定的合法性审查、公平竞争审查、制度廉洁性评估“三审合一”制度。扩大规范性文件制定的社会参与范围，将公开征求意见作为规范性文件制定的必经程序，规范性文件制定后按程序要求备案。根据优化营商环境需要，及时制定或者修改、废止有关行政规范性文件。

十六、为“补短板强功能”项目建设提供保障

认真落实中央一揽子支持政策，紧扣交通建设规划项目，聚焦交通建设补短板强功能，优化审批服务，营造良好建设环境。加紧推进交通项目建设前期工作，提高重点项目审批办理时效，进一步加大交通工程建设资金、土地、环保等关联环节的协调工作力度。及时倾听建设投资主体的呼声，对项目推进中出现的问题和困难，主动对接，出谋划策，提供便利，加强督办，做好服务，为企业群众排忧解难，真正当好“有呼必应、无事不扰”的“店小二”。

2020年8月26日

湖北省交通运输厅大件运输许可监督管理办法

（鄂交发〔2020〕175号）

第一条　为规范大件运输行政许可行为，加强对大件运输行政许可行为的监督管理，保护公民、法人和其他组织的合法权益，提升大件运输审批服务质量和效率，建设人民满意交通，根据《中华人民共和国行政许可法》《超限运输车辆行驶公路管理规定》及《交通行政许可监督检查及责任追究规定》等有关法律、法规、规章和规定，结合湖北交通运输工作实际，制定本办法。

第二条　省交通运输厅负责本省行政区域内高速公路、普通国省道大件运输许可的监督管理。大件运输许可监督的内容包括大件运输的申请受理、勘验、审查、决定、通行管理、服务保障和事中事后监管全过程。监督工作应与日常考核、年度效能目标

考核相结合。

第三条　大件运输许可监督的对象包括大件许可实施机关、从事许可活动的被许可人。

第四条　大件运输许可工作接受人大、政协和各民主党派的监督、司法机关的监督以及新闻媒体和人民群众的监督。

建立大件运输许可投诉举报机制，公开投诉举报电话号码、通信地址或者电子邮件信箱。

第五条　建立并严格执行大件运输许可公示制度，自大件运输许可决定作出之日起7个工作日内通过政务网站、信用湖北网站向社会公示许可信息，接受社会监督。

第六条　大件运输许可的监督方式包括：

（一）听取大件运输行政许可审批及通行管理、服务保障和事中事后监管等工作情况汇报；

（二）查阅大件运输许可有关台账资料及案卷；

（三）对实施大件运输许可及事中事后监管的工作人员进行监督、质询；

（四）对大件运输许可实施情况进行回访；

（五）对受理的大件运输许可投诉、举报案件进行调查处理；

（六）法律、法规规定的其他监督方式。

第七条　大件运输许可监督管理范围主要内容包括：

（一）许可申请的受理情况；

（二）许可申请的审查和决定的情况；

（三）许可事中事后监管机构依法履行对被许可人的监督检查职责的情况；

（四）实施许可过程中的其他相关行为。

第八条　大件运输许可监督管理以定期和不定期相结合方式进行，并对监督情况进行通报。

第九条　公路管理机构（包括高速公路管理机构和普通公路管理机构）按照《行政许可法》《公路安全保护条例》等的规定，负责对大件运输许可实施情况进行日常监督检查。

第十条　收费公路经营管理单位应当做好收费站出入口预检、查验等检查工作，并将违法超限运输车辆及时通过电话、信函、网络推送数据等方式报告公路管理机构或者公安机关交通管理部门依法处理。

第十一条　大件运输许可实施机关和工作人员有下列情形之一的，应当依据法律法规规定，由具有管理权限的机关或单位进行问责；涉嫌犯罪的移送司法机关依法处理：

（一）对符合法定条件的大件运输许可申请不予受理的；

（二）不依法公示应当公示的材料的；

（三）在受理、审查、决定大件运输许可过程中，未向申请人、利害关系人履行法定告知义务的；

（四）申请人提交的申请材料不齐全、不符合法定形式，不一次性告知申请人需要补正的全部内容的；

（五）未依法说明不受理大件运输许可申请或者不予大件运输许可理由的；

（六）依法应当举行听证而不举行听证的；

（七）在办理大件运输受理、勘验、审查、许可决定及实施事中事后监管等过程中，存在不作为、乱作为等其他情形的；

（八）对不符合法定条件的申请人准予行政许可或者超越法定职权作出准予交通行政许可决定的；

（九）对符合法定条件的申请人不予交通行政许可或者不在法定期限内作出准予交通行政许可决定的；

（十）在办理大件运输受理、勘验、审查、许可决定及实施事中事后监管等过程中，索取或者收受他人钱物、谋取不正当利益的；

（十一）未对大件运输许可申请人提出的加固、改造措施方案进行审核和组织验收或在审查和验收中履职不力造成不良影响及严重后果的。

第十二条　本办法自印发之日起施行。

2020年11月18日

全省交通运输系统领导名录

厅领导及厅机关处(室)负责人名单

厅领导

党组书记、厅长：朱汉桥
党组成员、驻厅纪检监察组组长：
刘汉诚
党组成员、副厅长：王本举
姜友生
汪凡非
李传光(2020.11—，挂职)
副厅级干部：石先平
一级巡视员：高进华(—2020.01)
二级巡视员：刘立生

厅机关各处(室)负责人

二级巡视员：沈雪香

办公室

主任、一级调研员：王　炜
副主任、二级调研员：胡松涛
副主任、三级调研员：范　建
三级调研员：戚　媛　李永胜

机关党委

专职副书记(正处级)、一级调研员：
冯学斌
办公室副主任：邱欣年
办公室二级调研员：马万里

人事教育处

处长、一级调研员：洪文革
副处长、三级调研员：
鲁　撰　赵春华
二级调研员：方　敏

财务处(审计办公室)

处长、一级调研员：周拥军
副处长、三级调研员：
万小芳　黄河清
审计办主任、二级调研员：桂永胜
审计办副主任、三级调研员：胡　敏
审计办二级调研员：包楚林

法规处(行政审批办公室)

二级调研员：周佑林　肖介山

研究室

牵头负责人、副处长、三级调研员：
胡小松(—2020.11)
主任：胡小松(2020.11—)

综合交通处(省综合交通运输工作领导小组办公室)

处长、一级调研员：
徐文学(—2020.10)
处长、二级巡视员：
徐文学(2020.10—)
副 处 长：高　波
二级调研员：谢圣松　廖向东

计划处(交通战备办公室)

处长、一级调研员：李　敢
交战办牵头负责人、副处长、三级调研员：宋征难
二级调研员：罗红燕

安全监督处(应急办公室)

牵头负责人、二级调研员：张　宏
副处长、三级调研员：李裕民
应急办副主任：孙　军
二级调研员：孙春红　冯泽刚
陶泽民

科技信息处

处　　长：余建平
副 处 长：邹　珺
二级调研员：徐小文　周建勋
王光利

建设市场处

处长、一级调研员：
王　伟(—2020.11)
处长、二级巡视员：
王　伟(2020.11—)
副处长、三级调研员：彭建光

工程管理处

处长、一级调研员：陈　飚
二级调研员：周炎新
四级调研员：康新章

高速公路处

处长、一级调研员：谢俊杰
四级调研员：陆　放

普通公路处

处长、一级调研员：陈光斌
副处长、三级调研员：肖开锋
二级调研员：谭宏斌

港航海事处

处长、一级调研员：罗　毅
副处长、三级调研员：许　剑

客货运输处

处　　长：曹　翃
副处长、三级调研员：杨建萍
四级调研员：彭　刚

运输保障处

处　　长：王义华
副 处 长：张　欢

二级调研员：黄　钟
三级调研员：李庆九

交通运输工会工作委员会

二级调研员：尹寿林
三级调研员：江　飞

离退休干部处

二级调研员：胡树江
副处长、三级调研员：黄　凌

厅直属单位领导名单

湖北省交通运输厅公路管理局
（公路事业发展中心）

公路事业发展中心党委书记、主任：
张　磊 (2020.04—)
纪委书记、党委委员：段　洁
副局长、党委委员：蒋明星
监督长、二级调研员：王　庆
一级调研员：陈太平
二级巡视员：陈　缅 (—2020.01)
副局长、党委委员：
韩宏伟 (—2020.09)
应急处置服务中心主任：朱业贵
汉十路政支队长：丁进军
随岳路政支队长：汪利军
鄂西路政支队长：刘群峰
黄黄路政支队长：汪忠胜
武黄路政支队长：汪家声

湖北省交通运输厅道路运输管理局
（道路运输事业发展中心）

局长、党委书记：陶维号 (—2020.04)
道路运输事业发展中心党委书记、主任：
陶维号 (2020.04—)
副局长、党委委员、一级调研员：
闵　力　邓其春
副局长、党委委员：邵　迈
监督长、二级调研员：颜博文
二级调研员：秦介飞　胡建明

湖北省交通运输厅港航管理局
（港航事业发展中心）

局长、党委书记：王阳红 (—2020.04)
港航事业发展中心党委书记、主任：
王阳红 (2020.04—)
纪委书记、党委委员、一级调研员：
张　洁
副局长、党委委员、一级调研员：
田红旗
监督长、二级调研员：王耀惠

湖北省交通运输厅高速公路管理局
（湖北省交通运输厅高速公路路政执法总队）

局长、党委书记：张　磊 (—2020.04)

湖北省交通运输厅工程质量监督局

党委书记、一级调研员：胡焰华
局长、党委委员、一级调研员：
章征春
副局长、党委委员、三级调研员：
李长民
总工程师、党委委员、三级调研员：
卢　柯
纪委书记、三级调研员：官　为

湖北省交通重点建设领导小组办公室

副主任、党支部书记：
方晓睿（正处级）
副主任、党支部委员：徐建明

湖北省交通基本建设造价管理站

站长、党支部书记：曹传林
副站长、党支部委员：
付红勇　杨金蓉

湖北省交通运输厅世界银行贷款项目办公室
（湖北省交通运输厅援外办公室、湖北省交通运输厅职业资格中心）

主任、党支部书记：乔　亮
副主任、党支部委员：
刘　江　万　帆　张　岚

湖北省交通运输厅宣传中心

主任、党支部书记：石　斌
副主任、党支部委员：潘庆芳
副处级干部：刘智明　甘惠萍

湖北省交通运输厅规划研究室

主任、党支部书记：张昌伟
副主任、党支部委员：
余厚振　邓国清

湖北省高速公路联网收费中心

主任、党委书记：林　浩
副主任、党委委员：李　辉　刘小燕
总工程师：王三军

湖北省交通运输厅机关后勤服务中心

主任、党支部书记：沈　晖
副主任、党支部委员：明　杨

湖北省江汉运河航道管理处

处长、党委书记：邵爱军
纪委书记、党委委员：申　燕
副处长、党委委员：邓定优　程世勇
总工程师、党委委员：周召纯

湖北交通职业技术学院

党委书记：戴光驰
院长、党委副书记：陈方晔
副院长、党委副书记：李　全
纪委书记、党委委员：齐建模

副院长、党委委员：谢　彤　王孝斌
工会主席、党委委员：李红艳

湖北省汉江崔家营航电枢纽管理处

处长、党委书记：尹武东
纪委书记、党委委员：乔丽莉
副处长、党委委员：刘惠玲
总工程师、党委委员：黄国强

湖北省汉江雅口航运枢纽建设管理处(筹)

处　　长：童奇峰
副 处 长：谢　红　李炳源

湖北省交通运输厅通信信息中心

主任、党委书记：周文卫
副主任、党委委员：
郑　红　杨厚新　朱　严

注：2020年7月，湖北省交通运输厅京珠、汉十、随岳、鄂西、武黄、黄黄高速公路管理处移交湖北省交通投资集团有限公司。

市(州)交通运输局、县(市)交通运输局领导名单

武汉市交通运输局

党组书记、局长：徐　斌
党组成员、派驻纪检监察组组长：
杨　峤
党组成员、副局长：
陈佑湘　孙　江　郭万水
副 局 长：贺　敏
党组成员、总工程师：王益光

江岸区城市管理执法局(交通运输局)

党委书记、局长：廖云峰
副 局 长：
康　卫(—2020.05)
李英涛　詹才利
李红斌(—2020.05)
陈　愚(2020.05—)
总工程师：骆　威(2020.06—)

江汉区城市管理执法局(交通运输局)

党委书记、局长：
熊　楠(2020.05任党委书记)
党委委员、副局长：
时文利(—2020.04)
杜泽生(—2020.04)
周　庆(—2020.05)
姚　峻(—2020.06)
潘伟力(2020.06—)
党委委员、总工程师：沈秋玲

硚口区城市管理执法局(交通运输局)

党委副书记、局长：严　栓
党委委员、副局长：
王爱书　舒宝祥　代　彦
党委委员、总工程师：丁建雄

汉阳区城市管理执法局(交通运输局)

党委书记、局长：周　杰
党委副书记：邱永忠
副 局 长：汪　淼　许学松
总工程师：薛　丽

武昌区城市管理执法局(交通运输局)

党委书记、主任：肖　哲
党委副书记：陈　斌
副 局 长：李　军　夏胜春　王　文
总工程师：马多隆(2020.06—)

青山区城管委(交通运输局)

党委书记：马松华
党委副书记、局长：
刘子舟(—2020.09)
雷雄林(2020.09—)
副 局 长：侯汉波　罗　锋
总工程师：王文军

洪山区城管委(交通运输局)

党组书记、局长：
胡　毅(—2020.02)
李海涛(2020.10—)
党组成员、副局长：
张金艳(—2020.03)
袁运松(—2020.10)
严庆平(—2020.11)
王卫东(2020.11—)
黄　涛
蔡　庆(2020.12—)
党组成员、总工程师：胡洪斌

江夏区交通运输局

党组书记、局长：肖英俊
党组成员、副局长：左大为
党组成员、总工程师：刘军武
党组成员：代汉卫　刘志军

蔡甸区交通运输局

党委书记、局长：胡昌林
党委委员、副局长：邓水桥
郑光勇(2020.04—)
党委委员、总工程师：周忠群
党委委员：李　高

东西湖区交通运输局

党委书记、局长：管维福
党委委员、副局长：褚建祥
张俊峰(2020.07—)

党委委员、总工程师：

田　刚(2020.09—)

党委委员、纪委书记：

张继荣(—2020.09)

武汉经济技术开发区(汉南区)城乡建设局(交通运输局)

党组书记、局长：余仕伟

党组成员、副局长：邓剑岩　樊友川　黄　明　何　静

黄陂区交通运输局

党委书记、局长：柳育青

党委副书记：祁建文

党委委员、副局长：李华松

党委委员、总工程师：蔡崇华

党委委员：范良俊　胡　鸿　黄宏华

新洲区交通运输局

党委书记、局长：

张水泉(—2020.02)

胡立明(2020.03—)

党委委员、副局长：周爱梅

商泽鹏(—2020.03)

陈世雄(2020.06—)

党委委员、总工程师：靖声和

党委委员：廖志斌

黄石市交通运输局

党组书记、局长：吴建春

党组成员、派驻纪检监察组组长：

王　彪

党组副书记：李红卫

党组成员、副局长：张陶然

伍安国(2020.09—)

党组成员：张恩强(2020.12—)

王家庆(2020.04—)

党组成员、总工程师：

卢亚军(2020.12—)

大冶市交通运输局

党组书记、局长：刘国兴

党组成员、副局长：夏　丹　李灿华

李冬晨(—2020.11)

党组成员、工会主席：柯庆敏

党组成员：胡子军(—2020.08)

党组成员、副局长：

王贵洲(2020.11—)

总工程师：李大锋

阳新县交通运输局

党组书记、局长：

尹孝然(—2020.09)

谢作富(2020.09—)

党组成员、副局长：刘合松　王义森　柯昌水　余云名

党组成员：乐庸兴

雷建文(2020.09—)

十堰市交通运输局

党组书记、局长：夏树应

党组成员、副局长：余世根　李文华

李　军(2020.01—)

贾忠东(2020.12—)

总工程师：陈　诚(2020.05—)

工会主席：李　军(—2020.01)

二级调研员：徐　涛　卫　真　郭　婕

丹江口市交通运输局

党组书记、局长：陈　钧

党组副书记：杨　明

党组成员、副局长：王瑞华　张　健　王　平

党组成员、总工程师：王　杰

党组成员、工会主席：谢晓东

党组成员：王爱军

郧阳区交通运输局

党组成员、局长：蔡昌华

党组副书记、副局长：王　华

党组成员、副局长：孙晏一　康正权　田　勇

党组成员：何光宝　闫　鹏

党组成员、工会主席：杜德海

郧西县交通运输局

党组书记、局长：李　毅

党组成员：李作祥　刘诗成　吴功余

副 局 长：王成国

总工程师：周俊波

房县交通运输局

党组书记、局长：李　锐

党组副书记：闫　毅

党组成员、副局长：卢海明　童　芳　陈　智

竹山县交通运输局

党组书记、局长：陈四海

党组副书记：徐诗峰

党组成员、副局长：冯　勇　杨光斌

党组成员：杨冠勇　师贞艳

党组成员、工会主席：周治鹏

党组成员、总工程师：柏　锋

竹溪县交通运输局

党组书记、局长：蒋垂明

党组副书记：李新华(2020.10—)

党组成员、副局长：周益斌　杨　波　徐晓琴

党组成员、总工程师：谢　明

工会主席：孙永刚(2020.09—)

总经济师：周泉顺(2020.09—)

茅箭区交通运输局

党组书记、局长：龚举波(2020.11—)

副 局 长：李勇进　孙秋生

张湾区交通运输局

党组书记、局长：夏玉兰

党组成员、副局长：柯　平　汪　辉

党组成员：王　栋

武当山特区交通运输局

党总支书记、局长：

谢洪超(2020.05—)

党组成员、副局长：张　玲　张修勇

襄阳市交通运输局

党组书记、局长：水　波
党组成员、派驻纪检监察组组长：
　　桂文杰
党组成员、副局长：
　　田春生 (2020.11—)
　　李四清
　　金国联 (—2020.11)
　　雷　静　姚　勇
党组成员、总工程师：赵　庆

枣阳市交通运输局

党组书记、局长：程继新
党组成员、副局长：杨　帆　肖开宏
　　马红伟
党组成员、总工程师：
　　杨　涛 (2020.07—)

宜城市交通运输局

党组书记、局长：曾劲松
党组副书记、副局长：王本明
党组成员、派驻纪检监察组组长：
　　李兰洲 (—2020.10)
党组成员、副局长：
　　李青建 (2020.10—)
党组成员、总工程师：
　　李青建 (—2020.10)
　　徐华勇 (2020.10—)

南漳县交通运输局

党组书记、局长：张庆华
党组副书记、副局长：王休豪
　　刘先华
党组成员、副局长：
　　易尚红 (—2020.08)
党组成员、总工程师：
　　别川银 (—2020.08)

保康县交通运输局

党组书记、局长：杨秋波
党组成员、副局长：梁万玖
　　雷　芳 (—2020.01)
　　申欣南 (2020.05—)
　　李志轶 (2020.05—)
党组成员、总工程师：程大斌

谷城县交通运输局

党组书记、局长：卢光文
党组副书记、副局长：张光辉
　　曾化力
党组成员、副局长：
　　王　欢 (—2020.07)
党组成员、总工程师：
　　杨光波 (2020.07—)

老河口市交通运输局

党组书记、局长：范晓冬
党组副书记、副局长：武文立
党组成员、副局长：熊振宇　李延萍
总工程师：杨立新

襄州区交通运输局

党组书记、局长：田玉林
党组副书记、副局长：
　　乔自成 (—2020.03)
党组成员、副局长：董　峰　李永强
党组成员、总工程师：赵　华

襄阳市交通运输局襄城分局

局　长：王定柱

襄阳市交通运输局樊城分局

局　长：王自强 (—2020.12)

宜昌市交通运输局

党组书记、局长：胡朝晖
党组成员、派驻纪检监察组组长：
　　谢　民 (—2020.12)
党组成员、副局长：
　　程家振 (—2020.11)
　　唐云伟　李本华
　　陆永军 (2020.12—)
党组成员、总工程师：
　　陆永军 (—2020.12)
　　望　明 (2020.12—)
副县级干部：程家振 (2020.11—)
　　闫正斌

宜都市交通运输局

党组书记、局长：谭龙飞
党组副书记、总工程师：孔国庆
党组成员、副局长：许建军　黄治兵
　　万尧方
党组成员、工会主席：周玉明
党组成员：何丰年

枝江市交通运输局

党组书记、局长：杜勇进
党组成员、副局长：李志刚　胡昌武
　　覃华平
党组成员、总工程师：周　明
党组成员、工会主任：吴先珍

当阳市交通运输局

党组书记、局长：宋雪玲
党组成员、副局长：戴明富　彭红斌
党组成员：杨　勇
党组成员、总工程师：刘　晋

远安县交通运输局

党组书记、局长：刘志国
党组副书记：王光华
党组成员、副局长：
　　苏先科 (—2020.04)
　　陈　涛　刘艳丽　周其钢
党组成员、总工程师：
　　奂德智 (—2020.04)
　　苏先科 (2020.04—)

兴山县交通运输局

党组书记、局长：贺　军
党组成员、副局长：陈行达
　　田　龙 (—2020.04)
　　郑毕诗 (2020.04—)
党组成员：李　涛　王恩君
党组成员、总工程师：刘　涛
党组成员、工会主席：
　　彭业勋 (—2020.04)

秭归县交通运输局

党组书记、局长：梅　元
党组副书记：向立林 (2020.09—)
党组成员、副局长：周　慧
谭复生 (—2020.09)
党组成员：罗文霞 (2020.09—)
薛　钢 (2020.09—)
党组成员、总工程师：王建华

长阳土家族自治县交通运输局

党组书记、局长：汤清林
党组成员、副局长：覃卫平　李书盛
胡　卫 (—2020.06)
党组成员、工会主席：秦道志
党组成员：王春成　刘小红　汤应权
总工程师：覃孔华

五峰土家族自治县交通运输局

党组书记、局长：皮业康
党组成员、副局长：杨继平　伍远铸
段大勇 (—2020.04)
党组成员：魏华锋　张家权
陈永轩 (—2020.03)
工会主席：陈永轩 (—2020.03)
杨继平 (2020.03—)
副总工程师：骆峻寿

夷陵区交通运输局

党组书记、局长：陈　立
党组成员、副局长：孙朝刚　周学海
周　卫 (—2020.05)
黎连文 (2020.05—)
党组成员、工会主席：
刘　娟 (—2020.09)
党组成员、总工程师：
黎连文 (—2020.05)

点军区交通运输局

党组书记、局长：祁　明
党组成员、副局长：
韩驰帅 (2020.06—)
党组成员：万春明
副 局 长：尹　青

猇亭区交通运输局

党组书记、局长：张祖慧 (2020.07—)
党组成员、副局长：
刘学军 (—2020.07)
孙劲松
佟武峰 (2020.10—)

荆州市交通运输局

党组书记、局长：范本源
党组副书记、副局长：卢有志
党组成员、纪检监察组组长：廖　英
党组成员、副局长：张黎明　许开平
张家芳　刘永波
党组成员、工会主席：
邹国欣 (—2020.04)

荆州区交通运输局

党组书记、局长：夏刚祥
党组副书记、副局长：
李以四 (2020.11—)
党组成员，副局长：江　波　黄　浩

沙市区交通运输局

党委书记、局长：吴　迪
党委副书记：杨德祥
党委委员、副局长：毛　颖
裴军军 (2020.11—)
党委委员、总工程师：刘昌清

江陵县交通运输局

党组书记、局长：应　军
党组副书记、副局长：
曾白珩 (—2020.05)
党组成员、副局长：袁丹眉
李　颖 (2020.06—)
党组成员、总工程师：张向静

松滋市交通运输局

党组书记、局长：张　青
党组成员、副局长：郧小兵　余振宇
党组成员、总工程师：苟中华

公安县交通运输局

党组书记、局长：孙家军
党组副书记、副局长：
蔡环宇 (2020.06—)
党组成员、副局长：李　健　董延平
党组成员、总工程师：熊义军

石首市交通运输局

党组书记、局长：王冰清 (—2020.09)
汤祥新 (2020.09—)
党组成员、副局长：
张　明 (2020.09—)

监利市交通运输局

党组书记、局长：张继文
党组成员、副局长：廖昌华　刘　斌
柳孝万
党组成员、总工程师：胡超胜

洪湖市交通运输局

党组书记、局长：郭金高
党组成员、副局长：雷艳舞　李　静
史玉峰
党组成员、总工程师：肖初军
党组成员：王国成 (2020.10—)

荆门市交通运输局

党组书记、局长：周美元
党组副书记：常北方
党组成员、派驻纪检监察组组长：
邓承胜
党组成员：宋慧琼
党组成员、副局长：高宏林　张　勇
何新龙
党组成员、工会主席：陈立新
党组成员、总工程师：李洪震

京山市交通运输局

党组书记、局长：许文华
党组副书记、副局长：徐　彬
党组成员、副局长：丁金武
万彩桥 (2020.01—)

党组成员：程维俊 (2020.11—)
总工程师：许昌昆

沙洋县交通运输局

党组书记、局长：乔宝林
党组副书记、副局长：杨　波
党组成员、副局长：王幸辉　陈吕新
党组成员、总工程师：
王　东 (2020.08—)
党组成员：罗金华 (—2020.11)
王华清

钟祥市交通运输局

党组书记、局长：陈　忠
党组成员、副局长：刘从东　王晓明
党组成员：王　俊　黄贻斌　陈　勇
副 局 长：刘远忠
总工程师：徐进军
党组成员、工会主任：高良华

东宝区交通运输局

党组书记、局长：陈　兵
党组副书记：杨小国
党组成员、副局长：郑　钊
副 局 长：赵江年
党组成员、工会主席：马琳波
党组成员、总工程师：周　婷

掇刀区交通运输局

党组书记、局长：王鹏程
副 局 长：张　浩
党组成员、副局长：
陈志平
李卓洵 (2020.08—)
党组成员、总工程师：
杨丰平 (2020.08—)
党组成员、工会主席：王桂明
党组成员：李宝静
杨丰平 (—2020.08)

漳河新区交通运输局

局　　长：代启平

屈家岭交通运输分局

党组书记、局长：黄　斌
党组成员、副局长：刘　胜　景向阳
杨继文

鄂州市交通运输局

党组书记、局长：刘　华
党组成员、派驻纪检监察组组长：
杨裕斌
党组成员、副局长：任　东　朱　进
杨　晋
党组成员、总工程师：董进行
党组成员、工会主席：蔡良智
党组成员：肖　明

鄂城区住建局

交通工作负责人：廖春明

华容区交通运输局

局　　长：王新国

梁子湖区交通运输局

局　　长：柯文忠

临空经济区城建局

交通工作负责人：王智勇

葛店开发区住建局

交通工作负责人：熊安华

孝感市交通运输局

党组书记、局长：黄祥文
党组成员、副局长：胡艳和　朱光辉
左振中
党组成员、总工程师：杨　杰
四级调研员：乐浩明　陈　炜
李劲松 (2020.10—)

孝南区交通运输局

党组书记、局长：陈　靖
党组成员、副局长：王　斌　万峰凌
张承文 (工会主席)
党组成员：李敬明

汉川市交通运输局

党组书记、局长：汪爱华
党组成员、副局长：陈征兵　王春文
党组成员：王卫东　田世鹏　田万明
董应军
总工程师：李洪才

应城市交通运输局

党组书记、局长：谢中乐
党组成员、副局长：谢天超　陶仙侠
党组成员：杨洪山

云梦县交通运输局

党组书记、局长：王炳辉
党组成员、副局长：游喜安　邓　刚
汤三毛
党组成员、总工程师：彭　斌
党组成员、工会主席：叶　波
党组成员：褚智泉

安陆市交通运输局

党组书记、局长：胡亚强
党组成员、副局长：罗光涛　胡定超
侯国平
党组成员、总工程师：余幼成

大悟县交通运输局

党组书记、局长：刘海华
党组成员、副局长：刘洪文　程保社
张　健
党组成员、工会主席：杜明辉

孝昌县交通运输局

党组书记、局长：易　昕
党组成员、副局长：田俊军　舒胜华
党组成员：黄良松 (2020.05—)
张晓波 (2020.05—)
总工程师：汪鹏兴

黄冈市交通运输局

党组书记、局长：周银芝
党组成员、派驻纪检监察组组长：
万猋元
党组成员、副局长：郑志武　金晓耕
张　阳　李　剑
党组成员、工会主席：邵百坤

黄州区交通运输局

党组书记：丰　群
局　　长：丰　群 (—2020.09)
党组成员、副局长：秦建军
党组成员、工会主席：孙展虎
党组成员：雷又明　丁秋生
殷　敏 (2020.11—)

团风县交通运输局

党组书记、局长：卢　慧
党组成员、副局长：冯启兵　樊　瑞
党组成员、工会主席：祁锦国
总工程师：王国清

红安县交通运输局

党组书记、局长：冯兴潮
党组副书记、副局长：徐　晖
副 局 长：金汉春
党组成员、副局长：许跃鹏　冯兴平
党组成员、总工程师：陈全波
工会主席：林更凯
党组成员：秦　遥

麻城市交通运输局

党组书记、局长：陈　林
党组成员、副局长：
张云峰　夏润东　曾　文
程亚辉 (2020.10—)
党组成员、工会主席：戴福正
党组成员、总工程师：
程亚辉 (—2020.10)
李庆朝 (2020.10—)

罗田县交通运输局

党组书记、局长：方光明
副 局 长：方丛富　韩　峰　陈海军
工会主任：史继云

英山县交通运输局

党组书记、局长：冯矫正
党组副书记、副局长：何冠亚
党组成员、副局长：查耀坤　王　欣
党组成员、工会主任：杨　平
党组成员、总工程师：段志猛
党组成员：叶金锋

浠水县交通运输局

党委书记、局长：李学友 (—2020.04)
程　旭 (2020.04—)
党委副书记、副局长：
陈昭升 (—2020.11)
党委委员、副局长：陈金桥　吴　辉
付坤兰 (—2020.04)
涂柏林 (2020.12—)
党委委员、总工程师：
冯广青 (2020.12—)
党委委员：潘国东　邢绍青

蕲春县交通运输局

党组书记、局长：王北全
党组副书记、副局长：陈　军
党组成员、副局长：杨曙生
党组成员、工会主任：文玉生
党组成员、总工程师：余　清
党组成员：王贤德

武穴市交通运输局

党组书记、局长：项国盛
党组副书记、副局长：李志方
党组成员、副局长：徐　瑜
蒋　磊 (2020.05—)
党组成员：孙　刚
总工程师：曾志勇

黄梅县交通运输局

党组书记、局长：杨　帆
党组副书记、副局长：江宁红
副 局 长：聂时新　许　林
总工程师：赵　丽
工会主任：汪　枫
党组成员：吴爱民

龙感湖管理区交通运输分局

局　　长：徐先军

咸宁市交通运输局

党组书记、局长：金　山
党组副书记、副局长：王永红
党组成员、副局长：
杨正合 (邮政局局长)
雷伟民　阮仕林　吴　犟
总工程师：廖承武

咸安区交通运输局

党组书记、局长：黄定槐
党组副书记、副局长：刘顺清
樊军保
党组成员、副局长：王　刚　章建国
党组成员：余晓林
工会主席：陈次一
总工程师：姜　庆

嘉鱼县交通运输局

党组书记、局长：孙昌勇
党组成员、副局长：周高清　陈小丹
党组成员、总工程师：周万勇
党组成员：陈文辉
工会主席：张盆发

赤壁市交通运输局

党组书记、局长：邓晓金
党组副书记、副局长：沈志宏
党组成员、副局长：熊　英　陈　功
张四铭
党组成员、总工程师：李建国

通城县交通运输局

党组书记、局长：周益斌
党组成员、副局长：雷晨光　吴神威
刘传国　李红光

党组成员：何国斌

崇阳县交通运输局

县政协副主席、党组书记、局长：
周国香
党组副书记、副局长：黄 斌
党组成员、副局长：付旭平 石雄军
庞平珍

通山县交通运输局

党组书记、局长：刘兴美
党组成员、副局长：邵 陌 朱江华
党组成员、总工程师：徐飞翔
党组成员：郑晓东 陈从仁

随州市交通运输局

党组书记、局长：储 云
党组成员、派驻纪检监察组组长：
周新民
党组成员、副局长：万晓熙 孙志友
魏从明（2020.12—）
张 焜（邮政局局长）
总工程师：郭 东

曾都区交通运输局

党组书记、局长：王庆国
党组副书记、副局长：刘金波

广水市交通运输局

党组书记、局长：李双庆
副 局 长：李 辉 罗永明 孙章勇
工会主席：邓真珍
总工程师：彭开勋

随县交通运输局

党组书记、局长：胡 波
党组副书记、副局长：黄启斌
党组成员、副局长：张自炳
党组成员、总工程师：龚传刚
党组成员、工会主席：黄 丹
党组成员：杨珍明 夏 琰

随州市交通运输局大洪山风景名胜区分局

局 长：杨培义

恩施土家族苗族自治州交通运输局

党组书记、局长：杨盛僚
党组成员、派驻纪检监察组组长：
李玉剑
党组成员、副局长：
王 勇（2020.06 免去副局长职务）
张志奇（2020.12—）
黄秀武 敖建华（2020.07—）
党组成员、总工程师：
敖建华（—2020.07）
文传伟（2020.07—）
二级调研员：黄建生（—2020.06）
四级调研员：郭 英

恩施市交通运输局

党组书记、局长：李章奎
党组成员、总工程师：
廖兆锡（—2020.10）
党组成员、副局长：黄常军
陈祥猛（—2020.12）
党组成员：王 强
申 琼（—2020.09）
侯义祥（2020.11—）
夏 斌 丁 权

利川市交通运输局

党组书记、局长：王 斌
党组成员、副局长：孙 海 冯 梅
李凤国
党组成员：余志华（—2020.05）
杨仕晟（2020.05—）
谭 俊（2020.09—）
陶仁魁 向江权
总工程师：周永红

建始县交通运输局

党组书记、局长：马建宇
党组成员、副局长：李兴平 吴晓军
党组成员、总工程师：苏 峻

巴东县交通运输局

党组书记、局长：许良才
党组副书记、副局长：向会东
党组成员、副局长：郑开顺 吴祖学
党组成员：廖才伟
党组成员、总工程师：魏 峰

宣恩县交通运输局

党组书记、局长：谭大定（—2020.08）
康 伟（2020.08—）
党组副书记、副局长：谭家庆
党组成员、副局长：田永成
党组成员、总工程师：
陈 锋（—2020.08）

咸丰县交通运输局

党组书记、局长：申金桥
党组成员、副局长：蒲宣融 杨世杰
周 立（—2020.04）
党组成员：鲁邦国
李军成（—2020.07）
魏永东（2020.07—）
总工程师：余美蓉

来凤县交通运输局

党组书记、局长：舒镜峰
党组成员、副局长：杨万杰 万忠勇
党组成员：李凌峰 袁少英
林义兵 张国庆
田中前（2020.12—）
总工程师：谭贤忠

鹤峰县交通运输局

党组书记、局长：赵锦华
党组成员、副局长：罗 斐 何翠屏
党组成员：明传学 肖红胜 唐 方
总工程师：何世明

仙桃市交通运输局

党组书记、局长：杨俊武
党组成员、副局长：李飞雄 李玉湘
党组成员、武装部长：别 异

党组成员、工会主席：邹　冲
党组成员、总工程师：伍　云

天门市交通运输局

党组书记、局长：黄　罡
党组成员、副局长：王　刚
　　周亚辉 (—2020.05)
　　周柱兵 (2020.05—)
党组成员、总工程师：万　钟
党组成员、总会计师：胡勇钢
党组成员：孙文红　刘百斌　吴华东

潜江市交通运输局

党组书记、局长：舒中雄 (—2020.11)
　　胡金烈 (2020.11—)
党组副书记、副局长：
　　从孝君 (2020.12—)
党组成员、副局长：
　　从孝君 (—2020.12)
　　詹登振
　　刘美蓉 (2020.12—)
党组成员：吴启华 (—2020.09)
党组成员、工会主任：
　　张昌义 (—2020.01)
党组成员、总工程师：
　　刘美蓉 (—2020.12)

神农架林区交通运输局

党组书记、局长：周立刚 (2020.03—)
党组成员、副局长：王红先　文海燕
党组成员：李　涛

获奖名录

全国脱贫攻坚先进个人和先进集体

（中共中央国务院）

1. 先进个人

刘兴美　通山县交通运输局党组书记、局长

2. 先进集体

长阳土家族自治县交通运输局

崇阳县交通运输局

建始县交通运输局

全国交通运输脱贫攻坚成绩突出的集体和个人

（交通运输部，交规划发〔2021〕37号）

1. 成绩突出的集体

湖北省交通运输厅驻农村工作队（扶贫工作队）

十堰市交通运输局

远安县交通运输局

黄冈市交通运输局

襄阳市交通运输局

2. 成绩突出的个人

周　超　湖北省交通运输厅公路管理局（湖北省公路事业发展中心）一级主任科员

卢光文　谷城县交通运输局党组书记、局长

胡超晖（女）　宜昌市交通运输局党组书记、局长

周益斌　通城县交通运输局党组书记、局长

李红祥　孝感市交通运输局计划科科长

陈　林　麻城市交通运输局党组书记、局长

陈　诚　十堰市交通运输局总工程师

罗　萍（女）　湖北省神农架林区农村公路管理局局长

李红卫（女）　黄石市交通运输局党组副书记

刘仕军　恩施土家族苗族自治州交通运输局建设管理科科长

2019年全国公路水路行业班组、船舶安全生产竞赛

（中国海员建设工会全国委员会、交通运输部安全委员会办公室，海员建设工发〔2020〕16号）

1. 船舶

湖北清江画廊旅游开发有限公司“盐水女神”号

湖北省钟祥市航道管理局　“鄂道标501”艇

2. 班组

湖北省汉江崔家营航电枢纽管理处维护部机械班

湖北省黄黄高速公路管理处总路咀管理所收费二班

湖北省武黄高速公路管理处养护一站

湖北省荆门市荆新一级公路沈集收费站三班

湖北省石首市公路管理局三义寺渡口管理所5003船队

湖北省青山长江大桥重庆智翔沥青铺装施工班组

3. 建设项目合同段

湖北汉江雅口航运枢纽工程W18合同段

中建三局集团有限公司武汉东四环线第三项目部

湖北省鄂州市公路管理局路桥工程公司国道106城区至分水岭项目部

荆州市公安县公路管理局207国道斗市至夹竹园段大修项目部

4. 个人

石晓霞　湖北省汉江崔家营航电枢纽管理处通航水工班班长

戴宏章　湖北省汉江雅口航运枢纽工程建设指挥部技术安全处处长

李朝阳　湖北省武汉青山长江大桥建设有限公司总监

徐明华　湖北省黄黄高速公路管理处工会主席

贺　静　湖北省武黄高速公路管理处安全应急办公室主任

曹礼勇　湖北省荆州市荆州区农村公路管理局局长、安全总监

2019年全国公路工程建设劳动和技能竞赛活动优胜项目和先进个人

（中国海员建设工会全国委员会，海员建设工发〔2020〕28号）

1. 优胜项目

湖北省武汉市四环线青山长江公路大桥项目

318国道仙桃市胡场至毛嘴段改建工程

2. 先进个人

来永峰　武汉东四环线高速公路建设管理有限公司副总监

3. 优秀组织单位

湖北省交通运输工会

2019年全省工会专项活动先进集体和先进个人授予湖北五一劳动奖

（湖北省总工会，鄂工办〔2020〕6号）

湖北省五一劳动奖章

李中林　“2019年全省交通运输系统‘第三届交通工匠杯’职工职业技能竞赛”“汽车维修工职业组决赛第一名”

熊吉春　“港口流体装卸工决赛第一名”

2019年全省劳动竞赛先进集体和先进个人授予湖北五一劳动奖

（湖北省总工会，鄂工办〔2020〕7号）

1. 湖北五一劳动奖状

神农架林区公路管理局

2. 湖北省五一劳动奖章

左小明　湖北省交通重点建设领导小组办公室干部

2020年湖北五一劳动奖和湖北省工人先锋号

（湖北省总工会，鄂工发〔2020〕10号）

湖北省工人先锋号

高速公路执法总队京珠支队第三大队

2020 年湖北省产业工人培训示范基地和职工(劳模、工匠)创新工作室

(湖北省总工会，鄂工发〔2020〕21 号)

1. 湖北省示范性职工(劳模、工匠)创新工作室

湖北省汉江崔家营航电枢纽管理处新航电创新工作室

2. 湖北省职工(劳模、工匠)创新工作室

湖北省高速公路联网收费中心 ETC 创新工作室

第十二届全国交通运输行业职业技能竞赛湖北省选拔赛暨 2020 年“湖北工匠杯”技能大赛

(湖北省交通运输厅 省人力资源和社会保障厅 省总工会 共青团湖北省委，鄂交发〔2020〕163 号)

1. 全省公路管理系统“装载机操作工竞赛”决赛前 10 名

第一名 胡钦锐 咸宁市公路管理局

第二名 余 勇 潜江市公路管理局

第三名 肖川川 潜江市公路管理局

第四名 梁尚军 宜昌市公路建设养护中心

第五名 余海涛 随州市公路管理局

第六名 陈泽宇 咸宁市公路管理局

第七名 安咸梦 孝感市公路管理局

第八名 李成华 荆州市公路事业发展中心

第九名 王立斌 黄冈市公路管理局

第十名 谷中鹤 恩施州公路管理局

2. 全省运管物流系统“道路货运汽车驾驶员竞赛”决赛前 10 名

第一名 肖海峰 湖北合力通晟物流有限公司

第二名 王 兵 宜昌市宏泰运输有限公司

第三名 雷 兵 湖北安欣物流有限责任公司

第四名 曹 俊 湖北嘉楚物流有限公司

第五名 李 虎 湖北龙帝良运运输有限公司

第六名 叶从胜 罗田县兴达物流运输有限公司

第七名 杨军学 湖北合力通晟物流有限公司

第八名 周智军 湖北安欣物流有限责任公司

第九名 肖家胜 湖北大通互联物流股份有限公司

第十名 郑 帆 荆门传化公路港物流有限公司

3. 全省港航海事系统“港口客运员竞赛”决赛前 8 名

第一名 曹玲玲 宜昌茅坪港旅游客运有限公司

第二名 杨潇潇 旅发投集团两江游览轮船公司

第三名 马浩瀚 宜昌长江三峡旅游客运有限公司

第四名 苏 劭 宜昌茅坪港旅游客运有限公司

第五名 向 荣 旅发投集团朝宗文化旅游公司

第六名 张 静 宜昌长江三峡旅游客运有限公司

第七名 金 晶 旅发投集团两江游览轮船公司

第八名 廖 绮 旅发投集团朝宗文化旅游公司

4. 全省港航海事系统“船闸运管员竞赛”决赛前 10 名

第一名 夏 洋 雅口指挥部

第二名 黄小强 崔家营管理处

第三名 李建平 崔家营管理处

第四名 陈 勉 崔家营管理处

第五名 陈博浩 雅口指挥部

第六名 郑华军 崔家营管理处

第七名 王 虎 崔家营管理处

第八名 孟 超 江汉运河管理处

第九名 田雨鑫 崔家营管理处

第十名 黄文豪 崔家营管理处

5. 全省地铁轨道交通“城市轨道交通信号工竞赛”决赛前 10 名

第一名 徐旺明 武汉地铁运营公司

第二名 毛 龙 武汉地铁运营公司

第三名 韩 宇 武汉地铁运营公司

第四名 叶文杰 武汉地铁运营公司

第五名 汪 晶 武汉地铁运营公司

第六名 刘 文 武汉地铁运营公司

第七名 范 庚 武汉地铁运营公司

第八名 陈锦辉 武汉地铁运营公司

第九名 吴 迪 武汉地铁运营公司

第十名 李忠忠 武汉地铁运营公司

6. 全省地铁轨道交通“城市轨道交通行车值班员竞赛”决赛前 10 名

第一名 罗 俊 武汉地铁运营公司

第二名 赵梦玲 武汉地铁运营公司

第三名 张 伟 武汉地铁运营公司

第四名 余康定 武汉地铁运营公司

第五名 何 谦 武汉地铁运营公司

第六名 张文聪 武汉地铁运营公司

第七名 杨 成 武汉地铁运营公司

第八名 陈子钰 武汉地铁运营公司

第九名 陈 珊 武汉地铁运营公司

第十名 郭 沛 武汉地铁运营公司

2020 年湖北省示范爱心母婴室

(湖北省总工会，鄂工女职委〔2020〕13 号)

天门汉羽运输有限公司客运中心

站爱心母婴室

2019年度“湖北五一新闻奖”

（湖北省总工会、湖北省新闻工作者协会，鄂工字〔2020〕32号）

新闻摄影:《涂鸦墙成收费站文化新景》(作者：陈阳春、谌毅)

2020年度全省交通运输系统先进集体和先进个人

（湖北省交通运输厅，鄂交发〔2021〕7号）

1. 先进集体

武汉市公路运输管理处

大冶市交通运输局

江陵县交通运输局

宜昌市港航建设维护中心

十堰市交通运输局

沙洋县交通运输局

罗田县交通运输局

潜江市交通运输局

天门市汉江航道管理段

省公路局财务审计处

省运管物流局客货运管理处

省港航海事局党委办公室(纪检监察室)

厅工程质量监督局

江汉运河航道管理处

湖北交通职业技术学院汽航学院新能源汽车技术专业群教研室

2. 先进个人

王　涛　武汉市交通运输局建设管理处副处长

何剑锋　黄石市运政管理大队副队长

王金铭　襄阳市交通运输综合行政执法支队二大队大队长

张　青　松滋市交通运输局党组书记、局长

谭永高　宜昌市公路建设养护中心总工程师

陈　钧　丹江口市交通运输局党组书记、局长

胡亚强　安陆市交通运输局党组书记、局长

陈　兵　东宝区交通运输局党组书记、局长

付晓辉　鄂州市交通运输局运输安全科负责人

冯兴潮　红安县交通运输局党组书记、局长

黄定槐　咸安区交通运输局党组书记、局长

黄华清　随州市道路运输管理局运安科副科长

许良才　巴东县交通运输局党组书记、局长

刘　军　仙桃市仙运公司党总支书记、总经理

聂莉莉　潜江市农村公路管理局局长

周军华　天门市公路防汛救灾抢险中心党支部书记

王建群　神农架林区交通运输局计划工程科科长

魏巨权　省公路局办公室副主任

刘洪江　省港航海事局港口管理处二级主任科员

钟　华　省高速公路路政执法总队鄂西支队第二大队副大队长

周祖华　厅工程质量监督局资信管理处副处长

戴宏章　汉江雅口工程指挥部技术安全处处长

盛　波　江汉运河航道管理处高石碑船闸管理所副所长

尹武东　汉江崔家营航电枢纽管理处党委书记、处长

龚季辉　通信信息中心科长(高级工程师)

李　辉　联网收费中心党委委员、副主任

吴海鹏　省新冠肺炎疫情防控指挥部交通保障专班办公室工作人员

陶泽民　省新冠肺炎疫情防控指挥部交通保障专班运输保障一组副组长

覃本煊　省新冠肺炎疫情防控指挥部交通保障专班材料信息组工作人员

统计资料

2020年主要指标表

指标名称	计算单位	2020年	2019年	2018年	2017年	2016年
一、全省公路里程	公里	289612	289029	275039	269484	260179
1. 按技术等级分						
（1）等级公路	公里	282705	281422	265911	259591	249819
高速公路	公里	7230	6860	6367	6252	6204
一级公路	公里	7060	6465	6093	5874	5460
二级公路	公里	24625	23936	23179	22712	22005
三级公路	公里	11351	11330	11035	10795	10707
四级公路	公里	232440	232830	219237	213959	205443
（2）等外公路	公里	6907	7607	9128	9893	10360
等级公路占总里程比重	%	97.62	97.37	96.68	96.33	96.02
其中：二级及以上公路	%	13.44	12.89	12.96	12.93	12.94
2. 按路面等级分						
（1）有铺装路面里程	公里	256943	252106	234648	226275	214454
其中：沥青混凝土路面	公里	33671	29713	27204	25760	24299
水泥混凝土路面	公里	223272	222393	207444	200516	190155
（2）简易铺装路面里程	公里	10855	12524	13378	14525	15334
（3）未铺装路面里程	公里	21815	24399	27013	28684	30391
铺装路面（含简易）里程占总里程比重	%	92.47	91.56	90.18	89.36	88.32
3. 按行政等级分						
国道公路	公里	14267	14205	14130	14109	14078
省道公路	公里	20295	19905	19495	19363	19269
县道公路	公里	28029	27777	27421	10514	10506
乡道公路	公里	84628	85181	83884	61341	61334
专用公路	公里	539	602	611	743	743
村道公路	公里	141854	141360	129498	163415	154248
二、全省公路桥梁、隧道、渡口						
1. 公路桥梁　数量	座	42562	42900	41338	41288	40668
长度	延米	3246124	3047962	2820900	2732911	2678588
其中：特大桥　数量	座	435	374	337	313	308
长度	延米	872756	771829	665944	611065	601970
大桥　数量	座	5264	5000	4695	4605	4488
长度	延米	1456849	1369966	1278349	1253675	1223663
2. 公路隧道　数量	处	1141	1072	1022	1017	983
长度	米	1168184	1065829	1005685	991639	963587
3. 公路渡口	处	134	142	142	152	157
其中：机动渡口	处	105	112	112	122	127
三、公路密度及通达情况						
公路密度	公里/百平方公里	155.79	155.49	147.96	144.96	139.96
乡镇通达率	%	100	100	100	100	100

续上表

指标名称		计算单位	2020年	2019年	2018年	2017年	2016年
乡镇通沥青（水泥）路率		%	100	100	100	100	100
行政村通达率		%	100	100	100	100	100
行政村通沥青（水泥）路率		%	100	100	100	100	100
四、全省内河航道通航里程		公里	8667	8667	8667	8638	8638
1. 等级航道		公里	6166	6166	6166	6137	6137
一级		公里	269	269	269	269	269
二级		公里	769	769	769	769	769
三级		公里	1052	1000	954	892	842
四级		公里	289	341	341	365	385
五级		公里	811	811	811	820	851
六级		公里	1788	1788	1811	1811	1811
七级		公里	1188	1188	1211	1211	1211
2. 等外航道		公里	2501	2501	2501	2501	2501
等级航道占内河航道通航总里程比重		%	71.15	71.15	71.15	71.05	71.05
其中：三级及以上航道所占比重		%	24.11	23.51	22.98	22.34	21.76
五、全省内河港口码头泊位		个	853	727	1018	1281	1904
生产用码头泊位个数		个	828	689	963	1221	1826
非生产用码头泊位个数		个	25	38	55	60	78
六、全省内河港口码头泊位设计年通过能力			2020年	2019年	2018年	2017年	2016年
	散装、件杂货物	万吨	37250	30766	27549	27549	31145
	集装箱	万标准箱	502	422	448	448	442
		万吨	4115	3433	3214	3214	3536
	旅客	万人	2612	2296	2267	2267	3336
	滚装汽车	万辆	136	136	164	164	229
		万吨	2117	2117	2591	2591	3891
七、营运汽车拥有量							
	载货汽车	辆	305711	300868	347603	343424	382806
		吨位	4291217	3797213	3172760	2794231	2730258
	载客汽车	辆	29052	31468	32967	35954	37832
		客位	734071	783717	768720	823041	840159
八、全省水路运输船舶拥有量							
1. 机动船	艘数	艘	3227	3270	3172	3466	3857
	净载重量	吨位	7216988	7076475	6720831	7132533	7307685
	载客量	客位	36219	34747	33345	37766	45012
	集装箱位	TEU	3272	3783	2730	3012	3717
	功率	千瓦	1855264	1846820	1763237	1766131	1849301
2. 驳船	艘数	艘	94	96	106	129	153
	净载重量	吨位	196349	201435	209505	246671	250300
九、公路、水路运输量							
1. 公路客运量		万人	21731	69584	80990	86772	88221

续上表

指标名称	计算单位	2020年	2019年	2018年	2017年	2016年
公路旅客周转量	亿人公里	132	392	453	482	487
2. 公路货运量	万吨	114346	176402	163145	147711	122656
公路货物周转量	亿吨公里	1640	3372	2956	2742	2507
3. 水路客运量	万人	233	632	648	625	572
水路旅客周转量	亿人公里	1.01	4.76	4.74	4.06	3.34
4. 水路货运量	万吨	40713	39105	36432	36143	35669
水路货物周转量	亿吨公里	2740	2926	2850	2789	2667
十、全省内河港口货物吞吐量	万吨	37976	30661	34620	36903	35191
其中：集装箱	万标准箱	229	209	—	—	—
煤炭及制品	万吨	3154	2949	其中：液体散货994万吨	其中：液体散货1094万吨	其中：液体散货1087万吨
石油、天然气及制品	万吨	822	867	干散货23730万吨	干散货27467万吨	干散货26134万吨
金属矿石	万吨	6979	4852	件杂货5011万吨	件杂货4010万吨	件杂货4151万吨
钢铁	万吨	2154	1919	集装箱194万标准箱	集装箱167万标准箱	集装箱142万标准箱
矿建材料	万吨	12918	8153	集装箱2911万吨	集装箱2455万吨	集装箱1979万吨
非金属矿石	万吨	4622	3900	滚装汽车91万辆	滚装汽车95万辆	滚装汽车72万辆
十一、交通固定资产投资总额	亿元	1016.4	1165.7	1068.6	998.3	1010.0
1. 公路建设	亿元	882.2	1030.7	888.9	781.8	810.9
其中：重点工程	亿元	372.4	467.1	348.0	329.3	382.3
2. 港航建设	亿元	66.7	58.6	59.5	87.6	66.5
3. 站场建设	亿元	67.5	76.3	120.2	129.0	132.6
十二、其他						
1. 地区生产总值（按当年价格计算）	亿元	43443.5	45828.3	39366.6	36523.0	32297.9
第一产业	亿元	4131.9	3809.1	3547.5	3759.7	3499.3
第二产业	亿元	17023.9	19098.6	17089.0	16259.9	14375.1
第三产业	亿元	22287.7	22920.6	18730.1	16503.4	14423.5
2. 全社会固定资产投资额	亿元	—	—	—	31872.6	29503.9
3. 社会消费品零售总额	亿元	17984.9	20224.2	18333.6	17394.1	15649.2
4. 对外贸易总额	亿元	4294.1	3943.6	3487.2	3134.3	2600.1
其中：进口	亿元	1592.1	1458.7	1234.0	1070.2	880.0
出口	亿元	2702.0	2484.9	2253.2	2064.1	1720.1

注：1. 自2006年全国农村公路通达情况专项调查后，公路里程和通达率按专项调查统计标准进行统计。

2. 年度全省经济指标来源于《湖北省国民经济和社会发展统计公报》，因国家固定资产投资统计改革，湖北省统计局18年起不再公布固定资产投资额。

3. 机动船集装箱箱位：原统计口径是仅算集装箱船箱位，从2014年起统计口径是按2013年专项调查船舶口径，将多用途船能装集装箱船舶箱位均计算。

4. “全省内河港口货物吞吐量”从2019年起调整统计口径，由行业报送规上企业量改为企业一套表联网直报。

5. 2020年公路货运量、周转量使用道路货运量专项调查数据推算，与往期数据不可比。

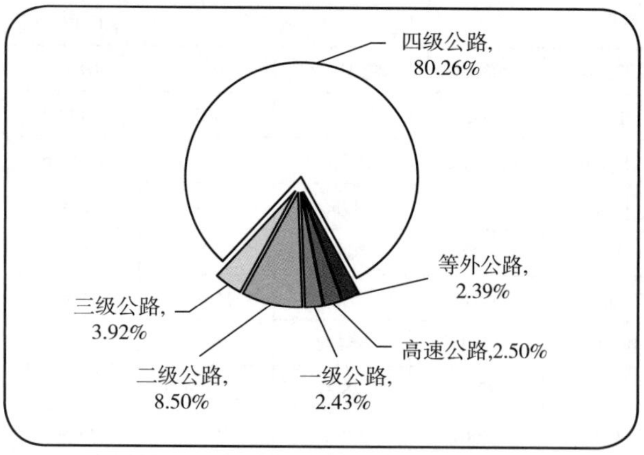

2020 年公路技术等级情况图

里程单位：公里

技术等级	总计	高速公路	一级公路	二级公路	三级公路	四级公路	等外公路
里程	289613	7230	7060	24625	11351	232440	6907

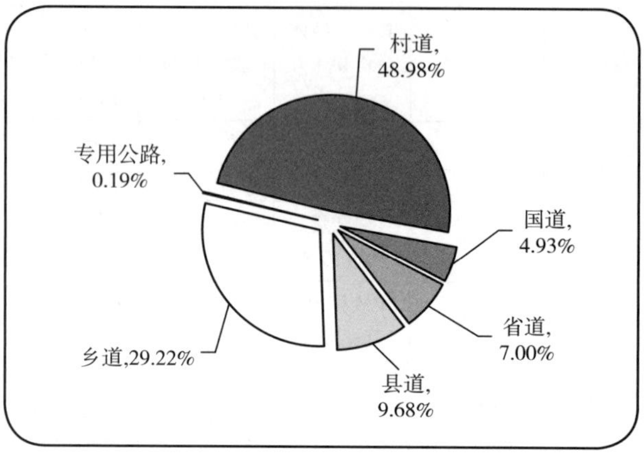

2020 年公路行政等级情况图

里程单位：公里

行政等级	总计	国道	省道	县道	乡道	专用公路	村道
里程	289612	14267	20295	28029	84628	539	141854

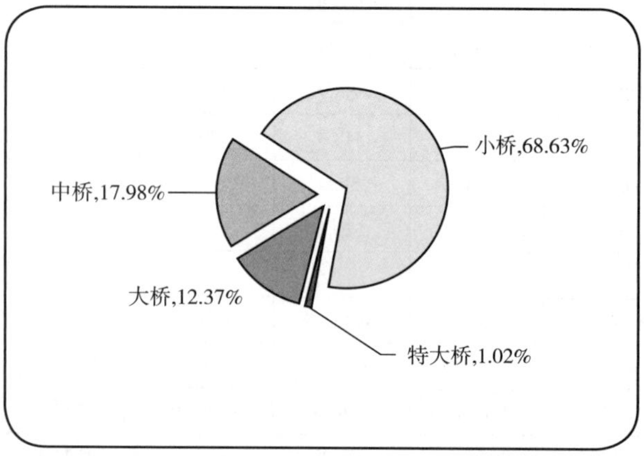

2020 年公路桥梁数量比重图(按跨径分)

公路桥梁	总计	特大桥	大桥	中桥	小桥
座	42562	435	5264	7651	29212

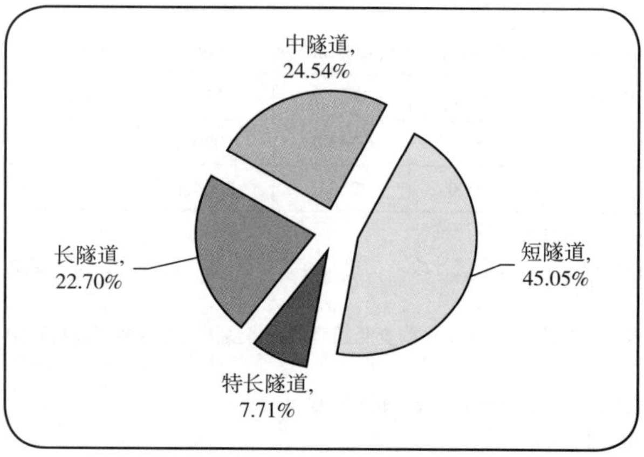

2020 年公路隧道数量情况图

公路隧道	总计	特长隧道	长隧道	中隧道	短隧道
道	1141	88	259	280	514

2020年中部六省公路基本情况排名（一）

名次	总里程		高速公路里程		二级及以上公路里程		二级及以上公路比例	
	省份	公里	省份	公里	省份	公里	省份	%
	总计	1392468	总计	38164	总计	174661	总计	—
1	湖北	289612	湖北	7230	河南	40202	山西	17.07
2	河南	270271	河南	7100	湖北	38914	河南	14.87
3	湖南	241138	湖南	6951	湖南	25423	湖北	13.44
4	安徽	236483	江西	6234	山西	24633	湖南	10.54
5	江西	210641	山西	5745	安徽	23865	江西	10.27
6	山西	144323	安徽	4904	江西	21624	安徽	10.09

2020年中部六省公路基本情况排名（二）

名次	国省干线中二级及以上公路比例		等级公路里程		等级公路比例		水泥、沥青路面里程	
	省份	%	省份	公里	省份	%	省份	公里
	总计	—	总计	1351770	总计	—	总计	1319604
1	山西	91.49	湖北	282705	安徽	99.98	湖北	267798
2	湖北	88.35	河南	254004	山西	99.24	河南	250591
3	江西	79.73	安徽	236424	湖北	97.61	安徽	235338
4	河南	75.39	湖南	229192	江西	97.38	湖南	224423
5	安徽	68.84	江西	205122	湖南	95.05	江西	205303
6	湖南	57.91	山西	144323	河南	93.98	山西	136151

2020年中部六省公路基本情况排名（三）

名次	水泥、沥青路面铺装率		国省干线水泥、沥青路面铺装率		公路密度			
					全部公路		二级及以上公路	
	省份	%	省份	%	省份	公里/百平方公里	省份	公里/百平方公里
	总计	—	总计	—	总计	—	总计	—
1	安徽	99.52	山西	99.96	安徽	168.80	河南	24.07
2	江西	97.47	江西	99.92	河南	161.84	湖北	20.93
3	山西	94.34	安徽	99.83	湖北	155.79	安徽	17.03
4	湖南	93.07	河南	99.24	江西	126.21	山西	15.76
5	河南	92.72	湖北	99.20	湖南	113.85	江西	12.96
6	湖北	92.47	湖南	98.66	山西	92.34	湖南	12.00

2020年中部六省公路基本情况排名（四）

名次	农村公路							
	总里程		等级公路里程		等级公路比例		水泥沥青铺装率	
	省份	公路	省份	公里	省份	%	省份	%
	总计	1208763	总计	1167600	总计	—	总计	—
1	湖北	254511	湖北	247651	安徽	99.99	安徽	99.48
2	河南	232299	河南	216223	山西	99.13	江西	97.14
3	安徽	208470	安徽	208441	湖北	97.30	山西	93.50
4	湖南	202035	湖南	190342	江西	97.09	湖南	92.11
5	江西	185785	江西	180373	湖南	94.21	河南	91.65
6	山西	125663	山西	124570	河南	93.08	湖北	91.58

2020 年全国公路基本情况排名(一)

里程单位：公里

名次	总里程		高速公路里程		其中：国家高速公路里程		二级及以上公路里程		二级及以上公路比例	
	省份	里程	省份	里程	里程	%	省份	里程	省份	%
	总计	5198120	总计	160980	112986	70.19	总计	702381	总计	13.51
1	四川	394371	广东	10488	6043	57.62	山东	46304	上海	39.54
2	云南	292479	云南	8406	5302	63.07	江苏	44996	天津	33.91
3	湖北	289612	四川	8140	5217	64.09	广东	42145	北京	29.36
4	山东	286814	河北	7809	5585	71.52	河南	40202	江苏	28.46
5	河南	270271	贵州	7607	3647	47.94	湖北	38914	宁夏	21.83
6	湖南	241138	山东	7473	5053	67.62	河北	37135	辽宁	20.77
7	安徽	236483	湖北	7230	4930	68.19	内蒙古	35681	浙江	19.12
8	广东	221873	河南	7100	4270	60.14	四川	29437	广东	19
9	江西	210641	内蒙古	6985	5913	84.65	新疆	27637	河北	18.14
10	内蒙古	210217	湖南	6951	4953	71.26	辽宁	27194	广西	17.64
11	新疆	209220	广西	6803	4580	67.32	湖南	25423	山西	17.07
12	贵州	206693	江西	6234	4320	69.30	山西	24633	内蒙古	16.97
13	河北	204737	陕西	6171	5397	87.46	安徽	23865	福建	16.87
14	重庆	180796	山西	5745	3508	61.06	浙江	23536	山东	16.14
15	陕西	180660	福建	5635	3833	68.02	广西	23228	青海	15.39
16	黑龙江	168119	新疆	5555	4544	81.80	云南	23076	吉林	15.11
17	江苏	158101	浙江	5096	3549	69.64	江西	21624	河南	14.87
18	甘肃	155957	甘肃	5072	4183	82.47	黑龙江	20234	湖北	13.44
19	山西	144323	江苏	4925	3448	70.01	贵州	19328	新疆	13.21
20	广西	131642	安徽	4904	3673	74.90	福建	18575	黑龙江	12.04
21	辽宁	130899	黑龙江	4512	3382	74.96	陕西	18322	甘肃	10.83
22	浙江	123080	辽宁	4331	3561	82.22	甘肃	16895	湖南	10.54
23	西藏	118238	吉林	4306	3654	84.86	吉林	16299	江西	10.27
24	福建	110118	青海	3451	3221	93.34	重庆	13889	陕西	10.14
25	吉林	107848	重庆	3402	2697	79.28	青海	13104	安徽	10.09
26	青海	85131	宁夏	1946	1561	80.22	宁夏	8055	贵州	9.35
27	海南	40163	天津	1325	559	42.19	北京	6538	海南	9.19
28	宁夏	36901	海南	1254	1136	90.59	天津	5565	云南	7.89
29	北京	22264	北京	1173	683	58.23	上海	5107	重庆	7.68
30	天津	16411	上海	845	477	56.45	海南	3693	四川	7.46
31	上海	12917	西藏	106	106	100.00	西藏	1748	西藏	1.48

2020年全国公路基本情况排名（二）

里程单位：公里

名次	普通国道		省道里程				国省干线中二级及以上公路比例		等级公路里程		等级公路比例	
					其中：高速公路里程							
	省份	里程	省份	里程	里程	%	省份	%	省份	里程	省份	%
	总计	256957	总计	382747	47231	12.34	总计	69.81	总计	4944489	总计	95.12
1	四川	17461	湖南	24322	1999	8.22	江苏	99.26	四川	379260	北京	100.00
2	内蒙古	16527	四川	24318	2848	11.71	上海	98.92	山东	286590	天津	100.00
3	云南	15137	河南	23961	2829	11.81	山东	97.29	湖北	282705	上海	100.00
4	新疆	14047	广东	23464	4420	18.84	天津	96.41	云南	272273	江苏	100.00
5	西藏	13454	贵州	21657	3960	18.29	辽宁	94.99	河南	254004	浙江	100.00
6	黑龙江	11279	湖北	20295	2210	10.89	河北	93.19	安徽	236424	安徽	99.98
7	广西	10942	内蒙古	17582	1072	6.10	浙江	92.8	湖南	229192	宁夏	99.93
8	河北	10383	甘肃	17180	689	4.01	北京	92.28	广东	221651	山东	99.92
9	青海	9857	安徽	16804	1232	7.33	山西	91.49	内蒙古	205313	河北	99.91
10	河南	9741	新疆	16144	886	5.49	湖北	88.35	江西	205122	广东	99.90
11	甘肃	9498	西藏	15183	–	–	吉林	84.66	河北	204549	海南	99.52
12	湖北	9337	云南	15091	3104	20.57	福建	83.82	贵州	183245	山西	99.24
13	广东	9206	山东	13768	2421	17.58	江西	79.73	新疆	182425	内蒙古	97.67
14	陕西	8894	黑龙江	13169	1072	8.14	广西	79.26	陕西	167476	湖北	97.61
15	湖南	8827	江西	12822	1898	14.80	宁夏	76.76	重庆	164865	江西	97.38
16	贵州	8422	陕西	11999	775	6.46	广东	75.41	江苏	158101	甘肃	97.20
17	山东	8410	河北	11751	2224	18.93	河南	75.39	甘肃	151596	四川	96.17
18	山西	7892	广西	11021	2224	20.18	海南	73.9	黑龙江	144868	吉林	96.13
19	江西	7698	辽宁	10462	770	7.36	内蒙古	69.72	山西	143226	辽宁	95.15
20	安徽	7459	重庆	10408	705	6.77	安徽	68.84	辽宁	124548	湖南	95.05
21	吉林	7238	江苏	9102	1460	16.04	新疆	66.76	广西	124235	广西	94.37
22	福建	7149	青海	8659	188	2.17	黑龙江	64.89	浙江	123080	河南	93.98
23	辽宁	7102	山西	6898	2237	32.43	重庆	64.32	吉林	103670	云南	93.09
24	重庆	5428	福建	5722	1769	30.92	云南	59.92	西藏	98677	陕西	92.70
25	江苏	4903	浙江	5076	1546	30.46	陕西	58.57	福建	95316	重庆	91.19
26	浙江	4501	吉林	4909	653	13.30	湖南	57.91	青海	73639	贵州	88.66
27	宁夏	2366	宁夏	2940	385	13.10	青海	57.61	海南	39972	新疆	87.19
28	海南	1382	天津	2554	765	29.95	贵州	54.46	宁夏	36874	福建	86.56
29	北京	1238	海南	2301	118	5.13	四川	53.92	北京	22264	青海	86.50
30	天津	928	北京	2094	406	19.39	甘肃	49.67	天津	16411	黑龙江	86.17
31	上海	252	上海	1092	368	33.70	西藏	5.95	上海	12917	西藏	83.46

2020 年全国公路基本情况排名(三)

里程单位:公里

名次	水泥、沥青路面		水泥、沥青路面铺装率		桥梁数量		公路密度			
							全部公路		二级及以上公路	
	省份	里程	省份	%	省份	座	省份	公里/百平方公里	省份	公里/百平方公里
	总计	4615648	总计	88.79	总计	912786	总计	54.15	总计	7.32
1	四川	366010	北京	100	江苏	71544	重庆	219.41	上海	80.54
2	山东	277915	天津	100	河南	55657	上海	203.70	天津	46.77
3	湖北	267798	上海	100	浙江	52087	山东	183.03	江苏	43.86
4	河南	250591	江苏	100	山东	51584	安徽	168.80	北京	39.84
5	安徽	235338	广东	99.93	广东	50036	河南	161.84	山东	29.55
6	云南	232460	海南	99.52	辽宁	48935	湖北	155.79	河南	24.07
7	湖南	224423	安徽	99.52	安徽	48442	江苏	154.09	广东	23.69
8	广东	221709	浙江	99.51	湖南	47843	天津	137.91	浙江	23.12
9	江西	205303	江西	97.47	四川	44966	北京	135.67	湖北	20.93
10	河北	199280	河北	97.33	河北	44693	江西	126.21	河北	19.78
11	贵州	189256	山东	96.9	湖北	42562	广东	124.72	辽宁	18.64
12	新疆	167768	山西	94.34	云南	35335	浙江	120.90	安徽	17.03
13	内蒙古	164710	湖南	93.07	福建	31759	海南	118.48	重庆	16.86
14	江苏	158101	四川	92.81	陕西	31563	贵州	117.37	山西	15.76
15	陕西	156381	河南	92.72	江西	27778	湖南	113.85	福建	15.30
16	重庆	143042	湖北	92.47	贵州	26195	河北	109.08	江西	12.96
17	甘肃	139108	贵州	91.56	黑龙江	23527	山西	92.34	宁夏	12.13
18	山西	136151	宁夏	91.31	内蒙古	23106	福建	90.71	湖南	12.00
19	黑龙江	126482	甘肃	89.2	广西	21273	辽宁	89.72	贵州	10.98
20	浙江	122479	广西	87.57	吉林	17636	陕西	87.87	海南	10.89
21	广西	115278	陕西	86.56	甘肃	16275	四川	80.88	广西	9.81
22	辽宁	104921	福建	86.45	新疆	15504	云南	74.23	陕西	8.91
23	福建	95194	吉林	85.95	山西	15450	吉林	57.55	吉林	8.70
24	吉林	92696	新疆	80.19	重庆	13195	广西	55.62	四川	6.04
25	青海	52441	辽宁	80.15	西藏	12925	宁夏	55.57	云南	5.86
26	西藏	45551	云南	79.48	上海	11452	黑龙江	37.03	黑龙江	4.46
27	海南	39970	重庆	79.12	海南	8183	甘肃	36.62	甘肃	3.97
28	宁夏	33695	内蒙古	78.35	青海	8133	内蒙古	17.77	内蒙古	3.02
29	北京	22264	黑龙江	75.23	北京	6855	新疆	12.60	青海	1.82
30	天津	16411	青海	61.6	宁夏	5133	青海	11.80	新疆	1.66
31	上海	12917	西藏	38.52	天津	3160	西藏	9.63	西藏	0.14

2020年全国公路基本情况排名（四）

里程单位：公里

名次	农村公路总里程		农村公路等级公路里程		农村公路等级公路比例		农村公路水泥沥青铺装率	
	省份	公里	省份	公里	省份	%	省份	%
	总计	4382337	总 计	4153975	总计	94.79	总计	88.01
1	四川	347375	四川	333007	北京	100.00	北京	100.00
2	山东	257532	山东	257307	天津	100.00	天津	100.00
3	云南	255066	湖北	247651	上海	100.00	上海	100.00
4	湖北	254511	云南	235483	江苏	100.00	江苏	100.00
5	河南	232299	河南	216223	浙江	100.00	广东	100.00
6	安徽	208470	安徽	208441	安徽	99.99	浙江	99.48
7	湖南	202035	湖南	190342	山东	99.91	安徽	99.48
8	江西	185785	广东	182960	宁夏	99.90	海南	99.45
9	广东	183159	江西	180373	河北	99.90	江西	97.14
10	河北	175517	河北	175348	广东	99.89	河北	96.93
11	贵州	172967	内蒙古	164368	海南	99.46	山东	96.56
12	内蒙古	169254	贵州	150031	山西	99.13	山西	93.50
13	新疆	163914	重庆	146036	湖北	97.30	四川	92.42
14	重庆	161921	陕西	140919	内蒙古	97.11	湖南	92.11
15	陕西	154027	江苏	140616	江西	97.09	河南	91.65
16	江苏	140616	新疆	140501	甘肃	96.88	湖北	91.58
17	山西	125663	山西	124570	四川	95.86	贵州	90.57
18	甘肃	124927	甘肃	121027	吉林	95.49	宁夏	89.99
19	黑龙江	122844	浙江	109355	湖南	94.21	甘肃	87.66
20	浙江	109355	黑龙江	108462	辽宁	94.20	吉林	84.66
21	辽宁	108961	辽宁	102645	河南	93.08	广西	84.54
22	广西	105088	广西	97749	广西	93.02	陕西	84.35
23	福建	93292	吉林	86462	云南	92.32	福建	84.02
24	吉林	90543	福建	78495	陕西	91.49	新疆	77.93
25	西藏	72264	西藏	60969	重庆	90.19	云南	77.08
26	青海	61799	青海	51700	黑龙江	88.29	重庆	76.73
27	海南	35326	海南	35134	贵州	86.74	辽宁	76.49
28	宁夏	28490	宁夏	28463	新疆	85.72	黑龙江	75.07
29	北京	16862	北京	16862	西藏	84.37	内蒙古	74.30
30	天津	11381	天津	11381	福建	84.14	青海	54.40
31	上海	11095	上海	11095	青海	83.66	西藏	32.31

统计指标解释

国道：指具有全国性政治、经济意义的主要干线公路，包括重要的国际公路，国防公路、连接首都与各省、自治区、直辖市首府的公路，连接各大经济中心、港站枢纽、商品生产基地和战略要地的公路。

省道：指具有全省（自治区、直辖市）政治、经济意义，连接各地市和重要地区，以及不属于国道的干线公路。

县道：指具有全县（含其他县级行政区划）政治、经济意义，连接县城和县内乡镇、重要商品生产和集散地的主要公路，以及不属于国道、省道的县际间的主要公路。

乡道：指主要为乡镇内部经济、行政服务的公路，以及不属于县道及以上公路的乡与乡之间和乡与外部联络的公路。

村道：指直接为农村群众生产、生活服务，不属于乡道及以上公路的建制村与建制村之间和建制村与外部联络的主要公路。

桥 涵 分 类

桥 涵 分 类	多孔跨径总长 L（m）	单孔跨径 L_k（m）
特大桥	$L > 1000$	$L_k > 150$
大桥	$100 \leqslant L \leqslant 1000$	$40 \leqslant L_k \leqslant 150$
中桥	$30 < L < 100$	$20 \leqslant L_k < 40$
小桥	$8 \leqslant L \leqslant 30$	$5 \leqslant L_k < 20$
涵洞	—	$L_k < 5$